# DEVELOPMENTALLY APPROPRIATE PRACTICE

Curriculum and Development
in Early Education

( 第3版 )
Third Edition

# 发展适宜性实践

## 早期教育课程与发展

[美]卡罗尔·格斯特维奇(Carol Gestwicki) 著

霍力岩 等 译

教育科学出版社

·北 京·

# 发展适宜性课程与绿色学前教育

## ——转变学前教育发展方式与尝试建构中国的发展适宜性课程

秉持"以人为本"和"可持续发展"的育人理念，为每一个儿童建构"发展适宜性实践"——不只是一个具体的课程模式，而是一套儿童教育哲学、理论框架、行动指南和评估标准——应该成为今日学前教育改革特别是幼儿园课程改革的努力方向。发展适宜性实践由美国幼儿教育协会（National Association for the Education of Young Children，NAEYC）提出，是在学前教育出现较为严重"小学化"倾向的背景下提倡的在尊重儿童基础上促进儿童发展的一套价值理念。在针对发展适宜性实践的争论与探讨中，在发展适宜性实践自身的不断改进与完善中，发展适宜性实践始终坚持学前教育实践应该适合儿童的发展特点，适合儿童的个性特点，适合儿童的家庭文化背景，并确保教师教学的有效性。发展适宜性实践的提出与推进对美国乃至世界学前教育都产生了重要的影响。本书的翻译将有助于我们贯彻和落实《国家中长期教育改革和发展规划纲要（2010—2020 年）》，并为我们在新的历史形势下建设具有中国特色的发展适宜性课程提供借鉴。

## 一、发展适宜性实践的产生与发展

### （一）《国家处在危机之中》与学前教育出现"小学化"倾向

1983 年，美国一家教学质量研究机构发表了《国家处在危机之中》的研究报告。报告对 1973—1982 年这 10 年间美国高中毕业生的考试成绩进行了统计分析，结果显示学生的学业成绩大幅下降。这引起了美国全社会的忧虑和关切，并由此揭开了 20 世纪美国第二次教育改革的序幕——美国开始了在教育改革中提升学生学业成绩的价值转向和现实努力。《国家处在危机之中》的研究报告以及其后的美国第二次教育改革对学前教育领域产生了巨大影响，导致学前教育界直接教学模式复苏，传统的读写算教学重新占领学前课堂，学前教育出现了严重的"小学化"倾向。可以说，在这次教育改革推动下，曾由"儿童中心""活动教学"和"综合教学"等学前教育观念和模式长期主导的美国学前教育界，出现了向"教师中心""直接教学"和"分科教学"转变的倾向。

### （二） 发展适宜性实践的基本框架及其可持续发展意蕴

在学前教育出现严重"小学化"倾向的背景下，美国幼儿教育协会于 1986 年提出了发展适宜性的概念，并进而发布了发展适宜性实践（Developmentally Appropriate Practice，DAP）的立场声明，开始宣传并推行自己坚守的一套"发展适宜性"的教育价值观和一系列"发展适宜性"的评价标准。美国幼儿教育协会明确提出，这份关于发展适宜性实践的立场声明并不是要提供以往多种课程模式之外的又一种更优或更具特点的课程模式，而是"为管理者、教师、父母、决策者以及其他需要在幼儿保育和教育中作出决策的人提供一份详细说明，并描述了在早期教育项目中开展'发展适宜性实践'所需要遵循的原则"①。也就是说，发展适宜性实践有一个可以分辨学前教育中适宜的教学实践和不适宜的教学实践的工具，而不管这些教学实践采用的是哪种课程模式，如蒙台梭利课程（the Montessori Approach）、高宽课程（the High/Scope Approach）、光谱课程（the Project Spectrum）或瑞吉欧课程（the Reggio Emilia Approach）。

1987 年，休·布里德坎普（Sue Bredekamp）在《早期教育中的发展适宜性课程》（*Developmentally Appropriate Practice in Early Childhood Programs*）中明确提出，发展适宜性包括年龄的适宜性和个体的适宜性两个维度，通过狭隘地测验学业技能而获得的心理测验分数从来都不应该成为推荐入学、留级、接受特殊教育或者补偿教育的唯一尺度。②这本书对于发展适宜性的阐释以及其中所蕴含的对简单学业技能培养和学业技能测验的批评在美国引起了极大反响，并很快在全世界教育界特别是学前教育界引起广泛关注。因为封面是绿色的——体现其蕴含的倡导儿童可持续发展的意蕴，《早期教育中的发展适宜性课程》后来被美国学前教育界称为"绿色圣经"（the green Bible）。可以说，在某种意义上，"绿色圣经"代表了"儿童为本"向"书本为本"的反攻，代表了"建构主义课程"对"训导主义课程"的反攻，也表达了对让幼儿快乐且有价值的发展的"可持续发展教育"的向往和追求。

### （三） 发展适宜性实践的修订与文化适宜性的提出

1997 年，美国幼儿教育协会对发展适宜性实践声明进行了修订，特别提出了文化适宜性问题，也就是说，发展适宜性实践必须考虑到文化和语言多样性的问题。③在关于发展适宜性实践的立场声明中，美国幼儿教育协会指出，发展适宜性实践的知识基础包含三方面的内容，其中之一为"关于儿童生活的社会和文化背景的知识"，并指出"关于儿童生活的社会和文化背景的知识能够保证学习经验是有意义的、有价值的，尊重参与

---

① Bredekamp, S., & Copple, C. Developmentally appropriate practice in early childhood programs ［M］. Washington, DC：National Association for the Education of Young Children. 1997：3.

② 休·布里德坎普. 美国年幼儿童教育协会对发展适应性早期教育方案（面向 0—8 岁儿童）的说明 ［M］// 樊庆华，译，黄人颂，校. 黄人颂，编. 学前教育学参考资料（上册）. 北京：人民教育出版社，1991：291 – 307.

③ 同①：4.

项目的儿童和他们的家庭"①。从某种意义上说，维果茨基的认知建构主义理论为美国幼儿教育协会在1997年修订发展适宜性实践提供了理论基础。这份文件在"影响发展适宜性实践的有关儿童发展和学习的原则"这一部分指出："发展和学习是在多元的社会和文化背景下发生的，并受到多元的社会和文化背景的影响。""儿童是主动的学习者，吸取直接的自然和社会经验以及传播文化的知识，以此来建构他们自己对周围世界的理解。""发展和学习是生理上的成熟以及与环境相互作用的结果，环境包括儿童生活的自然界和社会。"②

　　特别值得注意的是，在对发展适宜性实践的修订中，美国幼儿教育协会抛弃了多年课程争论中"非此即彼"的逻辑套路，尝试整合建构主义课程和训导主义课程，倡导关注两种因素的互动与交融。立场声明中指出："成人有责任来确保儿童的健康发展和学习。从出生起，与成人之间的关系就是儿童社会性和情感发展的关键因素，也是儿童语言和智力发展的中介。同时，儿童是知识的主动建构者，受益于发起和管理自身的学习活动以及与同伴的互动。因此，幼儿教师应努力实现儿童的自发学习和成人的指导或帮助两者之间的最优平衡。"③在"建构适宜的课程"这一部分，该声明指出"发展适宜性课程要促进儿童所有方面的发展：身体、情感、社会性、语言、审美以及认知"，"课程要促进知识和认识、方法和技能的发展，并培养儿童使用和应用技能以及继续学习的态度"。④ 总的来说，发展适宜性实践一方面认为儿童主导的活动和教师主导的活动对于儿童的发展均具有价值，另一方面认为适宜的教育实践可以也应该兼顾儿童的发展与儿童的学业成就。

　　（四）发展适宜性实践立场文件的再修订与教师作用的凸显

　　2009年，美国幼儿教育协会正式发布第三版的发展适宜性实践立场文件。新版本除了重申年龄适宜性、个体适宜性和文化适宜性外，还重点提出了教师教学有效性的问题。可以说，随着不同文化背景儿童和处境不利儿童人数的增加，教师肩负的教育教学任务越来越重，他们一方面需要减少儿童学习机会的差异并提升所有儿童的学业成就，另一方面还必须更好地解决幼小衔接问题以帮助每一个儿童做好入学准备。新版本指出："许多学校管理者（小学校长、监管人、学区职员）缺乏早期儿童教育背景，他们有限的关于幼儿发展和学习的知识意味着他们并不总是明白对于这一年龄段的儿童而言什么是好的和不好的实践。那些已经学习过幼儿如何学习和发展以及教育儿童的有效方法的教师，更有可能拥有这种专门化的知识。此外，幼儿教师是在教室中每天与儿童相处的人。因此，是幼儿教师（不是管理者或者课程专家）处在了解那个教室中特定儿童——他们的兴趣和经验，他们擅长和努力学习的东西，他们急切想学和准备好来学习的东西——的最佳位置上。如果没有这种特定的知识，要决定什么是最适合于全体和个

　　① National Association for the Education of Young Children. Developmentally appropriate practice in early childhood programs serving children from birth through 8 ［M］. Washington，DC：National Association for the Education of Young Children. 1997：4 - 5.
　　② 同①：7 - 8.
　　③ 同①：11.
　　④ 同①：13.

体儿童学习的东西是不可能实现的事情。"①由此可以看出，教师的知识结构和课程决策能力对于学前教育质量的提升至关重要。正如立场声明所说的，"有效教学的核心是专家式的决策制定……如果教师拥有作出好决策的能力、知识和判断，并被给予实施这些决策的机会，那么，儿童会从这些教师身上受益最多"②。教师教育教学的有效性成了优质学前教育的核心问题。

与此同时，第三版的发展适宜性立场文件还指出"许多教师自身缺乏为幼儿提供高质量保育和教育所需的现代知识和技能，至少是在课程的某些组成方面"，"有效的教师是好的决策制定者，但是，这并不意味着他们应当被期望来单独作出所有的决定。当教师缺乏作出好的教学决定所需的资源、工具和支持时，他们就没有得到很好的服务，自然，儿童的学习也会遭受损失"。而较为理想的情况是，"准备好精心设计的标准或学习目标，用于指导地方学校和项目来选择或发展综合性的、适宜的课程。课程框架是一个起始点，然后教师可以运用他们的专业技能来作出必要的调整，以最适合儿童的发展需要"③。这份立场文件进一步指出，"好的教学需要专家式的决策，意味着教师需要拥有充分的专业准备，进行持续的专业发展并拥有经常与他人合作的机会"，特别强调教师知识的核心应该是关于儿童学习与发展的知识、儿童个体的知识、儿童社会文化背景的知识等。在教师的作用方面，该文件反复强调教师的重要作用应该体现在以下几个方面，即努力创建一个关怀儿童成长的环境，明确定位一个教学目的，精心设计能够实现教学目的的课程体系，积极建构可以评价儿童学习和发展的标准，持续搭建与家庭建立互惠关系的家园合作桥梁。

## 二、本书结构与发展适宜性实践的几个要点

本书是卡罗尔·格斯特维奇（Carol Gestwicki）在总结自己从事早期教育 30 余年的经验基础之上所创作的。卡罗尔是美国北卡罗来纳州夏洛特皮特蒙特中心社区学院的一名早期教育教师，并一直是美国幼儿教育协会的活跃成员，在州或国家性的会议上做过多个报告，并出版了大量关于早期教育的论文和著作。卡罗尔在工作中一直致力于真正地实施发展适宜性实践。近年来，早期教育日益成为大家关注的一个重要的话题，然而在现实世界中，人们却对什么是最适合于儿童的早期教育充满了困惑。美国早期教育领域的发展趋势是日益重视儿童的学业成绩，并逐渐加强对教育系统的监督。与此同时，在过去的几年中，美国幼儿教育协会发表了关于发展适宜性实践的一系列重要声明，而这与立法者对儿童学业成绩的关注有所冲突。在面对多种声音时，早期教育实践者急于知道究竟应该采取哪些具体的策略来最有效地促进儿童的发展。本书的目的在于帮助早期教育实践者尝试将各种理论转化为具体的实践，从而为儿童提供最适宜的教育。从某种程度上说，美国幼儿教育协会 1997 年关于发展适宜性实践的立场声明是本书的基础。本书在这份立场声明的基础上，更为详细具体地为早期教育实践者提供指导和帮助。

---

① 详见美国幼儿教育协会网站有关立场文件（http：//www. naeyc. org/positionstatements）.
② 同①.
③ 同①.

（一）本书结构与发展适宜性实践的整体框架

本书主要围绕着"对于儿童发展而言，什么样的课程是最为适宜的"这一问题展开讨论。全书分为五个部分。第一部分主要是介绍发展适宜性课程的背景和内涵，共包括三章。第一章介绍了发展适宜性课程的历史发展、主要观点及其对儿童发展的影响，并指出了一些对于发展适宜性课程的错误理解，如认为发展适宜性实践是一种单一的课程模式、"适宜"与"不适宜"的实践是一种绝对对立的关系等。鉴于游戏在发展适宜性实践中所占据的核心地位，第二章介绍了与游戏相关的理论以及如何在实践中创设出支持游戏的环境和条件，强调了游戏对于儿童学习和发展的重要作用。第三章主要探讨了设计发展适宜性课程时应遵循的一般性原则，如教师在设计发展适宜性课程时应进行的一系列活动是：观察和做笔记，评价儿童达成特定发展性目标和目的的程度；通过观察了解儿童感兴趣的主题，确认支持儿童进步的策略、材料和经验；通过观察来评价方案的效果然后重新开始整个循环。

第二、三、四部分分别围绕着发展适宜性的"物质环境""社会/情感环境"以及"认知/语言/读写环境"这三个大的问题进行论述。每一部分都根据儿童成长的时间顺序，按照婴儿期（0—12个月）、学步儿期（1—3岁）、学前期（3—6岁）和学龄期（6—8岁）这四个发展阶段分别进行探讨。第四至第七章分别论述了对于这四个年龄段的儿童而言，发展适宜性的物质环境是什么样的；第八至第十一章论述了对于各个年龄段儿童而言，发展适宜性的社会/情感环境是什么样的；第十二至第十五章则讨论了发展适宜性的认知/语言/读写环境应该是什么样的。不同年龄段的儿童在生理、心理发展方面均具有不同的特点，相应地也具有不同的发展需求，这就需要成人根据不同时期儿童的特点来为之提供不同的支持和帮助。这三部分在详细论述不同年龄段儿童发展和学习特点的基础上，为教师和家长提供了创设适宜性的物质环境、社会/情感环境以及认知/语言/读写环境的方法和策略。

第五部分主要探讨了如何帮助教师、家庭和社区理解并实施发展适宜性实践，如何处理在对现有课程模式进行变革使之更为适宜儿童发展的过程中所出现的各种问题。对教师来说，进行变革时至少存在着三个维度的变化，即学习使用新的或改进过的材料，学习采用新的教学策略和活动，并且学着改变自己的信念和价值观。而进行改变的过程是困难的，教师需要在变革的过程中得到其他人的支持和帮助，制定和实施更为细小、具体的目标并根据自己的情况决定实施变革的速度。在变革课程的过程中，家庭和社区也发挥着重要的作用，因此，教师也必须采取相应的策略建立起与家庭和社区的良好合作关系。本书最后一章对几种在世界范围内产生了巨大影响并在美国广泛使用的课程模式进行了讨论，包括蒙台梭利课程、银行街课程、瑞吉欧课程、高宽课程以及创造性课程。"理解每一种课程模式所提供的东西，并思考每一种课程理念可以如何与发展适宜性实践原则的大框架相适应是非常重要的。"作者对这几种课程模式进行介绍的目的是让大家了解这几种课程模式，促使大家思考这几种课程模式与发展适宜性实践原则之间的关系。

（二）发展适宜性实践的主要观点

可以说，发展适宜性实践与蒙台梭利课程、瑞吉欧课程、高宽课程一样，在世界范围内产生了巨大的影响。但是，发展适宜性实践从提出之时便激起了层层浪花，争论之声持续不断，其中主要是质疑其以儿童发展理论为课程设计和评估的唯一基础，用"适宜"与"不适宜"对学前教育课程进行划分。在这些争论与探讨之中，发展适宜性实践对自身的理论体系进行了两次重要的修订，使之不断地向前发展，并更好地回答了"对于儿童而言，什么样的教育实践是最为适宜的"这个问题。发展适宜性实践的主要观点包括以下几个方面。

第一，强调发展适宜性实践"不是课程，也不是一套可以用于支配教育实践的僵死的标准。相反，它是一种构建，一种哲学，或者说一种与幼儿一起工作的方法"①。本书中，作者自始至终都在强调"发展适宜性标准并不是要成为一个严格的处方，而是要成为为决策制定提供信息和反思问题的哲学指南"②。这也就是说，发展适宜性实践并不是要让所有的教育实践都遵循同样的模式，而是试图为教育工作者提供一种思想和方法上的指导，在这种思想指导下，教育工作者可以设计出更加适宜儿童发展需求的课程方案。同时，没有绝对"适宜"或"不适宜"的教育实践，事实上，发展适宜性实践认为所有的教育实践都是处在"适宜"与"不适宜"这个连续体的某一点上。在不同的文化背景下，面对不同特点的儿童，对于不同的教师而言，最适宜的教育实践也是不同的，发展适宜性实践的实施方式不是僵化不变的。发展适宜性实践旨在为教育工作者提供评估儿童需求以及进行课程设计的方法和策略，所有教师都可以依据发展适宜性实践的原则来评估自己的教学实践，并不断地改进自己的工作。"我们并不是将发展适宜性实践作为一份确定的声明或一份绝对的行动计划——我们假设对于成人来说没有一份发展适宜性的声明——本书希望可以激发问题，启发人们检查当前的实践，并帮助早期教育阶段的实践者为幼儿创造出最具支持性的学习环境。"③

第二，重视儿童的发展特点、个体差异以及儿童所生活的社会文化背景。书中写道："设计真正的发展适宜性教育方案必须特别注意三个方面的知识：不同发展阶段儿童是如何学习的，每个儿童的能力、个性及其对支持的不同需求，每个儿童的不同文化背景。"④ 发展适宜性实践始终强调要将关于儿童发展和学习的知识作为课程设计的基础，指出发展适宜性实践就是要将关于儿童发展和学习的知识最好地应用到具体的教育实践中。同时，还指出课程设计要考虑到个体儿童的差异并尊重儿童所处的社会文化背景。年龄适宜性、个体适宜性和文化适宜性是发展适宜性实践所要坚持的三个重要原则。"发展适宜性实践是根据儿童发展的知识而决定儿童教育方案的一种哲学理念。早期教育专业人士基于研究和已有共识的理论，获取自身关于年龄适宜性的知识，并研究对自己所照料的儿童来说哪些知识是个体适宜性的。通过标准他们认识到文化也是儿童行为的强有力的决定因素，因此在制定决策时需要将文化差异性考虑在内……对于制定发展适宜性课程的决策而言，了解儿童发展理论本身以及了解影响儿童发展和学习的多

---

① Bredekamp, S., & Rosegrant, T. Reaching potentials: Appropriate curriculum and assessment for young children [M]. Washington, DC: National Association for the Education of Young Children. 1992: 4.

② Gestwicki, C. Developmentally appropriate practice: Curriculum and development in early education [M]. 3rd ed. United States: Thomson Delmar Learning. 2007: 429.

③ 同②，p. 29.

④ 同②，p. 11.

重互相联系的因素都是至关重要的。"①

除此之外，发展适宜性实践还充分体现出了兼容性、开放性和多元性的特点。正如前文所说，从提出之刻起，发展适宜性实践便受到了来自多方面的质疑和争论。在不断探讨和完善自身理论体系的过程中，发展适宜性实践日益发展成为一个开放的理论体系和实践框架，兼容性、开放性和多元性也成为其显著的特点。首先，从其哲学理念上看，发展适宜性实践没有绝对遵从于建构主义或训导主义的课程哲学，而是尝试在这两者之间取得某种妥协和平衡，既强调儿童自发活动的价值，又重视教师的指导作用；既重视儿童的能力发展，又不忽视儿童的学业成绩，以一种开放的态度对待并力图整合这两种哲学理念，从而建构出开放式的哲学体系。其次，在实践层面上看，发展适宜性实践并不是一套僵化封闭的课程体系，实施发展适宜性实践的方法也不是唯一的，需要在尊重儿童年龄特点、个体差异以及社会文化背景的基础上，由教师根据自己的知识和经验设计出最为适宜的课程方案，因而发展适宜性实践是开放而多元的。

## 三、应致力于创造适合中国儿童的可持续发展课程模式

### （一）运用整合和多元思维重新思考幼儿园课程问题

在中华人民共和国成立后第一波向国外学习的浪潮中，我国学前教育界向苏联学习了一套以直接教学和分科教学为主要特点的集体主义教育模式。改革开放以来的 30 年，我们学习和借鉴的是与之截然不同的基于游戏的学前教育模式，即西方的以活动教学和综合教学为主要特点的自由主义教育模式，如高宽课程、蒙台梭利课程、瑞吉欧课程和光谱课程等。从教育哲学上说，这是教师主导和儿童主导的对垒，也是所谓训导主义课程和建构主义课程的争锋。实际上，美国学前教育领域长久以来也存在类似的两种互相对立的观点。我们今天的责任，是放弃非此即彼的教育哲学，运用整合思维思考幼儿园课程问题，走出直接教学和活动教学的对立、分科教学和综合教学的对立，让知识的接受和经验的获得不再对立并走向和解，让幼儿能够在适合年龄特征、适合个体发展和适合文化环境的条件下得到有效的发展。

就今天的幼儿园课程而言，可能我们不是学习某种单一的课程模式，并试图找到所谓的最优道路，而是应该致力于用整合的方法，试图在多种课程模式的学习与借鉴过程中，创造出自己的课程模式。例如蒙台梭利课程与多元智力理论指导下的光谱课程是否有共通之处？高宽课程与创造性课程是否有异曲同工的地方？答案都是肯定的。只有运用一种整合及多元的思考方式，我们才能对幼儿园课程进行更高位的思考。

### （二）优秀教师必须是有准备的有效教师

在第三版发展适宜性实践立场文件中，美国幼儿教育协会专门解释了所谓的"优秀教师"，系统地论述了教师如何设计发展适宜性实践以及如何做一名有准备的有效教师，以便能够通过为儿童提供有准备的环境，让儿童得到最优化的发展。发展适宜性课程需要优秀教师——能够让儿童快乐并让教学有效的教师。优秀教师首先是有准备的教师。

---

① Gestwicki, C. Developmentally appropriate practice: Curriculum and development in early education [M]. 3rd ed. United States: Thomson Delmar Learning. 2007: 12.

教师接受适宜的培训并取得相关的资格，这是教师上岗的前提条件。然而，这并不是有准备的教师的全部。有准备的教师是对儿童的年龄特征、个体差异和文化背景有充分了解并能在教育教学实践中有所体现的教师，需要在深思熟虑后设计教育的各个环节，务求"润物细无声"和"无声胜有声"。设计环境是教师最重要的工作之一。教室的环境如何布置，选择怎样的玩具和游戏，都需要教师精心设计和挑选。教学是孩子们在教师精心提供的环境中自由学习，是孩子们对教师精心制作的材料的自由探索。从表面上看来进行自由教学的教师，实质上是儿童发展环境的创造者，是儿童在对环境进行探索时的观察者和引导者。其次，优秀教师是在各个方面有效工作的教师。教师的多种任务包括：创建关怀儿童成长的环境（学习者社区），制定教学目标，为了实现重要的发展目标而对课程进行精心策划，评价儿童发展与学习，与家庭建立互惠合作关系。

（三）致力于创造适合中国儿童的可持续发展课程模式

发展适宜性实践并没有对某一种课程模式有所偏好，而是倡导殊途同归的理念。改革开放以来，我国幼儿园课程改革的历史，就是一部学习西方幼儿园课程模式的历程。应该说，西方的一些优秀学前教育模式，因其质量优秀、实践性强等特点，对我国学前教育的改革与发展产生了重要的影响，而学习西方学前教育课程模式也已经成为当前我国幼儿园课程改革和发展过程中一股势不可当的潮流。但是，反思改革开放30年来我们学习和借鉴西方多种学前教育模式的现实状况，我们的学习思路、借鉴原则、实践历程、实践方式等并不让人乐观：在"活动学习"中拉开序幕，"蒙台梭利"成为再次选择，"瑞吉欧"让我们从头再来，"多元智力"要我们再回起点……从某种意义上可以说，20世纪80年代以来，我国学前教育课程改革走了一条学习西方学前教育课程模式的发展道路，在各种模式间徘徊和打转，却少有突破。我们何时才能结束对西方学前教育课程模式的盲从？我们何时才能形成拥有国际视野的、能与全球学前教育对话的、让世人信服的我们自己的优质学前教育课程模式？

课程模式本身是开放的，各种课程模式都在"博取众家之长"，冲突和融合的过程一直都在进行。而我们对各种课程模式的追求只是疲于奔命，引进新的课程模式之后就直接应用，缺乏对于这种课程模式的深入思考、有效整合以及本土化研究。也有研究者指出，我国幼儿园课程改革"存在模仿课程形式而失却课程精神的现象"。现阶段中国学前教育课程改革实践面临的一个最大的问题，就是如何落实《幼儿园教育指导纲要（试行）》以及《国家中长期教育改革和发展规划纲要（2010—2020年)》中关于学前教育发展的指导思想。如今我们迫切需要一份、甚至是几份学前教育课程模式作为蓝本，用"发展适宜性"的原则对之进行深入分析，在透彻认识各种学前教育课程模式特点的基础上，结合中国社会文化背景和现实状况，创造出属于我们自己的发展适宜性的学前教育课程体系。

当我国的学前教育工作者相信我们必须为儿童提供发展适宜性课程的时候，也就意味着我们已经相信，世界上并不存在一种最优的、放之四海而皆准的课程模式。我们每一所幼儿园、每一个教室，都可以有自己的发展适宜性的实践。总而言之，拨开众多课程模式的层层迷雾，我们需要深刻认识到发展适宜性实践的核心理念：年龄适宜性、个体适宜性、文化适宜性和教师教学有效性。这四个要素是优质学前教育的保证，也是我们致力于创造适合中国儿童的可持续发展模式时应该思考的重要维度。

## 四、发展适宜性实践与绿色学前教育

本书的翻译在一定程度上源于译者最近在北京市石景山区开展的绿色学前教育实验项目。何为绿色教育？可以说，关于绿色教育的内涵并没有统一界定，有人把绿色教育与环境教育相关联，有人把绿色教育与可持续发展相联结。总的来说，绿色代表生命、成长和生机，代表自然、活泼、可持续的未来。它致力于个体终身可持续的健康发展的教育，并通过个体的可持续发展成就社会的可持续发展。绿色教育体现了从工业社会走来的发展主义教育走向科学和谐教育的价值取向，也与《国家中长期教育改革和发展规划纲要（2010—2020 年）》中"把提高质量作为教育改革发展的核心任务"的工作方针相一致。在思考并推讲绿色学前教育"为何""何为"的过程中，译者体会到绿色学前教育应该借鉴发展适宜性实践的一些基本原则，应该是基于现有的关于儿童发展和学习的研究和理论基础之上的一种开放式的、科学的课程体系，而不是不顾儿童年龄特点、个性特征和文化差异的"一刀切"式的课程模式，也不应该是不遵循儿童发展规律而对儿童进行的"掠夺式"开发。同时，也使我们产生了让绿色学前教育成为一个像发展适宜性实践一样被广泛接纳的话语体系和实践逻辑的念头，希望它能够启发我们对前一段我国学前教育发展状况进行反思和梳理，对新时期学前教育的科学发展进行规划和设计。

### （一）从发展主义教育走向绿色教育

最初的绿色发展是与社会发展联系在一起的。工业社会的发展主义潮流主要是将发展简单地等同为经济增长——GNP 或 GDP 的提高。把社会发展简单等同于片面经济发展，"征服自然""人定胜天"等不计后果的人与自然的对抗，导致了自然生态均衡性和人类需求的丰富性被完全忽视。从这个意义上说，工业社会的规模发展、高速发展带来的发展超限、超速已经并还在造成生态失衡和环境破坏，相应地，规模教学、智力开发成为工业社会背景下学校教育的一个基本特征，而这种特征已经并还在造成学生的片面发展和短期发展。在这种背景下，"绿色教育"在 20 世纪 90 年代末期开始成为中国教育改革中运用的新名词：1997 年世界自然基金会与国家教委合作，委托几所高校承办中小学绿色教育行动项目高级研讨班。2000 年 11 月，国家环保局与国家教育部联合在深圳举行了关于绿色学校的专题研讨会。

### （二）从发展主义学前教育走向绿色学前教育

在经济高速发展造成生态失衡和环境破坏的背景下，学前教育也严重陷入了发展主义的泥潭而长期不能自拔。"不要让孩子输在起跑线上""两岁开发智力为时已晚"……把知识教育当作早期教育的唯一，把智力开发当作早期教育的重点，已经成为相当长一段时期以来我国学前教育的价值取向。幼儿园的教育把工作的重点放在家长追逐的、小学要求的逻辑数理方面，而为数众多的幼儿园又开设了知识导向的兴趣班如英语兴趣班、快速识字班、唐诗宋词班以及奥数预备班等。社会上还有多种多样的学前教育培训机构开设各种知识导向和智力开发导向的培训……

面对学前教育中的片面、片段知识教育和智力开发，面对学前教育中的短期、暂效的"掠夺式开发"，我们呼吁，在改革开放新的历史起点上，作为落实科学发展观的具体体现，教育起点的改革与发展也应该像新时期各地区的经济发展一样，应该像新时期教育切实从应试教育走向素质教育一样，从现代社会的发展主义困境中解放出来，尽快进入科学发展观引领下的绿色学前教育——"以儿童为本""统筹兼顾""全面协调可持续"发展——科学学前教育时代。绿色，代表着生机勃发和持续发展。提到绿色学前教育，我们会想到自然主义的可持续发展教育，而不是过度开发的"揠苗助长"；我们会想到实践导向的创新性教育，而不是过度压抑的"死记硬背"；我们会想到健康、幸福与充满希望的未来，而不是疲惫、压抑与死气沉沉的循规蹈矩……由此，用绿色作为学前教育目标、内涵和方法的底色和基调，用生态的、环境的、行动的和可持续发展的眼光来观照、阐释、指导学前教育中的理念与行为，以儿童为本，统筹兼顾儿童发展中的情绪情感、初步能力和日常知识，让儿童成为不会倒在长跑途中的可持续发展的人才。从这个意义上说，绿色学前教育就是针对已经走入发展主义迷途的错误学前教育取向而提出的科学学前教育价值观。

## 五、新时期幼儿园课程改革应尽快实现学前教育发展方式的转型

绿色学前教育是针对社会现实和教育现实中的发展主义困境提出的。担负为未来社会培养新人以推动社会发展重任的学前教育，需要直面现实中的发展主义困境，为社会健康发展寻求教育之道，为公民健康成长寻求教育之道。《国家中长期教育改革和发展规划纲要（2010—2020年）》明确指出要"把提高质量作为教育改革发展的核心任务"。其在关于学前教育的"发展任务"部分写道："学前教育对幼儿身心健康、习惯养成、智力发展具有重要意义。遵循幼儿身心发展规律，坚持科学保教方法，保障幼儿快乐健康成长。"可以说学前教育的质量、科学的保教方法是我们在发展学前教育时应当关注的重要问题，也是现阶段我们在理论和实践中应该孜孜不倦去研究和探索的重大问题。绿色学前教育的提出正是为提高我国学前教育的质量，使之遵循科学的发展规律而进行的一次努力和尝试。在科学发展观的贯彻落实中，我们教育工作者应该从教育起点做起，充分关注教育起点中发展主义带来的种种问题，严防学前教育陷入失控的片面发展和短期发展的发展主义困境，严防学前教育成为不适宜儿童的掠夺式教育，实现学前教育方式的转变和学前教育发展方式的转型，让教育起点能够在回应社会问题并促进社会健康发展、回应教育问题并促进个体健康发展等方面承担起历史使命。

（一）回应社会问题并促进社会健康发展

回应社会问题并促进社会健康发展，是一定社会中的教育包括学前教育不可推卸的历史使命。今日学前教育回应社会问题的价值取向，应该是在科学发展观的引领下，在建设和谐社会的旗帜下，在适应社会及自然变化要求的前提下，以未来需求而不是短期效益为着眼点，主动地变革学前教育的结构性误区，使学前教育系统实现对发展主义困境的整体超越——形成可以良性循环的结构性变革，包括文化氛围、价值取向、管理模式、组织机构、物质及精神环境、教师素质等多个方面，通过创新构建科学、和谐的绿

色学前教育——涉及个体发展、家庭和谐、国家繁荣的重要问题，并借此把政治与民生、理论与实践、理想与追求、使命与行动在我们的学前教育创新中有机地结合起来，重视在全球化视野下进行绿色学前教育的"本土行动"，在行动中做到"与时俱进与因地制宜"，促使学前教育改革从迅速扩张、片面挖掘走向科学发展的新境界，并借此为建设和谐心灵、和谐家庭、和谐中国贡献一份力量。

（二）回应教育问题并促进个体健康发展

回应教育问题并促进个体健康发展、真正促进受教育者的全面发展和终身发展是绿色学前教育的根本使命。发展主义带来了"赢在起跑线上"的社会狂潮，追求的是对尚处于具体形象思维阶段的学前儿童的抽象逻辑思维的开发，是不了解儿童的成人把自己认为好的知识以自己认为合适的方式逼迫儿童接受——类似于给处于乳儿期的孩子喂上大鱼大肉，这是以儿童的长期发展为代价的非科学、非理性的学前教育，这将会对儿童未来发展带来极大困扰，不正确的喂养方式不仅会导致儿童的消化不良，而且会因长期的消化不良而产生伤害儿童发展的严重后果——"让孩子倒在长跑途中"。这种状况必须得到改变。也就是说，我们的学前教育应该致力于培养全面、协调、可持续发展的人——人是自然的产物，人的发展不仅是全面、个性化的发展，也应该是终身、可持续的发展；人的发展不仅是适应社会的发展，也应该是适应自然的发展——"天人合一"式的发展。过分密集的破坏性、掠夺式、枯竭性的智能开掘，如同对地球上自然资源的毁灭性开发和利用一样，是十分危险的。过分夸大儿童的潜能甚至认为对儿童智力潜力的发掘可以没有止境，就会走向美好愿望的反面，损害一代人的健康发展。

（三）切实理解科学发展观，正确把握学前教育改革的价值取向

实施绿色学前教育，要充分重视绿色学前教育目标的科学设计、教育内容的科学规划和教育方法的科学使用，并通过对教育目标的科学设计、教育内容的科学规划和教育方法的科学使用，考虑如何使绿色学前教育适应社会和谐发展和促进社会有益变革。如绿色学前教育对社会发展问题的回应要求我们不仅要培养儿童的生态保护意识，而且要满足儿童多方面的需要，特别是快乐童年的情绪情感需要和实践导向的直接探究需要，"把童年还给儿童"，让儿童的每一天都快乐而有价值，使作为未来社会公民的今日稚童担负起负责任的社会公民的未来职责——通过一代新人建设绿色社会大家庭。

这要求我们做到切实理解科学发展观的内涵，全面把握现代社会发展和学前教育改革与发展的价值取向，从传统的知识价值取向特别是片面的知识价值取向中解放出来，转而追求儿童"基本态度、初步能力和简单知识"的综合性一体化发展；准确把握"以人为本"的价值取向，从"重教师教、轻儿童学"的成人价值取向中解放出来，转而追求教师引导、兴趣驱动的儿童主动探索和发展；准确把握"全面、协调、可持续"的长期发展价值取向，从"掠夺式开发""逼迫式学习"的短期行为中解放出来，转而追求为儿童的终身学习、可持续发展奠定基础；从在教室里进行的直接教学、分科教学的间接知识传授取向中解放出来，转而追求让幼儿在绿色的环境中通过多种活动方式获得综合发展……

努力建设具有理论创新和实践创新意义的绿色学前教育话语体系和行为体系，也许应该成为中国学前教育研究者的时代使命和对世界学前教育改革与发展作出的时代贡

献。在今天这个全球化时代，在中华民族开启崭新征程的历史起点上，我们真的需要继续"千方百计，在别的方面忍耐一些，甚至牺牲一点速度，把教育问题解决好"，真的应该建设与这个时代相适应的、有鲜明民族特色或民族风格的具有原创意义的绿色教育体系，切实从中国学前教育的问题出发，为中国学前教育问题寻找中国解决方案——跟上中国社会改革的步伐并服务于中国社会的改革，尽快形成具有理论创新和实践创新精神的绿色教育话语体系和行为体系，完成改革开放新的历史起点上的中国学前教育战略调整和策略调整。

中国特色社会主义道路，也可以称作"中国道路""中国经验"或"中国模式"，是中国在全球化背景下实现社会主义现代化的一系列战略策略。中国模式的相对成功带来的不仅是中国的崛起，而且是一种新的思维、新的思路甚至可能是一种新的范式变化。从这个意义上说，中国的崛起也是中国政治软实力的崛起，这将对解决中国自己面临的挑战、发展中国家的贫困，对全球问题的有效治理、国际政治和经济秩序未来的演变等产生深远的影响。从不同的理论角度阐释和总结中国经验和中国模式，已经是全世界学术研究的一个热门话题，中国学者应该作出最重要的贡献，那将是对人类知识最重要的贡献。中国的学前教育改革，正是在学习外国先进经验的同时结合本国实际，创造具有中国特色的、适宜的教育模式中探索前进。作为学前教育研究者，我们希望能够创造自己的教育模式，找到自己的发展步伐，在中国模式的世界意义中贡献更多的研究力量。

霍力岩
2011 年 5 月
于北京师范大学

# 目录 CONTENTS

## 第五部分
## 迈向更为发展适宜性的教育实践　　/ 340

*特约编辑：霍华德·加德纳（Howard Gardner）*

## 本书目的与预期读者

当今世界，越来越多的孩子从人生伊始就在家庭以外的场所接受他人的照料。这自然地引起一些问题：对于他们的发展，什么是最有益的？另外，一篇接一篇的报道指出孩子们在各个领域的分数越来越低，教育系统也越来越处于监督之下。由于以上的两个原因，许多教师、家长和社区机构都提出了他们各自的解决办法。不幸的是，在大多数情况下，解决措施也成了问题的一部分。对于这个问题——从儿童出生到小学的最初几年，什么是最适宜的教育——专家们发表了许多重要的论述，指出了对于幼儿来说，什么是应做该的，什么是不应该做的。

在过去的几年里，多家专业机构都发表了关于发展适宜性实践的一系列重要声明，促进了早期教育事业的发展。近年来，美国幼儿教育协会（NAEYC）又发表了重要声明，对发展适宜性实践进行了修订改版（Bredekamp & Copple，1997）。其他关于课程与内容领域（如阅读、数学）的论述也被提到讨论日程。立法者也对当前的实践作出了自己的评论，这加剧了争论和矛盾。尽管这些重要论述与法律规定为学术和专业领域的进一步讨论奠定了基础，但是教学一线的教师和实习学生则迫切需要了解如何将这些理论转化为具体情境下的教育决策和教育行为。本书就是为了帮助这些教师和学生在他们的早期教育实践中尝试实施这些理论。书中的观点具有实践性和综合性，可广泛适用于各种私立或公立的早期教育机构。无论你是早期教育专业的学生、新教师或经验丰富的教师，还是在学校或是在早期教育中心、家庭托儿所、开端计划、前幼儿园、幼儿园或小学等早期教育机构任职的专业人士，这本书都适合你。

另外，其他人员也加入进来，对有益的早期教育实践进行了更广泛的探讨。社区机构的管理者和决策者也必须对积极的早期学习环境有清晰的理解。父母在为自己的孩子选择保育和教育时，也需要了解好的教育实践，以便他们作出明智的选择，并支持孩子所在的机构进行最好的实践。

## 本书结构和内容

第一部分的第一章探讨了发展适宜性实践的概念，接下来的几章具体介绍了发展适宜性实践的一般原则。由于游戏是发展适宜性实践的核心，因此第二章专门介绍了关于游戏的理论和研究。第三章探讨了课程问题，并描述了教师在建设适宜性课程中的作用。

总体介绍完以后，第二、三、四部分分别探讨了发展适宜性的物理环境、社会/情感环境、认知/语言/早期读写环境。书中旨在发展创新性的环境理念，包括了对物理环境、对社会/情感环境以及在认知/语言/读写环境中所描述的学习经验种类的思考。这里所谓的"环境"是综合性的，包括教室里成人提供给孩子的材料、活动、安排、关系与互动。各部分都分章节描述了适宜婴儿、学步儿、学前儿童以及学龄儿童的早期教育实践。第五部分探讨了教师所作出的改变以及为这些变化争取支持的过程。第十八章概述了几种比较著名的早期教育课程模式，帮助你了解这些课程模式是如何与发展适宜性实践相一致的。发展适宜性实践的一个关键要素就是个体适宜性，也就是说，没有一个绝对的标准能完全满足每个个体的需要。这个原则要求教师和课程要致力于找到他们最优化的运作方式。因此，本书只是试图对教师的教育实践予以全面的考虑进而提供引导，而不是提供绝对的处方，盲目地在每个教室推行一模一样的课程模式。假设专业领域的对话将继续，那么，这将扩展我们的想法和视野。本书希望那些充满爱心、知识渊博的成人能够给幼儿提供最好的经验。

对于那些更倾向于使用分龄教学而不是主题教学的教师和学生，可以对书中关于婴儿的章节进行连续阅读和讨论（如第四、八和十二章），然后是关于学步儿的章节（如第五、九和十三章）。作者假设读者都已经学过儿童发展课程，因此，关于儿童发展的知识不在本书的讨论范围之内。然而，在序言以及任何必要的地方，都提供了参考书籍和必要的理论知识摘要。无论读者是处于初级水平还是高级水平，进一步学习的参考资料和观点都能够满足个人的需要。

每章开头部分都有清晰的学习目标，也有教师评论和互动的具体例子，使得这些观点和建议更加真实。每章都会围绕教师在教室中遇到的共同问题进行讨论。每章结尾部分以及教师指南中列出了学生要进行的练习，旨在帮助学生积极反思各种概念以及在不同环境中实施发展适宜性实践遇到的各种挑战。每章还包括评估本章学习目标的问题以及应用目标的问题（本版新增加的内容）。推荐阅读书目能够帮助学生进一步探讨问题。

## 新增内容

本书第三版紧紧围绕着仍在继续的辩论，即这些原则是否可以运用到所有早期学习环境中的所有幼儿。这些辩论丰富了对话，并将继续提高参与讨论人员的专业发展水平和知识水平。这场辩论更加指向如何应对文化多样性的问题，当然也强调了与此相关的当今社会与日俱增的多元化问题。

一方面残疾幼儿入园人数不断增加，另一方面特殊教育开始强调专业化，开始强调把发展适宜性实践的原则运用到特殊教育中。本书不仅讨论了《不让一个孩子落后法》的启示，还讨论了美国许多州提出的早期学习目标。专业标准贯穿于全书。最新的大脑研究信息也被包括在内。

对游戏的深入探讨强调了围绕相关主题所进行的丰富研究。关于课程开发的章节进行了实质性的修订，反映了当前将课程开发与评价相结合的思想。

由于全国都在普遍采用各种各样的课程，因此，对几个较常用的课程模式进行讨论，将有助于学生理解这些课程是如何与发展适宜性实践的原则相一致的。

在这个新版本中，所有章节都进行了实质上的修订，包括关于适宜性实践问题的最新认识和想法，学生将能够找到关于最新观点的常见参考书目。参考书目也已更新，体现了早期教育领域最新的研究和讨论以及进一步阅读、学习的建议。

书中还添加了深入探索某些主题的书单，因为我考虑到学生可能有某些特别的兴趣，或者具有不同的水平。

为了帮助学生理解基本概念并将概念运用到当代早期教育环境中，在第 3 版中，我们引入、更新了几个新的内容。

**此时你会怎么做？**

来自父母所提出的问题和挑战以及行政管理者提出的要求。教师经常要向其他人解释什么是发展适宜性实践。这些现实情境让教师们想起每天所面对的一些困境，也帮助学生学习如何解决问题，并向他人解释自己的工作。这些可能会经常成为班级讨论和个人反思的重要基础。

**评估本章学习情况的问题**

每章最后的这些问题，能帮助学生和教师评价是否已经掌握了本章关键点。

**围绕目标反思的问题**

每章最后的这些问题，能够帮助学生运用和反思章节中提出的某些原则。

**进一步阅读、研究的建议**

每章最后列出的参考文献包括了最新的文章和书目，以供学生进一步学习相关的主题。这对于处在不同水平或有特别兴趣的学生是很有用的。

**实用网站**

这个新板块认识到当今世界技术在拓展学习资源上所扮演的重要作用。每章后提供的网址将帮助读者进一步探究文中探讨的相关主题和机构。

注意：作者和德马学习出版社（Delmar Learning）只保证这里所列的网址在出版时是准确的。

**在线手册**

与第三版配套的在线手册可以帮你链接到网络上的早期教育资源。在线手册包括许多内容，以帮助你理解教育0—8岁幼儿的最佳方式。

在线手册出现在每章结束部分，提醒你利用网络上的更多资源。你能在 http://www. EarlyChildEd. delmar. com 上找到在线手册。

**说明**

- 词汇表包括了关键词和术语。
- 每章开始部分出现的目标，是帮助你聚焦于每章的关键概念。
- 不同字体的例子和对话展示和突出了重要的概念。
- "此时你会怎么做"部分解释了在不同教室出现的典型问题和两难问题，讨论了适宜性的反应，为个别反思提供了机会。
- 小结部分总结了章节内容，它一般包括以下部分。

（1）思考——思考进一步学习的活动，可能被用于室内或户外。

（2）评价章节学习目标实现程度的问题。

（3）考察所学内容的应用问题——推动批判性思维。

（4）参考书目。

（5）进一步阅读、研究的建议。

（6）实用网站。

- 索引，包括文中提到的参考资料，便于读者阅读。

# 发展适宜性实践的界定

**特约编辑：戴维·阿尔金德（David Elkind）**

戴维·阿尔金德是塔夫茨大学儿童发展系主任、教授。作为儿童和青少年认知和社会发展研究的专家，阿尔金德博士深入探讨了在当今世界什么是健康发展的话题。他的著作包括：《匆忙的孩子——太短、太快的成长》（The Hurried Child Growing Up Too Fast，2001，第3版）、《压力的症结——新的家庭失衡》（Ties That Stress：The New Family Imbalance，1995）和《失误的教育：学前儿童处于危险中》（Miseducation：Preschoolers at Risk，1998）。以下是从第三本书中摘录的部分内容。

当代美国正在发生的一些事情，确实令人震惊——在一个以相信事实而不是道听途说、对研究持开放态度、以尊重"专家"的观点为荣的社会，父母、教育者、行政管理者和立法者却无视幼儿发展的事实，所开展的研究和专家的观点也只关注幼儿是怎样学习的以及如何对他们进行最好的教学。

在美国，许多为学龄期儿童提供的教育项目正趋于向学龄前幼儿提供……众多幼儿园引入了包括纸笔作业在内的小学一年级课程。此外，一些写给家长的书也鼓励家长们引导婴幼儿学习阅读、数学和科学。

向过于低龄的儿童进行学科教学，或者教授游泳、体操、芭蕾，是一种不正确的教育，会将他们置于一种遭受短期压力与长期人格损害的毫无益处的危险境地之中。没有任何证据能够证明这种早期指导具有持久益处，却有相当重要的证据证明它将带来持久的不利影响。

那么，我们为什么要进行如此大规模的不良实践呢？同许多社会现象一样，当代对大量婴幼儿进行的错误的教育缘于多重、复杂的社会综合力量，这些社会力量推动着这样的错误实践并为其提供保护。有一件事情是确定的：错误的教育并非产生于那些有关何为适合婴幼儿的良好教育的知识。在相当程度上，我们应该从以下因素中寻找原因：家庭价值观、家庭成员人数、家庭结构和家庭风格的改变；20世纪60年代致力于保证所有年龄群体教育质量的努力的余热；80年代以来家长和教育者经受的职位、竞争和计算机带来的新压力。

我们依然进行着错误的教育，也依然面对着许多固执已见的家长——在今天，这甚至已成为一种社会常态。如果我们不从这种有害行为的潜在危险中苏醒，我们很可能会害了整个下一代。(Elkind, 1998, pp. 3-4)

## 导言：发展适宜性实践的界定

在第一章，我们将探究并解释什么是发展适宜性实践。本章将对发展适宜性实践的历史、定义、观点和启示进行考察和研究。然后，我们将思考对游戏理论的认识，因为丰富的游戏经验成为了适宜性实践的核心内容。并且，由于教师所创造的环境和建构的经验将不断丰富游戏的内容，所以我们要考虑教师在计划课程中的角色。而在我们将原则转化成教育行动时，这里的导言部分将会为后面的章节奠定基础。

# 发展适宜性实践的界定

塞思·亚当斯（Seth Adams）和玛莉亚·吉梅内斯（Maria Jimenez）是美国上百万幼儿中的两个，她们将在今年进入早期教育机构。塞思将进入忙碌学习者日间看护中心（Busy Learners Day Care Center）的两岁班，玛莉亚将参加快乐时光保育学校（Happy Days Nursery School）的半日项目。两个孩子的家长在作出选择前都考察了自己所在社区的一些幼儿教育项目。

塞思的父母选择了忙碌学习者日间看护中心，是缘于他们在参观期间所了解到的该中心的理念和活动。该中心手册上作了如下阐明。

我们相信幼儿有能力进行认真的学习，所以我们中心为您的孩子提供了学习重要学业技能的机会，这种技能将使他/她成功升入您为其选择的学校。我们的课程包括强调发音练习的基础阅读技能和入门数学教学活动。在您的孩子从我们的两岁班毕业前，他/她将学会背诵字母表，分辨许多字母的发音，认识一些形状和颜色，从1数到20。我们的西班牙语老师每周为两岁班上一个小时的课。

亚当斯夫妇参观教室时发现孩子们安静地坐在桌边为单词"dog"和字母"D"涂色。前一天的工作安排贴在墙上：把按照规格裁切的小狗轮廓粘贴在墙上。教师们认为全权主管和完全控制就是对孩子们的指导。这个学校符合塞思父母心目中有关学校的概念。

玛莉亚的父母选择学校也是基于学校理念以及他们参观后的感觉。该学校的手册上是这样写的。

我们认为孩子们应该积极地参与到游戏中以促进其全面发展。老师们每天都会为孩子们准备丰富多彩又充满趣味的游戏。当孩子们探究活动材料并学习与其他孩子玩耍时，他们就是用自己的方式来探索世界。

吉梅内斯夫妇参观时发现不同小组的孩子们在教室里忙碌着自己的事情：1个孩子在画架前画画，3个孩子在一个活动区里搭积木，1个孩子在那里推玩具卡车，3个孩子穿着华丽的成人服饰在聊天。另一组孩子在桌边帮助老师和橡皮泥。教室中有许多谈话和交流声。

两对家长都坚信他们在自己孩子入学的问题上作出了最佳选择。显而易见的是入读这两所学校的孩子将会获得完全不同的学习经历。这两所学校在教育幼儿的理念方面完全不同。我们如何让这两种不同的理念和谐融合，共同促进幼儿的适宜性发展呢？

像塞思和玛莉亚入读的这两种学校之间截然不同，下到保育学校，上至小学的教室里，教育机构之间的不同非常普遍。在许多教育中心和学校，关于发展适宜性实践的理念没有起到任何作用，也没有得到任何认可。这种现象的出现在一定程度上是由于人们倾向于避免接受与过去或当前认知水平相冲突的观点或知识。本书希望可以帮助学生、专业人士、家长和相关社区成员理解面向0—8岁儿童的发展适宜性课程的内涵和意义，同时我们会分析在特定情境下将理念转换为行动的方法。

关于发展适宜性实践的讨论并不是刚刚开始，也远未结束。20世纪80年代到90年代，一系列由美国一些重要教育组织发表的关于发展适宜性实践的出版物，使得这一讨论已经进入了一个新的阶段。随着21世纪有关如何确保"不让一个儿童落后"的国际对话的进行，幼儿教育者和家长开始继续尝试寻求适合0—8岁儿童的最佳学习环境和课程实践。本书将对这些对话的诸多方面进行讨论。

首先，我们来了解一下什么是发展适宜性实践。

## 本章学习目标

- 界定发展适宜性实践。
- 阐述发展适宜性实践的基本组成部分。
- 确认与发展适宜性实践相关的12条发展性原则。
- 对有关发展适宜性实践的误解作出正面的解释。
- 阐述非发展适宜性实践的有关内容。

## 发展适宜性实践指南的背景和历史

美国幼儿教育协会（National Association for the Education of Young Children，NAEYC）于1997年首次明确界定了发展适宜性实践的立场观点。随着美国幼儿教育协会认证制度（The National Academy of Early Childhood Programs）的发展，显然需要对发展适宜性实践作出更加明确的界定，否则诸如"使用发展适宜性活动或材料"这样的说法会太过宽泛，会引发各种不同的解释。第一个发表的关于发展适宜性实践的定义把面向0—8岁幼儿的专门项目包括在内，并分别概述了适宜和不适宜的实践（Bredekamp，1987）。

国际幼儿教育协会（The Association for Childhood Education International，ACEI）在1988年发表了一篇文章，证实了游戏对幼儿发展的重要性（Isenberg and Quisenberry，1988），而美国小学校长协会（The National Association of Elementary School Principals，NAESP）在1990年则阐述了自己关于高质量幼儿项目的标准（NAESP，

1990）。美国州教育委员会协会（National Association of State Boards of Education, NASBE）在全国入学准备特别工作组报告中的一个部分提出了自己的观点（NASBE, 1991）。美国幼儿教育协会和美国州教育部早期教育专家协会（National Association of Early Childhood Specialists in State Departments of Education, NAECS/SDE）联合发布了一项声明即《3—8 岁儿童发展适宜性课程内容和评价指南》，分第一和第二卷（Bredekamp & Rosegrant, 1992, 1995）。2003 年，由美国幼儿教育协会和美国州教育部早期儿童专家协会联合发表一份最新的关于课程、评价和项目评估的声明。其他最新的观点有：由国际阅读协会（International Reading Association, IRA）和美国幼儿教育协会（1998）提出的"学习阅读和书写：幼儿发展适宜性实践"，由美国幼儿教育协会和美国数学教师协会（NCTM）2002 年提出的"幼儿数学：促进良好的开始"。另外还有一些具体的声明，如 3—8 岁幼儿早期学习标准、入学准备、对语言和文化多样性的回应、在幼儿园入学和安置中不可接受的趋势以及科技与幼儿的关系等，将在本书其他章节中进行探讨，并且都能在章节结束时所列出的美国幼儿教育协会的网站中找到相关内容。

在早期干预与早期特殊教育领域中，特殊儿童委员会（Council for Exceptional Children）的早期儿童部（Division for Early Childhood, DEC）在其 1993 年发表的 DEC 文件中提出了建议，并在新近于 2000 年出版的书中进行了更新。

对这一问题的探讨仍在继续。1997 年，美国幼儿教育协会对关于发展适宜性实践的立场声明进行了第一次重大修订，发表了《早期教育中的发展适宜性实践》修订版（Bredekamp & Copple, 1997）。这一最新的文件在前言部分承认了不断改变的知识基础既来自于研究，也来自于专业人士之间持续进行的对话，需要每隔 10 年左右对这一过程进行审查并出版修订文件。

许多幼儿教育专业人士、家长和社区对此都非常感谢，感谢这本指南尝试在这个千变万化的领域指明路线。幼儿教育领域面临的新趋势和关注点包括：

- 被集体照看的婴幼儿数量持续增长。
- 特殊需要儿童被纳入到常规机构。
- 来自不同语言和文化的幼儿和家庭数量持续增长。
- 对幼儿园和前幼儿园阶段的学业评价和入学准备越来越受到重视。
- 多数州发起制定早期学习标准的运动。
- 小学阶段存在达到测试标准的压力。

所有这些问题都引起了人们对如何更好地满足儿童发展需要的关注。上述立场声明帮助我们作出判断，并影响着我们的决定。对所有学生和专业人士来说，熟悉这些立场声明是很重要的，尤其是要了解最近由美国幼儿教育协会的布里德坎普和科普尔编写的书（1997），这些书应成为学生和专业人士的阅读书库和专业图书馆中的一部分。美国幼儿教育协会出版的这些书为那些教育原则奠定了基础。

美国幼儿教育协会于 1999 年 7 月正式通过了修正后的立场声明，概述了当前早期儿童项目的运行情况以及产生各种观点的环境。

自从美国幼儿教育协会发表第一个立场声明之后，发展适宜性实践就受到了许多早期教育专家的质疑。吉普森（Jipson）认为"发展适宜性实践"声明在确定"适宜性"的构成要素时忽略了文化差异性（Jipson, 1991）。德尔皮（Delpit）指出该声明没有关注非洲裔美国儿童的特别需求，并印证了以欧洲裔人为中心的偏见（Delpit, 1988, 1995）。马洛里（Mallory）和纽（New）进一步对文化的有效性进行了探讨，并对残疾儿童的发展适宜性原则提出了质疑（Mallory & New, 1994）。斯波代克（Spodek）指出关注于发展并不能解决课程"是什么"这一问题（Spodek & Brown, 1993）。凯斯勒（Kessler）提醒专业人士应该谨防基于特殊群体的观点的实践"处方"，他主张教育目的的多样性。沃尔什（Walsh）认为声明中关于儿童发展的共识并不全面真实，忽略了关于学习和发展的其他重要观点（Walsh, 1991）。维恩（Wien）指出目前的评论分为两个方面：将主流文化作为所有儿童的课程规范，忽视了其他文化的价值和规范；没有将一些系列实践包含在内，比如对所有儿童都很重要的直接指导（Wien, 1995）。两位早期儿童教育专家发表了一系列的对话文章，这些文章运用实例证明这场争论的本质是探讨发展适宜性实践是否对每一个人都适用（见 Charlesworth, 1998a; Charlesworth, 1998b; Lubeck, 1998）。新的立场声明认识到需要澄清和解决一些受到关注的问题，并"更加清晰地表达美国幼儿教育协会的立场，以使得精力不再浪费在对显而易见的问题进行无效争论上，而是花在对真正的不同观点的探讨上"（Bredekamp & Copple, 1997, p. 4）。这并不意味着立场声明要制止质疑和争论，而是意识到了这种探讨对领域内专业知识持续性发展的重要性，鼓励人们进一步探讨。

立场声明最初的目的之一，是希望为寻求美国幼儿教育协会认证的项目提供一个关于发展适宜性实践的解释。当然，发展适宜性实践只是大概的原则，这些原则适用于独特的项目和情境。

所有学生在阅读和学习本书的过程中都应该有一份该声明并随时查阅。

## 关于发展适宜性实践的立场声明

美国幼儿教育协会这份关于发展适宜性实践的立场声明指出了该声明的理论基础，并重申了对儿童的承诺。"立场声明"这一部分明确表述了儿童发展的目标，而这些目标在幼儿教育领域已经达成共识。这些目标认为，当今天的孩子长大成人时，他们需要具备以下能力。

• 善于交流，尊重他人，与别人一起参与到存在意见分歧的工作中来，能够作为团队成员很好地发挥作用。

• 对实际情况进行分析，作出合理判断，当新问题出现时能够及时解决。

• 通过多种方式获取信息，包括口头和书面语言，智慧地使用已经发展成熟的复杂工具和技术。

- 随着情况和需要的改变继续学习新的方法、技能和知识。（Bredekamp & Copple，1997，p. 8）

除了知识和技能之外，其他目标还包括发展儿童以下方面的积极情感和态度。

- 懂得成功需要努力。
- 拥有作为学习者的好奇心和自信心。
- 具有积极的自我认同感，容忍那些可能持有不同立场的人。

美国幼儿教育协会意识到，除了上述在儿童早期教育领域共享的目标之外，针对儿童的每一个教育方案都要和它所服务的家长一起共同确立目标。尽管这些目标会有所不同，美国幼儿教育协会认为所有高质量的早期儿童项目都具有共同的特点：能够提供一个安全和营养的环境，促进每一个孩子的身体、社会、情感、审美、智力和语言的发展，同时也要对孩子们的需要和家庭的偏好很敏感（Bredekamp & Copple，1997，p. 8）。

该声明表示，发展适宜性实践的一个显著特征在于"关于儿童如何发展和学习的知识应用于实践的程度"（第8页）。在本章的后面部分，我们将关注儿童发展和学习的原则体系，这些原则为有关发展适宜性实践的决策奠定了基础。

立场声明接下来从5个相互关联的方面提出了指导方针。

- 在各种关系建立的背景下，创造一个充满关爱的学习者社区。
- 教学要促进学习和发展，同时要考虑教师在促进儿童学习的过程中的角色和策略。
- 建构适宜的课程，同时注意内容和策略。
- 评价儿童的学习和发展。
- 和家庭建立互动关系。

尽管有关每一个相关方面的适宜性和非适宜性的实践与策略实例并非立场声明的一部分，但立场声明仍然为婴儿和学步儿、3—5岁儿童以及6—8岁儿童提供了这些例子。

立场声明中还提及了这个观点：立场声明是在暗示进行"是/不是"的对立思考。针对这一批评，我们认为思考应该包括复杂的回应，如"两者/和"，因为通常两种方式的结合是最佳的，因此，教师和家长不应该只选择一种方法而忽略另一种。

最后一部分指出了实施发展适宜性早期儿童项目的支持政策和资源。

这个最新的立场声明反映了思考和决策的更进一步的发展，这将使得早期教育项目中的实践更加完善。

## 发展适宜性实践——进一步定义

发展适宜性实践提到了将有关儿童发展的知识用于为早期儿童教育实践制定经过深思熟虑的和适宜的决策，即"为幼儿设计的项目建立在关于幼儿的知识基础之上"（Bredekamp & Copple，1997，p. Ⅴ）。有关不同年龄和阶段的儿童在特定的环境中如何发展和学习的研究和理论知识都用于创造学习的环境，与儿童的能力和发展任务相匹配的环境。这就意味着发展适宜性实践只能建立在对孩子的现有认识之上。发展适宜性实践并不是建立在成人对孩子的想象、期望或猜测之上。它完全不必以未来的目标为基础。

发展适宜性实践对幼儿的了解是建立在翔实的数据和事实的基础之上的。发展适宜性实践"不是课程，也不是一套可以用于支配教育实践的僵死的标准。相反，它是一种构建，一种哲学，或者说一种与幼儿一起工作的方法"（Bredekamp & Rosegrant，1992，p. 4）。这是首先必须了解的一点。那些以为发展适宜性实践是为实践项目限定标准从而使所有的项目趋同的人应该明白，这并非发展适宜性实践的意图。相反，发展适宜性实践的真正目的是冷静地了解儿童并弄清楚我们能够从儿童和他们的家庭里学到什么，且以此为决策的基础。

将有关儿童发展的知识转换为对儿童进行培养和教育的实践，这需要成人作出很多的决策。在设计项目课程和制订计划时，我们需要考虑和决定的问题是：如何让课程和计划符合我们对儿童的认识？如果我们的实践是对我们所掌握的有关儿童的知识的补充和适应，那我们的决策就是以发展适宜性实践为基础的。如果我们的实践与有关儿童的知识不相符，那么这个实践和决策就需要接受质疑和检验，并很有可能被替换。

对于早期教育实践者来说，一个很明确的任务就是专注于对儿童发展理论知识的学习。没有这个背景，学生、老师和看护者（caregiver）都很容易犯只依靠模糊概念作出决策的错误，这些模糊概念包括对个人价值以及对未来行为预期的片面想法。如果你还没有完成有关儿童发展的基础课程和/或阅读，那么对你来说，很重要的一点就是在为幼儿计划项目和评估质量前先好好学习。本书简略回顾了有关的儿童发展理论，借此提醒读者在开展教育实践前应具备的理论基础。

很显然，仅仅依靠儿童发展理论并不能为实践者提供设计幼儿项目和课程所需的全部答案（Spodek & Brown，1993）。教育项目是各种决策的综合产物，这些决策包括课程内容（儿童将学习什么）、学习过程（儿童如何学习）、指导策略（教师如何教）和评价方法（如何知道儿童已经学会了什么以及如何制订未来的方案）（Bredekamp & Rosegrant，1992）。这些决策制定的基础包括儿童发展理论，也包括家庭、社区以及文化价值观和取向。在专业人士的理论知识和家庭、社区的期望中寻求平衡是发展适宜性理论的重要内容。

正如美国幼儿教育协会的声明中提醒的那样，发展适宜性实践的决策建立在3种重要的信息和知识的基础之上。

●有关儿童发展和学习的知识——相关年龄的人的特征，有了这种知识，就可以对在一定的年龄范围内的活动、材料、互动或者经验进行普遍的推测。这种知识应该是健康的、安全的、有趣的、可以完成的，同时对儿童来说也是具有挑战性的。

●有关小组中每个孩子的能力特长、兴趣和需要的知识，用来适应个体差异，并对不可避免的个体差异作出反应。

●有关儿童生活的社会和文化环境的知识，这能够确保学习经验对儿童来说是有意义的、相互联系的，并且尊重了参与其中的儿童和他们的家庭。（Bredekamp & Copple，1997，p. 9）

尽管有人质疑现有的儿童发展理论是否由于不具备跨文化的效力而使其效用受到局限（New，1994），但不同年龄的人所具有的明显差异性依然是清晰可见的。修订版立场声明指出，尽管年龄相关性数据只用于一般性预测，应该注意到统计上的常模并不能反映出所有个体的发展水平和能力或不同文化群体中的发展。儿童发展理论是帮助教师了解儿童如何学习的最重要依据，以便学习环境能够提供既充满成就又富有挑战的经验。

　　年龄/阶段特点推断并不能解释教师所看到的儿童所具有的多种多样的能力和行为差异，尽管如此，我们可以看到，每个儿童的发展都遵循着自己的发展轨迹。修订版声明要求发展适宜性的定义应该对儿童的个性作出回答。个性与遗传和经验有关，包括儿童所处的文化和背景。既然教师的任务是帮助所有儿童成长和发展，他们必须学习任何可以帮助他们了解每个儿童的知识，包括每个儿童的学习方式和喜好、兴趣、个性和脾气、能力和不足、挑战和困难。这些知识有助于教师以及他们所设计的教育方案促进所有儿童全面发展，包括那些身有残疾的儿童和发展迟缓的儿童。关注每个幼儿可以避免教师将差异视为缺陷。

　　要了解儿童必须将其置于包括家庭、文化和社区、过去经历和当前所处环境的大背景之中。发展适宜性实践把儿童看做一个特定的个体而非某一年龄段的一员。尽管对儿童个体独特性的认识和感受可能是受到了课程和书本的启发，但对儿童个体独特性的认识不可能来自课程和书本。这一认识最初来源于与儿童的交往与互动，也包括与家长的交流和互动，家长也是教师了解孩子的重要资源。发展适宜性实践以家长的主动参与为基础，家长既是教师了解儿童的重要资源，又是为他们的孩子制订个体适宜性方案的决策者。

　　第一份声明和1997年的修订版最大的不同之处在于后者承认和强调了儿童发展和学习所处的文化背景的重要性。在第一份声明中，文化差异性被归为个体差异性的一部分。但目前大家已经意识到群体文化差异性与个体差异性是不同的，也就是说，在相同的时间内，个体儿童的发展既与个人经历有关，又受到所处的文化背景中群体共享的行为预期的影响。文化由价值、规则和行为预期组成，在家庭和社区中若隐若现地代代相传。在当代社会，教师必须敏锐地认识到儿童和他们的家庭所属的不同文化和语言群体，并充分地尊重他们。如果文化背景对儿童发展的重要性不被认识，儿童的发展将会面临很多问题。

　　当家庭和学校的要求不一致时，一系列问题都会随之产生。当文化或语言差异在学校被当做缺陷而不是长处或能力时，其他问题也会出现。在这种情况下，儿童的自尊心会受到严重的伤害，他们的能力也被低估。修订版声明将文化背景视为幼儿保教决策的重要考虑因素，这一点是非常重要的。

　　设计真正的发展适宜性教育方案必须特别注意3个方面的知识：不同年龄发展阶段儿童是如何学习的；每个儿童的能力、个性和需要获得的支持；每个儿童的不同文化背景。当教师在为教室中的活动决策时，他们会发现，由于人员和情况的改变，下一年的决策跟上一年会大不相同。因此，一些人担心发展适宜性实践是非常有限的——因为他们担心立场文件会导致统一的方案，使所制订和设计的方案看起来都一样——事实上这是不可能的。

　　制定发展适宜性决策时，至关重要的一点就是成人必须持尊重的态度（Kostelnik，1993）。这种态度可以使得成人能够自然而然地接受儿童在发展中的行为和差异，而非试图改变他们或揠苗助长。尊重的态度要求教师能够认识和接受儿童的不同背景和家庭状况（不同背景可能包括家庭结构和经历的差异、种族或民族传统差异、社会生活方式差异、身体或精神方面的特殊需求，等等）。尊重的态度要求教师和家长在决策前进行沟通，以便更好地促进儿童的发展。对知识建构的尊重使得成人对于儿童以自己的方式和时间来发展他们的能力充满信心。尊重的态度要求成人在任何情况下都寻求其发展适宜性答案，而不只是随便找一个可以适用于所有情况的解决办法。对发展理论的尊重态度使得早期教育工作者在被问责时不会感到压力重重。他们明白在一个适宜性得到支持且不受到任何阻挠的环境中，好奇心、经验、支持和适宜性指导最终会促进幼儿知识和技能的提高。

总结以上的讨论得出，发展适宜性实践对儿童教育方案的判断建立在儿童发展理论的基础之上。早期教育专业人士通过研究了解到年龄适宜性的知识，并通过理论学习和自己的研究发现儿童还具有个体差异性。通过这些标准，他们认识到文化也是儿童行为的强有力的决定因素，因此在制定决策时需要将文化差异性考虑在内。尊重是指导教师与儿童和他们的家庭交流互动的原则，旨在共同寻求促进儿童发展的最佳方案。对于制定发展适宜性决策而言，了解儿童发展理论本身以及影响儿童发展和学习的相关因素都是至关重要的。

## 发展的基本原则

发展适宜性实践建立在有关儿童如何发展和如何学习的知识基础之上。所有幼儿教师都应该了解儿童从出生到8岁所发生的发展变化，怎样才能最好地支持儿童的成长和发展。应该不断学习儿童发展基础课程。在声明中，美国幼儿教育协会列出了12个原则，这些原则从几十年的研究、学习、理论和实践探索提炼而来。在此重述这些原则是因为我们认为实践以发展理论为基础（所有的原则来自美国幼儿教育协会修订版的立场声明，见 Bredekamp & Copple，1997，pp. 10－15）。

**原则1，儿童发展的领域——身体的、社会的、情感的和认知的——都是密切相关的。一个领域的发展影响另一个领域的发展，同时也受到另一个领域发展的影响。**一个领域的发展能够限制或者促进另一个领域的发展。一个旨在促进发展的课程视所有领域都同等重要。所有的学习经历都在为儿童发展提供机会，而不是相互分离的技能或内容领域在促进儿童的成长。只把学习重点放在某一个领域，比如认知领域，势必打乱各个领域的内在联系。制定有关课程内容和教学策略的决策时必须将这一原则谨记在心。

**原则2，发展以一定的顺序进行，后来发展的能力、技能和知识建立在已经掌握的能力和知识的基础之上。**有关儿童发展的研究表明，存在一种相对稳定并可预测的成长和发展模式，只不过在不同的文化环境中变化和发展的方式及其意义有所不同。了解典型的发展行为和能力为教师提供了一个框架，这个框架引导教师如何认识儿童的普遍发展模式，如何最好地支持儿童的最佳学习及如何应对挑战。了解儿童发展顺序中的每一个阶段的价值，可以帮助教师顶住在打好学习基础以前提供不适宜经验的压力。揠苗助长式的教育实践将使儿童的发展难以持续。儿童需要时间按照顺序来经历每一个阶段的发展。

**原则3，从儿童到成人，人的发展以不同的速度进行；同样，对于每一个儿童来说，不同领域的发展速度也是不均衡的。**对同龄儿童的发展进行相互比较是不可能的也是危险的。每个孩子都有自己独特的发展方式和发展速度，众多因素如遗传、身体状况、个性和性格、学习方式、经验和家庭背景使不同个体具有很大的差异性。只按照年龄群体标准对不同的幼儿抱以僵硬不变的同等期待，不符合本原则要求——对特殊能力、需求和兴趣的个体予以差异性支持。

**原则4，早期的经验对于儿童个体来说，既有累积的效果，也有延时的效果。特定类型的发展和学习存在最佳发展期。**儿童幼年的早期经验，不管是积极的还是消极的，都具有累积效应，都会对其以后的发展产生影响。例如儿童在学龄前通过和同伴的游戏形成的社会交往经验会帮助他们发展社会交往技能和自信。这将使他们在进入小学后比那些在同辈交往中没有形成早期社会经验的儿童更有自信，并且在小组学习的情况下表现得更加自如得体。幼年时期是某些类型的学习发展的最佳时期，我们需要充分利用这段时间，做好课程经验规划。例如神经生物学研究表明，人生最初几年的社会和感觉经验对大脑发展有积极作用，对儿童的学习有持续性影响（关于大脑研究的更多内容见第四部分）。

**原则5，发展沿着可预期的方向进行，越来越复杂化、组织化和内在化。**儿童早期的学习是从动作、感觉向符号发展的。认识到这一规律的早教方案通过提供一系列一手经验拓展其行为知识，并通过提供媒介和活动材料等帮助儿童掌握符号，加深对概念的理解。

**原则6，发展和学习产生于多种文化和社会环境当中，并且受到多种社会和文化环境的影响。**只有了解儿童的家庭背景、学校背景和广阔的社会背景，才能更好地理解儿童的发展。如果得到尊重和支持，儿童就有能力在多种文化背景下进行学习。"教育应该是一种附加过程。"（Bredekamp & Copple，1997，p. 13）儿童应该在积累新的文化和语言经验的同时不放弃他最初的文化背景。最新的理论使得我们了解到，一旦儿童的母语和文化在幼年时期得不到尊重与加强，儿童的发展将失去重要的东西。

**原则7，儿童是积极的学习者，他们利用直接的生理和社会经验，也利用文化传承下来的知识来建构自己对于周围世界的理解。**发展适宜性实践的关键原则是以皮亚杰和维果茨基及与之相关的后续研究为基础的，这些理论将在本书的后面部分呈现。这些学者认为智力的发展是一个与他人、活动材料和经验相互影响进而不断建构的过程。当儿童形成并验证他们自己关于世界如何运转的假设时，他们的思维过程和心理结构都在经历着不断的调整。适宜的教育会为这种建构创造一个能够为其提供所需材料和交互作用的环境。教学策略支持儿童的主动学习，让儿童自己对知识进行建构，尽可能少地对其进行直接教学。

**原则8，发展和学习源自生理成熟及其和环境的相互作用，环境包括儿童所生活其中的物质环境和社会环境。**生理成熟是儿童进行学习的先决条件，而儿童与环境的交互作用则决定着何种学习将会发生。遗传倾向受到儿童所处自然和社会世界的影响。发展并非只是遗传或环境单独一方的结果，而是由两者互相作用而形成的。

**原则9，游戏是儿童的社会性、情感和认知发展的重要工具，同样也是对他们发展的反映。**游戏是儿童主动建构关于世界的知识的最佳情境。"游戏给予儿童理解世界、以社会的方式与他人交往、表达和控制情绪以及发展表征能力的机会。"（Bredekamp & Copple，1997，p. 14）儿童自发的并得到教师支持的游戏是发展适宜性实践的重要组成部分。全面理解游戏是什么以及它如何支持与推动儿童的整体发展是发展适宜性实践的一个重要方面，具体内容我们将在第二章全面展开。

**原则 10，当孩子有机会练习新掌握的技能时，或者当他们经历刚超出他们现有水平的挑战时，就会获得发展。**儿童能把自己看作成功学习者，是因为他们在大多数实践中取得了成功。因此，教师的一个重要任务就是充分了解儿童的发展能力和兴趣，并呈现与他们能力和兴趣相匹配的课程。此外，儿童能够完成刚刚超出他们现有能力的学习任务，尤其是成人的支持能促进儿童发展到更为复杂的技能和知识理解水平。就像前面提到的"脚手架"一样，我们将在后面的内容中对这一发展过程进行更多的讨论。

**原则 11，儿童表现出不同的认知和学习模式以及不同的掌握知识的方式。**不同的个体拥有不同的"智力"，或者不同的学习理解世界的方式（Gardner，1983，1999）。儿童将拥有的"100 种语言"（见第十八章中对瑞吉欧课程的探讨）来表达和增长知识。因此，教师应该为儿童提供多种学习机会，以使不同偏好的孩子都能找到合乎他们能力的领域并加强其他领域的学习。

**原则 12，在一个让儿童感到安全并受到重视、生理需要得到满足并且感到心理安全的团体环境中，儿童的发展和学习才会取得最佳效果。**发展适宜性教育方案意识到了满足儿童的生理和心理需要的重要性，考虑到了为儿童提供健康、安全的环境，同时也保障了一些更为复杂的服务，如满足营养需求、牙齿健康需求和医疗需求，还考虑到环境要使彼此之间的关系随着时间的推移而愈加温暖。

对上述原则的认真研究将会表明它们之间的内在关联性。当教师在他们的实践中进行决策时，这些重要的基本原则将发挥重要的影响。在实践中，需要重点阐明的是：任何事情都不是只有"不是……就是"这种非此即彼的两极化选择：不是儿童自发就是教师主导，不是过程导向就是结果导向。变化并不意味着绝对好与坏。发展适宜性实践要求我们寻找一种平衡，包括让每位教师都能感到与个人经验和价值观的平衡。许多方案和实践在某种程度上都处于两极之间（Kostelnik，1992）。有些部分是发展适宜性的，有些可能就不够适宜。发展适宜性实践的目的是考核幼儿教育方案的所有方面，从而决定这一方案究竟是"提高还是降低幼儿的生活质量"（Kostelnik，1993，p. 74）。

## 是不是发展适宜性的？——简单背后的复杂

在一篇美国幼儿教育协会发表的有关发展适宜性实践的文章中，休·布里德坎普请早教工作者考虑以下哪一个说法描述的是发展适宜性实践。

- 为 3 岁儿童提供持续 30 分钟的活动，儿童在活动中主要在观看和听老师讲。
- 一位老师为一组 4 岁儿童阅读图画书。
- 在一所幼儿园进行的 1 小时自由活动时间中，孩子们可以堆积木、玩桌上玩具、穿衣服或玩其他活动材料。

●为小学二年级学生上数学课，老师站在黑板边进行指导。（Bredekamp & Copple，1997）

许多早教工作者很容易就指出大声读故事书和自由活动时间属于发展适宜性实践，并对让 3 岁儿童长时间听讲和上集体数学课的适宜性提出质疑。而文章后面的更多信息使大多数工作者改变了最初的想法。文章中提到长时间的听讲活动是为一些生活于边远地区的美国原住民社区的儿童提供的，教授者是他们社区中的成员。他们的文化认为相互依存的价值高于独立，并且他们希望孩子们通过观察和非语言性交流进行学习。这位经验丰富的老师正在帮助孩子们发展有价值的技能，因此，这个活动具有文化适宜性，从而也是发展适宜性的。此外，阅读故事书的背景信息显示大部分孩子的母语是西班牙语，而老师却在阅读一本孩子们听不懂的英语字母书，尤其是孩子中还有一位听力受损儿童，但却没有任何人为他解释书的内容。教师过了很长时间才意识到孩子们心不在焉。显然，这说明教师缺乏关于如何指导儿童学习第二语言的知识。

同样，自由游戏活动虽然提供了活动材料，却连续 6 个月没有更换，孩子们不是开小差就是玩一些不曾更换的游戏。教师扮演了一个消极的角色，只是纠正孩子的错误行为和按照昨天的工作表在工作。现在这也可以被视为不适宜的实践，因为教师忽视了幼儿学习方式的互动特点。全班集体上数学课是在孩子们花了一个星期的时间通过数学教具来学习数学概念并主动以合作的方式解决难题之后，因此，集体的数学课是帮助孩子们学习数学概念的一种发展适宜性方式。所以很显然，判断发展适宜性实践需要复杂的思考，涉及许多因素和知识来源。相对于快速地作出判断，更适宜的方法是评估实践过程时默念这句话："它取决于……"发展适宜性实践并非一个狭义的关于做什么或不做什么的处方，它是为特定背景下的特定儿童选定发展适宜性行动方案。

声明中提到了一些值得注意的案例，其中有很多不适宜实践，这些不适宜实践的相当一部分是过早阶段，尤其是在学龄前期教偏重认知发展的学业技能。布里德坎普和罗斯格兰特注意到，"（声明的）目的是开拓课程和教学实践，并将孤立地关注学业技能和操作练习的方式转变为指导"（Bredekamp & Rosegrant，1992，p. 4）。对"适宜/不适宜"的讨论的关键点可能在于对以下 3 个问题的不同回答。

●处于这个年龄的儿童怎样学习最有效？

●处于这个年龄的儿童最应该学习什么（无论他们是在这一个或那一个项目组还是在家里）？

• 儿童在学前期的学业技能学习经验与发展适宜性课程学习经验分别会对他将来的小学生活、青春期生活和成年以后的生活有怎样的反响？（Greenberg，1990，p. 75）

对前两个问题——不同年龄段的儿童应该学习什么和如何学习的回答，是本书第二、三、四部分的内容。现在，我们将解答相对较为学术化的学习经验在未来阶段的反响这一问题。

## 适宜性实践的结果与不适宜性实践的结果

为什么许多早期教育工作者都认为对发展适宜性实践进行描述至为关键，并认为这样可以使更多教师开展发展适宜性实践呢？答案首先在于 4 个重要领域的发展：自尊心、自我控制力、抗压力以及今后的学业模式。

### 自尊心

"儿童的自尊心在很大程度上是通过经常性地迎接和战胜富有意义的新挑战而产生的。"（Greenberg，1990，p. 76）当儿童在他们认为对自己（而非对别人）很重要的一些事情中取得成功时，他们会觉得自己很有能力。

这里的关键概念是胜任。当成人让儿童从事超出他们发展水平的学习实践时，失败就成为必然。当儿童不能胜任一项任务时，儿童并不能判断出其实是成人为他们选择的学习方式或任务错了。儿童只是感觉到这种学习方式对他们而言陌生而困难，而他们无法达到成人的标准。一个孩子由于无法在老师讲课时保持静坐不动而引起老师的不满，而老师的不满伤害了这个孩子的自尊心。当他不能完成指定的任务而一遍又一遍地被老师叫停，这会伤害他的自尊心。以学业为重的课程方案往往强调的是对狭义认知技能的掌握，会对儿童形成一种暗示，即其他领域的学习是没有价值的。"让儿童过早学习学业技能的另一个风险是使那些未能掌握学习内容和完成任务的学生感觉力不从心。"（Katz，1988，p. 30）这些消极经验会影响儿童自尊心的发展。

另一个关键词是意义。"如果我们让儿童去完成一个对他们自己来说没有意义的任务，那么他们即使完成了任务也得不到任何的满足感和自我价值感。"（Greenberg，1990，p. 76）对抽象的技能和次级技能（subskills）的死记硬背与幼儿的兴趣和好奇心相去甚远。当儿童不能选择对他们而言非常重要的学习时，他们的自尊心就会受到伤害。后面的章节将详细地对各种能够帮助儿童形成自尊心的实践进行比较。

研究表明，儿童在以儿童为中心的教室中会对自己的成功有更高的期待，会更少地依赖成人的允许和同意，并且更加愿意尝试挑战学业技能（Dunn & Kontos，1997）。

### 自我控制

随着儿童认知能力的成熟，他们越来越能够按照成人的指导支配自己的行为。如果成人主要使用武断、强制性的策略（power-driven techniques）来训导儿童，那么儿童就没有机会学习如何控制情绪，也没有机会逐渐将他们需要掌握的信息内化为自己在生活中的能力。这些孩子过多地受到了外部力量的控制，以至于他们不仅自尊心受到伤害

（"我无论做什么都不能让老师和爸爸妈妈高兴"），自我控制力也得不到发展（"我要尽可能去做这件事，因为我知道他们迟早都会阻止我，然后我将要付出代价"）。

所有的幼儿教师都认为需要用纪律对儿童的行为和冲动进行限制。发展适宜性实践与不适宜的实践，或者与那些有可能最终实现自我控制的策略（相对于只是暂时阻止错误行为的做法）的区别，在于教师选择的教学方法与他们对这个孩子学习能力的了解的符合程度。当成人不了解儿童在语言表达、认知推理、判断技巧或者去自我中心方面的能力和局限时，他们很可能就会使用强制性的训导了。例如当教师对孩子们不愿意分享的行为感到恼火时，就会以罚坐的方式让他们记住教训，这说明教师没有关注幼儿的天性，孩子们真的不具备理解他人权利和控制自己行为的能力。

更多的发展适宜性的纪律注意到了儿童发展的局限性，强调将儿童引向其他更为积极的替代物。然后，当儿童能够意识到其他人也像他一样喜欢玩那个玩具时，他就会想想办法，或轮流或与别的孩子一起玩。这样的方式就使得教师成为了一个帮助者和指导者，而不再是对儿童所有行为强加控制的人。与其由成人控制儿童的行为，不如让儿童自己理解并亲身体验自我控制，唯有如此，其自我控制能力才能产生和提高。

有关研究揭示了不适宜的纪律对儿童以后行为的不良影响。小学一年级教师观察发现，与来自采用适宜性实践的幼儿园的孩子相比，那些来自采用不适宜实践的幼儿园的孩子更加充满敌意和攻击性，容易担心害怕，经常亢奋和分心（Hart，1991）。发展适宜性教室中的儿童比不适宜教室中的儿童更加善于合作（Dunn & Kontos，1997）。

学习作出好的选择是自律的重要方面。为儿童作出选择提供信息和支持的环境对于儿童自制能力的发展至关重要。

由戴维·韦卡特和他的同事（Berreuta-Clement et al.，1984；Schweinhart et al.，1986；Schweinhart & Weikart，1997；Schweinhart et al.，2005）发表的追踪调查研究报告，强调了发展适宜性课程对儿童的自尊心和自我控制力的影响。该研究的目的是评估高质量的学前教育项目是否对贫困儿童和濒临学业失败的儿童既有短期效果也具有长期效果。

该研究在密歇根州的伊普西兰蒂（Ypsilanti，Michigan）进行，追踪调查了参加不同早教方案的3组儿童从离开幼儿园直到他们40岁为止的情况。3个组采用不同的教育方法和实践：第一组是对处境不利儿童进行直接指导，"教师按照研究要求直接教儿童学业技能，强制他们集中注意力，并对正确回答老师问题的学生予以奖励"（Schweinhart & Weikart，1997，p.9），现在这被称为数学和阅读教育直接教学系统（DISTAR）；第二组采用传统的保育学校项目，鼓励儿童积极参与围绕主题组织的自发游戏，这些主题包括社区助手、一年四季、假期，等等，在一种社会性的支持氛围中，教师对儿童表达出的需求和兴趣作出回应；第三组是采用开放式框架的教学模式，即现在的高宽课程，在这一组，教师和儿童结合多种兴趣共同设计学习活动，教师以开放式问答的方式引导儿童主动学习关键经验，采用计划—实施—评价的模式。后两组项目都包含了社会性知识和学业技能的内容，并且都要求儿童主动学习（Schweinhart，1988）。尽管这项研究招收的被试儿童数量相对较少，但其研究结果却被认为是颇具启发意义的。

佩里学前教育计划的研究最初发现，所有参加过任一学前教育项目的儿童的智力分数都有巨大的提高，远远胜过没有接受过早期教育的儿童，而且随着时间的推移，这一差距在他们10岁时进一步扩大，由此，可以得出结论：参与任何高质量的学前教育项目都会使处境不利儿童的教育经历发生重大的变化。研究者在被试19岁、27岁和40岁时都将其与控制组进行了对比（Schweinhart & Weikart，1993；Schweinhart et al.，1997；Schweinhart et al.，2005）。研究发现，比起没参与过任何一种学前教育项目的人，接受过学前项目的人高中毕业的多、上大学的多、有工作的多。在15岁及之后这种差距更加明显，参与过注重儿童自发性的项目的儿童在社会性能力和责任感方面比参加过直接指导项目的儿童发展更快。前者很少有需接受特殊教育、犯罪、青春期怀孕或是领取救济金的情况出现（Schweinhart & Weikart，1997）。在23岁和40岁时，参加了以儿童为中心的学前项目的人接受了更高的教育，拿到了显然更多的薪水，更可能拥有属于自己的房子、第二辆车，已婚的也更多，接受显然更少的社会服务，很少有被逮捕的，更有可能参加社区志愿者工作。参加直接教学项目组的人表现出更多的反社会的性格和行为，包括"犯重罪被逮捕、金融罪、早期青少年不良行为、工作中断、接受情绪障碍和干扰治疗"（Schweinhart & Weikart，1997，p. 9）。

这些显著的不同表明：自己拥有选择机会、建立对学习的信心、逐渐发展自我控制能力的幼儿会收获良多（Schweinhart et al.，1986）。

研究者得出结论：一个高质量的学前课程必须拥有丰富的儿童发起（child-initiated）的学习活动，这正是发展适宜性实践所建议的，让儿童发展决策、规划以及与其他儿童及老师相处的技能与素质。

研究结果显示，参加发展适宜性课程的儿童——这些儿童自己制订计划，对自己的活动负责，自己发起活动——发展了终身学习的特质，"有主动性、好奇心、信任、信心、独立性、责任心和发散思维"（Schweinhart & Weikart，1993，p. 12）。而接受直接教学、在成人限定目标和范围下学习的儿童，对自己、对教育体制或整个社区毫无兴趣（Schweinhart，1988）。

## 抗压力

当代一些儿童心理学家认为，由于童年阶段儿童被催促快快长大，由此带来的压力使我们的儿童正处于危险中（Elkind，1981，1988）。催促儿童快快长大的形式有很多，包括提早进行竞争性运动和学习专业课程，提早面对成人世界的问题和快速变化，或忍受本就承受着压力的家庭（比如离婚和单亲家长的家庭）中不断增加的情绪和身体问题。较早地在幼儿教育项目中引入学业知识是本书主要关注的"催促"方式之一。

当通过正规教学对儿童提出额外和不适宜的要求时，压力就成为一个普遍的危险。当幼儿被要求学习与他们天然学习风格相反的学科和方法时，他们就经历着自己的愿望与成人强加和期望的形式之间的自然争执。克制天性以赢得成人的赞许，要求儿童进行大量的努力来抑制和控制他们的行为。比如5岁男孩看上去并不能按照老师要求的那样坐着听，或比如18个月大的儿童每爬一下就被挪走，这就是真正的压力。

一些研究证实了非发展适宜性的环境对儿童施加的越来越多的压力。与发展适宜性教室中的儿童相比，非发展适宜性教室中的儿童明显表现出更多的压力行为。男孩的压力更为明显。研究发现对幼儿最富于压力的活动是作业、等待以及过渡活动（Burts et al.，1992），有关研究发现也出现在发展适宜性和非发展适宜性的学前机构（Durland et al.，1992；Dunn & Kontos，1997）。无论是在发展适宜性教室，还是在非发展适宜性教室，少数民族的儿童和较低社会经济背景的儿童都表现出更多的压力（Burts et al.，1992；Hart et al.，1997；Charlesworth，1998a）。然而，当使用发展适宜性的全语言教学法教授社会经济地位较低的非洲裔美国儿童读写知识时，他们的进步极为迅速，相应的，压力行为爆发频率减少（Weems-Moon，1991）。

为了了解非发展适宜性实践对统一的学习方式或时间的期望是如何将儿童置于不必要的压力之下的，我们来看一看发生在太多的早期儿童环境中的如下场景。观察学步儿在无法按教师要求静坐不动时所感受到的严重挫败感。想象一下当一个 4 岁儿童很想模仿老师的完美示范而写不出字母时的焦虑。想象一个 6 岁儿童只是因为不能区分字母而不能连贯地读课文因而在教师的一次次纠正时所感到的羞愧和受到的打击。对失败的恐惧会让人无法承受，如果成人学习了什么是发展适宜性实践，就会发现这是一个不必要的冒险。

### 后来的学业模式

儿童在后来的学业学习中的收益能证明提早让儿童学习学业知识所引发的压力是值得的吗？相反，被要求使用不适宜他们发展阶段的方法进行学习的儿童可能会早早地在教育上走上岔路。

一个真正的危险就是这些儿童可能会学到无助，也就是说，他们可能变得只依赖于教师组织的学习，而不是自发的学习——提出自己的问题并自己解决问题的学习。因此，儿童学习的自然驱动力可能会遭到严重破坏（Elkind，1987a）。

事实上，一些证据显示推迟儿童对抽象学科知识的学习比加速更有积极效果，而且明确显示没有任何不利影响。非发展适宜性教室中的一年级儿童的阅读分数比发展适宜性教室中的儿童低（Burts et al.，1992）。测验分数的差异并不能证明接受非发展适宜性实践的指导方法的幼儿所承受的压力的合理性（Burts et al.，1991）。在一年级和二年级结束时，发展适宜性实践学前班中的幼儿与非发展适宜性时间学前班中的幼儿所取得的平均分没有什么不同（Verma，1992）。杜恩和康托斯（Dunn & Kontos，1997）提到了其他研究，都证实了发展适宜性实践中的儿童所获得的长远的学业收益。

一个值得关注的影响是，过早接触学业知识实际上会危害后来的成功，而推迟接触是有益的。丽莲·凯茨（Lilian Katz）的话可能是值得留意的："没有特别强大的证据表明早期学业教学能够保证后来的学校学习的成功，而我们有很多理由相信这种早期指导是达不到预期目标的。"（Katz，1988）

## 对发展适宜性实践的误解

我们应该认识到发展适宜性实践在推行中遭遇的某些阻力和抵制是由于人们对其的误解（Kostelnik，1992；Raines，1997）。造成这种误解，一方面是由于对儿童发展理论没有透彻了解，另一方面是因为当幼教工作者在对发展适宜性实践的含义进行钻研时，他们没有持开放的态度，却试图简化和结束讨论。其中的危险是认为实践的标准是固定的、不变的。然而，不管其产生的根源是什么，这些误解都对人们接受发展适宜性实践制造了障碍。因此，我们像学习发展适宜性实践本身一样来学习这些误解是非常有益的。想要提倡发展适宜性实践的学生和教师需要自如地向人们解释这些误解为什么是不真实的。

**误解 1，发展适宜性实践只有一种正确方式。**这一不正确的界定让人误以为发展适宜性实践就等同于一种单一的课程（Raines，1997）。布里德坎普和罗斯格兰特认为这种错误理解来源于 1987 年版的立场声明，这一声明将适宜性实践和非适宜性实践放在一起对比，使它们看起来像是相反的两极而并非一个连续体中的不同阶段。很显然，这个"只有一种正确方式"的错误认识与发展适宜性实践在以下方面的目标是矛盾的，即对塑造教师策略的特殊重视以及对个体需要和兴趣的回应。

有些孩子将比其他孩子更需要成人指导、直接教学和课堂。经验有限的孩子、已有知识技能相对其他孩子要少的孩子以及来自不同语言和文化背景的孩子，需要教师不断调整教学策略，在任何特定的时间知道怎样做才是最好的。如果需要设计符合特定人群需要的课程，那么这个课程将会和其他课程大不相同，尽管二者可能都是发展适宜性的。主要为居住在大城市的中上层白人儿童服务的课程，与为居住在偏远乡村的西班牙裔农民家庭孩子服务的课程，两者所提供的课程经验是不同的。教室中有许多孩子不会同时参与到同一个活动中来，这是因为他们有自己独特的学习方式和学习速度、能力和兴趣、需求和经验。信奉发展适宜性实践的老师会在特定的时间为这些特别的孩子寻求最佳的答案，而不是唯一正确的答案。

**误解 2，发展适宜性课堂/教室是非结构化的。**当一些人听说在进行发展适宜性实践的教室中教师对所有的教学和学习活动都不进行直接控制，他们就很担心教室里将会一团糟。每个发展适宜性教室都是结构化的，只不过这种结构化不像在完全由教师主导的教室中那么显而易见（Raines，1997）。

结构化涉及教师为达到教学目的，对教学设计的规划，对空间、时间、活动材料以及在体育、社会/情感和认知/语言环境进行的互动的精心安排。正如我们在本书后面部分对环境的讨论，在发展适宜性教室中，儿童自发的活动和教师主导的活动实现了平衡。有针对性的互动方案支持着儿童在各个领域的发展。儿童主动地参加和影响着课程计划，并可以作出自己的选择，但这肯定是在教师掌控的范围内。偶尔来教室参观的人可能无法透过教室的场景看到其背后的组织、计划和评估，看不出儿童是通过主动参与在学习。尽管发展适宜性教室中有运动，有多样化的活动和谈话，还有游戏，但它并不是杂乱无章和漫无目的的。

**误解 3，在发展适宜性教室中，教师很少或完全不教学生。**这种错误认识又一次围于如下观点：教师只通过指挥和控制教室中所有的学习活动来进行教学，包括指导命令、布置作业和纠正错误。这种误解隐含的意思就是说，在发展适宜性教室中，教师只是一个被动的观察者，他们并不真正地做很多工作去促进儿童的学习（Raines，1997）。教师是发展适宜性教室的控制者，但并非主导者，他们使用多种教学策略。他们用一些策略——观察、设计、计划、安排和组织——创造了一个无形的结构化环境，以支持孩子们的学习活动。他们还有一些策略隐含在与孩子们的个人互动中。当孩子们忙于游戏时，教师在一边评论、提问和建议，并提供信息和附加材料。教师们示范、质疑并帮助孩子们改变他们的目标。

教师与孩子们合作参与到学习活动中，帮助孩子们通过努力达到更高水平。教师帮助孩子们成立小组或寻找合作伙伴，使孩子们在小组中能够互相支持并扩充彼此的知识。教师会在必要时通过直接指导和讲解的教学策略促进孩子们的学习。教师也会进行集体教学活动，只不过这种教学方式在优先满足个体需要的发展适宜性教室中是比较次要的。教师们发现如果他们总开口说话，孩子们就不会学习。只有在通过观察并判断认为干预能够促进儿童的学习时，他们才会对儿童的学习活动进行干预。发展适宜性教室中的教师通过大量直接或间接的教学策略促进儿童的主动学习。

**误解 4，发展适宜性项目不包括学业性学习内容，即一般被认为正规的阅读、书写和算术。**这个错误理解源自以下两种观点：一种观点认为没有接受过早期学业训练的儿童在以后的学习生涯中难以达到预期水平，另一种观点认为幼儿还没有为接受学业学习做好准备。两种观点都忽略了实质问题，即儿童在操作材料时的学习和兴趣如何自然而然地将他们带入了与识字、数学有关的活动和探究："再读一遍！""那是什么意思？""我需要两块空地放桌子！""蒂米拿得太多了——我才拿了一个！"儿童的兴趣为幼儿园每日教学带来了学业内容，并且促使儿童在小学阶段继续学习这些技能。因此，"学业学习是非发展适宜性的"这种说法过于简单化了。相反，以单一的技能发展为重点，强调教师集体教学和抽象的教师主导下练习的教学策略，都不适合幼儿。在发展适宜性教室中，学业内容是和教室中的其他学习经验整合在一起的，许多传统的教师主导的教学模式常用于年龄稍大的孩子，不会用在这里。

具有讽刺意味的是，当儿童被鉴定为"没准备好"入读严格的学业型学前班或小学一年级时，他们通常被送入注重儿童的主动性、实践性学习经验的"发展性"学前班或"过渡班"。发展适宜性实践提供给了这些在缺乏适宜性的传统学习机构中"失败"的儿童。

**误解 5，发展适宜性课程只对特定人群有效果，"通常认为是白人的、中产阶级家庭的儿童"**（Bredekamp & Rosegrant，1992，p. 5）。这种观点意味着不同种族、文化或社会经济背景的儿童，或者有特殊需要的儿童，不会在发展适宜性项目中得到很好的服务（Jipson，1991）。许多专家为社会经济背景较低的儿童设计了干预方案，他们觉得从消除儿童在学前阶段早期经验和启蒙的缺失来看，直接指导儿童的学业学习是基本的。由波里特和恩格曼开发用于学前儿童的 DISTAR 教学法（数学和阅读教育直接教学系统，Direct Instruction System for Teaching Arithmetic and Reading，DISTAR），在很大程度上是按照既定的课程计划练习与背诵字母发音和数字（Bereiter & Engelmann，1966）。

其他持反对意见的人，尤其是戴维·埃尔金德和戴维·韦卡特认为 DISTAR 对大多数来自各种社会经济背景的幼儿来说都是不适宜的。

雷娜塔·库珀（Renata Cooper）表明了来自非洲裔美国人群体的态度，即"根植于我们美国社会和历史背景的……考虑到我们的经济和社会现实情况，我们的孩子在学校中没有时间玩游戏"（Lakin，1996，p. 40）。

从事特殊教育的教师和有特殊需要儿童的家长表达了相同的观点，认为特殊需要儿童需要尽可能接受直接指导和教学（Wolery et al.，1992）。

根据发展适宜性实践的基本原则，课程经验、环境以及针对个体需要和能力的策略有必要进行调整。这使得发展适宜性教室能够适合于每个儿童，无论其经验或能力如何。由于不存在针对教室中所有儿童的统一标准，特殊需要儿童或拥有特定文化背景的儿童就不会那么害怕失败，也因此能够更加顺利、舒适地成长和成功。在发展适宜性教室中，每个人都可以按照自己的速度和方式学习。

此外，修订版的立场声明更加明确地指出教育方案必须对其服务的儿童所具有的文化差异性作出回应。教育方案必须适合所有儿童个体的需要、兴趣、语言和遗传特征。那些批评发展适宜性实践"没有充分承认个人意见、文化、关心和照顾、互相联系性和共同责任的作用"（Jipson，1991，p. 133）的人似乎没有了解到，发展适宜性课程的一个重要方面就是儿童的个人文化历史背景和教室环境之间的关系问题。如果文化得到认真看待，如果教育者真正做到与家长和社区成员共同决定如何教育和照顾他们的孩子，教育方案的理论和设计都必然会有显著的不同。

此外，在接下来的对发展适宜性实践的讨论中很重要的一点是，我们谁都不能掉入如下陷阱，即相信我们能说出哪种教育方式对别人的孩子是最好的（Delpit，1995），或代表主流文化的人压制其他不打算融入甚至不曾意识到主流文化的人的观点（Kendall，1996）。

开展发展适宜性实践的教师必须使他们的教室适宜每个幼儿，并得到来自每个家长的支持。

**误解6，在发展适宜性的教室中，没有任何方法能辨别儿童是否在学习。**这种观点认为在发展适宜性教室中，测试孩子兴趣保持时间时使用的方法绝不是易于应用的传统技巧。问责的压力将标准化测试带给了教室中的幼儿。即使是最小的孩子也会经常面对突然袭击的小测验（这是什么颜色？我有几个球？）。我们并不能像测验儿童在认知概念方面的成就一样，轻易地对儿童在各个领域的学习进行量化和测量。儿童对世界、物以及人的建构性理解是通过他们操作材料和互动方式的不断复杂化而体现出来的。他们的语言、问题和注意力表现出了他们的发展。发展适宜性教室中的教学精髓在于：不间断地观察儿童的游戏、语言、互动以及他们借助读写以及其他交流方式交流学习方面能力的提高。当教师做了专门的观察记录后，他们就能识别每个孩子的成长及变化模式。

这些观察记录是为儿童的发展设定下一步挑战的基础。这些观察记录也回答了成人有关学习的疑问。那些尊重儿童先天能力和自学渴望的教师都有着这样的信念，即儿童将在一个回应性的环境中发展和学习。他们认为对儿童进行的观察是实践这种信念的一种具体方式。

**误解7，只需特定种类的玩具和材料就能进行发展适宜性实践（Kostelnik，1993）。**这种说法不仅仅是一种谬论，而且是对重要观点的粗俗简化。当一些教育机构因为购买了蒙台梭利设计的玩具就把他们的课程称作蒙台梭利课程时，他们也犯了同样粗俗的错误。没有对教育理念的透彻理解和基本掌握，这些玩具只不过是增加教室中的材料而已。事实在于，材料是积极的学习环境中的重要组成部分，发展适宜性实践的标准对学习活动中出现太多的纸笔活动表达了关注。发展适宜性教室中的教师认为，儿童的实践以及与材料的互动，帮助他们建构自己感觉运动的、前运算的和具体的概念。因此，他们把大量的时间和努力都花在精心为儿童的游戏选择玩具和材料上。由于儿童需要的是无论何种能力水平都能够成功操作的材料，因此发展适宜性教室中的许多玩具都是开放式的，这些开放式玩具的使用方式可以是多种多样的。然而，除此之外，活动材料还包括幼年时期的传统玩具，如积木、书籍，可以摆弄的小玩意，来自真实世界的材料，如水、沙子、成人的衣服、厨房用具和古老的钟表。判断发展适宜性教室中的材料的标准是：支持某种学习兴趣或目的。

**误解 8，发展适宜性实践没有具体目标或最终目的（Bredekamp & Rosegrant，1992）。** 这种观点认为，在发展适宜性教室中，儿童自己决定他们将要学习什么以及如何学习，这是对"以儿童为中心"这句话的错误理解——把"以儿童为中心"解释为由儿童作决定、由儿童支配或纵容儿童——更准确的理解应该是"敏锐感知儿童"（Bredekamp & Rosegrant，1992）。尽管限于学业技能的学习已经遭到了美国幼儿教育协会的反对，并被视为幼儿的非适宜性发展实践，但是发展适宜性实践也是有具体目标和最终目的的。"所有有效的教育方案都明确地表明了它们的目标（或成果），教师的规划和他们与儿童一起做的工作都是为实现这个目标。"（Bredekamp & Rosegrant，1992，p. 5）发展适宜性教室的不同之处在于这些目标是为了儿童所有领域的发展，是建立在对儿童年龄水平的认识和儿童学习与发展的个体需要的基础之上的。

儿童的需要、问题和兴趣是教师设计以儿童为中心的课程时的主要考虑因素。尽管如此，教师也需要知道在游戏和课程中如何、为什么以及什么时候去拓展学习的可能性。他们密切关注着儿童的进步，看着儿童从学习具体的课程中获得识字能力、计数能力以及社交技巧、情绪控制能力和身体机能。

**误解 9，在发展适宜性实践中，课程就是儿童的发展（Bredekamp & Rosegrant，1992）。** 这种观点忽视了一个事实，即其他知识只有与有关儿童发展的知识一起才能保证所有儿童的潜能都得到激发。尽管有关儿童发展的知识是决定发展适宜性教学实践的关键因素，但其他的因素也影响着课程决策。斯波代克和布朗指出发展只是影响教室实践的 3 个方面之一，其他方面包括文化因素（要考虑社会的价值观，即社会成员希望他们的孩子成为怎样的人）和知识因素（儿童需要了解什么）（Spodek & Brown，1993）。这就使得教育者有必要与社群经常性地进行交流，以决定

- 哪些是儿童成为 21 世纪的公民所需要的技能和素质。
- 家庭和社区的价值观是什么。
- 哪些知识和学科领域是必需的。
- 儿童/儿童群体的兴趣领域在哪里。

关注这些方面与发展适宜性的概念并不矛盾，相反，这将使得所作的决定成为真正个别适宜和文化适宜的。

**误解 10，发展适宜性实践只是教育发展过程的一个潮流（Kostelnik，1992）。** 很显然，与过去相比，要求教育者做的事情已经发生了变化，教师们不再对那些他们认为不会太持久的事情过于认真。尽管如此，如果把发展适宜性想成是"一种专业思想的演变，这还继续会在几十年之后出现"（Kostelnik，1992，p. 23），那么这一理念就会融入专业思维和实践。发展性实践起源于 20 世纪初，由早期儿童哲学家和教育家约翰·杜威（John Dewey）、帕蒂·史密斯·希尔（Patty Smith Hill）和卡罗林·帕莱特（Caroline Pratt）等提出。所以今天的教师不再被要求去开始新的东西和改变他们所做的所有事情，相反，他们被要求结合自己有关儿童发展的知识开展工作。不变的问题是："我所

做的是依据了我对这一个/群儿童的认识吗?"教学策略可能会改变,但是知识和态度将一直不变。发展适宜性实践应该坚守能把所有早教工作者团结起来的价值观。这个讨论将不会停止,美国幼儿教育协会将会每6到10年对其立场声明进行回顾和修订。

　　本书致力于帮助学生、实践工作者和其他对发展适宜性实践感兴趣的人,帮助他们思考在自身所处的特殊环境中实施发展适宜性实践可能产生的具体影响。尽管发展适宜性实践并不是一份确定的声明或一份绝对的行动计划——我们假设对于成人来说没有发展适宜性的声明——本书希望可以激发人们反思并检验当前的实践,帮助早教工作者为幼儿创造最具支持性的学习环境。

## 小结

　　美国幼儿教育协会和其他专业性教育组织发表了立场声明,将发展适宜性实践界定为以年龄特点、个人兴趣和需要以及具有文化回应性的发展性知识为基础的活动。发展适宜性实践详细说明了儿童中心、儿童自发和教师支持游戏学习的环境。美国幼儿教育协会的出版物详细地阐述了0—8岁儿童在各个年龄段的适宜和不适宜的实践,并且给出了课程设计和评价原则,而实践者们对有关发展适宜性实践的含义产生了大量误解。发展适宜性实践最重要的方面是对儿童及其特点的尊重。这种尊重引导着成人不断地质疑自己的实践是否与儿童的发展相符。透彻掌握有关发展的知识和原理是基本的。对幼儿进行不适宜实践则会造成负面的结果。

## 思考

　　1. 与几个幼儿教师交谈。问他们"发展适宜性实践"这个术语对他们意味着什么,请他们举出他们在教室中进行发展适宜性实践的例子,描述他们在教室中满足儿童个体需要的方法。然后与你的同学讨论你对这些教师的反应的看法。

　　2. 与幼儿的家长交流他们对游戏课程的感觉以及他们关注的问题。假设你是进行发展适宜性实践的教师,与你的同学讨论家长的回答中隐含的意思。

　　3. 通读美国幼儿教育协会有关发展适宜性实践的著作(Bredekamp & Copple, 1997),记录其中讨论的主要内容。也试着复制一份更早的声明,记录修订版的变化和扩充。这些和其他声明都可以在如下网站上找到:http://www.naeyc.org。

## 问题 (用以评估本章所学)

　　1. 尽可能丰富地描述发展适宜性实践的含义。

　　2. 明确并描述发展适宜性实践的关键组成部分。

　　3. 列出并讨论几大发展原则的含义。

　　4. 明确非适宜行为对幼儿的4个负面结果。

　　5. 讨论有关发展适宜性实践的几个误解。分别对每一个作出准确的解释。

## 问题 (用以应用本章所学)

　　1. 根据自己对幼儿的实践和观察,举实例来逐一说明本章中讨论的12个发展原则。

　　2. 准备驳斥对发展适宜性实践的每个误解。分析人们为什么会产生这些错误理解。

当你关注这些错误理解的来源时，你就会找到处理这些观点的方法。

3. 关注本章索引出现的查尔斯沃斯（Charlesworth）和鲁贝克（Lubeck）之间的对话。回顾他们任一方的论据。找出支持和/或反对每一方的实例。

## 参考文献

Bereiter, C. , & Engelmann, S. ( 1966) . *Teaching disadvantaged children in the preschool.* Englewood Cliffs, NJ: Prentice-Hall.

Berreuta-Clement, J. , et al. ( 1984) . *Changed lives: The effects of the Perry preschool program on youths through age 19.* Ypsilanti, MI: High/Scope Press.

Bredekamp, S. ( Ed. ). ( 1987) . *Developmentally appropriate practice in early childhood programs serving children from birth through age eight.* Washington, DC: NAEYC.

Bredekamp, S. , & Copple, C. ( Eds) ( 1997) . *Developmentally appropriate practice in early childhood programs. Revised Edition.* Washington, DC: NAEYC.

Bredekamp, S. , & Rosegrant, T. ( Eds. ) ( 1992) . *Reaching potentials: Appropriate curriculum and assessment for young children,* Vol. 1. Washington, DC: NAEYC.

_____. ( 1995) . *Reaching potentials: Transforming early childhood curriculum and assessment,* Vol. 2. Washington, DC: NAEYC.

Burts, D. C. , Charlesworth, R. , & Fleege, P. O. ( 1991, April) . Achievement of kindergarten children in developmentally appropriate and developmentally inappropriate classrooms. Paper presented at Society for Research in Child Development.

Butts, D. C. , et al. ( 1992) . Observed activities and stress behaviors in developmentally appropriate and inappropriate kindergarten classrooms. *Early Childhood Research Quarterly,* 7, 297 – 318.

Charlesworth, R. ( 1998a) . Developmentally appropriate practice is for everyone. *Childhood Education,* 74 ( 5) : 274 – 282.

_____. ( 1998b) . Response to Sally Lubeck's "Is Developmentally Appropriate Practice for Everyone?" *Childhood Education,* 74( 5) : 293 – 298.

Delpit, L. ( 1988) . The silenced dialogue: Power and pedagogy in educating other peoples' children. *Harvard Educational Review* 58, 280 – 298.

_____. ( 1995) . *Other peoples' children: Cultural conflict in the classroom.* New York: The New Press.

Dunn, L, & Kontos, S. ( 1997) . What have we learned about developmentally appropriate practice? *Young Children,* 52( 5) : 4 – 13.

Durland, M. , et al. ( 1992, November) . A comparison of the frequencies of observed stress behaviors in children in developmentally appropriate and inappropriate preschool classrooms. Unpublished information included in paper at NAEYC.

Elkind, D. ( 1981) . *The hurried child: Growing up too fast too soon.* Reading, MA: Addison-Wesley Publishing Co.

_____. ( 1987a) . Superbaby syndrome can lead to elementary school burnout. *Young Children,* 42( 3) , 14.

_____. ( 1987b) . The child yesterday, today, and tomorrow. *Young Children,* 42( 4) : 6 – 11.

_____. ( 1988) . *Miseducation: Preschoolers at risk.* New York: Alfred A. Knopf, 3 – 4.

_____. ( 1989, October) . Developmentally appropriate practice: Philosophical and practical implications. *Phi Delta Kappan,* 113 – 117. Gardner, H. ( 1983) . *Frames of mind: The theory of multiple intelligences.* New York: Basic Books.

_____. (1999). *Intelligence reframed: Multiple intelligences for the 21st century*. New York: Basic Books.

Greenberg, P. (1990). Why not academic preschool?(Part 1). *Young Children*. 46(2): 70 – 79.

Hart, C. H. (1991, November). Behavior of first and second grade children who attended developmentally appropriate and developmentally inappropriate classrooms. Paper presented at NAEYC, Denver, CO.

Hart, C., Burts, D., & Charlesworth, R. (1997). Integrated developmentally appropriate curriculum: From theory and research to practice. In C. Hart, D. Burts, & R. Charlesworth (Eds.), *Integrated curriculum and developmentally appropriate practice birth to age eight*(pp. 1 – 28). Albany, NY: State University of New York Press.

Isenberg, J., & Quisenberry, N. (1988). Play: A necessity for all children. *Childhood Education*, 64(3): 138 – 145.

Jipson, J. (1991, April). Developmentally appropriate practice: Culture, curriculum, connections. *Early Education and Development*, 2(2): 120 – 136.

Jones, E., & Reynolds, G. (1992). *The play's the thing: Teacher's roles in children's play*. New York: Teachers College.

Katz, L. (1988, Summer). What should young children be doing? *American Educator*, 28 – 33, 44 – 45.

Kendall, F. (1996). Diversity in the classroom: New approaches to the education of young children. (2nd ed.). New York: Teachers' College Press.

Kessler, S. (1991). Early childhood education as development: Critique of the metaphor. *Early Education and Development*, 2(2): 137 – 152.

Kostelnik, M. J. (1992). Myths associated with developmentally appropriate programs. *Young Children*, 45(4): 17 – 23.

Kostelnik, M. J. (1993, March). Recognizing the essentials of developmentally appropriate practice. *Child Care Information Exchange*, 73 – 77.

Lakin, M. (1996). The meaning of play: Perspectives from Pacific Oaks College. In A. Phillips, (Ed.), *Topics in early childhood education: Playing for keeps. Inter-Institutional Early Childhood Consortium*(pp. 37 – 59). St. Paul, MN: Redleaf Press.

Lubeck, S. (1998). Is developmentally appropriate practice for everyone?*Childhood Education*, 74(5): 283 – 292.

_____. (1998). Is DAP for everyone? A response. *Childhood Education*, 74(5): 299 – 301.

Mallory, B., & New, R. (Eds.). (1994). *Diversity and developmentally appropriate practices: Challenges for early childhood education*. New York: Teachers College Press.

National Education Goals Panel. (1991). *National education goals report: Building a nation of learners*. Washington, DC: Author.

NAESP(1990). *Early childhood education and the elementary school principal: Standards for quality programs for young children*. Alexandria, VA: Author.

NASBE. (1988). *Right from the start*. Alexandria, VA: Author.

_____. (1991). *Caring communities: Supporting young children and families. The Report of the National Task Force on School Readiness*. Alexandria, VA: Author.

NAEYC. (1998). Learning to read and write: Developmentally appropriate practices for young children. A position statement of the International Reading Association and the National Association for the Education of Young Children. Retrieved from http://www.naeyc.org.

_____. (2002). Early childhood mathematics: Promoting good beginnings. A joint position statement of the National Association for the Education of Young Children and the National Council of Teachers of Mathematics. Retrieved from http://www.naeyc.org.

New, R. (1994). Culture, child development, and developmentally appropriate practices: Teachers as collaborative researchers. In B. Mallory & R. New (Eds.), *Diversity and developmentally appropriate practices: Challenges for early childhood education*(pp. 3 – 45). New York: Teachers College Press.

Raines, S. (1997). Developmental appropriateness: Curriculum revisited and challenged. In J. Isenberg & M. Jalongo(Eds.). *Major trends and issues in early childhood education: Challenges, controversies, and insights* (pp. 75 – 89). New York: Teachers College Press.

Sandall, S., M. McLean, & B. Smith (Eds.). (2000). *DEC recommended practices in early intervention/early childhood special education.* Longmont, CA: Sopris West.

Schweinhart, L. J. (1988, May). How important is child-initiated activity? *Principal*, 6 – 10.

Schweinhart, L., Montie, J., Xiang, Z., Barnett, W., Belfield, C., & Nores, M. (2005). *Lifetime effects: The High/Scope Perry Preschool Study through age 40.* Ypsilanti MI: High/Scope Press.

Schweinhart, L., & Weikart, D. P. (1993, Summer). Changed lives, significant benefits: The High/Scope Perry preschool project to date. *High/Scope Resource*, 12(3):1, 10 – 14.

————. (1997, Spring/ Summer). Child-initiated learning in preschool—Prevention that works. *High/Scope Resource*, 16(20):1, 9 – 11.

Schweinhart, L., Weikart, D., & Larner, M. (1986). Consequences of three preschool curriculum models through age 15. *Early Childhood Research Quarterly*, 1, 15 – 45.

Shell, E. R. (1989, December). Now, which kind of preschool?*Psychology Today*, 52 – 53, 56 – 57.

Spodek, B., & Brown, P. (1993). Alternatives in early childhood education: A historical perspective. In B. Spodek(Ed.), *Handbook of research on the education of the young children*(pp. 1 – 33). New York: Macmillan Publishing Co.

Strickland, D. S. & Morrow, L. M. (Eds.) (1989). *Emerging literacy: Young children learn to read and write.* Newark, DE: International Reading Association.

Verma, A. K. (1992, November). Achievement of kindergarten, first, and second grade children from developmentally appropriate and inappropriate kindergarten classrooms. Unpublished master's thesis. Baton Rouge: Louisiana State University. Included in paper at NAEYC, Nov. 1992.

Walsh, D. J. (1989). Changes in kindergarten: Why here? Why now? *Early Childhood Research Quarterly*, 4, 377 – 391.

Walsh, D. J. (1991, April). Extending the discourse on developmental appropriateness: A developmental perspective. *Early Education and Development*, 2(2):109 – 119.

Weems-Moon, N. (1991). An ethnographic study of kindergarten students' literacy skills and stressrelated behaviors before and after teacher demonstrations in bookreading strategies. Unpublished doctoral dissertation, Louisiana State University, Baton Rouge. Included in paper at NAEYC, Nov. 1992.

Wien, C. (1995). *Developmentally appropriate practice in "real life": Stories of teacher practical knowledge.* New York: Teachers College Press.

Wolery, M., Strain, P., & Bailey, D. (1992). Reaching potentials of children with special needs. In S. Bredekamp & T. Rosegrant (Eds.), *Reaching potentials: Appropriate curriculum and assessment for young children*(pp. 92 – 111). Vol. 1. Washington, DC: NAEYC.

## 建议进一步阅读和研究的资料

Hatch, J. A. (2005). *Teaching in the new kindergarten.* Clifton Park, NY: Thomson/Delmar Learning.

McDaniel, G., M. Isaac, H. Brooks, & A. Hatch. (2005). Confronting K-3 teaching challenges in an era of accountability. *Young Children*, 60(2): 20 – 26.

　　Rand, M. (2000). *Giving it some thought: Cases for early childhood practice*. Washington, DC: NAEYC.

　　Seefeldt, C. (2005). *How to work with standards in the early childhood classroom*. New York: Teachers College Press.

　　Wien, C. A. (2004). *Negotiating standards in the primary classroom: The teacher's dilemma*. New York: Teachers College Press.

## 实用网站

**http://www. naeyc. org**

在这个网站上有本章中提到的关于发展适宜性实践的所有立场声明。

**http://ecewebguide. com**

这个网站上有关于多个主题的极其珍贵的资源。输入 DAP 进行搜索，你将会找到很多篇文章。

**http://www. ceep. crc. uiuc. edu**

这个网站是 ERIC/EECE 文摘（ERIC/EECE Digests）的文档服务器。在这里可以搜索到很多篇关于发展适宜性实践的文章。

# 游戏在发展适宜性实践中的重要性

全世界的儿童都玩游戏。他们或一个人游戏，或几个孩子一起游戏，或和成人一起游戏。他们玩专门为儿童制作的玩具——那些已经存在几个世纪的玩具——球和环、玩具娃娃，还有日常用品的袖珍模型。他们把玩自己能够找到的东西，比如木棒和石头，然后把这些东西变成游戏需要的道具。他们按照成人和大孩子教给他们的方式游戏，于是像躲猫猫和捉迷藏这样的游戏代代相传。他们游戏的方式表明他们一直在观察成人世界的生活——抚慰假想的婴儿或用小的弓箭打猎。游戏时他们只对自己小声咕哝或用自成风格的对话方式与同伴互相提示。他们愉快地、自发地做游戏，所使用的复杂的游戏规则很容易被曾经玩过这个游戏的上代人识别。他们从还是婴儿的时候就开始玩游戏，直到应该把注意力集中到学校功课上时他们依然在玩游戏。游戏是童年时代不可分割的一部分。

多年来，儿童的游戏由于其普遍性而引起无数研究者和理论家们的注意。尽管这些研究者对游戏的基本假设在某些方面是不同的，但他们一致认为游戏对儿童的身体、社会性、情感和认知发展具有极其重要的作用。蒙台梭利第一个指出"游戏是儿童的工作"。在论述游戏的重要性时，这句话被反复提及。在本章中，我们将尝试超越这种陈旧的说法来理解为什么游戏是发展适宜性实践的核心。

## 本章学习目标

- 定义游戏并描述游戏的关键元素。
- 描述游戏的类别和社会性阶段。
- 描述关于游戏如何影响儿童发展的主要理论。
- 了解游戏是最具发展适宜性的课程的原因。
- 探讨什么样的环境能够为游戏提供支持。
- 讨论有关游戏的重要问题。

# 什么是游戏？

定义游戏的方式多种多样，这取决于研究者/理论家或参与者的思考方法。当被问及儿童游戏由什么构成时，莫奈恩－诺赫特会提到乐趣和自我选择（Monigan-Nourot，2003）。研究者在定义游戏时注意到游戏具有以下特征。

- 游戏是内在驱动和自发的，儿童愿意游戏。
- 游戏包括非字面的或符号的活动，创造和想象也包含在游戏之中。
- 游戏让儿童主动参与其中，儿童沉浸在他们自己的游戏世界中。
- 游戏的目标是灵活的、自愿的，而且是可以在游戏过程中改变的，儿童在他们的游戏中不会被规则所束缚，这样可能会使游戏朝着多个方向发展。
- 在游戏中，注意力放在游戏的方法、过程上，而非一个特定的结果上——是过程导向而不是结果导向；重要的是游戏本身，不管它会有怎样的结果。（Monigan-Nourot，1990；Trawick-Smith，1994；Stone，1995）

弗兰伯格（2002）为游戏含义加上了更多词汇：有意义、情节性（episodic）和受规则制约（更多关于"受规则制约"的内容见本章中关于维果茨基的部分）。早期有个理论家使用定义游戏活动必需的特定元素探讨了游戏与工作之间的连续体（Dewey，1916）。一个关于游戏的很有趣的观点是认为游戏整合和统一了"显然自相矛盾的内容"（Monigan-Nourot，2003，p. 130），这种观点考虑到了游戏具有使人愉快和令人沮丧的两种相反特质。

因此，游戏的定义中应包含：游戏是愉快的、自愿的和自发的活动，而且游戏是不受现实情况和指令束缚的活动。莫奈恩－诺赫特（2003）将游戏定义为经验、象征意义和矛盾的统一体。

这个定义将早教课堂中一些常见的活动形式排除在外。例如教师发出指令让儿童把彩色木块按一定规律排列好，这无疑是一个儿童带着特定目标的、亲手操作的主动活动，但这不是一个儿童自己选择和内在驱动的活动。类似地，当蒙台梭利教室中的儿童按照教师专门教授的方式操作材料时，儿童可能会感受到乐趣，但这个活动不具备游戏的其他特征。最后一个例子，当教师为儿童安排戏剧游戏中的角色（"你演粗暴的大公羊"）时，那么这个戏剧游戏就不是真正的游戏。相反，当儿童（或成人）选择进行一些看起来更像工作的活动，如写一个故事或解一道数学题时，他们很可能是在投入一个游戏，因为这个活动是他们自由选择的、令人愉快的和过程导向的（Trawick-Smith，1994）。想一想，其他实例该界定为游戏还是工作？这取决于实际情况。

很小的孩子也做游戏。婴儿最喜欢和自己的身体玩，其次喜欢摆弄成人给他们的东西。他们喜欢和周围的人游戏，沉浸在重复、惊奇和互动带来的快乐中。我们可能无法从他们的游戏中找到象征元素，但我们可以从其中发现自由选择、使人愉快的元素。

## 游戏的种类

皮亚杰（1962）根据自己对儿童的观察，将游戏划分成了许多种类，后来斯密兰斯基（Smilansky）对这一划分进行了调整（1968）。游戏的这 3 个种类分别是：功能性游戏、象征性游戏和规则游戏。

这些种类分别与一定的认知发展阶段相对应，不过除相应阶段之外，它们仍继续以某种形式出现在整个认知发展阶段。皮亚杰认为儿童的游戏伴随其心理结构的改变而贯穿于儿童认知发展的各个阶段。

### 功能性游戏

功能性游戏也叫感知运动或实践游戏，在儿童 0—2 岁时最常见，而在其后的各个阶段也都显著出现。儿童通过与物体、人和语言的互动不断对智力图式（mental schemes）进行练习。儿童因在游戏中所进行的运动和感官探索而快乐。

以下情境是在进行功能性游戏。

- 婴儿不断地移动玩具珠子。
- 学步儿爬到任何能够爬的东西上去。
- 4 岁的儿童在完成一幅拼图游戏以后立即打乱它们重新再来。
- 一个 6 岁孩子只要醒着就要玩轮滑。

通过这些游戏，儿童对自己身体技能有了信心。另外，对于婴儿和年幼学步儿来说，这些都是占主导地位的游戏形式。

### 象征性游戏

象征性游戏也叫作表征游戏，出现于儿童两岁左右，然后以各种形式继续出现于儿童成长为成人的过程中。象征性游戏包括建构游戏和戏剧游戏。

**建构游戏**。当儿童使用材料或物体去制造其他东西时，他们就正在进行建构性的游戏。建构游戏是功能性游戏和更为复杂的象征性游戏之间的过渡和桥梁。儿童通过使用具体的材料制造有代表性的物体来进行创造和建构。建构性游戏的实例如下。

- 一个两岁儿童在搭 3 块大积木，说着"我的房子"。
- 一个 3 岁儿童在建一座高的塔。
- 一个 5 岁儿童仔细地挑选着标记物来说明他去农场的行程。
- 一个 7 岁儿童花了很长的时间用黏泥来做一个宇宙飞船模型。

**戏剧游戏**。当儿童在虚构的角色中扮演某个人或某个事物时，他们在进行戏剧游戏。这种游戏通常吸收了各种熟悉情境中的直接经验或间接经验。当两个或更多的儿童参加游戏时，这个游戏就被认定为社会戏剧游戏，而且游戏的进行以扮演角色的游戏者和协商扮演主题的游戏者之间的互动为基础（Smilansky，1990）。

戏剧游戏也包括建构假想的事物，尽管其可能比建构游戏要抽象很多。例如一个孩子用各种小东西搭起一座塔后，拿起这座塔说："假想一下我们正在一座真的这样的高塔里，好吗?"他还做手势假装自己不得不努力保持平衡。

通过建构游戏和戏剧游戏掌握象征性游戏是学前儿童的主要任务。象征性游戏将他们的游戏与学步儿的游戏明确地区分开来。象征性游戏为儿童读写能力、表征性抽象思维的发展奠定了基础，这将在后面谈到。

以下场景中出现了戏剧游戏。

- 一个年纪稍大的学步儿拿着一个大木块放在耳边，说:"喂。"
- 一个 3 岁儿童小心翼翼地将一个插满钉子的小钉板拿到老师面前，唱道:"生日快乐。"
- 一个 4 岁儿童摆弄着一些小雕像在房子里进进出出，与每个角色人物交谈。

以下情境中出现了社会戏剧游戏:

- 几个 5 岁儿童玩鞋店游戏，其中一个孩子扮演店员，其他两个孩子假装成正在试鞋的顾客。
- 一个孩子对另一个孩子说:"好了，你现在是妈妈，我是准备去约会的姐姐。"

### 规则游戏

规则游戏是学龄儿童和年纪更大的儿童进行的一种游戏。这种游戏的前提是儿童理解和认同事先制定好的规则。儿童在这一阶段成为了"严肃的游戏者"，具备逻辑思维和社会控制能力与社会技能是非常必要的（Wasserman，2000）。有些游戏有正式的名称，而且是众所周知的;其他游戏则是由孩子们制定简单的游戏协定，作为临时的非正式规则。在这两种情况中，根据规则玩游戏都可能会使儿童进行逻辑思考和理解世界的规则。

根据规则进行游戏的能力可从以下情境中看到。

- 一群 7 岁儿童为一个踢球游戏挑选球队成员。
- 两个 6 岁孩子一起下国际象棋，他们事先决定了每个人可以在一行里移动两次自己的棋。
- 校外看护项目有足够的器械来支持和鼓励不同种类的球类游戏。
- 相邻小组使用自行车坡道来跳跃，并决定跳得最高的将会在下一轮游戏中第一个开始玩。

## 游戏的社会性阶段

在一项关于"儿童在游戏中的社会参与"的经典研究中，帕滕（Parten）描述了儿童社会性行为的各个阶段。

### 旁观者行为

一个只是在一旁看别人游戏的孩子就是在进行旁观者行为。作为旁观者的孩子可能是不愿意参加到其他孩子的游戏中来，也可能是正在通过观察来学习怎样游戏（Anderson，2002）。

3 个孩子正一起在沙箱里挖洞。另一个孩子坐在旁边看着。

## 单独游戏

如果一个孩子自己游戏，不和其他人进行任何明显的互动，那他就是在单独游戏。这种游戏在年幼的、缺乏经验的游戏者中很典型，而年纪大些的孩子在进行复杂的扮演或不和别人一起的游戏时也会进行单独游戏。如：

两岁的雷娜塔（Renata）坐在楼梯上，正在将一堆圆环组合起来。

5 岁的佩特拉（Pietra）坐在地板上，她的周围放着各种各样的农场动物和人物，并且还有为这些人物和动物准备的小房子。

## 平行游戏

当孩子们分享活动材料或在彼此附近游戏却并不想一起游戏时，他们就是在进行平行游戏。进行平行游戏的孩子不承认对方的游戏。这种游戏可能是小组游戏的前身。如：

两个男孩坐在地毯上用手推玩具汽车。两个人都一边叫喊着一边推车，却从来不看对方一眼。

两个孩子都在用记号笔涂颜色。一个孩子放下了红色笔，另一个就拿起来。他们一句话都没说。

## 联合小组游戏

联合小组游戏是帕滕划分的小组游戏中的第一种。这种游戏出现于以下情况：孩子们在相邻的位置进行类似的活动，他们可能会共享活动材料，但不会全心全意地投入到共同的工作中。孩子们之间会进行一些互动。如：

两个孩子在沙子中挖洞，他们同意彼此使用一个自动倾斜卡车，但每个孩子都只继续挖自己的洞。

## 合作游戏

合作游戏是小组游戏的第二种形式，这种游戏体现了儿童在协商游戏主题和角色任务方面的真正努力。游戏者们的沟通交流决定了游戏的任务角色和项目。如：

"好的，假装这个宝宝生病了，你应该马上把他送到医生那去。"

"嗯，你最好找辆车。"

然后游戏者重新开始了他们作为爸爸和妈妈的游戏角色。

了解本部分介绍的术语将帮助教师和学生识别儿童游戏的种类和阶段，这是了解如何最好地支持游戏的必不可少的第一步。尽管如此，在关注教师支持之前，我们有必要先了解一下"通过游戏来学习"的理论基础。

## 游戏和发展

影响我们对游戏的认识的主要观点来自一些著名的理论家。在过去大概 60 年的时间里，皮亚杰和维果茨基的观点在游戏研究的领域一直居于主导地位。他们在游戏如何影响认知发展方面有着不同的观点，但他们都发现游戏是知识建构的媒介或手段。首先，我们来认识他们各自在游戏和认知发展方面的观点。

### 皮亚杰和游戏

皮亚杰认为儿童的学习通过建构的过程而发生。这意味着儿童并非通过吸收环境中的信息或模仿他人的行为而获取知识，而是通过一个缓慢、持续的建构过程来建构知识和技能，而当儿童发展到不同的阶段时，也会不断调整他们对知识的理解。这里包括两个过程，同化（吸收信息并按照自己的喜好使用信息，而并不使自己的认知适应新的信息）和顺应（调整自己当前的认知水平或图式来适应新吸收的信息），让儿童改变自己的思维模式，即智力适应。皮亚杰认为儿童在游戏时会遇到（同化）新的思想和观点。当新的信息和情况与他们已有知识不相符时，儿童会感觉到混乱（失衡）。他们对现有知识进行调整以适应新的观点，从而掌握新的观点，并因此学习到新知识、达到新的认知水平（平衡）。皮亚杰认为游戏首先是一个同化活动（Berk & Winsler，1995；Kagan，1990），在这一活动中，儿童将周围出现的真实情况融入到他们的心理结构中，实践新建构的表征性观点，并通过实践建构这些经验的意义。在游戏中，儿童"凭直觉表达一项实践或情境的知识元素，这些元素与儿童已有知识结构中的理解和意义不能完全相符。在思考游戏时……儿童明确表达他们的疑问"（Monigan-Nourot，2003，p. 134）。即使当儿童和其他人一起游戏时，游戏也首先是儿童个体发展的一部分。

皮亚杰指出幼儿需要 3 种基本知识：物理的、逻辑数理的和社会经验的。儿童通过参加观察物体并总结其物理性质从而获取物理知识。例如通过游戏，儿童发现小汽车在斜坡上滚动得特别快，重物会沉到水里。儿童通过发现物体、人和观点之间的联系而增长逻辑数理知识。儿童玩积木的时候发现，把长积木放在底部会比把短积木放在底部更加牢固。游戏为儿童提供了建构这几种知识的必要经验。在儿童学习文化、社会习俗和期望行为时，其他人对他们直接教授社会知识。然而，与他人一起的游戏经验可以使幼儿应用他们在社会情境中学习的知识。学前儿童使用自发的口头语言、工具和材料，进行创造性的表达和调查，从而发展这 3 种知识。

皮亚杰特别指出象征思维或抽象思维是儿童在幼年时期智力发展的主要方面。通过扮演游戏将扮演对象改变为与最初形象完全不同的事物，这种能力预示着儿童表象思维的开始。进行抽象思维，儿童必须能将自己此时此地的行为与行为的心理表象区别开。通过重复丰富的游戏经验，儿童会在象征性游戏阶段获得持续的成长。"儿童进入'好像'框架并就此框架与其他人进行协商的能力，为人类进入真实世界的精神领域的能力打下了标记。"（Monigan-Nourot，2003，p. 134）

皮亚杰发现了在儿童与其他人合作互动的游戏中提高其认知重构能力的另一种情

况。当儿童与同伴争吵并反对对方的观点时，这种分歧使他们不高兴地发现其他人有他们自己的世界观（Berk & Winsler，1995）。因此，在皮亚杰看来，游戏中的交往对减弱学龄前儿童表现出的自我中心思想具有至关重要的作用（皮亚杰，1923—1926）。

### 维果茨基和游戏

几乎与皮亚杰同时，苏联一位心理学家维果茨基也研究了社会经验与儿童学习的关系，并提出了一套与皮亚杰不同的建构主义方法。皮亚杰认为儿童的逐渐成熟和大脑发展使其能够重塑自己的心理过程。与这一假设不同的是，维果茨基认为儿童日益复杂的心理活动源自社会和文化背景的影响。也就是说，社会参与和与他人的合作是转换儿童思维的强有力的力量。"根据维果茨基（［1930—1935］1978）的观点，儿童在挑战任务时与知识更渊博的成员进行的合作性对话，使得他们学习用反映他们群体文化的方式来思考。"（Berk & Winsler，1995，p. 19）如皮亚杰所说，与比自己成熟的同伴或成人合作时，关键要素不是冲突，而是"意见分歧得到何种程度的解决、责任的分担以及反映合作和互相尊重的对话"（p. 20）。对这种指导性的参与或者说搭建脚手架（scaffolding）的讨论，我们会在本章后面有关成人支持游戏部分展开。

关于游戏本身，维果茨基（［1930—1935］1978）只写了12页，重点讲述了学前期的象征性游戏的重要性。在他的认知发展理论中，幻想游戏也占据了一个重要位置。

维果茨基提出"最近发展区"，认为儿童独立解决问题的现有发展水平，与在成人引导或与更有能力的同伴合作解决问题的潜在发展水平，两者之间存在差距，这个差距即"最近发展区"（对"最近发展区"的讨论会在后面章节展开）。维果茨基相信教育先于发展，即通过指导和支持，使儿童主动建构新的认知能力。

维果茨基认为游戏有两个显示其独特性及其在发展中的角色的关键性特征（有趣的是，与皮亚杰突出游戏的象征性特征不同，维果茨基认为象征性并非为游戏所专享）。第一个特征是指所有的象征性游戏创造了一个想象的情景，在这个情景中"允许幼儿有一些不现实的愿望"（Berk & Winsler，1995，p. 53）。游戏首次出现于照看者要求学步儿延迟满足愿望并采取社会期许的行为时。儿童看到的是一种情况，作出来的却是另一种；他们依靠思想而非周围世界的刺激来指导行为。在想象性的游戏中使用客体替代物的能力是这个过程的关键。当一个孩子用一根木棍来代表一匹马时，这根木棍就成了区分象征意义的"马"和真实的马的关键。使用核心事物使得儿童把词语的意思和它所代表的客体区分开来，这对于依靠抽象思维来指导行为是非常关键的。

第二个特征是说，象征性游戏包含了幼儿要想成功地进行这个游戏就必须遵守的游戏规则（这一观点与将游戏界定为无规则的研究者的观点不同，尽管这些规则是基于儿童对应该如何做的理解而施加的）。想象性的游戏受到规则的制约，这些规则是儿童在社会环境中学到的，比如打电话时的规则与习惯行为："不，首先你应该说 HELLO！"再如谈及一个公认的角色："我要演坏姐姐还是好姐姐？"当儿童一起游戏的时候，他们得出与游戏的需要有关的意义，许多意义的建构都是关乎文化的。尽管假装游戏是儿童自发选择的，但在游戏中儿童不可以只按照自己喜欢的方式进行活动，他们必须遵守隐含的行为规则。对维果茨基来说，假装游戏的这两个特征为两种相关能力的发展提供了支持：区分思想与其代表的实物和行为的能力，约束自己的冲动行为并有意识地自我调节行为的能力。

维果茨基与皮亚杰还有一个分歧，就是对认知发展中自我言语作用的不同理解。当儿童在进行幻想性游戏或通过解决问题来排除困难时，常会无意中听到他们的自我言语。皮亚杰认为自我言语只是处于前运算阶段的儿童的一个思维特点，即自我中心和不考虑他人的想法，自我言语对儿童的发展没有什么积极功效。然而，维果茨基认为自我言语是用来表达不同的目的的，而不是与他人交流。他觉得自我言语的目的是"与自己交流以达到自我调控和知道自己的思维过程与行动的目标"（Berk & Winsler, 1995, p.37）。渐渐地，自我言语转化为了内在语言和言语思维。这样看来，自我言语是儿童学习如何思维的重要阶段。

## 认知发展和游戏

皮亚杰和维果茨基之后的研究者发现了认知发展的各个方面与儿童参与想象性游戏之间的联系。游戏为儿童提供了练习发散思维的机会——他们以新奇的方式使用物体，不断提高自己思维的灵活性和创造性以解决游戏中出现的问题（Stone, 1995）。"和成人通过'讨论'解决问题的过程和可能的结果一样，儿童会把'讨论'替换为游戏，以游戏的方式来解决自己的问题。"（Monigan-Nourot, 2003, p.135）儿童参与假装游戏能够提高创造力和想象力。瓦色曼（Wasserman, 2000）称游戏是创造力的主要来源，许多创新人物回忆说他们的游戏经验是其后来的创造性表达的起点。

幻想性游戏加深了儿童对叙述性信息和客体的记忆。语言嵌入到各种游戏尤其是社会戏剧游戏之中。儿童获得了倾听别人正确表述词汇和增加自己词汇量的机会。在协商分工和解决纠纷时，儿童发展了语言和沟通技能。儿童通过游戏继续形成和修正概念。儿童的理论推理能力也受其参与假装游戏的经验的影响。假装游戏甚至能够帮助儿童区分表象和真实。因此，儿童参与幻想性游戏提高了他们的认知能力。

波卓娃和利昂（Bodrova & Leong, 2004）指出，他们的研究证实对游戏的强调不会削弱学业学习，事实上，这使得儿童能够学习。"游戏不与基础性技能对抗：通过成熟的游戏，儿童学习基础技能，从而为迎接学业挑战做好准备。"（p.10）他们还报告了维果茨基的学生埃尔科宁（Daniel Elkonin）的研究。埃尔科宁列出了游戏影响认知发展的4种方式。

- 游戏影响儿童的动机。
- 游戏促进认知的去中心化（cognitive decentering）。
- 游戏支持心理表征的发展。
- 游戏鼓励思考以后再行动。

## 情感发展和游戏

埃里克森（Erikson, 1963）写道：游戏在儿童自我发展中的作用，是使儿童将自己视为与他人相联系的独特的存在。通过游戏，儿童意识到自己的和他人的感觉，并能够考虑到他人的想法。游戏使得儿童能够在一个他们自己的非真实存在的世界里表达自己的想法、处理自己的情绪，他们的表达因此而不会冒犯别人也能够让人接受。当儿童游戏的时候，他们凭直觉来了解自己的情绪感觉，通过具体而假想的方式处理这些情绪感觉。游戏能够减弱来自真实世界的压力、痛苦和恐惧感。

游戏使儿童获得了树立自信的机会，获得了通过在假想的世界里建构属于他们自己的真实从而掌握现实的机会。儿童游戏中的 3 个共同主题根源于儿童情感及其反应：保护的需要（"我演婴儿，好吗？你演我妈妈"）；权力支配的需要（"我是超级飞人，我比所有人飞得都快"）；攻击和破坏的需要（"超级飞人能撞毁人的房子"）。游戏给了儿童掌控这些感觉和冲动的机会，使他们与好的和坏的感觉做斗争。

埃尔金德（Elkind，1981）认为游戏把儿童从现代的压力中解脱出来。真实的生理学证据表明焦虑的减轻与游戏有关（Stone，1995）。贝特尔海姆（Bettelheim，1987）提到，游戏不仅为儿童妥善处理过去和现在关注的事情提供了途径，而且为其做好准备投入未来的任务提供了工具。

与游戏相随的快乐为儿童养成坚持不懈的性格提供了一个积极的情感环境。游戏让儿童单纯地为了寻求经验本身而不是为了外界的奖励或别人的表扬而参与其中。游戏赋予儿童承担任务风险的激励和权力，冒险是提高儿童学习能力和个人水平的必要元素。正如瓦色曼（Wasserman，2000）所说，游戏加强了儿童对个人能力的感知，并帮助他们树立"我能"的信念。

### 社会性发展和游戏

游戏鼓励社会互动，通过这一互动，儿童获得只能通过经验而获得的社会技能。因此，花了更多时间在戏剧性游戏上的学龄前儿童，在他们的老师看来社会能力更强也就不足为奇了。游戏为儿童学习接受另一种观点提供了环境。在游戏中，儿童会面临有待解决的社会问题。灵活性和综合考虑多种观点的能力能使儿童进行协商或及时替换角色和脚本，以防止游戏中断。被视为熟练的游戏者（Reynolds and Jones，1996）的儿童具备这种能力。受欢迎程度与以友好、非侵略性的方式解决冲突的社会能力有关（Trawick-Smith，1994）。相处的技巧——轮流、合作、分享、妥协——在游戏中得到练习。积极的同伴关系和友谊是不断重复的游戏经验的结果。

正如维果茨基所指出的那样，游戏给儿童提供了学习和练习社会习俗的机会。在游戏中，儿童也得到了摆脱真实世界的社会限制的机会。例如在游戏中，儿童可以冲破限制，使用和进行一般情况下不被允许的特殊活动材料或活动。游戏允许儿童测试社会接受的和不接受的行为。

对社会性发展的讨论应该传达在一定社会背景下的世界的全部关联。维果茨基作出了强有力的阐明：不存在任何脱离社会背景的学习。

### 身体发展和游戏

身体发展主要通过游戏来培养，大肌肉运动技能和精细动作运动技能都在游戏中得到练习。儿童在进行跑步、爬山和跳跃游戏时发展了身体的控制能力。转动车轮或者跳跃的时候他们需要判断距离。绘画、切割或搭建东西时，他们的手眼协调能力得到发展。他们喜欢在运动中试验自己的身体。游戏使儿童对自己的身体充满自信，他们在游戏中提高了技巧和协调能力。游戏就是操作，能够转化为身体发展、技能提升和积极的自我认知。

简而言之，理论家和研究者发现了游戏是学习的媒介，游戏使人各个方面的发展互相联系并帮助儿童发展起应对未来需要的技巧和态度。难怪美国幼儿教育协会会作出如下宣言："儿童自发的、由教师提供支持的游戏是发展适宜性实践的关键要素。"（美国幼儿教育协会，见 Bredekamp & Copple，1997，p. 14）

## 游戏作为发展适宜性课程

游戏是促进学前儿童认知发展的最佳方式。半个世纪前的早期教育者就确认了教室中的游戏对幼儿的重要价值。约翰·杜威、帕蒂·史密斯·威尔（Patty Smith Hill）和苏珊·艾萨克（Susan Isaacs）都支持这一观点，他们认为游戏为儿童探究活动材料、发展认知、提高问题解决能力以及发展社会性提供了机会（Isenberg & Jalongo，2000）。现在流行的观点也强调这一点。早期儿童工作者的主要机构（国际儿童教育协会和美国幼儿教育协会）的立场声明认为游戏是促进儿童在所有领域获得适宜性发展的媒介（Bredekamp & Copple，1997；Isenberg & Quisenberry，1988；ACEI，2002）。

下面将介绍为什么游戏是幼儿最适宜的课程。

### 游戏为儿童所有领域的发展提供条件

游戏促进所有领域同时发展并互相影响。例如当托马斯（Thomas）和威尔（Will）在积木区堆一座大的建筑物并称之为太空站时，他们

- 合作和分享观点，并进行交流沟通。
- 解决问题。
- 发展手眼协作能力和良好的运动技巧。
- 努力理解平衡。
- 表现象征性概念。
- 扩大注意力广度、完成任务的毅力和专注度。
- 学习倾听和考虑他人的意见。
- 用语言表达自己的想法。
- 享受友谊和成就感。

想一想在这个游戏情节中，儿童还可能学习到什么，还可能发展哪些领域的能力。

### 游戏强调学习是一个主动/互动的过程

有意义的活动给参与其中的儿童提供了学习的环境。维果茨基的社会文化学习理论强调了社会性互动和文化背景在认知发展中的重要性。下文说明了托马斯和威尔之间是如何交流想法的。

威尔："但我们不能住在那儿，因为人类不住在太空里。"

托马斯："嗯，但是我在照片中看到他们住在宇宙飞船里。他们跳来跳去。"

威尔（对于他来说这显然个新想法）："好吧，但是在太空站里没有人跳来跳去，因为太空站将会落到水里去。就把这儿当作水吧。"他一边说一边跑到房间对面的美术

架子上拿了一张纸。

与其他儿童之间的互动使得儿童在遇到不同的观点时，要使这些观点与自己原有的观点相适合。能够自由行动的儿童将这个教室看做一个学习环境。

### 游戏提升了学习动机

由于儿童自我选择参与对他们富有意义的游戏活动，游戏也就为他们提供了强有力的学习动机和学习机会。他们自己决定参加游戏，自己选择游戏伙伴和自己的任务、角色与参与的时间。儿童之所以接受学习挑战，是因为他们对自己选择的游戏感兴趣并且做好了准备。

托马斯："哦不，那一块掉下来了。"两个男孩一会儿看着对方，一会儿盯着他们的"太空站"。

威尔："是的，我知道怎么办了。把那块大积木放在角上。你先扶住它，我拿一块小积木顶着它。看，这样就行了。"

教师用一百节课的时间直接讲授大小和平衡的概念，还不如儿童在游戏中自己学会的东西多。

成人应该认真辨别那些由成人操控的隐含着成人教学目标的游戏，如蒙台梭利教具只能按老师展示的那种特定方式操作，有一定操作步骤，但不能提供给孩子选择、创造或真正的游戏的机会。

### 游戏允许差异的存在

游戏允许儿童在发展能力、兴趣和学习方式方面存在差异。教师为儿童提供了选择机会，他们可以选择——单独游戏或者在一起游戏；使用简单的或复杂的活动材料；进行建构、创造、比赛、操作、探究或扮演——获得符合自己水平的成功。"如果一群各不相同的孩子接受千篇一律的教学方式，那么他们中的大部分人都可能遭遇学习上的失败，这一假设是很有道理的。"（Katz，1987，p. 3）在儿童自己发现和选择的最适合于他们的需要与兴趣的游戏中，这种失败就不会发生。很显然，在一个为游戏而设计的教室环境中，特殊需要儿童和残疾儿童即使和更多的正常发展儿童在同一间教室学习，他们也能取得符合自己发展水平的成功（Sandall，2004）。

在托马斯和威尔旁边的活动区角里，朱利奥（Julio）正在往容器里装红色的橡皮泥。他使劲压着橡皮泥，想知道他能够往每个容器里装多少橡皮泥。朱利奥正在挑战他的大脑麻痹症，他在单独使用每个手指时存在障碍。在他旁边，希拉里（Hilary）和安娜（Anna）正在商量怎么做比萨饼，她们把橡皮泥铺开并捏成了圆形。萨姆（Sam）坐在桌子的尽头，正在用橡皮泥做"S"，他高兴地指给朱利奥看："看，朱里奥，它在对我说S呢！"

游戏中的儿童可以给自己安排任务，他们很可能会在自我安排的挑战中赢得成功。

### 游戏对大脑发展有益

学龄前期是大脑额叶区发展最快的时期，游戏对大脑的发展大有裨益。这一快速发展促进了处理速度、记忆和问题解决能力的提高。大脑高级中枢的活动使学龄前儿童的注意力水平和抑制冲动的能力得到提高。研究显示，大脑高级中枢的突触是由后续那些需要自我调控和解决问题的剧本和角色扮演激发的（Bergen，2004）。与其他儿童一起游戏获得的多元经验促进了大脑高级中枢的发展。

## 游戏使人愉快

儿童主动参与到他们自己选择的活动中，并使用他们能够运用自如的活动材料，这说明将游戏作为儿童的适宜性课程是正确的。他们充满力量、热情和好奇心。他们为自己的发现而欣喜，并对自己的能力充满信心。参与游戏提高了他们完成任务的意志力，即坚持不懈的精神。在完成任务时，他们不必再听长篇大论的演讲，也不需要再受操控。他们作为学习者和作为人的自尊心得到培养。

威尔和托马斯玩积木玩了 50 多分钟。当老师宣布"收拾玩具的时间到了"时，他们请求老师让他们在户外活动后继续玩这个游戏。老师同意了，并提醒他们要在午睡前把东西收拾好，而且告诉他们会在今天结束时把他们的作品拍成照片给他们父母看。

## 游戏帮助儿童获得基础技能

大量研究表明，游戏和许多复杂的认知活动之间存在联系，这些认知活动包括记忆、自我调节、保持距离和去情境化、口头表达能力、符号概括能力、良好的入学适应能力和更强的社会技能等（Bodrova & Leong，2004）。在一项以游戏和读写能力之间关系为研究对象的研究中，研究者们发现，儿童使用识字材料和进行识字活动越多，语音意识越强（Roskos & Christie，2001）。

因此，通过游戏，儿童能够以学前教育思维方法来获取学习的成功，而不是学业型幼儿园采用的错误方式，即"在儿童还不知道如何做的时候就过早地要求儿童做"（Jones & Reynolds，1992，p. 5）。儿童通过目的明确、高质量的游戏学习到的技能包括：言语表达技巧、问题解决能力、观察能力、移情能力、想象力、接受别人想法的能力、与人合作能力和符号使用能力。这些都是认知发展和学业学习的基本。

鉴于诸多证据都表明了游戏的重要性，一些当代的研究者呼吁制定有关游戏政策，以明确和提升游戏对所有儿童的重要价值，并使得所有的儿童都能在当地公平地享有高质量的游戏环境（Hampshire Play Policy Forum，2002）。

此外，研究表明，在一定的条件下，游戏能够得到最佳的支持和提升。我们现在来了解这些条件。

## 支持游戏的环境

游戏发生于特殊的情境中，这种情境能够提供可以支撑游戏质量的特定条件。从下面的例子中找出能够提升游戏质量的条件。

这个早晨，可以选择的游戏之一是装满木屑的感知桌。老师把一些小的塑料恐龙和几片绿叶放到桌子里。另一个选择是装有 3 堆橡皮泥和一些小的烘焙用具的小桌子。还有一个选择是一个装满小汽车的盒子，它放在黑板后面的地板上，在文件架旁边。

操场上，一个装满围巾和旧领带的盒子以及一些塑料环和塑料绳正放在那里，等待孩子们寻找它们。昨天，由于孩子们试图模仿电视里的超级英雄，操场游戏多次被打断。了解到很多孩子上周都去马戏团了，老师希望游戏主题中使用的材料能有所改变。

老师坐在戏剧游戏区域的旁边剪切材料，希瑟（Heather）、罗伯（Rob）和莉亚（Lia）正在那儿用医疗道具包扎动物玩具。当他们因为听诊器而发生争吵时，老师问道："有哪个病人已经准备好回家了吗？"

老师注意到孩子们今天重复地在戏剧游戏区玩商店游戏，她把一叠新制的钱递给一个孩子，并站在旁边，说："看起来他们需要更多的钱进行兑换了。"

仔细观察这些小片段，能了解成人可以如何控制条件以创设支持游戏的环境。布鲁纳（Bruner, 1983）指出具备以下条件会使游戏得到改善：游戏玩伴；适宜的游戏材料，尤其是其设计能够鼓励儿童整合各种经验；成人在旁，不一定要参与到活动中，但要保证游戏局面的稳定。当教师密切关注游戏时，他们就知道什么情况下进行适宜性干预是有益的。

其他研究者指出，物理环境中的元素，如游戏空间和材料的数量与安排，能够帮助儿童将注意力集中到游戏上。充足的、没有进行预先安排的时间是影响游戏的持续时间和复杂程度的另一个物质变量（Christie & Wardle, 1992）。游戏也受到真实世界的经验以及更广阔世界中的社会文化关系背景的影响。下面我们将分别了解这些方面。

## 游戏的物质环境

教师在物质环境中的安排会对儿童选择游戏以及与他人互动的能力产生影响。当教师用明确的路径和界线创设游戏场地时，儿童能够快捷地选择游戏和材料，创设游戏的情节。室内家具和材料的安置、移动及使用的灵活性——"嘿，那个小凳子是我们的篝火！"——能够增强游戏，支持创造性表达。场地很重要，场地的缩小会增加攻击性，降低游戏行为的社会性（Ward, 1996）。为共同游戏提供足够大的场地，为个人幻想游戏提供足够小的场地，能够帮助儿童进行各个阶段的游戏。更多的社会戏剧游戏在分隔的空间而非开阔的大空间中进行（Ward, 1996）。一位教师就创设了这种物理环境：她既为单独玩小汽车的游戏建立了一个区域，又为3个人一起玩的烘焙游戏准备了一张桌子。

提供的大量材料会从发展和文化的角度两个方面影响游戏。对真实生活中的物体进行逼真的复制，能够帮助还没有充分发展符号表征能力的儿童以及那些能分辨与他们家庭和文化背景中不熟悉的物体的儿童。小汽车就是一种逼真的复制品。同样的，提供充足的可拆卸零件——能够以任何方式使用和组合的开放性材料——能使儿童在游戏中开创自己的想法。前文提到过的围巾、领带、绳子和圆环就属于这种。游戏需要足够的小道具。敏锐的教师也会营造一个让儿童感觉自由的、能够自己进行创造的氛围，提供能够推动游戏和鼓励更多儿童加入的小道具，就像前文中提到的游戏钱币和凳子。

时间是物理环境中的另一个变量。当教师给儿童大量的时间进行不被打扰的积木游戏时，儿童就更可能对游戏进行拓展。一项研究表明，儿童完全融入一个高质量的游戏至少需要30分钟（Cristie & Wardle, 1992）。产生想法、选择角色、寻找装扮游戏的道具、协商和沟通都需要时间。正如每个儿童拥有不同的游戏阶段、性情和风格一样，有些儿童融入游戏需要更多时间。一个旁观者需要对游戏进行足够长时间的观察才能找到一个加入游戏的合适的位置和方法，而一个一直进行平行游戏的儿童需要慢慢融入到小组互动游戏中。足够的时间使儿童能够扩充和发展游戏情节，太少的时间会使他们只能进行重复的或非常简单的游戏主题。支持游戏的教室会为游戏提供完整的时间段，无论在室内还是室外。

## 真实世界的经验

亲手操作的机会和现实世界的经验为儿童的想象力奠定了基础。教室里的教师提供这些经验是通过安排实地考察、邀请周围社区的人到访和仔细甄选儿童文学作品来进行的。如果老师希望激发一个以马戏团为主题的游戏，她就必须提供道具帮助儿童重建和回忆他们的真实经历（那个在前一天打断了操场活动的攻击性游戏就是对电视节目的非真实经验的模仿，电视没能给儿童提供充足的经验来进行探究）。

## 教师干预

斯密兰斯基（Smilansky，1968）第一个提出成人干预儿童戏剧游戏会提升游戏的质量。她在对以色列低收入移民家庭儿童的研究中发现，一些儿童的游戏在社会性、想象力、言语表达能力或组织程度方面比其他儿童的低；实际上，有些儿童完全不参加装扮游戏。她假定：儿童缺乏参加社会戏剧性游戏的能力会与将来的学校学习困难发生联系，特定的教师策略能教会儿童新的游戏技能。在当今世界，许多教育家担心儿童的家庭和教室经验不足以产出内容丰富的、充满想象力的，并长期以来被视为童年象征的游戏。这种担心的原因可能部分缘于这样一个事实，即社会环境的变化使得儿童大部分的游戏时间是和同龄的同伴一起度过，而同伴可能无法像具备娴熟游戏技能的优秀教师那样发挥作用。此外，玩具制造商生产了越来越多的仿真玩具，这些玩具不会激发儿童对表征技巧的需求。当前，对幼儿园和学前课程学业性内容日益增长的注重也导致了儿童游戏机会的缺乏（Bodrova and Leong，2004）。

斯密兰斯基开发了一个评估儿童社会戏剧游戏质量的体系，这些评估标准包括如下几点。

- 选择一个角色并保持与角色一致的行为。
- 在假装游戏中使用小道具、手势和言语。
- 把假装游戏扩充为一个个情节，而不只是简单模仿动作。
- 假装游戏能持续一段时间（学龄前儿童最少进行 5 分钟）。
- 至少与一个儿童一起游戏。
- 通过语言交流来协调和引导游戏。

斯密兰斯基提出了以下的干预技巧。

- 为儿童的游戏提供真实的经验，并提供与经验相关的道具。
- 仔细观察儿童的游戏，留意谁没有参与进来，谁需要成人帮助他们扩展游戏。
- 进行主动干预以帮助儿童发展他们的游戏能力。借用维果茨基的追随者们用以描述帮助儿童获得下一步理解的词，这里的干预，指游戏指导，是一种脚手架。

注重对儿童游戏进行适宜性干预的教师肯定会发现一些注意事项（Smilansky & Shefatya，1990）。教师应该只在儿童需要支持时进行干预。当游戏进行得很好时，教师的最佳角色是做一个观察者，通过游戏了解儿童。当教师进行干预时，他们使用的方法不应打断游戏，而是应该保护游戏并使其持续进行。干预应该是简洁的，教师应该尽快地撤离。当儿童表示他们更想自己游戏时，教师应该尊重他们的意愿。

当教师断定干预将有助于游戏时，他们要采取一些方法，包括帮助儿童设计和组织游戏、激发儿童提出新想法、示范说明游戏行为和提供小道具。

● 帮助儿童设计和组织游戏。在成熟的游戏中，儿童能够彼此描述游戏的情节是什么、每个人扮演哪个角色以及游戏活动将如何进行。教师对游戏进行观察之后，最适宜的做法就是帮助儿童界定他们的游戏重点和目标。这种做法在游戏没有扩展为复杂的情节时显得更加必要，因为在这种情况下儿童在单独发展自己的游戏片段或没有明确地把他的目标告诉其他参与者。教师可以通过一个提问帮助儿童在心理上组织他们的假装游戏，并更多地用言语与其他游戏者进行互动，从而引起更加复杂的游戏。

"你要开着你的小汽车去哪儿啊？"

"你打算做什么晚饭啊？"

"你打算扮演谁？"

● 激发儿童提出新想法。教师可以通过提问题、暗示或直接提建议——提示的方式拓展游戏，教师的角色就像导演。这一方面能够激发儿童表征客体、邀请其他儿童参加游戏，另一方面能够拓展游戏。这种游戏指导可能是教师在游戏之外进行的（外部干预），也可能是教师参与到游戏中进行的（内部干预）（Ward，1996）。后者是更加直接的干预，教师在心里想好具体的策略来促进游戏发展。

"或许你可以用积木来做笔记本。"

"我们还需要一个人演病人——你可以问问达伦（Darren）。"

"你用什么东西来给小宝宝保暖呢？"

● 示范说明游戏行为。当教师做示范的时候，他们实际上是在形象地展示游戏角色的假装行为该如何进行。他们可以只是在一旁做示范，并不与正在游戏的儿童发生互动，也不直接指导游戏，而是做孩子们正在游戏中做的事情，但是以更加熟练的方式。当儿童邀请教师参与游戏环节时，教师可以进行模拟示范，并加入新的想法和信息。

他们也可以示范如何开启游戏。第十四章有更多关于示范的内容。

"旅行后我觉得又累又饿。我坐在这里，等你准备好晚饭。"

"唔—唔，太好吃了。你怎么做的这道鸡啊？"

"哦—哦，我感觉不舒服。你能开车带我去诊所吗？"

● 提供道具。教师适时提供的与主题相关的小道具能够给儿童的假装游戏以支持。增加道具能够扩展游戏或使游戏更加复杂。当教师提供文化性材料时，他们是在鼓励儿童使用熟悉的东西进行游戏。

"我看到你要上车了，这里有些票。"

"如果你想尝尝汤，用这个勺子吧。"

"你做晚饭的时候用这个锅好吗？"

## 与游戏有关的重要问题

围绕儿童的游戏，出现了许多疑问和值得关注的问题，包括暴力游戏及适宜的回应、文化对游戏的影响以及针对特殊需要儿童的游戏。对这些问题的讨论如下。

### 暴力游戏

当前在干预儿童游戏方面的问题与暴力游戏有关，这些暴力游戏被老师们称作"战争和超级英雄游戏"。这常常是因为儿童接触某种电视节目的缘故。有人认为这种游戏仅是重复，受制于特定的电视节目，只是对暴力的简单重复，没有任何发展可言。另外，教师担心这种游戏会让儿童感觉失去控制、恐怖和受伤害，会有不良后果。当然，现代社会中儿童耳闻目睹了很多暴力事件。许多当今畅销的玩具都与暴力有关，吸引孩子不断重复他们所看过的暴力故事。

对于这种游戏的看法还有一些反对学派。有些人主张完全限制这些游戏，或至少将其限制在特定的时间和地点，如只在户外游戏时间玩这种游戏。其他人主张通过禁止武器的方式来限制这种游戏，如警告说"不许使用枪/刀子等"。但是一些建议者指出，儿童基于电视的游戏不应该受到限制，因为这可能会带给孩子发展（Carlsson-paige & Levin，1987，1990；Levin，2004）。例如儿童可以在这种游戏中获得力量感或探索现实和想象的区别。

摆脱这种两难困境的一个方法，是允许儿童进行这种游戏，但教师要进行主动的干预以帮助儿童理解暴力和战争，并找出解决问题的其他方法（Carlsson-paige & Levin，1987）。教师的提问能够帮助儿童考虑到暴力和其他选择的不同，拓展他们的角色，或鼓励更多的想象和减少简单模仿。教师可以鼓励儿童讨论媒体暴力，纠正儿童的错误概念，并为儿童提供安全保证。

教师应该把这个重要的论题告诉家长，帮助他们学习更多的关于如何保护儿童免受暴力危害的知识，这包括促使儿童玩开放式玩具而不是玩与暴力相关的玩具。可以参见美国幼儿教育协会关于儿童生活中的媒介暴力的立场声明（NAEYC，1990）。

### 文化对游戏的影响

尽管游戏是世界性的，但游戏也会因文化的不同而呈现出不同的形式。其原因可能在于各种文化价值观是截然不同的，不同的价值观在看待游戏对于儿童的价值和游戏活动对于不同性别的儿童的期待和限制时，其观点是不同的。在一种文化中，成人决定着提供给儿童的游戏环境和材料，决定着他们示范和认可的游戏种类。最近许多观察者都注意到，当代美国幼儿的游戏能力正在受到影响，因为他们都受到了当今文化发展的巨大影响。科技的普及和计算机与视频游戏的应用正在影响着社会游戏和创造性想象游戏。

例如一项研究比较了韩裔中产阶级幼儿园和英裔中产阶级幼儿园中的儿童群体。受英裔美国人的价值观的影响，他们的幼儿园鼓励独立思考、解决问题以及在多种多样的活动中进行有效选择和主动学习。英裔美国人的幼儿园鼓励儿童之间的社会性互动和儿童与教师的合作。韩裔美国人的幼儿园保持着他们的传统价值观，强调完成任务和发展学业技能。韩裔美国人的幼儿园只允许儿童在户外游戏时间交谈和游戏。

观察者发现，英裔美国儿童更多地参与到社会性游戏中，而韩裔美国儿童更多地参与到无主题游戏或平行游戏中。韩裔美国儿童在游戏时更有合作性，经常把自己的玩具给别的孩子玩，这似乎反映了其强调团队和谐的文化。英裔美国儿童在游戏时更加好斗，经常否定其他孩子的建议，这可能是美国文化中的竞争性文化价值观（Papalia, et al., 2004）。

还有观察者指出，在新几内亚儿童的游戏中，任何一方都不会获胜，只有当游戏的双方达成平等时游戏才会结束。这听起来跟美国通常强调竞争的游戏很不一样。

世界范围内的那些学前项目所遵循的原则都值得早期教育者考虑。2004 年 9 月的《幼儿》（*Young Children*）整整一期突出强调了马来西亚、日本、古巴、冰岛、布达佩斯和北欧国家的早期儿童教育的共同点及各自的独特之处，并列出了一份非常详尽的有关世界各地的游戏和早期儿童教育的书目资源。

游戏是幼儿练习长大后的角色和技能的一个强有力的方式，这些角色和技能是他们将来成为他们的文化中的成人时所需要承担和掌握的。因此，可以说具体的游戏行为和脚本会因文化的不同而不同。

研究者发现，在大多数文化中，男孩和女孩的游戏是不同的，这可能是由于文化的影响和生理及大脑的差异造成的。男孩们一般喜欢一群人一起玩打斗游戏。女孩们一般只和一个玩伴玩更加安静的游戏。

即使当一群男孩和女孩玩同一个玩具的时候，他们也更多的是和同性别的孩子交往。男孩们玩的时候更加吵闹，而女孩们更加有合作性。在戏剧游戏中，男孩们设计的脚本一般都充满了危险和打斗，而女孩们设计的情节都把重点放在了维持社会关系上。这再一次毫无疑问地说明文化价值观和期待导致了这其中的某些差异。同样值得注意的是，大多数早期儿童教师都是女性，她们可能赞赏也可能不赞赏男孩的打斗游戏。

对于教师来说，以下 3 点是很重要的：意识到教室中所有儿童的家庭所持的文化价值观；对于家庭看待游戏的态度有敏锐的觉察；理解家庭对女孩和男孩的期待。教师不应该寄希望于所有家长都将必然地赞赏游戏的价值，而应该预先考虑到家长需要明确的、可以接受的且持续的意见交换，并对这一需要予以满足。

### 为有特殊需要的儿童提供的游戏

有特定残疾的儿童是需要优先考虑的儿童。为他们提供一个能够使其尽可能充分参与的游戏环境，是他们的家人和老师面临的巨大挑战。当教师了解到特殊儿童在游戏中的局限和需要做的必要调整时，他们就能够帮助所有儿童参与到游戏中并通过游戏而学习。特殊儿童理事会早期教育部门（the council for Exceptional Children, Division for Early Childhood）最近特别关注了游戏对于残疾儿童的重要性。早期教育部门的建议是这样的："构建游戏常规是为了促进互动、沟通和学习，这是通过界定戏剧游戏的角色、促进参与、促进小组游戏活动和使用专门的道具来实现的。"（Sandall et al., 2000）。通过观察每个孩子的游戏并学习使自己提供的支持与孩子的特殊需要相符，教师会想出很多合适的调整思路。

　　进行的调整取决于特定的障碍，这些调整可能包括如下几个方面。

　　●物质环境的改变。包括划分明确、宽敞的交通区域，专门的安静区域，额外的灯光和易进入的游戏。

　　●材料的调整。这可能包括使用结构简单的桌面画架，用可调节的设备放书，把彩色蜡笔插入网球以利于抓握、用魔术贴把画笔粘贴在孩子的手里，对穿的衣服做些改变，在拼图上加入旋钮以易于操作，或者给儿童栩栩如生的玩具，上面有如何玩的提示。

　　●简化的活动。这可以是把一个活动分成若干小的活动，或者是让儿童根据图上画出的步骤一步一步完成。

　　●利用儿童的偏好。教师鼓励儿童用他们喜欢的材料、活动或人来进行游戏。例如为那些对飞机着迷的孩子创设一个以飞机为主题的戏剧游戏。

　　●特殊的设备。特殊的或可调节的设备可以促使儿童参与到游戏中，比如让儿童待在装着豆子的小布袋里而非他的轮椅里，让他在戏剧游戏区行动更加自如。

　　●成人支持。教师或其他成人参与到儿童的游戏中，并鼓励他们通过模仿和讨论来融入游戏。

　　●同伴支持。当教师与儿童结成同伴时，特殊需要儿童就能得到支持（其他儿童可以学习以亲社会的方式帮助他人）。

　　至关重要的一点是，教师要意识到自己在游戏中扮演着进行改变的角色，以使所有的儿童都能从丰富的游戏经验中获益。

　　后面的章节会进一步阐述教师在创设环境和提供适宜干预以支持游戏方面的作用。教师必须意识到无论是在室内还是户外，适宜的游戏环境都是很重要的。

　　在这一点上最重要的是形成对游戏的尊重，将游戏视为儿童能够做的最重要的事情。支持和提升游戏是教师在发展适宜性教室中的最好的工作。

## 小结

　　游戏是令人愉快的，是儿童自发的和自我驱动的互动活动，是儿童在各个领域学习和发展的媒介。游戏的某些分类和发展阶段已经得到公认。教师可以通过规划物理环境和适宜的干预来支持高质量游戏。

## 思考

　　1. 观察教室中的幼儿并尝试找出每种游戏的实例：练习性的游戏、建构性的游戏、戏剧性的游戏和规则游戏。看看你能否找出本章描述的各种社会参与的实例：旁观者行为、单独游戏、平行游戏、联合小组游戏和合作游戏。以小组形式在班上讨论这些实例。

　　2. 去教室参观时，找一找教师为支持游戏都进行了哪些努力。注意物理环境的各个方面，如游戏场地的界线和大小、可用材料的数量和种类以及游戏的时间安排表。

　　3. 记录在社会戏剧游戏中儿童之间进行交流的实例。这些交流让你对于儿童对世界的理解有什么认识？

## 问题（用以评估本章所学）

1. 定义游戏并描述它的主要组成部分。

2. 说出并详细描述儿童游戏的4种类别。为每种游戏举一个实例。说出并描述儿童社会性游戏的5个阶段。为每个阶段举一个实例进行说明。

3. （1）讨论皮亚杰有关游戏和认知发展的观点。

   （2）讨论维果茨基有关游戏和认知发展的观点。

   （3）说明游戏对儿童在各个领域的发展的作用。

   （4）指出游戏具备的得以成为最适宜的幼儿课程的特征。

4. （1）描述能够支持高质量游戏的物理环境所具备的要素。

   （2）描述斯密兰斯基证实的适宜性教师干预的具体行为。

5. 讨论暴力游戏及游戏中的文化差异。

## 问题（用以应用本章所学）

1. 一个缺乏经验的教师问你，为什么她班上3岁的孩子们不能遵守传统儿童游戏的规则，也不听取她的游戏建议？哪些信息会有助于她的理解？

2. 你所任教的学前中心的校长希望在你的时间表中取消所有的游戏自由选择时间，使你能够将精力集中到教授学业技能上。你会利用什么信息和文献来解释你的观点，从而证明游戏有为技能打基础的重要价值？

## 参考文献

ACEI. (2002). ACEI position statement. *Global guidelines for early childhood education and care in the 21st century*. Also available online at http://acei. org.

Anderson, S. (2002). He's watching! The importance of the onlooker stage of play. *Young Children*, 57 (6):58.

Bergen, D. (2004). *Play's role in brain development*. Olney, MD: Association for Childhood Education International.

Berk, L., & Winsler, A. (1995). *Scaffolding children's learning: Vygotsky and early childhood education*. Washington, DC: NAEYC.

Bettelheim, B. (1987, March). The importance of play. *Atlantic Monthly*, 35 – 46.

Bodrova, E., & Leong, D. (2004). Chopsticks and counting chips: Do play and foundational skills need to compete for the teacher's attention in an early childhood classroom?" In *Spotlight on young children and play* (pp. 4 – 11). Washington, D. C: NAEYC.

Bredekamp, S., & Copple, C. (Eds.). (1997). *Developmentally appropriate practice in early childhood programs. Revised Edition*. Washington, DC: NAEYC.

Bruner, J. (1983). Play, thought, and language. *Peabody journal of Education*, 60(3):60 – 69.

Carlsson-Paige, N., & Levin, D. (1987). *The war play dilemma: Balancing needs and values in the early childhood classroom*. New York: Teachers' College Press.

_____. (1990). *Who's calling the shots: How to respond effectively to children's fascination with war play and war toys*. Gabriola Island, BC: New Society Publishers.

Christie, J., & Wardle, F. (1992). How much time is needed for play? *Young Children, 47*(3): 28 – 31.

Dewey, J. (1916). *Democracy and education.* NewYork: Macmillan.

Elkind, D. (1981). *The hurried child: Growing up too fast, too soon.* Reading, MA: Addison-Wesley.

Erikson, E. (1963). *Childhood and society.* New York: Norton.

Fromberg, D. (2002). *Play and meaning in early childhood education.* Boston: Allyn and Bacon.

Hampshire Play Policy Forum. (2002). Hampshire Play Policy Position Statement. Retrieved from http://www. hants. gov. uk/childcare/playpolicy. html.

Isenberg, J., & Jalongo, M. (2000). *Creative expression and play in early childhood*(3rd ed. ). Upper Saddle River, NJ: Merrill Prentice-Hall.

Isenberg, J., & Quisenberry, N. (1988). Play: A necessity for all children. *Childhood Education, 64*(3): 138 – 145.

Jones, E., & Reynolds, G. (1992). *The play's the thing: Teachers' roles in children's play.* NewYork: Teachers' College Press.

Kagan, S. (1990). Children's play: The journey from theory to practice. In E. Klugman & S. Smilansky (Eds), *Children's play and learning: Perspectives and policy implications* (pp. 43 – 61). NewYork: Teachers' College Press.

Katz, L. (1987). *What should young children be learning?* Urbana, IL: ERIC Clearing House of Elementary and Early Childhood Education.

Levin, D. (2004). Beyond banning war and superhero play: Meeting children's needs in violent times. In *Spotlight on young children and play* (pp. 46 – 49). Washington, DC: NAEYC.

Monighan-Nourot, P(1990). The legacy of play in American early childhood education. In E. Klugman & S. Smilansky (Eds. ), *Children's play and learning: Perspectives and policy inaplications* (pp. 4 – 17). New York: Teachers' College Press.

_____ . (2003). Playing with play in four dimensions. In J. Isenberg & M. Jalongo (Eds. ), *Major trends and issues in early childhood education: Challenges, controversies, and insights* (2nd ed. ) (pp. 123 – 148). New York: Teachers' College Press.

NAEYC. (1990). NAEYC position statement on media violence in children's lives. *Young Children, 45*(5): 18 – 21. Also available online at http://www. naeyc. org. Click on Resources, and then on Position Statements.

Papalia, D., Olds, S., and Feldman, R. (2004). *A child's world: Infancy through adolescence*(9th ed. ). New York: McGraw Hill.

Parten, M. (1932). Social participation among preschool children. *Fournal of Abnormal and Social Psychology, 27,* 243 – 269.

Piaget, J. ([1923]1926). *The language and thought of the child.* NewYork: Harcourt, Brace and World.

_____ . (1962). *Play, dreams, and imitation in childhood.* New York: Norton.

Reynolds, G., & Jones, E. (1996). *Master players.* New York: Teachers' College Press.

Roskos, K., & Christie, J. (Eds. ). (2001). *Play and literacy in early childhood: Research from multiple perspectives.* Mulwah, NJ.

Sandall, S., McLean, M., and Smith, B. (2000). *DEC recommended practices in early intervention/early childhood special education.* Longmont, CA: Sopris West.

Sandall, S. (2004). Play modifications for children with disabilities. In *Spotlight on young children and play* (pp. 44 – 45). Washington, DC: NAEYC.

Smilansky, S. (1968). *The effects of sociodramatic play on disadvantaged preschool children.* New York: Wiley.

_____. (1990). Sociodramatic play: Its relevance to behavior and achievement in school. In E. Klugman & S. Smilansky (Eds.), *Children's play and learning: Perspectives and policy implications* (pp. 18 – 42). New York: Teachers' College Press.

Smilansky, S., & Shefatya, L. (1990). *Facilitating play: A medium for promoting cognitive, socioemotional and academic development in young children*. Gaithersburg, MD: Psychosocial and Educational Publications:

Stone, S. (1995). Wanted: Advocates for play in the primary grades. *Young Children*, 50(6): 45 – 54.

Trawick-Smith, J. (1994). *Interactions in the classroom: Facilitating play in the early years*. New York: Macmillan College Publishing Company.

Van Hoorn, J., Nourot, P., Scales, B., & Alward, K. (1998). *Play at the center of the curriculum* (2nd ed.). New York: Macmillan Publishing Company.

Vygotsky, L. ([1930—1935]1978). *Mind in society: The development of higher mental processes*. Cambridge, MA: Harvard University Press.

Ward, C. (1996). Adult intervention: Appropriate strategies for enriching the quality of children's play. *Young Children*, 51(3): 20 – 25.

Wasserman, S. (2000). *Serious players in the primary classroom: Empowering children through active learning experiences* (2nd ed.). NewYork: Teachers' College Press.

## 建议进一步阅读和研究的资料

Drew, W, & B. Rankin. (2004). Promoting creativity for life using open-ended materials. *Young Children*, 59(4): 38 – 45.

Forst, J., S. Wortham, & S. Reifel. (2001). *Play and child development*. Columbus OH: Merrill-Prentice-Hall.

Hatcher, B., & K. Petty. (2004). Seeing is believing: Visible thought in dramatic play. *Young Children*, 59(6): 79 – 82.

Holland, P. (2003). *We don't play with guns here: War, weapon, and superhero play in the early years*. Philadelphia, PA: Open University Press.

Jones, E. (2004). Playing to get smart. In *Spotlight on young children and play* (pp. 24 – 27). Washington, DC: NAEYC.

Lytle, D., (Ed.). (2003). *Play and educational theory and practice*. (Vol. 5). *Play and culture studies*. Westport, CT: Greenwood.

Owocki, G. (1999). *Literacy through play*. Portsmouth, NH: Heinemann.

Paley, V. (2004). *A child's work: The importance of fantasy play*. Chicago: University of Chicago Press.

Scarlett, W., S. Naudeau, D. Salonius-Pasternak, & I. Ponte. (2005). *Children's play*. Thousand Oaks, CA: Sage.

Stegelin, D. (2005). Making the case for play policy: Research-based reasons to support play-based environments. *Young Children*, 60(2): 76 – 85.

Zigler, E., D. Singer, & S. Bishop-Josef, (Eds.). (2004). *Children's play: The roots of reading*. Washington, DC: Zero to Three Press.

## 实用网站

**http://www. instituteforplay. com**
在这个有关游戏的重要性的网站上有许多关于游戏的信息。

**http://www.www.eduref.org**

在这个教育者参考资料问询台的网站上拥有关于多个主题的大量信息。点击 "Program Areas"，然后点击 "Child Care and Development"，找到关于游戏的文章。可搜索来自 ERIC 文摘一篇名为 *"Pretend Play and Young Children's Development"* (2001, *PS029929*) 的文章。

**http://www.naeyc.org**

在这个美国幼儿教育协会的网站上有一个 "Play, Policy, Practice" 论坛。点击 "Members Only"，然后点击 "Interest Forums"。

# 发展适宜性课程的设计

　　高质量的游戏不是轻而易举就能产生的。游戏要求教师们去设计课程，这样一来环境和资源就能激发孩子们的好奇心、探索心和创造力，通过一些经验和互动支持他们学习。自发的游戏与教师的设计密不可分——二者听起来有些矛盾——这种设计不同于传统——传统的设计只需快速地填个表格，这个表格所依据的是狭窄的学习目标，而这些目标是由老师们设计和控制的。发展适应性设计依据的是对课程的理解及此课程在特定的教室里"因材施教"。虽然教师们关于发展的一般认识能够帮助他们根据发展阶段确定学习任务，但是对课程设计真正有用的信息是个体的个性、兴趣、学习风格、家庭价值观和背景、与社区的联系以及相关标准。教师们在课程设计时不能只依据发展理论、课程清单或者买来的参考书和指南，他们必须理解如何将他们对发展的一般认识与对孩子们如何学习的认识融会贯通，具体了解班上各个孩子的具体情况。此外，在当今由政府或园所制定学习目标的背景下，教师们必须懂得如何用综合的适应性活动去满足那些目标，而不是设计孤立的课程去单纯满足要求。这一章将阐述设计发展适应性课程的一般思想。

## 本章学习目标

- 阐述立场文件指出的发展适宜性课程的标志。
- 阐述整合课程的含义。
- 讨论课程设计周期，描述每个环节。
- 了解主题设计的优缺点。
- 定义生成课程，讨论生成课程的来源。
- 讨论生成课程的设计策略。
- 描述对灵活的设计表格的需求。
- 对如何改变设计流程进行探讨。

# 什么是课程?

从本质上说，教师的任务是为儿童设计课程，提升自己对课程设计的认识。早期儿童教育者面临在"早期错误"（对幼儿园阶段的课程内容重视不够导致学习机会的缺失）和"小学错误"（对特别的、有限的课程目标过分关注，对特别需求、兴趣或者孩子的发展性特征关注过少）保持平衡的挑战（Bredekamp & Rosegrant，1995）。这就是说，被用于大量孩子的课程设计策略没有对最小的孩子提出足够要求，而对其他孩子要求太多错误的东西。

课程包括需要教授什么（内容）和如何去教（方法）。美国幼儿教育协会提出的"与社会相关有助于智力发展和对孩子个人有意义"很有帮助。为了支持孩子的家庭文化和语言，美国幼儿教育协会第一个有关课程的立场文件提到"与社会相关"（Bredekamp & Copple，1997，pp. 20 – 21）。建议的方法包括应用整合课程，以儿童既有技能和知识为基础，把方法和内容相整合。在 2003 年，美国幼儿教育协会和州教育部美早教专家协会（NAEYC/NAECS/SDE，2003）联合发布了又一个关于课程、评定和评估的立场声明。在课程方面给出的建议是：教师要实施"经过精心规划、富有挑战、有吸引力、发展适宜性的、符合文化和语言背景的、综合的、使所有幼儿都获得积极结果的"课程。文件申明其目的不是要选出一个"最好"的课程，事实上，根本就没有最好的课程——而是要发现证明课程有效性的成分。

一个有效的课程包括以下要素。

• 儿童的认知、身体、社会性和艺术等各个方面都获得积极发展。

• 课程目标明确，并且得到了所有利益相关者的认可，这些利益相关者包括管理者、教师和家庭。目标表述了其对于儿童的基本期望。

• 课程建立在对相关儿童的认识的基础上，其组织也是基于有关儿童发展和学习原则。

• 重要的内容是通过调查、游戏以及有目的的教学而学到的。教学策略是与儿童的年龄、发展能力或缺陷、语言以及文化相符的。

• 课程建立在先前的知识和经验的基础上。课程的内容和课程的实施都建立在儿童（包括残疾儿童）先前的个人及文化知识的基础上，且支持儿童在家庭及社区学到的知识。

• 课程是广泛全面的，包括重要的发展领域，如身体健康和运动技巧、社会和情绪发展、认知和思维发展以及学习态度。此外，学科领域如科学、数学、语言、读写、社会常识和艺术都是全面课程的一部分。

• 课程的学科内容是通过专业标准来确认的——对相关专业组织如美国数学教师协会（National Council of Teachers of Mathematics）和美国科学教师协会（National Science Teachers Associations）的标准进行回顾和贯彻。

• 课程可能会让儿童在很多方面受益，这样的证据是根据研究和计划而得到的。

美国幼儿教育协会针对课程的两份立场声明都明确表明，指导方针只是为了建构适宜的课程；"教什么"和"怎么教"的具体细节由教师、项目和学校根据他们的理念和目标确定。

开端计划标准现在正应用于全国范围的许多 Title I 学前学校（preschool）和前幼儿园项目（pre-k programs），并且指导着入读开端计划项目的数以千计的幼儿的教育工作。标准认为课程应该

- 针对每组儿童而有所改变。
- 支持每个儿童发展和学习的个人模式。
- 为儿童认知技能的发展提供支持，如鼓励儿童对自己的经验进行组织，理解概念，发展与年龄相适宜的读写能力、计算能力、推理能力、问题解决能力和决策的能力，并把这些方面的发展看作儿童取得学业成功的基础。
- 把健康、营养和精神健康服务等所有的教育方面都融入项目。
- 确保项目帮助儿童获得情绪上的安全感和社会关系。
- 增强每个儿童关于自己是一个独立个体同时也是团体中一员的理解。
- 为每个儿童提供成功的机会以发展胜任感、自尊心和积极学习态度。
- 在室内和户外都提供个别活动、小组活动和大集体活动。

通过这些指导原则，我们应该可以明确的是，一个好的课程不只是一系列活动或课程计划。课程的目标和架构指导着活动和教学策略朝着满足特定目的的方向发展。在一些情况下，项目中心或学校编写专门的课程。改编课程时应该考虑：如何符合目标、价值观和已制定的课程标准，包括项目服务的家庭的价值观和期望，如何满足接受教育的儿童的社会文化、个体和语言特征。课程的质量是主要因素。经常被宣传为或所谓的"免教师的"（teacher-proof）的课程是由管理人员编写的，他们认为这能解决那些缺乏有经验或高质量教师带来的问题。曾经写过许多有关游戏和课程的著作的早期儿童专家伊丽莎白·琼斯，在谈及这些课程的时候认为它们是"罐装的"，也就是说他们是为满足众多顾客的口味而大规模生产的。不幸的是，这些课程大多狭隘且知识薄弱。更为明智的是支持教师的发展，以使教师有能力去设计和实施有效的课程。

## 整合课程和标准化运动

正如前文中所讨论的，游戏提供了所有发展领域的学习机会——课程应该"如何"。但是对课程的另一个关注点应该是课程"是什么"，即儿童应该学习的内容是什么。早期教育领域最近的发展包括有关预期结果和成就的标准，或对前幼儿园阶段的儿童的期待。开端计划已经制订出一个儿童成果框架（Child Outcomes Framework）。近 40 个州已经制定出或正在制定早期学习成就标准，而美国幼教协会已经与美国州教育部早期儿童专家协会发表了联合声明，提出了有关研发和实施相关标准的建议（NAEYC & NAECS，2003）。全国性组织已经制定了读写领域和数学领域的内容标准（NAEYC，2002；1998）。

许多早期儿童教育者都在某种程度上关注早期学习标准及其对发展适宜性实践的影响。标准很少论及社会情绪发展和"学习方法"，对适合于残疾儿童和有文化及语言差异的儿童关注较少。通常看起来，标准像是灵巧地将内容分割为极其独立的学科。

富于经验的学前教师认为，他们实际上一直都在教授来自不同学业科目的重要内

容，但是这些内容融入了课程活动。当他们在教室里与幼儿一起烹调时，例如计算食谱卡片上的面粉是几杯时，他们就是在教授数学；读食谱卡片上和使用测量和烹饪的词汇时，他们就是在教授语言和读写；指出正在搅拌的面糊的变化时，作出要吃的食物时，他们就教授了小组参与的社会交往技能……其他的许多事情也都融入了这一个活动。小学教师也承认这个项目给了儿童机会来应用教师正在教授的技能。

在某种程度上，整合课程的概念来自于对发展本身的综合性的考虑，这种综合性表现为发展的某一个方面，比如身体发展，必然会影响其他领域如社会性或情绪的发展（Bredekamp & Rosegrant，1995）。整合课程包括各种学科——诸如科学、数学、社会知识、艺术、技术和读写，这些学科都融合于普通的活动中，而不是作为知识的分支。整合课程使儿童形成了没有人为分离的有意义的大脑联结，使儿童在从事感兴趣的主题和应用从富有意义的环境中获取的知识和技能时，能灵活应用各个领域。整合课程的目的在于使那种课程对幼儿来说更有意义。整合课程经验考虑到了儿童的学习风格和多元智能（Gardner，2000；Campbell et al.，1996）。

早期儿童教室中的课程整合使用了多种方法，但一般来说，课程的整合是通过使用方案教学法（Katz & Chard，2000；Chard，1998；Helm & Katz，2001，2001；Hartman and Eckerty，1995），或一种主题教学法——由被称作结网（webbing）的联结过程发展而来，将在本章稍后部分进行介绍——来进行的。学龄前儿童的创造性课程（2002）把学习看做整合课程内容的有效方式。所有这些方法的共同之处在于：强调从儿童的兴趣和经验出发；强调提供活动的具体情境，使得知识富有意义；提供将技能和知识应用于有意义的问题的机会。在一段时间内深入学习一个主题能使儿童发展真正的理解力。丽莲·凯兹曾经说过，我们往往会低估儿童的智力水平。深度项目（in-depth projects）发现，儿童确实有能力进行复杂学习，只要这种复杂的学习是有意义而又与他们的学习风格相符的。整合课程活动为学习带来了种种相关的益处。

• 为儿童提供连贯性的经验，并允许意义的最佳建构。他们通过有意义的内容学习技能和知识，而不是将重点放在互不关联和分割的——而且对他们来说常常是无意义的技能上。

• 课程领域的彼此孤立无法让儿童理解如何以较开放的方式来应用知识。只通过数学课来学习计数原理，无法帮助儿童理解数学在每日生活中的使用。与此不同的是，通过弄清楚有多少张卡片来知道我们是否邀请了所有的家长参加野餐，这就是一个与数学相关的问题，儿童可以在他们的活动环境中应用知识。

• 使儿童可以在大块的时间里通过活动来学习，而不必忍受由于教师从一门课转向另一门课带来的大量的碎片式的转换（现在我们要结束语言课了，接下来我们将学习数学）。被迫在身体和精神上转移注意力浪费了时间，而且干扰了注意力。

• 如果教师感受到有完成课程的压力，常常会导致他们在儿童还没能自动自觉并对不断扩展的知识进行建构之前，就匆忙地让儿童来学习新的主题和课程。只有在教师感觉不到完成课程的压力时，儿童才会获得时间和机会来参与真正的学习和掌握所必需的那些重复活动。整合课程通常会引起兴趣的深化和相关知识的探究，让儿童得到复习和拓展知识的机会。在第十八章关于瑞吉欧教学法的讨论中，你将会学习到这个优秀的教育项目是如何使用方案的——他们的方案通常会延续几个月，儿童的理解力随着工作的继续而增强。

　　●学习的内在动机是长期参与感兴趣的项目和活动所带来的结果。当教师将知识和技能按照只对成人有意义的学科领域划分时，他们通常需要依靠外在的激励（贴画、分数）来激发儿童。（改编自 Bredekamp & Rosegrant，1995）

　　可能最振奋人心的发展就是整合课程超越了学前阶段而向上扩展，改变了稍大儿童的教学方式。通过围绕儿童的学习主题，可以将多个科目领域的内容融合在一个课程中。

# 课程设计周期

　　接下来教师如何学习设计课程呢？设计并非是一个与教学相分离的活动，而教师需要偶尔满足他们的指导者或监管者的要求。例如在一些项目中，课程的设计可能需要在周四下午之前提交，以使得监管者能够在这一周后面的时间里确定这个设计是否满足要求。这常常意味着许多教师会在周四午休时间匆忙填满课程设计表中的空白处。以这种方式所做的设计可能没有经过深思熟虑，目的也不明确。教师常依赖过去的经验或从书架上随手拿一本教学参考书来抄一抄。这样的计划常常是基于有关儿童的普遍性知识和一般性目标。几乎不太可能满足所有儿童的需要和课程的目标。

　　相反，发展适宜性中的课程设计是一个进行中的周期中的一部分，这个周期存在于教师与儿童在教室中进行的日常互动中。这个循环周期由以下部分组成。

　　●通过观察、定期做笔记和记录体系来了解儿童个体和集体。

　　●评定每个孩子达到有关预定目标和目的的程度，包括那些由其他人如家庭和教育机构决定的目标和目的。

　　●通过集体观察来了解儿童的兴趣、经验和疑问。

　　●决定能够使儿童在有意义的活动环境中达到目标和目的的策略、材料和经验。

　　●通过观察发现的结果和成果来评定设计的效果，并从这些观察和评价获得新信息（见图3－1）。

　　设计周期允许教师使用第一章中讨论过的3种知识来决策：①有关年龄特点的知识；②有关能力、兴趣和儿童个体的需要的知识；③有关儿童所处的社会和文化背景，以保证其学习经验既富有意义又相关。

　　设计由此而渗透进了教师的每日生活和师幼之间的所有互动之中。让我们分别关注循环周期中的每一个组成部分，来看看教师如何创造支持儿童的学习和发展的课程。

## 系统观察和笔记

　　在接下来的章节中，你将会发现许多有关为幼儿创造适宜的学习环境的讨论，这样的环境能够培养幼儿各方面的发展。教室中各兴趣区的物质环境设置、时间安排表以及专门的材料和活动，所有这些为整日忙碌的教师提供了观察儿童的时间和机会。能够给教师提供观察机会的布置和管理教室的方法是有如下几种。

　　●让儿童得到他们自己的材料并发起他们自己的活动，把教师解放出来，就可以在

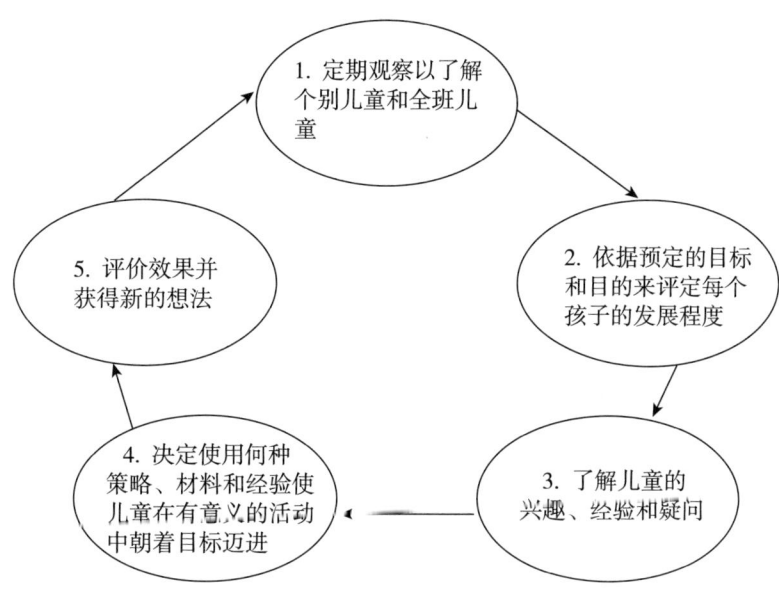

图 3 – 1　课程设计周期

房间里来回观察并与各个兴趣区的儿童交流互动。

　　● 提供开放式材料以供创造、探索和建构，教师不必总是忙于帮助和指导。

　　● 为儿童创设界限分明的工作区域——控制参加各种活动的人数——以避免经常性地卷入纠纷的解决。

　　● 提供使所有儿童都能成功操作的材料。

　　● 为儿童提供大块时间来进行活动，这样教师就不必过多地忙于活动的转换过渡。

　　● 有明确的清扫制度和其他让儿童承担教室职责的机会，使得教师不必总是忙忙碌碌。

　　● 设计一个时间表，让教师与儿童个体、小组和儿童全体进行互动。

　　当教师意识到创造观察机会的重要性时，他们就会明白创设教室环境是把他们从忙于注意儿童中解放出来的最佳方式。尽管通过与同事或志愿者的合作，教师也许可以安排正式的观察时间来集中和专门地做笔记或使用评价工具，但大多数教师发现他们最佳的观察时机是在他们和儿童互动的时候。

　　让我们看一个例子。当一个教师在时间表中安排了小组时间时，他每次只观察和倾听一小部分儿童。假设在某一天，教师设计了玩橡皮泥的活动。在活动时间中，他注意到：克里斯特尔（Crystal）对事物如何改变表现出浓厚的兴趣并理解了测量的知识；拉颇彻（LaPorche）通过上周读的《小红母鸡》的故事记起了烤面包时要用到面粉；罗德尼（Rodney）能够全神贯注于活动中，这和他在大集体活动中表现不一样；达蒙（Damon）仍然觉得等候轮流的时间很难熬。这样的以及更多的重要信息需要记录下来，以了解每个孩子当下的发展情况。观察因提前设计的时间表和活动而得以开始。更多的观察技巧和有关客观事实和描述说明的提示见第十四章。

　　观察要求记录。小组儿童的鲜活信息纵然有趣，如果不付诸笔端，终究会毫无用处（甚至被遗忘）。教师必须学会快速记笔记，而且记下来的东西要便于日后进行再加工。

哪怕就记一两个单词，也有助于教师日后整理时补充细节。有助于快速记录的有效方法有如下几种。

- 把一支铅笔和一个便签本或档案卡放在兜里，以用于简短记录。
- 在每个兴趣区放一个笔记板（clipboard）和一支钢笔，以用于简短记录。
- 在笔记板上贴上每一个孩子的名字，一有机会就填充内容。这样做的好处是可以保证所有的孩子都得到注意。
- 拍照。尽管这并不能记下一句话，但可能足以在之后的记录中带起对整个事件的记忆。

在一天结束的时候，教师将会有对不同儿童的大量笔记。此时的关键就是拥有一个收集和组织信息的有效系统。许多教师发现使用包含每一个儿童的折叠文件夹或活页笔记本很有用，这使得这种观察能够在一年里不断添加。它还可以更进一步细分为身体技能、社会和情感、认知和概念、创造性、语言和读写以及算术部分。当教师坐下来整理观察的时候，只需确保所有的细节都是完整的，包括日期，之后将它放在或贴在合适的位置。细化每个发展领域部分的记录系统使得教师能快速检查，从而看到哪些儿童需要更多的关注。当教师对某个特定区域没有累积观察时，这一方法尤其有用。

一些观察包含了不止一个孩子或发展领域。教师能够迅速地将观察的复印件放入相应档案中。观察以这样的方式日复一日、定期地进行着。

除了观察，教师还可以收集作品。在一段时间内收集相似的图画作品和书写作品，可以用来记录儿童的成长和学习。这些可以作为观察的补充以全面了解儿童，不仅可用于评价和规划，同样能与家庭分享信息。例如玩橡皮泥的小组中，教师在儿童的文件夹中添加了这些笔记。

**观察笔记样本**

11/21 克里斯特尔对于面粉和盐怎么变成了橡皮泥，提了许多"怎样"和"为什么"的问题。

11/21 克里斯特尔说："我们已经放进去一杯面粉，所以现在我们只需要装半杯。"

11/21 拉颇彻说："我记得小红母鸡做面包的时候用到了面粉，没有人能帮她。"（是一周前读的书）

11/21 活动持续了 15 分钟，罗德尼安静地坐着，参与和观察整个活动并在过程中适宜交谈，没有躁动不安或心不在焉。

11/21 当轮到克里斯特尔搅动时，达蒙两次去抓勺子，发着牢骚："该我了。"当告诉他要等到罗德尼之后才能轮到时，他开始大哭。

（所有这些内容都被放在每个儿童的笔记本中合适的位置）

## 评价

每一个或两个月，教师可以通过阅读观察记录来评价各儿童的进步和特殊需要。一段时间的客观观察加起来就是一幅画面，它可以作为儿童在某个方面发展和某个特定时间学习的总结。课程框架中已经提前定义的明确目标和指标提供了评价学习的工具。也就是说，教师总结孩子的能力和技能，然后看看这些措施怎样促成最终目标的达成。

这个信息使得教师的设计个性化，在心中对某个孩子有特定的目标。教什么内容和怎样教的观念与个性化的目标紧密相连。评价就像在旅程中停顿下来去看看取得了怎样的进步，而这些进步是与最终应该到达的目的地紧密相关的。就像一位教师指出的那样："如果我们不知道想去哪里，那我们如何知道怎样到达那里，或者我们离到达终点还有多远？"

一些广泛使用的课程明确定义了发展指标和目标，这使得教师能够将其用做评价儿童发展的工具。工作取样系统包括持续的观察、进步报告和发展检查表（Meisels & Atkins-Burnett，2000）。提前开端计划有一个工作取样系统，见本章参考文献（与提前开端成果框架有所不同，后者列出了应该评价的主要内容领域：语言发展、读写、数学、科学、创造性艺术、社会/情感发展、身体健康与发展以及学习方法）。另外一些系统和这些领域多有重叠。高宽课程有一个根据关键经验而组织的学前儿童观察记录（COR）（Hohmann & Weikart，2002）。在第十八章你将读到更多这方面的内容。创造性课程发展连续体评价（确定社会/情感发展、身体发展、认知发展和语言发展的 50 个目标和指标）有纸介质的，也有 CD-PORT（一种软件），可展示小组儿童和个体儿童的进步（Dodge et al.，2002）。发展连续体评价的示例见第十八章。

所有这些评价工具都是使用了基于表现（performance-based）的方法，也就是说，教师观察儿童在一日生活中的活动状况，而不是创造测试的情境。这些方法包含了收集和记录儿童在各种发展领域中的进步信息的策略，涉及具体的技能，也包括学习的普遍方法。

提前开端计划的教师被要求使用提前开端成果框架作为指导。对结果的强调不应被认为是让儿童为"考试"做准备，而是教师为了具体指导所有早期儿童而收集儿童进步的信息并因此提高儿童学习的质量。这些收集来的信息被用于制定课程发展目的，记录儿童的学习。

让我们一起回顾玩橡皮泥游戏的例子。对于每个孩子来说，教师在他文档的所有部分都积累了大量的案例，反映了儿童在所有发展领域的能力和进步。在他设计一日活动时，他坐下来浏览了这些具体的内容并做了简短总结。在他为克里斯特尔做的认知发展的笔记中，他写道："克里斯特尔表现出极大的好奇心，问了许多具体的问题。她理解了——一对应以及整体由多少个部分组成。"

对于达蒙，他总结了他的社会/情感发展部分："达蒙对等待轮换仍然存在困难，在与同学们一起时经常表现出沮丧感。"

这种总结帮助确认儿童当前的能力和需求。通过这些评价总结，教师能够逐渐为小组中的每个孩子设计适宜性体验。

### 促进儿童发展的设计策略

因为教师需要为个体和小组进行设计，计划周期的下一步是在确认个体情况的基础上列出所有的需要。从本质上说，这意味着明确所有可能需要更多帮助的孩子，例如在精细运动体验、自理能力或学习社会性技巧等方面。这些列表能帮助教师考虑设计何种体验、材料和活动来促进儿童增进具体的知识和能力。教师设计的课程之所以对每个儿童都有吸引力，是因为他理解一个年龄组儿童的普遍特征，尤其是他的头脑中有着具体的孩子。因为孩子们拥有一系列的选择，他需要吸引那些他想要鼓励去参与的儿童，并以此作为个性化计划的一部分。在普通的一周课程计划中，教师经常会记下他们特别想支持和鼓励参与某项活动的儿童名字的缩写，提醒他们自己在计划中关注他们的互动。

例如教师专门记录了达蒙尤其需要轮流概念和合作性的社会性互动的帮助。于是，教师设计了一次艺术活动，在这个活动中儿童需要与另一位搭档一起进行建构。在这一天中，教师鼓励达蒙与里卡多（Ricardo）合作，里卡多是一个很容易相处的孩子。当他们开展活动时，他与其他的男孩进行交流，评论他们共同的努力。达蒙为获得积极的认可而高兴并且按照里卡多的要求等着他们要用的红色涂料。其他孩子们也很喜欢这一活动，而教师在他的观察记录表中记下的是他执行了一个计划来帮助达蒙以加强社会技能。

考虑到克里斯特尔的情况，另一个计划就是做比萨——将整个比萨切成足够多的块数，使得每个孩子都有一份。教师希望培养她对数字和整体与部分关系的兴趣，也希望这个活动是适宜的。个性化的计划帮助教师以一种协调的方式工作，把目的和目标、对个体儿童的评价和他们的每日和每周计划联系起来考虑。

同样的个性化计划周期可以用来建构适宜婴儿和学步儿甚至更大孩子的课程。照顾者观察婴儿和学步儿，并记录预示着儿童在小肌肉和大肌肉控制、语音和语言产生方面里程碑式的那些发展水平。之后他们会在发展成就的连续体中评价孩子的进步。他们观察婴儿在感觉发展上的表现，并为其提供适宜的材料和体验来帮助这些最年幼的孩子增强和练习新技能，从而迈向下一个台阶。

### 有意义的课程以儿童的兴趣为基础

为了让儿童真正进行他们的探究和游戏，提供的材料和活动应该使他们感兴趣。因此，设计周期中的一个重要组成部分就是了解对群体中的儿童个体来说特别强烈的问题和体验。一般来说，当教师进行课程设计时，他们是以专门的主题为中心的。在这一部分，我们将关注教师如何利用儿童的兴趣和生活经历来设计富有意义的课程。

应该说，在最初的时候，主题法确实有一些优势。从最好的方面讲，主题法能使一系列活动的展开围绕着同一个中心思想，所以主题计划的一个优点是为儿童提供了一张相关经验网，使儿童可以进行有意义的思维联系。当儿童将自己大多数的游戏和工作串联起来时，就能够将个别经验联系起来建构概念。主题计划可能会提供通过不同方法和媒介探究概念的途径；如果一个特定的活动不能引起儿童的兴趣，或不适合儿童的特殊学习风格，可以选用其他的方法。主题计划的另一个优势是能够提供综合的学习经验，儿童可以一次性学习和发展多个领域的技能（Hart et al., 1997）。因此在拓展小学课程中，主题计划经常被视为一种积极的教学方法。它同样能够使儿童尽情沉浸在自己感兴趣的主题中。根据儿童注意力的持续情况，围绕着特定主题开展的游戏和项目可能会持续几周，甚至几个月的时间。主题法允许家庭参与到学习活动中，因为家庭和学校共享资源，并可以在家中强化儿童的学习活动。此外，主题法还有利于教师围绕着一个特定主题来组织内容和思考。当教师尝试将相关思想和活动联系起来、帮助儿童探索主题时，可以最好地激发出创造性思维。当教师找到并支持儿童的主题时，发展适宜性的设计就产生了。

从另一方面来讲，主题法的劣势是，可能会以一种需要避免的、非常不适宜和限制性的方法来制约儿童的学习兴趣。传统的主题计划仅仅基于成人对儿童需要学习什么以及如何进行学习的认识展开。教师预先决定儿童要学习什么样的课程以及最后要取得什么样的学习成果。成人决定哪些知识是适宜于儿童的，什么时候来教授这些知识。毫无疑问，成人拥有关于儿童发展的一般知识，并对儿童在课程领域需要学习和发展哪些知识和技能有着自己的理解，由此可以勾画"大的发展图景"，但是，这仅仅是从成人的观点出发，忽视了儿童主动精神和兴趣的重要性。

传统的主题计划为每一个教学单元制定了固定的时间表。通常情况下，教师会提前制订学年计划，在学年开始前就确定好每周的主题。由此，教师经常是在9月就可以说出来年2月的主题计划（例如情人节和社区助手，其中有一周的时间用来进行安全教育，邀请警察、消防员和医疗人员进行演讲）。同样，4月可能会开展关于复活节、播种、植树以及动物宝宝的主题活动。从来都不会缺主题和文化节日。提前这么长时间确定了教学计划，教师会感到按照计划进行教学的紧迫感，于是让儿童匆忙地从一周的教学活动转向另一周的活动。这就像是全园在周五下午响起了一阵大的叮当声，标志着又一个主题活动完成了，下周一开始新的主题活动。但是这种固定的计划安排不能灵活地回应儿童生机勃勃的兴趣，也不能满足儿童重新认识主题的需要，从而不利于儿童从更深的层次来认识主题。教师怎么可能总是提前知道什么样的主题能够引起特定儿童的兴趣以及儿童的兴趣可以持续多长时间呢？

狭隘地局限于规定好的教学计划，还有另外一个缺点，即排斥其他的兴趣点。如果教师武断地说儿童所发起的其他主题不适合在这个时候展开，这还不算特别过分。事实是，教师可能会因为自己已经制订好的教学计划而排斥其他的兴趣点。因此，儿童的想法似乎不足以使教师改变主题。教师已经花费了大量的心力来制订主题计划，因而很难放弃计划而去根据儿童的想法来组织活动或随机抓住那些蕴涵教育价值的"教学时机"。

因为已经制定好了主题单元，一些教师年复一年地重复使用这些主题单元，每年都会拿出布满灰尘的盒子和重复的教学计划，为另外一组儿童组织活动。这种课程计划方法——被伊丽莎白·琼斯称为"用防腐剂进行保存的尸体"，因为这些课程计划曾经富有生命力，但现在已经了无生气——使曾经实施过的教师，因为不断重复而不厌其烦。这些主题成为"需要完成"的任务。

儿童对发生在自己身边的事情感兴趣，其中很多事情是关于文化或宗教节日的。电视和购物商场中会传递出大量关于节日的信息，并且多数家庭和社区中的孩子对此都有活生生的经验。如何利用节日中的最佳元素来组织真实的、以儿童为中心的课程，而不是仅仅肤浅地附和流行文化，是需要教师深思熟虑的。

一些教师认识到以教师为主导的计划与儿童追求特定兴趣之间的矛盾，将制订出的课程计划张贴在墙上，在开展教学活动时，不管这些课程计划，而是以儿童发起的游戏为活动基础。从根本上来说，这种教学方法是消极的，因为教师浪费了大量的心力用在制订没有用途的教学计划上，而这些时间本可以用来探究如何进一步支持和增强儿童自发的兴趣，并将活动与评估和目标联系起来。还有一些人认为应该放弃计划，而仅根据儿童的引导来组织活动——伊丽莎白·琼斯称之为"随机/不确定课程"。当事件发生后，没有人继续深入探究下去，就会失去很多生成课程的机会。不幸的是，这种计划方法，或者说方法的缺失，并不有利于建构式学习所必需的对问题的深入探究和经验的不断丰富。这两种计划都不是很好的教学方法。

当教师改变不了解和观察儿童自身兴趣、问题和好奇心的情况下决定活动主题这一做法时，主题法就不会再那么狭隘了。教师不再很早就武断地决定将要开展的主题，就可以使自己和儿童自由地根据真实兴趣开展活动，在儿童发展能力的可能范围内尽可能深入地对主题进行探索。这与我们对儿童如何学得最好的认识是相符合的。当儿童通过自我激励来探索对自己富有意义的问题时，学习就发生了——他们弄明白了事情真相。这使得我们思考生成课程。

## 什么是生成课程？

你可能听说过"生成课程"这一术语。生成课程是指在探索"与儿童社会性发展相关，有利于儿童认知发展，并对儿童个人富有意义"的事物的过程中发展而来的课程。这一课程的基本理念是：有机、整体的学习来自于儿童和成人在课堂中的互动。"作为关心儿童的成人，我们为儿童作出能够反映我们价值观的选择；同时，我们需要保持计划的开放性，并能灵活地对儿童的各种需要作出回应。"（Jones & Nimmo，1994，p.3）在生成课程中，教师和儿童都可以提出活动方案并作出决定。这意味着，有些时候真正的课程是儿童感兴趣的事情与成人所知道的儿童发展过程中必须开展的活动之间相互妥协的结果。换句话说，儿童的兴趣和问题可以成为制订计划时选择的活动主题，在这些主题的范围之内，教师设计能够将早期学习标准和课程要求嵌入到主题中的活动。

在生成课程中，课程的主题是对在特定环境、特定时间、特定人群中所出现的兴趣、问题和关注点所做的回应（Cassady & Lancaster，1993）。生成课程从来不是仅仅基于儿童的兴趣而形成的，教师和家长同样有可以纳入到生成课程中的有价值的兴趣点。生成课程中所涉及的所有成人的价值观和关注点，有利于教室文化的形成。这种课程之所以被称为生成，是因为它不断地演进，根据不同的选择和联系沿着不同的路径扩散，并且这种课程总是开放地对待在最初计划过程中没有想到过的新的可能性（Jones & Reynolds，1992）。

生成课程的基础和发展是对儿童兴趣、经验和活动的观察。通过仔细地观察和倾听儿童，教师可以得到关于儿童的问题、知识、技能和兴趣的线索。观察后所制订的计划，关注的是找出能够维持儿童较为浓厚的兴趣并建构出新知识的活动和材料。儿童和教师合作讨论下一步的研究计划。教师不断地观察儿童对自己经验的反应，分析出新的活动创意和材料中可能蕴含的新知识。最好的生成课程计划是在教师完成上面这些工作后出现的，即在教师考虑到儿童的反应并预测下一步的发展方向后产生。一位教师这样描述在使用生成性方法制订计划时所面临的挑战："回应和预测，追随和发起。"（Pelo，1996，p. 102）教师跟随儿童的指引，并引进新的活动来维持儿童的兴趣并加深儿童的探究——这是一种微妙的平衡行动，需要真正地对儿童作出回应，并不仅仅关注于教师自己的目标。

生成课程的主题可以从哪里找到呢？琼斯和尼莫（Jones & Nimmo，1994）指出了生成课程的多种来源。

- 儿童的游戏、议论和问题。不同的儿童拥有不同的兴趣。例如暑假过后，一个儿童在户外玩野营游戏，另外一个儿童不停地说自己的小弟弟没有牙齿。
- 成人的兴趣和爱好。例如一个家长想让儿童了解堆制肥料的知识，一个教师喜欢寻找鸟窝。
- 环境中的事情、事件和人。例如操场尽头的小山可以引起对重力的探索。参观邻居家的花园，可以成为儿童观察蔬菜随着时间推移不断生长的一次机会，或引起儿童对土壤中蚯蚓活动的探索。
- 发展任务。在每一个发展阶段，儿童都有必须要实现的发展任务，这需要为儿童的技能发展和社会性——情感发展提供大量的实践机会，例如大量使用剪刀的机会、足够的空间来发展跳跃能力以及帮助儿童探究友谊的课程。
- 家庭和文化影响。例如一位参观学校的老奶奶讲述了自己的童年故事。
- 每日共同生活中出现的事情。例如讨论公平使用新电脑的方法，找出分配教室杂务的办法。
- 意外的新发现或刚刚发生的事情。例如一场大的暴风雨在操场上冲出了很多新的水沟，春天毛毛虫来了。
- 课程教材。虽然这不是教师主要的课程来源，但课程教材经常能提供一些与环境、儿童兴趣和教师风格相适应的主题。例如在发现儿童对消防员这一话题的浓厚兴趣后，教师可能会在教材中找到与之相关的活动。
- 学校和社区对儿童学习持有的价值观。例如全班去参观拐角处的疗养院，儿童讨论赠送给别人的节日礼物。

这些仅是深入思考儿童活动主题的起始点。这是对主题法的重新定义（Curtis and Carter，1996）。在以儿童为中心的主题设计法中，教师确定从儿童游戏和生活经验中生成的主题，并将这些主题转化成材料和活动，激起儿童不断对新活动和问题产生好奇心，并持续对之进行探索。好的计划为儿童的游戏和探索提供了好的起始点。好的计划要求教师站在后面，观察儿童与材料和活动之间的游戏性互动，询问儿童学习到了什么知识。在找出儿童的发展目标和目的的过程中，教师需要计划出具体的发展方向。这一全面考虑必然引起下一步的计划制订。

在教师精心为儿童探究提供一系列的经验和媒介时，这种持续的活动可能发展成为长期项目（Katz & Chard，2000；Chard，1998；Helm & Katz，2001）。在创造性课程中，这些被称为"研究"（Dodge et al.，2002）。在这种不断发展的课程中，教师和儿童共同将精力集中在对主题进行深入探究上。好的项目能够为儿童提供在多个课程领域进行探究的机会，例如科学、数学、社会研究、交流和艺术。由此，项目成为实现真正的整合课程的工具并能够使儿童发展多种知识和技能。这种项目尤其适合小学各年级来生成适宜性课程，虽然有时也可以用来加深学前儿童甚至是学步儿的学习（Lee Keenan & Edwards，1992）。没有必要使生成课程的每一步都发展成这样的项目；教师要仔细跟随儿童的兴趣方向，并在时机适宜时，帮助他们开始新的活动。"通过这一过程，课程不断地被生成，教师和儿童一起不断学习。"（Jones & Reynolds，1992，p. 105）

生成课程是动态的、持续发展的、永远不会被完全预测到的。它是一个有机的过程，从真实的行动和互动中发展而来，能够使儿童和教师保持较高的积极性并不断学习。然而，还有一点非常重要，即认识到生成课程不是"不管发生什么，都能称为生成课程"。相反，生成课程和教师主导的教学方法一样，是一种高度结构化的课程。这两种课程之间的不同之处在于，生成课程的结构不是来自于现有的课程计划，而是来自于知识渊博的教师对儿童发展的回应。

现在许多教师都在问的问题是，为了满足具体的标准要求，如何设计生成课程。解决这一问题的途径不是放弃生成课程这种方法，现在教师正在使用"回溯法"（backtracking）来展示在使用生成课程时如何满足这些标准。也就是说，在教师通过项目和研究指导儿童的过程中，非常注意实现这些标准的要求。当儿童完成工作时，教师可以识别出儿童在经验探索过程中所运用的具体技能、知识和能力。这使得教师既可以对所要求的课程负责，又可以开展适宜儿童发展的活动来支持儿童的学习。

## 设计生成课程的策略

随着教师开始理解生成课程的适宜性，在制订计划的过程中，可以利用一些重要的活动来帮助实现这一过程。在儿童忙于游戏和工作时，对儿童进行观察是发现儿童的学习兴趣和问题以及已经掌握的知识和技能的关键。我们已经讨论过当儿童在达到预先制定的目标和目的时，观察对于开展评估的重要作用。需要注意的是，记录儿童在游戏中的表现能够指导教师制订出灵活应对儿童需要的计划。在分析观察记录时，教师应该思考这些问题：我看到和听到了哪些特别的事情？我应该把这些经验称作什么呢？这些孩子知道些什么？知道做哪些事情呢？这些孩子对哪些事情感到迷惑或懊恼，觉得哪些事情是有意义的或具有挑战性的？这些孩子是如何认识自己的？在游戏或探索的过程中，这些孩子试图做些什么呢？孩子正在获取哪些经验、知识和技能呢？儿童正面临着哪些疑问、创造和问题？在儿童下一步的活动中，我或同伴可以为他们提供哪些帮助呢？（Curtis & Carter，1996）。对这些问题的回答可以帮助教师确定儿童自己选择的活动主题和"认识到正在真实发生着的课程"（Washington & Baker，1996，p. 155）。找到关于儿童游戏的各种问题的答案，有利于教师明确哪些学习活动最适合于支持儿童的探索。观察是一个持续的过程，贯穿于教师制订计划和为儿童提供下一步活动的教学过程中。

图 3-2 教师在创造、评估、记录和交流课程的过程中，将关于儿童发展的知识和个体儿童整合起来。任何一个方面都不能缺失。

下面的这个观察样例清楚地展示了教师确定主题和计划主要事件的过程。

*来自教师的笔记本：珍妮（Jenny）和拉蒙（Ramon）正在玩沙子。拉蒙将沙子装到*

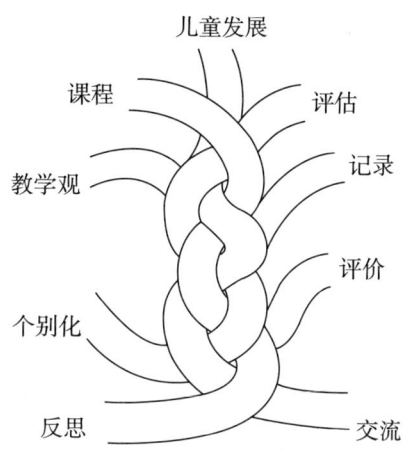

儿童发展
课程　　　　评估
教学观　　　　记录
　　　　　　　评价
个别化
反思　　　　　交流

**图3-2　把儿童发展规律和个体儿童整合起来**

桶中，然后将桶倒过来。沙子流到地上。他看起来很失望，然后重新将桶装满，这次将沙子拍打得更为结实。他再一次将桶翻转过来。沙子又一次撒落在地上。之后，他把珍妮的桶抢过来，开始往里面装沙子。珍妮说"不行，拉蒙"并把桶夺了回来。拉蒙奋力想把它抢回来，说道："我想用这个桶，因为在这个桶里，沙子不会撒落。这是我昨天用的那个桶。"

解释：昨天一场雨过后，沙箱里的沙子变湿了，孩子们在桶里装满沙子后，可以形成桶的模子，然后将这些模子倒出来。拉蒙以为能让沙子保持固定形状的东西是某个特定的桶，而不是沙子的黏稠度。他打算测试一下自己的想法，但是非常沮丧的是别人正在用着这个桶。他把桶抢了过来，而不是请求借用一下这个桶。珍妮知道如何在拉蒙面前维护自己的利益。

在观察到拉蒙的兴趣和问题后，教师可以设计一系列的活动来帮助拉蒙探索干沙和湿沙的属性，研究其他能够形成模型和印记的物质。思考哪些活动可能有利于儿童进行更深层次的探索，经常通过"结网"的过程来实现。

结网是进行头脑风暴的过程，要自由构想一次特殊探索活动的可能发展方向，列出可能建立起来的各种联系——由一件事情引向另一件事情，一个主意激发出另一个主意，就像是形成一张巨大的蜘蛛网。一幅网状图经常包含着多种可以进行探究的可能性，在出现其他的兴趣点从而使课程转向另外的发展方向前，这些可能性足以支持活动持续进行。同时，网状图也包含着很多好的想法，在除去那些因为儿童缺乏兴趣而丢弃掉的、对某一个特定儿童群体来说不适宜的或因缺乏适宜资源和经验而无法实施的那些主意外，还会剩下来很多。随着儿童和家庭参与到讨论和活动中，这张网还对其他的想法开放，新的主意也会随之产生。网状图可以帮助教师保持对所有可能性的开放态度，为可能展开的学习活动准备材料和制订计划。网状图是一种实验性的计划，是尝试新思想、关注所发生的事情并进行评价以及开展下一步活动的起始点（Jones & Nimmo，1994）。网状图的功能不是创建出教师精心设计的活动计划——"一月课程计划"，相反，它是教师进行认真思考的起始点。正如一位教师说的："我认为这张最初形成的网状图更像是一本旅游指南，提醒'准备好……'，'确保花费一定的时间进行……'以及

'带上……'。这幅网状图不是带有红色标志的地图，不需要丝毫不差地按照它的路线前进。"（Pelo，1996，p.102）。织网有助于教师在制订计划时充满创意并设计出活泼有趣的活动，而不仅仅是逻辑和线性地展开活动。图3－3展示了针对拉蒙探究沙箱的行为，教师可以开展哪些学习活动的网状图。

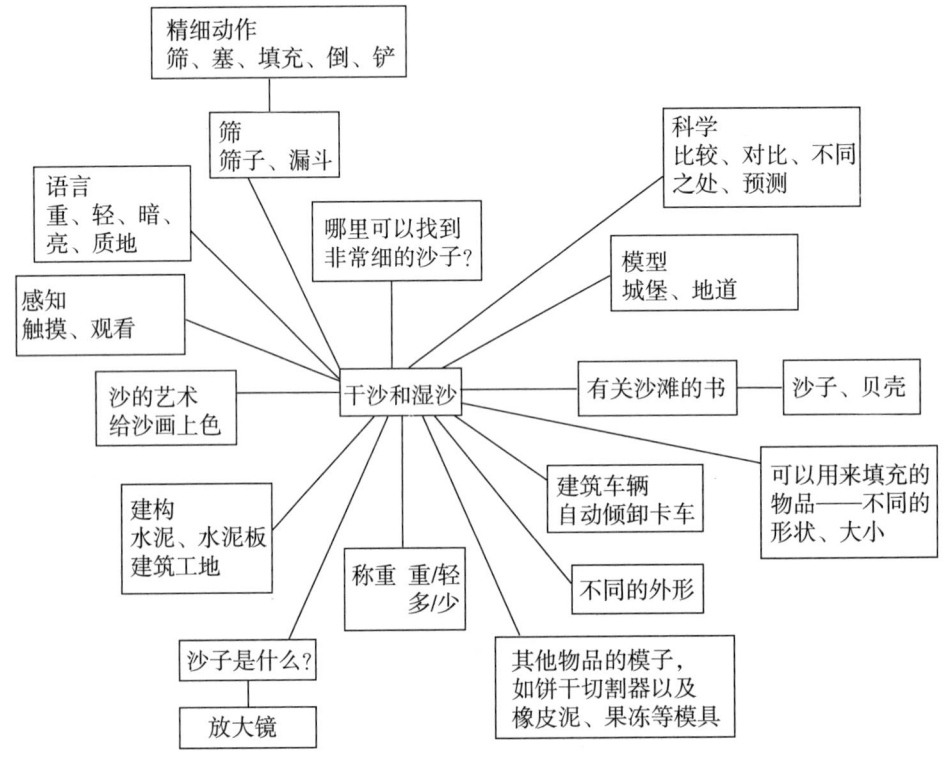

**图3－3    教师在思考探索干沙和湿沙时创建的网状图**

这些网状图反映了教师对于潜在的发展领域和概念的认知以及可能会利用到的活动和材料。对于教师来说，这是一种重要的教学方法，可以在遵循儿童兴趣和确保自己正朝着已经确定的学习目标和目的来促进儿童发展这两者之间达成一种平衡。有些时候，教师会发现将这幅网状图分成两部分，即活动网（计划中有什么活动、什么时间、如何开展）和概念网（为什么和可能产生的成果），会对教学产生很大的支持作用。这样做有利于教师检查儿童的所有发展领域以及所要求的知识和技能是否都被包含进来了。这种思维方法在教师试图向家长展示儿童的进步时也非常重要。图3－4展示了探索沙和水的活动网，图3－5展示了一种内容网（类似的网状图可以在工作完成后使用，用来确定已经实现的目标，就像之前关于"回溯法"这一概念的讨论）。

在对网状图进行了一些初步思考后，教师继续制订计划。在实施以儿童为中心的课程时，制订教学计划的第一步是提供环境（Curtis & Carter，1996）。从活动网中选择一个焦点，教师认真地用所选择的、有助于儿童探索既定主题的材料和活动来创建环境。教师可以创设一个刺激点，即设计一个用来激发儿童兴趣的事件或经验。然后，教师要仔细地观察儿童如何使用所提供的材料，他们在游戏中谈论并表现出什么样的主题和经

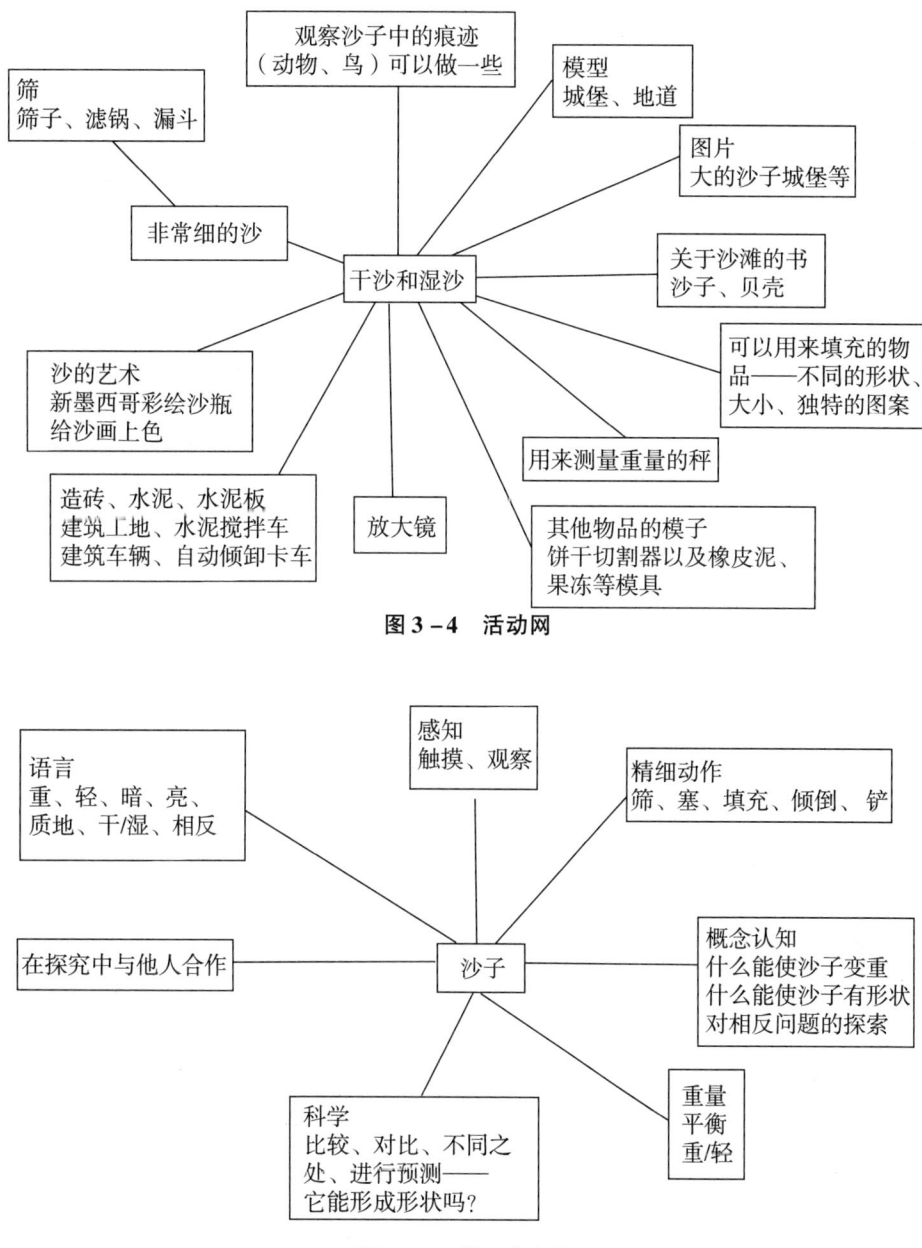

图 3-4　活动网

图 3-5　学习内容网

验，看起来他们有哪些疑问和认识。通过这种方法，教师可以知道还需要为儿童提供哪些支持和材料。第二步的教学计划是维持游戏主题。进一步的观察有利于教师了解儿童正在探索的新主意、新解决方案和新的答案，知道应该提供哪些其他的可以扩展儿童经验的材料。第三步是通过添加更多蕴含学习机会或为新想法提供支持的新材料来丰富游戏。最后一步，教师要为自己和儿童设计表现儿童学习经验的材料和机会。当儿童接触了多种多样的媒介，并被鼓励去表达自己的思考和经验时，他们发展了自己的符号思维和表征技能。这是课堂中发展儿童读写能力的一部分。教师同样要为自己设计向其他人——包括儿童自己以及他们的家长——展示儿童学习成果的方法（Carter & Curtis，1996）。

记录学习经历有助于教师了解自己在合作学习和课程设计中的作用，思考下一步的努力方向。这也能帮助孩子回忆和理解他们学习的过程，让家长了解孩子学习进展。记录记得越好，教师就能拥有越多的证据来进行思考和设计，就不会再有人说发展适宜性课程是自发生成的，且完全取决于儿童的愿望的。

意大利北部瑞吉欧·艾米利亚学校很好地阐释了设计发展适宜性、以儿童为中心的课程的 4 个步骤（见第十八章）。

举个设计实例：教师在班上表演游戏区提供了几个布娃娃和婴儿用品，比如尿裤、爽身粉和奶瓶。这是为了回应班上儿童的大量对话和经历——一些儿童的妈妈又怀孕了或生了小宝宝。教师观察儿童扮演父母角色并仔细聆听他们的对话。当教师听到玩伴们讨论在婴儿睡前需要给他们洗澡时，教师就添加了婴儿浴缸和塑料的浴室玩具。精心设计的活动可以扩展学习，如看婴儿照、婴儿衣服，读有关婴儿的书籍，看望家里的新生儿，参观儿童保育中心的婴儿室。这样儿童对游戏的兴趣就能再持续一段时间。教师还可以从其他对话里得到一些灵感，添加一些别的材料来进一步丰富游戏。儿童陪伴妈妈去儿科医院给婴儿做检查，接着，一些年轻妈妈开始带婴儿去医生那里打针。教师紧接着添加了医生办公室道具。后来又添加了婴儿坐便器，因为教师听到一个儿童说医生常常要检查婴儿的尿。教师还会添加别的医疗器械来扩展儿童对医生职业的认识。通过这种体验，儿童就会忙于谈论他们对小婴儿的想法和感情、他人在照料婴儿时的作用、成长和发展所必需的东西以及大量其他的理解，包括性别意识（是的，爸爸也可以照顾小婴儿）。教师在完成学习周期后设计和创建一个网络向儿童的父母阐释其复杂性。

尽管课堂上的所有儿童都参与到了活动中，如参观婴儿室和读与婴儿有关的书籍，但一些儿童还对别的问题感兴趣。这个时候，也许是由于看了婴儿书，几个儿童开始自己制作书籍。他们在写作中心花了几个早上，使用那里提供的做书材料。同时，对婴儿不太感兴趣的儿童继续建造精巧的积木城市。

通过设计和准备能够吸引儿童兴趣的环境和材料，教师发现儿童会产生各自多样的想法。看儿童玩耍的时候，教师可能就在同时为几种不同的兴趣设计方案。在刚才描述的课堂上，教师为写作中心提供丰富的材料，比如带去一些旧书让儿童拆开了解书籍的装订，建立一个作者角（Author's Corner）；在建构区加入实际的建筑材料和城市摩天大楼的图片。环境的设计要让儿童能够发现自己的兴趣点，而不是强迫儿童学习其他人都在学习的东西。

为学龄儿童设计适宜性课程的教师知道，通过与真实物体和材料实实在在的接触以及与环境中人们的互动，儿童可以形成世界观，并开始使用符号来代表自己的思维。斯科伊（Scoy，1995）描述了一个名为 "4E's" 的课程模式：体验（Experience）、拓展（Extension）、表达（Expression）和评估（Evaluation）。哈里斯与福卡（Harris & Fuqua，1996）描述了一个课程设计策略，这个策略开始是印象或吸收活动（impression or intake activities），儿童得到关于情况、事物和人的第一手体验，从而为思维提供原材料。之后是拓展活动，通过让儿童进行相关阅读和倾听，然后再通过表达机会（儿童通过各种媒介和方式表达学习的机会）来促进更深的理解。这些框架是设计法的扩展，将小学课堂的学科内容纳入了整合课程中（Hart et al.，1997）。

## 设计表是什么样的？

在讨论了生成课程设计之后，显然传统的从周一到周五的时间填充式设计表常常不是很有效。教师经常需要这些表来向校长、监督人员等表明自己在思考他们提供给儿童的活动。教师要开动脑筋尽可能使自己的设计回应儿童的问题和兴趣。但是当教师根据记录去设计那种类型的课程时，他们通常是先观察再记录然后根据进展增加新的想法。因此，他们需要的表格要能允许更加开放的研究、更多尝试和想法。这样的课程设计表能随时添加儿童的想法和他们的父母由于他们开始变得感兴趣而可能贡献的材料。这样的课程设计表考虑到发展的观点和兴趣而不是把儿童和教师限制在预设活动中。一个灵活的设计表或许看起来像图3-6那样。

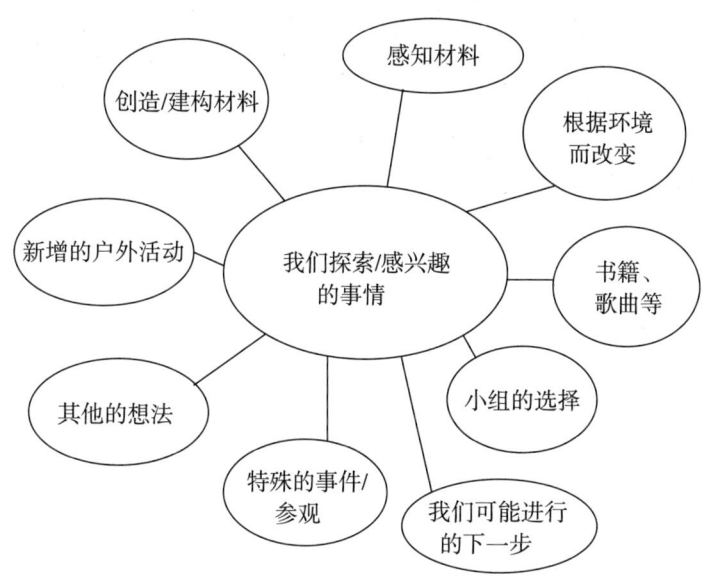

**图3-6　灵活的设计表能够允许教师对儿童所有的兴趣和需要进行回应**

一个灵活的设计表能记录不断发展的兴趣，能记录为了支持这些发展而添加的材料。这个设计不是试图在事实之前人为制造主题间的联系，而是提供一个起始点，随着游戏的发展不断添加。设计的压力仍然在教师身上，但是教室里和儿童的相互影响展现了工作的每一个方面。它是真实的、快乐的工作，将所有读到它的人——父母、监督人员、其他教师和顾问都同等程度地卷入了课堂的有机生活中。这类设计允许教师再一次享受其设计，而不是担忧在截止日期前填写所有表格的要求。

许多倾向于更适宜的设计法的教师常常很犹豫，因为旧的形式代表一种特别的设计模式。他们害怕监督人员会不接受反映不同方法的改变。当一个班的大学生去当地的颁证咨询处（licensing consultant）询问是否接受形式的改变时，他们令人意外地获得了鼓励而不是消极的回应。监督人员乐意看到这么多的想法即将对儿童产生作用。这些监督人员的主要兴趣是监督教师对发展儿童理解能力和技能的合理关注及课堂计划是否有理论基础。因此，教师不应该因害怕改变而限制他们设计法的灵活性。

# 改变设计程序

对于已经被卷入到传统的、教师主导的设计中的教师，从一些小的步骤开始变得更关注儿童中心的方法会可能比较好。

在整个设计循环中，观察贯穿始终：通过观察来获得对儿童能力、技能和兴趣的认识；通过观察来决定既定目的和目标的进展；通过观察来知道儿童的想法和问题；通过观察来评价教师的设计在何种程度上促进儿童更好地学习和积累更多游戏经验。定期观察对改变设计的程序至关重要。

• 第一步是开始真正地倾听儿童，尝试去找到他们的问题和兴趣。对儿童游戏过程进行录音可以用于日后回放。维维安·佩利（Vivian Paley）给早期教育工作者提供了一种重要模式：当成人听到儿童谈话并对其所听的、所做的加以思考时，他们学到了什么？（Wilt & Feim，1996）设计一种支持兴趣的材料或活动是一个开始。例如一个教师在她注意到儿童忙于用记号笔活动时，她添加了更多的记号笔。

• 习惯于传统的基于主题的设计的教师可以尝试在儿童生活的事件中寻找主题而不是预先设计一个学期的计划表。那位在弟弟妹妹出生后将婴儿卷入到活动中的教师就是这样做的。

• 就时间而言，试着让主题的结尾是开放的。当时间表是开放的，教师就不会感觉要在儿童探究和学习欲望被满足之前让儿童过快地进入下一主题的压力。不计划在周五之前结束主题活动，而是继续保持材料和活动到接下来的一周，教师可能会发现儿童在用更加复杂的方法使用材料。更多的时间被用来回顾并使游戏及学习更加复杂。

• 注意儿童在教室的各个区怎样使用材料。增加能够让儿童卷入、激发更多探究的材料。打开教师的思维——不是去教概念。比如一个计划给创造区增加感官材料的教师就不像关注儿童开放地使用材料那样关注概念。计划用真实的建筑材料和有关如何使用它们的图片丰富积木区的教师是在刺激其他形式的建构，而不太担心"最高"这一概念的教授。

• 看看儿童在实践什么样的发展性任务。关注各个领域和儿童在每一方面的发展，使教师得以考虑可以用来支持发展的材料和活动。比如注意到儿童正发展精细动作技巧的教师计划在写作中心提供几种新的工具，如打孔器和蜡纸；看到出现了合作游戏，教师在表演游戏中心增加支持的道具。

• 儿童所感兴趣的领域可能会被扩展到新的领域。比如儿童扮演父母带他们的婴儿去看医生时，教师增加新的医疗道具就是对他的支持。已经探究了播种和植物生长的儿童可能会对教师让他们观看做饭——作为食物成长的自然结果——很感兴趣。

• 有些教师承受着国家课程方案和学习目标压力，可能会发现很难去考虑转变教师主导的设计——太多的材料需要准备，所有的设计都需要材料的支持。然而，在长期计划和主题学习背景下设计课程领域和整合目标的方法可能使得满足儿童和教师的兴趣成为可能。你可以参阅相关图书（Harris and Fuqua，1996；Booth，1997）。

如前所述，教师可使用流程回溯的技巧，确认是否在儿童参与整合课程时达到了各标准。这意味着在项目完成之后，教师可以不必再考察儿童获得的个人技能和知识而直接去查看儿童在他们的项目工作中到底做了什么。

● 与其他的教师进行头脑风暴和协作有助于改变设计程序。与其他人一起思考得到的丰富的想法，会帮助教师扩展他们的关注点，转变狭隘的主题设计观念，使生成课程在深思和对话中成长。

教师一步步地迈向设计更加发展适宜性课程。学习设计儿童中心的课程是一个成长的过程。布斯（Booth）在她的文章里描述了一个允许儿童去和教师协作生成课程的课堂计划。她谈到了她的步骤以及每一次有所改变后所出现的新的东西。比如她学着在项目开始和设计网络时更多地和儿童商议，放慢将儿童卷入到项目所有步骤的速度，利用儿童的好奇来开辟整个研究的新领域，更深入地观察"在我提供新的挑战以支持他们进步后，儿童在尝试理解和完成什么"（Booth，1997，p. 82）。开始设计发展适宜性课程过程也允许教师发展和体验他们自己的创造性。

这种类型的课程设计不是一个简单的过程，但却是很激动人心的，为儿童也为教师提供了学习和成长的机会（Curtis & Carter，1996）。把它比做在大海里学习游泳——"通过在海里大量时间的亲身的练习了解波浪的特性"。

回应是设计发展适宜性课程的全部含义。

## 小结

设计发展适宜性课程涉及教师的一系列循环活动。
● 观察和记笔记。
● 评价儿童达成特定发展性目标和目的的情况。
● 观察了解儿童兴趣的主题。
● 找到那些支持儿童进步的策略、材料和经验。
● 观察并评价设计的效果。
● 重新开始整个循环。

专业组织已经发表了有关课程的立场声明，这类课程强调全人发展和主动学习，强调教师使用各种各样的策略来帮助儿童进步。

主题法可能会对儿童和教师都有帮助。这使得儿童和教师能够组织他们的想法，能够经历对学习来说必要的重复。教师必须注意不受限于设计或是把儿童的兴趣作为主题的关注点。

生成课程是一种基于主题的课程，其主题在儿童的生活中是充满意义的，其课程是儿童和教师在特殊环境下协商的结果。概念网的生成是头脑风暴的过程，头脑风暴有助于发现潜在的与学习相关的活动。教师通过观察来设计，提供环境去维持和扩展学习活动，提供机会去表现学习过程。教师可能不得不设计新的计划表以保证灵活性。采取小步骤转变以教师为主导的设计也许能使得设计过程更具发展适宜性。

## 思考

1. 从你所在社区的教师那儿拿几种课程设计表。和你的同学分析一下，这些设计表是否支持根据儿童主题发展课程。

2. 和同伴一起动脑筋并形成设计网，可以分活动和概念两方面，可以用婴儿这个主题。想出尽可能多的支持主题的材料、活动和经验。检查你的概念网，在你思考的活动中有多少学习是可能的？涉及所有领域的学习了吗？

3. 和你的同伴绕着你们所参观的学校建筑走一走。将你在这个可能会激发一群儿童兴趣、教师据此能设计相关材料和活动以扩展儿童兴趣的环境里看到的所有的东西列出来。

4. 列出你作为一个儿童会喜欢的所有活动，在小组内分享。做一个表并把它贴出来。现在列出你作为一个成人喜欢做的或感兴趣的所有东西。你能找到一些活动作为设计儿童体验的基础吗？

## 问题（用以评估本章所学）

1. 描述各立场文件中所指出的发展适宜性课程的几个关键指标。
2. 描述设计循环及其组成部分。
3. 讨论生成课程的含义以及来源。
4. 设计法中的"结网"是什么意思？
5. 讨论采用某一设计表时要考虑的因素。
6. 识别在从教师主导向儿童主导方法转变时教师可以首先采取的若干个小步骤。

## 问题（用以应用本章所学）

1. 讨论什么样的班级环境设置有助于教师观察和记录个体儿童信息。

2. 比较和对比美国幼教协会前后两份关于课程的立场声明。你看到了哪些不同之处？造成这些不同之处的原因可能是什么呢？

3. 对工作和游戏中的儿童进行一段时间的观察，然后运用"回溯法"来发现你所在州的早期学习标准中的具体细节。

## 参考文献

Booth, C. (1997). The fiber project: One teacher's adventure toward emergent curriculum. *Young Children*, 52(5): 79 – 85.

Bredekamp, S., & Copple, C, (Eds.). (1997). *Developmentally appropriate practice in early childhood programs*. Revised Edition. Washington, DC: NAEYC.

Bredekamp, S., & Rosengrant, T. (Eds.). (1992). *Reaching potentials: Appropriate curriculum and assessment for young children*. (Vol. 1). Washington, DC: NAEYC.

Bredekamp, S., & Rosegrant, T. (Eds.). (1995). *Reaching potentials: Transforming early childhood curriculum and assessment*, (Vol. 2). Washington, DC: NAEYC.

Carter, M., & Curtis, D. (1996). *Spreading the news: Sharing the stories of early childhood*. St. Paul, MN: Redleaf Press.

Campbell, L. , Campbell, B. , & Dickinson, D. ( 1996) . *Teaching and learning through the multiple intelligences.* Needham Heights, MA: Allyn and Bacon.

Cassady, D. , & Lancaster, C. ( 1993) . The grassroots curriculum: A dialogue between children and teachers. *Young Children,* 48( 5) : 47 – 51.

Chard, S. ( 1998) . *The project approach. Book 1: Making curriculum alive.* NewYork: Scholastic Press.

_____ . ( 1998) . *The project approach. Book 2: Managing successful projects.* NewYork: Scholastic Press.

Curtis, D. , & Carter, M. ( 1996) . *Reflecting children's lives: A handbook for planning child-centered curriculum.* St. Paul, MN: Redleaf Press.

DeVries, R. , Zan, B. , Hildebrandt, C. , Edmiaston, R. , & Sales, C. ( 2002) . *Developing constructivist early childhood curriculum: Practical principles and activities.* NewYork: Teachers College Press.

Dodge, D. , Colker, L. , & Heroman, C. ( 2002) . *The creative curriculum for preschool* ( 4th ed. ) . Washington, DC: Teaching Strategies, Inc.

Gardner, H. ( 2000) . *Intelligence reframed· Multiple intelligences for the twenty-first century.* NewYork: Basic Books.

Harris. T. , & Fuqua, J. D. ( 1996) . To build a house: Designing curriculum for primary-grade children. *Young Children,* 51( 6) : 77 – 84.

Hart, C. , Burts, D. , & Charlesworth, R. ( Eds. ) . ( 1997) . *Integrated curriculum and developmentally appropriate practice birth to age eight.* Albany, NY: State University of NewYork Press.

Hartman, J. , & Eckerty, C. ( 1995) . Projects in the early years. *Childhood Education,* 72( 3) : 141 – 148.

Helm, J. , & Katz, L. ( 2001) . *Young investigators: The project approach in the early years.* New York: Teachers College Press.

Hohmann, M. , & Weikart, D. ( 2002) . *Educating young children: Active learning practices for preschool and child care programs* ( 2nd ed. ) . Ypsilanti, MI: High/Scope Press.

Jones, E. , & Nimmo, J. ( 1994) . *Emergent curriculum.* Washington, DC: NAEYC.

Jones, E. , & Reynolds, G. ( 1992) . *The play's the thing: Teachers' roles in children's play.* NewYork: Teachers' College Press.

Katz, L. , & Chard, S. ( 2000) . *Engaging children's minds: The project approach* ( 2nd ed. ) . Norwood, NJ: Ablex.

Krogh, S. ( 1995) . *The integrated early childhood curriculum.* New York: McGraw Hill.

LeeKeenan, D. , & Edwards, C. ( 1992) . Using the project approach with toddlers. *Young Children,* 47( 4) : 31 – 35.

Meisels, S. , & Atkins-Burnett, S. ( 2000) . The elements of early childhood assessment. In J. Shonkoff and S. Meisels ( Eds. ) , *The handbook of early childhood intervention* ( 2nd ed. ) ( pp. 231 – 257) . NewYork: Cambridge University Press.

NAEYC. ( 1998) . Learning to read and write: Developmentally appropriate practices for young children. A position statement of the International Reading Association and the National Association for the Education of Young Children. Retrieved from http: //www. naeyc. org.

NAEYC ( 2002) . Early childhood mathematics: Promoting good beginnings. A joint position statement of the National Association for the Education of Young Children and the National Council of Teachers of Mathematics. Retrieved from http: //www. naeyc. org.

NAEYC/NAESC/SDN ( 2003) . Early Childhood Curriculum, Assessment, and Program Evaluation: Building an effective, accountable system in programs for children birth through age 8. Retrieved from http: //

www. naeyc. org.

Pelo, A. (1996). Our school's not fair: A story about emergent curriculum. In D. Curtis & M. Carter, *Reflecting children's lives: A handbook for planning child-centered curriculum* (pp. 100 – 107). St. Paul, MN: Redleaf Press.

Scoy, I. (1995, Fall). Trading the three R's for the four E's: Transforming curriculum. *Childhood Education*, 72(1): 19 – 23.

Washington, T. , & Baker, F. (1996). Curriculum is just one big spider web: A dialogue about changing our Head Start classroom. In D. Curtis & M. Carter, *Reflecting children's lives: A handbook for planning child-centered curriculum*( pp. 151 – 157). St. Paul, MN: Redleaf Press.

Wiltz, N. , & Fein, G. (1996). Evolution of a narrative curriculum: The contributions of Vivian Gussin Paley. *Young Children*, 51(3): 61 – 68.

## 进一步阅读、研究的建议

Chard, S. (2005). *Project approach: Taking a closer look*. This 37-minute CD available from Redleaf Press presents seven projects from early childhood centers and elementary schools.

Crawford, L. (2004). *Lively learning: Using the arts to teach the K-8 curriculum*. Greenfield, MA: Northeast Foundation for Children.

Dodge, D. , Heroman, C. , Charles, J. , & Maiorca, J. (2004). Beyond outcomes: How ongoing assessment supports children's learning and leads to meaningful curriculum. *Young Children*, 59(1): 20 – 28.

Edwards, C. , Gandini, L. , & Forman, G. (Eds. ). (1998). *The hundred languages of children: The Reggio Emilia approach to education* (2nd ed. ). Norwood, NJ: Ablex.

Helm, J. (2004). Projects that power young minds: Why child-initiated projects should be central in the early grades. *Educational Leadership*, 62(1): 58 – 62.

McAfee, O. , Leong, D. , & Bodrova, E. (2004). *Basics of assessment: A primer for early childhood educators*. Washington, DC: NAEYC.

Petersen, E. (2003). *A practical guide to early childhood curriculum: Linking thematic, emergent, and skill-based planning to children's outcomes*(2nd ed. ). Boston: Allyn and Bacon.

Reisner, T. (2001). Learning to teach reading in a developmentally appropriate kindergarten. *Young Children*, 56(2): 44 – 48.

## 实用网站

### http://www. project-approach. com
之前位于阿尔伯塔大学（University of Alberta）的网站上。在这一网站上拥有大量关于运用这种方法发展课程的信息。

### http://www. naeyc. com
阅读这个网站上关于课程和评估的立场声明。点击"Publications"，然后下拉菜单，点击阅读 NAEYC 立场声明。

### http://www. pearsonearlylearning. com
在这个网站上可以读到更多关于评估系统工作样例的信息。

### http://www. ericdigests. org
在这个网站上，点击搜索 ERIC 文摘，下拉菜单，点击"1996/02/26"，可以找到

ED382407：“*Performance Assessment in Early Childhood Education*”。作者是塞缪尔·迈泽尔斯（Samuel Meisels）。

**http：//www. hsnrc. com**

这个网站为我们提供了关于开端计划行动框架（Head Start Framewok）的信息。你可以找到与塞缪尔·迈泽尔斯相关的资料。

## 发展适宜性的物质环境

特约编辑：詹姆斯·格林曼（James Greenman）

作为一个儿童保教机构管理者、幼儿园所设计师、教育家、教师、指导者和咨询者，30多年来，詹姆斯·格林曼一直活跃在早期教育领域。目前，詹姆斯·格林曼在家庭方案咨询公司（Corporate Family Solutions）——一个由雇主发起（employer-sponsored）的杰出儿童保育机构——担任高级副总裁。《照料的场所，学习的地方——有效的儿童环境》（Caring Spaces, Learning Places: Children's Environments that Work）是他最有名的著作之一。下面这部分摘录就出自这一著作。

环境是一个活生生的、不断改变的系统。环境不只是指物质空间，还包括时间组织方式和别人期望我们所扮演的角色。它制约着我们的感受、思维和行为，并且深刻地影响着我们生活的质量。在我们营造自己的生活时，环境或者发挥积极的作用，或者产生不利的影响……（p. 5）

空间与我们每个人交谈。长长的走廊向孩子们耳语"奔跑吧"，尖桩篱笆邀请我们用双手顺着板条触摸它。自然物体蕴含着温暖、欢愉、庄严、可怕等情感信息，传递着"走近一点儿""摸摸我""离我远点儿""我很坚强""我很脆弱"等行为信息。（p. 16）

空间还会呼应我们的情感。我们根据对我们自身来说非常重要的经验片段建构起关于各种场所以及富有意义的空间的图景。我们的记忆、想象、希望和梦想转化成了各种各样的场所和事物。（pp. 16 – 17）

儿童和成人生活在不同的感官世界中。想象一下一个小婴儿所拥有的可以触摸和品尝的世界——一个闯入你眼中和耳中的东西远远多于你去看去听的世界——在这个世界，你用身体和行动来思考这个世界，你的整个身体是你对世界进行回应的唯一方式。让我们细想一下年幼儿童是如何从一个地方跑向另一个地方的。儿童呼应的是空间所传递出的感知和运动信息，而成人却显得更为功利："成人注意的是在他们看来这种环境是否是干净的或具有吸引力。"（Prescott，见 Greenman，1988）

我们经常注意不到儿童会看重的那些要素：拥有恰当形状的合适地方，例如墙与睡椅之间的小缝隙或者激动人心的高处；拥有恰当的视野和声音的地方，例如观看和倾听大雨飞泻入屋顶的檐槽又溅落到地面的有利位置。不在地板上生活的我们，会低估地板上那些吸引着猫咪和孩子们的炙热阳光斑点的价值。我们无法被一撮尘土或一个小洞、一汪浅水或一滴露珠，或者是召唤幼儿伸出小手指触摸的因墙皮剥落而凹凸不平的墙壁所吸引。我们冷漠、功利的眼睛关注的是秩序和功能、整洁和安全。我们评估着空间将会在多大程度上服从于我们的意志。（p. 21）

通过提出合适的问题来确定目标，并认真思考哪些是应该得到支持的重要情感和行为，才能设计出适宜于儿童（或成人）的空间格局。良好的空间不会导致那些与目标相背离的行为，比如依赖，或者过分强调那些不重要的目标，比如对等待的容忍。（Greenman，1988，p. 23）

## 导言

在这一部分，我们将考察为发展适宜性实践搭建平台的物质环境的性质。对物质环境的讨论将会包括学习区的空间布置、儿童可以使用的各种各样的材料和设备以及时间安排。考虑到儿童在不同阶段有特定发展任务，本部分分为 4 章：婴儿期，涵盖出生后的第一年；学步儿期，从 1 岁到 3 岁；学前期，从 3 岁到 5 岁；学龄期，从 6 岁到 8 岁。

# 发展适宜性的物质环境：婴儿期

在过去十年左右的时间中，进入到儿童保育机构中的婴儿数的增长速度比其他任何年龄段都迅速。虽然许多家庭试图通过找到提供居家保育的家庭来替代并复制家庭对儿童的照料，但是大部分家庭除了在更为传统的儿童早教中心寻求看护外别无选择。在美国，儿童保育项目面临着一个困境，即试图使物质环境设置和日程安排适应数量持续增长的婴儿的需要。群体性儿童保育产生了一些独特的问题和困难，这需要我们对长期以来更适合年龄较大儿童的假设和实践进行彻底的反思（这也可能会引导我们发现更多适合于年龄较大儿童的发展适宜性实践）。婴儿教育方案的环境设置可以参照年龄稍大儿童或学前儿童教育项目，只需增加一些婴儿床，也可以通过创造出更为类似家庭抚养实践的环境。那么到底应该选择哪种呢？我们应该在了解有关婴儿第一年发展的相关知识的基础上来作出决定。

## 本章学习目标

- 明确设计物质环境时必须要考虑到的婴儿发展需要。
- 明确环境满足婴儿发展需要的多种方式。
- 讨论为婴儿设置户外环境时应该考虑的因素。
- 列出确保婴儿室健康和安全的措施。
- 明确适合婴儿室的几种材料。
- 讨论适合婴儿室的日程安排。
- 发现婴儿室中不适宜的地方。

## 婴儿的天性

　　婴儿期与一个人今后的所有发展阶段都非常不同。在生命中第一个快速变化的年头，他们从无助地依赖他人变得腿脚灵便和独立，从通过哭泣和咿咿呀呀来交流变得能够理解相当数量的词汇和使用一些自己的语言，从要求任意一个人来迅速满足自己的身体需要变为要求特定的人来满足其社会性需求。在婴儿经历这些转变的时候，他们的大量时间都是在成人的照料下度过的。

　　在为婴儿设计环境时，出发点是询问婴儿做什么事情和需要些什么。婴儿睡觉、吃饭、哭泣，需要成人经常为他们洗澡和换洗衣服。婴儿利用他们的所有感觉和不断发展的运动和操作能力来探索他们所能直接接触到的世界。他们变得依恋自己世界中一些非常特殊的人。在这些目标的背后是婴儿发展过程中的一系列微小而重要的步骤和行动，这需要我们在设计环境时加以注意。

　　根据格林曼（1988，p.49）的研究，除了上面所说的事情，婴儿还会做下面的动作。

| | | |
|---|---|---|
| 看见 | 握 | 抬头 |
| 注视 | 挤 | 端坐 |
| 张望 | 掐 | 站起来 |
| 审视 | 扔 | 手脚并用爬向某物 |
| 听见 | 把东西从一只手换 | 爬进爬出 |
| 认真聆听 | 　到另外一只手中 | 爬过某个东西 |
| 闻 | 晃动 | 匍匐爬行 |
| 尝 | 乱打 | 左右摇摆 |
| 感受 | 撕 | 发出咿呀的声音 |
| 触摸 | 双手一起拍打 | 模仿声音 |
| 喃喃自语 | 放东西 | 对他人作出回应 |
| 吃东西 | 取出东西 | 顺应他人 |
| 伸手 | 找到某些东西 | 恳求别人 |
| 伸手要东西 | 寻找 | 无休止地试验 |
| 敲掉某物 | 踢 | |
| 抓 | 转动 | |
| | 卷 | |

　　随着婴儿的发展，后面还会为上述这一列表加上其他行为，可能会包括漫游、抓握、走路、握瓶子、用杯子喝东西、使用勺子、玩藏猫猫以及大声发出嘘的声音。（还有很多——你还能增添哪些其他的事情呢？）

　　在这里需要说明另一点：每个婴儿都是不一样的，拥有各不相同的性格、活动水平以及自身特殊的睡眠需要。没有两个6个月大的婴儿会准备好进行同样的探索活动，或对同样的探索感兴趣。

## 婴儿需要什么？

现在我们已经知道婴儿都会做哪些事情，接下来的问题就是，他们需要什么来健康成长？前面的列表已经暗示了一些内容。婴儿需要基于他们目前能力水平的活动空间和活动机会。他们需要一个充满各种各样物品的场所来进行探索。他们需要一个关键的成人对他们作出快速、一致、热情的回应，与他们面对面地互动，和他们说话，这样他们就可以开始理解人类交流的过程。他们需要待在一个安全的地方，但这个地方并不限制他们的自由活动和好奇心。

让我们再回顾一下上面这些论述。事实上，这些论断对早期儿童发展的任一阶段都是适用的。当我们观察活动中的婴儿并且思考他们喜欢什么、如何移动、什么能够吸引他们的注意力、能看多远、能移动多远、他们碰到一件新事物时会做些什么、什么会打断或阻止他们的行动和探索、什么让他们感到舒适以及他们如何寻求关注时，就能够找出在设计婴儿室时如何将这些普遍性的论断变得更为具体的线索（Greenman，2004）。

在斟酌需要为婴儿提供什么样的环境之初，重新思考与婴儿相关的儿童发展理论也是必需的。埃里克森（Erikson，1963）将婴儿期的中心任务描述为形成信任感的需要，与情感中消极的不信任感做斗争。在第一年，当婴儿发现他们的需要得到一致、热情的满足时，就会开始相信世界和世界中的人都是美好的。这一基本的信任感构成了儿童人格中的一个组成部分——朝向积极的世界观和人际互动。安斯沃思（Ainsworth，1992）提到婴儿和成人之间重复发生的、相互回应的行为模式，可以在婴儿生命的第一年中形成主要和次生的依恋关系（primary and secondary attachements）。依恋是指在相互陪伴下感到安全的那些人们之间所形成的深厚的、持久的情感联系。布雷泽尔顿（Brazelton）和格林斯潘（Greanspan）强调了儿童早期得到始终如一的关爱的重要性（2000）。由此，在决定如何为婴儿提供适宜的环境时，安全和回应成为了最重要因素。

皮亚杰（1963）将婴儿最初两年的认知发展阶段描述为感知运动阶段。在这一时期，婴儿越来越多地整合从各种感官、运动和身体活动中得到的信息，走向对周围世界的现实认知。感知运动阶段包含这种实践性的智能。所以，适宜婴儿的环境必须能够为他们提供移动和操作的机会，提供能够刺激各种感觉的材料。

在回想婴儿做什么、需要什么以及相关的理论时，我们可以得到关于环境设计的第一条线索。成人在为婴儿设计发展适宜性的物质环境时，需要思考什么样的环境有助于实现如下这些发展任务：信任感的形成、依恋的发展、移动、感官学习和语言发展。

### 有利于培育信任感的环境

对婴儿来说，一种让人信任的环境，能够在婴儿表达自己需要的时候作出前后一致的回应。在物质环境中，这意味着婴儿的喂养、睡眠和玩耍时间可以有所不同。绝对不能要求婴儿来适应一个武断安排的时间计划表，每个婴儿的每日时间表都要根据婴儿的特殊需要、气质和自然节奏来制定。因此，在一间婴儿室里，有些婴儿需要睡觉，而另外一些婴儿则正在吃喝或者正在探索自己的身体和周围的环境。将睡眠区跟游戏区尽可能远地分离开来是比较好的。在比邻活动区的地方设置一处安静昏暗的角落是可取的，因为这可以让婴儿保育员一边观察睡眠中的婴儿一边与其他婴儿互动。

信任的环境包含来自相同成人的连贯一致的反应。在婴儿保育人员（infant caregivers）接受有关婴儿第一年的发展与今后发展之间重要联系的培训时，会了解到这一点。应该让最好的老师来承担照顾婴儿的重要职责，而不是由那些接受培训最少的老师来做这项工作，因为后者最有可能离职或不能够看到即时关注婴儿需求的价值。

理解婴儿需要得到连贯一致回应的保育中心可能会在婴儿室中实行主要负责人保育（primary caregiving）模式，即每个成人担负起照料本组婴儿的主要职责。例如玛丽是塞思、莎拉和桑德斯的主要照料者，拉托尼亚是乔恩、乔斯和安娜－李的主要照料者。主要照料者要承担起看护、喂养婴儿以及与家长进行交流的大部分工作，但并不是说全部工作都要由他们来完成。当婴儿们需要换尿布、进食、安抚或游戏时——婴儿一日生活的主要时段——保育人员作为婴儿的主要联系人对其作出回应，当然，在某一个保育人员已经在照看一个婴儿，而另外一个婴儿又需要一些东西时，她的同事可以过来协助她工作。这一制度不仅可以使保育人员与更少的婴儿进行互动并对其作出回应，还可以让保育人员更了解每个婴儿和他们的家庭，并据此为每个婴儿提供个性化的保育。主要照料者制度的目的是给每一个婴儿和家庭提供一个建立相互信任和尊重的特殊关系的机会。如果保育人员与家庭建立起了亲近的关系，并且在一天结束之后会直接向家长汇报他们想听到的所有细节，那么家长在将婴儿留给保育人员时会更为放心。家长会感到自己参与到了婴儿生命中的第一个重要年头中，并为婴儿的发展提供了支持。以关系为基础的婴儿/学步儿保教方法围绕着依恋原理来设计。有关课程的决策都是以依恋关系为中心的，以便使保育实践能够为儿童、家长及保育者之间的关系提供支持（Edwards & Raikes，2002；Butterfield，et.，2004）。由此，父母—儿童之间的依恋关系通过主要照料者制度得到了强化。婴儿通过与特定成人之间持续、一致的亲密接触而受益。

保育工作者一直在提倡能够真正对儿童需要作出应答的高的成人—儿童比。发展适宜性实践标准建议一个成人照看 3 个婴儿（Bredekamp & Copple，1997，p. 80）。请调查一下你所在社区的这一比例。

婴儿照料者之间，包括保育工作者和家长的常规交流，有利于促进婴儿与成人之间呼应的一致性并满足每个婴儿的需求。常规性的信息交换有利于促成对婴儿的适宜性回应，我们需要建立一种制度来保证这种信息交换。在每一个婴儿的房间里为保育人员和家长准备笔记本，以便他们随时记录下婴儿每天的常规活动和发展变化，这就是这种制度的一个例子。

一种信任的环境会从婴儿对舒适和安全的需要出发来考虑班额，婴儿越小，小组的规模以及婴儿周围的空间就应该越小。即便是在成人保育人员数量翻倍的情况下，组建小群体而不是使群体的规模加倍，这也是较为可取的做法；较大规模的群体会更为吵闹，并增添混乱感。新生儿喜欢限制性的空间，比如摇篮；年龄稍大一点的、能够移动的婴儿，就为爬过限制其活动的家具做好了准备。在摆放家具和布置婴儿室时，留出一些较小的角落，可以营造出这种包围感。

值得信任的环境是一个安全、熟悉的地方。各种人和事都是可以预知的。保育人员通过确保这样一种地方存在来提供这种可预知性，即这一地方中的每一件物品都能很容易地从婴儿积极探索所形成的杂乱无章中恢复过来。做了清晰标记的储藏箱、托盘、篮子和箱子有助于把东西放回到原来的位置，以便婴儿再次找到各种物品。重复经验可以使人们预知事情的顺序，甚至婴儿也能够理解这种次序：被放入婴儿床小睡前总是会听到歌声，换尿布时有几分钟嬉闹和逗笑的时间。

## 此时你会怎么做?

"我所接触的家长中，有一个家长曾被其母亲这样告诫，说如果她对孩子的每一个要求都作出回应，孩子就会被宠坏的。"这个家庭希望保育人员不要对婴儿的哭闹有所回应，除非是为了满足他们的身体需求。那么婴儿室的工作人员应该如何应对这样的家庭呢？如果你是保育员，你将会做些什么呢？

处理这样的情况是非常困难的，因为人们对如何养育婴儿有着根深蒂固的观念，在面对研究或理论观点时，曾经养育孩子的母亲会囿于自己的思想而不愿意接受新观念。没有人愿意整天陪在坚持按照自己的意愿做事的不讨人喜欢的孩子身边；我们无疑也会同情这种情况。

可能会有帮助的一种解决方法是，帮助持有上述观念的家长明确他们对婴儿的真正期望。毫无疑问，家长真心希望他们的孩子会关心他人，成为一个快乐、好学的儿童，甚至是可以自立，虽然这一点可能要在很大程度上取决于他们的社会对独立与依赖的文化倾向。很有可能有一些目标是保育人员、家长和祖父母都会认同的。我们需要讨论的可能就是儿童发展学家所告诉我们的如何实现这些目标的方法。

通过不断重复，对幼小婴儿的需求的迅速应答，会缓慢地强化婴儿这样一种印象，即这个世界是一个美好的地方，世界上的人们关爱他，并且他以后也将会得到体贴的照料。因为直到八个月左右的时候婴儿才会拥有建立因果联系的思维能力，所以他不可能像那位外婆所担心的那样，在头脑中谋划狡猾的伎俩——躺在他的小床上，计划通过哭闹来让别人走到他那里去，因为他记得上一次就是这样达到目的的——这超越了还没有获得客体永久性的婴儿的能力（参见第十一章）。他不可能回忆起早些时候的心理印象，来使成人做自己想要他们做的事情。了解一些关于婴儿能力的知识，有利于成人以一种更为适宜的方式来回应他们，而不是担心婴儿学会以一种尚且不可能的方式来操纵他们。

毫无疑问这种做法的结果是，随着人生第一年的结束，婴儿哭闹的次数越来越少，自信地认为他们将会得到很好的照顾。他们同样会对在这个世界上生活感到如此舒适，以至于能够安心地离开成人，通过直接探索来学习。对于婴儿来说，这是多么美好的关于爱和尊重他人需求的第一节课呀！而这种学习是通过榜样获得的。婴儿室保育人员对婴儿需求的回应可以被看作是物质环境中极其适宜婴儿发展的组成部分。

周到的保育人员会将对婴儿的禁令和限制融入到物质环境中，而不是用言语来与婴儿的意愿相对抗。情感安全也包含在这种物质环境中。当易碎的装饰品被移走或增添一扇门来阻止婴儿靠近禁止进入的区域时，婴儿就不用与大人们接二连三的"不行"抗争了。这种环境是积极的、值得信任的，因为成人意识到婴儿还不具备约束自己的能力。

确保你所创建的值得信任的环境包含以下几项内容。

- 相互分离的睡眠区、照料区和游戏区。
- 真心致力于促进婴儿发展、接受过良好培训的成人。
- 主要负责人保育制度。
- 高的成人—婴儿比以及小班额。
- 口头和书面交流制度。
- 适合婴儿视线的空间安排。
- 环境布置要易于恢复原状，每日常规要以可预知的模式安排，从而为婴儿提供一个熟悉的场所。
- 精心为婴儿准备可以自由探索的空间，避免运用语言限制婴儿活动。

## 有利于培育依恋关系的环境

很明显，我们所讨论的保育人员始终如一的回应和稳定性就是依恋关系的组成部分。但是，我们还应该考虑到一些其他的因素。

假定对婴儿来说，最重要的时段是保育人员与婴儿一对一进行真正交流的那些时间。在这些时段中，婴儿得到保育人员的全心照料。这些时段是需要进行放慢的时间，甚至是拉长的黄金时段。

为了与婴儿的这些接触，环境要能够让成人感觉舒适。摇椅（考虑到安全因素，最好是吊椅）、吊床、有厚软垫的椅子、大垫子或者长沙发，可以让成人坐下来抱着婴儿喂食或与婴儿交谈。地板上柔软的、铺着软垫的区域有利于保育人员在婴儿玩耍时与之互动。保育人员也需要考虑他们在培养父母—婴儿依恋关系中的角色。环境要能够传达出这样一种清晰的感觉，即欢迎有时间造访保育中心的家长来照料婴儿或与他们游戏。为那些喜欢与婴儿单独相处的家长专门准备一把椅子，放在婴儿室中安静的角落里，这一做法可以鼓励家长与婴儿之间的互动。

合理的日常护理区安排，比如更换尿布区或喂养区，能让保育人员免于产生不得不匆忙进行各项日常工作而没时间和婴儿互动的仓促感。如果工作区的设置能使保育人员在照料一个婴儿时还可以看到婴儿室中的其他地方，那么保育人员的日常工作就可能不会再如此匆忙了。如果保育人员需要的所有材料都按照便于取放的方式储存在一起，就能够节省出与婴儿进行互动的时间，并且保育人员的注意力也能够放在婴儿身上。

当成人与婴儿相互交流时，希望能够尽可能多地屏蔽掉那些产生干扰的事物，以便使注意力聚焦到人与人之间的互动上。这就意味着要拿掉不断变化的桌子上所摆放的干扰注意力的玩具和悬挂饰品；成人的面孔和言语是婴儿所需的唯一刺激。这与很多保育人员在日常换尿布时会递给婴儿一个玩具来占据他们注意力的做法是相反的。玩具被用来转移婴儿的注意力，以便保育人员能够高效率地完成护理任务。这种看似高效率的做法阻止了保育人员和婴儿之间的眼神交流和纯粹的愉悦享受，而这是依恋关系中的重要组成部分。对于婴儿在活动参与中的角色，马格达·格伯（Magda Gerber）谈到可把这样的保育时间作为令人尊重的互动机会，认为递给婴儿玩具以分散他们注意力的做法淡化了婴儿在积极参与互动中的作用。可以在冈萨雷斯－梅纳、艾尔和格伯（Gonzalez-Mena，Eyer & Gerber）的著作中读到更多关于这方面的内容（1991）。

确保你所创建出的依恋环境包含以下内容。

- 舒适的椅子和地板，以便成人放松下来并享受与婴儿之间一对一的互动交流。
- 指定的家长区域，为父母—婴儿之间的交流提供单独空间。
- 合理的工作区布局，能够使保育人员监控整个房间、照看每一个婴儿以及方便地获取所有需要的材料。
- 不在保育区如喂养区和更换尿布区摆放玩具和其他刺激物，以便婴儿能够将注意力集中在保育人员及他们共同的活动上。

## 有利于发展运动能力的环境

婴儿第一年身体能力的发展与其感知运动智能的发展紧密相关。因此，婴儿需要一切可能的空间和机会来安全使用他们的身体。这里有几个关键点。

与坚硬的地板相比，婴儿床和柔软的床垫为婴儿肌肉的发展提供了一种完全不同的支持，但在婴儿醒着的时候，他们需要从婴儿床和柔软床垫的限制中解脱出来。来自某些文化背景的家长，可能会不理解或不支持这一做法（Gonzalez-Mera & Eyer，2001），所以需要保育人员对家长进行认真地解释。接下来，就需要想出一些方法来保护那些不能移动的婴儿，使之远离年龄稍大的能够活动的儿童。通常小一点的婴儿都被留在婴儿床中以"保护他们"，或者被限制在使用各种设施包括婴儿座椅、秋千、学步车或雪橇等的年龄稍大婴儿所不能够到达的地方。这种做法的最大问题在于，保育人员将婴儿置于通常不能自主作出决定的处境中，这会对婴儿身体造成压力，并且保育人员还不允许婴儿自由地练习现阶段可以发展的任何技能。除此之外，婴儿还面临受到这些设施伤害的风险。我们需要想出一种更好的方法来将那些能够活动的儿童与活动能力弱的婴儿分开，这种方法要能够使双方的需求都免受破坏。一堆大箱子、合理摆放的牢固隔板、一扇门、低矮的可移动的隔离物、一叠沙发坐垫——所有这些东西都可以在不同程度上被用作便携的隔离物。要为很小的婴儿提供躺在空的塑料游泳池、泡沫圈或游戏围栏里的机会，这能够为他们提供一个得到保护的游戏空间，这一空间在婴儿开始需要场地来翻滚之前都是适合的（如带垫子的充气圈可以被用来保护不能移动的婴儿，使之远离那些需要更大空间的活动能力较强的儿童）。这可能是儿童发展过程中仅有的适合使用游戏围栏的阶段，因为对年龄稍大、需要四处爬行或到处走动的儿童来说，游戏围栏的约束会让他们感到沮丧。然而，还必须要强调的是，我们不建议过度使用游戏围栏。使用过多的游戏围栏，会有阻碍婴儿发展或使婴儿遭受伤害的风险。

有利于婴儿安全自由活动的所有要素，都是培养婴儿运动能力环境的必要组成部分。这就需要成人经常躺在地板上从婴儿的视角来审视环境。由此，要提前移除那些潜在的危险物品，以免它们诱惑婴儿或使成人必须用言语来禁止婴儿的探索，并且这样做可以使环境变为一个吸引人的场所，而不是一个婴儿经常不得不被移走或受到限制的地方。在本章的后续部分可以看到更多关于安全环境的内容。

环境设计者需要记住的是空间与大小相关，小的空间能够为小的婴儿提供自由。大的空间区域需要被打破来为婴儿提供安全感。如果一个刚学会走路的孩子看到在到达他想抓住的、能够让他感到舒服的架子前，需要穿越非常大的空间，会感到非常害怕。

可通过以下几种方式来提供有利于发展婴儿运动能力的环境。

- 允许婴儿醒着的时候在地板上自由玩耍。
- 设置一些屏障来保护运动能力较弱的婴儿。
- 移除限制婴儿自由活动的设施。
- 定期彻底排查环境的安全性。
- 在可利用的较大空间中创建各种较小的活动区域。

## 有利于发展各种感觉的环境

思考一下一个典型的家庭可以为婴儿提供的感觉刺激。婴儿所能看到的各种不断变化的、有趣的事情：阳光透过窗帘时的光影交错；靠近开着的窗户所生长的植物叶子的摆动；家具、厨房餐具以及出入房间的人所穿服装的颜色。婴儿还能闻到花的香味、煮咖啡的味道、干净潮湿的洗衣房气息以及炒洋葱的味道。婴儿能够听到衣服甩干机的砰砰声、时钟的报时声、电台音乐柔和的哼唱声、人的说话声以及院子里的鸟鸣声。他们能感觉到柔软的地毯、凉爽的厨房油布毡、后院多刺的杂草和温暖的微风。他们品尝每一样东西，从奶嘴上的橡胶到苹果酱的香甜味道。

保育中心的婴儿需要拥有就像这样的富含感觉刺激和事物种类的环境。

环境设计者应当认识到婴儿生活中的每一样事物都应当大约在 24 英寸（约 0.6 米）以下，甚至更低，以便婴儿翻滚、倚坐或爬行。当然，有时保育人员也会抱着或背着婴儿来观看移动的事物或向窗外远眺，但是婴儿应该能在大部分时间里去自主发现新事物，并且在没有成人的帮助下自由地去探索。

因此，我们需要在 24 英寸以下的区域里为婴儿提供丰富多样的材料来刺激他们的所有感觉。这里应当有一些可以观看的有趣事情：沿着护壁板固定的不易破碎的不锈钢镜子，牢固粘在护壁板透明衬纸上的大幅彩色照片，挂在低矮的门和橱柜、婴儿床和椅子的腿上的油布，鱼缸里游泳的金鱼，挂在窗上能够将彩虹颜色反射到整个屋子的棱镜，能够让婴儿看到流转的世界的低矮窗户或门、随风起舞的彩色飘带（在给物品贴衬纸时，确保使用圆形，不要留出边角，避免吸引婴儿善于探索的手指拉扯）。

婴儿会触摸什么呢？塑料玩具所能给婴儿带来的感觉刺激是极其有限的。可以在地板各个区域、矮墙和各种家具上间隔地粘上不同块各式各样的地毯——一定要在中间插进一块令人惊奇的绳垫或室内外两用的草垫。婴儿还会触摸到废弃纱线、天鹅绒缠成的线球或从天花板上垂下来的能够抓取到的碗碟清洗软垫（chore-girl）。房间里装饰不同的表面——柔软的地毯、坚硬的油地毡、松软的缓冲垫——鼓励婴儿扯拉并为他们提供多样化的感觉刺激。想象一下，当一个幼小的爬行者发现一块干净的有黏性的衬纸时，该有多么惊讶呀！（Goldhaber & Smith，1993）

伊丽莎白（Elizabeth Prescott）明确说明了柔软环境的重要性，"如果物体能够对婴儿的触摸作出积极应答，那么也就为婴儿提供了多样化的触觉刺激"（Prescott，1994）。长沙发、大枕头、小地毯、秋千、杂草、沙子和水等物品都包括在她的列表之中。当然也包括婴儿可以坐的人腿。棉被、厚的塑料垫子以及柔软的地毯都是适合婴儿躺着或趴着的地方。

不要忘记各种气味。在照顾到有过敏症的婴儿的前提下，可在打理草坪的时候、在厨师为较大孩子准备午餐或清洁工人使用蜡和去污粉工作的时候，把窗户打开。在房间里为大人和年龄较大孩子准备一些点心，让热咖啡和苹果片的自然气味萦绕在空气中。

尤其要注意的是，在为婴儿提供听觉刺激时，成人必须对环境中的自然声音非常敏感——大人们或高或低的交谈声、草坪上割草机的嗡嗡声以及飞机飞过的轰鸣声。让更多的人造声音环绕在婴儿身边是一种诱惑人的想法，例如录音带所播放的童谣歌曲或电台中所播放的供成人工作时欣赏的音乐。虽然这些声音中有一些的确是适宜的刺激，但是太多的人造声音会遮掩人们交谈的重要声音或造成不必要的混乱氛围。要让婴儿经常关注于环境中的真实声音，间或地为他们补充一些特意设计的不同刺激：挂在纱线下的几个铝制馅饼盘子的碰撞声（婴儿能够看到的话也很有意思），偶尔响起的风铃声或放置在架子上的旧式节拍器发出的有趣声音。

我们可以通过定期在婴儿的常规饮食中增添一些新的食物来为婴儿提供多样化的味觉刺激。

婴儿经常玩的一系列玩具——拨浪鼓、响音球、铃铛、柔软的方块和动物玩具、磨牙玩具以及风铃——也同样提供了感觉刺激。当婴儿感到厌烦的时候，结实的家庭自制玩具比起昂贵的商品玩具替换起来更为容易。家庭自制玩具包括：干豆子或彩色混合水、润滑油、柔软塑料饮料罐（确保用强力胶紧紧地固定住盒盖）、有质感的木块或里面装有各种东西、滚动时可以发出声音的干净塑料圆筒等。简单的、开放式的材料，比如可以抓弄的聚酯薄膜纸或可触摸的丝巾，能够给婴儿不同的感觉体验。不论在任何时候，保育人员必须牢记，婴儿通过用嘴品尝物品来获得多数感觉信息，所以要认识到每一件物品都有可能进入到婴儿的口中——请不要试图阻止他们！相反，只要确保每样东西都是绝对安全的就可以了，物品的大小要以不能被婴儿吞咽或使婴儿噎住为原则，不能有碎片脱落并且没有使用有害的物质进行装饰。

在设计感觉环境时，必须要考虑到不能为婴儿提供过多的感觉刺激。墙壁和地板绝对不能被过多的东西填满或显得杂乱，否则婴儿的注意力会被分散或受到过度刺激。最好是移除那些仅仅娱乐成人而婴儿尚不能理解的东西，比如关于大鸟先生或米老鼠的壁画，这些对婴儿来说都是没有意义的（以儿童为中心的教室中可能都没有空间来放置这些东西，不论是哪一年龄阶段的儿童）。当材料看起来越来越不能吸引婴儿的注意力时，就要替换它们，找到有趣的新物品。

婴儿床是唯一不应该提供感觉刺激的地方。许多制造商故意出售一些可装在婴儿床上的玩具，许多保育人员受到欺骗，误认为婴儿床应当成为一个迷你游戏场。但是，婴儿床应当只被作为睡觉的地方。当婴儿醒着的时候，需要把他们从婴儿床里抱出来到其他地方去玩耍，所以婴儿床需要单调但却是安静和抚慰性的，在婴儿被放进去后仅仅发挥促进睡眠的作用。

可以通过以下几种方式为婴儿提供感觉刺激环境。

- 在 24 英寸以下的区域和家具上放置婴儿能够独立探索的材料。
- 准备环境时考虑到婴儿的所有感官体验。

- 自制或购买能够吸引婴儿各种感官的玩具，并且持续检查所有玩具的安全性。
- 移除超出婴儿直观理解能力以外的事物，避免提供过多的感觉刺激。
- 移除婴儿床中的刺激物。

## 有利于发展语言的环境

我们已经讨论过的很多东西都有助于培养婴儿语言发展。重要的两点是：在照料和游戏时为婴儿提供一对一交流的机会，一个没有过多婴儿和成人以及持续性人造声音干扰的房间。另外，各种各样的有趣事物、景象、经历和图画也能够激发与婴儿的交谈。

保育人员要为婴儿唱歌，和婴儿一起做一些节奏练习和简单的动作游戏。要为婴儿提供适宜的书籍，可以包括一些自制的图画书以及成人可以读给婴儿听的书籍，要定期与婴儿一起进行阅读。在第十二章你将会读到更多关于语言环境的具体内容。

# 对传统的反思

与儿童保育中心年龄较大的儿童相比，婴儿在很多方面都是不一样的，所以他们的物质环境看起来也应当是不一样的。如使用那些经常出现在家里而不是教室里的物品是有益的，好比说长沙发。显而易见，长沙发能给成人提供舒适感，除此之外，长沙发还有很多其他的功能。长沙发是一个供保育人员和家长跟婴儿坐在一起的完美场所——必要时可以一次摆放好几个长沙发——当婴儿开始爬行的时候，可以把长沙发从墙边移开一点儿，为婴儿创造出一条新的过道。对那些准备好沿着一些支撑物练习直立和走路的婴儿来说，沙发的高度恰好适合，还能够为婴儿提供临时性的支持（Greenman，2004）。让我们也重新思考一下在布置教室时的传统做法。从婴儿的角度来看待事物——这时你就会发现，婴儿会花费大量时间盯着看比如椅子和婴儿床的底部或者天花板，需要装饰上一些有趣的东西。

婴儿一般独自游戏。当他们挤在一起时，发生无意伤害的可能性会增大。传统的教室布局中，将学习区域设置成可供很多婴儿一起活动的空间，这对婴儿来说是不太适合的。保育人员观察到婴儿准备好做某项事情时，应该为婴儿创建出更为适宜其发展的单独学习区域。如当婴儿准备好练习伸手去够或抓东西的时候，可以利用挨着长沙发一端的地板空间，在里面布置上从木钉上垂下来的大量材料并不断更新。桌下或橱柜最底部（橱门可以卸掉）的空间可能会是一个坐着的婴儿探索装有不同材质盒子的好场所——比如卷曲的假发、一块砂纸、一大块泡沫塑料。一个婴儿可以坐在他的高脚椅子上用面粉和水的混合物来画"手指画"。对于要看书的婴儿来说，一个装有枕头的小包装箱可以成为一个舒适的场所。对处于不同发展水平上的婴儿来说，单独的游戏场所是最为适宜的，婴儿可以在自己的场所独自游戏或与保育人员互动。

适合婴儿室的独立区域包括：有声玩具角、"够物"区、感知区、动手操作区、活动垫、舒适的角落以及互动区（Cataldo，1983）。

## 适合婴儿的户外环境

婴儿需要经常被带到户外去——否则他们怎么能够体验到周围更大世界中的独特和不断变幻呢？许多婴儿户外环境设计原则是和室内环境一致的。具有如下特征的成人是户外环境的最重要组成部分，即享受户外时光，不认为应当把婴儿保护在周围的世界以外，随时可以陪伴婴儿并且非常敏锐。诚然，保育人员必须留意可能进入婴儿口中的危险事物：小石子、松子或浆果以及废弃的包装材料。保育人员的一项重要职责是每日排查户外所有地面上的有害材料，保持地面安全。对婴儿来说，所有地面都应当是柔软和平坦的。所有植被都应被检查是否有毒，以防好奇的婴儿用嘴品尝。户外时婴儿最好尽可能地与学步儿分开。对婴儿来说，在户外的大部分时间会花费在大动作运动游戏上——"肚肚时间"（tummy time）、爬、来回走动和攀高。干净的毯子能给最小的婴儿提供一个安全的表面，这些小婴儿有时也喜欢坐在保育人员的膝上向外看。这时可能会是利用婴儿座椅或秋千的最佳时机，可以为运动能力不强的婴儿提供一个有利位置。会爬的婴儿可能会喜欢斜坡、洞或能钻爬的纸板箱。栅栏可以为来回走动的小婴儿提供自然支撑，或者我们也可以为小婴儿建造低矮的扶手。小斜坡和低矮的台阶可能为婴儿的活动增添多样性（更多的设计思想可以参见格林曼 1991 年的著作）。

阴凉对于保护婴儿娇嫩的皮肤来说是非常重要的，即使是天篷的阴凉。家长也可以用帽子和防晒霜来保护婴儿。大的婴儿车或童车方便保育人员将婴儿带到户外，或带着婴儿去附近散步。户外提供了很多种自然的感觉刺激，比如鸟叫声、不同种类的草、树和树皮以及光影的变幻。可以为户外游戏区增添的有趣物品包括悬挂的彩色树脂玻璃、铝制果盘、悬挂在栅栏上的风铃以及收集有趣物品的小桶（更多内容可参见以下著作：Miller，1989；Wortham & Wortham，1992；Dombro，Colker & Dodge，2002）。

## 健康和安全

对婴儿来说，物质环境中极其重要的一个组成部分无疑就是健康和安全。婴儿始终依赖警觉的保育人员来保护他们的安全并阻止传染病的传播。统计数据表明，意外事故是导致婴儿死亡的首要原因，并且与家庭看护的婴儿相比，集体保育的婴儿面临着更大的感染多种传染病和疾病的风险。这也意味着，不管是在室内还是室外，保育人员在儿童保育中都承担着非常重要的职责。保育人员必须理解不断检查和评估环境安全的必要性。

在婴儿用他们的身体和嘴来探索世界的时候，我们要密切注意的危险包括：婴儿可能会吞咽的细小或有毒物品，可能会从家具或台阶上掉落下来的东西，可能会因婴儿在探索过程中的拉扯而落下来的物品，锋利物品或突起物、铰链、门或家具以及高温物体或电流。

有关婴儿卫生和安全防护环境的详细设计方案可参见由美国儿科学会（American

Academy of Pediatrics）、美国公共健康协会（American Public Health Association）以及美国保教机构健康和安全国家资源中心（National Resource Center for Health and Safety in Child Care）所制定的指导方针（2002）。

对婴儿来说，安全的环境应该是这样的。

- 防碎镜子，远离易碎以及从底部打开的窗户。
- 隐蔽的电源插座，移除可能绊倒婴儿或被婴儿咀嚼的电线。
- 保护婴儿免受暖气片、热水龙头、灯泡、加热器或其他容易引起烧伤和烫伤物品的伤害。
- 环境中的所有植物都是无毒的。
- 将所有的药品、钱、清洁用品和其他有害的化学物质锁好，不让婴儿拿到。
- 不要给婴儿有破损、小零件容易脱落、涂有铅或其他有毒材料的玩具。
- 家具要绝对牢固，不能被婴儿拉动或掉落在婴儿身上；确保婴儿床和其他家具符合消费者保护的标准，以免婴儿的头部被卡住。
- 要将锋利的物体边缘包裹起来或加上软垫，以防掉落或撞到婴儿。
- 保育人员要拥有丰富的处理紧急情况的知识，包括婴儿心肺复苏和急救技能，知道急救设备存放的位置和急救号码，并了解疏散步骤。
- 不间断地监控婴儿，使婴儿时刻处在成人的看护下；使用高脚椅、婴儿车和换尿片床时，要遵守安全规定。
- 监督婴儿的吃饭和喝水；不要把奶瓶留在那儿就走开而让婴儿独自吃奶；将狭长或固体食物切成大小合适的小块。
- 用栅栏或自然障碍物围成户外游戏区。
- 户外游戏设备要遵守这个年龄段儿童的玩具高度标准，并且表面要覆盖上有弹性的材料以减少振动。
- 不要过度保护婴儿；工作人员要致力于寻找能够让婴儿练习具有挑战性技能的安全方法（如在吸引婴儿攀爬的台阶上放上枕头），而不是不断地移动婴儿。

对婴儿来说，健康环境是这样的。

- 成人在咳嗽、打喷嚏、给每个婴儿擤鼻涕、换尿布后，用手拿食物和奶瓶前，遵守严格的洗手标准；洗手之后，如要接触水龙头或垃圾箱，保育员要用纸巾。
- 工作人员要遵守换尿布区许可标准，在每一次换尿布时，都要对操作台进行消毒，并铺上被褥。
- 食物和奶瓶一定要进行冷藏，使用时再取出。
- 给婴儿洗手的保育人员，有自己单独的毛巾。
- 有每天给玩具和其他物体表面进行消毒的工作人员，如发现婴儿分享和吃玩具时，应更频繁地进行消毒。
- 工作人员和家长在踏上婴儿躺着的地板之前要换掉在外面穿的鞋子。
- 保持每个婴儿床的清洁。
- 完好地保存所有婴儿迄今为止所接种的疫苗记录。
- 根据单位所确定的标准和症状，分离有疾病迹象的婴儿。
- 在对婴儿使用药物时，只能使用那些家长注明可以使用并写明用法的处方药物（更多关于婴儿健康环境的内容参见 Dombro、Colker & Dodge，2002）。

对健康和安全的重视是物质环境的一个重要组成部分。

## 婴儿室的材料

每一个婴儿室都应当包含如下材料。

- 供游戏时使用的垫子或毯子。
- 睡觉用的婴儿床。
- 婴儿座椅，主要在婴儿能够单独坐立前喂奶时使用，或偶尔用于改变婴儿的视野或位置。
- 高脚椅子或其他可以替换的占空间更小的物体，比如固定在矮桌子上供婴儿坐的座椅。
- 可以抓握的玩具，比如柔软的球、填充动物玩具和积木，拨浪鼓、硬的大积木、塑料钥匙和珠子以及挤压玩具。
- 有助于技能发展的玩具，比如百变堆塔、镶嵌材料、简易的百宝箱、小的操作板、可以填充的容器。
- 布书和纸板书，带有熟悉图片的书以及其他可供成人为婴儿阅读的书。
- 不易碎裂的镜子。
- 汽车玩具。
- 练习抓握的器械。
- 简单的洋娃娃玩具。
- 各种各样的球，包括一些具有特殊作用的球。
- 手推玩具。
- 直径在 2—5 英寸之间可供婴儿抓握和探索的若干物体。

上述这些项目中的大部分材料在家里和保育中心都可以经常看到。在保育人员观察每个婴儿的运动和认知发展时，能够知道婴儿应该使用哪些物品了（在第三部分会更多讨论这方面的内容）。记住用普通废弃物制成的结构巧妙的玩具能够使保育人员经常保持玩具带给孩子的新鲜感。

美国幼儿教育协会出版的《适合的物品：选择游戏材料，支持儿童发展》（*The Right Stuff*: *Selecting Play Materials to Support Development*，Bronson，1995）讨论了适合于 6 个月以及稍大的 7—12 个月婴儿的游戏材料。你可以在怀特（White，1995）以及道奇等（Dombro，Colker & Dodge，2002）的著作中找到一些很好的主意。

## 对日程安排的考虑

如果把时间表定义为是群体儿童日常事项的不可更改的、能够预测的排列次序，那么在婴儿室中，是不可能存在这么一个时间表的。因为每一个婴儿都有各自不同的日常休息、进食、换洗和游戏模式，需要因人而异的回应。

当5个月大的安德莉亚（Andrea）一天早上8点钟到达的时候，她的妈妈告诉保育人员说前一天晚上孩子没有睡好觉，于是保育人员直接把她抱进婴儿床，来看看她是否需要更多的睡眠。她醒来后非常饿。保育人员立即给她喂奶，之后，她非常放松，开始玩一些拨浪鼓，躺在毯子上滚来滚去。第二天她来时休息得很好，但是饿坏了，所以保育人员马上给她准备一些麦片粥。喝了粥后，她想懒懒地在保育人员的膝上躺一会儿，然后再到毯子上玩耍。不可能有一张现成的时间表来满足安德莉亚的需求，同样，对于11个月大的本（Ben）来说，这也是不可能的。他正在试图将睡眠时间改为在早上睡一小觉和下午睡一大觉。

保育人员不要试图让婴儿来按照一个预定的时间表作息，相反，应当每日与家长交流，了解婴儿当前可能会有的需求，并通过观察婴儿的反应来断定他们接下来的需求。这被称为自我需求时间表，意思是婴儿表达自己的需求，成人对其作出适宜的回应。这种有节奏的应答慢慢地会使婴儿建立起一种内在的确定感，即自己的需求会由值得信任的成人给以满足。自我需求时间表能使婴儿的社会性/情感得到健康的发展。

保育人员将每日的大部分时间都花在了日常护理上。事实上护理时间是非常重要的互动和交流时段（这也是课程的核心）——在护理中没有仓促了事的保育人员会创建出一种放松和应答性的工作步调。

## 此时你会怎么做？

玛丽·卡西迪（Mary Cassidy）是你所在保育中心一个5个月大婴儿的单亲妈妈。她要求你将她孩子的作息时间调得非常准时，以便她一下班回家就可以喂孩子晚餐，随后直接把他放到床上，这样可以让她自由地来干家务活。但是，你觉得保持这样的时间表是很困难的，因为这意味着有时要把孩子从睡眠中叫醒来喂奶，有时他则可能会在规定的喂奶时间前就饿了。你会怎么回答她呢？

当家长的需要看起来与保育人员所认为适宜婴儿发展的保育方法相左时，家长和保育人员都会感到懊恼。这时需要他们相互之间就婴儿需求进行持续交流。保育人员可以帮助家长认识到，到婴儿生命第一年中的后几个月，随着他们更加自然地养成两次长的睡眠时间和一日三餐的生活方式，他们会变得较为容易地去遵守一个比较规律的时间表。或者这位妈妈能够将自己的需求再推迟几个星期。非常重要的是，要帮助婴儿的家长认识到各个年龄儿童的发展需求是特定和不同的，适宜的回应能够为婴儿今后阶段的成长奠定良好的基础。

# 发展适宜性环境中所看不到的

可以很明显地看出，婴儿室材料列表上没有出现的东西是那些大型器材，比如传统的婴儿围栏、秋千、学步车和蹦床等（有些个体化家庭服务计划推荐使用这些器材，但是这些器材也只适用于该计划）。虽然对不同发展阶段的儿童来说，上面这些器材可以发挥一定的作用，但这些器材会占用太多的空间，并且性价比低。除此之外，当婴儿室中放置这些器材时，会诱惑保育人员过度地使用它们，从而不利于婴儿的最优发展。虽然不能绝对地说这些器材从来不会出现在发展适宜性的环境中，但它们绝对不是发展适宜性环境的主要特色，而且没有它们会更好。

另一个在婴儿发展适宜性环境中所看不到的东西是为所有婴儿制定的 24 小时时间表。就像在前一部分所提到的那样，每一个婴儿都需要个体化的回应，这是设定好的时间表所不能满足的。婴儿的需求必须优先于成人的需求。

同样，一大群婴儿和几个保育人员混作一团的现象在发展适宜性环境中也是看不到的，比如成人和婴儿的比率高达 1:5—1:7，而且每个班班额为 20 人。这种大班额显然不适合于发展适宜性的互动、运动和个性化发展。一定要知道你所在地的有关官方要求，并致力于改变对于发展适宜性实践来说比例过高的保育状况。

电视不是婴儿的发展适宜性环境中的组成部分。美国儿科学会建议不要使电视成为两岁以下儿童生活的一部分。与不能提供应答性互动的电视相比，面对面的语言交流和唱歌是更为适宜的语言来源。

## 小结

在一个提供了安全和健康的世界中，婴儿的物质环境满足了婴儿建立信任、形成依恋、锻炼运动能力、进行感觉探索和发展语言能力的需求。婴儿的个性化需求决定了每日的活动时间表，决定了保育人员要为不同发展程度的婴儿提供不同种类的材料。物质环境提供了互动的框架，而互动将成为建构社会性/情感环境以及认知—语言环境的基础，而这是我们将在第三和第四部分讨论的内容。

## 思考

1. 参观一个建有婴儿室的保育中心。找出并记录

● 保障健康安全的保育措施。

● 环境中培育信任和依恋关系、锻炼运动能力、促进感觉探索以及发展语言能力的组成部分。

● 家长和保育人员之间的交流方式。

● 婴儿户外游戏区。

● 婴儿室中的材料和家具摆放方式。

将你的发现与本章所讨论的观点进行对比。与参观其他中心的同学分享你的发现。

2. 写一份能够给但不会给你所访问的保育中心婴儿室工作人员的简要报告，给出一

些你认为能够改善婴儿物质环境质量的建议。确保你所写的报告中包含提出这些建议的原因。与其他学生分享这些想法。

3. 给保育中心的董事会写一份报告，阐明为什么受过最好培训的教师应当被安排到婴儿室中。

4. 讨论当婴儿室的成人—婴儿比例变小时，将对婴儿的最优发展会产生哪些危害。

## 问题（用以评估本章所学）

1. 在设计物质环境时，必须要考虑到的婴儿发展需求有哪些？
2. 对于问题 1 中所列出的每一个发展需求，分别描述应该如何创设环境来满足它们。
3. 讨论为婴儿创设户外环境时应考虑的因素。
4. 列举尽可能多地能够为婴儿提供安全健康环境的事物。
5. 适合于婴儿室的材料有哪些？
6. 适合于婴儿的时间表是什么？
7. 婴儿的发展适宜性环境中不太可能出现的是什么？

## 问题（用以应用本章所学）

1. 必要时向你的主管和家长陈述在婴儿室中实行主要负责人保育制度的所有原因。
2. 在你所照看的婴儿中，有婴儿家长在知道了婴儿睡醒后很多时间都在地板上玩耍时非常吃惊。在与他们讨论这一问题时，你会指出哪些要点呢？对于他们的想法，你需要听些什么？如果出现看起来不可调和的文化差异时，你能够提供哪些具有可行性的建议？

## 参考文献

Ainsworth, M. D. S. (1992). Attachment: retrospect and prospect. In C. M. Parks & J. Stevenson Hinde (Eds.). *The place of attachment in human behavior* (pp. 3 – 30). NewYork: Basic Books.

American Academy of Pediatrics, American Public Health Association, and National Resource for Health and Safety in Child Care. (2002). *Caring for our children: National health and safety performance standards: Guidelines for out-of-home child care.* (2nd ed.). Retrieved from http://nrc. uchsc. edu.

Brazelton, T. B., & Greenspan, S. (2000). *The irreducible needs of children: What every child must have to grow, learn, and flourish.* Cambridge, MA: Perseus.

Bredekamp, S., & Copple, C. (Eds.). (1997). *Developmentally appropriate practice in early childhood. Revised edition.* Washington, DC: NAEYC.

Bronson, M. B. (1995). *The right stuff for children birth to 8: Selecting play materials to support development.* Washington, DC: NAEYC, 1995.

Butterfield, P., Martin, C., & Prairie, A. (2004). *Emotional connections: How relationships guide early learning.* Washington, DC: Zero to Three.

Cataldo, C. (1983). *Infant and toddler programs.* Reading, MA: Addison-Wesley.

Dombro, A., Colker, L., & Dodge, D. (2002). *The creative curriculum for infants and toddlers. Revised edition.* Washington, DC: Teaching Strategies.

Edwards, C., & Raikes, H. (2002). Extending the dance: Relationship-based approaches to infant/toddler care and education. *Young Children*, 57(4):10 – 17.

Erikson, E. (1963). *Childhood and society*. NewYork: Norton.

Gerber, M. (Ed.). (1991). *Resources for infant educaters*. Los Angeles: RIE.

Goldhaber, J., & Smith, D. (1993, Spring). Infants and toddlers at play: Looking for meaning. *Day Care and Early Education*, 20(2):9 – 12.

Gonzalez-Mena, J. (1992). Taking a culturally sensitive approach in infant-toddler programs. *Young Children* 47(2):4 – 9.

Gonzalez-Mena, J., & Widmeyer Eyer, D. (2001). *Infants, toddlers, and caregivers* (5th ed.) Mountain View, CA: Mayfield Publishing Co.

Greenman, J. (1988). *Caring spaces, learning places: Children's environments that work*. Redmond, WA: Exchange Press, Inc.

_____. (1991, May/June). Babies get out: Outdoor settings for infant toddler play. *Child Care Information Exchange*, 79, 21 – 24.

_____. (2004). Great places to be a baby. *Child Care Information Exchange*, 157, 46 – 48.

Greenman, J., & Stonehouse, A. (1996). *Prime times: A handbook for excellence in infant and toddler programs*. St. Paul, MN: Redleaf Press.

Miller, K. (1989). *The outside play and learning book*. Mt. Rainier, MD: Gryphon House, Inc.

Piaget, J. (1963). *The origins of intelligence in children*. NY: Norton.

Prescott, E. (1994). The physical environment: A powerful regulator of experience. *Child Care Information Exchange*, 100, 9 – 15.

White, B. (1995). *The new first three years of life*. New York: Simon & Schuster.

Wortham, S., & Wortham, M. R. (1992, Summer). Nurturing infant and toddler play outside. *Dimensions of Early Childhood*, 20(3):25 – 27.

## 建议进一步阅读和研究的资料

Greenberg, J. (1998). *Places for childhood: Making quality happen in the real world*. Redmond, WA: Exchange Press.

Harms, T., et al. (2003). *Infant toddler environment rating scale. Revised edition*. New York: Teacher's College Press.

Isbell, R., & Gamble, C. (2003). *The complete learning spaces book for infants and toddlers*. Beltsville, MD: Gryphon House.

Lally, J. R., Griffin, A., Fenichel, A., Segal, M., Szanton, E., & Weissbourd, B. (1997). Development in the first three years of life. In S. Bredekamp & C. Copple (Eds.), *Developmentally appropriate practice in early childhood programs. Revised edition* (pp. 55 – 69). Washington, DC: NAEYC.

Reinsberg, J. (1995). Reflections on quality infant care. *Young Children* 50(6):23 – 25.

Sandall, S., McLean, M., & Smith, B. (2000). *DEC recommended practices in early intervention/early childhood special education*. Longmont, CO: Sopris West.

Torelli, L., & Durrett, C. (1996). *Landscapes for learning: Designing group care environments for infants, toddlers, and two year olds*. Berkeley, CA: Torelli-Durrett.

## 实用网站

**http://www. teachingstrategies. com**

在这个有关创造性课程的网站，一栏，点击"Infant/Toddler"，再点击"Articles"，浏览关于健康、安全以及婴儿在常规活动中学习的内容。

**http://www. zerotothree. org**

在服务于0—3岁儿童的这一网站上，有大量关于婴儿、学步儿的保育和教育信息。

**http://www. eichild. com**

在这个关于环境材料的网站中，可以找到适宜于婴儿环境的设计指南。

**http://www. clas. uiuc. edu**

在这个网站上，查找拉利（J. R. Lally）和杰·斯图尔特（Jay Steward）所写的"*Infant/Toddler Caregiving: A Guide to Setting up Environments*"。

**http://www. educare. org**

该网站上有大量关于如何照料婴儿的有用信息。

# 发展适宜性的物质环境：学步儿期

在快1岁的时候，婴儿开始自由地四处活动，一直持续到他们36个月大的时候，我们于是称他们为学步儿。仅在大约1年的时间里，学步儿在身体运动和灵敏性、在语言理解和说话方面以及在积极探索周围世界的能力上都会获得巨大的发展。随着睡眠需求的减小，他们会把一天中的很多个小时用于身体活动上。

学步儿绝对不是"群体性"生物；他们关注于探索自我概念和一切有意义的事物。一个没有偏见的观察者会注意到他们很少关心其他学步儿的权利或需求，尽管他们也会饶有兴趣地对自身环境中的其他学步儿进行探索，就像他们探索所遇到的任何其他有趣的物体一样。

适宜学步儿的物质环境要与学步儿的发展需求相适应，并有助于对学步儿发展任务的理解，上述学步儿的所有这些特征都会对环境的设计有所启示。

## 本章学习目标

- 了解学步儿的发展特征和需求，尤其是学步儿自主感的发展。
- 了解环境满足学步儿每一种发展需求的多种方式。
- 了解适合学步儿房间的多种材料。
- 讨论设计学步儿活动时间表和过渡环节要考虑的因素。
- 明确学步儿物质环境中不适宜的地方。

## 学步儿是什么样的？

想象一下，一个生气勃勃的年轻探索者第一次踏上地球这颗行星时会有什么样的反应！他在每一个醒着的时刻都会忙于尝试弄明白地球这个新奇的地方、地球上的居住者以及所遇到的每一件其他的事情。这个新来者还不了解地球上的任何规则或习俗，在路途中不可避免地会犯一些错误，打破物体或社会准则。他也不熟悉地球上的语言，尝试教他语言或为他作出解释可能会使这个来访者和试图教导他的人都感到沮丧。

这对于突然能够在这个世界上走动并开始亲自去理解这个世界的学步儿来说，没有太大的不同。因为充分意识到自己这种新生的能力，学步儿处于好奇心的顶峰并会因为任何一种限制感而沮丧（但不屈不挠）。学步儿有一股驱动力来使用身体去探索每一件事情和每一个所接触到的人，并拥有坚持探索的不倦精力，即便是有人使他的探索变得非常困难。然而，学步儿还没有掌握太多进行自我解释的语言，也没有太多与概念和语言理解力一起发展的自我控制力，并且不会太多地考虑到世界上其他人的需求、愿望和权利。学步儿已经拥有和尚未拥有的能力之间的反差，使得他们成为集体性保育中既有趣又富有挑战性的个体。

有研究记录了一个18个月人的婴儿围绕着一个典型的学前教室——设置着各种不同的兴趣区和活动材料——进行活动的近似曲线。从其中7分钟的活动曲线中可以看出，学步儿不停地从一个区域走到另一个区域，迂回反复，很明显，在每项活动上所持续的时间不超过几秒钟。身体运动的需求、无止境的好奇心、短暂的注意时间、自主感和自我意志感——所有这些都可以从追踪记录学步儿探索活动的曲线中看出来。顺便说一下，这幅图没有显示如果一群同样忙碌的学步儿在同一空间中一起活动时会是什么状况；毫无疑问，在各独立的探索者专注于自己目标时如果遇到其他人，会发生大量的身体碰撞和意愿冲突。如果保育人员与那些对狂热的孩子感到绝望的家长一起来分享这幅图片，会给家长带来一些安慰。看一看稍大的两岁儿童那种更具控制力的行为，更不用说极为自信的4岁儿童——他们将注意力集中于一个兴趣点上，并且在整个时间段内都没有改变。成熟和发展会很快地改变一些事情，而这是即使再多的教授或成人指导也无法做到的。

这就是学步儿的天性：旺盛的身体能量，无限的求知欲，强烈的自我感和独立愿望。

## 学步儿做些什么？

在学步儿醒着的所有时间里，他们都在走、跑和运动。当成人让他们停止运动或睡觉时，他们经常会大声反抗。他们拥有永不满足的尽可能向上爬的愿望。他们很少长时间坐着不动，而当他们这样做时，是因为手中摆弄或操作的一些有趣事物吸引住了他们的注意力。他们使用自己全部的操作能力来发现所触摸到的任何一种东西的属性。他们喜欢倒、扔、敲、用手指戳，还喜欢尝试把东西分开——这些都是出于单纯的研究兴趣。他们重复和练习各种活动。他们做的事情破坏性远远多于建设性，他们会将穿好的袜子和鞋脱下来，将尿布扯掉，将拼图块倒掉或到处乱扔东西——他们做这些事情时的年龄远远小于其有兴趣将物品放回原处时的年龄。并且，虽然学步儿很活跃，他们也会花费大量的时间凝视各种物品和人，什么也不做。很明显，这是另外一种探索方式

（White，1995）。然而，我们要记住这种普遍性的特征并不代表某个学步儿的独特气质，而这种独特气质是学步儿发展个人风格的驱动力。

学步儿想要"自己"来做大部分事情，即使有些任务超出了他们的能力。他们自己操作勺子和杯子吃饭，尽管这一过程会很混乱。他们更喜欢自己洗脸和洗手。他们尝试自己穿衣服。他们经常推开好意帮助他们的大人。

学步儿只在社会性活动上花费16%的时间（White，1995），不断地寻求成人的身体接触和注意或是拒绝他们。然而，虽然他们对所喜爱的成人表现出矛盾的社会回应——学步儿抵制和抗议分离。学步儿可能会对同伴表现出短暂和转瞬即逝的兴趣，但他们主要是将其他学步儿作为肯定自我或开展研究的工具。如当尤兰达（Yolanda）扯佩特拉（Petra）的头发时，最初她好像只是想探索这长长的金色卷发。在听到大声尖叫后，她好像是完全故意地再次去扯拉头发，似乎是要看看第二次反应会是什么。学步儿可能会颇具攻击性地回应他人——咬、抓、打。尽管他们还不太会说话，他们能够通过身体和声音来表达强烈的情感。

## 此时你会怎么做？

"我遇到的一个问题是家长一直给他们的孩子喂饭。我知道让孩子自己吃饭并非是世界上最干净的事情，但我不介意午餐时学步儿自己吃饭造成的脏乱。我所接触的一些家长坚持喂孩子吃饭，我猜是因为他们讨厌这种脏乱。我所认识的一个母亲在家中仍旧喂孩子吃饭，她前些天午餐时来到保育中心，甚至在孩子吃完饭之前就把他赶到浴室进行擦洗。"如果你是这个学步儿的老师，会怎么做呢？

你可能会对这种部分原因在于其所处文化的行为感到非常吃惊。在一些不那么重视独立的文化中，家长经常给他们的孩子喂饭，而这并不仅仅是为了避免脏乱。重视整洁和不浪费食物可能也是与文化相关的观念，就像鼓励或阻碍儿童发展独立性的倾向一样（Gonzalez-Mena，2000）。当然，鼓励家长说出自己对食物选择和孩子自己进食的看法是非常重要的，这样可以暴露出有可能与保育人员观念和教育实践相冲突的方面。保育人员同样需要解释为什么他们鼓励儿童自己进食以及练习其他自助技能，指出这些自助技能与学步时期更大的发展任务相关，并告诉家长他们努力让这一过程对儿童来说变得更为容易而不是更为整洁。家长可能还不会理解这种脏乱的价值。可能在家中家长仍会坚持给孩子喂食，但你当然可以在保育中心让学步儿体验到自己进食的乐趣。

## 学步儿需要什么？

现在我们可以考虑学步儿需要什么来支持其发展了。也许学步儿最需要的就是别人接受自己现在的样子。在与稍大儿童比的过程中，学步儿受到很大的打击，因为他们绝不可能拥有比他们大 1 岁左右的儿童相同的理解或推理能力、自我控制能力或社会性学习能力。他们被指责为笨拙、造成破坏、自私、顽固以及十分"粗陋"。这些指责没有一项是公平或真实的。

仅仅因为他们能够走路和说话，许多成人就感到是时候教他们进行自我控制了，而当学步儿没有对此作出回应时，成人明显地感到受挫。使用传统上教授稍大儿童的方法对学步儿来说根本不起作用，他们有可能在进行圆圈活动时走出来或抗拒成人主导的活动。不适宜的期望经常会导致成人和学步儿之间的意愿冲突，更糟糕的是，会让学步儿最终感到自己达不到成人所设置的标准的挫败。

最重要的是，学步儿需要成人欣赏他们在建立自我意识过程中的兴奋和为之所做的努力。在成人努力培育埃里克森所谓的自主感（对自己作为独立个体的认识），认识到当学步儿进行正常的身体和社会性试验时成人有必要保护学步儿不因不断遭受阻止或惩罚而产生消极的害羞和怀疑感时，学步儿才能够茁壮地成长起来。他们需要成人帮助他们学会分离（脱离所依恋的人）。他们需要成人在确保他们作为集体成员的安全和权利的同时，还可以认识到个体的独特性。他们需要成人保护他们，以避免因不成熟和冲动而受到伤害，同时还要成人保卫他们探索和学习的权利，因为学步儿仍处于皮亚杰所说的感知运动阶段（我们可以回忆一下第四章中所阐述的内容，这一阶段是儿童发展实践和身体智能的时期，通过感知觉以及操作性探索缓慢地进行建构），并缓慢地走向进行符号思维的早期前运算阶段（前运算认知功能——本质上是一种前逻辑的、直觉性的方法——第十四章将详细讲述）。

总之，学步儿需要成人欣赏此时此刻的自己——欣赏他们旺盛的精力，欣赏他们的欢愉，欣赏他们的能力。

当你知道了学步儿是什么样的，他们可以做些什么以及他们需要什么来实现自身的发展任务时，你就可以创造出促进学步儿最优发展的物质环境。这种环境应该是独特的，既不是一种更适宜于婴儿的环境，也不是没有效用的学前教室。

在为学步儿设计物质环境时，重要的是要先考虑一些必须要呈现的关键因素。环境必须是安全的，以便好动、好奇的学步儿能够自由地独立探索，既能免受由于自身冲动和不成熟可能导致的伤害，又可以不因为那些不必要的限制而受到挫折。环境还必须具有灵活性，以便环境能够跟上儿童不断变换的需要，并必须可用于实现多种目的，例如游戏和日常护理、技能练习以及攀爬。环境还需要具有多样性，为不同的学步儿提供做不同事情的机会，并为所有学步儿的个人探索提供适宜的挑战。为学步儿提供多样的体验同样包括儿童和成人走出活动室四面墙壁的包围，来到外边的世界中活动。环境同样需易于恢复，因为探索是一个凌乱的过程，但是学步儿需要具有由常见物品摆放在熟悉地方所带来的安全感。在厕所和穿衣区同样需要摆放好物品，以便成人协助学步儿成功地进行自我服务并把令人不耐烦的等待时间降到最短。环境还需为儿童提供挑战，因为躁动的学步儿更容易作出出乎意料的行为。在评估为学步儿所创造的世界时，成人需要记住以上这些要素。除此之外，成人需要考虑他们想支持的发展任务，包括自主性、独立性、运动能力、自我服务能力和感知运动能力的发展。

## 支持自主性的环境

支持自主性的环境要使学步儿达到某种独立的标准并形成自己的事情自己做的意识（如小睡起床时为自己穿鞋子）。家具和日用器具的尺寸要符合学步儿的需要，这样学步儿就能坐得舒服，并且可以在没人帮助的情况下自己爬上去使用水池和厕所。牢固的椅子和低矮的凳子使学步儿能够安全地坐在上面并洗手。衣服挂钩和玩具小屋都要布置在学步儿够得着的地方，毛巾挂钩也一样。在适合学步儿身高的位置挂放一面镜子能够鼓励他们来洗脸。巧妙摆放的纸巾架能够让学步儿自己来使用纸巾，当然，监督总是必要的。感到自己能够掌控环境会增强学步儿的胜任感。学步儿在身体上仍然受到限制并有特殊的需求，成人需要加大对学步儿自主性的培养。运动能力或其他能力欠佳并不意味着缺少机会来发展自主。必须要为学步儿创造出足够的空间，如有必要，要提供足够的空间以供学步儿使用学步车。

玩具架应该是低矮、开放和便于拿取的，并且每天各种玩具和材料都会摆放在同样的位置，这样学步儿就能够自信地找到他们最喜欢的玩具。如果每样物品都有自己的位置，并用图画、照片或其他标志清晰地注明出来，就会非常便于恢复秩序（玩具存放在明确的位置时，会更加便于学步儿取放自己最喜爱的玩具）。我们要鼓励学步儿参与富有意义的任务，例如收拾玩具——这些玩具原本放在学步儿能够自己归还的盆里或托盘中。一些教师会发现，如果每个孩子都使用一个属于自己的桶来捡起小玩具并把它们放回到架子上，清理时间会变得更为简单。摆放在附近的海绵能够帮助学步儿清理自己洒的东西。

当学步儿能够脱离成人的帮助来使用材料时，他们就可以享受自己的成就了。可以以任何一种方式使用的开放式材料能够培养儿童的自主感（请到第十三章了解更多关于具体材料的内容）。

自主性的环境能够使学步儿拥有仅仅属于自己、不用同时和他人分享的空间。学步儿喜欢小的角落和缝隙以及他们可以躲避的秘密地方，尤其是当团体生活的要求太多时——"一个可以暂停一会儿、观察、重整以及思考下一步做什么的地方"（Zeavin，1997）。拿走低矮柜橱的门，将毯子扔在桌子上，把门做成一个大的包装箱——不管做什么，学步儿喜欢拥有一个隐蔽的地方和私人时间来独自安静地游戏。保育人员认识到学步儿对独处时间的需求这一点是非常重要的。

当创造出能够选择的环境时，学步儿的自主性将得到激发。各种各样的材料和活动为儿童提供了根据他们的兴趣和需要进行选择的机会。如果学步儿不是每时每刻都受到成人的控制，那么他们更有可能接受成人主导的活动。

自主性的环境可让学步儿不受大多数显性限制的自由。学步儿肯定需要限制，但是如果这种限制是融合到环境中，非语言性地指明他们可以去哪里以及可以做什么，那么他们的消极反应将会减少。伯顿·怀特（Burton White，1995）描述了成人作为儿童世界的设计师在为学步儿提供一个安全、有趣的环境中所起到的作用。这种"设计"中包含许多内容。

要让学步儿自由地去探索和活动，身体安全是我们要监测的一个重要因素。对于一个好奇的学步儿来说，言语限制的意义不大，充其量会给他留下模糊的记忆。学步儿没有预测未来、思考后果或设想全局的能力，所以他们完全无法判断哪些东西对他们的身体有着潜在的危害。这已经被大量的学步儿意外中毒和意外事故所证明。因此，要让学步儿在没有令人沮丧的各种限制的环境中探索，成人需要通过以下方式来确保家庭或者保育中心的安全。

- 用安全插头遮盖住电源口，并将电线放置在学步儿够不到的地方。
- 将有毒的液体、肥皂、艺术材料、植物和药物放在上锁的柜橱里或学步儿远远不能爬到的地方——这一距离通常要比我们想象的远很多倍。
- 将存放尖锐器具的抽屉或小柜锁好。
- 扔掉一些小物件或玩具——比如任何一种不超过1.25英寸的物品，零件可以拆卸的玩具，弹子、泡沫包装材料——好奇的学步儿可能会吞咽这些物品。
- 移除儿童可能会攀爬或扯拉的不稳固家具。
- 用门或锁防止学步儿走到楼梯、门或者其他危险的地方，比如浴室或厨房。

成人必须认识到学步儿完全没有意识什么东西能够伤害到他们，因此必须要全面保护他们。学步儿在任何时间都不能离开成人的监护——不管是室内还是室外，不管是安静还是活跃时，即使是在成人觉得他们已经睡着的时候。

成人不仅要为学步儿创造安全的环境，而且还要让环境免受学步儿的破坏。学步儿过盛的好奇心驱使他们去探索一切，并且因为他们没有所有权的概念，因此环境中的每一件东西都是大家可以公平游戏的。在儿童处于学步儿时期时，成人应该移走自己珍视并想要完整保存的任何一件东西，这样这些物品就不会导致成人和儿童之间的口头战争（可在本章后面关于感知运动探索环境的部分阅读到更多伯顿·怀特所指的成人作为儿童世界设计者的相关内容）。

成人不仅要在硬件上为学步儿活动提供安全的环境，还需要创造出能够使学步儿在情感方面感到安全的环境，这一环境能够使学步儿的自主性和良好的自我感觉得到有力成长，而不能让儿童好奇心因为成人的反对、禁止和打击而逐渐消失。

确保你为儿童所创设的自主性环境

- 有符合学步儿尺寸的家具，方便学步儿去往能鼓励其发展自助技能的区域。
- 物品摆放容易辨认，有利于学步儿拿取自己想要的材料。
- 提醒学步儿某些责任，例如帮助恢复秩序。
- 有让学步儿作出选择的机会。
- 有可以让学步儿选择进行独自游戏的隐蔽地方。
- 没有不必要的限制。

## 单独的环境

在集体条件下照看学步儿的真正挑战之一，是自主性即自我意识只有在能够关注于个体儿童并对个体儿童的能力进行检验的情况下才能得到最好的培育。只有在学步儿形成基本的自我概念后，他们才会准备好来学习如何关心同伴并与同伴交流。他们只有在真正了解"拥有"意味着什么之后，才能理解分享的概念。当几个儿童同时探索自身时，照看他们的成人有义务找到鼓励他们单独进行活动的方式，同时慢慢地帮助儿童认识到其他人的权利。

单独的环境为学步儿提供了适合特定情绪或活动水平的多种选择机会。不可能期望学步儿在同样时间里去做同样的事情;当学步儿聚集在一起时,不可避免地会侵犯另一个儿童的空间或活动。有益的做法是,将房间分隔成各个小区域,为个体儿童的探索界定活动空间,而不是提供一个大的、未加划分的空间,后者更容易使学步儿凑成一团。适合单个或最多两三个儿童的狭小工作空间,有利于儿童在其他孩子旁边进行平行游戏,同时仍可以为儿童提供单独的空间。

重新思考一下传统学前教室的环境摆设是一个不错的主意。不使用能把许多学步儿聚在一起的大桌子,而是使用小的、便于堆叠和移动的塑料方桌或塑料块这类物品,这能够为每一个学步儿提供足够大的空间。在地板上铺上一块小毯子,或在学步儿坐着玩堆叠玩具的地方放上一个动物玩具或呼啦圈,以此界定学步儿的游戏空间,为学步儿创设个人空间。其他创设小的游戏空间的方法,包括小的塑料浅水池、浅塑料盒、盒子、大的内胎、橡皮管圈,或改变地板,比如设置地毯区、床垫区、一堆靠垫、一块塑料垫子或一个小的凸起的平台。这种分隔能够使学步儿更加明确地理解什么是"我的"以及什么是"你的"。

使教室中的每一个可用空间服务于儿童的兴趣和活动有利于教师"分而治之"。窗沿上、桌底下、角落里、橱柜里——都是教室中能够提供灵活性和多样性的地方。将图画或感官材料放置在架子的末端或背面,会鼓励谈话或动手;在换尿片床的侧面粘上蜡笔和画纸能够营造出一个图画角;而将胶纸粘的那面朝外贴在墙上,在它旁边的地板上放上一篮拼贴材料,这为创造性的学步儿提供了一个工作区域。这些小型中心有利于增加学步儿单独游戏的空间。

一天早上一位学步儿的老师放上了一个小滑梯;在积木角放上一些泡沫积木;地板上摆放上汽车、卡车和一个斜道,放上一些罐子和盘碟;把两个玩具娃娃放在床上;准备好供学步儿试穿的许多帽子和鞋子;在一张小桌上放上一些胖胖的蜡笔和画纸;在另一张桌子上放好一盆豆子和几个杯子。同时还在帐篷里准备好了对于一个学步儿来说空间足够大的永远安静的角落,还在书架旁放好了一个大枕头。这个老师高兴地看向四周——他的8个婴儿都很忙碌,进行着各种各样的活动,并独立地开展探索,只有两个儿童坐在一起,拿着蜡笔在粘在桌子上的纸上画画。在通过家具的布置而明确分隔开的各个区域中,构划出足够多的不同材料和活动,能够创造出学步儿的单独活动空间。

当团体活动限于短暂的非正式的歌唱或故事时间,学步儿不必一直坚持到最后或一起吃饭时,学步儿能够慢慢地体验作为群体的一部分同时又可以在大部分时间内独立自由活动的过程。

当玩具或设备有2份、3份或4份时,学步儿能够在进行单独游戏的同时,萌发对同类游戏的兴趣。

与独立有关的任务之一是学习处理与父母的分离。从依赖到独立的变化包括一些恐惧和难过的感受。学步儿经历着很多的矛盾情绪,这种矛盾情绪产生于既想要独立又希望留在大人身边获得安全感的心态。在教室环境中,老师可以通过在学步儿视线水平高度的位置上展示每个儿童的家庭照片和其他关于家庭的图片来帮助学步儿消除恐惧情绪。一些学步儿老师已经发现,一个塑料小相册可以让学步儿随身携带着自己的家庭照片——这真的非常具有安抚作用!学步儿的照片能够促进自我意识的逐步发展。例如小房间上的照片有助于学步儿确认自己的独立空间。从家中带来的个人物品,包括一些安抚物品或事物,可能会是妈妈或爸爸让学步儿确信他们还会回来以消除他们恐惧情绪的象征物，可以存放在学步儿私人的、独立的空间里。

虽然学步儿对单独探索和独立感兴趣，他们也同样喜欢与所爱的成人相拥抱的时刻。适宜的环境应当为这样的时刻准备好椅子、长沙发或摇椅。

学步儿单独的环境应该是这样的。

- 通过反思传统兴趣中心的设计，创立明确隔开的游戏和探索区域。
- 为每个学步儿的独立选择提供各种材料。
- 有唱歌、听故事或吃饭的短暂的团体互动时段。
- 有一些相似的玩具，使学步儿能够进行独立但平行的游戏。
- 有学步儿家人、家和他们自己的照片，从而鼓舞学步儿摆脱分离焦虑，并激发学步儿的自我意识。
- 有可让大人和学步儿紧紧相拥的舒适地方。

## 有利于运动的环境

为学步儿创设的环境要认识到：这些小人儿是在移动的。他们在教室里四处活动，遇到一些感兴趣的事情时会停下来。通常，他们不会像稍大儿童那样停留很长时间。学步儿更愿意站着来摆弄桌子上的物品、画手指画，或把沙子从一个桶倒进另一个桶。他们也会蹲下来探索在路上所遇到的一些有趣东西，然后继续前进。为了适合学步儿的这种风格，你可以设置更为有效的学步儿运动环境，把椅子从桌旁移开，在房间中放置装有有趣感知材料的盆以便在学步儿活动时吸引他们的注意力（贴了壁纸的水槽或小盆对单独的探索者来说是非常有用的）。

环绕着家具的清晰活动路线和游戏区域有助于避免运动过程中学步儿之间的碰撞（教室里要为不停运动的学步儿画出清晰的活动路线）。如学步儿有特殊的生理需求，需要使用助步车、支架或轮椅时，不管是室内还是户外，需要更加注意运动路线的规划。

在学步儿运动时，他们不可避免地会带着玩具或设备从一个区域跑到另一个区域——随身拉着这些物品看起来是一件很快乐的事情。限制这种搬运行为只会令孩子和成人都感到沮丧。更好的办法是使各种材料在游戏时间结束时易于恢复原样。增加一些篮子、购物手推车或桶有助于学步儿在移动物品后恢复原样。

室内和户外的大动作练习，即运动，需要被设置成学步儿课程的中心。他们愿意攀爬，所以必须为他们提供进行这些运动的安全空间和设备。成人如果认识到了学步儿的这种需要并支持这一运动，也将会培养出学步儿的自信心。在设计学步儿教室时，需要为之留出足够空间的物品包括：攀登梯、台阶、低软的攀爬平台、斜坡、可以推拉的箱子、车和其他带轮子的玩具、推拉玩具、隧道以及宽的平衡木。

认为学步儿的课程需要让这些活跃的小人儿坐下来，或以为短暂的户外运动时间会满足他们对运动的需求，这都是完全错误的。

事实上，根据教室的需要，老师可能会想在教室中放置一些为大肌肉活动服务的设备：攀登梯/滑梯组合；台阶；低矮、坚固的用脚推动的骑坐玩具；可以推拉的玩具；隧道；独轮手推车和小手推车。

可能看到的其他设施如下。

- 大的纸板箱，可以让学步儿爬进去、填充和推拉。

- 汽车内胎。
- 球。
- 可以攀爬和连续重击的树干区。
- 可以攀爬或在上面跳跃的一堆垫子。
- 可以在室内投掷的东西——内尔夫球（Nerf balls）、报纸团以及彩色线球。
- 可以在户外投掷的东西——小皮球（whiffle balls）、沙包以及可以把球和沙包扔进去的容器，比如旧的洗衣篮。

忙个不停的学步儿在承认自己累了之前早就已经筋疲力尽了，所以环境中包含一个诱人的舒适角落会间接地引导儿童在活跃和安静之间交替，可在这一角落里放上一个孩子们可以一屁股坐下的大椅子或毛绒动物枕头。

如果成人监督者重视，户外区域可以为学步儿提供了其他可能进行的运动。设备要反映出学步儿的发展需要，提供带挑战性的、坡度缓和的斜坡，宽阔的有低矮结实扶手的台阶，低矮的可供攀爬的设备，秋千或轮胎秋千，各种高度的平台，儿童可以自己用脚蹬或踩的玩具，梯度缓和的滑梯，供学步儿奔跑和玩球的开放空间。在温暖的月份，为学步儿提供沙子和水以及大量可以填充和倾倒的东西，能够满足学步儿进行精细动作游戏和感官探索的需求。

专门为学步儿能力发展和所需挑战设计的、与年龄大的儿童及其设备分隔开来的区域，能够为学步儿提供活动实践的空间、自由以及良好的自主感。

随着学步儿变得日益灵活，成人开始担心他们的安全。自主性所带来的特定危险传递出学步儿需要保护、还没有能力为自己做事情的感觉。成人必须警惕过度保护的倾向。当团体中有特殊需要的儿童时，这尤其是一个需要留意的问题。成人必须在儿童的探索需求和他们的安全之间创设出一种合理的平衡。成人在为学步儿准备了一个在安全和挑战之间达成平衡的适宜环境之后，就可以比较放松了。要重视通过大动作技能练习来加强学步儿的平衡和协调能力，这样儿童就可以管理他们自己的环境，使成人可以考虑简单的过度保护之外的事情。

可以通过以下几个方面来提供一种适合运动的环境。

- 将教室家具陈设和布局设置成流线型，借此设计出运动路径并迎合学步儿在运动中进行学习和探索的风格。
- 在教室中为大动作练习提供空间和设备。
- 教室中包含一个暗示学步儿安静一段时间的舒适角落。
- 设计适合学步儿技能发展的户外游戏空间。
- 通过创设一种学步儿童能够安全发展身体技能的环境来避免过度保护的倾向。

# 此时你会怎么做?

"但是我照看的孩子坚持要攀爬怎么办?他们爬到椅子、桌子和柜台上面去。前几天我发现有个孩子正试图爬到玩具架子上。"如果你是这个学步儿的老师,你会做什么?

是的,学步儿童会到处乱爬,事实上也必须爬。除非你认识到这一点并提供安全的场所来改变他们的攀爬方向,否则你和孩子们都会感到极度沮丧。你根本不能阻止攀爬,所以在你所创设的环境中提供攀爬机会是一个好主意。曾一个有创意的老师,因为不得不经常把学步儿从玩具架旁抱开而备感懊恼,于是就把玩具从架子上拿掉,并把玩具架反过来放置,这样学步儿就可以安全地攀爬了。记住,你并不需要去买一个攀爬架,可以替代的物品包括(取决于学步儿的年龄)一摞沙发垫子、一排卡车内胎、木箱子、木块以及凳子。既然不能阻止他们,干脆就加入到他们中间去吧!

## 有利于培养自助技能的环境

培养学步儿良好自我感觉的最好方法之一可能就是激发学步儿本来就已经非常强烈的为自己做事情的兴趣。一些保育人员不认为学步儿自我帮助的愿望需要得到支持,而是不耐烦地匆忙完成常规照料任务,以为这样可以更快更好地完成任务。然而,如果某学步儿的课程中,幼儿参与自我照料被认为是一件非常重要的事情,那么环境可以为此提供支持。

自己吃饭完全在学步儿的能力范围之内,尤其是在使用适宜的盘子和餐具的情况下。短柄的勺子和叉子可以让学步儿在将食物从盘子送到嘴里时少洒一些。底部宽的碗和杯子(有时会带有盖子),有利于学步儿不用成人帮忙自己吃饭。

围嘴或全身罩衫减少了换洗衣服的需要。进餐区应当设置在可洗的地板或铺有塑料纸的地板上。应当在各学步儿之间留出足够的空间,这样能够使每一个儿童自由活动。让学步儿直接将脚踏在地板上,会增强学步儿坐的能力。然而,我们仍然应该现实地来面对不可避免的散落和脏乱。所有这些建议都有利于学步儿在吃饭时享受为自我服务的乐趣,有利于成人在他们吃完饭后相当快速地恢复秩序。

当学步儿的毛巾挂在镜子旁的挂钩上,自己能取到并看到自己的努力时,他们对洗脸和洗手的抵制就会减弱。学步儿无疑在穿衣、打理头发和刷牙方面都需要帮助。如果成人给予他们练习的机会和时间,他们就能够参与到这些活动中,如可以通过由大人合上拉链的末端并让儿童拉拉链来促进学步儿的参与。在大人展示如何将夹克放在地板上并迅速套过头之后,两岁儿童学会了以"魔幻的方式"穿上他们的夹克。认识到"自己做"对学步儿自主性发展的重要性,会激励成人找出让学步儿参与自我照料的方法。

学会如厕是学步儿时期的一个主要的自助任务。除了认识有尿的生理信号外,如厕学习还包括能够脱掉衣服、使用厕所设施以及完成排泄之后的常规清理。学步儿需要容易脱掉的松紧腰带衣服，应避免使用复杂的皮带、按扣等。保育人员需要经常与家长进行谈话，以帮助他们理解方便学步儿穿脱衣服对自助技能的发展是非常重要的。一些专家认为使用儿童尺寸的坐便椅不卫生。相反，建议使用儿童尺寸的厕所或者放置一个搁脚凳，这样学步儿可以在需要时来到厕所并自信地使用，还可以把脚舒适地放在结实的底座上。移除卫生间的门可以让学步儿快速、独立地到达厕所，同时还能够让成人随时留意他们是否需要帮助（第九章将会读到更多关于如厕学习的内容）。

自助环境的一个重要组成部分是成人的态度：即使会弄得一团糟或效率不高，也应该给儿童时间来实践发展这些能力。一日安排中应该为学步儿提供大量的时间来让他们尝试尽可能多地干自己可以做的事情，被迫仓促行事的学步儿会变得受挫、不合作并且行动能力较弱。

确保所创设的促进学步儿自助技能发展的环境考虑到以下内容。

- 结实的、儿童尺寸的餐具以及易于清理的区域。
- 有助于儿童使用厕所、洗手池和镜子的搁脚凳。
- 易于学步儿独立打理的衣服。
- 能够按学步儿的意愿和能力安排活动时间。
- 成人积极的、支持的态度。

## 鼓励感知探索的环境

学步儿仍然是非常活跃的感知运动小生物，大部分学习是通过肌肉技能和操作探索来进行的。当他们被允许自由地进入放有很多有趣操作物品的教室或住宅时，他们对新奇事物和智力刺激的需求自然地得到了满足，并且会因他们强烈的好奇心而得到推动。伯顿·怀特曾这样说："儿童会花大量的时间去探索他们在这一天中可遇到的尽可能多的各种物品的性质。"（1995，p. 171）

这一阶段的自然学习风格大部分是经验性的，也就是说，学步儿在每一个物品上都尝试进行一系列的操作探索，显然想试图看出这件物品的局限性在哪里。他们可能会扔物品；用各种物体来敲击它们；看、摸，更重要的是用嘴品尝它们；将它们立起来，再打倒，并进行更换；将物品穿过缺口；将材料倒进罐子再倒出来；在口袋或罐子里装上物品，并拖着它们在房间里到处转；旋转物品；看看物体的哪一部分能被弄掉或分解。观察学步儿一段时间的活动，看看可以为他们的探索操作活动添加哪些材料。

当学步儿的新奇感得不到满足时，他们会变得烦躁。一个烦躁的学步儿会很自然地去做一些自己感兴趣的试验，哪怕是看看前几天头发被拉扯时大叫的那个孩子今天还会不会那样叫！在设计儿童世界时，一要是确保为他们不断提供接触和探索的有趣物品。可能大部分这样的物品并不是能买得到的商品，因为花钱购买玩具意味着会在儿童已经了解和弄明白玩具的每一种特性、对玩具失去兴趣之后的很长时间内还继续留用这些玩具，最终这些玩具只会增加学步儿的厌烦感。对学步儿的探索来说，最有价值的商品玩具包括：各种大小和形状的球（因为它们可以产生无穷不可预知的结果并会令人愉快地恢复原样）；推拉玩具；一些较好的百宝箱子和洗浴玩具（与水一起使用），能够让学步儿使用各种操作杆、球形把手、闩锁和按钮去操控；可以装卸和拉动的小手推车或运料车；可以堆叠和推倒、拖拉以及爬到上面去的大型泡沫和纸板。能够吸引学步儿致力于掌握和重复，并仅仅适合于学步儿认知风格的操作材料包括：带有大挂钉的游戏钉板，堆叠圈和套杯，按扣/拉链/纽扣板（snap/zipper/button board），形状/分类箱，简单的带有把手的拼图，硬积木和大型的乐高拼装玩具。这些玩具中的绝大部分是适合任何建构能力水平的开放式材料。

许多简单的家用物品和废弃物品像商品玩具一样有意思，并且当它们对儿童失去吸引力时，可以很容易地进行替换，如各种尺寸的盒子和纸板箱；大小不一的塑料瓶和容器，有时盖子拧紧并装满了好玩的东西，有时是吸引学步儿尝试找到合适的盖子；漏斗、软管、海绵、玩水或沙时使用的漏网；锁、钥匙、纽扣、开关、铰链、链条、门把手、滑动插销等；烟盒、金属黏合绷带盒、小脚轮以及其他任何能被移动的东西；装满各种有趣材料碎片的篮子，比如精细的砂纸、皮革、绸缎、网状餐具洗涤器、假发、麻布、纱线等。成人必须仔细检查所有物品，以保证学步儿的安全探索，并寻找每一处所蕴含的进行创新探索的可能性。怀特建议给所有学步儿提供一个小手提箱或桶，里面装上 30 个或 40 个不同大小和形状的物品来让孩子们操作。

对于抓握能力有限的学步儿，可能需要对他们的玩具进行改造。所做的改造可能包括：在拼图上加上把手或旋钮；把固定玩具的活动架子系在桌子或轮椅上；抓取助手，比如尼龙棍支架或尼龙手架和手套；将玩具固定在坚硬表面的游戏板上。

自然物品同样具有巨大的吸引力，比如大石头、松果、大贝壳、葫芦、大骨头以及其他能激起学步儿兴趣的物品。装满水的洗碟盆、沙子、大米、干的燕麦片、沙砾、豆子、通心粉、玉米面、冰片，还有勺子、铲子和各种各样的容器，这些都可以为学步儿提供无尽的感官刺激和操作探索机会。当然了，所有这些材料必须在仔细监管下才能使用，以保证爱好探索的学步儿不会使用这些东西尝试危险的试验。

除感知运动探索之外，学步儿开始进入符号游戏的最初阶段。他们对观察周围的世界很感兴趣，会模仿他们所看到的人和行为。一些简单的道具可以刺激学步儿进行模仿并开始玩假装游戏，包括：可辨认的日常家具，如火炉或床；真实的家居用品，如小扫帚和畚箕或真空吸尘器；仿真娃娃，代表教室和社区中的不同性别和种族；简单易用的化装材料，如围巾、领带、帽子、钱包和鞋子；壶和盘子；空的食品罐。仿真小汽车、卡车或小人儿也会刺激儿童进行模仿游戏。在第十三章我们将会对适宜的材料进行更多讨论。

因为学步儿的这种运动和感官探索的天性，他们的学习环境不能出现年龄稍大学前儿童的教室中所设置的典型家具和兴趣区。虽然将教室分隔成特定活动区域对学步儿的秩序感和自信心来说是很重要的，但是这些区域与传统定位的"艺术区""积木区"相比要简单得多。为学步儿提供攀爬的场所、装扮的场所、放松的场所、玩玩具的场所、感受不同有趣质地的场所等，会对学步儿的发展更有帮助（Miller，1988，p.52）。学步儿所需的其他区域包括：存放书籍的场所，可以进行胡乱探索以及尽情操作的场所。卡塔尔多（Cataldo）提到可以为学步儿提供：使用颜料、蜡笔、涂料绘画的创意角；音乐区；放有积木和各种各样立方体的建构区；好奇角，里面放上可供儿童探索的各种自然物品；自我认同区（identify area），放有镜子和儿童最喜爱的照片；社会角色区，放置与实物一样大小的材料和微型材料（人、汽车等）问题解决中心；体育运动区；沙盘；

橡皮泥游戏桌（Cataldo，1983）。

这里所提到的大部分感知运动和模仿游戏材料，有利于儿童在成人精心准备的环境中进行模仿、自主性游戏和学习。关于成人作为儿童学习顾问（White，1995）的内容将在第十三章中进行讨论。

认识到学步儿的学习环境包括他或她周围的整个世界而不仅仅是房间里添加的玩具和材料是非常重要的。学步儿通过观察真实的人和事以及体验世界的运转来茁壮成长。在家的，学步儿可以在父亲或母亲做饭时到厨房里，或者在他们栽培花木时到后院中。保育中心的学步儿需要有同样的机会来观察世界的运转。可以放一个空心木块供儿童踩在上面到达窗户或折叠门的高度，透过它们可以看向门外，这样就为儿童提供了观看门外景象的途径。绕着大厅散步能够让学步儿辨别出噪声是来自于办公室里的哪些机器，或者看到送货员正在从车辆上搬运食物。

学步儿的学习环境应该是这样的。

- 为感知探索提供不断变化的多种开放式材料。
- 为开始进行模仿游戏的学步儿提供真实的玩具和道具。
- 简化典型的学前环境，将空间分隔为适宜于积极学习的区域。
- 提供观察人和事情的真实体验。

## 对时间表和过渡环节的考虑

学步儿发展自主性时，所依赖的一个因素是对周围世界的可预测感——这是安全感的基础。稳定的日常流程能为学步儿提供安全感，并能够避免出现成人和儿童之间的摩擦，因为内在的节奏已经成了一种习惯，人们不会对此有所质疑。

在学步儿休息时间的安排上仍然需要包容广泛的个体差异。卡洛斯（Carlos），一个幼小的学步儿，仍然需要在上午睡上一觉，然而对于 18 个月大的安托尼（Antoine）和米歇尔（Michelle）来说，短暂的休息或安静时间就已经够了。对于那些已经不用在上午睡觉的学步儿来说，可能需要将午餐时间提早一会儿以使他们能在上午的晚些时候睡上一觉，代替以往午餐后的睡眠。乔纳森（Jonathan）连着两天来一坐在餐桌前就睡着了。为了避免再出现这种情况，保育人员将他的午餐时间安排在了11：00。然而，为保证可预测性，一天中的主要活动仍需按照既定次序开展：游戏时间、点心时间、户外游戏时间、为午餐前安静活动所做的整理等。成人能知道已经把事情提前了 1 个小时，但学步儿的秩序感并不受到影响。

因为所有的学步儿都是直到筋疲力尽才会停止活动（如果没有人先制止他们），所以为他们提供相对安静和不活跃的时间段是日常安排的必要组成部分。在 1 个小时忙碌的户外活动过后，教师开始播放儿歌，坐在大垫子附近的地板上唱歌。所有的学步儿都走过来并围绕着她坐一会儿。之后，老师会拿出一些小汽车和各种图片让学步儿坐在地毯上游戏。

对将要发生的事情提供非语言性暗示，可以帮助学步儿感到事情在他们的控制之中。当老师唱起熟悉的清理歌时，杰西卡（Jessica）意识到清理的时间到了并很当回事地告诉另一个孩子："现在是整理时间！"另一个保育人员总是播放同一张经典轻音乐唱片，示意儿童"靠在枕头上安静一会儿的时间到了，午餐已经摆放在桌子上了"。学步儿生来就有习惯和规矩，这种重复让他们每天的生活过得颇为舒心。因为学步儿具有反抗成人建议的倾向，这种非语言性的形式有助于他们过渡。

如果在作出改变前为学步儿提供大量的警告，过渡环节会更加顺利地进行。学步儿肯定不喜欢被打断，所以他们在准备好离开自己的活动之前需要很多预备工作。在过渡环节，如果邀请他们做重要的协助工作，他们更有可能跟随成人。当戴纳（Dana）宣布"清理时间到了"时，他让每一个儿童去做一些力所能及的帮助工作。一心念着他们的职责，学步儿急切地想开始做协助工作。

正如前面关于儿童自理部分所讨论的，儿童练习吃饭、穿衣、日常洗澡/卫生这些新技能需要大量时间，让儿童尽可能地自我服务会花费大量的时间。学步儿在被催促时会感到受挫，所以制定时间表时必须要留出足够的时间以让他们满意地完成任务。如果保育人员确实认为锻炼儿童的自主技能是一日活动中的一个重要部分，他们将不会那么迫切地让学步儿仓促进行其他活动。

可能的话，一一引导学步儿开始新活动，这会使过渡环节更加顺利，也可以把等待时间降到最低并有利于儿童与成人之间的互动，互动又可以增进他们之间的协作。学步儿几乎不可能去等待，所以不应该让他们处于不得不等候的处境。如果一个保育人员正在忙着换尿布，另一个保育人员可以一边摆放桌子一边和儿童一起唱歌，这样就不会让午餐前饥饿的儿童干等着了。成人提前做计划将会避免过渡环节的等待时间。

为学步儿制定时间表时，要考虑以下内容。

● 需要按照可预知的次序来安排一日活动，并使之具有适应个别儿童生理需要的灵活性。

● 要有相对安静的活动时段。

● 用非语言的形式暗示活动日程安排。

● 留出足够时间让学步儿全面参与常规活动和过渡环节。

● 设计过渡环节，提醒学步儿进行改变，并将等待时间降到最低。

## 发展适宜性环境中所看不到的

那些最具限制性的环境最不利于学步儿自主感的发展。游戏围栏或小游戏区显然不允许学步儿进行太多的活动，它们的存在是环境不适宜于学步儿需求的证据。在不适宜的环境里，有些应当禁止学步儿去探索的物品——比如教师用书、染料或其他只有在成人监管下才能使用的材料——没有被移除，并成为反复引发争吵的源头。

大的集体活动区域不会出现在适宜学步儿的环境中。学步儿不能对太过正式的集体活动保持持续的注意力。除此之外，大区域会使太多的学步儿在一个区域内聚集，很可能因为太过紧密的身体接触而导致冲突。

在学步儿的发展适宜性环境中，我们也不会看到大量适合于稍大学前儿童的精细动作操作材料。要知道学步儿不能按要求在一段时间内专注地坐下来，并且他们手指灵敏性的发展落后于运动技能的发展，因此，成人应该将这些物品从环境中移除。安全同样是要考虑的一个因素，因为小件物品对用嘴探索所有物品的学步儿来说非常危险。另外，如果使用小件物品，学步儿乱扔乱放的天性也会耗费保育人员大量精力。

在学步儿的环境中从来找不到一把"罚坐"（time out）的椅子。认识到学步儿在认知发展和自我控制上的局限性，我们不能期望学步儿对自己的行为进行思考。当学步儿的兴趣与他人的期望冲突时，进行适宜的指导会有所帮助。我们将会在第九章对适宜学步儿的指导进行更多讨论。

最后，在适宜学步儿的环境中，僵化的时间表是不会出现的。当疲倦的学步儿被带去散步以避免他们在计划好的午餐或是睡觉时间之前睡着时，学步儿会感到他们的需求是不重要的。

不适宜学步儿的物质环境并没有认识到学步儿独特的发展特征和需求。这些环境或者模仿年龄较大学前儿童的环境，或者为有着强烈好奇心和极其好动的学步儿提供了过大的空间和过少的刺激。

## 小结

学步儿的物质环境为他们提供了发展自主性和自我意识的机会，拥有自我意识的学步儿会认识到自己是一个独立且独特的个体。成人对学步儿身体安全的关注，有利于学步儿自由安全地进行探索。支持学步儿自我服务技能发展的物质环境设置和时间安排有利于学步儿自我意识的发展。教师要为学步儿强烈的身体运动和技能练习愿望提供适宜的环境，同时还要考虑到学步儿感知运动和模仿的学习风格。最好的环境能够让学步儿在集体环境中各自进行运动和探索。可预知的时间表能够帮助学步儿安心地度过一日生活，同时还具有满足每个儿童对食物和睡眠不同要求的灵活性。不能在过渡环节留出太长的等待时间。在这样一种建设性的物质环境中，学步儿可以发展出一种积极的自我意识。

## 思考

1. 检查你现在所坐的房间，怎样改造才可以让学步儿在里面自由地探索？学步儿可以探索的常见物品有哪些？哪些物品必须移走？如果同一个房间有 3 个或 4 个学步儿，进行什么样的改动才能支持他们自由地进行活动？

2. 在任何一个公共场所——如餐馆、公共汽车或公园里观察一个学步儿。学步儿在做什么？引起学步儿兴趣的是什么？对学步儿的限制有哪些？学步儿对这些限制有何反应？从学步儿的视角来看，可以对环境作出什么样的改变以改善这一情况？

3. 观察儿童保育中心的学步儿教室。看一看你能找到哪些证据表明环境支持（或不支持）学步儿的

- 自主感。
- 独立感。
- 运动。
- 自我服务能力。

4. 在问题 3 中提到的学步儿教室中，有哪些有利于学步儿感知运动探索和模仿游戏

的材料？参观该中心的操场为学步儿的户外游戏做了哪些改动？目前是否有身体残疾的儿童？如果有，为了这部分儿童，物质环境和材料做了什么样的改动？与同样访问了这一学步儿教室和操场的小组同学共同讨论。

5. 如果可以对该物质环境进行改变，你会做些什么呢，原因是什么？解释你所做的改动将会如何改善学步儿的环境。与参观其他中心的同学分享这些想法。

## 问题（用以评估本章所学）

1. 在设计物质环境时，必须要考虑的学步儿发展需求是什么？
2. 针对学步儿的每一种发展需求，如何创建环境？
3. 列举学步儿学习环境中所包含的适宜材料。
4. 讨论在为学步儿规划适宜的时间表和过渡环节时应该考虑哪些因素。
5. 哪些因素不应该出现在学步儿发展适宜性物质环境中？

## 问题（用以应用本章所学）

1. 你的同事认为在学步儿活动结束后由她亲自进行整理并帮学步儿洗漱和穿衣可以提高效率。如果请你与她就这一话题进行交谈，你将指出哪些要点？

2. 你正在计划召开一次家长会。你计划讨论学步儿的哪些重要发展任务？你如何得到他们的支持，以使他们在家中也和你的理念保持一致？

## 参考文献

Cataldo, C. (1983). *Infant toddler caregiving*. Reading, MA: Addison-Wesley.

Gonzalez-Mena, J. (1986). Toddlers: What to expect. *Young Children*, 41(1): 47 – 51.

Gonzalez-Mena, J., & Eyer, D. (2000). *Multicultural issues in child care*. (3rd ed.). Mountain View, CA: Mayfield Publishing Co.

Greenman, J. (1988). *Caring spaces, learning places: Children's environments that work*. Redmond, WA: Exchange Press, Inc.

Miller, K. (1988, August/September). A great place to be a toddler. *Pre-K, Today*, 51 – 53.

Miller, K. (1989). Infants and toddlers outside. In *The outside play and learning book: Activities for young children* (pp. 23 – 37). Beltsville, MD: Gryphon House.

White, B. (1995). *The new first three years of life* (rev. ed.). NewYork: Simon & Schuster.

Zeavin, C. (1997). Toddlers at play: Environments at work. *Young Children*, 52(3): 72 – 77.

## 进一步阅读、研究的建议

Bergen, D., Reid, R., & Torelli, L. (2001). *Educating and caring for very young children: The infant/toddler curriculum*. NewYork: Teachers College Press.

Dombro, A., Colker, L., & Dodge, D. T. (2002). *The creative curriculum for infants and toddlers* (rev. ed.). Washington, DC: Teaching Strategies.

Gonzalez-Mena, J., & Eyer, D. W. (2001). *Infants, toddlers, and caregivers* (5th ed.). Mountain View, CA: Mayfield Publishing Co.

Greenman, J., & Stonehouse, A. (1996). *Prime times: A handbook for excellence in infant and toddler pro-*

*grams.* St. Paul, MN: Redleaf Press.

Isbell, R. , & C. Gamble. (2003). *The complete learning space book for infants and toddlers.* Beltsville MD: Gryphon House.

Lally, J. R. , Griffin, A. , Fenichel, A. , Segal, M. , Szanton, E. , & Weissbourd, B. (1997). Development in the first three years of life. In S. Bredekamp, & C. Copple (Eds. ) *Developmentally appropriate practice in early childhood programs.* (rev. ed. ). (pp. 55 –69). Washington, DC: NAEYC.

Post, J. , & Hohmann, M. (1995, November/December). Planning the day in infant and toddler programs. *Extensions,* 10(3):1 –4.

Torelli, L. , & Durrett, C. (1996). *Landscapes for learning: Designing group care environments for infants, toddlers, and two year olds.* Berkeley, CA: Torelli-Durrett.

Williamson, G. , & Anzalone, M. (2001). *Sensory integration and self-regulation in infants and toddlers: Helping very young children interact with their environment.* Washington, DC: Zero to Three.

Wortham, S. , & Marshal, R. (1992, Summer). Nurturing infant and toddler play outside. *Dimensions of Early Childhood,* 25 –27.

## 实用网站

**http://www. headstartinfo. org**
在这个关于提前开端计划的网站上，搜索有关婴儿/学步儿的转变的文章。

**http://www. eichild. com**
在这个关于环境材料的网站上，可以查阅到关于使用互动模式来设计学步儿环境的资料。

**http://www. communityplaythings. com**
在这一共享游戏资源的网站上，点击"Resources"可以找到活动区域、室内设计的样例以及关于婴儿和学步儿的文章。

# 第六章

# 发展适宜性的物质环境：学前期

　　3 岁左右，学步儿成长为幼儿。如果幼儿幸运地在婴儿期和学步儿期拥有了积极的生活体验，那么幼儿就能自信地面对世界并真心希望自己能够成为世界的一部分，希望了解世界是如何运转的以及怎样才能在其中发挥作用。由于已经形成了初步的自我概念，他们为与其他人进行互动做好了准备。令人惊奇的是，度过了学步儿期的反抗和对 "我" 的强调，这些 3 岁的儿童急切地渴望顺应他人。尽管仍有些自我中心，幼儿正走向体验如何与同伴交往的发展阶段。学会与其他的儿童共同游戏不是单单靠语言就能教会的，通过日复一日的真实体验，幼儿会领悟出如何修正自身的行为以使自己在儿童游戏小组中更易被接受。友谊问题占据着幼儿的脑海。在所有的警告中，对幼儿最大的威胁就是："你不是我的朋友！"

　　幼儿是健谈者，他们会兴奋地向别人表达自己的观点。交谈是强有力的，随着儿童对行为产生原因以及替代行为理解力的增强，幼儿慢慢地学会进行自我控制。他们仍在发展大动作技能，同时他们还面临着完善精细动作技能的挑战。总之，游戏在 3—5 岁儿童的生活和学习中占据主导地位。

## 本章学习目标

- 描述 3—5 岁儿童的天性。他们都做些什么？
- 知道可通过物质环境来支持学前儿童的需求。
- 讨论培育主动性的环境的构成要素。
- 讨论游戏环境（包括户外环境）的构成要素。
- 讨论有利于学习儿童进行自我控制的环境的构成要素。
- 了解一个好的学前儿童时间表的特征。
- 讨论好的过渡环节的构成要素。
- 描述幼儿园一日生活中的重要事项。
- 明确学前儿童发展适宜性物质环境中不应该存在的要素。

## 学前儿童是什么样的?

在儿童成长到 3 岁或 4 岁时,他们已经经历了多种环境,有了各种体验,以至于个体儿童之间的差异变得更为明显。这使得我们很难准确地对儿童的特征进行定义。对于每种论述,你都能找到许多不符合的实例。然而,对于大多数 3—5 岁的儿童来说,至少在大多数时候,还是有一些共同的特征。

学前期在儿童童年期中相对而言是一个时间较长的发展阶段,这一阶段儿童发生的变化是非常显著的。3 岁儿童游戏、交流和理解世界的方式与 4 岁儿童非常不同,而 4 岁儿童与绝大多数 5 岁儿童也有质的不同。这一阶段包括的时间比已经讨论过的前两个阶段都要长。所以,在 3 年左右的时间里儿童产生差异是可以理解的。

注意本章是按照美国幼儿教育协会的《发展适宜性实践》(1997)中的模式来讨论 3—5 岁儿童的发展。这一年龄组被认为是“学前期”,尽管这个词并不能表达出它自身作为一个发展阶段的重要性,它并不是简单地作为真正学习开始前的一个阶段。因为许多前幼儿园和幼儿园项目都是包含在学校体系之中,所以较大儿童教学和评估决策会对其产生影响。通常学校体系在制定规划和提供教学所需材料时,将四五岁儿童与年龄大的儿童归在一起考虑。但是,如果他们的项目要与儿童的发展状况相符合,就必须要认识到儿童的真实特征和需求。5 岁大的儿童,不管是否在幼儿园,其特征都更像学前保育中心的孩子,而不是小学中比他们年龄稍大一些的儿童。

了解了这些注意事项以后,再一起来思考怎样描述学前儿童。

学前儿童精力充沛。在学步儿期结束时,他们已经掌握了大部分大动作运动身体技能。然而,他们还未掌握动作的协调性和灵敏性,这些需要在学前期结束时才能明显表现出来。如两岁幼儿能跑也能扔球,但他们运动的质量与 5 岁儿童有着显著差异。通过活动来增强协调性的需求使得学前儿童保持积极运动的状态,而注意时间的延长使得学前儿童能够专注于自己的活动,不像学步儿那样总在不停地运动。

学前儿童对成人照料和持续帮助的依赖逐渐减弱,尽管他们仍然在情感上或因为试图取悦或模仿成人而与成人有着密切的联系。这种情感联系激发学前儿童来采用成人有关适宜或不适宜行为的标准。学前儿童会发展出道德感并变得更为自制,然而,这是一个漫长的、缓慢的过程,学前时期仅仅是个开端。在儿童学习成为团队成员的同时,这一年龄段的儿童仍在与自我中心的思维方式做斗争。

随着学前儿童逐渐摆脱对成人的依赖,其他儿童对他们来说变得日益重要。这个年龄段的儿童正在寻找朋友并学习作为一个朋友该如何表现。

不停的嗡嗡的谈话声是好的早期儿童教室的一个组成部分,它清晰地表明了能够讲话的 3 岁、4 岁和 5 岁儿童全神贯注于交谈,这些儿童的交谈以独白、双重独白(看起来儿童在一起交谈,但实际上他们都在谈论各自想讨论的内容)、提问题、评论、争论、讲故事以及讨论游戏的形式出现。交谈是学前儿童了解世界、自身和他人的基础。

然而,用以真正区分学前儿童与年龄较小儿童的是他们参与日益复杂的游戏形式的能力。学前儿童进行想象和假装游戏时表现得惊人地流畅和富有想象力,同时渐渐地开始与其他儿童合作。儿童游戏时非常专注、认真,全身心地投入,在游戏的过程中,儿童的身体、认知、社会性、情感和语言发展得到促进。

学前儿童对游戏乐此不疲。他们单独游戏，和别人一起游戏，在室内游戏，在户外游戏。他们总在游戏。

不幸的是，当今教育界中的各种因素已经使游戏对学前儿童的价值有所降低。许多幼儿园甚至是前幼儿园机构太过强调技能发展这一狭窄的课程目标，而极其不重视设计出一种有利于进行丰富多彩和富有成效的游戏的环境。

学前儿童是什么样子的？他们已经在学步儿期对自己进行了彻底的试验，现在的他们自信极了，满怀热情地探索着周围的世界和人。热切地去学习如何在这个世界上生活，他们的意识已经从绝对自我中心（即仅仅关注于自身）开始向外延伸。他们就像是敢于冒险的探险家，对更多了解周围更大的世界并在其中做更多事情有着永不满足的需求。

## 学前儿童做些什么?

如果你最近在一个全部是 3—5 岁儿童的教室中待过，当有人问你"他们不做什么?"时，你的脑海中可能会涌现出无数的景象。

在煞费苦心地画了 15 分钟后，他们会举起自己的画让成人观看，忙着与一个朋友交谈他们在纸上画了什么，并争论各自的观点。他们大喊大叫，咯咯地笑，会反驳自己的朋友和成人。他们建造、拆毁，他们会为谁的建筑物最高而争吵。在他们的讨论中，他们展示出了各自不同的经历。正是这些经历形成了他们对世界的看法。"这是帝国大厦，它是世界上最大的。""不，它已经不再是了。我爸爸给我看过一个更大建筑的图片。"他们戏弄别人，闲谈，玩过家家游戏时排斥他人。他们请求帮助，他们为为何不应该自己清理找理由，他们吹嘘自己的成绩。他们违抗成人的限制，他们高兴地同意分享，他们要求轮流活动。他们穿着高跟鞋在房间里晃，他们玩 35 块零件的拼图，他们用长长的、复杂的语言讲述假期去探望奶奶的故事。他们坚持要一个额外的告别吻，他们头也不回地离开爸爸，他们会告诉你他们家庭周末做的一切事情。他们玩"西蒙说"游戏却没有真正地理解它，他们坚持认为该轮到自己玩"糖果乐园"了，他们自创了一个词来描述风中漂浮的泡泡——"飞泡泡"。他们会还击，被抓到时看起来很内疚，并会躲到一个角落里玩一会儿。他们会恳求你再讲一遍故事，他们会仔细地把自己的名字画在纸上（字母顺序经常是颠倒的），并且他们会要求你观看。他们在桌旁找到自己的位置，他们坚持再次使用剪刀，他们会骄傲地向你展示他能系上所有的小扣子。他们会因一本好书尖声狂笑，他们一个接一个地问问题，他们在玩过家家时坚持扮演宝宝。他们把自己倒挂起来，他们沿着走廊奔跑，并且他们会告诉你你能（或不能）来参加他的生日聚会。

你可以在清单上添加其他事项。他们的腿、手指和大脑能够作出很多事情，儿童对此非常自信，虽然这些技能仍然处于发展之中。因身体或智力方面有特殊需要而受到限制的学前儿童，用他们的主动性找到了自身影响世界的方式。他们满怀想法、能量和热情。他们每天都充满活力，而且经常会"犯规"并对限制进行检验。然而，不同的是，他们现在知道了限制的存在，理解为什么要有限制，并且有些时候甚至会顺从于限制。

# 学前儿童需要什么?

在思考学前儿童需要什么以促进他们的发展时,第一步要考虑的问题是学前儿童都做些什么。他们需要这样一种环境,即可以为他们的充沛精力提供支持,并能为其更多地了解这个世界提供经验。回想一些理论家对儿童在进入正规学校教育前这一阶段的相关论述也是非常有益的。埃里克森提出学前期的心理社会性发展任务是形成一种与内疚感相对的主动感。主动指形成自己作为一个行为者的意识——有能力,充满想法和能量,有热情探索更大的世界。伴随着这些年所积聚的力量和能力,儿童们学会发起自己的活动、欣赏自己的成就,并在做事时变得非常具有目的性。如果不允许他们按照自己的意志行事,那么他们会在尝试成长为独立和能干个体的过程中感到内疚。充满求知欲的学前儿童需要这样一种感觉:他或她能做事,能成功,并且有很多好主意。

皮亚杰对前运算阶段的描述有助于解释幼儿的思维和学习过程。这一时期儿童的认知思维方式尚是一种非逻辑的精神活动,更多的是基于有限感知的直觉思维;思维具体,自我中心——仅能理解自己的观点;集中和逻辑概括的能力有限。因此,需要依据这些特征来为学前儿童提供适宜的学习经验。皮亚杰认为对前运算阶段的儿童来说,游戏是适宜的学习媒介。

维果茨基帮助解释了环境中的其他人——同伴和成人——如何为幼儿的学习提供支持。有赖于社会互动,学前儿童修正旧的想法并形成新观念。更有经验的伙伴或提供帮助的成人为儿童搭建起了脚手架,帮助儿童获得在没有他人帮助的情况下不可能达到的行动、思维和问题解决水平。3—5岁儿童通过这种与他人的互动进行学习。

这个阶段的发展任务包括行为规范的社会化,形成社会背景下的认同感,开始形成道德感并发展自我控制,开始认识自己在世界中的位置。语言能力的不断发展对所有这些发展任务来说都是至关重要的。成人必须设计出能够支持这种学习的发展适宜性环境,使其适宜所有学前儿童的发展。

环境可以刺激产生不同种类的经验,这取决于在物质环境中对空间和材料、时间以及人与人间接触强度的安排。具体的课程目标可能会受到成人幕后所作的决定的影响,这些决定会影响到儿童的行为。如在将合作和问题解决技巧作为一个主要课程目标的教室中,老师可能会故意摆放有限数量的材料,以激发儿童关于轮流使用物品的对话和互动以及儿童之间的讨论。在一个强调培养读写技能的项目中,教师可能会在儿童的视线水平上放许多常见物品的图片和文字符号。在包含有许多特殊需要儿童的课程中,环境和活动作出调整(个性化计划和治疗师帮助儿童获得最优发展)。任何课程的教育目标都将在物质环境中有所反映。

另外,当教师为每个儿童制定个体目标时,她们通过环境布置来为实现这些目标创造条件。如果教师想帮助一个安静的儿童在午餐时进行对话,可能会在桌旁将这个安静儿童的位置安排在另一个更为健谈的儿童旁边。另一个教师认识到一个特殊儿童在屏蔽干扰方面需要特殊帮助,她可能就会创造出几个小的、受到保护的工作区,在里面储备上对这个儿童来说有着特殊吸引力的材料,并鼓励他挑选一个朋友一起来探索这个区域。如果有两个儿童需要在精细肌肉技能发展方面进行特定练习，教师会为他们提供剪刀和杂志；如果儿童身体有残疾，需要对活动工具进行改造，教师会为其提供两把加了特殊把柄的剪刀。

由此，物质环境可以为这一阶段儿童的发展目标、个体儿童的目标以及具体课程目标的实现提供支持。所创设出的物质环境除了能够促进具体目标的实现外，还有利于解决或预防与个体儿童或这一年龄段儿童发展相关的典型行为问题。在为学龄前儿童创设物质环境时，成人要考虑很多问题。

## 环境的维度

伊丽莎白·普莱斯考特说到儿童所储存的关于幼儿照料机构的记忆似乎"主要是触觉印象"（Prescott，1994）。这表明在早期儿童教育项目中关注物质环境是非常重要的。在对物质环境的经典讨论中，普莱斯考特描述了布置物质环境时要考虑的 7 种成分，她将其称之为维度，如柔软度、开放性、活动性等。成人在设计环境时，要考虑他们需创设的特定环境应位于各连续体的什么位置，修改是否会有益于儿童。普莱斯考特主张平衡各维度来创造出一种最优环境，鼓励儿童进行各种游戏以获得发展。

柔软的、有韧性的、对触摸有回应的物体能够在环境中创造出一种柔软感，并提供各种感官刺激（橡皮泥/黏土、沙发、枕头、地毯、草坪、水、沙子、土和能够抱、摇、拍的动物）。硬度（瓷砖地面、木质家具、沥青操场）会传递出一种较不能改变的环境信息，这一信息刺激儿童调整自己以适应环境，这让儿童和成人不可避免地会感到疲劳和有压力。硬度同样包括人造灯的刺眼亮度，尤其是用于许多托幼中心的荧光灯。其他形式的灯光可能有利于创造出一种更加柔和、更类似于家庭的氛围（平衡意味着环境既具有回应性又具有抵抗力）。

呈现开放式的设备和材料能够使幼儿感知环境的开放性——这些材料可以以多种方式使用，没有一种唯一正确的使用方式，也不会专断地结束儿童探索。沙土、积木、拼贴画和其他艺术材料都是开放式的（如可以在上面拉伸橡皮带的板子是一种开放式材料）。活动的形式也可以是开放的，因为儿童可选择教师准备和设计好的若干活动。开放性与儿童的选择联系在一起。

封闭式材料只有一种正确的玩法，智力拼图和各种蒙台梭利材料是封闭式的。尽管这种材料有利于儿童获得成就感，但儿童一旦掌握这种玩法或因尚不能正确使用而受挫时，可能会对它们感到厌倦。如果在大多数情况下由教师指导来进行小组或个人活动，那么这种课程被称为封闭式的，有明确结果的经验也被称为封闭式的。尽管开放式、封闭式的材料和经验各自都有许多优势，但普莱斯考特认为对需要去体验成功和主动感的学前儿童来说，开放式的材料和经验尤为重要。

当儿童在与材料互动时，明显可以看出一些材料比其他材料更具支持力。最简单的游戏单元仅包含一种材料并且只有一种明显的用途，没有即兴发挥的空间，例如秋千和三轮车。稍微复杂一点儿的单元会组合两种不同类型的材料。更复杂的单元则会混合三种不同类型的材料，如在沙堆上添加一个铁铲或为橡皮泥游戏添加小的滚杆（加上滚杆和其他工具后，简单的橡皮泥游戏变得非常复杂）。最复杂的单元可能会在沙堆上添加水或模具，或者在橡皮泥和滚杆组合之上添加装饰性元素。一个最复杂的戏剧游戏区会在日常家居陈设和用品外添加烹饪书、写购买清单的便签本和纸张、购物车、食品容器、盒子以及纸质购物袋。最简单的组合通常不能像复杂单元那样长时间吸引儿童的注意力，因此，需要增加可以在一个区域或活动中做的事情和互动类型。

环境的融入和隔离维度是指环境对界限作出规定，并为儿童提供进行私人活动和控制自己领地的机会。划分区域能够使儿童工作时不易受到干扰。每一个教室都必须有儿童集体共享的区域，但同样重要的是，要为儿童提供能够退而独处或与整个集体分开的区域，从而来保护他们的私人物品和个人兴趣。同时还要提供小的、安静的区域，在这里儿童仅能和另外一个孩子玩，而不是大的团体。当教室与外部世界相连时，会带来理想的融入。外部世界包括窗户和来教室参观的人（Gonzalez-Mena，2001）。

活动性这一环境维度关注儿童四处走动的自由。在高活动性的环境中，空间和设施都用来促进大动作和积极的运动，比如跑、跳、骑三轮车。教室中会为所有儿童创建出交通路径让他们来去自如地活动，包括需要学步车和轮椅的儿童。在低活动性的环境中，儿童被要求安静地坐着进行活动，比如听故事、玩智力拼图和其他精细动作活动。对活跃的学前儿童来说，过低的活动性会产生一些问题。一个平衡的环境会为这两个方面提供空间和材料。

卡特和柯蒂斯（Carter & Curtis，1996）提到了对冒险性和安全性的需要。尽管儿童需要被保护起来远离显而易见的危险和被教导如何安全活动，例如警惕火和小心地使用器具，但是绝对不能忽视为儿童提供冒险机会的重要性，比如在空间中尝试各种身体能力：摇摆、攀爬、从高处跳下等。教会儿童如何小心地去做有趣的、具有挑战性的事情与因为不够安全而禁止儿童进行任何形式的冒险或创新，这两者之间是有区别的。

至于教室的社会结构，同样需要在大团体和小团体之间取得平衡，不能偏向或忽视其中任一方面。大团体经验包括在集体时间一起听故事，个体经验包括一对一地读书。这两种经验都是必要的、有价值的。

在考虑设计物质环境时，关键是对这些维度的利用不能采取只选其一的做法。多数适宜性环境都包括从每一维度的两个方面选择而来的要素。一个重要任务是要评估环境是否有利于实现恰当的平衡，并与个体儿童和项目的发展水平和需求相符合。关注维度也有利于问题解决。普莱斯考特指出，一些常见问题，比如儿童不能共同分享、不参与或在上午结束时心烦意乱，可以通过环境来解决。

当儿童和成人走进一个教室，家具和材料的布置可以传达出关于期望的活动和行为方式的信息。如果教室的大部分空间都被桌子和椅子占据，显然老师期望儿童能在大多数时间里坐下来进行一些安静的活动，这里面暗含着大量的教师控制。另外，如果教室中设计了许多个不同的学习区域，这看起来儿童将会更加积极地专心于他们自选的材料。物质空间的布置方式隐含着某种哲学，它对儿童在学习活动中可以做和将会做的事情具有明确的影响。

## 培育主动性的环境

发展主动感是学前时期的一项重要任务。在鼓励儿童作出选择和计划的环境中，儿童作为决策制定者的积极参与性会得到增强。他们会将大多数时间花费在自己选择的主动游戏（active play）中，而不是花费在教师主导的课程上。

　　你可以通过明确可行的选项帮助儿童选择一种特定的活动游戏。每一种活动都需要在清晰界定的特定区域内开展，这一区域通过空间、家具和其他明显的分隔物而与其他活动场所分开。这就意味着房间被分隔成许多小的游戏区域，而不是一个大的区域，并且看起来包含着许多显而易见的选择。对架子、小隔间、桌子、地毯、胶纸标记和其他有创意的隔离物（如悬挂的鞋袋，格子框架或脚踏小钉板，成排的低悬植物，树桩，装货箱、纸板盒，串在一起的冰激凌盒；悬挂的窗帘、被单、竹帘）的布置是为了创造出视觉界限，同时仍然能够让成人进行监管（参照 Greenman［1988］和 Miller［1987］的著作，获得更多关于隔离物的建议）。如果涉及特殊运动需要儿童，必须将开放的地面空间改造成能够为操纵轮椅或学步车提供空间的区域。各个兴趣中心间的交通路径需要被加宽。桌子可能需要调整，以适合轮椅（可以参见 Gould 和 Sullivan 1998 年的著作，找到更为具体的内容）。

　　由教师决定什么兴趣区适宜于本班幼儿。典型的学习中心可能包括艺术创造区、积木区、玩假装游戏的过家家区、图书区或图书馆区、音乐和运动区、操作区或桌面玩具区、科学或发现区、大肌肉运动区、书写区、木工区、沙水区和电脑区。第十四章会对学习区域环境设置的基本原理进行广泛讨论。应该为各个中心贴上标签，这样儿童就可以"读到"各种选择。标签应设在儿童的视线水平上，既用图片表示，也使用包括英语和儿童母语的文字。标签包含一个样品，比如一块积木或者一支彩笔，对于视觉障碍的儿童和英语作为第二语言的儿童来说都是有益的（Dodge et al.，2002）。

　　为进一步鼓励儿童进行选择，教师要确保材料存放在使用地点附近，摆放在较低的、开放的架子上，从而方便儿童够得到。当教室中包含运动能力受限的儿童时，可以在教室的几个区域中配备双份材料，并将材料放在两个高度不同的位置。将材料存放在桌面高度的位置和地面上能够减少出现儿童弯腰或够不到的情况，以免儿童失去平衡。容器必须敞口或清晰可见，或使用儿童能够理解的标签清楚标出，这些标签应该能够让有视力障碍的儿童也能触摸到。在布置架子上的材料时，通过在每种材料周围留出空间能够突出不同材料间的分隔。教师应该贴上图片或物品形状标记，这样能够使儿童一眼就发现应该把材料放回到哪。因为材料摆放在可预知的地方且方便可用，儿童学会承担起对环境的责任，并形成作为学习者的主动性。

　　教师可以通过以下这些方式对房间进行改造，以帮助有特殊需求的儿童感到受欢迎。

　　● 在教室中摆放包括残疾人在内的图片，展示各类残疾人参加工作、演奏乐器或参与娱乐活动等的场景。

　　● 在戏剧游戏区准备包括"残疾"娃娃在内的玩偶。为玩具娃娃添加上眼镜、助听器和腿固定架会激发儿童提出问题，并为儿童提供直接找到答案的机会。

　　●邀请残疾人访问教室，为儿童读故事、演奏乐器或做木工。

　　●为儿童提供的所有物品应该布置得吸引人并便于拿取。

　　●允许所有的儿童来尝试使用特殊工具，例如加宽的颜料刷或孔眼加倍的剪刀，然后指出为什么残疾儿童在活动时间可以首先选择这些工具。

　　●在活动中使用多种感官材料，比如在戏剧游戏中添加不同质地的布料，在烹饪和科学项目中添加香料和可触摸的原料。

● 鼓励所有儿童独立。

　　环境能够巧妙地支持儿童想法的发展。在儿童游戏中可以逻辑地结合在一起的那些活动中心，在位置上会彼此相邻，如图书区和书写区紧挨着，过家家区和积木区相邻。要在教室中设置一个儿童可以展示个人作品的区域，这有利于表达出他们想法的价值。这可以是一根晒衣绳，儿童的艺术品别在他们的签名旁边；可以是一个指定的摆放已完工物品的架子，展示给家长看的拼图或手工创作；为正在开展的工作和在创作期间的项目而设的一个区域；张贴在架子背后供每个儿童使用的一张海报。大多数教室装饰是由儿童创造和设计的，并展示在儿童的视力水平线上。有主动性意愿的儿童非常想看到他们可以对自己所处的环境施加影响，而不是纯粹由成人来创设环境。许多老师感到学前儿童教室中的一个关键问题是：儿童对环境是否有一种拥有感？

　　在所有兴趣区中，开放式材料支持和激发儿童的创造性、决策能力和原创思维。如果所提供的许多材料无所谓正确或错误的使用方法，是过程导向而非成果导向，就有利于激发儿童作为学习者的主动性和自尊感。开放式材料可以照顾到儿童个体能力的差异，因为儿童可以根据自己的能力使用这些材料。后面我们将会对具体的开放式材料进行更多讨论。

　　当儿童能够决定参与哪种活动以及何时停止这项活动时，其主动性就会被激发出来。为鼓励学前儿童慎重选择活动，一些教师发明了签名制度。例如可以是在艺术区布置计划板或选择板，板上带有多个挂钩或图书袋以便添加儿童名签，每一个儿童名签代表着已经有一个儿童选择在艺术区工作了。简单一点儿的选择方法可以是在兴趣区悬挂带有彩色标记的衣夹、腕带、项链来表示这一空间现在是否可以游戏；添加及移除签名或项链能够帮助儿童作出有意识的决定，并间接控制在一个区域中工作的儿童数量。高宽模式中也有部分是基于"计划—实施—回顾"的次序来开展活动的，教师支持儿童首先仔细思考他们该工作时段的计划，然后实施他们的计划，随后再与一个成人一起总结他们的互动和学习（Epstein, 1993）。第十八章有更多关于高宽模式思想体系和课程的内容。

　　如果一个环境旨在使儿童的独立性得到最大发展，就应该鼓励儿童主动感的发展。教师通过有序设计物品布局和使用图画文字，引导儿童逐步在脱离教师直接指导的情况下使用兴趣区。如在艺术区，便于使用的罩衫悬挂在附近，一沓新的画纸正好位于画架旁边。这里还有方便使用的别针，以便儿童将画纸固定到画架上，同时画架背后还有为晾干图画而设计的带着夹子的边框。为使用后负责清理这一区域的儿童提供图文说明，引导儿童将绘画作品挂起来晾干、洗手，并将罩衫挂回到衣钩上。当儿童可以独立进行他们所选择的活动时，会产生一种对其发展来说非常重要的成就感。

　　当儿童能够在课堂中担当富有意义、需要承担责任的角色时，其主动性会被激发出来。学前儿童非常喜欢做重要的、真实的工作。教师可以经常让儿童维护教室常规和秩序以实现他们的这种渴望。整理教室是大家共同承担的责任。一个提示或制定一份工作流程图可以帮助儿童履行职责，并认识到参与成功共同生活必需的工作中是非常重要的，比如浇花或喂鱼。由此，儿童开始将他们自身和他人看作有贡献的团体成员。

　　通过以下方式确保为学龄前儿童提供促进主动性发展的环境。

- 鼓励儿童在有明确界定和标记的活动中心自主选择游戏。
- 摆放儿童可以自取的材料。
- 为儿童提供在教室中展示他们作品的机会。
- 提供开放式材料，鼓励儿童根据个体能力水平使用。
- 建立帮助儿童作出有目的的选择的制度。
- 为儿童的独立和履行职责提供机会。

## 培育创造性的环境

儿童的创造性发展在本质上是与儿童的认知发展、身体发展、表达性语言发展和自我发展联系在一起的。因此，有利于让儿童自由表达他们思想和感受的环境、有利于培育儿童审美感和欣赏感的环境、为创造性活动所提供的材料和时间都是整体环境的组成部分。创造性发展是环境的一个组成部分，这一部分环境并不为儿童提供模型以限制儿童的思维和破坏他们的努力，而是支持每一个儿童工作并完成独特的产品。

当教师单独设置艺术创作和音乐创作区时，他们会留意到在儿童游戏的过程中创造体现在教室的每一个区域中，比如积木区中儿童独特而又经过深思熟虑而搭建的建筑物表现出他们的创造性；在发现/科学区，创造性表现在儿童探索和形成问题的过程中；在写作区，儿童在寻找表达自己思想的新方法时表现出创造性。要想通过指定特定材料促进创造性从而提高游戏的质量是不太可能的。但是，教师必须要一直留意支持创造性的因素。其中包括这样一些有利于创造性的因素。

- 在儿童作出个人游戏选择和进行自我表达时，成人要表达出接受的意愿和兴趣，并对他们创造性工作表现出真正的欣赏。
- 在房间的所有区域都为儿童准备好方便取用的开放式材料，并摆放得美观、合理。
- 为儿童提供使用多种形式进行创造性表达的经验。
- 注意美感，如教室布置和设计的方式、材料存放的方式以及儿童作品展示的方式等。
- 重视自然世界和自然材料的美丽，而不是创造出一个看起来好像订购而来的教室。
- 为家庭提供儿童创造性发展的信息。

## 鼓励从游戏中学习的环境

对物质环境的精心准备能够传达出教师对从游戏中学习的信念和支持。如果教师相信儿童通过积极地与材料、与其他儿童以及成人进行互动能够得到最好的学习，那么在该教室中，教师就会提供构思巧妙的场所以供儿童进行游戏，并提供儿童游戏的材料。各个中心的布置以及教室的设计就会有利于儿童获得有意义的游戏经验。

许多教师并没有机会来参与学前教室的设计；一些设计师和建筑师已经完成这项工作了。对于那些幸运地参与了最初设计的教师，格林曼（Greenman，1988）、坎普尔（Caples，1996）以及塞皮和珍妮（Ceppi & Zeni，1998）的作品中提出了一些非常好的问题和争议。如果教师被指派到一个特定的教室，他们可以开始构想学习环境的创建，忘掉所知道的这个房间曾经的用途，重新开始进行设计。正如格林曼所说的，物质环境的设计计划是综合考虑"固定的空间、在里面生活的人、课程目标和哲学理念以及资源"这些因素而制定的（Greenman，1988，p. 135）。创设出强调教师教导和个体学习的传统教室相对来说比较容易，但是在3—5岁儿童的发展适宜性教室中，强调的是"主动、个体化学习、自治和社会交流"（Greenman，1988，p. 135），教师面临的挑战是要创设出一种有活力的、吸引人的氛围。在全日制学前教育机构中，必须要对儿童生活经验的质量进行检查，包括吃饭、睡觉、独处、成人对儿童的宽慰和安抚。

在决定怎样去设计教室时，格林曼建议首先从固定的空间开始：门、窗户、水池、浴室和插座。思考光和空气、人和所提供物品的流动模式。列出教室中将会发生的每一项活动，不管是大是小，从游戏到点心时间、从户外游戏穿衣到与教师—父母交流。思考有特殊需要儿童对环境的特别需求。决定哪些活动中心将会成为课堂学习环境的一部分，哪些区域不止用做实现一种目的——例如用于吃饭、玩桌面玩具或艺术创作。

中心的布局决定着儿童能在何种程度上参与有意义的游戏。教师应该将脏乱和整洁的活动、嘈杂和安静的活动、扩展性和封闭性的活动、桌面和地面以及其他角落的活动分离开来（见图6-1）。

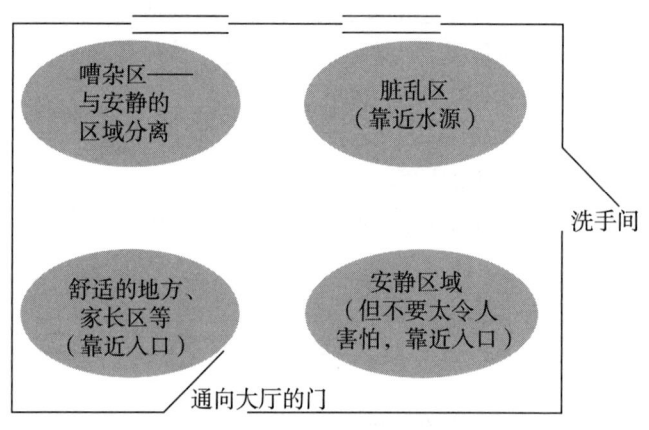

图6-1　学前教室布局草图

下一步，教师需要考虑如何布置教室中的通道，要认识到笔直的、不间断的通道有利于儿童奔跑，大而空的空间在一天中的大多数时间是用来等待开展某些活动的，如集体活动时间。设计通道时要避免对游戏造成干扰；一些活动中心，例如书籍区和积木区，要避免设置在通往舒适区域和盥洗室的过道旁。本章前面对各个区域间的分隔物进行过讨论，对于试图将精力集中于自身游戏上的儿童来说，分隔物在屏蔽干扰方面同样是非常重要的，但要确保老师在任一地方都能监控到整个教室。图6-2展示的是一个学前教室的示意图。注意喧闹游戏区域的布局（戏剧游戏区、积木区、大动作运动区），同时注意那些极有可能经常需要用水的区域是如何进行巧妙安排的，其对适宜的地板覆盖物又是如何考虑的。这里没有不发挥作用的空间。儿童的写作区、绘画区以及照看植物的区域位于靠近自然光线的地方。儿童进入教室的通道是邀请性的，不会让儿童觉得有压力，没有为他们提供过多的选择和活动。对想分析和提高教室学习环境效能的教师来说，环境评价量表（Environmental Rating Scale，Harms & Clifford）是一个有用的工具。

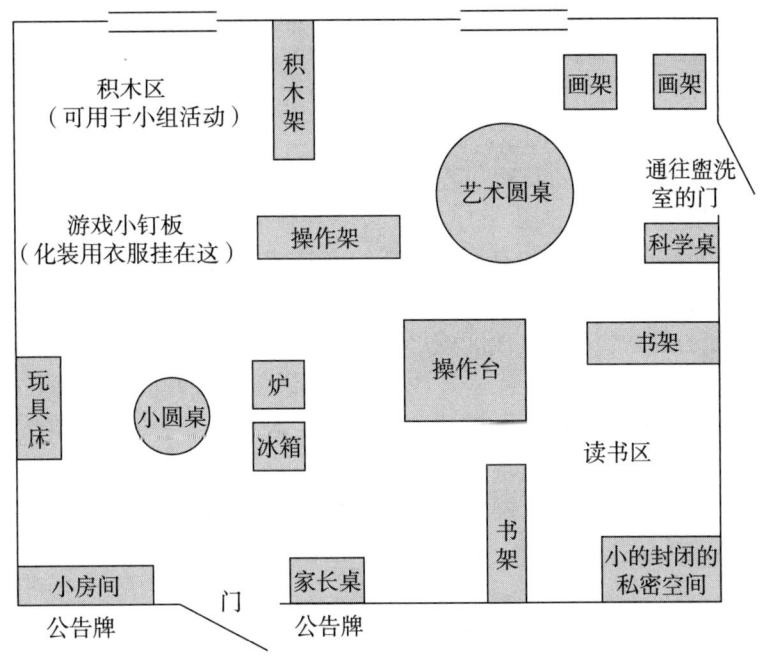

**图 6-2 学前教室布置草图**

如果教室环境中还包含有特殊需要的学前儿童，教师要有意识地调整安排，以使各能力水平的儿童都可以去游戏。通向兴趣中心的通道和入口要宽阔，材料的摆放要易于获取并能避免凌乱，这些都将使教室环境得到改善，有利于所有儿童的发展。

对于教师来说，非常重要的是要来分析他们尝验性的教室布局是否为儿童所有领域的发展（大肌肉运动技能、精细运动技能、自理能力、语言、认知、情感和社会性经验）以及不同课程主题领域的发展（艺术、阅读、建筑、操作、科学、数学、音乐、戏剧游戏和运动）提供了平衡的学习机会。同样重要的是，教师不能陷入这样的认识中，即认为儿童的学习就像兴趣区的分布一样，各个领域是明确分离的。我们规定各个区域的界限，是为了让儿童可以思考他们的游戏机会，并且能够在得到保护的情况下持续进行有意义的游戏。界限的本意并不是表示一种特定的学习只会发生在某一个区域，或者学习是单维的。换句话说，各个区域都是儿童进行创造性游戏和假装游戏的场所，同时儿童在艺术区可以进行创造性表达、科学发现、操作技能、认知概念和计划以及大量社会化和语言内容领域的学习。界限也并不是用来限制灵活性的（如当儿童拿一块积木到娃娃家当做相机使用时，说"积木应该放在积木区"是不适宜的）。例如一种新兴的识字方法建议将书籍和写作材料融入到每一个活动中心，鼓励儿童翻阅关于科学的书籍并在他们的积木建筑上书写标记。这些做法有利于教师在教育理念上不那么孤立地看待各个区域，同时仍能保持教室井然有序，从而便于儿童进行富有成效的游戏。教室的布局也不是一成不变的。随着儿童兴趣和游戏行为的扩展，可能会需要新的游戏中心或对游戏中心进行扩充。

对于鼓励游戏的物质环境来说，设置独立的兴趣中心并不是唯一的办法。精心选择和摆放的材料会鼓励儿童来使用它们。科学区桌子上放置的秤和一盒石头暗示儿童进行一项活动，房间角落里电话旁摆放的记事本和铅笔则启发儿童开始学习记录事件。今天，橡皮泥游戏桌上有一碟亮珠子，鼓励儿童进行雕刻；而上周这同一个桌子上摆放的是一套小餐具，启示儿童利用橡皮泥创办一次茶话会。精心安排的材料帮助儿童开始游戏，不需要老师告诉他们"我们今天将要做……"。

游戏经常是交互式的。通过提供专为由 2 个到 5 或 6 个儿童组成的小组设计的游戏空间，物质环境为儿童的社会交往提供支持。对于刚开始进行社会互动的儿童来说，仅为两个儿童准备的活动区有利于早期社交技能的发展，儿童之间可以开展平行类游戏并进行面对面的谈话。可以摆放上一张小桌子和两把小椅子，让儿童来玩橡皮泥、玩玩具以及与朋友聊天。其他区域可以容纳更多的儿童，每一个儿童都有自己的位置。4 个或 5 个儿童组成的小组对于学前儿童来说是非常好的。教师精心设计提示，暗示一次可以有几个儿童来这个区域活动，如在艺术活动桌旁安排 4 把椅子，玩水区挂上 3 套罩衫。玩积木的孩子发现地毯上有 3 块大的用胶粘出来的方块，暗示建筑区允许 3 个人玩；书写区桌子上有两个小本子，将参与书写的儿童数量限定为两个。支持儿童进行有目的的选择制度同样会限制每个区域中儿童的数量，以促进儿童的社会游戏和交往。

然而，并不是所有的游戏都是社交性游戏；有些时候儿童需要并希望单独游戏，如看书，或专心完成一些具有挑战性的任务。房间中应当设置一些小的游戏空间，并创造出一种允许儿童退出集体的氛围，或临时设定一块单独游戏区域。比如当一个儿童选择独自进行建构时，他应当可以在地毯上张贴一个胶带条，来表明他个人的建筑区域。蒙台梭利教室中所使用的个人地毯能够做到这一点（如蒙台梭利教室中所使用的小地毯为儿童划分了游戏空间）。

儿童玩游戏需要花费大量时间。教师通过为儿童提供足够长的时间段来更好地营造儿童的游戏环境，在此时间段内儿童可以完成并完善活动，而且不会受到不必要的打扰。在本章后面部分我们会对此进行更多的讨论。

成人同样是游戏环境中的一个重要组成部分。没有得到推动的游戏经常得不到充分的发展。在第十四章中我们会对成人作为促进者的角色进行讨论。也许最重要的是，成人要相信在学前期这几年时间中，游戏有利于儿童的全面发展，这样成人就会以一种有益于幼儿的方式来表现他们对游戏的支持和赞赏。成人对于游戏重要性的态度会渗透到教室的整体氛围中。

## 户外游戏

户外活动被认为是游戏环境中一个至关重要的组成部分。发展适宜性的学前课程同时重视儿童室内和户外的游戏和学习经验，并认为两者是同等重要的（DeBord et al.，2002）。我们不能仅仅把户外游戏视为儿童（和成人）调节情绪的时间，即回到室内开始认真的学习活动之前的一种休息。相反，儿童在室外可以拥有在质上完全不同的多种游戏经验，它们在规模、范围和声音分贝上都不同。

儿童需要操场为之提供身体方面的挑战和进行冒险的机会。他们需要场所来摇摆身体、滑行和打滚、攀爬和跳跃、奔跑、投掷、踢蹬、骑车和搬运。为满足所有这些活跃的喜好，儿童需要空间和合适的器材，同时，监督儿童活动的成人需要鼓励他们，不要给他们过多的警告和限制。

除了身体上的挑战外，户外游戏环境必须同时支持儿童更多思考的活动：通过挖掘、种植、玩水和沙、找到一个安静的地方坐下或者阅读一本书探索新的环境。儿童进行创造的机会蕴含在户外的艺术和建筑材料以及戏剧游戏的小道具中——课程很容易就在户外开展起来。许多课程设计出能够促进儿童欣赏自然环境的操场，以此来强调其对自然环境的重视。

## 此时你会怎么做？

一位年轻教师与一位较有经验的学前儿童教师争论。年轻教师坚持认为应该在教室中放置几台电脑，作为儿童的一种游戏选择。另一位老师则认为儿童需要参与主动性的游戏中，而不是坐在那里盯着电脑屏幕看。事实上，她认为学前儿童使用电脑具有潜在的危害，并且是没有必要的。"技术变化如此之快，儿童可以等到他们大一点儿的时候来学习如何使用电脑。"但年轻教师争论说，如果儿童不从年幼时开始了解科技，就无法为未来做好准备。他们关于适宜性学习经验的观点有哪些不同之处？在这种情况下你会怎么做？

尽管一些早期教育者仍然坚持认为不应当在早期儿童教室中放置电脑，但这好像是忽视或者误解了多数关于早期教育中技术方面的研究（Clements & Sarama，2003）。电脑经常是作为催化剂来推动儿童积极的社会互动和情感发展。优秀的电脑软件能够激励儿童谈论他们的作品，并进行比在其他中心更为高级的认知类游戏。电脑有利于儿童创造力的生发。电脑工作能够支持新型的合作游戏，并且可以增强残疾儿童与正常发育的儿童之间的社会交往。

我们需要进行精心的策划以便明智地使用早期儿童教室中的电脑。必须选择高质量的软件。一些组织所发布的期刊上面会有对软件质量进行评估的报告，如全国数学教师委员会（http：//www.nctm.org）和国际教育技术协会（http：//www.iste.org）。

应该在电脑前摆放两把儿童座椅，并在旁边放上一把成人的座椅，电脑被安排在离每个儿童都很近的位置上，以促进儿童之间的互动和分享想法。电脑是为儿童提供的一种选择，而不是规定的电脑实验室时间。正如其他一切活动，我们要尊重儿童是否参与这一活动的选择，并且仅在电脑有利于儿童发展的情况下来使用它们。此外，应当限制儿童坐在电视或电脑屏幕前的总时间。《幼儿》（*Young Children*）2003年11月的讨论主题中包含了很多早期儿童教育者所写的相关技术的文章，这些文章对我们来说是很有帮助的。

为儿童的户外游戏设计材料和活动区是非常重要的。图6-3展示的是为3—5岁儿童所设计的适宜性户外环境。

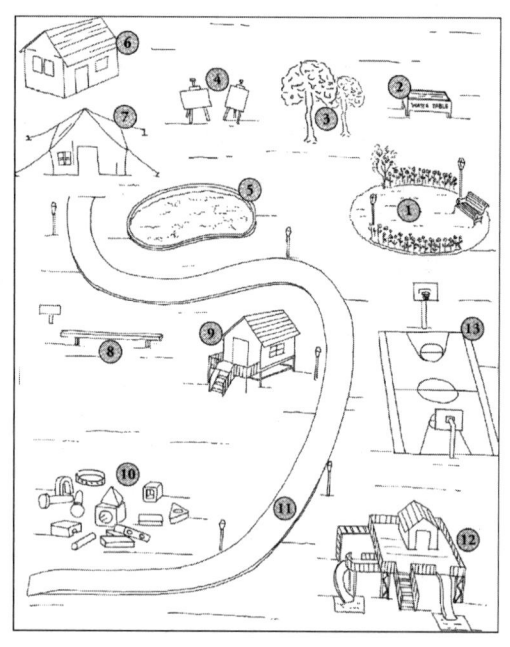

| 1. 花园 | 5. 沙坑 | 9. 游戏屋 |
| 2. 玩水桌（有工具、服装等） | 6. 储藏室 | 10. 大型户外建筑材料（箱子、轮胎等） |
| 3. 树荫 | 7. 帐篷 | 11. 自行车专用道 |
| 4. 艺术架 | 8. 平衡本 | 12. 攀爬区 |
| | | 13. 球场 |

**图 6 – 3　适宜于 3 — 5 岁儿童的户外设计**

在设计户外环境时，安全性是要考虑的一个因素，安全的环境有利于儿童自由地进行游戏。糟糕的操场设计和器材选择以及缺乏维护是造成多数操场事故的原因。在器材周围设置足够的通道并留出充足的空间对于避免拥挤来说是非常重要的。恰当安装固定的器材并对之进行持续检查是成人要承担的重要职责（见表 6 – 1），同样，教会儿童对安全负责也是成人的重要任务。

**表 6 – 1　户外环境日常监测一览表**

> 户外安全包括如下几条。
> - 由篱笆和带锁的门围起来的空间。
> - 确保所有植物都是无毒的。
> - 排水良好的游戏场所。
> - 天气炎热时能够防晒。
> - 在攀爬和滑行设备下铺好柔软的地面覆盖物，至少要有一英寸厚。
> - 每天检查游戏设备，查看设备是否有掉落或破损的零件、碎片以及锐利的边缘，是否有生锈、油漆剥落、绳子磨损等。
> - 每天检查游戏区，清理垃圾、尖锐碎片、动物粪便。
> - 大型器材要坚实地固定在地面上，各部分牢固地连接在一起。
> - 使用围栏以防儿童从高的设备上摔落（如玩滑梯或攀爬设备的儿童）。

续表

- 要在各个设备之间设置出供儿童安全运动和成人充分监管的空间。
- 秋千要与骑车区和跑步区隔开。
- 用于环境美化与维护的化学制品和工具要锁在远离游戏区的地方。
- 各种设施要适宜并促进儿童（婴儿、学步儿、学前儿童、学龄儿童）发展。

注：Marotz, Cross, and Rush, 2005.

我们必须要为有特殊需要的儿童提供积极的支持，以使他们参与到户外游戏中，这种支持既包括对环境的改造，也包括特定的教师策略。当教师考虑为儿童提供多种感官并用的活动并为增进所有儿童的独立性而努力时，就是在为有特殊需要的儿童提供帮助。对环境的改造可以从极其简单到异常复杂，必须根据个体儿童的需求来具体规划。我们可以参见弗莱恩和凯费（Flynn & Kieff, 2002）关于环境改造方法的完整列表。

成人可以通过以下这几种方法为儿童提供游戏性环境。

- 教室的布局暗示儿童：主动游戏是学习的主要方式。
- 在教室中设置不同的兴趣中心，既保护儿童的游戏又能够屏蔽干扰。
- 材料的摆放能够吸引儿童的积极参与。
- 设计教室中各个区域的大小，既包括促进小组互动游戏的区域，也有为隐蔽的游戏而准备空间。
- 提供大段时间让儿童进行游戏。
- 成人成为游戏的促进者。
- 精心设计室内和户外游戏区域和材料。

## 培育自我控制的环境

当环境为儿童提供一种稳定感、秩序感和可预测性时，正在学习控制自身行为的学前儿童可以从中受益。

兴趣中心的设置可以清晰地传递出以下几个方面的指导信息，包括期望在每一个区域中开展什么样的活动、使用材料的地方以及每个区域容纳的儿童数量，这间接指导儿童养成正确的行为习惯。随着儿童了解到哪些行为是适宜的，他们更有能力在脱离成人不断的直接教导或控制的情况下，以一种让人接受的方式行事。

其他能够间接影响儿童行为的决策包括：为儿童提供的材料既不能太简单也不能太复杂；可供使用的材料数量；时间表的可预测性和平衡性；成人在场并随时为儿童提供帮助。对这些因素进行控制可以避免出现经常会引起教室冲突的一些问题，如过于拥挤、关于使用材料权利的争吵、注意力分散、烦躁、过度的刺激和过多的噪声、监管过少和疲劳等。对物质环境的关注有利于营造出一种积极的社交氛围。

海报或标志可以以绘画的形式来提醒儿童哪些教室行为是大家所期望的，是提示儿童进行自我控制的有效工具。集体活动时间张贴在教师身后墙壁上的图画提醒儿童："我们认真听。我们把手放好。我们坐好。"还可以在教室中添加其他关于自我控制的信号。比如将一个儿童的名字张贴在地毯上，以此帮助他在听故事时间找到自己的位置，教师知道在这个位置上他会受到最低程度的干扰，因为这个位置使他远离了一个爱说话的朋友并靠近老师。在地板上画出两个脚印可以提醒儿童在等待刷牙时应该站在哪里，由此可以避免拥挤和在盥洗室中玩水。学前儿童希望自己能够表现得很好，因此这些信号是非常有用的。

在集体环境下，遵守严格的社会交往规则可能会让年幼儿童感到筋疲力尽。当儿童感到有些劳累、不开心或失去控制时，成人需要为儿童提供可以从集体中撤出的私人空间。应当为儿童准备一个小的、安静的和柔软的区域，并把它的用途清晰地解释给儿童听，这样儿童就知道他们可以从集体中撤离出来。在儿童学习控制自己情绪的过程中，从集体中撤离甚至是必需的。可以用被单或毯子、板条箱、桶或者家具背后或下面的空间创造出类似于帐篷的空间。私人空间不需要占用太多的地方，它是自我控制环境的一个重要组成部分。

让学前儿童感到他们自身得到尊重，将有助于他们遵守社会交往规则。照顾到儿童对归属感的需求的物质环境能够传递出尊重每一个儿童的信息。每个儿童都需要在教室中拥有一个私人空间，一个保存个人重要物品的地方，如从家里带来的玩具、写给妈妈的便条或者是从操场上找到的石头。这一空间，不管是一个小的舒适区域或是一个小篮子，需要贴上标签并便于儿童使用，同时禁止其他人进入。在教室中呈现与儿童个人关系密切的材料，同样可以表达出对每个儿童的尊重。比如图画、书籍、玩偶、娃娃家的小道具需要体现出儿童家庭的种族和文化多样性，这种多样性包括儿童生活的不同家庭结构、社区以及他们所认识到的工作经验。有些材料能够鼓励儿童自我接受并有利于儿童以一种没有偏见的态度来对待差异。本书第十章会对这些问题进行更为细致的讨论。

培育自我控制力的环境同样可以提供借助身体活动来发泄情绪的材料和活动。教室中的吊袋、拳击板、撕扯角、指定的大喊大叫密室以及户外的踩踏区，都明确地向儿童表明通过身体活动来表达强烈的情感是可以接受的。当一个儿童来到老师身旁说"我需要撕碎一些纸来填充枕套"，这意味着这个儿童已经学会了在生气的时候控制住自己作出有害行为的冲动，并将这种强烈的能量以一种被人接受的方式发泄出来。

格雷斯·米切尔（Grace Mitchell, p. 182）谈到在教室中设置"协商"椅：在鼓励儿童积极讨论问题并寻找双方都同意的解决方案时，将椅子面对面放置，使儿童的膝盖可以碰在一起（由此眼睛互相看着对方）。当椅子和姿势成为自我控制环境的一部分时，经过成人的教导、示范和提醒，儿童开始学习自己协商解决问题。注意：这些椅子并不是供儿童休息使用的，而是儿童可以与同伴商谈问题的地方。

成人可以通过以下方式为儿童提供进行自我控制的环境。

- 物质环境的设计要能避免因儿童厌烦、受挫、过分拥挤和疲劳所产生的问题。
- 物质环境的设计要能够清晰地传达对儿童适宜行为的积极期望。
- 使用海报和其他可以看见的线索提示儿童表现出适宜的教室行为。
- 提供从集体中退出的私人空间。
- 使用能够表现尊重每个儿童的权利和差异的材料。

- 提供发泄情绪所需的结实材料。
- 为儿童提供解决问题的范例。

# 日程表

如果环境将培育儿童的主动性和自我控制作为重要目标，将主动游戏作为儿童的主导活动，那么一个好的日程表将会为儿童提供大段不被打扰的时间，并让儿童拥有知道下一步要做什么的安全感。非常重要的一点是，日程表的安排不能与这些目标相悖。当日程表的功能不是提供可预测的活动顺序，而变成僵化的时间计划表时，日程表对儿童来说就是一种强加和干扰，忽略了儿童的需要。

如何为学前儿童设计出适宜其发展的日程表呢？每个课程都必须根据课程目标、需要分享的空间和设备、每日开放时间以及人员编制情况来调整各自的日程表。然而，不管如何变化，满足儿童需要的日程表会有一些确定的特征。

好的日程表具有可预测性。不管排在第一、第二和第三位的事件分别是什么，它们总是按照顺序进行的。当儿童认识到每日活动的结构模式时，他们会自信地进行活动。他们没有必要去猜测下一步的活动是什么。知道一日活动次序和节奏能够让儿童感到安心，也能为成人提供帮助。

好的日程表具有灵活性。乍看之下，这一原则似乎与上一条恰好相反。但是如果我们理解时间块（Hildebrand & Hearron，1998）这一概念，这两条原则是可以并行不悖的。并非是由严格的时钟制度来决定什么时间结束一项活动，而是教师根据儿童的良好状态或感到烦躁的情绪作出判断，从而决定是否缩短或延长一个时间块。考虑时间块而不是精确的时间点，能够让教师为儿童提供充足的时间，使其深度投入到游戏中，而不会因为坚持严格的时间表使儿童的活动受到不必要的干扰（见表6-2）。

表6-2 体现时间块灵活性的学前项目日程表样例

| 活 动 | 灵 活 性 |
|---|---|
| 儿童入园，进行自选活动 | 在以下情况下缩短时间：<br>• 儿童对活动不投入<br>• 后面计划开展实地考察活动或有来访者<br>在以下情况下延长时间：<br>• 儿童深度参与到活动中<br>• 天气不好 |
| 室内，教师指导的活动，例如清理活动、吃点心和小组时间 | 在以下情况下缩短时间：<br>• 儿童异常活跃<br>• 需要更多的室内或户外活动时间<br>在以下情况下延长时间：<br>• 有特殊的来访者或活动<br>• 有需要讨论的事项 |

续表

| 活　动 | 灵　活　性 |
|---|---|
| 户外，儿童自选活动 | 在以下情况下缩短时间：<br>● 天气恶劣（开展室内大肌肉活动来替代）<br>● 其他活动的时间块被延长了<br>在以下情况下延长时间：<br>● 需要时间去往特定的户外环境<br>● 操场上的项目为儿童带来了特别的乐趣 |

星期一，菲莉西亚（Felicia）所负责的学前教室显得异常活跃。许多儿童看起来玩得非常累，他们在自由选择时间从一个活动跑向另一个活动。45分钟之后，她决定给出信号让这些儿童收拾玩具，之后他们转向地毯上的集体区域。她为儿童弹了几段恬静的音乐，孩子们像蝴蝶一样翩翩起舞，过一会儿，他们一起分享了两个安静的小故事。吃过点心后，他们走向户外。菲莉西亚在操场活动中增添了美术材料和玩水游戏。孩子们在美妙的春日天气下享受了超过1个小时的户外游戏时间。第二天，自由游戏时间仍继续开展复杂的建构游戏和戏剧游戏。菲莉西亚将自由游戏时间延长至75分钟，略微缩短集体时间和户外游戏时间。

灵活的时间块同样容许特殊事件或根据天气而对活动作出调整，但不会干扰到儿童对可预测活动次序的安全感。

B. J. 的爸爸将会在星期三的集体时间到访。他是一个乐队的吉他手，并且喜欢和孩子们一起唱歌。大家兴趣高涨，这一事件将集体时间延长至将近40分钟。周四，菲莉西亚计划到附近春游一次，让孩子们与一些花匠进行交谈。她知道春游需要占用很长时间，所以在和大家一起唱了一首歌之后，她用几分钟时间向孩子们讲解了在春游中将做些什么，并提醒他们遵守安全规则。5分钟之后，他们就准备出发了。

好的日程表能够平衡设置儿童发起的活动时间与教师发起的活动时间。为了让儿童们真正参与游戏，在他们选择和实施自己的计划时，教师需要为他们提供连续的时间块。在需要儿童服从指示时，教师会在较短小的时间块内管理儿童的活动，这些时间块包括清洁时间，或集体活动时间，如午餐时间、小组教学时间或故事时间。在学前儿童的发展适宜性课程中，儿童发起的室内和户外自由选择活动占据了一天中的大多数时间。

好的日程表会平衡儿童活跃与安静、室内与户外的学习经验。儿童需要不同的学习经验，因此，在日程表中交替安排活跃与安静的经验能够避免让儿童过于疲劳、厌倦和失控。需要儿童集中注意力的活动，如大的集体活动时间，应该安排在早些时候，在儿童们过于疲劳之前开展。可以在儿童们活跃的户外活动结束之后，安排一些较短的、安静的集体故事或音乐活动，帮助儿童在午餐之前放松一下。

好的日程表为儿童的活动参与提供合理的节奏。没有什么比被催促着度过一天更能削减儿童的自信心。如果儿童一直感到被催促会破坏积极的学习环境，一天中多次对儿童说"快去等着"会导致儿童的厌倦和社交摩擦。有益的日程表会为儿童留出充足的时间让他们以自己满意的方式完成任务，同时考虑到每个儿童工作方式的差异，在安排上避免出现无所事事的等待时间。例如已经完成洗漱的儿童在等待其他人的时候，可以由一名教师带着在地毯上一起玩手指游戏。儿童越小，在自我服务环节就越需要更多的时间。有特殊需要的儿童也需要更多的时间。

好的日程表能够认识到儿童在注意维持时间上的差异。多数两岁的儿童只能参与极其简短的大团体活动，并且在自由游戏时间需要为其提供大量的选择和不同的活动来吸引他们的注意力，但是，从整体上说，学前儿童的注意力持续时间会更长一些。许多 3 岁儿童对自我发起的活动的兴趣能够持续 45 分钟或者更长，4 岁或 5 岁儿童可以保持比这更长的有效活动参与时间。对于 3 岁儿童来说，或儿童进入 3 岁这 1 年时，他们的集体活动时间可以持续 10—15 分钟。对于更大一些或更有经验的学前儿童来说，集体活动时间可以延长至 20 分钟。

## 过渡环节

过渡环节是日程表中需要成人进行最周密计划的时间段。过渡环节是儿童从一个活动转入下一个活动的时间。为避免混乱，在这些时间段内儿童需要成人给予关注和指导。遗憾的是，在太多的过渡环节中，成人大部分注意力放在试图控制儿童的不愉快对话上。对我们来说，重要的是要认识到许多这样的问题都是与不适宜儿童发展的实践相关的，如在去操场上玩之前让儿童等待每一个人安静地排好队，或在没有任何东西吸引他们注意力的情况下试图控制他们的行为。

对于学前儿童来说，发展适宜性的过渡环节体现出以下原则。

• 提前告知活动即将发生变化。唐突而随意地打断儿童的游戏表明教师不重视他们的游戏，并会引起抗拒。在清理时间到来之前，教师走到每一个兴趣区，宣布："距离清理时间还有 5 分钟时间。请考虑结束你们手中的工作。"

• 常用的提示，比如清理活动歌、钢琴弹奏的音符、一盘特定的音乐磁带都能对儿童熟悉的模式进行重复强化，引发儿童的关注并按照惯常经验来行动。这同样能够确保获得儿童的注意力。提示也可以由环境来提供，比如午睡之前把房间变暗。遵循一致的活动流程能够帮助儿童知道每一天的活动安排。

• 当教师的指导清晰具体时，儿童可以更好地理解下一步的活动。"将玩具放回到架子上的时间到了"比"清理时间到了"更好地为儿童提供了帮助（清理什么？手、桌子、玩具还是其他东西？）。成人与儿童进行眼神交流或轻轻抚摸儿童，以确保获得他们的注意力。教师指出儿童的名字，确保儿童认识到教师的指令是针对他们个人的。对教师来说，适宜的做法是限制每一次所给出的指令数量以避免混乱。在收拾好大多数的玩具之后，教师可能需要提醒儿童在吃点心之前洗手。

• 让一个成人先带领儿童开始下一个活动，避免等待。当一个老师正在鼓励还在收拾玩具的儿童完成工作并留意盥洗室里的情况时，另一个教师与已经坐好等待吃点心的儿童进行交谈或带领他们玩一个手指游戏。在一个成人陪伴着已经穿好外套的儿童来到操场上时，另一个成人可以来协助那些需要更多帮助和时间来拉好拉链的儿童。当下一个活动没有必要等到每一个儿童都准备好再开始时，这一活动就会激励儿童快速完成手头工作，不至于因太慢而受惩罚。教师要创建出一些专门用于过渡环节的歌曲或游戏，以便给儿童在为改变活动做准备时带来乐趣。

- 当不是所有人一起移动且每一个人都有目的地走动时，混乱会减小到最低，因为每一个儿童都确定自己要去哪里。例如当小组时间结束时，教师唱一首歌依次解散 3 个儿童，让他们回到自己的小床上，并在床上为他们准备好了图书。
- 让儿童承担管理教室的职责或特定的任务，或者为他们提供帮助同伴的机会，这有利于儿童在过渡时间获得特定经验，同时能够让教师有时间在过渡环节给需要更多帮助的儿童提供更多鼓励或指导。午睡后，萨拉已经穿好鞋，准备到户外去玩游戏了。在等待的时候，她帮助玛利亚和柯莎穿鞋子。

学前儿童的发展适宜性日程表应该是这样的。

- 具有可预测性。
- 包含灵活的时间块。
- 平衡儿童发起的活动与教师发起的活动。
- 平衡儿童的活跃/安静以及室内/户外活动经验。
- 合理的活动节奏。
- 认识到注意时间上的发展差异。

精心设计的过渡环节从以下几个方面为一日活动的平稳转换提供支持。

- 提前告知儿童。
- 提供熟悉的提示。
- 提供清晰、简单、个别化的指令。
- 由成人发起下一个活动。
- 不让整个小组的儿童一起移动，以最大限度地减少混乱。
- 让儿童在过渡环节承担职责。

## 幼儿园的两难困境

曾经，幼儿园是在儿童进入学校世界之前的缓冲期。儿童花费半天的时间与其他儿童一起游戏，摆弄积木、梳妆打扮、玩艺术材料，学习如何与他人相处。简短的集体活动让儿童身处故事和歌曲之中，并在这些活动中发展他们集中注意力和听从指令的能力。但是，现在的大多数幼儿园却为儿童提供了迥然不同的经验，幼儿园的教育实践将课程局限在发展那些出现在不同内容领域按严格次序排列的技能列表上的能力。在多数社区中，人们更有可能发现的现象是，幼儿园儿童花费了大量时间使用纸和铅笔来努力学习非常抽象的材料。这种现象很可能发生在全日制学前教育机构中。截至 1997 年，美国几乎有超过一半的幼儿园是全日制的（Elicker, 2000）。许多幼儿园教师提到他们被要求将积木区和娃娃家撤出教室。"选择"时间被限制在重复进行一系列的聚焦于读写和计算的任务上，儿童没有进行创造性的、自身发起的活动的机会。幼儿园课程关注点所发生的根本性变革，使得我们很难区分幼儿园课程和方法与较大儿童的课程和方法之间有什么不同之处。

为什么对大多数儿童来说，所体会到的幼儿园经验已经发生了彻底改变？一个原因是，人们歪曲和误解了关于早期儿童能力的研究。对早期大脑开发重要性的理解，使得许多人相信越来越早地为儿童引入学业内容和方法是适宜的。普遍流行的观点是：现在的儿童更加聪明，在成长的过程中接收到了电视和学前机构带来的大量刺激。家长经常要求教给他们孩子更多的东西，期望孩子在幼儿园中就学习阅读。班上教师说他们很少或根本没有权力来决定课程和教学方法。决策是由行政管理人员制定的，而管理人员在制定决策时，会受到公众要求制定更为严格的教育标准的影响、公众对标准化测试依赖程度增强的影响。除此之外，小学教师也会对幼儿园施加压力，因为他们要应对对学生成绩的更高要求，幼儿园教育应该在这方面做更多的工作。

"对幼儿园儿童要求更多"的发展趋势，已经导致出现了大量有争议的教育实践。这些实践包括：越来越多的关于筛选和入学准备测试的不恰当使用；劝阻或拒绝儿童入学；发展分层的过渡班级；更多地使用留级。我们可以在马歇尔和泰勒（Marshall & Taylor, 2003）的作品中看到相关讨论。随着幼儿园课程的改变，美国越来越多的州提高了儿童入园的合格年龄，这进一步证明人们对幼儿园教育和幼儿园儿童的期望已经发生了变化。

在这种实践变化的背后存在着两种主要的观点。一种观点是学校将把小组同质化。虽然有证据表明在混合能力分组中儿童可以更好地学习，并且会作出更多的积极的社会情感反应，但许多学校制度却正在竭尽所能地去创建出一种同质的教学分组，在这种教学小组中教学无须根据个体儿童的需求而作出调整。第二种观点是一种善意的观点，即儿童需要得到保护，我们不应该对他们的认知能力和情感成熟度提出不适宜的高要求。现在学校要求儿童为课程的各种要求做好准备，而这些要求可能是不适宜的，却没有根据每个儿童的优势和需求作出恰当的调整。

作为对当今幼儿园课程与教学问题的回应，美国各州教育部早期教育专家协会发布了一份原则声明（2001）。此声明提出以下建议。

● 幼儿园教师和管理人员要保证为幼儿提供既有效又适宜幼儿发展的教育项目，不屈从于公众不断增强的关注以技能为基础的课程或引入学业标准的要求，这些观点没有考虑到我们所知道的关于幼儿发展和学习的知识。

● 儿童应当依据法定权利进入幼儿园，不能强迫家庭延迟他们孩子的入园时间。

● 幼儿园教师与管理人员应该知道有关评价策略和技术的知识，并且有责任地使用。

● 应拒绝把留级作为选择。

● 入园测试应该是有效的、可信的，并且有益于计划的制订和家园信息共享，而不是被当作筛选的工具。

● 应该欢迎所有儿童来到多样化的幼儿园机构中。

美国幼儿教育协会提醒早期教育工作者，尽管幼儿园是儿童从学前教育走向小学教育的重要过渡环节，但让幼儿园的孩子为小学做好准备并不意味着让学业学习取代游戏时间，强迫儿童掌握一年级的技能，或用标准化测试来评估儿童的成功。国际早期教育协会（The Association for Childhood Education International）曾发表过相似的文件，即《以儿童为中心的幼儿园》（*The Child-Centered Kindergarten*, Moyer, 2001）。

然而，这种两难困境仍在继续。最近在《幼儿》（*Young Children*）刊登的一篇文章中，一位幼儿园教师指出幼儿园的孩子没有休息时间，因为识字活动占据了太多的时间以至于孩子们没有空闲时间来吃点心和休息（Devault，2003）。美国幼儿教育协会指出适宜幼儿发展的幼儿园教室具有以下十大标志。

- 儿童操作材料，与其他儿童一起游戏和工作，不漫无目的地闲逛或被迫长时间安静地坐着。
- 一天中儿童能够进行各种各样的活动，能接触到积木、戏剧游戏、艺术材料、图画书以及桌面玩具，像乐高玩具和智力拼图。
- 教师在不同的时间分别与儿童个体、儿童小组和班集体一起活动。教师不是把所有时间都用在集体活动上。
- 用儿童的艺术作品装饰教室，比如他们第一次尝试写作和讲述故事的作品。
- 儿童通过日常经验来学习数字和字母，比如做饭、记录出勤和餐点服务。
- 儿童开展项目工作并且拥有很长的时间（至少1个小时）来进行游戏和探索。写作业不是他们的主要活动。
- 只要天气允许，儿童每天都进行户外游戏。不会为了上课而取消户外游戏。
- 教师给儿童读书的活动贯穿全天。
- 个性化的课程，既适合领先的儿童，也适宜需要额外帮助的儿童。大家不期望儿童在同一时间用同样的方式学习同样的内容。
- 儿童和家长都渴望来到学校。儿童非常快乐，并且家长感到安心。

所有适宜幼儿发展的幼儿园都有一个共同特征：关注儿童整体的发展。尽管在美国期望儿童取得学业成就的浪潮不断高涨，但那些关心为幼儿提供适宜其发展的经验的机构可以：

- 承认对儿童新的期望中正确的地方，强调终极目标的重要性，指出采用其他的教学策略来实现目标可能会更好。
- 向其他人解释幼儿园中好的识字教学是什么样子，并记录儿童的进步，以此来推进适宜幼儿的教学实践。
- 随时追踪最新的教学法和政策。
- 成为发展适宜性实践的倡导者并与他人合作，同时明智地作出选择。（Devault 2003）

## 此时你会怎么做？

"对我来说一天中最糟糕的时间就是让儿童准备好去操场。我的主管坚持让儿童安静地排成一条直队走出去，但是努力让儿童等待队伍排直并安静下来对我们所有人来说都是一件很痛苦的事情。我该怎么办？"如果你面临这种情况，会怎么做？

最可能的情况是主管担心儿童在走廊里行走时的安全问题。很长一段时间内，我们将对秩序和控制的渴望与这样一种观点相混淆，即保持秩序和管理的唯一方法是，对儿童采用半军事化的做法，在成人的指挥下实现理想的控制。尽管不让儿童疯跑乱冲以免使其受到伤害无疑是值得去做的事情，但是我们还可以有更适宜的方法去集合儿童并让他们认识到什么是安全的行为，如何保持安静以尊重教室中其他人权利。一些教师认为排队对年幼儿童来说是不适合的，他们希望能够避免让儿童排队，并对更多的创新方法进行尝试。

这些方法充分利用了学前儿童的想象力和集体参与的意愿。他们可能会：

●在走廊中边走边玩一个安静的"排头做什么，我做什么"的游戏，首先轻拍脑袋，然后蹲下来，再起身把双手伸向空中，然后第一只手挥舞一下，再挥动另一只手。当他们做到这里的时候，很有可能已经走到操场门口了。不需要再像以前那样提醒儿童走向操场，他们是如此专注于这个游戏。

●建议让儿童假装成某一个安静的事物，这一事物通常要能够与儿童先前的经验建立起"思维联系"。在读完关于第一场雪的故事后，黛德丽（Deidre）建议他们每个人都假装成一片飘落在走廊上空的雪花："小心！不要让任何人碰到你，否则你就会融化了。"安妮（Annie）在他们走出去玩的时候，提议她班级中4岁的孩子寻找一些红色的东西并告诉她。让儿童的思维集中于某一点上，有利于儿童控制好自己的行为。

●使用"魔法绳"。在绳子上拴上珠子，巧妙设计珠子之间的间距，使之既能让儿童走在一起，又能留出一定的空间以避免拥挤。那些处于对"直队"要求非常严格的领导监管下的老师会发现，"魔法绳"是一种指令性较弱的集合儿童的方法。

一些成人坚持让学前儿童学习排队行走的另一个原因是：他们在以后的学校生活中需要掌握这种技能。这种观点的确不适宜，因为它强调"儿童的未来发展比现在的良好发展更为重要"（Goffin，1989，p. 155）。让学前阶段的儿童为未来成长阶段做准备，忽视了童年本身作为发展阶段的意义。有些儿童由于得到成人的尊重以及适宜的回应和期望，从而拥有自信，另外一些儿童由于未实现成人不适宜的期望而由此感到自信心不足。与后者相比，前者在今后的发展中能够更好地遵从指导。

## 发展适宜性环境中所看不到的

在学前儿童的发展适宜性物质环境中，你不会发现下面这些。

●物质环境的设置暗含频繁的、直接的教师教学。

因为游戏在学前课程中占据中心地位，因此，物质环境的设置必须有利于儿童的运动、交流和活动。如果物质空间和家具陈设只允许儿童坐着，教师排列餐桌或课桌的目的是让儿童关注他/她在教室中的名次，那么物质环境为儿童提供了消极的学习经验。

●日程表以教师上课时间为主。

当对教师讲话和结构性教学的重视程度远远高于对儿童发起的游戏经验的重视时，呈现在日程表上的儿童自由游戏时间（不管室内还是户外游戏）非常短暂。游戏在这里的作用是让儿童在短暂的课间休息时间"成为儿童"，从教师指导的"真正的学习"中获得短暂的休息。

●练习簿、抄写本（ditto sheet）、教学抽认卡和其他抽象的材料。

如果这些材料在学前儿童的教室中占据主导地位，这表明成人未认识到学前儿童学习和思考的真实方式。强调学习由这些结构性材料所代表的特定技能，反映了成人狭隘地关注于课堂学习中的认知发展，而不是致力于培育儿童的全面发展。

- "罚坐"椅（time-out chair）。

在教室的中心位置摆放标示"暂停"的椅子，表现出了成人在控制儿童行为上对教师权力和惩罚的依赖。在第十章，我们将会讨论教师对学前儿童的适宜指导。在这里，我们只是指出，在学前教室中设置这种"不快乐的地方"是不合适的。

- 艺术作品的模型。

在一个强调创造性的教室中，儿童能够使用各种各样的开放式材料，在教室中的任何地方儿童都可以使用这些开放式材料进行创作。他们的创造性没有因为必须要遵照教师的模型、不被鼓励用自己的方式来进行自我表达而受到压抑。

## 小结

学前儿童的发展适宜性物质环境包括多个界限清晰、相互分离的兴趣中心，为儿童提供各种各样的主动游戏经验；面积足够大，以鼓励社会互动；有一些有利于独处或双人游戏的足够小的区域；有可以脱离集体的私密空间，提供给人以归属感的个人空间；有精心选择的、开放式的材料，其摆放方式能够吸引儿童进行探索；教室装饰反映出儿童的兴趣、身份、对活动的参与和计划；户外游戏区域既能为儿童提供大动作运动的挑战，也能提供进行其他活动的空间和材料；日程表具有可预测性，同时也能根据儿童的需要和兴趣进行调整；过渡环节的设计能避免混乱、困惑和无所事事的等待。

## 思考

1. 参观一个学前教室。思考普莱斯考特关于物质环境的维度。列出你所发现的与每一维度相关的具体内容。标出这个教室在每一个维度的连续体上所处的位置，然后与同学一起讨论你的发现。

2. 画出这个教室兴趣中心的缩略图，标出存储区、工作区和其他的区域及其间隔物、通道以及行走路线。标出每个中心所呈现出的游戏空间数量。从以下几个方面评价教室。

- 嘈杂区域和安静区域、整洁区域和脏乱区域分离。
- 材料取用和存放位置有明确标志。
- 保护游戏区不受儿童行走的影响。
- 清晰的通往兴趣中心的过道和入口。
- 闲置的空间。
- 既有足够大的集体游戏中心，也有足够小的双人和单独游戏中心。
- 注重美观且有利于儿童创造性发展的材料。

有什么明显的可以改善的地方吗？如果有，在纸上重新设计一下。

3. 什么样的提示可以帮助儿童知道以下事情？你能列出几种？

- 将玩具放回哪里，清理哪些地方。
- 怎样设计自己的游戏。
- 一个区域可以允许多少个儿童游戏。

- 儿童的个人空间在哪里。
- 在特定活动中该怎样表现。

4. 从以下几个方面对日程表进行评价。

- 按时间块设计带来的灵活性。
- 活跃和安静时间互相交替。
- 大部分时间分配给儿童发起的活动。
- 穿插教师主导的时间块。

5. 观察几个过渡环节。记录以下方面的证据。

- 给予提前通知。
- 使用熟悉的歌曲和其他提示。
- 确保儿童理解应该做什么。
- 避免无所事事的等待时间。
- 在过渡环节让儿童承担真实的职责。

6. 你是否在教室中看到有特殊需要的儿童？为促进他们的活动参与，物质环境作出了哪些调整？

7. 参观当地的一所公立学校的幼儿园。本章所描述的有关适宜性物质环境的哪些原则在该教室中有所体现？哪些没有体现出来？如果可能，与教师谈谈学区的哪些行政要求影响到日程表的设计、活动安排和物质环境的设置。

### 问题（用以评估本章所学）

1. 描述学前儿童是什么样的，他们做些什么，他们需要什么。
2. 指出在创设主动性环境时需要考虑的几个问题。
3. 指出在设计游戏环境时需要考虑的几个问题。
4. 指出在设计有利于儿童自我控制能力发展的环境时需要考虑哪些事项。
5. 讨论一个好的日程表所具有的特征。
6. 描述教师能够做哪些事情以实现平稳过渡。
7. 指出在发展适宜性的幼儿园教室中可以看到的特质以及令人质疑的做法。
8. 列出在发展适宜性的学前教室中所看不到的东西。

### 问题（用以应用本章所学）

1. 有些4岁或5岁的儿童家长想知道，为什么在你的教室中要为儿童提供那么多机会让儿童自己作出选择？请向他们作出解释。

2. 根据本章所讨论的原则，分别为3岁班和4岁班设计一个半日活动日程表。

3. 假设在你所负责的幼儿园教室中有两个大人和24个5岁的儿童。制订一个具体的过渡环节计划，指出在自由活动时间结束、整理、洗手、准备吃点心各过程应该如何安排。确保对每一个成人的行动作出规划，并使用本章所讨论的有关原则。

### 参考文献

Author.（2000，2001）. Still unacceptable trends in kindergarten entry and placement. Position paper. Washington, DC: NAEYC.

Bredekamp, S. & Copple, C. (1997). *Developmentally appropriate practice in early childhood programs, Revised Edition.* (Rev. Ed.). Washington, DC: NAEYC.

Caples, S. E. (1996). Some guidelines for preschool design. *Young Children,* 51(4): 14 – 12.

Carter, M., & Curtis, D. (1996). *Reflecting children's lives: A handbook for planning childcentered curriculum.* St. Paul, MN: Redleaf Press.

Ceppi, G., & Zeni, M. (Eds.). (1998). *Children, spaces, relations—Metaprojects for an environment for young children.* Washington, DC: Reggio Children.

Clements, D., & Sarama, J. (2003). Young children and technology: What does the research say? *Young Children,* 58(6): 34 – 40.

DeBord, K., Hestenes, L., Moore, R., Cosco, N., & McGinnis, J. (2002). Paying attention to the outdoor environment is as important as preparing the indoor environment. *Young Children,* 57(3): 32 – 35.

DeVault, L. (2003). The tide is high, but we can hold on—One kindergarten teacher's thoughts on the rising tide of academic expectations. *Young Children,* 58(6): 90 – 93.

Dodge, D., Colker, L., &Heroman, C. (2002). *Creative curriculum for preschool* (4th ed.). Washington, DC: Teaching Strategies.

Elicker, J. (2000). *Full-day kindergarten: Exploring the research.* Bloomington, IN: Phi Delta Kappan International.

Epstein, A. S. (1993). *Training for quality: Improving early childhood programs through systematic inservice training.* Ypsilanti, MI: High/Scope Foundation.

Flynn, L., & Kieff, J. (2002). Including everyone in outdoor play. *Young Children,* 57(3): 20 – 27.

Goffin, S. G. (1989, Winter). How well do we respect the children in our care? *Childhood Education,* 65(1): 68 – 74.

Gonzalez-Mena, J. (2001). *The child in the family and the community*(3rd ed.). NewYork: Macmillan Publishing Co.

Gould, P., & Sullivan, J. (1998). *The inclusive early childhood classroom: Easy ways to adapt learning centers for all children.* Beltsville, MD: Gryphon House.

Greenman, J. (1988). *Caring spaces, learning places: Children's environments that work.* Redmond, WA: Exchange Press, Inc.

Harms, T., & Clifford, R. (1998). *Early childhood environment rating scale. Revised Edition.* New York: Teachers College Press.

Hildebrand, V., & Hearron, P. (1998). *Guiding young children* (6th ed.). NewYork: Macmillan Publishing.

Isenberg, J., &Jalongo, M. (2000). *Creative expression and play in early childhood* (3rd ed.). Upper Saddle River, NJ: Merrill/ Prentice-Hall.

Marshall, H. (2003). Research in review—Opportunity deferred or opportunity taken? An updated look at delaying kindergarten entry. *Young Children,* 58(5): 84 – 93.

Miller, K. (1987, August/September). Room arrangement: Making it work for you and your kids. *Scholastic Pre-K Today,* 26 – 33.

Mitchell, G. (1982). *A very practical guide to discipline.* Chelsea, MA: Telshare Publishing Co.

Moyer, J. (2001). The child-centered kindergarten—A position paper, Association for Childhood Education International. *Childhood Education,* 77(3): 161 – 166.

Prescott, E. (1994, November). The physical environment—a powerful regulator of experience. *Child Care Information Exchange,* 100, 9 – 15.

Taylor, A. S. (2003). What to do with Lee? Academic redshirting of one kindergarten-age boy. *Young Children*, 58(5): 94 – 95.

## 建议进一步阅读和研究的资料

Curtis, D., & Carter, M. (2003). *Designs for living and learning: Transforming early childhood environments*. St. Paul, MN: Redleaf Press.

Hohmann, M. (1994, Fall). Participating in group routines—The preschool way. *High/Scope Resource*, 13 (4): 14 – 15.

Isbell, R., Exelby, B., &Exelby, G. (2001). *Early learning environments that work*. Beltsville, MD: Gryphon House.

Jones, E., Evans, K., & Rencken, K. (2001). The lively kindergarten—Emergent curriculum in action. Washington, DC: NAEYC.

Olds, A. (2000). *Child care design guide*. New York: McGraw Hill.

Perry, J. (2001). *Outdoor play: Teaching strategies with young children*. NewYork: Teachers College Press.

Perry, J. (2004). Making sense of outdoor pretend play. *Spotlight on young children and play*. Washington, DC: NAEYC.

Sandall, S. (2004). Play modifications for children with disabilities. *Spotlight on children and play*. Washington, DC: NAEYC.

Sandall, S., & Ostrosky, M. (Eds.). (2000). *Natural environments and inclusion*. Washington, DC: NAEYC.

Seefeldt, C., & Wasik, B. (2002). *Kindergarten: Fours and fives go to school*. Upper Saddle River, NJ: Merrill/Prentice Hall.

Wellhousen, K., & Crowther, I. (2003). *Creating effective learning environments*. Clifton Park, NY: Thomson Delmar Learning.

Wellhousen, K., & Crowther, I. (2001). *Outdoor play every day: Innovative play concepts for early childhood*. Clifton Park, NY: Thomson Delmar Learning.

## 实用网站

### http://www. teachingstrategies. com
创造性课程的网站。点击 preschool（学前教育）部分，然后搜索一篇标题为 "*The Creative Curriculum Preschool Classroom*" 的文章。

### http://www. naeyc. org
美国幼儿教育协会的网站。搜索 1998 年的一篇题为 "*Early Years are Learning Years, the Value of School Recess and Outdoor Play*" 的文章，和 2000 年所发布的一份立场声明："*Still Unacceptable Trends in Kindergarten Entry and Placement*"。

### http://www. ncsu. edu
国际儿童游戏权利协会，该网站有这一协会发布的 "*Declaration of the Child's Right to Play*"。

### http://www. kidsource. com
儿童资源网站。搜索一篇题为 "*Top 10 signs of a Good Kindergarten Classroom*" 的文章。

# 发展适宜性的物质环境：学龄期

我们的社会在儿童的生活中武断地设了一座里程碑——6 岁的时候进入"大的"学校。尽管现在很多孩子可能在这个年龄之前就已经开始进入教育或保育机构，传统的思维模式仍旧将进入"大的"学校与让儿童开始进行未来生活所需的学习联系起来。尽管孩子们已经意识到成人对这一标志性事件的重视，但他们自身并没有突然地发生任何实质性的变化。6 岁、7 岁和 8 岁的儿童与比他们小 1 岁或者更小的孩子相比，在学习方式和能力方面并没有太大的差异。比起更小的孩子，这一年龄阶段的儿童在与父母分离的时候已经不那么无所适从了，但他们仍旧非常渴望得到其他对他们来说有重要意义的成人的认可，并建立起与这些成人的关系。他们非常喜欢和其他儿童在一起，并且仍旧在学习如何使自己成为一名集体成员的技能。他们依然是活跃的小人，对身体的控制能力在不断增强，并不断练习大动作与精细动作技能。他们对于周围世界的理解仍旧与他们的具体经验联系在一起；因为受到前运算阶段思维模式的控制，他们会在判断和逻辑思维方面出现错误。周围世界的很多东西对于他们来说依旧是新鲜而又有趣的。发生改变的一件事情是，成人期望这个阶段的儿童能够掌握在社会文化中被认为是必需的技能。因此，儿童在正式进入学校时，很可能会伴随着一种兴奋和对新体验充满期待的心情，同时也有对于成功适应学校的焦虑和担心。

在大多数情况下，一天中在学校待六七个小时对儿童来说是全新的体验。对于父母都在工作的孩子来说，必须在上学前、放学后以及假期接受其他的看护服务，这通常意味着儿童又需花几个小时待在另外一种环境。《不让一个孩子落后法》的出台给教育系统带来了很大的压力，这部法案将在学年结束时进行的高利害测试变为了现在学校的一种常态，随着教师和管理者聚焦于最终结果，将大量的发展适宜性实践抛在一边，大多数学龄儿童的生活已经变得愈发标准化，并充满焦虑和不愉快。不幸的事实是，许多小学新教师会发现，小学课堂中几乎没有本书中所讨论的适宜性实践。然而，我们没有理由来放弃本章中的观点，相反，我们会拥有更多的理由来努力让早期儿童专业人士知道更多关于适宜性实践的知识。只有这样，他们才能继续呼吁决策制定者在制定决策时要为专业人士的参与留出空间，使所制定出的决策能够更适宜儿童的发展。

在本章中，我们将会对最适宜学龄儿童发展的小学和校外托管机构的教室的物质环境进行讨论。

## 本章学习目标

- 描述学龄儿童是什么样的。
- 描述怎样来促进学龄儿童的最优发展。
- 描述有利于培育儿童勤勉感的环境包含哪些要素。
- 描述发展儿童早期读写能力的环境在设计时要考虑哪些要素。
- 明确有利于关系建立的环境包含哪些要素。
- 讨论制定发展适宜性日程表时要考虑的因素，包括课间休息。
- 明确适宜性校外托管环境包含的要素。
- 描述不应该存在于发展适宜性学龄儿童教室内的要素。

## 学龄儿童是什么样的？

在 6 岁左右开始正规学习之前，儿童已经经历了许多事情，他们过去的生活和成长方式多种多样且独一无二。在每一个一年级的教室中，很可能有些孩子从出生开始就幸运地享有父母和家庭的妥善爱护和关注，而有些孩子的父母却没有能力履行其作为父母的职责，或过分忙于自己的生活，因此这部分孩子受到虐待、冷落或忽视；当给孩子们讲有趣的故事时，有些孩子会开心地大声喊叫，而有些孩子却会因为不理解某些词语而感到困惑，也不习惯拿书；一些孩子能顺利地适应班级中的新挑战和新关系，另外一些孩子则表现出退缩、羞怯、害怕和不信任；有些孩子能够读写自己的名字并渴望更多的挑战，有些则吃力地将英语作为他们的第二语言进行学习，似乎并不期待自己能够在这个新的世界中取得成功；有些孩子兴高采烈地攀爬、荡秋千、奔跑、跳跃，有些则因为身体方面的限制或是缺乏经验而不能做这些活动；有的孩子和父母一同在田野里劳动，另外一些孩子却从来没有干过家务活；一些孩子已经掉了第一颗牙齿，并满怀希望地把牙齿放在枕头底下，期待着有关牙齿的童话故事的发生，而另一些孩子则因为糟糕的营养和卫生、缺少牙齿护理或是一些意外事故而掉了许多牙齿；有些孩子的校外生活非常繁忙，会去学习其他课程，去朋友家拜访，参加各种家庭活动，而有些孩子的大量校外时间则花在了观看多数不适合于孩子的电视节目上；这种种差异受到多种因素的影响，包括文化、社区以及他们家庭的社会和经济状况，同时，还包括儿童自身的性格以及个体发展速度。尽管儿童之间存在着巨大的差异，他们仍然具有一些共同的特点。

学龄儿童的共同之处在于他们进入到了生命中的另一个阶段，在这个阶段里，他们已经能够很好地控制自己的身体、思维和情感，并拥有良好的交流能力，他们拥有做自己想做的任何事情的潜能，即使这些事情在以前看来是不可能做到的。对许多学龄儿童来说，也许最突出的特点是他们渴求知道和理解更多的东西。对拥有各种能力的渴望是他们前进的推动力，他们愿意在自己感兴趣的事情以及对成人来说非常重要的事情上花费时间和精力，使自己能够出色地完成这些事情。对于学龄儿童来说，这一年龄是进行创造的时期，这时的儿童想去做事情，想把事情做好，想要成功。他们能够完全沉浸于自己强烈的兴趣中。

和朋友一起做事情是学龄儿童极其感兴趣的事情之一。儿童在小学低年级所建立起的友谊，与学前儿童建立的第一次友谊相比，其持续时间往往会更长一些。学龄儿童在建立友谊时仍旧会经历痛苦和伤心，但是这些友谊为学龄儿童提供了探索社会关系的重要机会，也使他们变得不再那么以自我为中心。与同伴的互动给儿童自身提供了重要的反馈，这些反馈融入了儿童对自我的认识中。

身体能力和技巧掌握也是学龄儿童自我概念的一个重要组成部分。身体能力通常是进行一般活动的基础，也是与其他儿童一起游戏的前提。学龄儿童是很棒的游戏者。童年时期的传统游戏几乎未曾改变地代代相传。因为这一年龄段儿童的成长速度变慢了，他们身体变化较为缓慢，因此，学龄儿童的身心会在较长一段时间内感到舒适自在。他们在大肌肉运动方面的乐趣和技能掌握反映在他们的无穷精力和活动中。学龄儿童依旧很难保持长时间的安静。

时间对于学龄儿童来说仍然是一个比较模糊的概念。他们会讲述有点儿不太连贯的故事，有些故事是关于过去某一时间的经历，有些故事则关于未来会发生的事情。而他们则是活在"此时此刻"的人，尽情享受着现在的生活。

## 学龄儿童做些什么？

面对"学龄儿童做些什么"这个问题，最显而易见的答案是，他们花费了大量的时间在家庭之外参与正式的、有组织的学校教育，并参与不那么正式的，但同样是有组织的、娱乐性的校外活动。在这些环境当中，他们花大量时间听讲、坐、服从指令，并努力学习新的技能。根据不同的课，他们可能会花很多时间写作业；他们可能要花一点儿时间来等待轮到自己的阅读小组，然后或者会去努力地做布置在黑板上的作业，或者会试图去吸引朋友的目光，并与朋友交谈，直到教师要求他们保持安静；他们可能会花点儿时间等待每一个人都排好队，然后去体育馆、自助餐厅或是操场；或者因为他们不能安静地等待，他们还可能会被罚不得游戏。

在另外一些班级中，儿童可能会将大部分在校时间投入到和一个朋友一起进行阅读，写一个关于去面包房的故事，享受教师为他们阅读图书的乐趣，然后在积木区建造一个面包房。由此，学龄儿童的体验可以是极其不同的，这取决于教师、管理者及其团队的决定。

放学后，有些孩子就回自家院子里或是在街道上玩耍，享受父母给予这个年龄儿童的更多的自由：他们可以自由地交谈，自由地游戏，或只是和朋友们出去玩儿。有些孩子则由巴士或大篷车接到校外机构或是家庭看护中心，他们要在这些地方多待上几个小时，直到父母接他们回家。在这些地方，他们可能会参加设计好的娱乐活动，在成人的监督下写家庭作业，或者看电视。当他们真正回到家里时，很有可能会看更多的电视——许多学龄儿童每周花在看电视上的时间比他们在校时间还要长。他们与父母在一起的时间很可能也会少于他们更小一点儿的时候。

无论他们的校外安排和课堂经历是什么，学龄儿童积极地争取与朋友在一起。他们想和朋友一起交谈、一起游戏、一起做事情。朋友是他们生活中新出现的、具有重要影响力的人物。朋友所说所做的事情是对他们非常重要的事情。学龄儿童和他们的朋友一起创造出了一个独立的世界，这个世界只有儿童能够进入。学龄儿童花费大量时间在身体、情感、认知和社会性方面与其他人作比较，这对他们自我概念的发展来说非常重要。

另外，儿童的家庭及其各自的文化也决定着儿童所做的事情。他们可能花时间帮助照顾更小的兄弟姐妹，与祖父母交谈，或是帮助父（母）亲准备家庭聚会的玉米饼或春卷。他们可能会帮助完成农场的杂活，去上舞蹈课，或是陪父（母）亲去自助洗衣店。他们也许会把时间用到在课堂上学习有关家庭信仰或是文化传统的知识上，会去花时间看大点儿的男孩子们在街区的角落里打架，或者因自身的特殊需要而去接受个别化评估及治疗。星期六的早晨也许会被用来参加有组织的体育项目，看卡通片，或是为跟爸爸开车出门做准备。

所有这些不同的学龄儿童都正在变为他们社会中的成员，学习这个社会的行为方式、习俗和知识。人们寄予这些孩子更多的期待，而他们也预备着更加充分地参与到周围的世界中。他们准备好来获取各种能力，并即将被视为一个有能力的人。

## 学龄儿童需要什么？

学龄儿童需要一个他们能够体验到自己能力的世界。埃里克森指出这一年龄阶段儿童所面临的心理社会冲突是在勤勉感与自卑感之间取得平衡。这是指儿童需要感受到一种完成任务的成就感，而这些任务是成人所认为的对于儿童参与到文化中具有重要影响的事情。他们想让自己成为被文化认可的成功的工作者，而不想因未达到成人期望标准而感到失败。因此，环境必须通过选取那些儿童可以实现的任务以及为他们完成任务提供支持，来培养儿童的"能力感"。"能力"不仅仅指他们在学业任务上取得成功，比如读和写，还包括其他被认为是有价值的成就。这些成就是多种多样的，包括学习怎样玩好一种运动，学习演奏一种乐器，把车道上的落叶扫走，照顾兄弟姐妹，或者能够把其他人逗笑。促进儿童能力发展的环境给予他们时间、空间、材料和机会来练习他们正在学习的技能。这一环境同样传递出对儿童自身明显表现出的不同能力、技能和兴趣以及造成这种不同的文化背景的接纳和认可。

学龄儿童需要一个允许他们以自己的速度发展各种技能、不将其与其他人作比较的环境。这一环境能认识到儿童在发展速度以及学习准备上存在差异非常重要。在一种合作的而非竞争性的环境中，采取支持儿童发展的实践会使儿童受益。

在获得社会认可方面，学龄儿童为自己设置要实现的成就目标，同时，对这方面的发展来说非常重要的一点是他们没有自卑感。支持小组参与和同伴互动的环境有利于培育儿童成为小组成员的技能和满足感。学龄儿童需要机会去选择他们的同伴，与同伴在一起，并需要别人承认他们的友谊是非常重要和富有价值的。

学龄儿童还需要机会来沟通和发展他们的交流技能。这意味着他们需要一种既支持说也支持听的环境，这种环境能够将言语与文化所要求的其他交流方式联系起来。这种环境为儿童读写能力的发展提供支持，并把对阅读和写作的实用性与其愉悦功能结合起来。

皮亚杰描述了前运算阶段儿童的思维特征。他提出这一阶段延至 7 岁左右的儿童。这就意味着大多数学龄儿童仍然保持着与前运算阶段思维活动相关的学习风格及其思维方式上的限制。环境必须承认这一事实，并使用具体的方法来支持儿童的学习，这些方法与真实的经验相联系，并允许儿童来建构自身对概念的认识。学龄儿童没有改变他们在学龄前期时的主动性学习方式，因为他们的思维能力还没有发生改变。有利于前运算阶段思考者的环境会富含能为儿童提供积极学习经验的材料，以此来教导儿童。而学龄儿童所在的环境看上去与年幼一点儿孩子的环境确实有所不同，这是因为他们对某些特定话题有着强烈的好奇和热忱的兴趣，同时，他们与读写能力相关的技能正在得到发展。为学龄儿童所创设的环境应当为他们提供时间和空间，让他们去追求自己扩展的兴趣，去体验这个世界。

学龄儿童急切地盼望着能够融入到更广阔的文化环境中，他们需要这样一种环境，这种环境支持勤勉感的发展，有利于他们来了解周围的世界，包括促进大多数前运算阶段儿童所拥有的读写技能的发展，还有利于关系——主要是同伴小组关系——的发展。

## 学龄儿童物质环境的不同之处

对比一下这两个 6 岁儿童的处境。乔尔（Joel）是一名就读于埃尔姆优佳小学的一年级学生，拉托雅（La Toya）是帕克伍德学校的一年级学生。

乔尔一进入教室就立刻走向自己的课桌。他的座位是靠门那一排的第三张课桌。乔尔向他的朋友罗德尼挥了挥手，罗德尼坐在靠窗那一排最前面的位置上。乔尔原想走过去与他交谈，但是乔丹先生（Mr. Jordan）从讲桌上抬起头并提醒孩子们拿出他们的书。这是他们安静阅读自己从图书馆借来的图书的时间。昨天乔尔发现他借的书太难理解了，但是他这一个星期都要看这本书，所以他还是坐在位置上看书直到铃声响起。他的好朋友们没有一个是坐在他附近的。乔丹先生在开学一个月后就对他们的座位全部进行了调换，这样孩子们就不会坐在自己好朋友的附近，并试图去说话了。

铃声是每个人收起自己书本的信号。乔丹先生让一个孩子来到教室前面，带领大家宣读效忠誓词（pledge of allegiance）。国旗挂在教室的前面，旁边放有一张很大的日历和早期总统的一些图片。教师的讲桌、档案柜以及储藏架都摆放在教室的前面。教室后面放置着供孩子们存放午餐盒的架子以及悬挂孩子们外套的衣钩。教室门旁设置了一个公告板，上面张贴着一周日程，内容是不变的。

大家通常会被要求回答有关星期、月份和年份的问题，完成关于日历的讨论。同样的，大家会讨论天气并填好天气表。然后，乔丹先生把他们要完成的作业写在黑板上，在孩子们写作业时，乔丹先生监督每个阅读小组的学习。乔尔通常在第三阅读小组，因此他安静地坐在自己的位置上做作业。他把阅读作业本翻到第17页，回答了一些昨天课上所讲的有关一只小狗的问题。他在正确答案的下面画上线，但第四个问题中有一个他不认识的词。他举手提问，但乔丹先生说："继续做你的作业，我过一会儿来告诉你。"乔尔开始做所布置的下一项作业，这项作业是完成数学练习本第34页和第35页上的第二部分。他发现这些问题和昨天乔丹先生在黑板上所演示的减法问题属于同一类型。这些问题对乔尔来说非常简单，所以他很快就做完了。第三项作业是为所在的阅读小组读下一个故事，同时写拼写课要求的10个单词。

乔丹先生现在只叫到了第二阅读小组，乔尔已经坐得不耐烦了。他站起来去拿铅笔刀，尽管他的铅笔并不需要削。在回座位时，他选择了一条很长的路线，以便去和罗德尼交谈有关昨天晚上球赛的事情。当他俩止不住咯咯笑起来时，乔丹先生朝他们看并警告道："如果你们现在不完成作业，那么休息的时候你们就要留在这儿继续写作业。"然后，乔尔回到自己的座位上，开始写自己的拼写作业。

轮到乔尔的阅读小组时，乔丹先生让他先读。他在读第二句的时候被一个词卡住了。乔丹先生说："乔尔，这个词读作'thing'。大声读出来。你应该在阅读上投入更多的精力，而不是和罗德尼讲话。如果你每天不努力学习，你觉得你能在期末测试时获得好成绩吗？"乔尔重复了下这个词语，一会儿他又不知道另一个字（light）该怎么读了。这时，乔丹先生暂时中断了乔尔的阅读，因为其他坐在自己位置上做作业的孩子开始变得焦躁不安并有点儿吵闹了，乔丹先生对他们讲了几句话。当所有儿童都读了一遍之后，乔丹先生让他们坐在自己的座位上再把故事默读一遍，然后结束了他们"座位上的"学习。乔尔简直已经等不及去吃午饭了。在短暂的休息过后，他们又回到自己的课桌上听乔丹先生的数学课了。

现在让我们将视线转向帕克伍德学校。拉托雅走进她的教室，先环顾四周找到她最好的朋友乔伊所坐的位置。她看到乔伊（Joy）坐在书架附近的地毯上，于是走过去和乔伊坐在一起。两个女孩开始一起看乔伊挑选的书，也是她俩最喜欢的一本书。图书区展示了一些与某些书相关的大幅海报以及图片，还有一系列的手偶和一个小舞台。有些孩子从书架上挑选书后，到各种各样的地方进行阅读——有些到阁楼上，有几个孩子找到了自己一个人待着的僻静角落，有些孩子一起坐在低桌旁，还有些坐在窗户旁的台阶上。教师格雷拉女士（Mrs. Guerrera）在教室里四处走动，和孩子们打招呼。人来齐以后，她在竖琴上弹了一个和弦，孩子们听到后都转到了大集合区，格雷拉女士坐在放有一本大书的画架旁边。她开始读这本书，接着孩子们加入进来和她一起阅读，这本书是大家都特别喜欢的——《好奇的乔治在动物园》（Curious George at the Zoo）。读完这本书，全班的孩子们对一些单词进行了讨论，这也让他们想起了上一个星期参观动物园的经历。格雷拉女士把书拿走，并在画架上放上一个便笺簿，在上面列出孩子们对故事的讨论。教室里充满了笑声和交谈声。列完后，格雷拉女士把清单张贴在墙上。

接下来是写作时间。拉托雅从她的盒子里拿出笔记本和铅笔，走到写作中心附近的几张拼在一起的桌子旁。旁边的墙壁上张贴着最近各小组与老师一起写的几个故事，还有一些孩子们自己写的想和其他人一起分享的故事。同时，墙壁上还贴着几张写着单词的海报，其中有一张上面是英文字母表。另外有几个孩子加入到拉托雅的小组，有些孩子拿着他们的作业本去了地毯区，更多的孩子选择到摆放在教室边上的单独课桌上去写故事。从昨天起拉托雅开始写她的故事。她正在编写一个小女孩去动物园的故事。她决定在这个小女孩所看到的动物中加上一只猴子。于是拉托雅走回阅读区找到那本大书，想知道怎么拼写"猴子"这个单词。她开始浏览这本书直到认为找到了"猴子"为止。她把这本书拿给乔伊，然后两个人一起判断出拉托雅所找的这个词的真正意思是"恶作剧"。于是她们继续查找直到发现"猴子"这个词，然后拉托雅把它写进了自己的故事里。格雷拉女士走过来与孩子们讨论他们所写的故事，并且称赞了拉托雅写出的这个新句子。她问拉托雅是否愿意老师把她的名字列入一份名单里，名单里的孩子将会把自己的故事读给其他人听。格雷拉女士把她的名字写到了贴在墙上的一份名单中。拉托雅非常高兴。她走过去把乔伊叫来，让乔伊也来听她的故事。

在读完故事后，格雷拉女士宣布现在是孩子们自由选择活动区的时间了。轮到拉托雅时，她走到张贴在会议区墙壁上的计划板旁边，将自己的姓名牌贴到有 5 个空格的积木区牌下面。看一看教室里的情景吧。此时，其他孩子正在另外多个中心里忙碌着。3个孩子正在艺术区做一个很大的纸恐龙。几个孩子在听力中心戴着耳机翻书并互相谈论。还有几个孩子正在利用很多种小的操作玩具进行建构。另外一组孩子正在玩游戏。有 3 个孩子在制订一个参观自然博物馆的计划，他们正在列出很多问题，解答这些问题将会对活动的开展提供帮助。另一个区的一组儿童正在开办一个精心布置的小店，忙着为他们的货物标上价格。

拉托雅想为猴子造一个笼子。她示意让乔伊和另一个朋友也来到积木区。当他们造好笼子后，还为自己的作品挂了一个指示牌，上面写着"注意，不能触摸"。吃完午饭，他们计划在操场上扮演猴子。他们问老师可以用什么来当笼子。老师建议可以用储藏室外面的大盒子。

学龄儿童物质环境设置上的显著不同反映出了教育理念所发生的深刻变化。时间和空间的安排决定了儿童可以获得的学习机会、课程的每个细节、教师的互动风格，决定了儿童可以成为什么样的学习者。在讨论学龄儿童发展适宜性物质环境时，显然我们必须对传统的"插秧式座位"学习模式（sit-in-rows-of-desks-and-work style）提出质疑，考虑这种模式是否与儿童的学习方式和发展需求相匹配。

不幸的是，虽然大家都认可学龄儿童通过主动参与和游戏获得最佳的学习，但这一点常常被小学忽视。小学的教育者努力地去实现所规定的学业目标，而这些学业目标只是狭隘地对每一年级儿童的认知发展作了详细的规定。

美国幼儿教育协会对小学儿童发展适宜性实践的立场声明和实例提醒我们，我们必须明确倡导在小学阶段开展游戏和主动学习。

人们对小学的教育质量提出了大量的批评。卡内基小学阶段学习研究特别工作组（Carnegie Task Force on Learning in the Primary Grades，1996）总结了小学教育未取得成功的重要原因。

- 对许多学生抱有的期望不高。
- 严重依赖于陈旧的或无效的课程和教学方法。
- 教师的教学准备很差或是没有得到足够的支持。
- 家校联系薄弱。
- 缺乏问责体系。

- 学校和学校体系对资源的利用是无效的。

2001 年通过的《不让一个孩子落后法》纠正了其中一些问题。该法案主要呼吁如下几点。

- 对结果问责，对儿童的测验结果以及学校制定出详细的要求。
- 强调依据科学研究来开展工作。
- 拓宽家长的选择范围，特别是允许家长将孩子转出表现欠佳的学校。
- 扩大地方控制权，增强灵活性。

但是，许多教育者对当前为实现这些理想目标而使用的一些策略感到诧异和失望。现在许多学校不是努力改善教学实践，反而强调死记硬背式的技能，不重视"在一种富有意义的背景下进行主动的、经验式的学习"（Bredekamp & Copple，1997，p. 141）。现在许多学校系统将精力投放在仅仅让学生获取各种技能，以便在测试中取得理想的成绩，而不关注让学生知道如何将学业技能应用到具体问题和真实情景中。孩子们为了眼前的测试成绩而牺牲了复杂思维技能的发展。早期教育专家需要站出来，呼吁为学龄儿童创建更为适宜的学习环境。

## 有利于培养勤勉感的环境

在学龄儿童进入小学开始接受正规的学校教育时，环境要能够传递出这样一种信息——儿童是主动的学习者。教室环境的设计应当有利于儿童以一种自然的方式进行学习，这样儿童能够体验到成就感。传统的教室布局是让孩子们成排地坐着，面对着教室前面摆放的教师讲台和黑板，这种设计方式让教师成为关注的焦点，并且不利于儿童之间的交流。

在这样的环境安排中，儿童很快学会让教师来管理他们的全部学习，并且在对自己的成就进行自我评估时变得依赖于教师的观点和评价。当有些儿童发现很难适应这种不活跃的、限制性的环境时，会被教师认为他们在课堂表现中非常失败并得到消极反馈，由此，这部分儿童作为学习者的自尊心会受到加倍的伤害。

如果环境期望儿童自己决定做什么样的工作、怎样做以及到哪里去做，它将有利于儿童发展出对学习的积极情感。基于这一原因，发展适宜性的小学教室为儿童的一日学习提供了广泛的选择机会。儿童会选择一个活动作为他们一日在校学习的主要内容。这意味着教室将提供不同的学习中心，以便儿童能够从教师为他们准备好的各式各样的材料和媒介中作出选择。拥有不同兴趣、学习方式和能力的儿童能够在以这种方式设置的学习中心中找到对他们个人而言富有意义的活动。

这些学习中心很可能会与学前教室的学习中心有某些相似之处，但是学龄儿童教室环境的独特之处在于中心的规模和其复杂性方面。比如，尽管在小学教室和学前教室中都能看到积木区，但是年龄更大孩子的积木区会因为人们认识到了他们需要构建更为宏大的建筑物以及与小组成员一起来实施共同的计划，而将积木区变得更大或是在里面放上更多的积木。教师还可能会在积木区融入有关阅读和写作的内容，为这些建造者们创造出一些挑战。挑战卡片可能会邀请儿童来"建造这样一些东西吧，它们能提示你想起我们上周一的旅行"，或者"找一两个朋友过来吧，让他们帮助你一起建造出一个六面的建筑物"。积木区附近展示的书可能会有《迈克·马利根和他的蒸汽挖土机》（*Mike*

*Mulligan and His Steam Shovel*) 以及一本描绘世界各个国家建筑的书籍。教师也可以把书写用品放在附近，这样这些建造者就可以为他们的作品贴上标签或者进行描述。同时，教师还可以为那些需要继续展开的项目提供一些额外的空间，直到孩子们完成这个项目为止。

除了复杂性之外，小学教室环境的不同之处还包括儿童承担责任的程度。学龄儿童被要求在有限的成人监管下对自己的工作完全负责，他们要帮助准备和照看这些材料并且独立工作（Scully, et al., 2003）。空间和材料的设置要求儿童拥有更高的技能水平。

除了积木区，小学教室通常还包含其他的活动中心，比如创造性阅读和写作中心、数学/操作材料/游戏中心、艺术创作中心、科学中心、戏剧游戏中心、听力中心以及计算机使用中心。偶尔也会为儿童提供烹饪、木工以及玩沙和水的机会。

使用学习中心模式的好处之一是，有利于在小学教室中进行发展适宜性实践所推荐的整合课程。

学习中心模式不是根据不同的学科，比如科学、社会研究、数学、阅读等，将一整天分割成不同的时间块，并为每门学科分配出固定的时间。相反，在学习中心忙碌的儿童会主动地将不同的学科内容融入到一个活动中。学习中心有利于教师利用带有目的性的经验、策略和材料来拓展课程目标。儿童在学习中心模式下所进行的学习是亲自动手操作的、基于经验的并且是个性化的，适合于每个儿童特定的需求、兴趣、风格和能力。一旦教学时间大部分都被用在学习中心上，教师就可以自由地观察每个儿童并与他们进行互动，从而来评估儿童的教学需求并设计今后的教学策略。

当教师尝试通过学习中心和合作项目来设计课程时，他们需要对一些问题作出决定。教师需要决定建立起什么样的机制，以便鼓励儿童在每周学习任务下精心设计他们的活动。教师需要决定是否每天都开放所有的学习中心，是否每天都腾出时间让孩子到学习中心活动。

其他的决定还包括：在规定的时间内，每个儿童是否必须参与各个学习中心的活动，是否可以自由地选择离开某一个中心，或者只有在教师的指导下才可以离开。一些教师想要保证儿童能够平衡地选择各种学习机会，因此他们要求儿童每天或每周必须至少参与一定数量的中心活动。图 7-1 展示了一个合同样例。其他监测儿童使用中心情况的方法包括：给儿童一定数量印有他们名字的彩色门票，在他们想进入某个特定中心时上交出（Kostelnik, Soderman & Whiren, 2003）；要求儿童在颜色标记卡上盖上自己的图章，在进入某个中心时将卡片留到教师的篮子里。也有些教师认为这样的制度阻碍儿童学习如何独立地作出选择，也不利于他们投入到长期项目和学习活动中去。这些教师相信任何一个中心都能够融合进很多种不同的学习机会。就像前面所提到的，教师必须根据他们对儿童发展、经验以及需求的了解来作出决定，同时也必须考虑到其他的影响因素，比如学校的指导方针、家长与社区的偏好以及教师的舒适感等。

是否所有的学习中心都应该通过为儿童提供自由探索的机会来指引他们的学习？或者教师应该要求儿童以指定的方式完成特定的活动？对这一问题教师也有不同的选择。一共有 3 种类型的学习中心：自我指导/自我纠正式、自我指导/开放式、教师教导/探索式。第一种类型学习中心的特点是，教师为实现特定目的而设置活动，材料本身能够告诉儿童他们对材料的使用是否正确。例如在拼图游戏中，儿童需要使数字与物体的编

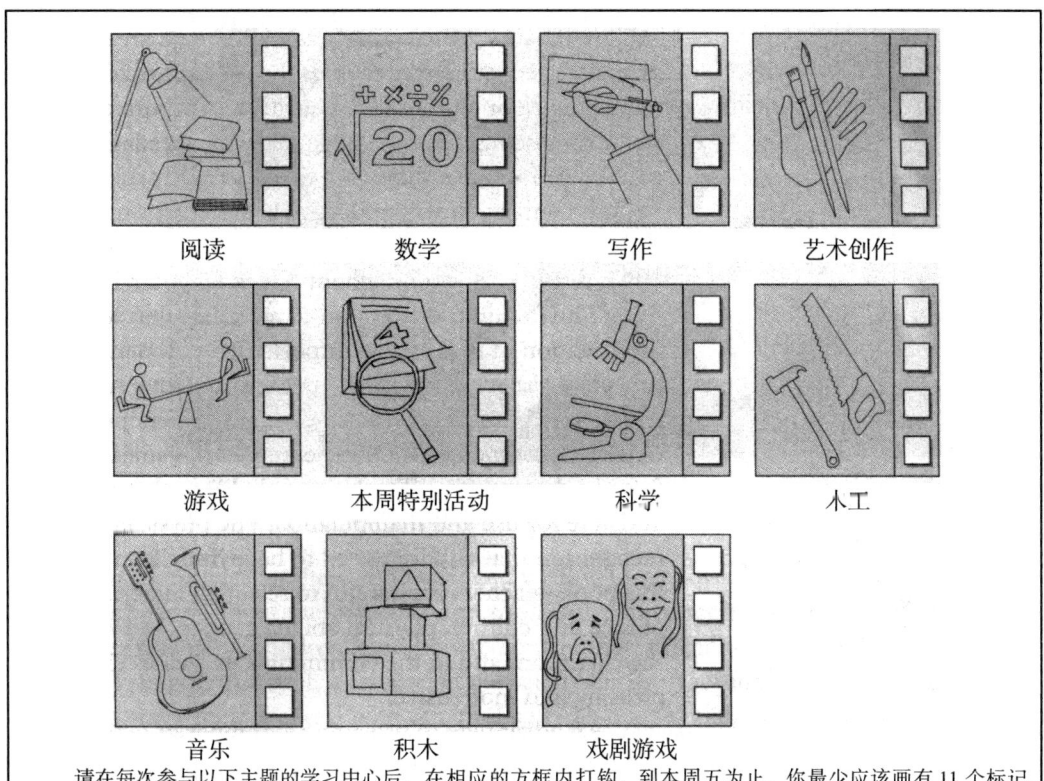

请在每次参与以下主题的学习中心后，在相应的方框内打钩。到本周五为止，你最少应该画有 11 个标记，包括至少 5 个阅读标记、3 个数学标记以及 3 个写作标记。

**图 7 – 1　计划合同样例**

号相匹配，或者将首字母发音相同的图片卡进行配对。第二种类型，自我指导/开放式学习中心所提供的材料能够让儿童进行多种多样的学习，且根据每个儿童能力和兴趣的差异而有所不同，比如积木区不为儿童提供任何的指导或是特定的挑战活动建议。第三种类型的学习中心会为儿童提供机会去探索那些老师以前已经介绍过的概念。例如在教师上完相关的课程后，让儿童在学习中心使用滴管对颜色进行调配，或者用盐和其他调料来探索冰的融化。教师可以根据儿童的课程需要，在不同的时间选择使用不同类型学习中心的不同部分。

如果教师将学习中心作为一种主要的教学方式，那么他们需要围绕共同的主题和深入的项目来组织儿童的学习经验，这些主题和项目允许儿童探究自己感兴趣的话题。

需要花费"数日、数周甚至是一整年时间"（Bredekamp & Copple，1997，p. 171）的项目能够让儿童沉浸于长时间的探索、观察和研究之中，这为儿童提供了跨学科探索富有意义内容的机会。由此，学龄儿童的主动和互动游戏成为进行教学的主要方式，而不仅仅是被当做额外的或是补充性的内容。教师将他们的课程目标融入到这些活动中，在具体的学习过程中为儿童引入所需的知识和技能。比如孩子们正在进行一个关于开办商店的社会研究项目，在这一过程中，儿童可以"初步理解一些经济原理，比如供需关系……以及与花钱、定价、找零相关的数学技能"（Bredekamp & Copple，1997，p. 170）（可参见第十五章了解更多内容）。

　　对材料的精心选择也是物质环境的一个重要组成部分，所选择的材料要能够挑战儿童的好奇心，并能够持续支持儿童对主题的复杂研究。教师要为儿童提供多种具体的、真实的并与儿童生活相关的材料。这些材料包括让儿童进行操作和探索的事物，比如建构材料、艺术媒介、科学设备、游戏、一系列有趣的物品和手工艺品以及计算机。教师努力设计出吸引人的材料展示方式，以便于儿童使用和操作。这种颇具吸引力的教室环境表明教师认识到儿童需要快乐地投入到学习中。正如本书后面会讨论到的一点，教师精心选择所有的材料，以表示他们对在教室和社区中所反映出来的儿童所具有的不同种族和文化、身体能力、性别以及社会经济背景的尊重，同时，教师所选择的材料还应该令人赏心悦目，具有吸引力。

　　为儿童提供若干独立的学习中心的一个好处是，能够让他们在其他的时间段内选择工作的地点。显然，教室中没有足够的空间来既按照传统的方式进行布置，又同时摆放上创设独立兴趣区所需的桌子、架子以及其他家具。为单个儿童和小组提供的小桌子以及独立的工作区域能让儿童来选择对他们来说最舒服的地方进行工作，不管是自己单独工作还是和其他人一起工作。儿童甚至可以选择坐在地板上工作。枕头和地毯能够营造出让儿童放松工作的区域。"桌子或是灵活的课桌设置能够为儿童提供单独工作或小组工作的空间……教室能够为儿童提供多种多样的工作区域及空间，并灵活地使用它们。"（Bredekamp & Copple，1997，p.165）展示桌让儿童对自己和他人的作品继续进行思考。教室中没有对儿童运动、谈话以及从其他人那里获取帮助的明确或隐含限制。在这样一种教室里，没有固定的"前面"；所有地方都在发生着一些事情，教师和儿童都是移动的，而不是使用某一固定的位置。

　　如果教师坚持让儿童坐在座位上以方便组织活动，而不够重视儿童的身体舒适感和自然发展倾向，那么儿童会感到教室环境对他们来说是陌生的。在学习中心的氛围中，儿童更有可能拥有成功感和勤勉感，而不会因为不能按照具体限定的方法、在明确指定的地点来完成所规定的狭隘课程而产生自卑感。

　　计划板。当儿童感到他们正在作出与自己学习相关的重要决定时，他们的勤勉感也会得到培养。许多小学教师利用各种形式的计划板来帮助儿童对他们的学习活动作出有意识的选择。对于6—8岁的儿童来说，为他们准备一个中心计划板非常合适，它能让儿童在所有可能的活动中作出选择，而且很可能是和同伴们一起作出选择。儿童有自己的姓名牌，可以放在口袋里、挂在挂钩上或者放在让写自己名字的任何地方。

　　对学龄儿童来说，计划和组织个人活动并实现目标的能力是他们需要发展的一个重要技能。不仅仅是决定"到哪里去玩"这些最简单的问题，儿童可能需要获得帮助以便制定目标，并对复杂项目的每一个步骤作出全面的考虑。与教师及同伴进行交谈，并把想法写下来，这可能会有所帮助。与他人交流在完成计划活动中取得的成功及遇到的问题，同样能够帮助儿童学习怎样掌控他们的活动。凯西与利普曼（Casey & Lippman，1991）认为，儿童与其他人分享自己进步时的讨论可以代替传统的"展示与讲述"环节。高宽课程将这种方法称为"计划—实施—检查"。塞尔玛·沃瑟曼在她杰出的著作（Selma Wasserman，2000）中将学龄儿童称作"认真的游戏者"，并提到"游戏—汇报—再游戏"，意思是在获得了最初的主动学习经验后，儿童通过向别人解释他们做了什么、发现了什么，通过反思他们的发现、问题和所学到的东西而得到帮助。接着是

"再游戏"——根据已经掌握的概念和技能来进行另外的实践，并有可能将活动延伸至新的领域，更加深入地理解概念。通过对活动作出这样的反思，儿童学习对自己和他人的工作进行评估，互相提出建议，并在复杂项目中进行合作。

学习档案与作品样例。当儿童能够看到在自己设定的学习任务中取得进步时，也会产生一种勤勉感。教师可以设计一些能够帮助儿童记录自己进步的工具，比如学习档案。每个儿童都有自己的文件夹，里面放有各种各样的文件，包括他们的绘画作品、他们写的故事、他们学着阅读的单词、他们所开展项目或建筑作品的照片草图以及其他作品样例。儿童、家长和教师都可以从学习档案中受益，因为这些材料展示出儿童所做的工作是如何与州和学校系统所制定的学习标准联系起来的。在第十五章，我们将会讨论如何使用学习档案进行评估，这里必须指出的一点是，学习档案有利于儿童追踪自己的进步。其他关于学习档案的观点指出，设计学习档案的目的是为儿童提供关于他们学习的有形证据。例如把那些年幼儿童所认识的字母和数字装到信封里，或者像西尔维娅·阿什顿·沃纳与辛迪·克莱蒙斯所描述的，将儿童自己选择要读的词语装进信封（Ashton-Warner，1964；Clemens，1983）。还有一个观点是把儿童阅读过的书籍放进档案中。

需要在教室中设置一个重要且便于拿取的地方来存放学习档案，这样在儿童准备好的时候就可以随时往学习档案里添加东西。传统的小学教室为每个儿童提供了一张课桌，让他们把个人作品存放在课桌里。而充满活力的、基于学习中心的教室除了有统一的学习档案存放区外，还为儿童提供了个人存放区。

有关儿童工作和进步的证据在教室中随处可见。教师要在教室中营造出一种共同拥有这些作品的感觉，这样，在展示对儿童来说非常重要的东西时，他们就会感到舒适自然。成就列表和庆祝儿童所取得的各种成绩的海报是儿童勤奋工作的证明。还可以展示儿童完成项目的小组报告。

在小学教室中，教师可以通过以下方式培养儿童的勤勉感。
- 根据每个儿童的兴趣及能力水平，创设出有利于儿童进行主动学习的学习中心。
- 精心选择和布置所使用的具体材料，以激发儿童的好奇心和生产力。
- 设计一种非正式且具有灵活性的物质环境，这一环境允许儿童独立工作或是加入小组工作。
- 使用计划制度，帮助儿童学会计划和反思他们的活动。
- 使用学习档案和其他方法，帮助儿童衡量自身的进步并拥有自己的存放区域。

## 有利于发展读写能力的环境

对学龄儿童来说，读写和计算技能的发展是课堂学习的一个重要目标。当前人们将读写能力的出现看作一系列相关能力发展的结果，这一观点对物质环境的创设也有一定影响。

物质环境应当含有丰富的印刷品。儿童需要每天都在他们的教室环境中看到阅读和书写技能的实际运用。环境中的每一件物品都要贴上标签（放"剪刀"和"废纸"的盒子；挂"帽子"的衣钩；厕所——"每次可供3人使用"）。制作并展示各种列表（上面写"我们喜欢的歌""最喜欢的食物""我们在乘公交车时看到的""我们做蔬菜汤需要的东西""发音有趣的词"）。张贴上注意事项和日程表。教室中随处可见各种标志和故事（如"早间新闻""我们在巴士上的旅行"）。教室里还有各种各样的登记表，以便轮流使用计算机的名单，或是为班会议程增添一些内容。在教室的每个区域都能看到书籍和海报。儿童看成人写一些东西并读给他们听。当环境富含各种印刷品时，儿童就会发现阅读和写作的实用性，他们自己做这些活动的积极性能够被高度激发出来。

阅读中心及写作中心是与儿童读写能力相关的两个较大并且非常重要的学习中心，它们应该相邻以表明彼此在功能上的相互联系。阅读中心里可以放上一些枕头和豆袋来增加舒适感；有展示书籍的开放（面朝外）架子以及存放书籍的架子；有各种各样的书籍，包括故事书、资料和概念书、诗歌集、字母和识数书、无字书、每个儿童自己制作的书；复印一些儿童喜欢的书籍，鼓励儿童在同一时间阅读和朋友相同的书；使用玩偶、道具以及小舞台来鼓励儿童复述他们所阅读的故事；放置与书籍相关的海报和图片；放上教师储备的大书，可以让整个小组一起大声阅读。也许还可以建立一种图书馆制度来核对儿童在教室内以及（或者）带回家阅读的书籍。中心也可以放置一些耳机以及几套与书籍配套的磁带，这样儿童可以边听故事边跟读。

写作中心应该放上小桌子和小椅子以及放有大量书写材料的架子：各种尺寸的纸张，包括没有画线和画好线的；铅笔、钢笔、马克笔以及蜡笔；削笔刀；档案卡、便条簿、笔记本以及便笺；信纸和信封；黑板和粉笔；磁性字母；用来书写字母的沙盘或盐盘；一个初级或标准的打字机。计算机可以放在书写中心或是别的地方。一些教师还在中心为每个孩子添加了个人信箱以及个人杂志，用来储存每个儿童自己的绘画和写作作品。在墙上张贴含有字母和印刷文字的海报是一种适宜的做法。儿童的写作学习档案可以保存在这个中心。随着儿童在读写方面不断取得进步，阅读中心和写作中心都要进行扩展以适应儿童需求的变化。比如当儿童开始创作自己的书籍时，要在这两个中心添加纸、订书机以及其他加工书籍的材料。还可以把儿童艺术创作的材料放进写作中心，因为如果儿童可以自己对书籍进行创造性润色，他们会对写作更感兴趣。

不应仅把读写材料摆放在这两个中心内，在所有其他的学习中心内也应该添加上读写材料。艺术创作中心可以放上关于著名艺术作品的书籍，或者能够启迪儿童的含有漂亮图片的书籍。积木中心可以放上展示各种房屋建筑和构造的书籍。烹饪书、商品目录以及杂志可以添加在扮演区中，与主题相关的书籍可以放在科学中心，数学中心可以有几本计算书等。在每个区域放上写作材料也可以拓展学习的可能性。

当教室中到处都是阅读和写作材料，儿童在学校经常能够看到有人使用这些材料时，他们就会开始使用这些材料。儿童早期读写能力的发展取决于是否在物质环境中为儿童提供了大量的读写材料，是否为儿童提供了经常使用这些材料和看到别人使用这些材料的机会。

日程表的安排要包括个人阅读、集体阅读以及小组阅读的时间，同时也要为儿童个人写作、集体写作以及老师对他们的具体技能进行指导设置出特定的时间块。

为儿童提供口语交流的机会是读写环境的另一个组成部分。在下一部分，我们会全面讨论如何利用物质环境来鼓励儿童口语交流能力的发展。

通过以下方式提供有利于早期读写能力发展的环境。

• 创设出一种富含印刷品的环境，在这种环境中儿童经常看到这些印刷品并看到有人使用它们。

- 创建空间大且吸引人的阅读和书写区域。
- 把读写材料添加至其他所有的学习中心。
- 为儿童提供交流和对话的机会。

## 有利于建立关系的环境

对6—8岁的儿童来说，同伴和朋友变得越来越重要，这就意味着教师需要为儿童创设出有利于儿童小组成员意识和合作意识发展的环境和练习机会。当前大家都很关注儿童不断增多的攻击性行为以及"人际关系中文明和关爱程度总体下降"这一状况（Bredekamp & copple，1997. p. 142），因此，非常重要的一点是，教师要促进儿童性格的良好发展，培养儿童与同伴合作的能力以及在与其他人一起工作时负责的品质。尽管对这一点来说，在教师创设小组工作情境的过程中，直接开展讨论以及为儿童提供具有隐性作用的范例都很重要，但物质环境同样也发挥着作用。我们可以通过多种方式来利用物质环境，使之有利于培养儿童之间的友谊和同伴关系。

在传统的教室中，教师努力不让儿童之间进行交谈，从而使他们可以将注意力集中在教师的教学上，因此，很有可能会故意把是好朋友的儿童的座位错开。与此同时，教师会根据儿童的常规技能水平，武断地对儿童进行分组。在发展适宜性的教室中，教师会有这样一种认识，即有充分的理由证明儿童社会性和交流能力的发展与认知技能的发展具有同等重要性，并且与认知技能的发展有着紧密联系。教师同样会认识到，老师不是帮助儿童获得深刻见解、为之提供帮助以及激发其产生各种想法的唯一力量，其他儿童同样能够在这些方面贡献力量。基于这些原因，教师通常允许儿童选择他们的工作地点以及工作伙伴。物质环境的灵活性允许儿童选择自己感觉舒适的工作地点和小组规模，并且，如果有必要，可以移动家具来适应小组的需求。

当儿童的选择影响到他们学习的注意力和学习效果时，教师可以帮助他们认识到这些选择的自然逻辑后果，从而使之在今后的学习中更好地进行自我控制。比如肖恩（shann）和罗德尼今天花了更多的时间来讨论他们的棒球队而不是写自己的故事。教师提醒他们所在的小组要在第二天大声朗读各自的故事，因此建议他们想一想去哪个区域以便更好地完成各自的故事。第二天他们又坐在一起，但是专注于各自的写作。尽管为促进儿童社会技能的发展，教师偶尔会创设出供两个儿童结对活动的地方，但通常我们不会设置特定的区域。

课桌的设置要允许儿童组成小组，这有利于儿童之间的交流和团队工作。所创设的物质环境要能够让儿童进行面对面的交谈，这一点是非常重要的。在这样的环境中，儿童会学习向同伴来寻求帮助。同时，教室中也应该有足够小的空间供单个儿童或是结对的两个儿童在里面独立工作。当儿童能够在教室里自由活动时，他们可以根据自己的选择形成新的小组或者到不同的区域去工作。儿童小组的构成非常灵活且是暂时性的，随着不同的学习经验而作出改变。出于某些特殊的原因，一天之内儿童可以在几个不同的小组中工作。早上，他们可能会选择坐在某些朋友附近来写他们的故事。稍后，一个儿童可能会选择加入另一个正在做飞机模型的小组。再过一会儿，教师可以要求一个儿童去加入对某个科学实验有着共同兴趣的小组。时间和想法都是促进儿童加入某个小组的影响因素。

儿童一天中的大多数时间都花在小组或是个体活动上。学龄儿童依然是羞怯的，人多的团体活动常常还会让他们感到害怕。当儿童真正一起来参与大规模团体会议时，由他们自己选择坐在哪里会让他们感到更加舒服。

学龄儿童需要由他们自己来管理饮食和作息，并和朋友们一起作出相关决定。教师可以提供一个小的点心区，供儿童在特定的时间段自用或小组使用。在这些指定的安静时间段内，儿童可以和朋友一起进行一个共同的活动。

儿童和教师之间的关系是小学教室中另一组重要的关系。时间和个别接触是培养这种关系的关键因素。物质环境能够为儿童和教师之间进行有意义的交谈和互动提供机会。非正式的工作区和学习中心设置能够鼓励儿童和教师之间进行交流。教师有时是促进者，有时是观察者，有时又要担当指导者的角色，让自己参与进儿童的工作和想法中，与儿童建立起直接的联系。随着教师越来越了解每一个儿童，他们可以根据每个儿童的不同能力和兴趣，为儿童设计出个性化的学习经验和工作。当小学教室设置成不那么正式的工作区域时，无疑会增加教师和儿童进行个别互动的机会。这种空间设置传达出的信息是：儿童要担任主动的角色，包括在他们与教师的伙伴关系中进行交流的时候。

可以通过以下方式来增进良好的同伴关系以及教师与儿童之间的关系。

- 在召开集体会议时，允许儿童自己选择坐在哪里以及和谁一起工作。
- 灵活地安排桌子和椅子以适应小组的需要。
- 为两个儿童结对活动、小组活动提供足够小的空间。
- 为儿童提供和小组一起吃点心或休息的空间。

## 日程表

传统学校的日程表被分割成若干短小的时间段，教师会在每一时间段内开展互不相关的教学工作。例如当儿童拿出笔记进行 15 分钟的写字练习后，斯图尔特小姐（Miss Stewart）要求她一年级的学生收起他们的笔记本，拿出社会研究课本来阅读和讨论有关"桥"的内容。在这种安排下，不仅仅是儿童一天的学习被打碎成分离的课程，还经常会出现其他的干扰——比如到跟体育老师去体育馆的时间了，或是到去图书馆、音乐和美术教室的时间了。通常，儿童跟不上一天之中所发生的这些频繁变化，所以他们只是服从教师的指示（"收起社会研究书本的时间到了，我们过一会儿再来完成它。现在我们该去图书馆了"）。儿童常常被要求遵循日程表的安排，但这些日程安排只对成人保持秩序来说是有意义的（"安静地坐在你的课桌旁直到每个人都完成了他/她的数学作业，然后我们开始上拼写课"）。由于强调集体教学，传统的日程表充斥着这些没有意义的时间段。

这种片段化的小学课堂日程表所产生的后果是，在这样的教室中学习一年之后，儿童能够专注于任务导向学习活动上的时间实际上是减少了。当他们被动地频繁从一个活动转向另一个活动时，儿童变得依靠成人来指导他们的学习，在专心于对他们来说有意义的活动以及建立这样的活动方面能力变弱。

　　在发展适宜性的小学教室中，教师尝试为儿童提供不被打断的时间块，让他们完全投入到需要他们集中精力的活动中。整块的时间对于以整合的方式来完成课程内容来说是非常重要的，因为这样能够使儿童有机会来思考、反思并建立知识之间的联系。在儿童一起致力于开展长期项目时，需要给他们提供时间来进行交流、制订和实施计划。在整块的时间里，教师和儿童都全神贯注于那些需要计划和完成的任务，而不是让时钟来支配在某一段特定的时间内应该学习什么。儿童需要整块的时间来体验和学习如何管理自己的时间。

　　一个适宜的日程表允许儿童以自身独特的速度来开展工作。使用大时间段的方式来安排日程表可以很好地满足个体儿童的需求；不管儿童的工作速度是比较快还是稍慢一点儿，不管儿童的学习风格是否需要对活动设置进行特别的调整或是需要指导专家给予帮助，他们都不会在工作过程中受到催促、妨碍或是隔离。在时间段内，儿童可以在教师的指导下进行个体或是小组活动。日程表为儿童发起的活动提供了较长的时间段，可以在这些长时间段之间穿插进开展大规模团体活动的时间。一天中的大部分时间都花在儿童计划与儿童发起的活动上。同时，时间块的设置允许儿童动静交替。

　　教师要最大限度地减少儿童可能受到的干扰，允许儿童在时间块内管理自己的学习。如果点心时间是9：30—10：30，那么儿童可以选择在想休息的时候，或是与朋友聊天时，或是饿了的时候去吃点心，而不是教师在同一时间打断每个人的工作，宣布他们必须清理桌子一起来吃点心。

　　实际操作中，在儿童需要改变工作节奏时，教师要为儿童安排出适宜的活动中断时间。例如可以把儿童见音乐老师的时间安排在上午的九、十点钟，这时儿童已经在他们的阅读/写作项目上工作了1个小时，而学习中心的活动还没有开始。美国小学校长协会（National Association of Elementary School Principals）所制定的标准建议将儿童带出教室的项目和活动应该"最小化或者不存在"。当然，这里不是指到社区中进行实地考察的项目和活动，这些实地考察是整合性主题研究的重要组成部分。它实际指为让儿童接受专门的教学而打断儿童工作的那些活动，这在一些学校的日程安排中已经成为惯例。在整合性课程中，创造性体验是一日学习的组成部分。

　　教师要制定出对儿童来说有意义且合理的日程安排，这样儿童就可以自己管理一天的活动安排，而不用等候教师的指示。比如儿童知道在早晨老师为他们阅读完图书后，他们将会去挑选自己的书，并独立地进行阅读，直到他们决定开始写自己的故事。当制定出富有意义的日程安排后，过渡环节会进行得非常平稳，并且会最大限度地减少。

　　对小学课堂来说，一个适宜的日程表会有利于儿童在清早兴趣和精力水平都很高的时候全心投入到个人的学习活动中。能够吸引大多数儿童的集体活动可以安排在晚些时候（Gareau & Kennedy，1991），例如让儿童在早晨的大部分时间内进行阅读/写作活动以及学习中心的项目工作。在午饭过后，教师设计一个集体活动，为儿童引入一种新的科学体验。

# 如何看待课间休息？

最近几年，越来越多的小学正在取消课间休息时间。尽管安全和责任问题常常被作为取消课间休息的理由，但是到现在为止，最普遍的理由是拥有更多的教学时间。学校面临着让儿童一直专心于学习任务的压力，这也意味着课间休息被认为是不重要的事情。但是，大量研究指出课间休息为儿童提供了非常重要的学习情境和机会（Jarrett，2002）。

在所有形式的工作中，休息几乎都被认为对人们产生满足感和保持清醒具有非常重要的作用。关于大脑功能的研究指出，注意力的保持需要周期性的休息时间。实际上大脑需要一些"低强度时间"以回收利用对长期记忆形成非常重要的化学物质。数项研究发现，为儿童提供身体活动时间能够产生积极的效果，包括学习态度的改善以及测试成绩的提高。

除了有利于儿童认知能力的发展外，课间休息还与整个儿童其他方面的发展相关。课间休息也许是让许多儿童都必须与其他儿童进行社会互动的唯一机会，尤其是当一天中的其他时间都被花费在高度结构化的课堂工作或是校外活动上时。课间休息时间多半会发生的事情——分享民俗文化、选择玩伴和游戏以及制定游戏规则——都涉及社会技能的发展。如果成人在这些自由户外游戏时间段内进行观察，能够看到儿童之间的社会互动情况，并可以在出现攻击性行为或社交孤立状况时进行干预。

除此之外，身体活动还会对儿童的健康和身体能力产生影响。统计结果显示出的儿童运动水平的下降以及随之而来的肥胖趋势都令人吃惊。许多儿童几乎没有进行身体活动的机会，他们的时间花费在久坐不动的消遣活动上，比如玩电脑游戏以及看电视。研究指出，在课间休息时积极进行身体运动的儿童更有可能在放学后也参与活跃的身体活动。美国运动和体育教育协会（National Association for Sport and Physical Education）在小学是否需要课间休息这一问题上发表了一份立场声明，指出体育课不能代替课间休息。课间休息对练习和使用在体育课上所发展的技能来说是很有必要的。

研究表明课间休息对小学儿童的学习、社会性发展以及健康起着重要的作用。也许随着日后更多关于这一话题的研究结果，教师和校长将会更加强烈地支持保留课间休息时间，哪怕仅仅是为了提高测试分数、改善学习态度和学习行为（Jarrett，2002）。

一份适宜于小学教室的日程表应该是这样的。

• 为儿童的学习提供不被打断的大段时间，同时，交替安排安静时间与身体活动时间。

• 适应个体学习风格和速度。

• 尽量不打断儿童的活动。

• 安排必要的休息时间。

• 建立起有利于儿童进行自我管理的富有意义的日程安排。

• 将集体活动时间安排在一天中的晚些时候。

• 设置课间休息时间供儿童进行活跃的游戏。

# 放学后儿童看护

当一天的学校生活结束后，许多儿童仍旧要在其他看护机构中待上几个小时，直到父母下班回来。这段时间同样非常重要。假设放学时间为下午 3 点，家长在下班后晚上 6 点的时候来接孩子，那么这段时间占学龄儿童一天中醒着时间的比例为 20%。这段时间可以全部用来丰富儿童的经验，使之产生新的兴趣或者提高他们的社会化程度，让他们在这段时间内单纯地做一个儿童。

儿童需要机会来进行身体活动、和同伴进行社会交往以及通过艺术创作和手工作品进行创造性表达。儿童已经在强调教师指导的学业环境中待了 6 或 7 个小时，因此校外看护机构可能更需要的是创设出一种类似于邻居家庭的宽松氛围而不是成为另一所学校。

哪些因素会有助于增添这种邻里感呢？一种小法是创设混龄小组。3—4 岁年龄段的混龄小组与家庭中自然形成的游戏小组相似。混龄小组能够让年龄较大的儿童发展出主动性和责任感，示范如何照顾他人以及进行合作。年幼的儿童通过模仿大孩子而获得学习。本书第十一章有更多有关混龄小组的内容。

另一种方法是为儿童提供多种多样的选择。在学校环境之外，儿童需要有选择校外活动的自由，甚至可以自由地选择什么都不做。儿童应该拥有很多种选择：户外游戏、艺术与手工、有规则的游戏、烹饪、木工以及其他有助于自理能力和创造性技能发展的活动、探索自己的兴趣或者戏剧表演。

环境中必须包括挑战。格林曼说，极其常见的一种现象是，5—10 岁的儿童非常讨厌待在主要是为学前儿童设计的校外看护机构中，这是因为设计者没有足够地"重视学龄儿童与学前儿童之间的发展差异"（Greenman，1988，p. 173）。学龄儿童需要环境认可他们长大了并且变得更有能力了，并对在世界上做一些真正的事情感兴趣。他们需要身体挑战，比如使用真正的工具；智力挑战，比如玩复杂的拼图和开展能够持续较长一段时间的项目。格林曼认为真实世界的挑战存在于机器的世界中——明白那些机器是怎样加工原料，怎样把各种原料组合在一起的；存在于商业的世界中——生产、买进和卖出；存在于交流的世界中——创编时事简讯和游戏。挑战也可能来自于履行责任维持环境——真正来做成人干的日常事务，彼此帮助并协助成人，干力所能及的工作，这使儿童觉得所承担的责任是有趣的，而不仅仅是多干活。必须要注意的是，在为儿童创设挑战和责任时不能出现性别歧视。男孩和女孩都应该感到舒适，并能参与到所有可能的活动中。

环境必须能为儿童提供独处的空间。在小组中待了一整天后，儿童也许想自己单独玩一会儿或者和一两个朋友一起玩。独处应当是儿童拥有的一种选择。年龄稍大一点儿的学龄儿童常常会创设他们自己的俱乐部和秘密社团。他们需要开展这些活动的空间并不受干扰。

在典型的一日学校生活中，儿童的身体一直受到限制，因此，离校后进行大肌肉运动活动对儿童来说是非常必要的。学龄儿童的校外看护项目需要为儿童提供时间和空间，让儿童奔跑、跳跃、攀爬、叫喊，进行从一天限制中解脱出来的身体和情感放松活动。合作游戏可以成为这种大肌肉运动活动的一部分。将在学校环境中所面临的竞争抛在脑后是一个不错的主意。

对于需要做家庭作业或学习的儿童来说，校外项目应当为他们提供一个安静的场所。校外项目必须为不同的家长和儿童需求提供支持，但应该小心不要简单地将儿童学习文化课的一天延长几个小时。如果儿童需要花费一部分时间做家庭作业，那么首先需要有机会在一天的学习后放松一下，重新恢复精力。

是否看电视是任何一个校外看护项目都需要解决的问题。那些支持看电视的人指出，如果儿童是在家里，那么他们更有可能去看电视，他们喜欢看电视并从中学习东西。反对者认为电视中的暴力内容对试图辨别亲社会行为的儿童来说是没有帮助的，同时，被动观看电视阻碍儿童获得更多的建设性经验。当一个课程真的决定让看电视成为所设计活动中的一部分时，教师有必要对活动进行监管和限制。

对校外看护项目来说，在制定时间表时所考虑的问题和学校是不同的。儿童只在校外看护项目中待几个小时的时间，因此所需要的过渡环节比学校一日活动要少。然而，最重要的过渡环节是项目的开始阶段，这时候儿童刚结束一整天的学校生活来到这里。此时，他们很可能又累又饿，并且需要在一日学习后得到放松。满足这些需要是非常重要的。通常将这一时段安排为吃点心和放松交谈的时间会很有帮助，然后，为儿童安排一段时间来进行活跃的身体锻炼，在这之后，让儿童准备好参与晚些时候的项目和活动。儿童回家之前，校外看护项目提供一段安静的时间是有益于家庭的一种做法，因为这个时候儿童和家长都会感到非常疲倦。

发展适宜性的放学后看护环境应该是这样的。

- 混合年龄编组。
- 为儿童提供多种活动选择，包括可以选择不做任何事情。
- 所设计的材料和活动都蕴涵挑战，所开展的项目可以随着时间推移而不断扩展。
- 让儿童在项目中承担责任。
- 为个体儿童提供独处的空间，支持儿童组成小团体。
- 为大肌肉运动活动提供时间和空间。
- 有一个安静的学习区域。
- 如果看电视的话，儿童需要成人的监管。
- 日程表能够平衡休息和活动时间，并关注过渡环节的安排（见表7-1）。

表7-1  放学后看护项目时间表样例

| 14：30—15：00 儿童从不同的学校来到这里。吃点心（通常由儿童自己准备），交谈。 |
| --- |
| 15：00—16：00 活跃的户外游戏，通常由儿童自由选择，偶尔由成人来组织小组游戏（天气允许的情况下）。室内的替代活动包括球、呼啦圈以及合作游戏。特殊来访者，比如一个舞蹈老师，可以安排在这段时间里与大家见面。 |
| 16：00—17：00 选择室内的活动中心，比如美术、音乐、计算机、烹饪或者建筑中心。有时，这段时间被用来进行长期的小组项目。 |
| 17：00—18：00 家庭作业以及/或者阅读时间，直到家长来接。 |

# 发展适宜性小学教室中所看不到的

当我们考察为学龄儿童所提供的各种不同物质环境时，也许可以最直观地弄清楚发展适宜性的问题。美国许多地方的传统教育体系都正在经历着审查和变化，目前很多教室都处于转变之中。在有些情况下，转变的速度是由教育机构购买新家具和材料的预算所决定的。某些处于转变中的教室可能会混合不适宜与适宜的成分。尽管如此，以下与空间、物品设置以及时间相关的因素被认为是不适宜于最优学习环境的。

• 课程被分成相互独立的学科，主要是阅读和数学的学习，如果时间允许再进行其他学科的学习。

• 由教师指导的阅读小组占据了上午的大部分时间，而儿童将绝大多数的时间花费在纸笔作业上。

• 特别的学习项目、中心以及户外游戏，要么没有，要么作为好的学习表现的奖励，或者是偶尔的款待。

• 儿童绝大多数时间都安静地坐在指定的、不能移动的课桌前独自学习。

• 教师在大多数情况下进行集体教学。

• 儿童几乎没有机会来计划自己活动或一日工作，他们的一日学校生活被打碎成数个短小的时间块以进行不同的教学活动。

我们可以据此对校外项目中的限制性因素作出类似的评论。看一看这些描述与你所在社区中的小学的匹配程度。

**小结**

学龄儿童非常渴望变得更有能力。他们需要一种有利于勤勉感发展的物质环境——这种环境通过让他们在与前运算阶段学习方式相匹配的学习任务上取得成功来培养勤勉感。他们需要一个允许他们主动计划和管理自己学习的环境。他们需要环境中包含大量精心挑选的材料，他们可以对这些材料进行探索、研究和创造。他们需要一个允许他们与同伴互动并一起工作的环境。他们需要有助于培养他们正在萌发的关于读写的兴趣和技能的环境。空间和时间的设置要向儿童传递出这样一种信息——他们在自己的学习中发挥着主导作用。不管是常规的学校项目还是校外项目都必须认识到学龄儿童的发展需求。

**思考**

1. 快速回忆一下你所经历过的一个或几个小学教室是什么样的。让你的同学说说他们在小学低年级时所经历的物质环境是什么样的：他们的朋友坐在哪里？教师的讲桌看起来是什么样的？他们的时间是怎样安排的？他们对过渡环节有着什么样的记忆？为适应个体发展速度和个人学习风格，教室环境作出了哪些安排？

在班级讨论过后，根据本章内容，列出你认为环境中适宜的及不太适宜的成分。

2. 有可能的话，参观你所在社区的小学教室（如果可以，两人一组进行参观，汇集并比较你们的观察记录）。画出并描述你所看到的物质环境设置。辨别环境中有利于形成勤勉感、促进早期读写能力发展以及增进学生和教师关系的要素。

3. 如果你所在的社区有校外看护项目，了解这些项目以及它们的日程表。将你的调查结果与本章中所讨论的内容进行比较。

## 问题（用以评估本章所学）

- 描述学龄儿童是什么样的以及他们都做些什么。
- 指出物质环境必须对学龄儿童的哪些发展需求作出回应。
- 讨论为创设出有利于培养儿童勤勉感的环境需要考虑哪些事项。
- 讨论环境中促进早期读写能力发展的要素。
- 描述为创设出有利于增进同伴关系的环境需要考虑哪些事项。
- 指出一份适宜的日程表包含哪些方面的内容。
- 讨论与课间休息相关的问题。
- 讨论适宜性的校外项目应当考虑到哪些问题。
- 指出不适合出现在发展适宜性小学教室中的环境要素。

## 问题（用以应用本章所学）

1. 为校外项目设计一个日程表，使之能够满足本章中所描述的学龄儿童的所有需要。要包括设置所有活动的原因以及这些活动将以什么样的方式提供给儿童。

2. 写下你对一年级教室环境和日程表的设计方案，并把它呈现给家长。需包括对一些可能会被问到的问题的解释，比如家长怀疑儿童是否有能力自己在教室中作出适宜的学习选择，你在满足个体儿童的教学需求方面有什么样的计划。

## 参考文献

Ashton-Warner, S. (1964). *Teacher*. NewYork: Bantam.

Bredekamp, S., & Copple, C., (Eds.). (1997). *Developmentally appropriate practice in early childhood programs. Revised Edition* (Rev. ed.). Washington, DC: NAEYC.

Bredekamp, S., & Rosegrant, T., (Eds.). (1995). *Reaching potentials: Transforming early childhood curriculum and assessment* (Vol. 2). Washington, DC: NAEYC.

Carnegie Task Force on Learning in the Primary Grades. (1996). *Years of promise: A comprehensive learning strategy for America's children*. NewYork: Carnegie Corporation of New York.

Casey, M. & Lippman, M. (1991). Learning to plan through play. *Young Children*, 46(4): 52 – 58.

Clemons, S. (1983). *The Sun's not broken, a cloud's just in the way*. Mt. Ranier, MD: Gryphon House.

Council for Physical Education and Children. (2001). Recess in elementary schools. A Position paper from the National Association for Sport and Physical Education. Retrieved from http://www.aahperd.org/naspe/.

Greenman, J. (1988). *Caring spaces, learning places: Children's environments that work*. Redmond, WA: Exchange Press.

Jarrett, O. (2002). Recess in elementary school: what does the research say? ERIC Clearinghouse on Elementary and Early Childhood Education. ERIC Digest, ED466331.

Kostelnik, M., Soderman, A., & Whiren, A. (2003). *Developmentally appropriate curriculum: Best prac-*

*tices in early childhood education.* NewYork: Prentice Hall.

National Association of Elementary School Principals. (1990). *Early childhood education and the elementary school principal: Standards for quality programs for young children.* Alexandria, VA: Author.

Scully, P., Barbour, N., & Seefeldt, C. (2003). *Developmental continuity across preschool and primary grades.* Wheaton, MD: ACEI. Stons, S. J. (1995). Wanted: Advocates for play in the primary grades. *Young Children,* 50(6): 45 – 54.

Wasserman, S. (2000). *Serious players in the primary classroom: Empowering children through active learning experiences*(2nd ed. ). NY: Teachers College Press.

## 建议进一步阅读和研究的资料

Bickart, T., Jablon, J., & Dodge, D. (1999). *Building the primary classroom: A complete guide to teaching and learning.* Washington, DC: Teaching Strategies, Inc.

Click, P., & Parker, J. (2006). *Caring for school-age children* (4th. ed. ). Clifton Park, NY; Thomson Delmar Learning.

Hemmeter, M., Maxwell, K., Ault, M., & Schuster, J. (2001). *Assessment of practices in early elementary classrooms* (APEEC). New York: Teachers College Press.

Whitaker, D. (2002). *Multiple Intelligences and after-school environments: Keeping all children in mind.* Nashville, TN: School Age Notes.

## 实用网站

**http://www. ed. gov**

访问这个网站，阅读完整的《不让一个孩子落后法》（*Act of the No Child Left Behind Legislation*）。

**http://www. niost. org**

在这个由卫斯理学院（Wellesley College）所赞助的国家校外时间研究院（National Institute on Out-of-School Time）网站上，包含大量关于校外项目课程和环境设置的信息。搜索亚历山大博士（D. Alexander）2000 年所写的一篇文章 "*The Learning That Lies between Play and Academics in After School Programs*"。

**http://www. schoolagenotes. com**

这个网站上有大量关于在校外项目中创设适宜性环境和日程表的信息。

**http://www. naesp. org**

这个美国小学校长协会的网站上含有大量的信息。点击 "Research a topic"，在 "After-School" 中可以找到关于校外项目和课程以及其他许多方面的信息。

# 发展适宜性的社会／情感环境

**特约编辑：卡罗琳·普拉特（Caroline Pratt）**

卡罗琳·普拉特是设在纽约的城市和乡村学校（the City and Country School）的创始人。这所学校开办于 1914 年，是美国最古老的进步小学之一。学校的创办源于普拉特对"正规教育的压迫"感到无比沮丧及理想的幻灭。普拉特的学校后来成为了第一批银行街学校的一员（可在第十八章了解到更多关于银行街教育理念的内容）。普拉特设计的木质积木是全国学龄前学校都在使用的一种基本材料。普拉特在《我向儿童学习》（I Learn from Children, 1948）这本书中介绍了自己的经验，下面这段内容就选自这本书。在今天我们思考儿童不断增长的与他人共同生活的能力时，普拉特的这些话似乎还很有用。

人们几乎可以根据婴儿第一声啼哭所得到的回应来预测他今后的社会关系是否会是快乐的。婴儿的母亲如何对待他的第一个有声要求是他未来社会关系的一个预兆。如果婴儿的母亲爱他，如果母亲给予他人与人之间的尊重，那么他就是一个幸运的孩子。对这个孩子来说，这个世界将会是友好的，因为他依靠的第一个人已经试着去理解他了。

但是没有任何一个孩子可以在很长时间内只与母亲形成默契；他还必须处理许多种其他的关系。与他的母亲不同，其他孩子完全没有兴趣来理解他想要什么东西；他们只关心他们自己想要什么以及怎样得到自己想要的东西。在学龄前的这几年时间中，跨出家庭的第一步对儿童来说是极其重要的。如果他在家中已经拥有了健康的社会关系，并且被允许在家庭之外的环境中按照自己的方式做事，那么他已经走在成为社区中一个快乐公民这条路上了。

而此时他要开始面临学校环境了，学校对他的行为表现有着完全不同的期望。他不能与他的老师交朋友，因为老师还要照顾另外的 30 或者 40 个儿童。无论他在正规学校里学到了其他的什么内容，他将不会学到如何与其他人一起生活，因为教育制度严格地命令他走自己的路和管好自己的事情。幸运的是他每天只在这样的限制中待 6 个小时。尽管他能够自由地玩，但是没有人来帮助他和他的朋友们从共同游戏中学到最多的东西，没有人向他们示范怎样为了整个集体的利益来一起制订计划，如何解决争端并互相理解。

我并不认为我夸大了传统学校在忽视儿童这部分学习上的失败。一些学校正开始认识到自身在这方面所应承担的职责，并朝着社会化课程的方向做尝试。最重要的是，在标准化的教育体系下，教室和学校的规模总是太大，进行改变是一项艰难费时的工作。(Pratt，1948，pp. 165 – 167)

## 导言

在这一部分，我们将会探究最适宜儿童发展的社会和情感环境的本质。关于社会/情感环境的讨论将会包括：促进儿童健康情感发展以及关系建立的实践和互动，有利于儿童自尊心和自控能力发展的适宜指导；促进儿童亲社会意识及社会化技能发展的成人行为；为了促进儿童合作能力与小组参与技能的发展，教师在设计教室环境时需要考虑的因素。

当谈到为儿童创设社会/情感环境时，我们指的是环境中儿童可以接触到的人和各种关系。成人所扮演的角色以及他们如何回应自己所照顾的儿童，对社会/情感环境的质量起着决定性作用。

这部分同样分为4个章节，分别聚焦于婴儿、学步儿、学前儿童以及学龄儿童。在每个不同的发展阶段，儿童会有某些特有的社会/情感领域方面的发展（比如第九章中所讨论的学步儿咬东西），而有些方面的发展则是连续的，从一个阶段开始并在下一个阶段得到继续发展，例如儿童情感。有些主题与所有阶段都有联系，比如尊重多样性、自我控制以及混龄小组，但是，为了更简要起见，这些内容集中在一章中讨论（在第十章中讨论抵制偏见及自我控制，第十一章中讨论混龄小组）。

# 发展适宜性的社会/情感环境：婴儿期

婴儿生来具有注意自己周围的人、与周围的人进行互动、吸引他们注意力的倾向。甚至在生命最初的几个小时里，婴儿就会对他们的社会作出反应，比如凝视别人的眼睛、认真地看对方的脸、对声音作出回应，并调整他们的身体以适合等着将他们抱入怀中的成人的胳膊。这些反应是非常重要的，因为婴儿完全依靠他人来为他们提供身体存活的必需品，培育他们所有领域的发展。从新生儿开始，儿童的状态就很不同，有些是安静的，有些是易激动的、不安的，人们发现婴儿在生命的第一年中会发展出某些具体情感。除此之外，婴儿渐渐开始熟练地与那些和他们相关的人进行交流，进入到一个社交关系的世界中。婴儿期的一个关键发展任务，是形成与出现在自己生活环境中的一个或者多个重要人物之间的依恋关系。在出生的前几个月中形成依恋关系，对婴儿期的健康发展以及今后各个阶段的最优发展来说都是非常重要的。

每个婴儿都在一个独一无二的环境中成长，它取决于家庭结构、成人所扮演的角色、文化和社区习俗以及补充性看护。成人可能从本能反应或从专业知识出发，对婴儿的需要作出回应。但是无论成人怎样照顾婴儿，某些特定的照顾行为和特征有利于创设出一个健康的社会及情感环境。

## 本章学习目标

- 对婴儿期的几个社会/情感问题进行讨论。
- 描述发展适宜性互动的特征。
- 讨论对看护者的积极启示。
- 列举应当避免的实践。

## 婴儿期的社会/情感问题

在本章中，我们首先思考由不同理论家所提出的重要问题以及婴儿期的社会/情感任务，然后再对成人的行为进行更为细致的讨论。

## 依恋

长久以来，人们在婴儿怎样变得依恋自己母亲这一问题上争论不休。这里用"母亲"来表示主要的看护者，因为我们注意到现在越来越多的婴儿是由其他重要的成人来看护的，并且和他们形成了强烈的依恋关系，这包括父亲、保育中心的员工以及其他的代替者。哈里·哈洛（Harry Harlow）发现他的小猴子们会去抱毛巾布装扮"母亲"，甚至是拿着奶瓶的金属丝"母亲"，这似乎显示出仅仅喂食或者满足身体需要并不是依恋的来源（1958）。此后，鲍尔比（Bowlby）与安斯沃思（Ainsworth）集中研究具体的教养风格以及亲子关系的质量，他们认为这些对于增进安全感和相互依恋来说是最为重要的，同时它们对于与依恋相关的儿童的安全感、个性、未来社交关系以及生活态度来说都有着最为重要的影响。具体来说，当母亲敏感地对婴儿传递自身需求的信号作出反应、亲切并用身体动作回应婴儿要求进行社会交流的信号时，能够形成安全型的依恋关系。在对属于焦虑型依恋的婴儿的母亲进行观察时，可以发现她们对婴儿需求的回应是不一致的或无反应甚至是拒绝的（Bowlby, 1988; Answorth, et al., 1978, 1982）。《形成依恋》（*Becoming Attached*，Karen，1998）这本书全面讨论了鲍尔比和安斯沃思对当代依恋理论所产生的影响。

研究还显示了识别儿童（与家长）不同气质类型的重要性以及气质类型对依恋关系的影响（Chess & Thomas, 1977, 1982）。后来的研究发现学前儿童在问题解决、同伴交往、好奇心、坚持以及自主方面的行为方式都与早期父母与儿童之间所形成的安全的依恋关系联系在一起。由于有力的证据表明依恋对儿童的最优发展有着极为重要的影响，因此，依恋理论是我们在思考为婴儿创设发展适宜性的社会性/情感环境时要考虑的因素。

我们要注意的一点是，依恋理论影响到很多关于婴儿看护研究的发展方向，但它是建立在对那些"不工作的中产阶级母亲"进行研究的基础之上的（Leavitt, 1994, p. 6）。莱维特表达了对依恋理论仅仅是以母亲为主要依恋对象的担忧，并对依恋理论影响到"日间看护研究的理论基础"深感忧虑，"这些理论基础在关于日间看护的政治争论中具有导向作用"（Leavitt, 1994, p. 11）。

## 信任

埃里克·埃里克森的社会心理发展阶段理论，强调在最初的婴儿期，婴儿有可能形成基本的信任感或是不信任感，这取决于社会环境（看护者）如何回应婴儿交流需求的信号。当婴儿的需要得到一致的满足并接收到适宜的关爱信息时，婴儿就会渐渐感觉到这个世界是一个生活的好地方，进而感觉到世界上的人也是友好的、有趣的，并且是关爱他人的。如果婴儿获得的积极体验较少，那么婴儿会觉得这个世界没有那么友好，人们也不是那么乐于助人，不会总是及时提供帮助；这样的态度会真正地影响甚至给他们将来与他人之间的关系带来阴影（Erikson, 1963）。

在主要依恋关系的发展和婴儿的信任能力之间存在着明显的联系。在一个充满关爱的关系中，成人亲切并且积极地对婴儿表达需要的信号作出回应，婴儿就会知道这些人是可以依靠并且值得信赖的。其他人的回应让婴儿首先学会信任。

**分离焦虑和陌生人焦虑。** 在生命第一年最后几个月的某个时间，婴儿的行为会显示出他们已经实现了依恋过程中的重要转折。甚至是在出生几个月过后，婴儿就表现出能够清楚地识别并明显偏爱母亲或者主要的看护者，将自己最开心的笑脸、最响亮的咯咯笑声留给这个特别的人，并且会最执著地来尝试吸引这个人的注意力。在婴儿大约 8 个月左右的时候，如果母亲离开，即便只是一小会儿，婴儿就会进行歇斯底里的抗议。这最初的分离焦虑表明婴儿产生了真正的依恋情感，会在看不到母亲时感到焦虑。差不多在同一时间，许多婴儿开始对他们不熟悉的人很警觉。这常常被成人误解为婴儿突然变得"害羞"起来，实际上，陌生人焦虑是另一个积极的信号——表明婴儿在社会环境中能完全正确地识别出那个特别的、值得信赖的人。儿童精神病专家玛格丽特·马勒（Margaret Mahler）将区分个体这一过程看作一种心理诞生，随着儿童从与母亲的共生关系中脱离出来而产生（1979）。这两种社会反应都应当得到认可，并被视为依恋发展过程中的一部分。除此之外，在婴儿慢慢学着去相信那些喜爱的人肯定会再回来、学着去接受陌生人的这一过程中，需要得到成人的支持。

如果父母可以选择以其他的方式来看护婴儿，那么，显然，分离焦虑以及陌生人焦虑这些概念对他们选择分开和/或者让婴儿经历新体验的时机有着实践指导作用。让婴儿在敏锐的分离焦虑期到来之前或过去之后进入儿童看护中心，能同时帮助婴儿和父母避免在婴儿早期产生痛苦的感受。保持看护人员的稳定性，对帮助婴儿与常见的人发展出一种舒适的关系来说有着至关重要的作用。

**情感反应。** 害怕陌生人，在喜爱的成人不在身旁时感到焦虑，这都是婴儿情感发展的例证。小婴儿的各种情感反应之间的界限比较模糊，他们的情绪看起来不是比较平静，就是非常骚动。但是，在婴儿期的最后阶段，我们就有可能区别出他们的各种不同感受，比如害怕、生气、沮丧、快乐、爱、骄傲或是忌妒。婴儿记忆力的发展以及日渐增强的理解力对各种情感的分化起到了重要作用。情感分化的关键影响因素似乎是婴儿对爱的最初体验。如果婴儿没有体验过亲密的、安全的依恋情感，那么他们对生活中所发生的事情似乎依然是缺乏热情和漠不关心的（Fraiberg，1977）。非常重要的一点是，照顾婴儿的成人要认识到婴儿拥有真实且强烈的情感。成人的适宜反应包括尊重婴儿的各种感觉，既不取笑也不分散儿童对各种感觉的注意力，并帮助儿童应对各种感觉产生的起因。

葛林斯班界定了婴儿情感成长 4 个阶段：①自我管理和对世界感兴趣阶段（出生至 3 个月）；②随着关系建立，陷入到喜爱的情感中（从 4 个月开始）；③发展有目的的交流（从 8 个月开始）；④出现自我有组织的情感（从 10 个月开始）（Greenspan and Greenspan，1989）。

**溺爱。** 尽管没有任何一个理论家正式地探讨过"溺爱"婴儿这一话题，然而，每一个家长和看护者都对这个问题有着自己的看法，由此使"溺爱"成为婴儿期的一个社会性/情感问题。其实，在你阅读下面的内容之前，不妨先找一张纸，写下对以下问题的简要回答：你相信六七个月以下的婴儿会被宠坏吗？你的证据是什么？你为什么相信这些证据？将你的回答放在手边，等你读到本章后面关于婴儿情感发展的观点时再看。

绝大多数成人认为溺爱是指教会婴儿相信他们可以通过哭泣或者其他形式的声音来

获得他们想要的东西。这种观点认为，当婴儿哭的时候成人把他们抱起来就教会了婴儿如何使用这些手段。行为主义理论坚持认为这种做法会强化婴儿的哭泣行为，由此儿童学会用哭泣来获得自己想要的东西（Skinner，1938）。

实际上，依恋研究似乎驳斥这种观点，因为研究的确发现，那些在婴儿期最初 6 个月中得到成人迅速回应的婴儿实际上哭得更少，并在婴儿期的晚些时候更容易自得自乐（Ainsworth，1982）。

有些人担心如果我们很容易就满足婴儿的各种需求，他们就会被宠坏。让婴儿的生活拥有一个感到安全的开端、给予他们关爱、对婴儿的需求敏感并迅速予以满足，有利于培养出儿童晚些时候的给予、等待和分享素质。换句话说，这样做能避免他们成为通常意义上所说的"被宠坏的儿童"（Stonehouse，1986，p. 41）。

尽管如此，比起发展理论，对溺爱的普遍观点影响到许多家长与婴儿看护者的实际操作及其与婴儿的互动，这些家长和婴儿看护者坚信自己照顾婴儿的方式是正确的。在某些特定的文化和社区中，成人对有益于婴儿的教养方式有着自己的信念，这些信念反映出了他们不同的价值体系（Gonzalez-Mena，2000）。冈萨雷斯－梅纳（Gonzalez-Mena）引用了爱德华·霍尔（Edward T. Hall）在《超越文化》（*Beyond Culture*）一书中所提到的一句话：这个世界被分为了不同的文化体系，有些体系中的人脱离了文化的控制，而有些体系中的人没有（Gonzalez-Mena，2000，p. 53）。成人基于更为广阔的文化目标和思想而对婴儿的各种需求作出回应，由此，对如何正确回应婴儿有着非常强烈的信念。我们在思考溺爱这一问题时，认可成人所持有的这些强烈信念，与此同时，将重点关注回应婴儿交流信号的关键要素上。

**婴儿的看护**。如今，整整 1/3 的美国妇女在婴儿两个月大的时候就已经回去工作了，有大约一半的妇女在婴儿 1 岁的时候回去工作。因此，很明显，许多家庭不得不让家庭以外的看护者来照看婴儿。

尽管许多家庭经常会让其他人来填补父母对婴儿照料的不足，但是现在，那些交给非家庭成员全天照顾的婴儿数量非常之多，这让大家对这种教养方式在依恋和关系建立方面的效果提出质疑。

当然，研究者在这种婴儿看护方式是否不好这一问题上没有达成明确一致的意见。一些研究发现，如果婴儿在出生第一年中进入看护中心，并且每周在看护中心停留的时间超过 20 个小时，那么在这一婴儿群体中，没有安全依恋感的婴儿数量呈上升态势（Belsky，1988）。杰伊·贝尔斯基（Jay Belsky）是第一批提出这种观点的研究者之一。尽管其他的研究者指出婴儿看护的质量以及婴儿的家庭特征可能会影响到这种消极结论的得出（Phillips，1987；Clarke-Stewart，1989；Hoffman，1989），但争论仍在继续。2001 年，杰伊·贝尔斯基作为 30 多个研究者中的一员，实施了美国国家儿童健康与人类发展研究所（National Institute of Child Health and Human Development，NICHD）关于早期儿童看护的研究（NICHD，1997）。该研究指出儿童在看护机构的时间与问题行为尤其是攻击性行为之间存在相关。但是其他参与此项研究的科研人员在随后的评论中指出，研究者正在考虑家庭变量、儿童看护变量以及儿童特征与问题行为之间的关系，这项研究还在继续进行之中。在依恋方面，整体上来说，研究结论是"没有一个主要的儿童看护变量——儿童进入看护中心的年龄、看护的种类、看护量的大小——与儿童安全依恋感的缺乏相关。影响依恋的最主要因素是母亲的敏感度"（Caldwell，2001）。

有研究对 4 个州儿童看护机构的质量进行了调查，研究结果显示，多数儿童看护机构的质量——实际上，92%——很差或者一般，在这种情况下，提出有关儿童看护的效果问题就更为令人警醒（Cost, Quality and Child Outcomes Study，1995）。莱维特的研究（1994）提出了这样一个问题：如何将儿童看护工作者的无效工作转化为一股强大的力量，使之可以对婴儿所得到的看护经验和婴儿的家庭产生影响（如果想看到众多著名儿童发展专家对此问题的观点综述，可参见 Greenberg1991 年著作的第三章）？显然，从发展适宜性实践角度会继续对这一问题进行研究和讨论。一个显而易见的事实是，不管在家中还是在儿童看护中心，互动的质量都是举足轻重的。

人们的价值观和实践决定着婴儿将得到怎样的看护，因而人们价值观和实践所存在的文化差异是另一个与婴儿看护相关的重要问题。"日常看护的最基本行为——喂食、如厕训练、安抚、玩——能够同时反映出家长和看护者的文化价值观，但这些文化价值观中对婴儿的期望可能未必相互匹配。"（Chang，1993，p.10）差异是无法避免的；我们可以避免的是，不让一种文化的观点继续支配着另一种文化。婴儿的看护者必须和家长一起以一种开放的态度来探索各种文化信仰与实践，从而找到一种既不忽视家长观点也不错过为婴儿提供最优发展环境的做法。

# 发展适宜性的互动实践

发展适宜性的互动行为与前面所讨论的社会性和情感发展问题是相互匹配的。来自成人亲切而又敏感的回应对婴儿形成最初的重要关系非常必要，儿童很多方面的健康发展都是从这一重要关系开始的。成人的亲切回应有利于婴儿信任感、依恋感和情感反应的发展，我们有必要思考其构成要素。在《儿童不可化简的 7 种需求》（*The Seven Irre-ducible Needs of Children*，2000）一书中，布雷泽尔顿和葛林斯班指出，对儿童的健康发展来说，最重要的是形成一种持续的养育关系。

成人的亲切回应表现为对婴儿的尊重、敏感回应、亲密的身体接触、重复与一致的照顾方式以及认识到婴儿在建立社会关系方面的局限性。

## 尊重

看护者必须尊重婴儿的需求，把他们的需求看作真实而又重要的。应该在适当程度上认真对待婴儿的各种需求。尽管婴儿不能说话并且完全依赖成人，但他们并不只是无能为力的玩具娃娃，乐意接受成人有兴致时为他们所做的事情。当成人表现出对婴儿的尊重时，要更为努力地去理解婴儿试图传达出的信息。

坎黛西（Candace）朝着她的同事耸了耸肩，说："我刚刚给她换了尿布，而且要再过一个多小时才到喂奶的时间，所以她的哭闹根本就是毫无理由的。"坎黛西的这种做法表现出了对婴儿的不尊重。而罗宾（Robin）这样说道："好吧，她已经换完尿布也吃过奶了，所以她哭闹肯定不是出于这两个原因，我必须弄清楚她在试图告诉我其他的什么事情。"罗宾的行为表现出了一种更为尊重婴儿的看护方式。

尊重是玛格达·格伯（Magda Gerber）思想体系中的关键词（可以在其1991年的著作中了解到更多的相关内容）。尊重意味着不把婴儿视做被动的接受者，只是消极地接受成人决定为他们做的任何事情；相反，应当认为婴儿也有能力主动参与到一种关爱的伙伴关系中，并可以在这种关系中进行交流。

正如下面的段落和例子中所描述的，婴儿需要主动参与决定和他们生活相关的事情。

● 根据婴儿对吃饭、睡觉和玩耍的自发需求来制定日程表。不要想当然地认为成人知道什么对婴儿来说是最好的，也不要试图让婴儿来遵从成人的时间表，这是尊重婴儿的一种做法。当成人对婴儿的身体和社会性需求作出恰当的解释，也没有任何关于适宜时间表的先入之见时，婴儿会得到很好的照料。同时，这种做法也表现出了对每个家庭的需求和决定的尊重。

早上9点左右吉尔（Jill）准备好来喝奶。伊邦尼（Ebonee）已经睡了1个小时，并有可能一直睡到上午10点。杰士敏（Jasmine）大约在早上8：30的时候结束了她的小睡，现在正在地板上玩泡沫。这些婴儿的看护者尊重他们的不同需求，并由此分别作出回应。

● 相信哭闹的婴儿有真实的需求，并迅速地对此作出回应，让婴儿知道成人已经接收到他们所传递出的信息。不像大家所误解的那样，回应并不总是必然意味着要把婴儿抱起来，也可能是说说话、眼神交流、调整婴儿的姿势或视野，或者为婴儿提供一种新的活动。回应意味着让婴儿知道他们的信息已经被成人接收到了。

在米歇尔开始加热安杰尔（Angel）的奶瓶时，她温柔地对安杰尔说道："我听到你的哭声了，我知道你饿了。再等一分钟就好了。"安吉尔听到米歇尔温柔的声音后，安静了下来。

● 允许婴儿来主导交流，并试图来理解他们的交流信息。尊重婴儿的成人认为，婴儿拥有他们自己的非语言交流方式。

"我想你是想到窗户那边去，我注意到你在看移动的窗帘。"

● 等待一会儿，看看婴儿是否可以自己解决一个问题，让自己平静下来，或者在介入之前找到其他一些有趣的事情来做。这就是所谓的实践中的"选择性干预"（Gerber，1991）。有些时候要去帮助婴儿，有些时候选择不去帮助他们，只是等待而让婴儿有第一个进行尝试的机会，这样能够帮助成人判断时机。

卡洛特（Charlotte）看到，亚历山德罗（Alexandro）轻声呜咽着在地板上爬来爬去，朝着音乐球移动。卡洛特继续看着他，过一会儿，亚历山德罗停止了呜咽，坐起来抓住了球。问题解决了——由亚历山德罗自己解决的。

● 给婴儿一些暗示，并在开始照料之前先观察他们的准备情况。在互动过程中，尊重婴儿的态度是把婴儿视为与他们相关的日常活动的主动参与者；成人和婴儿说话，并解释将要发生的事，就像婴儿可以理解这些话语一样。

斯蒂芬（Stephan）正在给迈拉（Myra）穿衣服，并告诉迈拉该穿衬衫了。他耐心地等待迈拉伸出胳膊。

● 尊重婴儿对某些人的偏爱以及与其他人相处时表现出的明显不适感。尤其是当婴儿处于陌生人焦虑的标志性时期，看护者要允许婴儿不与那些他们不喜欢的人相处。当婴儿遇到新的情况时，看护者给予婴儿积极的支持，并且允许他们自己设定适应陌生人和陌生地方的节奏。

卡洛特正抱着亚历山德罗。当一个来访者靠得太近时，卡洛特允许亚历山德罗把脸藏在她的肩膀里面。她解释道："不，他不是害羞，他只是还不认识你。如果你坐在那里等一会儿，给他点儿时间来适应你，他很快就表现自然了。让他来亲近你，而不是你来靠近他。"

• 当婴儿表现出某些感觉时，成人要认真对待。成人要支持儿童找到应对和承认这些感觉的方法。

"你今天早晨是不是非常不高兴？喏，行了——我有一个好主意。我觉得你的毯子会让你感觉好些。"

• 尊重父母对何为适宜的婴儿照料方式的源于文化的观点。尽管看护者的通常做法和父母的要求之间确实会存在差异，但是每一个不同之处都值得我们探究，以便来理解父母的想法以及他们关于教养方式的决定。通过认真的交流，家长和教师可能会达成妥协，或者至少认可另外一方的观点是有充分根据的（Gonzalez-Mena，1992）。看护者绝不能想当然地认为，基于文化差异而与自己观点不同的看护方式是一种差的教养方式。

卡洛特与亚历山德罗的父母进行交谈，了解到他们允许亚历山德罗睡在父母床上的原因。她解释了看护中心的规章制度要求婴儿睡在自己的床上，并同意将亚历山德罗的床移到房间中更靠近活动中心的地方。

对回应婴儿来说，不适宜的实践包括如下几种。

• 忽视婴儿的哭闹、反应或主动行为。

• 当成人想要进行常规的看护工作时，不与婴儿进行语言交流，直接打断他们的游戏。

• 强迫将陌生人的注意力加在那些不情愿的婴儿身上。

• 不考虑婴儿的感受，分散他们对自己感受的注意力或者忽视他们的感受。

• 忽视在婴儿看护上的文化差异。

• 将婴儿看作可爱的小东西，比如将游戏帽放在他们头上戏称他们看上去多"可爱"。

### 回应的敏感性

随着每个婴儿学会对来自他人的信息作出解释，相互关系也就逐渐建立起来。即使是非常小的婴儿也有自己的气质风格与反应速度，有自己的情绪和感受。依恋是成人和婴儿之间的双向互动过程。每一方都必须留心另一方的独特信号和风格。对差异的敏感性与安全型或非安全型依恋相关。

当成人学会解读每个婴儿所表达出的信息时，他们就能够调整自己的行为来适应婴儿不同的需求和性格（Greenspan，1989）。

雅各布（Jacob），一个缓慢型婴儿，在他进行探索的时候，可能需要有个成人在身边，默默地展示自己对他的探索的兴趣；同是这个看护者，在奥利维亚（Olivia）——一个极其活跃的婴儿——主动发起游戏时，用响亮而愉快的笑声予以回应。

在敏感回应方面，要求成人做到以下几点。

• 花时间去观察并适应个体婴儿的真实差异以及他们对声音、变化和活动的忍耐力，不是简单地根据自己对婴儿喜欢或不喜欢什么的想法对他们作出回应。"通过观察婴儿的暗示，成人能够判断出婴儿什么时间想要被抱起来，什么时间想被带到一个新的地方或者换一换姿势。"（Bredckamp & Copple，1997，p. 72）

"在这对双胞胎出生以来的 3 个月中，我学到了非常有意思的事情，"阿利森（Alison）说，"萨姆就像我所期待的——好交际、很容易满足，随时准备好让大人抱，但是威尔则是另一种情况，他不能忍受喧闹的声音，任何一个人大声地和他说话时，他都非常容易发怒。我真的不得不学着了解他什么时候想玩，什么时候只是想一个人待着。"

• 向婴儿生活中的其他人了解婴儿的习性和经历。为了更加全面地了解每个婴儿的个性，家长和看护者之间进行交流是非常重要的。

这位双胞胎婴儿的母亲在过去 3 个月中一直照顾着自己的孩子，她已经了解到了婴儿的许多特点，看护者可以利用这位母亲所提供的信息。她将自己的经验传递给看护者，告诉他们威尔需要一个较为安静的环境。

• 认识到回应意味着互相配合。看护者必须学习轮换，在游戏和照料互动中停顿一会儿，让婴儿参与进来并予以回应。短暂的停顿也能够让敏感的看护者看到婴儿是如何回应的，并据此设定或调整互动的节奏。

塔比瑟（Tabitha）将几个圆环放在一个婴儿的手前，并等待一会儿来观察这个婴儿是否想伸手拿到圆环。塔比瑟并不只是摇动那几个圆环来逗婴儿，或直接将圆环放到婴儿手中。这里的情况是，塔比瑟提供玩具，由婴儿来决定怎么玩。

在敏感回应方面，不适宜的实践包括如下几种。

• 将成人关于游戏和互动的想法强加在婴儿身上。

• 看护风格不适于婴儿，让婴儿感到害怕。

• 在互动过程中，不给婴儿机会来主动发起互动，成人过于强势。

• 忽视与家长形成互相支持并分享信息的伙伴关系。

## 亲密的身体接触

触摸、爱抚与皮肤接触对形成依恋来说都是非常必要的。爱丽丝·霍尼格（Alice Honig）有一次这样表示："婴儿对成人的身体拥有绝对的统治权。"意思是说，一经要求，成人就要满足婴儿身体接触的需求（她还说这意味着婴儿与成人的最大比率是4:1，成人用两只胳膊和两条腿来为他们提供拥抱的亲密感！）。拥抱、用鼻子爱抚婴儿、亲吻婴儿的肚子都是温和的看护互动中的组成部分，就像食品与睡眠这些生理要素对婴儿健康发展所起到的关键作用，它们对依恋的形成至关重要。另一个重要组成部分是成人与婴儿之间的眼神凝视，成人要满面笑容地来注视婴儿。照顾婴儿的成人必须能够在身体接触方面慷慨地向婴儿展示出自己对他们的关爱。

婴儿生来就具有增进身体亲密感的特性：吸引注意力的无助哭泣；柔软的肌肤；在成人拥抱他们时，抓住成人手指的动作以及他们注视对方眼睛的方式。当然，还有咧开没有一颗牙齿的嘴巴表示开心的笑脸。塞尔玛·费雷伯格（Selma Fraiberg）写到，婴儿掌握了最初的爱的语言，"婴儿拥有微笑的语言，拥有发声的口头语言，拥有拥抱的语言。这些是在我们能够说出爱之前的基本词汇"（Fraiberg，1977，p. 29）。有些婴儿属于反应不太灵敏的气质类型，那么和他们相处时，看护者需要努力促进其依恋情感的发展，要知道，对那些消极等待或漠不关心身体接触的婴儿来说，想办法接触他们是非常重要的。

对婴儿来说，提供亲密身体接触的机会是好的照料的重要组成部分。可以通过以下做法来提供这样的机会。

● 只雇用具有以下特点的成人：和婴儿在一起时，可以自由地通过身体语言表现出对婴儿的关爱，并且，如果有些婴儿不像其他人那样积极地对身体接触作出反应，这些成人也有办法来了解婴儿。

爱丽丝（Alice）所在中心的主管用了一个上午的时间来观察她和婴儿之间的互动情况，然后才确信爱丽丝适合于这项工作。很明显，爱丽丝能够自然舒服地拥抱、触摸、用鼻子爱抚婴儿，并且在做这些动作时由衷地感到快乐。爱丽丝敏捷地注意到，在她亲密地抱着约瑟夫（Joseph）时，约瑟夫不舒服地扭动着身体，于是，她把约瑟夫放在身边的婴儿椅上，继续温柔地和他说话，并看着他的眼睛。

● 为放松的看护互动提供时间、空间和机会，就像第四章中所描述的那样。

中心主管最近将一张舒适的长沙发放到婴儿室中。她雇了一个兼职看护者，安排她在上午的晚些时候来中心工作几个小时，这样婴儿室的两名全职员工就不用太赶时间完成看护婴儿的日常活动。

● 与婴儿的每一次接触都包括亲切的身体互动。常规活动并不只被当作要完成的任务，也应当被认为是与婴儿进行亲密身体接触的机会。在这种观念下，喂奶时婴儿总是会被亲密地拥抱着，洗澡和换尿布时总是会得到轻轻地抚摸。

当李（Lee）在婴儿室中给凯拉（Kayla）喂奶时，他一只手紧紧地抱着她，另一只空闲的手轻轻地抚摸她的脸颊和前臂。在凯拉盯着李看时，李也微笑着直视凯拉的眼睛。他轻声地对着凯拉说话。整体上看，他非常享受与凯拉的亲密接触时间。

与身体接触相关的不适宜实践包括以下几点。

● 成人长时间不关注婴儿或与之进行互动。

● 匆忙地完成常规工作，没有与婴儿互动，也没有让婴儿参与常规活动中。

● 对婴儿漠不关心或毫无感情，粗鲁地对待婴儿。

## 重复和一致性

到现在还没有人发现，在依恋建立之前，成人和婴儿之间需要进行几百或几千次的接触。依恋发展理论显示，在依恋关系明确建立起来之前，婴儿第一年的大部分时间都花在了经历亲密的、重复的、双方互相满意的体验中。相关研究指出，如果在这段时间内，婴儿长时间与成人分离并且彼此之间的关系经常被扰乱，那么在依恋关系建立过程中婴儿会变得焦虑，并且很难发展出依恋感。即便母亲对婴儿的持久热情没有突然中断过，整套看护环境设置也没有发生急剧改变，但是，成人对婴儿的回应模式可能会不一致。想象一位母亲正在她的母亲和医生关于溺爱的相互冲突的建议中挣扎，或者一位母亲需要离开家庭重新开始全职工作，同时还要照顾其他的孩子，因此感到筋疲力尽，并认为她必须让婴儿来适应家庭的时间安排。在上面这两种情况中，家长可能不会每次都对婴儿的需求作出一致的回应。

在适宜性的婴儿项目中，看护的一致性是所要考虑的一个重要概念。让一个看护者在很长的一段时间内看护一个婴儿，而不是每隔6—9个月就改变房间和看护者，这对儿童的发展来说是非常重要的。简单思考一下，如果婴儿不得不去学习一种新的世界和工作方式，那么他们会丧失什么。在婴儿不得不去寻找新的交流方式时，他们会陷入困惑和压力之中。许多变化都会使他们不愿意去建立新的关系。看护的一致性对看护者与家庭来说也是非常重要的。当与他们形成依恋关系的儿童被转移到别的地方时，看护者会感到很悲伤，同时，这种做法还使得看护者不能体验到自己努力的成果。婴儿的家庭成员同样会感到难过，因为他们失去了和看护者所建立起来的信任关系。看护的一致性有利于信任感的建立，同时有利于形成促进儿童发展的各种关系。

有利于婴儿发展出一种可预测性是婴儿看护过程中的关键要素。以下策略有助于成人作出一致性的回应。

- 所有与婴儿看护相关的成人彼此之间要进行交流，尽可能地来协调对婴儿的回应。

爱丽丝和那对双胞胎的父母经常交流有关婴儿的事情，他们的交流都记录在放在这对双胞胎小房间顶上的那个日记本上。这天下午爱丽丝写道：今天威尔显得非常放松，并且没有拒绝大人轻摇着他入睡。威尔的妈妈决定晚上也尝试轻摇着让他睡觉。

- 对父母和看护者进行教育，让他们了解有关婴儿发展和需求的知识，并认识到依恋的重要性，消除他们头脑中关于"婴儿学会控制其他人"以及"溺爱"的荒诞想法。保证成人作出可预测的回应的一种方法是，利用相关信息来帮助成人不再那么害怕对婴儿作出回应。

婴儿的外祖母建议这对双胞胎的母亲不要过多地关注婴儿，因此，这位母亲非常担心自己的做法是否正确。爱丽丝告诉她一些有关依恋形成的知识，从而打消了她的顾虑。

- 只雇用那些致力于在看护中心长期工作、能够稳定地参与婴儿生活的人。在可能的情况下，达成最小的儿童/成人比例以及最少的成人工作量，比如主要看护者制度（见第四章），所有这些做法都有利于形成一致的、持续的抚育关系。

在婴儿室里，爱丽丝看护萨姆、威尔、朱莉奥和梅梅（Meimei）。她的同事则主要看护亚历山德罗、桑德拉（Sandra）、文森特（Vincent）和奥利维亚。所有儿童都与他们的主要看护者形成了亲密的关系。不过当他们的主要看护者休息时，这些儿童也能够满意地接受其他一直就存在的成人的。所有的家庭都很高兴能与一个主要的看护者进行轻松的交流。

- 企业、政府和社区要推出方案，在婴儿出生后的前几个月中对婴儿的家庭提供支持和帮助，由此，能够使家庭为婴儿提供绝大多数的看护，并消除家长所面临的一些压力，这些压力会干扰到家长回应婴儿的能力。

当地的3家企业已经开始为那些休完产假回来上班的母亲提供非全职工作的机会。这就意味着，大多数情况下，这对双胞胎的母亲都能够在下午早些时候把孩子接回家。

不利于一致性看护的实践包括如下几种。

- 忽视婴儿传递的信号，相反，试图教导婴儿应该如何表现，或按照成人的意愿安排他们的日程表。

- 对婴儿的回应不具有可预测性。

- "将照料婴儿看作令人厌烦的任务，并认为其本质是对婴儿的监管。"（Bredeka-mp & Copple，1997，p. 80）

### 认识到婴儿的局限性

当婴儿高兴地沉浸在他们最初的社会关系中时，照顾他们的成人应该认识到婴儿在社会性和情感发展上的局限性，这一点是非常重要的。实际上，这些局限是他们发展状态的组成部分，与认知能力和语言能力相关。包围在依恋关系中，婴儿甚至还没有清晰地意识到自己是一个独立的个体，甚至也不能明确地对自己和其他人作出区分。婴儿的发展还没有达到可以认识到其他人的需要、感受和权利的阶段。婴儿正开始去理解语言，但是他们还不能通过语言交流来行动。事实上，控制感觉和行为还远非是婴儿能力所及的事情。

萨曼莎（Samantha）正在地板上玩，伦迪（Randy）爬到她身边，扯她的头发。老师没有认识到婴儿在发展上的局限，对伦迪感到非常生气。她弯下腰，满脸生气地看着伦迪的眼睛，说道："坏孩子。"孙丽（SunLi）意识到这只是一个好奇的宝宝在进行单纯的探索，于是，她温柔地拍了拍伦迪和萨曼莎的头，说："轻点儿，轻点儿，伦迪。"然后，她拿起伦迪的手帮助他学习轻轻拍打。

婴儿在理解和控制行为方面的局限性，对我们引导和训练婴儿来说有重要的启示作用。当成人采取以下策略时，会最有助于婴儿应对最初的社会性/情感情境。

- 接受这样一种观点，即婴儿并不是故意地去伤害其他婴儿，并且，他们对财产权没有概念。成人帮助婴儿学会轻柔地触摸其他人，并为每一个儿童提供大量的空间和玩具。他们会认识到，更适宜的做法是预防出现问题，而不是试图去教会婴儿表现出不同的行为。

"轻点儿，威尔，轻点儿，"爱丽丝一边说，一边轻柔地拍打着威尔和他弟弟的脑袋，"到这里来，我觉得如果你再向这边移一点儿会更好。"爱丽丝将他移到地板上更空旷的地方，并让他远离他的弟弟。

- 了解到婴儿不能按照言语指示来控制他们的行为，所以要依靠分散注意力、重新引导以及移走诱惑物等方式来改变婴儿的活动情形，而不是试图直接改变婴儿的行为。成人有责任控制婴儿的行为；期待婴儿自己停止不当的行为是非常不符合婴儿发展特点的。

"这里，威尔，我觉得你会喜欢这只拨浪鼓的，"老师迅速地将威尔的注意力从想要拉扯头发上转移开。

- 通过计划来减少婴儿的等待时间和所受的限制，尽可能地避免让婴儿感到沮丧。非常重要的一点是认识到婴儿不能等待，并且在沮丧的时候不能控制自己的情感爆发。

当爱丽丝听到从走廊里传过来的餐车声时，她告诉安德莉亚（Andrea）午餐时间到了，并给她戴好围兜。她已经认识到，如果她在午饭准备好前就给安德莉亚戴好围兜，安德莉亚很快就会没有耐心等下去了。

- 认识到在婴儿期温柔地呵护并尊重婴儿，是日后教导他们关心其他人需求和权利的基础。"确信自己的需求会得到满足是儿童学习控制自己行为的基础……实际上，这为后来婴儿学会等待、给予、信任、爱以及关心他人奠定了基础。"（Greenman & Stone-house，1996，p. 140）这是训练（discipline）的真正开始，尽管这并不是大多数成人心目中的那种训练。

当爱丽丝在婴儿室中向家长解释训练思想时，其中一些家长最初表现出了惊讶，他们认为训练对于婴儿来说还为时过早。当她论述到温柔地呵护和尊重如何为日后婴儿学习等待和关心他人奠定基础时，家长理解了这种积极的教养方式。

在认识婴儿的局限性方面，不适宜的实践包括如下两种。

• 期待婴儿作出超出自己能力范围的社会/情感控制。

• 想当然地认为婴儿"淘气"而惩罚或大声斥责他们，包括将婴儿限制在小床或护栏里，作为一种暂停婴儿活动的惩罚方式。

**此时你会怎么做？**

当我在婴儿室中告诉家长，领导要求我们对婴儿进行训练，并解释我们关于训练的教育理念时，一些家长似乎感到非常惊骇。其中一个母亲说："对婴儿进行训练是不是为时过早？"我应该怎么回答？在这种的情况下，你会如何回应呢？

这里可能是由于语义的问题，大家对"训练"这个词作出了不同理解。毫无疑问，看护中心要确切地阐释它的教育理念，帮助家长理解他们所认为的适合于婴儿发展的指导方式。家长很可能将"训练"理解为"惩罚"，甚至是体罚。使用"指导"（guidance）这个词可能会帮助家长理解其中的区别。

对婴儿看护来说，一种发展适宜性的指导理念会强调对婴儿需求和能力的尊重。大家会有这样一种认识，即在儿童能够于童年后期认识到和尊重他人的需求之前，他们在婴儿期的需求需要得到尊重并能在一种真诚的关爱氛围中得到回应。一种关爱的氛围是婴儿对世界以及世界上的人产生良好感觉的基础，并最终会使婴儿产生良好的自我感觉。良好的自我概念将会帮助儿童产生一种以积极的方式来表现自己的意愿，并想要去取悦照顾他们的成人。

婴儿在自己的行动过程中意识不到危险和问题，需要由成人将他们的注意力引导到积极的行为上。仅仅依靠语言是不能有效引导婴儿的，成人需要耐心地将婴儿从某些情境中移开，并将他们的注意力导向其他的地方。认识到婴儿的局限性，看护者应尽可能地保持一种积极的氛围，防止给婴儿带来压力和不安的情境，比如过度拥挤或等待。

训练是在日后儿童能够理解单词和限制时对儿童进行教导的基础，当这样向家长解释时，家长可能会拓宽自己原本对训练所持有的狭义的、较为消极的理解。引导婴儿拥有自我控制的能力是一个漫长的、渐进的过程，贯穿于整个童年期，而婴儿期积极的社会互动为此奠定了坚实的基础。

## 小结

对婴儿来说，发展适宜性的社会/情感环境是这样的。

● 成人与婴儿的互动是亲切的、双向的，成人调整自己的看护方式以适应每个婴儿的气质和发展水平。

● 提供成人与婴儿一对一交流和游戏的机会，同时让婴儿与主要看护者之间有大量的亲密的身体接触。

● 实施主要看护者制度，为婴儿提供一致性的看护。

● 当婴儿表现出自己的需求时，迅速地给予关注。

● 认识到在冲突或令人沮丧的情境中，婴儿需要成人来帮助他们转移注意力，并重新引导他们的活动。

● 让员工进行看护练习或者其他类似的活动，这对于看护婴儿过程中必不可少的社会性接触和保持情感的可预测性来说具有积极作用。

## 思考

1. 与你的几个同班同学讨论一下你对"溺爱"的理解。你的观点对适宜婴儿社会/情感发展的实践会有什么影响？

2. 在婴儿家中或者看护中心里，对一个婴儿和他/她的主要看护者进行观察。你看到了哪些依恋的迹象？哪些互动和交流是与发展适宜性实践相符合的？

3. 假设有一群新生儿家长正在思考如何照看婴儿，你与小组同学一起设计一个教育方案，向这些家长介绍在婴儿发展适宜性的社会/情感环境中应该重视哪些因素。

## 问题（用以评估本章所学）

1. 婴儿期的社会/情感问题有哪些？对每一个问题进行简单的讨论，包括每一个问题会如何影响发展适宜性的实践。

2. 指出适宜的成人—婴儿互动的 5 个特征。

3. 尽可能多地回忆在适宜的互动过程中，成人对婴儿说的和做的实际的、具体的事情，并对这些事情进行讨论。

4. 本章讨论了对促进婴儿健康的社会/情感发展来说不适宜的实践，列举出其中几种。

## 问题（用以应用本章所学）

1. 假设你向主管建议在婴儿室中建立一种新的主要看护者制度，说明你这样做的理由。

2. 给家长写一篇小文章，说明你在看护他们的孩子时，会以怎样的方式来促进婴儿社会/情感的健康发展。

## 参考文献

Ainsworth, M. D. , et al. (1978). *Patterns of attachment.* Hillsdale, NJ: Lawrence Erlbaum.

Ainsworth, M. D. , et al. (1982). Attachment: Retrospect and prospect. In C. M. Parkes, & J. Stevenson-Hinde( Eds. ). *The place of attachment in human behavior*( pp. 3 – 30). New York: Basic Books.

Belsky, J. (1988). Infant day care and socioemotional development: The United States. *fournal of Child Psy-*

*chology and Psychiatry.* 29(4), 397 – 406.

Bowlby, J. (1988). *A secure base: Parent-child attachment and healthy human development.* New York: Basic Books.

Brazelton, T. B., & Greenspan, S. (2000). *The irreducible needs of children: What every child must have to grow, learn, and flourish.* Cambridge, MA: Perseus.

Bredekamp, S., & Copple, C. (Eds.). (1997). Developmentally appropriate practice in early childhood programs(Rev. ed.). Washington, DC: NAEYC.

Caldwell, B. (2001). Déjà vu all over again: A researcher explains the NICHD Study. *Young Children,* 56 (4), 58 – 59.

Chang, H. (1993). *Affirming children's roots: Cultural and linguistic diversity in early care and education.* San Francisco: A California Tomorrow Publication.

Chess, S., & Thomas, A. (1977). Temperamental individuality from childhood to adolescence. *fournal of Child Psychology and Psychiatry,* 16, 218 – 226.

Chess, S., & Thomas, A. (1982). Infant bonding: Mystique and reality. *American fournal of Orthopsychiatry,* 52, 213 – 221.

Clarke-Stewart, K. A. (1989). Infant daycare: Maligned or malignant? Special issue: Children and their development: Knowledge base, research agenda, and social policy application. *American Psychology,* 44(2), 266 – 273.

Erikson, E. (1963). *Chldhood and society.* New York: Norton.

Fraiberg, S. (1977). *Every child's birthright: In defense of mothering.* New York: Basic Books.

Gerber, M. (Ed.). (1991). *Resources for infant educaters.* Los Angeles: RIE.

Gonzalez-Mena, J. (1992). Taking a culturally sensitive approach in infant-toddler programs. *Young Children,* 47(2), 4 – 9.

Gonzalez-Mena, J. (2000) *Multicultural issues in child care*(3rd ed.). Mountain View, CA: Mayfield Publishing Company.

Greenberg, P. (1991). *Character development: Encouraging self-esteem and self-discipline in infants, toddlers, and two-year-olds.* Washington, DC: NAEYC.

Greenman, J., & Stonehouse, A. (1996). *Prime times: A handbook for excellence in infant and toddler programs.* St. Paul, MN: Redleaf Press.

Greenspan, S., & Greenspan, N. T. (1989). *First feelings.* New York: Viking Penguin.

Harlow, H. (1958). The nature of love. *American Psychologist,* 13, 673 – 685.

Hoffman, L. (1989). Effects of maternal employment in the two-parent family: A review of the research. *American Psychology,* 44(2), 283 – 292.

Honig, A. S. (1993). Mental health for babies: What do theory and research teach us? *Young Children,* 48 (3), 69 – 76.

Karen, R. (1998). *Becoming attached: First relationships and how they shape our capacity to love.* New York: Oxford University Press.

Mahler, M. (1979). *Separation-individuation Vol.* 2. London: Jason Aronson.

Leavitt, R. L. (1994). *Power and emotion in infanttoddler day care.* Albany, NY: State University of New York Press.

NAEYC. (1995). Cost, quality, and child outcomes in child care centers: Key findings and recommendations. *Young Children,* 50(4), 40 – 44.

NICHD Early Child Care Research Network. (1997). The effects of infant child care on infant-mother attachment security: Results of the NIHCD study of early child care. *Child Development,* 68(5), 860 – 879.

Phillips, D. (1987, November). Infants and child care: The new controversy. *Child Care Information Exchange*, 58, 19 – 22.

Pratt, C. (1948). *I learn from children.* New York: Harper Collins Publishers, Inc.

Raikes, H. (1996). A secure base for babies: Applying attachment concepts to the infant care setting. *Young Children*, 51(5), 59 – 67.

Skinner, B. F. (1938). *The behavior of organisms: An experimental analysis.* New York: Appleton-Century-Crofts.

Stonehouse, A. W. (1986). Discipline. In R. Lurie, & R. Neugebauer(Eds.). *Caring for infants and toddlers: What works, what doesn't Volume* 2(pp. 40 – 58). Redmond, WA: Child Care Information Exchange.

## 建议进一步阅读和研究的资料

Baker, A. , & L. Manfredi/Petitt. (1998). *Circle of love: Relationships between parents, providers, and chidren in family child care.* St. Paul, MN: Redleaf Press.

Brazelton, T. B. (1981). *On becoming a family: The growth of attachment.* New York: Dell Publishing.

Dombro, A. , Colker, L. , & Dodge. D. (2002). *The creative curriculum for infants and toddlers.* ( Rev. ed. ). Washington, DC: Teaching Strategies, Inc.

Elliott, E. (2003). Challenging our assumptions: Helping a baby adjust to center care. *Young Children*, 58(4), 22 – 28.

Honig, A. (2002). *Secure relationships: Nurturing infan/oddler attachment in early care settings.* Washington, DC: NAEYC.

Squires, J. (2004). Viewpoint: America's *other* divorce crisis. *Young Children*, 59(3), 74 – 76.

Stern, D. (2000). *The interpersonal world of the infant.* New York: Basic Books.

## 实用网站

**http://www. nichd. nih. gov**
访问这个网站，搜索 SECC 关于早期儿童看护对婴儿的影响的研究综述。

**http://www. babytalk. org**
在这个网站上，搜索 "Parent Infant Attachment" 这篇文章。

**http://www. scholastic. com**
在这个网站上，搜索大量关于婴儿社会性和情感发展的文章，包括爱丽丝·霍尼格（Alice Honig）所写的 "Soothing Strange Anxiety" "How a Baby Learns to Love" "How a Baby Makes Friends"。

**http://www. zerotothree. org**
在这个 0—3 岁儿童的网站上，可以搜索到大量关于婴儿期健康情感发展的信息。

 在线指南

本章的更多相关资源可以在 http：//www. earlychilded. delmar. com 中找到。

# 发展适宜性的社会/情感环境：学步儿期

在快到 1 岁的时候，婴儿身上发生了令人惊讶的变化。从一个总是很驯服的、对一切都欣然接受的小生命，变成一个对自己想要做什么有着强烈主见的个体，而且他们想做的很多事都和其他人大相径庭。看起来，这种伴随着行走而来的新的控制力使儿童发现了一个崭新的独立的自我，在这之后的大部分人生中他们都将致力于检验这个新的想法。形成自我意识在学步儿的个性发展和社会交往中占据着首要位置。然而成为一个"属于自己的人"让学步儿感到有点害怕，于是他们就在独立与依赖、成熟与不成熟之间游移不定。照顾他们的成人从来就不能确定钟摆某一天会偏向哪一边（大约 10 年后，成人在面对儿童时会面临与学步儿期类似的不可预测性，这是因为彼时的儿童又产生了青春期早期的独立诉求）。在学步儿缺乏自我控制力、交流与理解能力有限，且只掌握最基础的社会技能的情况下，成人想要与其愉快地相处，对自己和其他儿童来说都是一项挑战。尽管如此，发展儿童积极的自我意识仍是学步儿期儿童的主要任务，这项任务的完成依赖于成人在社会/情感环境中对儿童进行的适宜的指导和互动。

## 本章学习目标

- 讨论学步儿期的几个社会/情感问题。
- 描述成人哪些行为有助于解决上述社会/情感问题。
- 讨论适宜学步儿的指导技巧。
- 识别成人对学步儿社会/情感行为的非支持性的回应。

## 学步儿期的社会/情感问题

出生约 12 个月的学步儿刚刚从对父母的依恋中"破茧而出"，开始发现什么是独立生活，什么是和别人一起生活。成人需要尊重学步儿此时的状态，而不是将其与之后的发展阶段作不适宜的比较。在对社会/情感问题以及发展任务进行简单的讨论后，我们将会回到对每个实际问题的讨论上来。

## 自主性

当埃里克·埃里克森（1963）谈到社会心理发展的第二个阶段时，他描述了形成自主感相对于羞愧和怀疑等消极情感的重要性。自主性意味着将自己看作一个独立的、有能力的且能够独自担当的个体。自主性暗示着相信自己的能力。在学步儿的环境中的成人如果对其行为较少进行正面回应，会使学步儿认为自己不能以成人赞同的方式独立地发挥作用。

学步儿似乎有一种与生俱来的愿望去检验自己的能力，因此照顾他们的成人对学步儿走向独立的第一步表现出赞同和支持是非常重要的。最佳的社会/情感环境是一个支持积极的自我意识发展的环境。

值得注意的是，自主的重要性是一个文化概念。在世界上，有一些文化和亚文化并不像其他文化那样重视自主性。在许多文化中，人们更重视互相依赖和团队作用。儿童看护者需要与其家长进行交流，以了解他们对培养儿童自主性的态度是怎样的。

**否定与抵抗。**学步儿证明自主性的方法之一是反抗他们身边的成人并测试其反应。学步儿以显示与他人的不同来表现自己的独特，非常肯定他们处于每一个可想到的问题的假设答案的对立面。如果这个主意是别人的，那它肯定不是一个好主意。有些时候，学步儿"为了抵制"而坚决"抵制"，甚至是在他们实际上赞同的时候也大声说着"不"，就像问到"你想要块曲奇饼干吗？"他一边说着"不"，一边伸出手去。

当成人在这么娇小的个体中发现如此猛烈的抵制时，他们常常会感到困惑，因为这个孩子前几天还会对成人做的所有事情表示完全赞同。学步儿的抵抗会让成人感觉自己失去了控制。如果看护者不能理解驱动儿童的抵抗行动的是积极的发展性目的，他们有可能会将这些抵抗扼杀在摇篮中。事实上，他们必须接受这些行为的不可避免性和重要性。如果想要培养学步儿积极的自我感，成人可以使用技巧去避免正面的冲突，并给学步儿机会，让他们在一些较量中占上风。这并不是说让学步儿来接管和"掌握政权"，不是让成人乞求孩子同意如何行动。学步儿确实是需要受到限制的，并且成人很有自信来设定那些限制。这两个群体都不需要持续的权力斗争。

**分离。**对学步儿童来说，最难的事情之一就是他生活中很重要的与成人的分离。在我们刚刚讨论了抵抗和否定后，这么说似乎听上去有点自相矛盾。依旧处在依恋过程（依恋的过程持续大约两年）中的学步儿，只有当成人在旁边时才感觉非常安全。当他们被单独留下的时候，学步儿会表示出强烈的抗议。知道爱他们的成人会回来后，知道他们不在场也没问题，这对于学步期的儿童来说是一个重要任务（Mahler，1979）。成人怎样帮助儿童处理分离焦虑是极为重要的，并且这会对儿童将来的社会关系和情感幸福产生影响。

当学步儿忙于不断检验自我概念时，他们还认识不到其他人也有需要和需求这一点。尽管学步儿对其他人有着短暂的兴趣，但这看起来似乎不比他们对周遭事物的兴趣更强烈。在兴趣转变之前，他们会探索这些周遭事物。《一个学步儿的信条》言简意赅地表述了学步儿是怎样看待世界的——仅仅是从自身需求出发。另外，我们也应该注意到，再多的交谈、说教或是责备也不会改变学步儿的想法。只有当自我感形成之后，儿童才开始去关爱其他人；只有真正拥有之后，才有可能去分享。在一群都是以自我为中心的学步儿中，产生社会/情感摩擦的可能性是巨大的；只有敏锐和具有创造力的看护者才能保护所有人的权利。

---

**一个学步儿的信条**

如果我想要，它就是我的。

如果我把它给你了，但后来我又改变了主意，它就还是我的。

如果我可以从你手中拿走它，它就是我的。

如果刚才我拿着它，它就是我的。

如果它是我的，它就将再也不会属于其他任何人，不管它是什么。

如果我们在一起搭积木，那么所有的零件也都是我的。

如果它看上去像我的，那么它就是我的。

---

**与同伴在一起时的自我中心行为。**伯顿·怀特表示"一个儿童的社交风格似乎在她两岁的时候就非常确定了"（Burton White, 1995, p. 167）。怀特列出了 14—24 个月婴儿所发展的社会能力。

- 以社会接受的方式来得到并抓住成人的注意。
- 一旦发现某项工作太难，就把成人当作工具。
- 向成人表露情感。
- 带领同伴。
- 跟随同伴。
- 向同伴表露情感。
- 向同伴表露温和的讨厌。
- 与同伴竞争。
- 在个人取得成就时表现出骄傲。
- 参与角色扮演或装扮活动。

很有社交手段的学步儿——试图在她生活的世界、在她的主要看护者以及她自己的独立性之间平衡自己的兴趣，发展自身行为模式——这通过"与她定期互动的人形成非语言的社交合约……来进行，其中包含着儿童通过数千次的与看护者的交流所学到的东西"（White, 1995, p. 168）。

**情感回应。**被照料的学步儿展现出的情感范围宽广，从满足、高兴、满意、爱，到生气、沮丧、忌妒和害怕，一应俱全。这些几乎已经囊括了人类的全部情感，但仔细观察会发现明显地少了一两项。

因为他们的心智无法具备某些认知能力，因此大多数的学步儿还不太可能显示出许多同情心、移情心或对他人的怜悯心。偶尔有些特别敏感的学步儿在他人难过的时候也会表现出有点难过，不过这可能是他人不熟悉的声调和表情而不是学步儿的同情心所致。有人引用学步儿安慰受伤的他人的例子来证明他们已有同情心，但是有些专家认为这只是习得的行为，是对某个相似的情境中成人行为的延迟模仿。比如当一个孩子因为娃娃被拿走了而哭时，一个学步儿可能会去轻拍他，但是后来很快地又从他手中拿走另一个玩具——这显然并不是真正关心他人的感受。

关于情绪智力（Goleman，1995）的一些观点也许为我们提供了不一样的视角。戈尔曼的理论认为，一些儿童有可能已经为自己发展对他人情感和需要的意识做好了准备。加德纳（1983，1999）指出存在一种人际交往智力，认为有些孩子可能对与他人关系中出现的细微差别尤其敏感。显然，情绪反应在儿童个体之间差异很大，这很大部分取决于儿童得到的情绪回应是怎样的，但是学步儿还未成熟的认知过程很可能还不能将这些情感强烈地呈现出来。

对学步儿来说，有一种情绪虽然不是独一无二的，但是又确实以一些不寻常的方式出现，这种情绪就是害怕。学步儿害怕某些东西是因为将这些东西与某些不愉快联系了起来，比如学步儿害怕医生的办公室，因为在那里有过痛苦经历，或者害怕邻居的院子，因为有一只正在叫的大狗突然出现在那里。有些儿童的害怕并没有与真正的不快乐联系起来，但是他们的害怕是基于这个对象会威胁到他/她的不合逻辑的假设，比如浴缸的干涸。许多婴儿非常喜欢坐在浴缸里玩耍，但婴儿看到水从洞里流走也会发出尖叫，因为他觉得有可能会发生危险（马桶和吸尘器也有可能引起类似的害怕）。尽管成人似乎不能理解一些学步儿的害怕情绪，这些害怕仍然是真实存在的，并且需要得到成人的尊重和回应。

学步儿的大多数情绪都是强烈并且真实的。除了用肢体表达自己的情绪外，他们无法控制自己的情绪。最极端的表达形式就是发脾气。一个健康的社会/情感环境能让学步儿避免消极情绪反应，并引导儿童在人生最早的阶段了解什么是可接受的情绪表达。

**积极的指导。**学步儿是不成熟且冲动的，因此他们毫无疑问地需要受到限制。伯顿·怀特（1995）将学步儿看护者的角色之一定义为权威。学步儿们常常不能控制自己，他们需要明白自己依靠周围的成人的限制。权威问题的重点在于给予学步儿什么样的限制以及怎样向他们传达那些限制。发展适宜性的指导将考虑到学步儿在语言、理解力、世界观以及自我意识这些最重要的方面的局限性。

## 与学步儿的发展适宜性互动

讨论了有关学步期的重要社会/情感问题，是时候来思考有关发展适宜性互动的问题了。

### 培养自主性

成人的下列行为有助于培养学步儿的自主感。

● 在学步儿完成他们自己设置的任务的过程中提供必要的支持，允许儿童去做他们力所能及的所有事情，并在他们力所不能及时给予温和的协助。某些时候这意味着耐心地允许学步儿花很长的时间来"自己做"，另一些时候意味着在不干扰学步儿的前提下伸出援手或者帮助学步儿完成任务。

拉托雅坐在罗伯特（Roberto）旁边，罗伯特正费劲地穿鞋子。拉托雅正忙着叠刚洗完的衣服，她偶尔朝罗伯特微笑或者评论他的工作。房间的另一头，格雷格（Greg）意识到苏哈（Sooha）还不能自己穿上外套，所以他走过去帮苏哈把胳膊放到袖子里，并说需要她帮忙拉上拉链。

●用真正的钦佩和具体的评论来承认和欣赏儿童的成就。

"你自己把碟子放回了托盘，乔伊（Joey）。谢谢你的帮忙。"

"瞧瞧你都自己准备好滑滑梯了，娜迪亚（Nadia）。你爬上了所有的台阶！"

●在学步儿能够控制的范围内真正地给予他们选择。成人可以在"需要做什么"的大问题上作决定，但是要让学步儿感觉到他们可以对"怎样做"有些控制权。

"午饭时间到了，佐伊（Zoe）。今天你想要蓝色的杯子还是红色的杯子？""你是想在洗手之前还是之后唱一首歌呢？""今天的点心是香蕉，伊莎贝拉（Isabella）。你是想要一整根的还是要分成两截的？"

●鼓励需要探索和控制的独立游戏。当儿童觉得他们能够自己做许多事情时，其自主性就得到了发展。

温妮莎（Vanessa）用一些结实的大盒子和许多小零件供儿童放进放出。当他们推着盒子到处走时，她微笑着表示赞许并对他们努力推动大箱子作出评论。

●通过经常称呼儿童的姓名来帮助儿童发展他们的自我意识。成人也和学步儿玩身体游戏（"你的脖子在哪里？给我看看你的膝盖。"），比如利用镜子、照片与歌曲来帮助学步儿增强他们的自我认同感。

路易斯（Luis）最近在他的班里添加了自我认同角。他在里面安置了一面全身镜以及几面可以手拿的、不会打破的小镜子。墙上有每个学步儿的照片，还有他们家人和家庭的照片。当路易斯集合学步儿一同唱歌时，他唱出每个儿童的姓名。学步儿们虽然唱得不多，但当他们听到自己的名字时都笑容满面。

●为学步儿提供能够安全享用的所有自由。成人不再伴随左右或是限制儿童行为以免过度保护，由此发展儿童的自信心。那个学步儿看上去是否需要帮助？他在一个狭窄的洞里扭动着身体试图去够球，最后自己钻出来了。一个机敏的看护者站在一旁，让他自己解决问题、发展自信。如果成人动作太快会助长他继续对成人的依赖，也不能让他感到满足。

安妮（Annie）安排好了学步儿的游戏区域，这样她就用不着对那里的任何事说"不"了。家长志愿者建造了一个坚固的、6英寸高的攀爬架，因此安妮就不需去警告学步儿小心一点儿。

●制作一些能让学步儿在很少或者没有协助的情况下能够使用的用具、器具和设备。

扎达（Zaida）班上的椅子比学前班里的椅子小，因此孩子们可以自己坐到椅子上，而不用笨拙地爬上去。她还要求餐厅的职员将通常用的叉子和调羹换成特殊的、短把手的餐具。这样做的结果就是学步儿可以在就餐时真正自信地照顾自己了。

●观察学步儿已经为如厕训练做好准备的信号，然后温柔地并且不给他们施加压力地介绍厕所的使用。要认识到这个过程会花一定的时间，并积极强化学步儿的尝试。

当盖布里埃尔（Gabriel）爬下马桶并一脸骄傲地展示自己时，玛莉亚－特丽萨

（Maria-Therasa）朝着他微笑。这是盖布里埃尔第一次在玛莉亚－特丽萨面前展示。

- 检查成人对与学步儿关系所持的态度。成人需要回应学步儿对自主性的强烈要求，并在他们独一无二的个性出现时表现出真正的高兴，不能因为成人自己的需要而对学步儿独立的尝试加以阻挠。有些时候学步儿的进展速度比照看他们的成人快，那么成人就需要有意识地调整他们互动的风格。学步儿不再需要成人主动地满足他们所有的需要，而更需要成人站在他们身后支持他们迎接新的挑战。

苏珊（Susan）边摇晃着脑袋边咧开嘴朝着她的儿子微笑。她的儿子也是学步儿，正想要自己梳头。"最初这感觉太奇怪了，"苏珊承认，"我喜欢做那个他总是来寻求帮助的人。但是我已经习惯于最好给他一些自己行动的自由。他仍然是需要我的——只不过是以另一种方式。"

让学步儿产生羞愧和怀疑而并非自主感的非支持性实践包括以下几种。

- 过度地保护学步儿，使他们信心不足。
- 期望学步儿遵从所有成人的要求，在他们的日常生活中不给他们选择的余地。
- 对学步儿的期望过多或过少。
- 对在给予时间、适宜的装备和支持的情况下学步儿能自己完成的事情包办代劳。
- 强迫学步儿学习如厕，不管他们是否做好了准备；因为儿童的上厕所问题而惩罚或羞辱他们。
- 对学步儿的活跃、好动等学习风格或局限性表现出明显的不耐烦。

**对抵抗和否定的回应。**当成人把抵抗和否定当作儿童走向自主性的阶梯时，成人就能够更有效地应对学步儿的行为。成人这样做会有所帮助：

- 意识到学步儿需要控制，并决定那些与健康和安全有关的、需要由绝对的成人权威来解决的少数问题。

里克（Rick）说："我唯一坚持说'不'的时候是当我们走在停车场，我让他拉着我的手，他扭动着身体并且很明显地不喜欢这样。我这个时候说'不'，只是因为我不能相信他的判断，不能控制周围突然出现的汽车。"

- 明白学步儿为什么抵抗——这是另一种自我验证的方法——接受儿童有说"不"的需要而并不感觉失去控制。

另一个学步儿的家长："我以前觉得我必须告诉他，他不能对我说'不'。我担心如果我一旦不这样做，他立刻就会掌握所有的主动权。但是我了解到，一些'不'我是可以忽略的，还有一些可以通过给他一点控制权来加以改变。这没什么大不了的——我仍然知道是我在主导，当然他也需要感觉到他自己是有一些权利的。"

- 避免会产生赢者和输者的权力之争。让学步儿发现是他们把成人置于一个失败的位置，这在情感上是不健康的。他们需要知道谁是主导。当然，如果学步儿总是输，那也不可能发展出健康的自主感。

"我正为找寻保全他面子的方法做更多的尝试，使他不用觉得要通过强烈的抵抗来证明自己。"

- 在绝对控制下允许学步儿有所选择可以使他们避免抵抗。成人做大的选择，学步儿做小的选择。

阿让多拉（Alondra）认为午睡是必需的，她说："唱首歌或是讲个故事，肯耶塔

（Kenyetta）——告诉我你想要哪个。"当肯耶塔还有某种控制时，她很难完全地抵抗。她会忙着去作决定而忘了抵抗的主要问题——至少，绝大多数时候是这样！

●在需要的时候使用陈述而非疑问的语气，不给学步儿抵抗的机会。

"让我们捡起玩具"而不是"你现在准备好清理了吗?"，"是时候坐到椅子上来了"而不是"你想到桌子这里来吗?"。

●按既定生活常规进行，用歌曲等形式在过渡阶段给予可预测的线索等。当生活按照一个安全的节奏进行时，学步儿去抵抗的可能性更小。

"我们这样来捡起我们的玩具……"艾玛（Emma）开始唱了，学步儿很容易就被调动起来，一起帮忙收拾。

●对于一天中经常出现抵抗的时间点，帮助学步儿习惯那些时刻的特定仪式（在这里要提醒：学步儿正渐渐变得非常严格且不可改变，所以不要开始那些你不想重复几千遍的事情!）。

如果约瑟华（Joshuah）知道妈妈总是先亲小熊的两个脸颊，然后再给约瑟华同样的亲吻，并接着说"晚安，乖乖兔（sungglebunny）"，他就能够"控制"她（"先亲吻小熊!"），且忘记了抵抗。

●允许学步儿为他们自己做力所能及的事情。当他们体验了自主性，"不"就会减少。

"艾伦（Aaron），你可以把这里的废纸篓拿到桌子那边去，让小孩子们扔垃圾。"

●如果生理的因素与成人的压力和学步儿的抵抗有关，那么就要接受学步儿肢体上的反抗。允许学步儿指出他们可以承受的食物量或者他们对如厕训练的准备，并意识到有些时候延迟和等待有可能更合适。

当阿伯达（Abduh）显然对再吃点什么不再感兴趣的时候，卡洛琳（Carolyn）轻轻地拿走了他的盘子。她发现强迫阿伯达多吃一点似乎只会让他更坚定地不吃，她当然也不想把就餐变成一场战斗，比如硬把食物塞进他紧闭的嘴巴或是用游戏——就像"火车来啦——张大嘴!"——这样的方式哄他吃得更多。

●尽可能地避免使用"不"这个词，只将它用在与安全相关的重要时刻。学步儿容易从周围的成人身上模仿到很多的抵抗行为，因此成人提要求时应该尽量用正面的词。

"爬到滑梯上去"而不是"不许爬到椅子上去"。

●保持幽默感（"一切都会过去!"），并通过让学步儿参与到有趣的事物中来解决抵抗问题，使他们的注意力从抵抗行为中分散出来。比起幼儿，成人年纪更大，也理应更有智慧，所以在处理问题的时候应该使用创造力而不是生气或使用权力。

让洗脸时盖布里埃尔总是不断地说"不"，老师于是做了个鬼脸并唱起歌来，盖布里埃尔也跟着大笑起来并开始唱歌。从"不，我不要洗脸，不，不，不"，到变得安静，只说一个"不"，与此同时还帮助丽萨（Lisa）走到盥洗室!

有关抵抗和消极性的非支持性行为包括如下几种。

●不接受学步儿的自我诉求，以生气或嘲笑来回应他们。

●因为儿童的抵抗和"不"而惩罚他们（"我的孩子都不能对我说不!"）。

●害怕失去权威，不论大事小事都要主张自己的权威。

●所有的选择都由他们来做。

- 对学步儿所需要的重复和仪式不耐烦。
- 将就餐时间和洗漱时间变为施加压力和冲突时间，由成人决定进餐量或是上厕所的时间。

**帮助分离。** 对学步儿和家长来说，在出生后的第一年放弃曾被贝瑞·布雷泽尔顿称为依恋的情感是非常痛苦的。

处理分离的体验以及日益增长的独立性会对儿童产生终生的影响。成人可以通过以下策略来帮助学步儿（Gestwicki，1992）。

- 当学步儿经历分离时，接受他们可能出现的害怕、悲伤或者生气。在这个时候学步儿（以及他们的家长）需要体贴和支持。

亚丽克西斯（Alexis）的爸爸一离开，拉弗恩（Laverne）就抱着抽泣的亚丽克西斯小声说："你希望爸爸不需要去上班，是吗？看到他走了你很难过。在他回来之前，我会照顾你的。"

- 在分离之前，通过简单的语言、拜访或与看护者见面，以此来让学步儿做好适应新环境的准备。

在亚丽克西斯第一天上学前，她已经跟着父母参观了这个教室两次。她与她的老师有过交谈；在家里，妈妈告诉过她马上就要去拉弗恩的教室里玩了。

- 认识到学步儿将他们的父母当做安全岛，以此为出发点开展活动，会让他们觉得很舒服。看护者要帮助家长理解当学步儿探索新的人和世界的时候，家长仍然留在房间里的必要性。

拉弗恩解释说，如果家庭成员中的一个能够留下来陪亚丽克西斯熟悉教室，会对缓解她的分离焦虑很有帮助，于是她的妈妈就在第一天抽时间留了下来。

- 在中心和教室里制定分离政策，允许学步儿渐渐地放松并逐步熟悉新的环境。在起初的调整阶段，缩短学步儿与父母分离的时间会是一个不错的主意。

在亚丽克西斯离开家的第一个星期，她爸爸每天午饭前抽时间来接她。

- 帮助家长和学步儿互道再见，即使是当学步儿在哭泣时，也要让他们看着父母离开。当学步儿体验了离别和回归后，信任就慢慢产生了。

"当她向你说再见的时候我会抱着她，菲利普斯先生。她会哭，但是我们会处理好的。我们点心时间以后再见。"

- 亲切地向学步儿及他们的家长问好，帮助学步儿在一天的刚开始就得到许多关注。

"嗨，亚丽克西斯。我很高兴你今天到这里来玩。看看我们填满的大盒子。菲利普斯先生，看上去我们已经习惯了早晨的这一套，不是吗？"

- 靠近学步儿，使得他们在想要亲近或是至少知道成人对他们来说是可亲近的时候，可以抓住或是碰触到成人。成人行动缓慢的、温柔能够传递出一种非语言的平静感。在说话时，他们安静地与学步儿交谈，使用语气和话语来传递对学步儿的理解和对学步儿感觉的接受。

拉弗恩蹲在亚历克斯西身边，安静地说话。"这很难，我明白，"她说道，"爸爸会回来的。"

- 意识到午餐时间和午睡时间对处于分离焦虑的孩子来说尤其难过，因此给予特别关注。

"亚丽克西斯，我身边专门给你留了个位置。"

●尽可能多地忽视因分离痛苦而导致的行为。学步儿会验证、退缩、攻击、黏人或者退回到以前的行为。成人越是能够接受，学步儿就越是能够更快地相信照顾他们的环境。

拉弗恩与亚丽克西斯的父母决定不去讨论她越来越多的吮拇指行为，认为只要她感到舒服点以后，吮拇指的行为就会减少。

●鼓励学步儿带着他们最喜爱的玩具、毯子等让他们感觉安全的物品，或者是一些属于他们父母的东西，并且不把这些东西从他们手中拿走。当学步儿准备好去玩的时候，成人可以鼓励他们把珍爱的东西放在小房间里，当他们需要的时候还能够取回来。

亚历克西斯抱着她的毯子。一天中的大多数时候她都喜欢拿着它。

●让学步儿置身在父母的照片和录音留言中，给他们和父母说话的机会，并使他们在需要安慰的时候能够听到父母的声音。

亚丽克西斯常常走到墙边轻拍她妈妈和爸爸的照片。

●鼓励家长和学步儿为离开对方确定计划和仪式。

现在每天来的时候，亚丽克西斯的爸爸都先在图书角为她讲一个故事，然后领她到拉弗恩这里帮助她说再见。

●相信每个学步儿都按自己的时间表发展信任感和接受分离。

4个星期以后，亚丽克西斯似乎觉得在看护中心的时间不那么难过了。

以下这些非支持性行为将阻碍学步儿把自己看做一个有能力且可以处理由分离产生的情绪的人。

●对由分离引起的情绪表现出不耐烦或是不理解。

●在分离的时刻表现得不值得信任。家长在点心时间后溜了或是没出现，没有遵守承诺；看护者忽视学步儿的痛苦并且在家长不在时未能帮助学步儿。

●试图用羞耻感止住学步儿的眼泪："你已经长大了，不能再哭了。"或者骗孩子："如果你不哭，妈妈就会给你带冰激凌。"或者不耐烦地生气着说："现在不许哭了！我已经受够了。"

●对学步儿的情绪冷眼旁观。学步儿的感觉是实实在在的，这些情感需要得到承认和支持。

**应对与同伴相处时以自我为中心的行为。**看护者以小组形式照看学步儿时，他们花了大量时间来捍卫每一个孩子的权利和安全。有益的成人互动包括：

●认识到在学步儿学会小组规则以及接受了温和的社会行为引导之前，他们首先是自主的个体，缺乏自我控制能力。

●精心准备环境，创设独立的游戏空间以及充足数量和种类的材料来避免争抢，从而防止攻击性互动。

●提供给学步儿易于分享的材料，这样的材料通常是大的、固定的。因为太大了，所以一个孩子是不能将它硬拖走的，也因为它够大，所以能允许两个孩子在同一时间使用这个材料。比如有两个开口的大盒子、攀登架和楼梯。

●规划简单的合作体验。将一张壁画大小的纸贴在桌子上，允许两个学步儿一起在上面画蜡笔画而不互相破坏。

"萨拉 (Sarah)，德涓 (Dejuan) 需要一个朋友帮她抓住毯子的一边，这样就能够拍球了。噢，这样很有趣吧?"

- 帮助学步儿积极地看待彼此。

"瑞秋 (Rachieal)，你和伊桑 (Ethan) 都把秋千荡得很高，不是吗?"

- 与学步儿游戏，从而形成合作性的社会行为。

"我就在你旁边玩我的积木。你要我的积木吗?"

- 与学步儿一起游戏能够提供成人示范口头语言的机会。

"德涓，我想萨拉是想告诉你她不想让你拿走她的卡车。萨拉，你可以对德涓说'不'，说'我现在想要它'。"

- 强化任何指向亲社会行为的进步。

"说得好，萨拉。你对德涓说了'不'。德涓，请你听一听萨拉说的。她在告诉你一些很重要的事。"

"你一直等到他结束，达科塔 (Dacotaa)。你非常有耐心。"

- 在沮丧情绪酝酿成为激进行为前，重新引导学步儿。

"德涓，萨拉现在真的急着用卡车。在她用完之前，我们去找你的翻斗车来装货物吧。"

- 在干预学步儿之间的冲突之前做简单的停顿。这样能够让学步儿体验自己如何解决问题，或者让成人了解这个互动究竟是真正有冲突还是仅仅是偶发的探索。

在爬上滑梯时，帕特里斯 (Patrice) 看到安东尼奥 (Antonio) 撞上了德里克 (Derrick)。德里克将安东尼奥推到后面，但是两个学步儿都继续他们的活动，显然没有被打扰。

- 坚定地保护儿童并防止肢体冲突。在伤害发生之前，在有需要的情况下，坚定并温柔地抓住儿童的手、脚或是下颚。儿童需要得到一个明确的信息：成人会来保护并控制他们。

"德涓，我不能让你打萨拉。她会疼。不要打人。"

- 当学步儿伤害到其他人时，要以强烈且控制的情绪来表示不赞成。

"不! 德涓，不要咬人! 人会疼的!"脸部表情要配合你的话，但是不要让人觉得你害怕失去控制。

- 在学步儿还不能理解的时候，不要提到分享的概念。成人应该等他们发展到适宜的阶段再来上这重要的一课。同时，成人有责任维护儿童个体的权利。

"萨拉，你完了以后就轮到德涓了。"

咬人。咬人在学步儿群组活动情境中时常发生，因此在这里我们特别给予关注。因为咬人是在集体中发生的，这原本是"自然现象，实际上不会有持久的发展意义"(Greenman & Stonehouse，1996，p.154)，因此就变得很重要。不应该因为咬人而责备咬人的儿童，或是因为发生在某个看护者的班里就去责备那个看护者。因沮丧而引起的攻击性行为在某种程度上不是产生咬人现象的唯一原因。其他原因还包括：长牙齿的不适感，处于口腔探索阶段，模仿行为，因果关系探索，过度拥挤，兴奋以及过度刺激，冲动或者需要成人的关注。学步儿生活中的一些问题会引起紧张，并通过咬人体现出来;

这些问题包括学着与他们所依赖的人分离。另一个引起紧张的原因是学习如厕的整个过程。当看护者们尝试推测学步儿咬人的原因时，他们就更能够给予适当的回应。

因为长牙的不适感而去咬人的儿童，可以通过咬磨牙圈或是咬放在冰箱里的干净软毛巾来得到帮助。冰冻的面包棒或是硬的饼干也能够缓解牙齿的疼痛。用干净的手摩擦学步儿的牙龈也会起到帮助作用，有一些医生还建议用药物使牙龈麻木。

通过咬人来进行口腔探索的儿童，可能需要各种干净柔软的物体来重新引导他们的咀嚼体验。塑料圈、柔软的玩具、芹菜秆——所有这些都可以拿来使用。成人可以说："你不能咬萨拉，那样她会疼。如果你想咬的话，这里有一个圈，你可以咬它。"

那些通过咬人来探究因果关系的学步儿（"如果我把书从桌子上推下去会发生什么？我咬苏西的时候会发生什么？"），需要玩具和体验来学习探索行为后果。含因果关系的玩具——比如作业箱（busy box）、打开盒子即跳出一个奇异小人的玩具盒（Jack-in-the-boxes）、开放式的材料，比如沙子、水、或者积木，这些都可以用来做许多不同的事——给予学步儿积极的探索机会。

那些因为太挤而咬人的学步儿需要成人安排出空间，保障每个儿童的区域，并保证他和他的所有物的安全。环境、日常管理或者活动有可能需要加以改变。

那些因为想与别的孩子接近或玩而咬人的学步儿，需要成人监督并给予指导。对他们积极的互动给予特殊的关注这一点很重要。

那些因为沮丧而咬人的学步儿需要学习用简单的言语表达自己。如果用语言还不能奏效，要承认他们的感受。"你可以对他说'不'，乔尔。""我想乔尔是想告诉你，他现在不想让你碰他的熊。"

出于对控制和独立的强烈需要而咬人的学步儿，给予他们选择的机会能奏效。

因为模仿别人而咬人的学步儿需要知道，这不是获得成人关注的方法。任何看起来是想要通过咬人来获得关注的儿童都需要得到积极的关注，当她或他忙于行为适当时尤其要加以关注。当咬人发生的时候，家长在作出回应时必须将绝大多数的注意力放在被咬儿童的身上，而只是简单地对咬人的孩子表示不赞成。

如果看护者在咬人发生的时候仔细观察，并试图去探究咬人的原因，他们就更有可能找出最适宜的解决方案（NAEYC，1996）。

当咬人事情发生的时候，成人的反应必须迅速且明确。要将注意力转向被害者，给予适宜的帮助，包括清洗伤口并在上面敷冰。看护者需要将咬人的孩子迅速从受害者身边移开，同时需要通过声音和脸部表情表现出咬人行为是完全不可接受的。看护者用十分坚定的语气，直视儿童的双眼，紧紧地抓住他，说："我不喜欢你咬人。看看她。她在哭。你伤害到她了。"在可能的情况下，咬人的孩子可以帮助成人给受伤的儿童敷冰块，因为这样能够让他直接面对自己的行为所造成的后果。但是，如果咬人的孩子拒绝，就不适宜再给他更多的关注（被咬的儿童在这个时刻也不希望有其他的儿童靠近）。当秩序迅速得以重建或在安慰受伤儿童的时候，成人可以向咬人的儿童陈述其他可供选择的做法："如果你想要什么，你可以告诉她。"或者"如果你想要咬的时候，你可以咬塑料圈。"

如果一个儿童经常咬人，那么看护者就需要仔细关注这个孩子，观察可能令他沮丧的情境，并能够在情况完全失控之前重新引导儿童。

想要了解学步儿对咬人可能感觉到的压力，与家长进行交流是至关重要的。需要这样把咬人这回事告知所有家长：这是符合儿童发展规律的，也是正常的，它为什么会发生，看护者做了什么事情来保护和帮助儿童。如果在事件发生之前就把这些信息自然地告知了家长，家长就不会那么惊慌。交流是非常重要的，它能够使所有学步儿的家长在咬人事件发生时以相似的方式来处理。在绝大多数情况下，尤其是用一贯的符合逻辑的解决办法进行处理的话，咬人不会持续很长时间。当咬人现象确实继续存在时，成人可以对其他解决方案进行讨论，少招些儿童或是给儿童多一些一对一的成人关注。金内尔（Kinnell，2002）有一本很好的书对学步儿的咬人问题进行了讨论。可在本章最后参见更多详情。

不能促进学步儿与同伴交往的非支持性实践包括如下几种。

- 期待学步儿学会分享或者轮流，在他们不能这样做时惩罚他们。
- 不理解成人参与学步儿游戏的示范或预防价值，认为与学步儿一同游戏是愚蠢、无聊的。
- 惩罚或控制过激的学步儿，使"敌意升级"（Bredekamp & Copple，1997，p.83）。
- 试图通过以其人之道还治其人之身的方式来教他们咬的感觉是怎样的（或者打、拉头发等的感觉是怎样的）。绝对不能使用这种消极的模式。

### 促进情感的发展

如前所述，温柔地引导亲社会意识，能够适宜地帮助学步儿最终发展出同情和怜悯之心。成人敏感地回应学步儿对于分离的感觉会最终帮助他们掌控那些感觉，同时明白悲伤和害怕的情绪是真实的和可以表达的。

一个发展适宜性的社会/情感环境帮助学步儿了解他们的感觉是受到尊重的并且是可以通过一定的方式来表达和处理的。当成人这样做时，他们就促进了学步儿的情绪发展。

- 投入自己的情感。丰富的关系让学步儿直接体验温暖的情绪环境的力量。
- 真实表达他们自己的情感并示范处理技巧。大多数情况下，学步儿通过对周围人的观察和聆听来学习。当成人接受了他们自己的感觉并建设性地进行表达，学步儿就有了积极的榜样。

"埃文特（Evant），今天看到你真高兴。"这向幼儿表达了他们能够理解的爱意。

"你伤害安东尼奥的时候，我真的不喜欢你。这让我生气。"

- 接受喜欢的感觉和痛苦的感觉。
- 认识到尽管学步儿有强烈的感觉，但是他们缺乏语言能力来口头表达他们的情绪，也缺乏延迟表达这些情绪的能力。这就意味着学步儿在大部分情况下是通过非语言的、肢体的方式来表达情绪的。

下面，让我们看一看学步儿期的一个常见情绪问题。

**闹脾气。**伴随着抵抗和否定，闹脾气给学步儿期刻上了一个陈词滥调式的特征：可怕。学步儿虽然有了强烈的情感，却缺少除了肢体动作以外的表达方式，所以当他们在探究自己世界的过程中遇到许多让他们沮丧的情境时，情绪的爆发就几乎是不可避免的了。

尽管发脾气在学步儿期是适宜的，但在晚些时候，当其他表达和处理方式发展起来时，发脾气就显然不再适宜了。成人对学步儿发脾气经常给予强烈回应，这可能是由于他们害怕儿童这种令人不悦的行为如果不被制止就可能会一直存在。但是，对于成人来说，关注当务之急才是更适宜的。

- 意识到不让学步儿太累或太饿能够防止许多发脾气的情况发生。管理学步儿的日程安排，让他们有足够的休息和食物，这些有助于增强学步儿的忍耐力。

- 对不成熟的学步儿抱有适当的期待，并维持适宜的环境，从而避免令人沮丧的事件发生。比如在饭店、医生办公室、点心桌边等处等待时，那些地方没有东西可以吸引学步儿的注意，这就需要儿童有超出他们承受能力的忍耐力，这是很容易让学步儿感到受挫的，应当避免。尽管预防不是解决学步儿闹脾气的唯一办法，但这个方法值得仔细考量并付诸一试。

- 冷静地给予控制来回应学步儿的闹脾气。当儿童失去控制时，对他们而言，成人给予安全界限是非常重要的。

- 在学步儿失去控制的时候，要防止他们伤害到自己或是他人。有些时候将儿童从挫败的情境中移开将会有所帮助。如果学步儿赖在超市的地板上不走，那么将她带到外边或者车上将是有益的。其目的不是隔离，而是从刺激中转移开。

- 用言语表达出对学步儿沮丧的理解，并让学步儿知道成人理解他的感受，示范使用其他的表达方式，用温和的声音使他们平静，比如"拼图拼不好的时候真的让你很恼火"。

- 向学步儿建议表达生气情绪的可供选择的方式。成人告诉学步儿："如果你恼火了，你可以告诉我们，说'我很恼火'，那么我就会知道怎样来帮助你了。"

- 在儿童闹完脾气后，把他领过来给予爱抚与安慰，并帮助其改变活动主题。现在到了该分散注意力的时候了（在发脾气的期间转移注意力是没有意义的，并且这样做还传递了忽视情绪力量的消极信息）。

- 避免强化发脾气。不能因为发脾气而使其达到目的。

回应学步儿闹脾气的非支持性行为包括了试图给他们的行为施加压力，或者以实际上强化和加强该行为的方式来予以回应。有些时候成人试图通过以下方式来给学步儿的闹脾气施加压力。

- 用孤立或生气来惩罚学步儿发脾气："现在给我停下来，你听到了吗？我不想听到任何更多的尖叫。我会给你些东西让你真正尖叫！"这样做就变成了家长自己在发脾气，与想要制止孩子发脾气的初衷不一致了。

- 完全忽视儿童及其情绪。闹脾气是学步儿表达情感的方法，成人忽视意味着他们的情感是无效的或者不重要的。学步儿不能够理解成人只是不赞成他们表达生气的方式，而并不是不允许这种情绪本身，否则学步儿仅仅了解到如果他们想要获取成人的赞同，他们最好隐藏起任何感情的蛛丝马迹。压抑情绪是不健康且危险的。

- 取笑或者嘲笑学步儿闹脾气也会使他们的情绪显得不重要，更不用说再对学步儿生气或者让他们有更多的挫败感了，这样的回应更恶劣。一个成人在地板上假装大声哭泣，然后说"这样现在看上去不傻吗？"，这样做无疑显示出对学步儿不够尊重（也缺少对他们认知能力的理解）。

有些时候家长实际上强化了学步儿再次闹脾气的可能性，在学步儿学会以其他方式进行表达后的很长一段时间，闹脾气现象还将持续存在。当家长们这样做时，学步儿闹脾气的行为被强化了。

● 对学步儿闹脾气表现出让步。不愿尴尬或是与失去控制的儿童正面冲突，想要以任何代价换取和平的成人经常愿意付出短期的代价，但却没有衡量长期的损失。比如当一个学步儿自己赖在地上后，看护者就把玩具给了他，尽管他的父母已经告诉他不行。或是因为学步儿在超市里发出很大的尖叫声而引起了别人的注意，父母就给他买了糖果。当成人设定了界限后，他们需要去坚守这些界限，否则学步儿就会知道发脾气是能让他们得到自己想要的东西的一个有力的方法。

● 注意那些不被认可的情绪并保证儿童不会受到伤害。注意到儿童发脾气的具体事物会成为一种奖励。儿童在场时与其他成人讨论闹脾气也会强化这一行为。就像布雷泽尔顿说的，"最终目标是为了让他认识自己是受限制的"（Brazelton，1974，p. 20）。这意味着当在儿童尝试重新控制自己时，他们需要感觉到自己是受支持的。太多的成人关注会阻碍儿童学习怎样停止自己的行为。布雷泽尔顿的话帮助我们在不适宜的回应中辨别出适宜的部分。

**发展适宜性的引导。** 学步儿在成长过程中有太多的东西要学。学习什么会使成人高兴或者不高兴以及怎样控制冲动，这些对学步儿来说是最具挑战的任务，在这一过程中成人对学步儿的帮助也是同样富有挑战的。

伯顿·怀特将成人的第三个必要角色定义为权威（排在儿童世界的设计者与咨询者之后）。他在自己的研究中提到，当学步儿发展得很好时，让他们了解在与成人的关系中成人拥有最终的权威这一点是十分关键的。

理所当然的，作为这个地球上的新成员，学步儿要相信，在他们的成长过程中有人知道该提供怎样的帮助，因为他们对自己非常没有把握。

但是"坚定"不应该与成人赢了学步儿相混。成人应当将两个目标铭记于心：帮助儿童从体验中学习；允许儿童"保全面子"，"在离开时不感到自己愚蠢、受羞辱或是尴尬"（Stonehouse，1982，p. 45）。

建立趋向于积极的自我意识是学步儿期的一个重要目标，而且应该建立执行纪律的方法，而不要损毁儿童心中好的感觉。

发展适宜性引导要注意以下几点。

● 对学步儿行为和自制力的期待与其年龄相符。

● 在可能的情况下改变环境而不是试图让儿童改变行为，比如增加一件同样的玩具以阻止两个孩子的争抢，移开物体而不是口头限制他们的使用，将午餐时间提前从而避免让累的学步儿等待。

● 用行动加语言来引导学步儿。对成人来说，观察到学步儿似乎能够听懂话但却还不能受语言所控是令人沮丧的。学步儿需要有人能够帮助他们在肢体上停止行为或者离开当时的情况。

"爬到这里来，"德比（Debbie）一边说一边把帕特里克（Patric）从桌子下拽出来。

"那是阿卡汪萨（Iccauansa）的，还给他，"尼古拉斯（Nicholas）一边说一边帮伊丽莎白（Elizabeth）归还一个玩具，然后带她去找另一个玩具。

●积极地引导儿童朝期望的方向行为。

用"爬到这里来"来告诉帕特里克要做什么，而不只是用"不要爬"或者"不要爬到桌子上，停下来"来停止他的行为。

●比起试图停止他的行为，改变儿童的思考方向会让学步儿和成人较少感到沮丧。积极的引导会让学步儿感觉到较少的限制并更有利于他们接受。

●认识并接受儿童做某事的原因，但也依旧指出那些"但是"。慢慢地，学步儿需要认识到别人也有需要。

"你想要玩娃娃，但是林赛（Liceon）现在正在玩。"

"你喜欢爬，但是这个地方不安全。"

●提供解决方案。说每一个"不"的同时，提供两个能接受的选择（Greenberg, 1991）。

"在等待的时候你可以玩熊，或者跟我布置餐桌。"

"你可以爬到枕头上去或者从台阶上跳下来。"

●主要依靠分散注意力、代替以及重新引导（redirection）等技巧来设置限制，同时避免让学步儿"输"。伯顿·怀特发现最有效的1岁至1岁半儿童的看护者主要依靠分散注意力以及移动儿童或是物体的方式；在1岁半之后，他们使用分散注意力、保持身体距离以及坚定的说话方式等。

当丽娅（Leah）从乔纳赛（Jonathan）那儿抓过娃娃，辛迪（Cindy）告诉她，娃娃是乔纳赛的，并且说："这是给你的娃娃，拿好了，丽娅。现在你和乔纳赛都有自己的宝宝了。"

"把沙子放在桌子上，"当胡普（Hope）将沙子扔在地板上时，达莉妮（Darlene）提醒到。

这些引导有助于儿童行为保持在可接受的范围中。

●坚持少数几个限制，帮助学步儿理解成人对他们的期待是什么。限制是为保护学步儿，要很简洁地去解释其原因，哪怕学步儿不可能全部理解或需要成人的帮助。

大人一直坚持要求"蜡笔在纸上画"，这样学步儿就学会不再以身试"法"。

●展现一个冷静的、有权威的方案，认识到因为学步儿还不能控制他们自己，所以有必要让成人提供安全限制。

非支持性行为不能带给学步儿积极的引导。

绝大多数非适宜性发展引导是出于这一假设：学步儿应该更能够理解和控制他们自己。因此，成人对学步儿的"故意""固执"或者"坏"变得不耐烦和生气，并因此惩罚他们。

比如当成人反复地告知一个学步儿不要去碰别人的东西，但他继续这样做时，成人有可能会生气地说："我已经告诉过你3次不要去碰那个。现在你什么都不许干，直到你决定听我的话为止。"在这样的回应中，有些方面与我们所知的学步儿的发展是不相匹配的。第一，仅仅靠话语是不能控制学步儿的，成人应该提供肢体协助来帮助他理解和控制行动。第二，暂停游戏以让学步儿有时间反思自己的行为并进行改变，这超出了他的心智能力范围。第三，事件被架构为权力之争，成人必须取胜，让学步儿意识到他是错的并且屈服于有权力的成人——这样做无疑不能帮助学步儿形成积极的自我意识。

这是否意味着暂停游戏的方法对学步儿来说是非适宜性的呢？根据我们所知的学步儿的发展能力和理解力，答案是"是的"。总体来说，这一方法是不适宜的。如果你看见过或是经常对学步儿使用这一方法，是时候重新思考这个问题了。对于年龄稍大的孩子，有可能更适宜的办法是采取"冷静时间"（cool-down time）（Greenman & Stonehouse，1996，p. 151）。成人很可能要帮助一个难过的学步儿平静下来，在这一过程中与学步儿待在一起或者在他附近。在他平静以后，成人可以与他讨论有关问题，并重新转移他的精力。

非适宜性引导有时没有意识到学步儿是通过模仿而习得许多行为的；当成人表现出的行为与他们所希望学步儿进行的行为模式相反时，他们的行为要远远比他们所解释的有影响力得多。"我告诉过你不要去碰那个，"大人喊道，并打学步儿的手以示强调。当这个学步儿打他的朋友来试图强调他的观点时，同样是这个成人却生气了。许多成人说他们必须用肢体的接触来让"不懂得话语"的学步儿"明白"，成人这样做就意味着他们认为学步儿的行动是不受话语所控制的。反思过激的肢体接触所带来的教训，可以帮助一些成人重新思考在引导学步儿时使用"武力"的问题。

总的来说，非适宜性的引导没有意识到学步儿在理解力和控制力上存在的局限，也没能在尊重他人需要和感觉方面树立榜样，而这种尊重是发展亲社会性行为所必需的。

培养积极的自尊。在学步儿期形成自我意识和自尊意味着看护者必须透过他们的行为及与学步儿的互动来观察其对学步儿自尊心的影响。自尊心的形成有几个来源：感觉到自己能够积极地影响他人，感觉自己是惹人爱的，感觉自己是有能力的，感觉被聆听及被接受（Greenberg，1991）。

当成人这样做时，他们培养了学步儿积极的自尊心。

- 迅速地对学步儿的需要、要求和交流作出回应。
- 询问学步儿的意见并接受他们的建议（"你觉得今天应该把我们的橡皮泥做成蓝色的还是绿色的？"）。
- 偶尔依偎、抚摸、一起游戏。
- 建构让学步儿成功的情境。
- 关注学步儿的成功（"看看贾迈勒丁能做什么？他用神奇的方法翻他的外套！"）。
- 给予适当帮助来使他们获得成功。
- 密切关注并且尽一切努力来理解学步儿的交流。

日复一日，积极的自尊心就发展起来了。

## 小结

当成人意识到学步儿有证明自主性的需要并支持他们对独立的尝试，学步儿就会在与成人的关系中健康成长起来。当学步儿在与对他们很重要的成人分离后自己行动，并学习控制自己的悲伤，他们就获得了自信。当成人因为他们在与同伴交往时不能控制冲动而保护他们，渐渐地他们会意识到他人的需要和权利。他们需要成人能够接受他们强烈的情绪直到他们发展出其他的表达方法。因为认识到学步儿没有能力停下他们自身行为，成人要用尊重的、坚定的、积极的引导来给予回应。

本章篇幅很长，并不是因为学步儿的社会/情感发展比其他话题更难，而是因为它确实是一个许多成人不能很好理解的内容。不幸的是，我们很有可能在学步儿的房间里发现最不适宜的社会/情感环境。对照顾学步儿的成人来说，意识到他们的局限性和对独立的要求是非常重要的，并且还要了解怎样才能更好地加强儿童的自尊心。形成健康的自我意识对儿童以后的发展太关键了，不能在学步儿期冒险。

## 思考

1. 与几名学步儿的家长和/或看护者谈话。让他们描述最近他们与学步儿在一起时遇到的最大的困难。与你的同伴进行分享。其中涉及了本章中讨论过的哪些社会/情感问题？

2. 在家或日托中心观察一个学步儿。你看到了哪些坚持己见或抵抗的迹象？

3. 在可能的情况下，观察看护中心学步儿的班级。记下一些你感觉适宜或比较不适宜的引导方法。与你的同伴讨论其中是什么学习原则在起作用。

4. 试着从一个学步儿的视角看待一天的生活。什么体验有可能会对形成自我意识带来积极的或者消极的影响？

## 问题（用以评估本章所学）

1. 请描述学步儿期的主要社会/情感问题。
2. 对于每一个问题，讨论有积极影响的几种成人行为，用实例加以说明。
3. 对于每一个问题，讨论有消极影响的几种成人行为，用实例加以说明。

## 问题（用以应用本章所学）

1. 做一份讲义，分发给学步儿的家长，讨论咬人的问题。确保你包括了所有可能的起因与适宜的回应方式。

2. 从学步儿的视角写一篇文章，重点放在学步儿感受到的限制、沮丧以及敏感的家长可以进行预防的方法。

## 参考文献

Brazelton, T. B. (1974). *Toddlers and parents: A declaration of independence*. New York: Delacorte Press/Seymour Lawrence.

Bredekamp, S., & Copple, C. (eds.). (1997). *Developmentally appropriate practice in early childhood programs* (Rev. ed.). Washington, DC: National Association for the Education of Young Children.

Erikson, E. (1963). *Childhood and society*. New York: Norton.

Gardner, H. (1983). *Frames of mind: The theory of multiple intelligences*. New York: Basic Books.

Gardner, H. (1999). *Intelligence reframed: Multiple intelligences for the 21st century*. New York: Basic Books.

Gestwicki, C. (1992). It's OK to cry when you say goodbye: Dealing with the tears and fears of separation. *Growing Parent*, 20(6): 1 – 2.

Goleman, D. (1995). *Emotional intelligence*. New York: Bantam.

Greenberg, P. (1991). *Character development: Encouraging self-esteem and self-discipline in infants, toddlers, and two-year-olds*. Washington, DC: National Association for the Education of Young Children.

Greenman, J., & Stonehouse, A. (1996). *Prime times: A handbook for excellence in infant and toddler pro-

*grams.* St. Paul, MN: Redleaf Press.

Kinnell, G. (2002). *No biting: Policy and practice for toddler programs.* St. Paul, MN: Redleaf Press.

Leavitt, R. L. (1994). *Power and emotion in infanttoddler day care.* Albany: State University of New York Press.

Mahler, M. (1979). *Separation-individuation*( Vol. 2). London: Jason Aronson.

NAEYC. (1996). *Biters: Why they do it and what to do about it.* Washington, DC: Author.

Stonehouse, A. W. (1982). Discipline. In R. Lurie & R. Neugebauer( Eds. ), *Caring for infants and toddlers: What works, what doesn't*( pp. 40 – 58). Redmond, WA: Child Care Information Exchange.

White, B. L. (1995). *The new first three years of life*( Rev. ed. ). Englewood Cliffs, NJ: Simon & Schuster.

## 建议进一步阅读和研究的资料

Butterfield, P. , Martin C. , & Prairie, A. (2004). *Emotional connections: How relationships guide early learning.* Washington, DC: Zero to Three.

Dombro, A. , Colker, L. , & Dodge, D. (2002). *The Creative Curriculum for infants and toddlers*( Rev. ed. ). Washington, DC: Teaching Strategies.

Gonzalez-Mena, J. , & Eyer, D. (2003). *Infants, toddlers, and caregivers: A curriculum of respectful, responsive care and education.* New York: McGraw Hill Humanities.

Hyson, M. ( 2004) . *The emotional development of young children: Building an emotion-centered curriculum.* New York: Teachers College Press.

New York: Teachers College Press. Lieberman, A. (1995). *Emotional life of the toddler.* New York: Free press.

Nelsen, J. , Erwin, C. , & Duffy, R. (1998). *Positive discipline: The first three years—Laying the foundation.* New York: Three Rivers House.

## 实用网站

### http://www. nncc. org

国家儿童照料网。这一网站上有大量有用的文章。在 "Guidance and Discipline" 这一栏中搜索关于儿童发脾气和咬人的文章。

### http://www. kidshealth. org

儿童健康网。这一网站提供了大量关于学步儿养育的有用文章。

### http://www. aacap. org

美国儿童和青少年精神病学协会网。这一网站提供了关于学步儿的信息。点击 "Facts for Families and Other Resources" 可以获取相关信息。

 在线指南

本章的更多相关资源可以在 http：//www. earlychilded. delmar. com 中找到。

# 发展适宜性的社会/情感环境：学前期

随着学前儿童开始从依恋和执拗的"桎梏"中解脱出来，他们开始关注人成长的世界。对许多孩子来说，这也意味着从家庭和父母的限制中解脱出来，他们开始花时间去和其他的学前儿童以及成人交往。父母和教师对孩子遵守社会准则和限制的能力也有了新的期待。尽管新的社会环境为发展人际关系提供了机会，但这种学习是复杂的，而且在学前阶段大部分有关人际关系的学习时间也仅仅是致力于去理解怎样适应更广的人际世界。学前儿童必须学习规则并发展控制能力。他们必须改善自己的行为以便能够在游戏中被大家接受。学前儿童必须把周围文化的信息和教诲融入到他们自身的理解中。

伴随着社会体验的增多和学习的拓展，幼儿正在成功地处理他们的情感，学习什么方式恰好是可以接受的情绪表达方式。这些学习都有成人的指导。在师幼关系和亲子关系的情境中，成人示范、解释并教授可替代的行为。

## 本章学习目标

- 识别学前期的几个社会/情感问题。
- 识别发展适宜性的情感环境的 10 个要素。
- 讨论教师对儿童积极认同感形成的影响。
- 识别培养性别认同感的实践。
- 识别培养民族/文化认同感的实践。
- 描述教师促进儿童友谊的方法。
- 识别培养亲社会行为的方法。
- 讨论促进学前儿童形成自控能力的 10 个指导技巧。

## 学前期的社会/情感问题

随着幼儿的成长，他们不再像婴儿和学步儿（在这些阶段依恋是社会/情绪发展的关键问题），而是开始步入一个新的阶段，从想要亲近生活中对其很重要的成年人发展到开始想要成为像成人一样的人。在这个阶段，认同感在他们的人际和社会性发展中扮演着重要的角色。通过认同感的发展，儿童试图去找寻、模仿、感觉并成为他们社会环境中的重要人物。因此，在儿童早期的个性和社会性发展中，认同感是一个关键力量。有关认同感形成的理论各异，但是可能包括以下几种：观察和模仿、一般概念和认知发展以及情感归属。很多认同过程是因人而异的，尽管大的文化背景会有所影响。

认同过程和一些因素相关，如性别或性别角色认同感的获得、文化或种族认同感的获得、对成人行为准则的内化以及自信情感和个人能力的发展等，这些都是儿童早期很重要的事情。发展适宜性的社会/情感环境认识到了认同感对儿童个性和社会学习的重要性。

### 性别认同

性别认同感包括两个方面：一是性认同感（sexual identity），由生理状况决定；二是性别角色的行为（sex-role behavior），由社会文化决定。学前儿童积极寻求性别认同感。通过提问和观察，他们在认识到自己是男孩或女孩后，试图去弄明白是什么让他们成为了男孩或女孩。

学前儿童明显地形成了对性别角色行为的观念理解，这是由文化决定的。在学前阶段初期，男孩子和女孩子玩"过家家"游戏的方式大致是相同的。代表男性和女性的衣着和行为是随意变化的，他/她们很少注意玩伴的性别。4 岁的时候，男孩子可能会不太乐意在"娃娃家"做游戏。5 岁的时候，女孩子就已经能够冷静地扮演掌管家务的角色，而男孩子会不时地扮演超级英雄或"坏人"的角色（Paley, 1984）。四五岁的孩子会积极寻找与自己相似的朋友并且会明显地排斥（几乎但不一定都）不同性别的孩子。与性别相关的游戏非常普遍，游戏中孩子们全然不顾游戏脚本，男孩女孩完全以不同的方向发展游戏。同样是 4 岁的孩子，他们就已经开始明确地区分"男孩子的玩具"和"女孩子的玩具"了。有关研究告诉了我们上述行为的发生，却不解释发生的原因。一些实验研究显示，父母的行为影响儿童的观念及行为发展。另外，在儿童与大量的文化信息作斗争时，社会准则往往无视儿童在家庭里和教室里的直接经验（Weisner & Wilson-Mitchell, 1990）。此外，某些研究揭示了男孩和女孩在大脑和神经系统结构及运作中存在的真实差异。

### 文化和种族认同

除了个体认同，学前儿童还要认识到自己是家庭成员和大的文化背景中的一员。久而久之，幼儿不仅通过他们的身体经验和社会环境经验来概念化他们在特定群体中的成员身份，还会向他们所在的群体表现出正在受社会规范和态度的影响。研究表明，4 岁的孩子能意识到他们的种族/文化身份，而且能够吸收对自己和其他种族身份的态度。早期一些研究证明，幼小的非裔美国儿童表达了对自己种族的消极认同情感（Clark & Clark，1939）。近来，更多的研究显示，儿童对自己和其他人的种族的态度取决于照料他们的成人的态度，取决于他们对自己种族群体较其他种族的力量和财富的差异的感知（Derman-Sparks & Phillips，1997）。在一个像我们这样的拥有多元文化的社会，孩子们在一个多样化的环境中认识他们的文化身份。美国幼儿教育协会修订的关于发展适宜性实践的声明（Bredekamp & Copple，1997）强调回应文化和语言学的差异对早教方案来说是很重要的。另外，美国幼儿教育协会发表立场声明回应语言和文化的差异——其中尊重和接受孩子的文化背景被作为有效的早期儿童教育的要求之一。很明显这是值得关注的社会/情感问题。

## 主动性

根据埃里克森（1968）的个性发展社会心理理论，主动性是学前阶段健康的自我意识的组成部分。儿童在学步儿时期已经形成了强烈的自主意识，现在的他们想要通过主动性来表现自己，这包括扮演、发现、创造、处理危机和与他人玩耍。随着幼儿主动发起自己的活动、享受他们的成果并感受他们有目的行为的价值，他们变得对自己的行为和能力有了自信。如果他们的主动性不被允许，他们就会因自己试图这样做而感到内疚，因为这在别人看来是错误的。毫无疑问，这和认同有着紧密的联系。随着幼儿想要变得和他们生命中的重要成人一样，他们也希望让成人高兴。当他们感觉到父母和教师支持他们的想法和成就时，他们的主动性和认同感就都会得到强化。

游戏是幼儿考察其主动性想法的途径。不幸的是，近来在前幼儿园和幼儿园的教室里，游戏机会越来越有限了，其结果就是儿童主动性的发展可能会受到阻碍。

## 友谊

可以通过他们和同龄人在一起的时间的多少，来区分学前儿童和更小的幼儿。"你是我的朋友吗？"和"我和谁玩呢？"的问题在3、4和5岁儿童的意识中显得很突出。这个阶段的儿童似乎乐于定义"最要好的朋友"，自己专门挑选同伴，尽管友谊可能不会持续而且彼此之间会有很多的摩擦。

已经有研究确定了受欢迎儿童和被拒绝或忽视的儿童的行为模式（Rubin, Bukowski, & Parker，1998；Wentzwl & Caldwell，1997）。受欢迎的儿童被同伴喜欢而且有很多朋友。一般来说，他们积极地参与社会性活动，并开始和同伴交往，在游戏活动中扮演领导角色（Trawick-Smith，1992），但几乎都不专横或攻击性强。另一方面，被拒绝的儿童具有频繁而且常常不可预测的攻击性。他们看起来好像不能理解同伴的感受。一些儿童选择独自玩耍，而且当其他人接近他们的时候就表现出攻击倾向。被忽视的儿童常常被同伴和成人忽略，他们保持孤立，常常退缩，好像缺乏恰当回应的社会技巧。然而，人们已经注意到，教师可以向儿童教授或示范有用的社会性技巧。友谊和学会发展友谊对儿童早期的社会/情感发展是很重要的，这些问题在发展适宜性教室里应该得到支持。在第二章，我们考察了把游戏作为认知发展和社会发展适宜性课程的理由。通过游戏，儿童可以发展有关友谊和合作的技巧。

# 亲社会行为和攻击性行为

学步儿时期特有的因自我意识的增强而逐渐增多的攻击性行为，是成人希望学前儿童开始学会控制的行为之一。新出现的语言能力使得儿童学习用一些非身体攻击的方法来捍卫自己的权利。学前儿童可以在成人的帮助下，慢慢地从完全自我中心发展到能够意识到一些他人的需要、感受和权利。在这里，认同又一次和示范、直接教学及经验一起，成为重要的教学途径。积极的训练有助于促进儿童的亲社会行为，减少其攻击性。适宜的成人互动在培养学前儿童的这些新能力上是必不可少的。

与攻击性和亲社会行为相关的问题是情绪控制及恰当的、建设性的情感表达。成人必须认可儿童的情感，帮助儿童学会表达自己。

## 自我控制

自我管理能力发展缓慢，是儿童早期的一个社会/情感问题。学前儿童扩展的语言和理解能力使得他们可以理解成人教给他们的行为标准。形成良心——"一种自我观察、自我引导和自我惩罚的内部声音"（Erikson，1968，p. 119）是对学龄前儿童适宜性引导的目标（Selma Fraiberg Fraiberg 有关良心形成的讨论很经典，详见 Fraiberg，1959）。有关积极引导和惩罚的讨论也是帮助儿童学会控制自己的社会/情感问题的一部分。

## 发展适宜性的社会/情感互动

面对这么多需要考虑的社会/情感问题，教师意识到他们的课程内容应远远超出狭隘的技巧，比如学习色彩、数数或者怎样用剪刀剪东西。从人际关系和经验中生成适宜课程对儿童来说是很重要的。学会如何适应身边的世界是 3 岁、4 岁和 5 岁孩子关注的重点。满足儿童的个别需要有助于他们去接受迎合群体需求所带来的艰难挑战。

在发展认同感的过程中，与儿童建立个人关系是必要的第一步；儿童只是想成为他们喜欢的以及他们认为喜欢他们的成人一样的人。温馨的成人—儿童关系所带来的互动是成人进行良好社会/情感引导的途径。积极的、关爱的人际关系也为儿童提供了愿意回应社会人际交往的榜样。研究已经表明，一开始和成人建立良好关系的儿童在和其他人交往时会表现出更多的和谐交往方式。

# 促进学前儿童情绪控制能力的发展

有关情绪的话题不可避免地要涉及自我意识和社会化。对儿童来说，学习让自己的行为适应社会期望，可能是很有压力的，而对于引导他的成人来说这可能又是令人沮丧的。从发展上讲，学前儿童有能力学习表达他们一系列的情绪，发展认知能力，识别特定情感。然而，前运算思维的限制使他们一次只能识别一种情感情绪，而且在识别他人情绪情感时会有困难——他们主要依据的是脸部线索。在他们学习用积极的语言表达情绪时，需要提供支持。

一个健康的情绪环境为培养儿童的情绪控制能力提供必要的安全、示范和教诲。接下来将讨论可以鼓励学前儿童学习情绪情感的情感环境的十大因素。

## 安全感

教室环境借助可预测的常规活动给孩子们提供了安全感。安全感的培养通过满足儿童表现出来的身体和情绪需要来实现。当教师支持个体发展集体归属感、评价个体气质和能力的变化时，他们创设了安全的环境。当材料提供成功的机会、活动时不鼓励比较和竞争时，儿童也会感觉到安全。当教师和家长交流他们对彼此的尊重、分享有关儿童保育的观点以保证家园一致时，他们也为儿童创造了安全感。在充满安全感的情绪环境中，儿童很放松地表露情绪，而且相信成人会帮助他们学会控制。

## 温暖的人际关系

一个回应性的、充满爱的环境会把提升积极的人际关系作为教会儿童相互关心和情感响应的主要途径，这有助于儿童的情绪情感健康。当教师积极展现对他人的真正关心时，教室的氛围就是积极的，并且是建立在温暖的人际关系基础上的。儿童只有在温暖、积极的人际关系氛围下才能够学习。教师应意识到创设这样的教室氛围是他们的一项重要任务。他们不能因为忙于琐碎的日常工作或管理而不去个别地回应儿童——在儿童哭的时候安慰他们，在儿童害怕时使他们安心。总的来说，就是提供情感支持。

## 接纳

当成人认识到并认可孩子的情绪反应是他们作为人的正常表现时，孩子对情绪情感的自我意识就是积极正面的。当教师讨论情绪情感，说出这些情绪情感的名称并将其具体化的时候，情绪情感就是被认可和尊重的。在常规的课堂上讨论情绪情感以及有关的活动和书，可以帮助儿童认识情绪经验有很多种，他们自己的情绪经验与他人有共同之处，由此传递出一种接纳感。对情绪是没有限制的，应该把每一种情绪都视为正当的、重要的，而且是需要得到尊重的。没有人会告诉他感觉到还是没有感觉到（"不疼，只是划了一道。""你不讨厌她，她是你的朋友。"），也没有人告诉他应该或是不应该感觉到（"你不应该妒忌她。""你应该爱你的妹妹。"）。唯一的限制是表达感情的方法。成人十分谨慎地让儿童明白这种区分，总是首先表达对其情绪的感知，而不是按照自己的想法来判断好或坏，抑或合理与否。儿童不会因为自己有某种情绪而感到羞愧或内疚。成人的态度传达了坚定的信息，即情绪作为个体不可分割的一部分是真实的、可以接受的。

为了真诚地接受他人的情绪，教师必须检查他们自己对待情绪的态度。这常常意味着回想他们还是儿童时别人是如何对待他们的情绪的，因为此类的例子通常有长期和持久的意义。不能接受他们自己的一系列情绪反应的成人似乎也不能对孩子表达出接纳。

"你看起来很生气，因为你觉得我让卡洛斯（Carols）玩的时间比让你玩的时间更长。"

"你生气了，但我不会让你打我。你可以用语言来告诉我你有多的生气。"

这些例子提供了更有成效的表达方法，对情绪情感的表达设置了界限，还传达了成人对情绪情感冷静、公正的态度。

## 积极倾听

先前的例子说明了成人对儿童正在经历的事情的理解和反思。这种积极倾听技巧（Briggs，1975；Gordon，2000）能够帮助成人识别那些用语言表达的和（或）非语言表达的情绪，并且将他们的理解反馈给儿童个体。在识别情绪情感的过程中，成人常常作出"有根据的猜测"，利用来自儿童个体的所有线索和与他们已有的特殊情景有关的所有信息，判断是什么样的情绪使儿童变得敏感。当成人将情绪反馈回来时，他们通过试探性地重述儿童的情绪来确认儿童的情绪："在我看来你……""听上去你感到……"说出情绪可能恰好会使年幼的孩子意识到怎样提及这种情绪，或是意识到他们需要更正成人的错觉。"不，我觉得……"在任何一个案例中，我们都需要使用这种方法来讨论情绪经历，以语言的形式释放情绪并为解决问题提供可能的指引。

接下来的案例展示了如何帮助儿童意识到自己的情绪情感、懂得谈论情绪并学会一步一步处理自己的情绪。

案例一：教师发现从早上奶奶把塞布丽娜（Sabrina）留在中心开始，她就一直无精打采地一个人玩着。她爷爷上周心脏病犯了，已经被送到医院治疗了。尽管医生很乐观，这一周还是让家人很有压力。塞布丽娜和爷爷奶奶一起生活。

教师："塞布丽娜，你今天看起来很伤心。你想说一说吗？"

塞布丽娜："嗯，我想去看我爷爷。"

教师："看来你是在想他。"

塞布丽娜："嗯，他们不让小孩子进医院。"

教师："你真的很想去看他——当你知道他生病了还不能去看他，有点害怕。"

塞布丽娜："我奶奶昨天晚上哭了。"

教师："我猜那让你很难过？或者也很担心？"

塞布丽娜：（叹了一口气，但是有点放松了）"是的。"

教师："当我们爱的人生病或离开我们的时候，我们确实很担心。我在想有没有什么东西可以使你感到开心一点？给你的爷爷写个便条怎么样？那样他就知道你就在身边，虽然不能去看他。而且或许一个特别的图片会帮助奶奶不再那么伤心？"

塞布丽娜："是啊。你能帮我写这些话吗？"

知道某个人理解和接受我们的感受会让我们感到巨大的欣慰，释放一些这样的情绪并感觉到自己能掌控它们会有助于我们的情绪健康。

设想一下，如果教师用忽视情绪的方式处理这样的情形，会有怎样的相反效果。

教师："塞布丽娜，现在你应该干点什么了，去找点事情做吧。"

另一种常见的成人的反应是否认儿童的情绪，这样的成人没有认识到帮助学前儿童学会表达情绪的重要性。

教师："你奶奶说你爷爷会好的，而且她真的不想看见你愁眉苦脸地在她身边转悠。"

这种反应不会让塞布丽娜意识到她的情绪的重要性或有效性。

案例二：教师看见操场上两个男孩子在打架，然后看见杰西（Jesse）坐在地上，她走过去后发现他在哭。

教师："杰西，看到你这么伤心我很难过。"

（杰西什么都没说，继续哭着）

教师："在我看来你是在琢磨怎么和塞思玩。"

杰西：（生气地）"我不想和那样的大笨头玩。他不是我的朋友。"

教师："哦，我弄错了。你看起来非常生他的气。"

杰西："我很生气。他说我再也不能跟他一块骑他的三轮车。"

教师："那伤你的心了？"

杰西："不，这不公平，当警察是我的主意，现在他和肯尼（Kenny）是警察。"

教师："你生气是因为这个主意是你先想到的？"

杰西："是的。"

教师："好吧，有没有什么办法能让你把你的看法告诉塞思？说不定你们两个可以一起商量出一个办法呢。"

杰西去找塞思了。谈话帮助他梳理了自己的体验，这样去找塞思时也就更有控制、更有重点了。

不会使用积极倾听技巧的教师可能会就事论事，而不会关注情绪情感。

教师："好吧，在他们停止犯傻之前，你可以和其他的人玩。"

其他教师都禁不住对行为给予训诫，又一次忽视问题的核心是情绪情感。

教师："我们教室里的每一个人都是我们的朋友，你们应该学会友好地相处。"

积极地倾听可以使成人帮助儿童表达情绪，这样可以让儿童更多了解自己的情绪以及怎样向别人表达自己。无条件地接受情绪是积极倾听的一部分。

## 对表达方式的限制

尽管成人强调儿童有感受的权利，但他们也强调对儿童的情绪表达方式需要设定限制。之前讨论过指导原则：在表达情绪的时候，儿童不可以伤害自己或是他人，不可以破坏财物，也不可以侵犯其他人的权利。这就意味着，儿童在生气时不可以扔掉玩具，在经历挫折时不可以带有敌意地攻击他人，也不可以因为受伤害尖叫。成人要坚持这些原则，并不断重复原因。对儿童来说，感觉成人不能帮助他们控制自己的冲动，不是好事。

"当你跟戴维过不去的时候我不会让你打他的。你可能很生他的气，但是必须通过其他的方式而不是你的拳头来让他知道这些。挨打会很疼。"

## 提供发泄途径

成人意识到强烈的情绪需要强烈的释放，只把情绪诉诸语言可能不足以使儿童完全放松，需要为儿童提供能够达到情绪释放和镇静效果的发泄途径。他们细心地向儿童解释怎样和为什么要使用发泄途径，以便儿童内化这些观念，促进日后的自我控制能力发展。这样做的目的就是帮助儿童学会处理方法并疏导他们的情绪。情感健康的教室会提供发泄的材料。这些材料可能包括用以揉捏的土或橡皮泥，用来打的枕头或吊袋，用来撕碎的纸，一个用来踢的球和一个专供叫喊和跑步的地方。一些儿童从安静的场所中受益：一个用来依靠的柔软的枕头，一盆用来玩耍嬉戏的水甚至是一个膝盖。

"你可以过来砸一砸橡皮泥，发泄一下你的脾气。当你觉得平静些后，我们可以讨论一下你和大卫的问题。"

"玩玩水可能会让你不那么伤心。"

## 示范

教师知道榜样将会帮助孩子学习到很多有关情感的知识，比如接受自己的情感，视情感为自己的不可分割的一部分，用语言表达情绪情感并学会自控。他们对自己的情感很诚实，并且不会尝试向孩子隐藏这些情绪。成人很少成功地掩饰情绪情感，而且这样的尝试会让儿童感到困扰。比如教师说今天会很有趣但事实上根本就不是！许多教师错误地认为他们在课堂上的情绪应该超脱，但是这剥夺了对孩子意味着体验成为充分发展的人和回应别人情绪的重要机会。此外，一个在充满压力的一天中努力地控制情绪的教师有点像一座闷烧的火山，一触即发，而且没有人准确知道什么时候或是怎样发生。这对于孩子来说不是一个安全的地方！尽管应该允许成人在教室中表达自己的情绪，但是积极的成人示范是必需的，成人不应该用破坏性的行为。没有比看到成人没有控制地发脾气更使人惊恐了。下边是一些积极示范。

"我今天很伤心，因为我班上有小朋友把一个 3 岁孩子在地上搭建的沙子城堡给毁了，"黛安（Diane）对她班上的一群 4 岁孩子说，"我现在不太想和你们玩。我想在这里坐上一会儿，你们可以决定做些什么来帮助他们。"

"我现在感到生气，因为这么多的孩子跑过来告状。我要去洗油漆刷，或许之后我会愿意和你们谈谈。"

这样的表达让儿童理解了他们的行为是怎样影响其他人的情绪的。

### 提供表达用的材料

健康的情感环境能够认识到儿童是通过游戏来表达和处理情感及压力的。提供对幼儿有意义的材料来鼓励他们在游戏中释放情感。玩具娃娃和其他角落里的玩具和木偶可能鼓励儿童去戏剧化地表现他们的情绪。敏感的教师会基于他们所知道的儿童当下的情形提供专门的玩具。一个教师了解到他班上有几个孩子家里新添了孩子，于是新增了很多婴儿用品，如婴儿尿片、奶瓶和奶嘴等。一个年轻"母亲"对"该死的又在哭的宝宝"发脾气时，这有助于儿童表达她对家里新生婴儿的复杂情感。另一个教师意识到某个孩子因为家长换工作搬家而颇感压力，就增添箱子和盒子等材料让儿童处理搬家的恐惧。各种艺术手段可以帮助儿童通过创造性的表现来表达情感。支持儿童有意义的游戏是一种很好的帮助学前儿童处理情绪情感的方式。

### 认识情感

学龄前儿童需要了解一些和情绪相关的概念。教师设计一些能激发常见的情绪反应的活动、情境和行为，对由情绪促发的行为方式进行讨论。不管是有计划的小组活动还是非正式的讨论，都会让儿童获取更多他们在情绪控制和情绪表达方面需要的知识。

"看这幅画。你认为这里发生了什么？那个女孩的感觉是怎样的？你为什么认为她是这样想的呢？她可以通过什么方法让她的朋友知道她的想法？"

　　"你能找到有一个看起来很烦的人的画吗？把你烦恼时的样子画出来给我看看。你在什么时候会觉得很烦恼？"

　　表 10－1 列出的是鼓励学前儿童谈论特定情感的书籍。

表 10－1　有助于幼儿正确认识情绪情感的书

| | |
|---|---|
| *Feelings*, Richard Allington & Kathleen Krull | *I Should Have Stayed in Bed*, Joan Lexau |
| *I Have Feelings*, Terry Berger | *Felix, the Bald Headed Lion*, Kenneth Townsend |
| *Faces, Faces, Faces*, Barbara Brenner | **害怕** |
| *Happy, Sad, Silly, Mad*, Barbara Hazen | *Maybe a Monster*, Martha Alexander |
| *Feelings Alphabet*, Judy Lalli | *Harriet's Recital*, Nancy Carison |
| *Feeling Mad, Feeling Sad, Feeling Bad, Feeling Glad*, Ann McGovern | *Jim Meets the Thing*, Miriarn Cohen |
| *How Do I Feel?* Norma Simon | *Noel the Coward*, Robert Kraus, Jose Aruego & Ariane Dewey |
| *Things I Hate!* Harriet Wittels & Joan Greisman | *There's a Nightmare in My Closet*, Mercer Mayer |
| *Make A Face*, Lynn Yudell | *It's Only Arnold*, Brinton Turkle |
| **生气** | *My Mama Says There Aren't Any Zombies, Ghosts, Vampires, Creatures, Demons, Monsters, Fiends, Goblins, or Things*, Judith Viorst |
| *And My Mean Old Mother Will Be Sorry, Blackboard Bear*, Martha Alexander | **孤单** |
| *Bear Party*, William Pene du Bois | *One to Teeter-Totter*, Edith Battles |
| *I Was So Mad*, Karen Erickson & Maureen Roffey | *The Quiet House*, Otto Coontz |
| *Martha's Mad Day*, Miranda Hapgood | *Shags Finds a Kitten*, Gyo Fujikawa |
| *I'm Not Oscat's Friend Any More*, Marjorie Sharmat | *Nothing at All*, Wanda Gag |
| *Alexander and the Terrible, Horrible, No Good, Very Bad Day*, Judith Viorst | *The Trip*, Ezra Jack Keats |
| *Sometimes I Get Angry*, Jane Watson | *The Bear Who Had No Place to Go*, James Stevenson |
| *The Ouaneling Book*, Charlotte Zolotow | *Helena, the Unhappy Hippopotamus*, Yutaka Sugita |
| **妒忌** | *Crow Boy*, Taro Yashima |
| *Nobody Asked Me if I Wanted a Baby Sister*, Martha Alexander | **伤心** |
| *Bear's Bargaint*, Frank Asch | *Little Hippo*, Frances Allen |
| *A Baby Sister for Frances; A Birthday for Frances*, Russell Hoban | *Rat is Dead and Ant is Sad*, Betty Baker |
| *Big Brother*, Robert Kraus | *Everett Anderson's Goodbye*, Lucille Clifton |
| *One Frog Too Many*, Mercer Mayer | *Nana Upstairs and Nana Downstairs*, Tomie dePaolo |
| *Lyie and the Birthday Party*, Bemard Waber | *Goodbye Rune*, Marit Kaldhol |
| *It's Not Fair*, Charlotte Zolotow | *The Christmas Grump*, Joseph Low |
| **尴尬** | *The Tenth Good Thing About Bamey*, Judith Viorst |
| *Loudmouth George and the Big Race*, Nancy Cartson | *Janey*, Charlotte Zolotow |
| *Dooald Says Thumbs Down*, Nancy Cooney | |

### 学习表达情绪情感的词汇

儿童不仅需要成人接纳他们的情绪并对他们的情绪表达予以支持，他们还需要成人指导他们怎样去向他人表达自己。有的教师常在教室里对幼儿说"说出来!"。尽管教师的目的是值得肯定的，但是对幼儿来说，使用语言并不是这么简单的事情，除非成人已经帮助他们学会了什么样的语言是有效的。成人应先让儿童描述他们的感觉，然后可以提出一些建议性言语以便儿童在对他人表述时使用。根据儿童的认知和语言技能发展水平，成人提出可供选择的建议和长一点的句子。

在儿童已经有了一些使用成人的语言向他人描述自己的情感的经验后，教师可以鼓励儿童去组织他们自己的语言。

"当莎拉那样骂你的时候你是什么感觉？那么，你可以告诉她，'莎拉，我不喜欢你骂我'。她不知道你是怎样想的。"

"你觉得莎拉很烦。你怎样让她知道呢？"

学习用语言来表达情绪是一个循序渐进的过程。成人需要鼓励和提醒儿童用语言来表达情绪，并在他们这样做时对其加以强化。

"我觉得你告诉大卫'该轮到你了'说得很好。"

帮助学前儿童学会控制和表达情绪是教师的一项非常重要的任务，这个任务是整合在每一天的教室活动和每一次的冲突中的。

以下行为不支持且会阻碍儿童健康的情绪发展。

- 忽视、转移、嘲笑、侮辱或者"逗孩子"。
- 对儿童情绪失控表现出愤怒。
- 强迫儿童表达他们没有感觉到的情绪，比如强迫儿童说"对不起"。

## 培养个体认同感

学前机构环境中最不适宜的方面之一，就是在对待儿童时倾向于只把他们视为集体中的一员，只关注集体认同感（"我们的朋友"）、整个集体的活动（"你应该过来和大家一起做这些事情"）和集体的行为标准（"我们的规则"）。尽管教师确实做了一些工作去帮助儿童"建立如强有力的共同体一般的团体意识"（Bredekamp & Copple，1997，p. 124），但是，发展适宜性还应该包括发展每个儿童的独特个性和个体需要，并且要尝试向儿童传达成人对他们独特性的接纳。

在这一部分，我们将讨论培养儿童个体认同感的问题，重点关注培养积极的性别认同感和种族/文化认同感。

### 对教师的启示

教师的如下行为可以培养儿童积极的个体认同感：

- 用言语或非言语的行为表现对儿童的喜爱和真诚的兴趣。教师在儿童来的时候分别向每个孩子表达问候并帮助他们参与到自己感兴趣的活动中去。教师在一整天内说的话表明他们意识到了每个孩子都做了什么、在乎什么。

"多米尼克（Dominique），看起来你今天准备好玩游戏了。我们又把橡皮泥拿出来了——我记得你上周特别喜欢这个。"

"瓦尔多（Waldo），你真的很用心地在拼拼图。我发现你很喜欢复杂拼图。"

● 每天花时间和每一个儿童进行个别谈话。日常的时间——比如洗澡时、穿衣服时、去操场路上、等待集合时——都可以成为成人—儿童对话的机会。因为教师一整天都在儿童自选的活动中穿梭，他们可以很自然地发起谈话。他们很留心地听每一个孩子说的话，并且在他们的交谈中显得很谦虚。

"拉普莎（Laporcha），跟我多说说你去看望祖父母的事情。听起来好像你玩得很开心。"

"丽吉（Rickie），我很喜欢看你爬栅栏的样子。我记得你小的时候还不能玩这个。你记得你是怎么学会的吗？"

● 创设一种鼓励和重视个性的教室氛围。教师唤起儿童对其他人的成就的关注，这并不是要培养竞争精神，而是让儿童知道教师重视他们每个人的能力。教师赏识每个儿童的不同以及他们在所有领域的优势。为儿童讲述过去成功的真实案例是帮助儿童建立自信的一个方法。这种对个体优势和成就的尊重对所有儿童来说都是很重要的，尤其对那些需要感受到真正的接纳和胜任感的残疾儿童。作为反偏见的教室的一个部分，正常儿童在教师的帮助下和那些有特殊需要的儿童自如交往，这是因为他们真正的才艺已经得到认可了。

"杰士敏，看，安娜有一个使用漏斗的好主意。安娜喜欢找到属于她自己的做事方式。"

"杰里米，克里斯多佛（Christopher）喜欢用图片做飞机，你注意到了吗？我总是能分辨出克里斯多佛做的飞机。"（克里斯多佛坐着轮椅）

"我正在把我们都会的事情列成一个表挂到墙上去。你愿意帮我一下吗？我已经知道苏珊娜（Susannah）会自己系鞋带，詹森（Jason）跑得很快。哦，你说得对——克里斯多佛确实走得很快！莉亚（Leah）的记忆力怎么样呢？上一周我们写去农场的旅行故事时，她写得挺好的。"（莉亚是听力障碍儿童）

● 敏锐地回应孩子的个性特征。支持和鼓励儿童在选择特定活动、人群和交往时的个人风格。尝试了解每一个儿童的特征，而不认为个性特征是对成人计划的干扰，或是证明儿童的问题行为或能力缺陷的证据。

"萨莉（Sally）愿意看你们唱歌，不愿自己唱。萨莉，看他唱的时候你愿意和我坐在一起吗？"

"恩里科（Enrico）发现在午睡时间很难靠读书来放松，所以我让他把他自己最喜欢的小汽车放在小吊床上。"

正如克莱门斯（Clemens，1983，p. 25）所说的，好的教学意味着，在人们需要例外的时候，就轻松地给他们一个例外。我的老师们过去常常用的一句与之相反的、具有杀伤性的话是："如果我为你这样做了，我不得不为所有人这样做。"这是不正确和不公平的。

● 尊重每个儿童家长的风格和需要，并将家长对其孩子的了解作为了解每个儿童个体特征的主要信息来源。

"杰里米的妈妈是个单身妈妈，她有3个孩子，所以我意识到她不会有太多时间留在班里。我时不时打电话给她，以便她知道我们做了些什么，也让她有机会告诉我杰里米在家里做得怎么样。"

"罗萨 (Rosa) 的妈妈告诉我罗莎在家里提到的一些事情和人，这样我就能让罗莎更多地参与到集体交往中了。然后，我可以给她安排一些看起来她很喜欢的活动。"

• 为儿童提供机会、材料，鼓励他们加入到对他们自己来说很有意义也很感兴趣的活动中。当儿童在他们的教室中有了适量的积极、成功的游戏经历后，他们会继续主动游戏。选择以儿童为中心的课程有助于发展儿童积极的自我认同感。

"嗨，看我做了什么，"维克多 (Victor) 一边展示他小心翼翼搭建起来的平衡箱，一边大声地说道。

"我认为你可以去走那个平衡木，"老师笑着说道。杰里米咧着嘴笑着，赞同道："的确相当困难，但是我可以做到。"

• 不断地将关于个体认同感的概念具体化到学习活动和谈话中。在一些教室里，教师设计以"我就是我，我是独特的"为主题的一周活动。与一年一次匆匆忙忙地走过场不同，在发展适宜性教室里，教师设计对儿童经验和生活有意义的课程并且经常地帮助儿童结合自己的经验来理解这些课程。

"这里有一个敞篷货车，跟丹尼 (Danny) 的爸爸开的那辆一样，"教师带他们在大街上散步的时候说道。

"在很久以前，那时候你还像拉普莎的小妹妹那么小，你饿的时候你妈妈会给你奶瓶，就像那样。你妈妈把你照顾得很好。"阿让多拉对来访的孩子很好奇。

教师的下列行为不会对发展儿童积极的情感认同有帮助。

• 忙于自己的事情以至于没有时间去了解和感受儿童的存在。

• 用名字代替指令，比如说"托尼"，而不说"不""不要""住手"。

• 与儿童谈话时没有眼神交流或肢体接触。

• 对儿童说的话只是表面上关注或是主动地阻止儿童谈话，更希望保持一个安静的环境。

• 大多数时间是对儿童集体说话，只是在告诫和惩罚儿童的时候才单独和他们谈话。

• 为迎合成人的行为标准而创造一个鼓励竞争的氛围，而且将评价儿童的标准限定在一个很局限的范围内，即仅关注儿童的智力发展。

• 批评或贬低典型的孩子气行为，比如"你为什么不能安静地坐一会儿或是做一点安静的事情呢？"。

• 用判断性的语言（常常是在孩子的理解范围内）来描述个别孩子的行为、风格或兴趣，比如"他是我见过的最害羞的孩子"。

• 用自己的标准判断家长，如"好家长"会做些什么。

• 不能把与家长交流作为了解个别儿童的有效来源。

• 教学高度结构化，以教师为中心，不为儿童提供太多形成想法、作出决定或是和与他们自己的生活建立联系的机会。

## 性别认同感

在发展适宜性教室，教师知道形成健康的性别认同感是学前儿童的一项发展任务。他们通过帮助儿童清晰回答生物学上的问题、鼓励两性儿童平等参与活动来实现。教师的下列行为有助于发展儿童健康的性别认同感。

●儿童有权利对他们身体产生好奇并在描述那种好奇时得到简单、真实的回应。

●在需要的时候，教师寻找有助于以适合儿童认知能力的方法回答学前儿童问题的资源。斯蒂芬·韦克斯曼（Stephanie Waxman）的《女孩是什么样的？男孩是什么样的？》（*What Is a Girl? What Is a Boy?*）可能会对此有所帮助。

"罗伯特上卫生间的时候是站着的，因为他是男孩子。男孩和女孩身体结构天生就不同。对女孩来说坐在马桶上会更方便。"

"有些女孩子喜欢穿长裤，但是穿长裤不会让你成为一个男孩子。男孩子和女孩子的差异不在于穿什么，而在于身体结构的差异。男孩子有小鸡鸡，女孩子没有。"

●提供可以挑战狭窄的、刻板的性别观的经验。利用社区中的家长和其他人来帮助儿童理解男女都可以有的多种选择。对儿童来说，看到男女双方互相尊重是很重要的。

"罗伯特的爸爸今天要来看我们。他在医院里做护士。"

"是，就是那样。杰德（Jade），我们去参观消防站的时候我们确实看到两个女消防员。消防员可以是男的，也可以是女的，在对付火灾时他们必须强壮并且训练有素。"

●重组游戏环境，鼓励选择跨性别的游戏。研究发现，男孩和女孩在活动水平和游戏选择上有些差异；男孩子在游戏中显得比较积极，而女孩子游戏的时候显得比较安静。男孩子对室外游戏表现出的兴趣比女孩子更多，并喜欢选择"比较冒险的活动，如积木或是用玩具车玩假装游戏……女孩子则频繁地选择美工活动和戏剧游戏"（Trawick-Smith，1994，p.335）。男孩女孩在选择戏剧游戏主题时的不同是，女孩子一般选择家和家庭的主题，男孩子则喜欢扮演冒险和超级英雄的角色。所有这些类型的游戏都是有益的，所以，如果儿童看起来是根据性别来进行选择的，那教师的干预可能会有助于增加儿童的技能。教师的建议包括扩展表演游戏的区域，把别的房间里意味着男性参与的道具也搬进来：木工和工具，用来"研究"的材料，草坪和园艺工具，与职业相关的装扮工具，如工具箱、午餐盒、安全帽、理发工具（Derman-Sparks，1989），或通过在积木区增加如玩具屋和做家务的工具，结合两性游戏。

●通过艺术作品或照片来扩展儿童的认识，让他们知道哪些工作分别是男性和女性、年轻人和老年人、残疾人和非残疾人能做的。举的例子可以是坐在轮椅上的工作者、砌砖的女子、修电话线的女子、做晚饭的男子和抱孩子的男子。不加评论的图片展示可能会有助于儿童的思考。

●检查教室中书本上的画面和语言，以确保工作和家庭角色扮演的多样化。把符合性别观念的玩具给儿童玩耍。用那些能打开儿童思维和视野的图书替代性别刻板印象的书。威豪生（Wellhousen）列出了一些挑战传统刻板印象的好书（见表10-2）。

●让儿童参与到新的活动中。德曼·斯帕克斯（Derman-Sparks）建议教师考虑偶尔发起一些活动，来抵消儿童可能只是基于他们的性别认识来选择游戏所带来的局限性。创设一个"人人都玩积木日"或"壁画群艺术日"可能会鼓励儿童去进行新的选择，直到他们能够自如地自发选择游戏。男孩子尤其不愿意去选择他们认为是"女孩子"玩的游戏，女孩子则比较容易对使用"男孩子玩具"感兴趣。这或许能为在美工中使用特殊的活动或材料提供理论依据，比如男孩子可能会对利用汽车来设计画面感兴趣。

"我们需要一些人帮忙准备做汤的蔬菜。你愿意帮助我们吗，佩德罗（Pedro）？"

"我在想你是否愿意开车带宝宝去看医生，雷切尔（Rachel）？雅各布可以在你开车的时候抱着她。"

●和家长交流教育目标和教室实践，以支持儿童形成健康的性别认同。教师需要认识到教育的、种族的和文化的背景会影响家长对非传统性别行为的感觉，或他们在儿童对性产生兴趣时对儿童的回应。家庭和教室可能会存在冲突。教师在与家长进行交流时，表达自己对不同观点的尊重是至关重要的。思考这个重要主题时读一下冈萨雷斯·梅纳（Gonzalez-Mena，2000）的评论。德曼·斯帕克斯（Derman-Sparks，1989）也曾提到这个问题。

● 积极挑战儿童的性别刻板行为或言论，一看到性别偏见就进行干预。甚至在反性别歧视的教室和家庭环境中，儿童常常顽固地保持着他们从大的文化背景中吸收的刻板印象，促使儿童去对比他们的自身经验和理念可能会使他们最终改变自己的想法。

"但你们还记得罗伯特的爸爸来拜访我们的事吗？男的也可以和女的一样做护士。"

"我记得你和我说过早上是你爸爸为你做的早餐，所以，你也可以为婴儿做饭，不只是妈妈才有义务去做饭。"

● 关注个体对与性别无关的活动的感觉、言论和态度。

教师的下列行为不支持儿童的性别认同感。

● 对男孩子和女孩子作出不同的回应。

● 通过言论或期望强化刻板印象。

● 以"男孩子"和"女孩子"作为活动时的分组方法。

● 让男孩子只帮忙做大的工作，让女孩子负责整理打扫。

● 羞辱或惩罚儿童对生理差异的好奇。

**表 10 - 2　有关性别认同的图书**

| |
|---|
| *Racism*, *Gender Identities and Young Children*： *Social Relations in a Multi-Ethnic*, *Inner-City Primary School*, Paul Connolly　　*Great Books for Boys Ages 2 - 14*, Kathleen Odean *Great Books for Girls Ages 3 - 14*, Kathleen Odean *Girls*, *Boys*, *Books*, *Toys*： *Gender in Children's Literature and Culture*, Beverly Lyon Clark & Margaret R. Higgonet　　*Beyond Guns and Dolls*： *101 Ways to help Children Avoid Gender Bias*, Susan Hoy Crawford *Boys and Girls*： *Superheroes in the Doll Corner*, Vivian Gussin Paley *Gender in Early Childhood*, Nicole Yelland |

## 文化和种族认同

教师创造一个尊重多样化差异的环境，可以促进所有儿童对种族和文化的认同。很重要的一点是，教师要意识到曾经对他们自身的发展产生影响的偏见以及把偏见传递给儿童的方式。读由德曼·斯帕克斯（Derman-Sparks）发在美国幼儿教育协会上的《反偏见课程：给幼儿授权的工具》（*Anti-Bias Curriculum*： *Tools for Empowering Young Children*）是一个好的开始。表 10 - 3 是给成人的建议。

一个反偏见的氛围可以使所有儿童"去建构一个有见识的、自信的自我认同感；适应、同情并公平对待多元文化；发展保护自己和他人免受不公正的遭遇的批判性思维和技巧"（Derman-Sparks，1989，p. ix）。教师应该检查所有的互动、材料和经历来确定他们表达了对所有人的尊重，而不是教授多文化。"有意的或无意的、教室里包括的或是排斥的环境直接说明了教育方法和教师重视的是什么。"（Chud&Fahlman，见 Doherty-Derkowski，1995，p. 126）在他们自己的教室里，教师可以做以下事情。

表 10 - 3　供教师和家长阅读的有关种族/文化认同的书籍

| | |
|---|---|
| *Common Bonds Anti-Bias Teaching in a Diverse Society*, Deboran A. Bymes & Gary Kiger. (Eds.) | *Roots & Wings: Affirming Culture in Early Childhood Settings*, Stacey York. |
| *Anti-Bias Curriculum Tools for Empowering Young Children*, Louise Derman-Sparks & the A. B. C. Task Force | *Big as Life: The Everyday Inclusive Curriculum*, Stacey York |
| *Starting Small: Teaching Tolerance in Preschool and the Early Grades*, Teaching Tolerance Project | *Skilled Dialogue: Strategies for Responding to Cultural Diversity in Early Childhood*, Isaura Barrera, Robert M. Corso, Dianne Macpherson |
| *Affective Curriculum: Teaching the Anti-Bias Approach to Young Children*, Nadia Saderman Hail & Valerie Romberg | *Connecting Kids: Exploring Diversity Together*, Linda Hill |
| *Creative Resources for the Anti-Bias Classroom*, Nadia Saderman Hall | *Celebrating Our Diversity: Using Multicultural Literature to Promote Cultural Awareness*, Marti Abbott & Betty Jane Polk |
| *Nobody Else Like Me: Activities to Celebrate Diversity*, Sally Moomaw | *One Child, Many Worlds: Early Learning in a Multicultural Community*, Eve Gregory |
| *Diversity in the Classroom: New Approaches to the Education of Young Children*, Frances E. Kendall | *Opening the Culture Door*, Barbara Kaiser & Judy Skiar Rasminsky |
| | *Young Bilingual Learners in Nursery School*, Linda Thompson |

• 检查所有的图片和书本以确定他们怀着对种族、非刻板化的性别表现、年龄、等级、家庭结构和生活风格的尊重，真实描述每一个教室、群体乃至整个北美人口的多样性。这种多样性是很重要的，不管教室里的群体主要是同质的或是异质的。跨种族儿童书籍委员会（The Council on Interracial Books for Children）从种族和性别的角度分析了儿童书籍和学习材料。可向纽约百老汇大街 1941 号（1941 Broadway，New York，NY10023）索取一个免费目录。他们列出了一个有关怎样分析儿童用书中的种族歧视和性别歧视的一览表，你可以在本章节后的"实用网站"找到更多信息。

• 看书、看书、看书。这里有很多好书可以帮助儿童欣赏世界的多样性。这两本书有详细列表及注明（Roberts and Hill，2003；Derman-Sparks，1989）。

• 在教室提供能让每一个儿童认同并体现每一个家庭文化的玩具、材料和活动。美工材料、操作材料、音乐、玩具娃娃和表演游戏以及集体活动应该经常肯定多样性（Derman-Sparks，1989，1997；Boutte，Van Scoy，& Hendley，1996）。

教师必须变成一个多元论者，他要使教室的每一方面都渗透文化和种族的多样性。教室应变成一个儿童正在并将继续生活其中的多元化社会的缩影，不断强调人们的相同点多于不同点。

教师通过关注当前而非历史世界中的人对他们提供帮助。学前儿童的教育目标不是教授历史，而是教会他们反对种族歧视（L. Clark，Dewolf，& Clark，1992，p. 8）。

积极创设反偏见环境的教师就是在帮助所有种族和文化背景的儿童形成健康的个性和态度。

• 让所有的家长前来参观并参与到教室活动中来，给他们机会分享家庭故事、歌曲、绘画和他们的文化传统和语言。这能够帮助家长感受到教师对他们的尊重和对他们孩子所继承的传统的关注，他们的参与和分享也为所有孩子理解和欣赏差异提供了支持性帮助。麦克凯勒布的书（McCaleb，1994）有相关建议。

• 支持儿童在游戏活动的背景下学习英语，同时，与家长一起支持和维护儿童的家庭语言技能。应该让家长认识到，保持家庭语言学习对于儿童认同感、家庭信仰和价值体系的社会化、与家长的自然关系很有帮助的。会说多种语言的教师在提供此帮助时是更为有用的，但不会说儿童家庭语言的教师仍可以通过书籍、磁带、家长公告栏、访问者以及不时将说同种家庭语言的儿童分在一组的方法，努力"在整个学习环境中提供家庭语言的可视符号"（NAEYC，1996，p.11）。对代表每个儿童家庭文化和语言的敏感，符合美国幼儿教育协会确定的帮助所有儿童感到被班集体接纳的适宜性要求。不适宜的活动忽视文化等方面的差异，拒绝接纳那些感觉自己不是集体一分子的儿童。不适宜的活动还包括所谓的"旅行课程"（Derman-Sparks），比如举行中国周，儿童在这一周里制造龙的面具并用筷子吃饭等。不适宜的活动还包括强调文化之间的奇怪差异，将分离感放大，而非帮助儿童欣赏共性和差异。

• 知道如何委婉地反对那些会导致偏见的想法，敏锐地避免儿童对新的或不熟悉的事物产生不适或偏见。当教师意识到儿童的文化认同感逐渐增强时，可把非语言探索也列为课题。教师用适合儿童发展水平的解释进行快速干预，不忽视问题，也不忽视歧视性行为。安慰和支持处于问题中的儿童，让儿童相信自己的独特性和价值。

3岁的克洛伊（Chloe）若有所思地擦着自己棕色的皮肤，然后触摸老师的粉红色皮肤，老师马上说："克洛伊，你跟你妈妈一样有漂亮的棕色皮肤，我的皮肤是粉红色的，因为我妈妈的皮肤也是粉红色的。"

当老师无意中听到一个孩子对另一个孩子说"爷爷说不应该跟黑人玩"时，她告诉孩子说"不跟黑人玩是完全没道理的，即使有些人这么想。"老师强调说，在学校他们应该认识到排斥别人是会伤害他人的情感的。

下列行为不支持文化/种族/语言认同。

• 对种族/文化背景或家庭结构不同于自己的儿童和家长反应不当。

• 没有反对或没有帮助儿童反对教室里的偏见言论或行为。

• 提供不能表达对多样性的尊重的刻板老套材料。

• 使用"旅行课程"（Derman-Sparks，1989），对待其他文化群体就好像他们非常奇异似的，实际上是强调差异。

• 忽视儿童的文化和语言背景及其他个人差异，或者将其看成"需要弥补的缺陷"。（NAEYC，1996，p.131）

## 友谊

学前儿童已经开始探索发展友谊。他们通过语言（"我要成为你的朋友。""你是我的朋友吗?"）和行动尝试着运用社交技能来发展友情。一些儿童因其性格及有益的生活经历似乎比其他儿童更容易得到友谊。然而，如果成人帮助孩子寻找有效的方法与同龄人进行沟通，所有孩子都可以受益。成人可以通过以下方式促进儿童发展友谊。

• 为面对面交流提供空间、时间，这样的交流对发展孩子的社会理解力至关重要，如玩水区、橡皮泥区、表演游戏区或者积木区这样的区域活动对社会交往能力有促进作用。结构松散而又连续的时间是进行交谈必需的。

- 时不时地让孩子一对一地开展一项共同活动，特别关注害羞或被忽视的孩子。(Trawick-Smith，1994)

"阿尔佩托（Alberto），请选一个朋友帮你打扫积木区好吗？"

"詹尼弗（Jennifer）、杰士敏，今天早上该洗洗我们的小布娃娃了。你们每人拿一块毛巾，开始洗吧。"

- 通过询问孩子他们想玩什么、想跟谁玩来帮助其明确自身需求。学前儿童会过度专注于自身需求，以至于他们会错误地认为别人与自己的需求相同。

"今天早上你想去杂货店玩吗？或者你想跟阿尔佩托一块玩吗？他今天早上在积木区。"

- 帮助儿童发展有效技能以参加游戏。小孩子有时会只关注自己在游戏中的需求（"我可以玩吗？"），或者采用一些奇怪的、很难被别的儿童理解的方式（推倒积木来表达"我也想玩"），从而使自己与别人疏远了。教师可以示范或者提示能够吸引其他儿童注意力的语言。

"如果你想跟詹尼弗一块玩，走过去说：'詹尼弗，你想玩积木吗？我们给布娃娃做张床吧！'"

"你可以问问埃里卡（Erica）是否愿意跟你一块去商店。"

- 帮助儿童练习有效的沟通技能，如叫名字、与他人直接交谈、保持目光接触。教师可以通过亲身示范及专门指导来强化这些技能。

"萨姆，我想杰里米还不知道你是在跟他说话呢。跟他说话的时候要看着他、叫他的名字。"

"看起来南希（Nancy）没听到你说想加入，再说一遍，大点儿声。"

- 给儿童提供信息，帮助其识别他人的示好（Kostelnik, Phipps-Wirren, Soderman, Stein & Gregory, 2006）。学前儿童一般较难理解他人的意图。

"杰里米，我听说萨姆叫你跟他一块玩，这样你就有两个蒸汽铲车驾驶员了。"

"埃里卡，我觉得詹尼弗好像想跟你一块去商店。两个人一起拿的话，你就可以多买点东西了。"

- 帮助儿童理解其行为是如何影响他人的反应的。一些儿童看不到自身行为与他人情绪或反应的联系。教师可以帮助他们理解这种联系以使其修正自身行为，得到想要的回应。

"你推倒积木会让其他人生气的，而这也是他们不让你一起玩的原因。如果你想跟他们一块玩积木，你可以问问他们有什么你可以帮忙的。"

"杰士敏真的很喜欢跟你一块洗布娃娃。你给了她这个机会，这非常好。"

- 在情感上支持欠缺技能的儿童的同时，应为其示范介入游戏的技能，以帮助儿童学习掌握加入游戏的方法。教师在帮助儿童成为游戏参与者的时候，还应为其建议一个角色并示范如何扮演这个角色。

"凯瑟琳（Catherine）和我要买票乘你的火车，票多少钱？我们坐哪儿？"

"他们好像在做晚饭，我们过去，然后你问问米歇尔晚饭好了没有。"

●认识到学前儿童的友谊可能会很短暂，在儿童因此感到受挫、生气或想暂时退出社会交往时给予支持。

"杰里米说不想跟你做朋友的时候你很不高兴，也许他以后会意识到自己错了。"

"我想詹尼弗更想自己玩一会儿，你可以待会儿再叫她。"

●与儿童探讨友谊和社会交往技能。教师可以通过读书、谈论图片或使用玩偶来演示技能（见表10-4）。

表 10-4  有关学前儿童友谊的书籍

| | |
|---|---|
| *Pajama Walking*, Vicki Kimmel Artis & Emily Arnold McCully | *Best Friends for Frances*, Russell Hoban |
| *Do You Want to Be My Friend?* Eric Carle | *Frog and Toad Are Friends*, Arnold Lobel |
| *Loudmouth George and the New Neighbors*, Nancy Carlson | *Where Is My Friend?* Betsy Maestro |
| | *George and Martha*, James Marshall |
| *Jim Meets the Thing*, Miriam Cohen | *Ernest and Celestine's Picnic*, Gabrielle Vincent |
| *New Girl at School*, Lillian Hoban & Judy Delton | *Rosie and Michael*, Judith Viorst & Lorna Tomei |
| *Play with Me*, Marie Hall Ets | *Timothy Goes to School*, Rosemary Wells & Michael Koesch |
| *Me and Neesie*, Eloise Greenfield & Jan Spivey Gilchrist | *Hold My Hand, My Friend John*, Charlotte Zolotow |

成人以下的行为不是在培养学前儿童之间的友谊。

●坚持说班上的每个孩子都是"朋友"，而非帮助儿童学会识别友善的行为。

●坚持要求班上的每个孩子都互相喜欢对方，而非接受儿童在选择玩伴时的真实偏好。

●总是指定儿童的玩伴。

●要求儿童一起活动或分享玩具。

●过急或者过于频繁地干涉，阻止儿童在与同龄人的交往中得到直接经验。

## 教授亲社会行为

帮助学前儿童学习发展友谊的社交技能，教师会意识到他们已经为其亲社会行为的学习做好了准备。亲社会行为包括帮助、给予、合作、同情、安慰、分享以及在群体环境中展示友好、宽厚的行为，这些是反社会行为、攻击行为的对立面。大多数亲社会行为是在学龄期确立的，但应意识到学前期是学习和教授亲社会行为的机会。教师可以在以下方面培养儿童的亲社会行为。

●提供材料。有些材料鼓励儿童一起玩耍和开展合作，有益于为学前儿童提供相互分享及支持的机会。四轮车、双座车、简单的棋类游戏、降落伞游戏及墙上涂鸦艺术等游戏都要求儿童合作。可以引入计时员来帮助儿童轮流玩。一些教师发现在没有足够玩具的情况下，儿童更加需要和倾向于分享玩具。

●提供活动。当教师安排需要两人一组进行的活动时，如创编动作、模仿游戏等，鼓励儿童学会相互支持并乐于加入对方。策划集体活动，如编写集体故事或制作卡片送给某一孩子生病的姐姐，让儿童有机会体验轮流和合作的积极效果的机会。按两人一组分配责任还会鼓励互相合作。

"罗萨里奥（Rosario），你和卢瑟（Luther）今天当我们的一号和二号击球手吧。"

"我们要做卡片送给丹妮拉（Danielle），告诉她我们希望她早日康复。"

● 鼓励帮助。每一个群体里的儿童都会有不同的能力和独特的资质。鼓励儿童向对方寻求帮助。

"托马斯现在系鞋带系得非常好，你可以叫他帮你系鞋带。"

"我们班新来了一个孩子，他需要朋友，你应该对他友好些。"

● 思考亲社会行为。教师积极指导儿童去了解他人的需要和感情。这样的指导对尚处于自我中心阶段的学前儿童是必需的，因为他们在识别他人的意图时需要帮助。

"达利斯（Darius）看起来很不高兴，因为他还得等很长时间才能轮到他，我们能做点什么让他好受点呢？"

"安娜在玩滑梯的时候受伤了，她现在不喜欢玩了，我们能做点什么，让她愿意加入我们呢？"

有时角色扮演、故事或木偶戏可以帮助儿童站在他人角度看待问题，从而意识到他人在特定环境下的感受。让儿童看一些友好的、乐于助人的儿童的图片来编故事（"你觉得图片里发生了什么事？"），这样会鼓励儿童思考亲社会思维及行动（Wittmer & Honig，1994）。

● 帮助儿童认识亲社会行为。有时儿童会过于专注于自身的兴趣点而没有认识到他人好的动机。在其他儿童尝试表示关心或提供帮助的意愿时，教师可以帮忙指出。

"安娜，罗布（Rob）担心你受伤了，他不想让你独自坐在这里，他过来跟你待在一块儿，真好。"

"托尼（Tony）从三轮车上下来了，他这是想让你骑三轮车。山达（Shaunda），他这样做挺好的，是吧？"

● 强化亲社会行为。教师非常关注儿童的合作游戏、分享与互助。他们确定这些情景不能被大家忽视。教师会通过微笑、抚摸及注视来对这样的行为进行非语言奖励。教师还特别指出亲社会行为及其正面效果。

"托马斯，看见你帮助凯拉（Kayla）整理鞋真是太好了，现在她很乐意跟你一块儿玩。"

"莱拉（Lila），谢谢你能将你的橡皮泥与蒂娜（Tina）一块分享，现在你们相互之间能合作了。"

● 示范亲社会行为。再说一次，教师的行为比要求更有效果。当教师示范并口头解释帮助、合作的时候，他们向儿童展示了亲社会行为的重要性。

"今天我们去野外旅游的时候，蒂娜的妈妈会过来帮忙。我很感谢她能花时间过来帮忙，这样我们就可以尽情地玩了。"

对隔壁教室的教师说："把我们的一些新书借给你看看吧。"

● 限制攻击性及反社会行为。薇薇安·佩利（Vivian Paley）的班上有一个基本准则："不能说你不能玩。"（Paley，1992）尽管她知道拒绝是儿童在解决交往困难时常用的一种方式，但这条新规定可以保证每个人都不被排斥在外。

进一步考虑为儿童创建一个亲社会行为的绝对榜样是值得的。当然，在教师限制攻击行为并将其作为促进社交的一个方式时，教师也在指引儿童学习更积极的接触形式。

•帮助培养移情能力。当教师向儿童描述他人对其的感情时，儿童会逐渐被引导着去理解他人的感受以及面对此类感受的适宜反应。这种"设身处地换位思考"的能力对学龄期儿童来说更易掌握，但教师绝对可以在学龄前就开始进行启蒙。

"我敢说今天埃米莉（Emily）非常难过，因为她爸爸出远门了，我想如果她跟我坐在一块听故事的话，我就会弄明白是怎么回事了。"

"男孩子们说他的建筑没有他们的好，所以他现在不高兴，他们的话伤害了他的感情，是这样吗？"

•为善意的行为提供机会。教师可以特意地设计一些机会让孩子参与到培养善意的情境中去，从而帮助其发展亲社会意识。鼓励大孩子帮助、保护小孩子。儿童会以自己能够理解的方式帮助集体中不顺利的孩子，比如给没有手套的孩子提供手套。

•指出儿童的特别需要，并讨论如何满足这些特别需要。

"骑三轮车骑得快时要留神弟弟妹妹们，我们要保证他们的安全。"

"萨拉，汉娜（Hannah）听不到我们说话，所以你能不能认真地向她展示图片？这样她就会明白我们在说什么，也不会觉得自己被孤立了。"

•创建一个关怀的集体。发展适宜性实践的立场声明所述的幼教专业实践的其中一个方面就是"创建一个关怀的学习者群体"（NAEYC，1996，p. 16）。教师鼓励儿童考虑到自己的幸福，并为他人的幸福作出贡献。给儿童提供机会使他们认识并尊重每个人所拥有的不同的资质、才能。一个具体的方法就是举行班级会议来讨论教室里日常生活过程中出现的问题。在这样的会议上一起交流，可使教师帮助并指导儿童解决实际问题。幼儿园教室可以从这本书里找到有用的资源：《班会：幼儿一起解决问题》（*Class Meetings：Young Children Solving Problems Together*）。

成人作出下面行为时，他们不是在支持亲社会行为。

•对儿童的分享、合作期望过高。

•坚持让儿童展示并不真诚的亲社会行为。

•强迫用成人的办法解决冲突。

•面对幼儿的负面行为，威胁说不和他做好朋友或不喜欢他。

# 指导儿童自我控制

随着学前儿童的发展，他们逐渐准备好了学习控制自己的冲动行为来符合成人的要求。他们使用语言来理解别人的解释以及将自己的需求、欲望向他人表达。他们喜欢与别人交流并在他们的世界中得到接纳。然而，他们对于对错的判断仍受到其前运算思维的限制，只会聚焦于情况的一个方面而非全局。他们武断地以奖励、惩罚作为判断"好"行为或"不良"行为的根据。前运算思维还会限制学前儿童站在他人角度看问题的能力以及准确推论出因果关系的能力。基于对真实体验的理解，前运算思维是具体形象的。抽象地要求"善的"行为，与幼儿的实际思维水平相距甚远。指导学前儿童的成人在选择教授适宜行为的技巧时，必须将儿童的这些发展性特征考虑在内。

一般来说，发展适宜性指导具有如下特点。

- 正面的，重点帮助儿童学会他们应该做什么，而非强调他们做错了什么。
- 以教师为中心的，重在精心选择技巧来帮助儿童更适当地体验情感。正如凯茨所说："一个训练有素的教师会问'在这种情况下我能教孩子们什么呢？'。"（Katz，1984）
- 协作的。

非适宜的指导具有如下特点。

- 强调用威严及成人权力来实施规则或解决争议。
- 依靠惩罚解决不能接受的行为。
- 过多使用"以牙还牙"的报复手段。
- 粗暴地制止儿童的行为而不教其如何选择行为。
- 对儿童在自我控制方面的局限性表现出愤怒。

10个发展适宜性的正面指导技巧包括：示范，正面表述，给予强化、注意及肯定，重新定向，制定规则，通过提供选择来加以控制，自然及逻辑结果，讨论解决问题，"我"的信息（I-message）和恢复时间。

## 示范

成人示范他们希望儿童采取的行为，从而教给儿童非常重要的东西。在发展认同感的过程中，儿童乐于模仿其深爱的亲人，乐于做些能取悦大人的事。诚然，行动胜于说教。丽巴·格莱（Libba Moore Gray）所著的儿童书《提兹小姐》（*Miss Tizzy*），也许是对儿童在身边的成人的示范下怎样学习乐于助人和适宜行为的最好说明。

教师对陷入苦恼的孩子说："非常抱歉你的感情受到了伤害。"

"我知道你现在对此很苦恼，我能做点什么让你感觉好点呢？"她的表情流露出同情，所有这一切都被在附近看的孩子尽收眼底。

"嗯，大家想想，我们两个班都想去体育馆上课，那该怎么办呢？我们在吃完点心后去玩半个小时，回来的时候告诉你们一声。你们说这样好吗？这样的话，你们在故事时间之后是不是还有时间去呢？"

当教师大声地说出解决问题的方法时，儿童得以目睹尊重他人需求、协商及解决问题的过程。

## 正面表述

教师认识到学前儿童需要学习很多东西以明白如何正确行为，所以他们不会在儿童的学习过程中对儿童说不该做什么。相反，他们将重点放在让儿童清楚、具体、简明地明白什么是可接受的行为。正面表述的大部分是告知信息的，也有一些是简单的提醒。切瑞（Cherry，1983）建议使用动词时用动名词形式（-ing），因为这样更像是尊重、快速、正面的提醒。教师的这些简短和正面的表述传达着他们对儿童的信心，他们相信儿童将据此控制自己的行为。当成人认为儿童将做正确的事情时，儿童就会达到了成人的预期。

"拼图在桌子上。"

"请不要打扰别人的工作。"

"走！"

## 强化、注意及肯定

正面的关注是一种有力的强化。雷诺德（Reynolds，2001）使用强化、注意及肯定这些术语，提出了让儿童知道其正面行为受到关注的方法。当儿童"干好事时正好被发现"且儿童的可取行为得到适当的、真正的关注时，效果会事半功倍。成人及时给出特定的正面反馈，儿童就会准确地理解到底哪些行为能得到认可。如果成人尽力不去注意儿童的错误行为，可能的话还要忽视这些错误行为，转而将注意力放在其乐见的行为上，那么，儿童的自尊心及自控能力都能得到加强。当教师将注意力放在可取行为上的时候，儿童就能迅速明白他们不必通过做错事来得到教师的关注。

"德涓，我很高兴听说你让马里奥（Mario）玩秋千，你做得很好。"

"伊桑，我很喜欢这些，谢谢你的提醒。"

## 重新定向（redirection）

当教师提出更多有关可接受的活动建议时，儿童就能在其行为违规之前重新定向。针对儿童的兴趣和（或）活动水平而提出的建议更易发挥作用。重新定向有助于避免消极局面，避免负反馈的出现，从而避免伤害儿童的自尊。

重新定向要求教师对可能恶化为冲突或违规的情况保持警觉。问题出现之后再去解决就有点晚了，因为那个时候，在重新定向改变氛围之前，注意力都已经转向了恢复秩序以及讨论问题上了。为帮助儿童建立对新活动的动机及兴趣，在"护送儿童到重新定向区"的时候，贝兹（Betz，1994）建议进行一些有效的师幼互动。

对一个正打算撒沙子的、看起来要造成危险的孩子说："看看你用这个铲子能挖多深。"

"阿比盖尔（Abigail），这些是用来搭建的积木。为什么不去扔玩具枪子弹？看看你能不能把它们扔进箱子里。"

## 制定规则

当儿童明白某些行为是不应该做的时，他们就没有必要来"试验"。合格的成人会阻止那些对儿童或他人不安全的、破坏性的行为以及侵犯他人权利的行为。他们知道，为了能让儿童将行为规则纳入自控体系中，老师制定的规则必须能让儿童理解。这意味着理由也是限制条件的一部分。必须用儿童有过切身经历的能理解的语言来表述理由，而且应该是大的行为原则，供儿童应用于以后的情况。除了陈述理由外，还应该告诉儿童什么是更为可取的行为。

"你在故事时间讲话，就会打扰到想听故事的小朋友，请等会儿再说。"

"打人很疼的，人一疼就不高兴，下次要用说的方式啊。"

## 通过提供选择来加以控制

权威型成人帮助儿童按期望行为行事，但与此同时，成人还希望儿童能尽力控制自己的行为以及维持自尊。通过让儿童选择如何（而不是是否）接受某个限制条件，成人就将权力与儿童进行了分享。成人负责确定限制条件，而儿童负责在限制条件内控制个人行为。

"现在是打扫时间，你可以自己把积木收起来或者叫个朋友帮你。"

"现在是打扫时间，你愿意负责收小积木还是大积木呢？"

"现在是打扫时间，你可以在我们工作的时候或者我们开始听音乐的时候工作。"

不管怎样，这个孩子都得分担收积木的任务，但是你还是可以让他作出一个"保全面子"的选择。

当成人看似给了孩子选择的余地但是实际上没有的时候，就会出现一个矛盾的、令人困惑的局面。

"你现在能不能帮我把积木收起来？"这听起来孩子似乎可以拒绝，但拒绝恐怕不是成人的真实意图。

## 自然及逻辑结果

既然认识到了学前儿童从具体经验而不是抽象的语言里受益最多，教师会使用行为结果来帮助儿童体验其行为。在自然结果下，教师只需要帮助儿童看到其行动与后果之间的关系；而在逻辑结果下，教师应选择一个明显的后续行动来帮助儿童体验其行为的影响。行为的结果会帮助儿童理解并接受责任。

"如果你忘记穿工作服，衣服就会被油漆弄脏。"——自然

"在大厅里跑会滑倒的。"——自然

"塔瓦瑞斯（Tavarius）想跟你玩，因为你曾经把玩秋千的机会让给了他。"——自然

"去拿拖把把你弄湿的地板弄干，不然会有人滑倒的。"——逻辑

"看凯莎（Keisha）的表情，她现在非常伤心，因为你拿了她的卡车，你应该做点什么让她感觉好点呢？"——逻辑

"请沿着大厅往回走，记住我们怎么规定的以保证我们自己的安全？"——逻辑

## 讨论解决问题

儿童需要得到很多帮助以学会解决与其他儿童之间的冲突。教师希望促进儿童谈判技巧的发展，这样儿童就会越来越有能力独立解决人际差异而不必将成人牵涉进来。在促进儿童发展谈判能力的时候，成人最好扮演促进者及指导者的角色，将儿童引入与其他儿童的直接讨论之中，自己充当裁判员或者在不越权的前提下提出解决问题的办法。

成人帮助儿童界定问题："嗨，你们在做什么？有什么困难吗？""看起来两个人都想玩玩具轮车。"

他们鼓励儿童直接进行对话并倾听对方的回复："这件事需要你和丹尼（Dannie）一起来，你跟丹尼说一声吧。""丹尼，索菲亚（Sophia）正在说一些重要的事，你需要听一听。"

他们确保儿童有机会提出自己的解决办法，让儿童知道他们的决定会受到尊重。通过与儿童进行协商以保证其明白并同意了解决方案："我认为我们应该把玩具车停在这儿，直到你们两个有机会谈谈怎么使用它；你们决定以后再告诉我。"

"你已经决定先让丹尼玩6分钟，是吧，索菲亚？"

跳出以自我为中心的视角，考虑一下别人的需要、欲望，这会是一个漫长且艰难的过程。应该支持并表扬儿童为讨论分歧所做的努力，而不是因为分歧争吵："我想你们两个会想到好主意的，6分钟时间到了以后要我告诉你一声吗，丹尼？"

尽管很多问题如果让成人解决的话会快得多（"你们得轮流来。谁先玩？如果都抢的话，我就把它收起来，大家都不能玩。"），但儿童需要成人调解或者鼓励他们自主解决问题，这是培养儿童与他人交流的技巧与自信的唯一方法。教师可以看看本章参考书目（Evans，2001），从那里面找到如何帮助儿童解决冲突的内容。

支持儿童自主解决问题有时意味着要给儿童一个"范本"，为他们提供具体的办法说明怎样正面地向同伴表达观点。

杰米（Jamie）向老师抱怨说一个小朋友推了他一下。老师说："听起来你不喜欢塞布丽娜（Sabrina）推你，你可以过去告诉她'我不喜欢被推来推去'。"或者，对更善于表达主张的孩子说："你该怎么告诉她你不喜欢被别人推呢？"

"我"信息。当成人对儿童的行为表达个人情绪反应时，就给予了儿童改变不可取行为的强大动力。"我"信息基本上就是对成人情绪、引起情绪的行为、所作反应的原因的表达。由于亲情的关系以及想要取悦成人的期望，当成人让儿童知道其行为的影响时，儿童就会关注并回应。表达要直接、真诚，而不要委婉含蓄，也不要评价或羞辱儿童。相反，应该帮助儿童理解引发成人情绪的原因。儿童负责根据成人的信息改正自己的行为。

"你打你弟弟的时候我很生气，因为我知道他肯定很疼。"

"因为一些小朋友太吵了，听不到唱片，所以我暂停我们的音乐时间，我对此感到非常失望。"

恢复时间。正如切瑞（Cherry，1983）所指出的那样，每个儿童都会遇到集体生活的要求及规则使他们受不了的情况。不管是什么原因——也许是家庭变故的压力、疲劳、性格冲突、发展能力受挫——一个孩子需要机会退出当前的情境，冷静下来之后再准备投入到日常生活中。这可能意味着离开伤心区域或房间，也可能是指开展独立、安静的活动以得到时间和机会来恢复。这可能意味着要成人来安慰。因此，恢复时间是帮助儿童控制情绪及行为的正面而非反面技巧，如经常使用的惩罚"暂停游戏"（Betz，1994）。帮助儿童学会从情境中退出使得儿童可以以不同的心境、充沛的精力重新面对，也教会了他们在将来进行自我控制。

"我想你需要去那边静一会，你感觉好点儿的时候再过来继续玩。"

"看起来有什么事让你今天心烦意乱，我希望你先自己玩，等你感到放松点的时候再回来一块玩。"

发展适宜性实践认可了儿童在控制冲动上的局限性，也认可了他们对坚定、正面的指导的需要，这样的指导可以在促使儿童逐渐学会自控的同时保护儿童的自尊。

## 小结

儿童在学习社会行为、规则以及控制情绪表达和行为时需要积极的指导。成人应认识到这种学习开始于学前期并一直延续到儿童发展后期，所以成人应持务实的发展预期，认识到积极的认同感的形成以及与成人的积极关系会帮助儿童习得可接受行为。

**思考**

1. 为学前儿童精选几本图画书。以小组形式分析书中有关性别行为、种族/文化、家庭结构等多样性的正面或负面信息。书中有关于友谊、亲社会行为及情绪的信息吗？

2. 分享学生们观察到的、使用过的或体验过的处理成人与儿童关系的指导技巧的例子。他们是如何与本章中积极的指导技巧进行比较的？

3. 参观一个以前没参观过的学前教室。观察 1 个小时，然后写份报告，需包括你注意到的下列方面的细节问题。

- 鼓励个人认同感的环境。
- 对多样化公开的认可。
- 为自我控制、发展友谊、形成亲社会意识及建设性表达情绪而提供积极的成人指导。
- 整体的社会及情绪氛围以及你对创造该氛围的方法的认识。

4. 扮演一个试图引导儿童学习正面情绪及社会行为的老师。

- 一个孩子来到你的跟前，哭着说别人抢了他的三轮车。
- 一个孩子打了另一个对他讲脏话的孩子。
- 一个孩子对另一个孩子说："你不能在积木区玩。"
- 一个孩子自母亲走后一直在墙角静静地哭。
- 一个女孩子不愿意在积木区玩，说积木区是男孩子玩的。

集体讨论可能碰到的其他社会/情感情境，以获得更多建议。

**问题（用以评估本章所学）**

1. 描述学前阶段的一些重要的社会/情感发展任务。
2. 指出对学前儿童情绪发展适宜的环境的 10 个组成要素。
3. 讨论培养积极认同感的方法。
4. 辨认培养积极性别认同感的实践。
5. 辨认培养积极种族/文化认同的实践。
6. 描述教师帮助儿童发展友谊的方法。
7. 讨论在教室里培养亲社会性的方法。
8. 指出本章所讨论的 10 个正面引导技巧中的几个。

**问题（用以应用本章所学）**

1. 描述你将在学前班上添加的旨在支持积极的性别、种族及个人认同的内容，要详细、具体。
2. 向儿童的家长说明你将如何支持刚开始发展友谊的幼儿。
3. 设计一个角色扮演活动，说明你对学前儿童健康情绪发展的看法。

## 参考文献

Betz, C. (1994). Beyond time-out: Tips from a teacher. *Young Children*, 49(3), 10 – 14.

Boutte, G., Van Scoy, I., & Hendley, S. (1996). Multicultural and nonsexist prop boxes. *Young Children*, 52 (1): 34 – 39.

Bredekamp, S., & Copple, C. (eds.). (1997). *Developmentally appropriate practice in early childhood programs*(Rev. ed.). Washington, DC: National Association for the Education of Young Children.

Briggs, D. C. (1975). *Your child's self-esteem*. Garden City, NY: Doubleday.

Cherry, C. (1983). *Please don't sit on the kids: Alternatives to punitive discipline*. Belmont, CA: Pitman Learning.

Clark, K., & Clark, M. (1939). The development of consciousness of self and the emergence of racial identity in Negro preschool schoolchildren. *Journal of Social Psychology,* 10, 591 – 599.

Clark, L., DeWolf, S., & Clark, C. (1992). Teaching teachers to avoid having culturally assaultive classrooms. *Young Children*, 47(5): 4 – 9.

Clemens, S. G. (1983). *The sun's not broke, a cloud's just in the way*. Mr. Rainier, MD: Gryphon House.

Derman-Sparks, L. (1989). *Anti-bias curriculum: Tools for empowering young children*. Washington, DC: National Association for the Education of Young Children.

Derman-Sparks, L., & Phillips, C. (1997). *Teaching/learning anti-racism: A developmental approach*. New York: Teachers College Press.

Doherty-Derkowski, G. (1995). *Quality matters: Excellence in early childhood programs*. Reading, MA: Addison-Wesley Publishers.

Elicker, J., & Fortner-Wood, C. (1995). Adult-child relationships in early childhood programs. *Young Children*, 51(1): 69 – 77.

Erikson, E. (1968). *Identity: Youth and crisis*. New York: W. H. Norton.

Evans, B. (2001). *You can't come to my birthday party: Conflict resolution with young children*. Ypsilanti, MI: High/Scope Press.

Fraiberg, S. (1959). *The magic years*. New York: Charles Scribner's Sons.

Gonzalez-Mena, J. (2000). *Multicultural issues in child care*(3rd ed.). Mountain View, CA: Mayfield Publishing.

Gordon, T. (2000). *Parent effectiveness training*(1st Rev. ed.). New York: Three Rivers Press.

Heller, C. (1993). Equal pay. *Teaching Tolerance*, 23, 24 – 28.

Hohmann, M. (1995). Creating supportive climates for active learners. *High/Scope Resource*, 14(1): 10 – 19.

Honig, A. S., & Wittmer, D. (1996). Helping children become more prosocial: Ideas for classrooms, families, schools, and communities(part 2). *Young Children*, 51(2): 62 – 71.

Katz, L. (1984). The professional early childhood teacher. *Young Children*, 39(5): 3 – 10.

Kostelnik, M., Phipps-Wiren, A., Soderman, A., Stein, L., & Gregory, K. (2006). *Guiding children's social development*(5th ed.). Clifton Park, NY: Thomson Delmar Learning.

McCaleb, S. (1994). *Building communities of learners*. New York: St. Martin's Press.

NAEYC. (1996). Position statement: Responding to linguistic and cultural diversity—Recommendations for effective early childhood education. *Young Children*, 51(2): 4 – 12.

Paley, V. G. (1984). *Boys and girls: Superheroes in the doll corner*. Chicago: University of Chicago Press.

Paley, V. G. (1986). *Mollie is three*. Chicago: University of Chicago Press.

Paley, V. G. (1992). *You can't say you can't play.* Cambridge, MA: Harvard University Press.

Reynolds, E. (2001). *Guiding young children: A childcentered approach*(3rd ed.). Mountain View, CA: Mayfield Publishing.

Roberts, L., & Hill, H. (2003). Using children's literature to debunk gender stereotypes. *Young Children,* 58 (2):39 – 42.

Rubin, K., Bukowski, W., & Parker, J. (1998). Peer interactions, relationships, and groups. In W. Damon & R. Lerner( Eds.), *Handbook of child psychology*( Vol.) (5th ed.) (pp. 619 – 700). New York: Wiley.

Trawick-Smith, J. (1992). A descriptive study of persuasive preschool children: How they get others to do what they want. *Early Childhood Research Quarterly,* 18, 161 – 170.

Trawick-Smith, J. (1994). *Interactions in the classroom: Facilitating play in the early years.* New York: Macmillan College Publishing.

Vance, E., & Weaver, P. (2002). *Class meetings: Young children solving problems.* Washington, DC: National Association for the Education of Young Children.

Waxman, S. (1976). *What is a girl?What is a boy?*Los Angeles: Peace Press.

Weisner, T. S., & Wilson-Mitchell, J. (1990). Nonconventional family lifestyles and sex typing in sixyearolds. *Child Development,* 62, 1915 – 1933.

Wellhousen, K. (1996). Girls can be bull riders, too! Supporting children's understanding of gender roles through children's literature. *Young Children,* 51(5):79 – 83.

Wentzel, K., & Caldwell, K. (1997). Friendships, peer acceptance, and group membership. *Child Development,* 68, 1198 – 1209.

Wittmer, D., & Honig, A. S. (1994). Encouraging positive social development in young children. *Young Children,* 49(5), 4 – 12.

Wolfgang, C. (2000/01). Another view on"reinforcement" in developmentally appropriate early childhood classrooms. *Childhood Education,* 77(2):64 – 67.

## 建议进一步阅读和研究的资料

Adams, S., & Baronberg, J. (2005). *Promoting positive behavior: Guidance strategies for early childhood settings.* Upper Saddle River, NJ: Prentice Hall.

Briody, J., & McGarry, K. (2005). Using social stories to ease children's transitions. *Young Children,* 60(5): 38 – 42.

Copple, C., (2003) (Ed.). *A world of difference: Readings on teaching young children in a diverse socieiy.* Washington, DC: National Association for the Education of Young Children.

Corsaro, W. (2003). *We're friends, right?Inside kids' culture.* Washington, DC: Joseph Henry Press.

Dunn, J. (2004). *Children's friendships: The beginnings of intimacy.* Malden, MA: Blackwell.

Flicker, E., & Hoffman, J. (2002). Developmental discipline in the early childhood classroom. *Young Children,* 57(5):82 – 89.

Fox, L., Dunlap, G., Hemmeter, M. L., Joseph, G., & Strain, P. (2003). The teaching pyramid: A model for supporting social competence and preventing challenging behavior in young children. *Young Children,* 58(4): 48 – 52.

Gartrell, D. (2004). *The power of guidance: Teaching social-emotional skills in early childhood classrooms.* Clifton Park, NY: Thomson Delmar Learning.

Hyson, M., & Zigler, E. (2003). *The emotional development of young children: Building an emotion-centered curriculum*(2nd ed. ). New York: Teachers College Press.

Smith, C. A. ( 1993 ). *The peaceful classroom: 162 activities to teach preschoolers compassion and cooperation.* Beltsville, MD: Gryphon House.

Wien, C. ( 2004 ). From policing to participation: Overturning the rules and creating amiable classrooms. *Young Children,* 59( 1 ):34 – 40.

## 实用网站

**http://www. tolerance. org**

想在课堂上进行反偏见实践的教师，可访问此教育宽容网站获得信息和资源。

**http://www. nncc. org**

此网站为关爱儿童国家网络，可查看大量有关文章。

**http://www. rootsforchange. net**

此儿童早期公平联盟网站为幼儿及其家庭提供种族、社会公正教育方面的信息。

**http://childrensbooks. about. com**

此网站有丰富的关于儿童书籍的信息。在"Tolerance/Racism/Prejudice"下搜索关于评估童书中种族主义的文章。

# 发展适宜性的社会/情感环境：学龄期

利亚与她最好的朋友、同为6岁的乔安娜（Joanna）晚上在一起度过。

嘉伯约（Jabari）加入了一个队，他们一周训练两次，每周六早上打比赛。

恩迪（Eddie）和他的朋友威尔最近开始收集石头了，他们每星期都会花好几个小时讨论石头。

丹尼和汉娜每天都一起玩电子游戏。

马蒂（Marty）上周看了一个惊悚电视节目后做了个噩梦，但是他没有叫父母来，因为他不想让他们知道他很害怕。

贾马尔（Jamar）看着操场上其他的孩子玩赛跑游戏，却并不加入其中。

米歇尔画了一张流着泪的脸，对她妈妈说："这就是过完周末爸爸把我带回家时我心里的感觉。"

后院大门上的告示牌上写着："秘密俱乐部——女孩禁入——说的就是你，罗萨。"

学龄儿童不断扩展的精神世界包括上述情境中所显示的不断提高的处理人际关系的能力。同龄人成为塑造儿童行为及增强儿童自我意识的主要影响力量。不断提高的控制与沟通能力使得6—8岁儿童能以更加成熟的方式处理自己的情绪。他们开始慢慢地摆脱自我中心，并能逐渐从他人的角度考虑问题。

然而，他们要学的东西还有很多。学习集体相处技能、发展道德判断感、探索如何在没有成人干预的情况下解决冲突、维护同伴关系都是此年龄段的重要任务。本章将讨论学龄儿童面对的社会/情感问题及对其最有益的社会/情感环境。

## 本章学习目标

- 指出小学阶段儿童的社会/情感问题。
- 讨论教师对发展儿童参与同龄群体的技能的影响。
- 讨论教师的反应对儿童自尊心及勤勉感的影响。
- 描述对合作与竞争的看法。
- 指出促进道德发展的策略。
- 讨论教师为实现最佳情绪发展可采取的行动。

# 小学阶段的社会/情感问题

小学阶段自尊的发展受到勤勉感发展的制约，埃里克森把其定义为学龄期的核心冲突。勤勉感会受到认知和社会成就的影响。儿童在入学之初学习认知技能时，他们既可能把自己看成是合格的学习者，也可能把自己看做不合格的学习者。在社会性发展上，因为儿童与其家庭成员在一起的时间减少，他们从家庭中得到的自我概念受到挑战，他们会更多地依靠对同龄人反应的认识来更新自我概念。当学龄儿童离开家庭、家人的保护时，他们就会得到新的机会来看自己是否达到他人的标准。正如其他成人（如球队领袖、主日学校教师、教练、舞蹈教师）有自己的成就标准一样，学校也有自己的成就标准。社会比较的过程为儿童自我概念发展提供了新信息：我跑得快吗？我学得快吗？我的朋友多吗？成功的定义与儿童所在的社会团体有关。

与成人的关系以及同龄人团体成员之间的关系并不是在此阶段影响儿童自尊心的唯一因素。自尊心还与教育方式以及儿童与父母互动的方式有关。如果父母的反应传达了对儿童的认可、对儿童个性的尊重并明确划定了限制条件，那么，其孩子在学龄儿童之中就有较强的自尊心（Cole & Cole，1993）。在小学阶段进行适宜引导对儿童自控能力、积极的自尊心的持续发展都至关重要。

## 同伴关系及群体技能

学龄儿童会有越来越多的时间与学校及家里的朋友在一起。据估计，从 6 岁开始，除了睡眠时间，大部分美国儿童会花至少 40% 的时间与同龄人在一块（Cole & Cole，1993）。他们在一块玩，在一块说，在一块"无所事事"。尽管越来越多有组织的安排或其他看护项目影响了同伴活动和成人监控的数量比重，但是儿童与同伴相处的大多数时间是松散的。

下面是友谊的几个基本发展功能。

- 友谊是学习基本社交技能之源，如沟通、合作以及加入一个既有团体的能力。
- 友谊帮助儿童了解自己、他人以及更宽广的世界。
- 友谊可以提供乐趣、感情支持以及摆脱压力。
- 友谊帮助儿童开始了解亲密关系。

● 友谊能使儿童自我感觉良好。

有的教师对适合5—8岁儿童的课程及教学策略有狭隘的看法，他们常常忽视自己在帮助儿童发展成为团体成员所必需的社交技能上的关键性作用。但是最近的研究表明，在儿童期没有获得维护同伴关系技能的儿童更有可能遭遇学业失败、辍学、青少年犯罪和心理不健康问题（Schickedanz, J. et al., 2000）。研究还表明，成人干预及辅导可以帮助儿童更好地发展同伴之间的关系。这凸显了教师在支持儿童社会/情感方面的作用。

如今在很多社区，儿童不再在附近的学校上学，而是去其他地方上学。这意味着儿童在课外时间碰到同学不再那么容易了。这就更加要求教师认识到在在校期间找到支持友谊发展的方法是多么重要。

儿童在学龄期通过同伴关系加深了对社会交往的理解，其攻击性行为一般会减少。然而，一些儿童没有学会控制攻击性行为，恃强凌弱已经日益成为小学中备受关注和探讨的问题。恃强凌弱是一种故意的攻击行为，而且是长期针对某一特定目标进行的。恃强凌弱者常常对弱小的同龄人——通常是一些胆小、忧虑、自尊心不强的儿童——进行人身或心理威胁，从而获得满足感。这种恃强凌弱及受欺负的模式可能早在幼儿园阶段就形成了。侵犯者能很快地找出那些最容易成为欺负对象的人（Papalia, Olds, & Feldman, 2004）。研究表明，如果成人对这些行为进行适当的监督和干预而不是容忍的话，恃强凌弱行为就会减少。当学校营造出一个所有人都是共同体中有作用的成员并得到保护的环境时，学校就是在帮助儿童免于成为压迫者或者受害者（Davis, 2004；Olweus, 1993）。因此，很多学校都提出了反凌侮声明。搜索本章节后面的网站可以了解更多如何阻止欺凌行为发生的信息。

## 道德发展

小学年龄的儿童越来越能够根据自己对行为意图的理解来判断行为对错。根据皮亚杰的理论，小学低年级儿童处于道德实在论（moral realism）阶段。在这个阶段，规则被看作外部权威施加的不可更改的、绝对的东西（Piaget, 1965）。科尔伯格将这一时期称为道德前习俗水平阶段（preconventional level）。在这个阶段，儿童关注的是服从、惩罚以及个人需求的满足，从而影响其道德推理（Kohlberg, 1976）。之后，学龄儿童会逐渐过渡到道德推理的习俗水平阶段。在这一阶段儿童更关注看起来"好的""公平的"行为，并希望他人赞同其合乎道德的行为。在逐渐开始规范自己的道德行为的同时，学龄儿童还需要机会来考虑社会负责的基础及来自成人的指导。

## 情感发展与压力

无忧无虑可能也适用于描述一些学龄儿童，至少在有些时候是这样。但对大多数儿童而言，最初几年的学校生活以及他们对生活中的一些现实问题的认识会给他们带来压力。为小学儿童营造较为轻松的环境，并帮助他们学会对待自己的压力是很重要的。在为小学儿童设计社会/情感环境时，要考虑让他们学习如何妥善处理情感问题。

关注过小学低年级的主要社会/情感环境问题后，就需要想一想适宜的暗示和反应。

# 对教师设计社会/情感环境的启示

教师可以通过布置教室和安排活动对小学儿童的社会及情感发展产生深刻影响。在为每一个儿童创建学习型共同体、设计集体参与的计划时，教师的态度都是极其重要的。

## 集体参与的技能

教师在尝试帮助儿童发展与同伴交往技能时，应该这样做。

● 通过仔细的、不间断的观察与记录，了解儿童的互动风格、交友偏好以及与他人交流的难易程度。对儿童个人风格的了解可以帮助教师设计适宜的分组或配对，有利于促成成功的社会体验。很多教师通过观察来制作社会关系网，帮助其识别孤立的儿童或者那些有社交技能的、受大家欢迎的儿童。社会关系网标示出儿童最想跟谁一块学习或跟谁坐在一块。

● 创设非正式的物质环境，使儿童可以和特定的人一块学习，也可以进行小组互动及对话。对于胆小害羞的儿童来说，他们容易迷失在较大的组里，但是却可能在较小的组里找到令自己感觉舒服的位置。当物质环境/外在环境支持儿童在一块学习、谈话时，儿童就有机会获取第一手社会经验，而不是仅仅能通过成人在理论上告知他们"应该"怎么做和说。第七章里已经谈到，适宜小组互动的物质准备包括：工作台以及其他小型的、非正式的区域，而不是传统的一排一排的桌子；大时间块，供儿童计划和实施合作项目；为集体活动服务的兴趣中心及小组项目。

霍本（Hoban）小姐的一年级教室里有各种工作区：一个足够5个孩子一起活动的区域，一个够4个孩子一起活动的区域，4个供3个孩子一起活动的区域，3个供两个孩子活动的区域以及5个供单个孩子活动的区域。

● 根据教师对儿童兴趣及交流风格的了解来进行特定的分组以实施特定的项目。儿童在互相合作中成为朋友。教师们通过设计共同活动帮助儿童体会互利合作的精神。这样的设计"将有真正目的的学习与学习过程本身的社会属性联系了起来"（Mecca，1995/6，p.73）。

霍本小姐将儿童两两分组，准备实施"世界各地的建筑"项目。她把斯蒂芬和安东尼奥分到了一块，希望斯蒂芬的沟通和社交技能有助于对安静的安东尼奥进行回应。

● 直接教授社会交往技能。不太受欢迎的儿童往往没有成功发起交往的能力，事实上，也更不会使用无端的敌意、抱怨、愚蠢以及其他不好的或破坏性的行为来疏远别人。这种社交风格会在小学低年级稳定下来，所以在早期就进行直接的成人干预是必要的，有利于避免技能缺失发展为永久的缺陷。教师可以通过下面两种方式对儿童提供帮助：唤起儿童对有效的行为以及无效的行为的注意，鼓励儿童认识并认同自己的行为。

以下的社会性技能可以直接教授。

关注他人。

意识到他人的观点和愿望。

学会轮流替换。

发起对话。

适当的倾听与表述。

要坚定而非好斗。

考虑并支持其他儿童。

学会愉快地与人相处。

霍本小姐对安东尼奥说："你可以问问斯蒂芬对这个计划的看法。他跟你说的时候，你一定要看着他。"

之后她又说："你告诉斯蒂芬你想要建什么样的房子了吗？他也想听听你的好主意。"

● 通过鼓励儿童思考什么是对同龄人最适当的行为来对其进行训练，并对其在社会化及小组中的尝试提供反馈。

霍本小姐问安东尼奥："你认为用什么方法能让斯蒂芬知道你认为用木头建房是最好的方式？如果你只是说'不，听我的'，这准能把斯蒂芬逼疯。"

之后她又说："你知道的，你在仔细地向斯蒂芬解释你的计划时，斯蒂芬真的在一直听着。只有你说出了你心中的想法，大家才会知道啊。"

● 调解并向儿童教授谈判技能。解决冲突的技能对小学儿童而言是很重要的，因为这个年龄的儿童不在大人身边的时候更多。教师帮助儿童通过适当的声明而非攻击来表达自己的观点和需要，然后进行持续讨论，直到找到一个所有参与者都能接受的解决办法。教师可以帮助儿童发现保持冷静的重要性：在大家观点不一致的情况下，只有保持冷静，才能够通过倾听对方、拿出可供选择的解决方案。"儿童开始认识到强烈的情感——包括气愤、挫折感——都是正常的、可以接受的，但无论他们有什么样的感觉，对别人暴力相向永远都是不可以的。"（Slaby, Roedell, Arezzo & Hendrix, 1995, p. 105）对已经接触到大量媒体中的及现实生活中的暴力的儿童来说，帮助其懂得依靠自己的能力而非诉诸暴力来解决困难是很重要的（Levine, 1998 & 2003）。

他们看起来陷入了僵局。安东尼奥和斯蒂芬看上去都心烦意乱的，气话"满天飞"。霍本小姐把他们分开，说："我看到你们现在出现问题了，那我们就来谈谈吧。斯蒂芬，在安东尼奥跟你说他想要的计划时你要听着，之后他也会听你说。"

● 支持儿童学习采用社会的视角。教师可以通过设计教室活动、讨论来帮助儿童理解他人的感觉与观点。可以让儿童阅读和讨论代表特定情境下的特定反应及感觉的书籍。在大组会议时间讲个幽默故事可能会帮助儿童体会其中的社交技能和他人的感觉。一个有经验的教师会让自己班里的孩子"谈论问题"（Fisher, 1994）——在这里，会议时间成了实施她流程的时间。

问题是什么？

我们希望发生什么事情？

有什么方法能够解决问题？

我们该试一下哪种方法？

在两天的时间里尝试实施我们的解决方案。

这个解决方案好吗？

我们需要再多讨论下这个问题吗？

这样的会议可以向儿童教授技能并营造教室共同体的氛围。

霍本小姐注意到几个双人小组在执行计划时发生了争执。在晨会上，她让两个孩子假装成一对在建造房子的过程中出现了分歧的搭档。然后，她让整个团体进行头脑风暴，讨论有什么更好的方法处理分歧，以便下次问题再出现的时候他们能解决得更好。

• 设计一些集体活动，以使课程和日常时间以合作学习为导向。当儿童发现自己可以从与他人的团队合作中获得这么多快乐和帮助时，就会积极地发展自己的集体参与技能。比起在要求独立和沉默的教室，有社交问题的儿童在激发互动的教室中拥有更多的练习机会。教师应鼓励儿童互相支持并学习对方的长处。积极的团体合作体验并不会自动出现。教师必须认真地为积极的互相依赖打好基础，在强调个人对集体的责任的同时，要帮助儿童确定共同目标，帮助儿童认识到自己对他人学习及成功的责任。教师在强调团体活动的学业目标的同时，也要强调其社会目标，从而为团体合作的成功所必需的社交技能提供直接的指导。这些技能包括轮流、分享、有效表达、仔细倾听、对人礼貌尊重以及承担材料准备和整理的责任。此外，教师必须传达给儿童实现有效团体合作的信心以及教师自己对团体活动的热情（Wasserman，2000）。

霍本小姐每天都留出固定的时间让各小组一起做自己的主题项目。小组头脑风暴后，他们会继续进行相关背景阅读。斯蒂芬发现安东尼奥善于读书，因为安东尼奥帮助斯蒂芬弄明白了自己不理解的一些地方。

• 营造一个不允许任何排斥和敌意的教室气氛。小学儿童可能会对他人做些野蛮残忍的事情，他们需要教师向他们传达尊重不同种族、文化、性别角色行为或身体能力的意识、反对所有排斥性行为的意识。教师应经常帮助儿童看到教室这个共同体中每个成员所做的不同但有价值的贡献。

霍本小姐请安东尼奥教小朋友一些西班牙语单词——因为他懂两种语言。现在时不时会有小朋友向安东尼奥请教某个西班牙语单词是什么意思。

然而，教师应意识到，在教育儿童反抗欺侮行为时存在着一个问题，即这样的反应可能会升级为攻击行为（Slaby et al.，1995，p.142）。如果教师教育儿童拒绝对挑衅行为作出反应——只是不带任何受到威胁或痛苦的表情地走开——会被看成是自信的行为（但这种行为实际上需要相当的自控能力），那就授予了儿童一定的自主权。

• 营造所有儿童及成人都能感觉到被接纳与尊重的学习者的关怀共同体（Bredeka-mp & Copple，1997，p.161）。当帮助儿童参与移情活动、考虑他人观点时，儿童就会发展体谅、关心和友善的亲社会技能，学会平衡自身需求与他人需求。他们被鼓励去帮助他人并向他人寻求帮助。

最近，老师听说有些男孩嘲笑安东尼奥的口音，于是她召集班会讨论人与人之间的差异以及会伤害感情的言论。她希望让孩子们能够足够自如地应对不公平的议论和遭遇，所以她鼓励孩子们对自己要有信心。

教师的下列行为不支持同龄人团体参与技能的发展。

• 教室里儿童大多通过安静、独立的活动进行学习，或者以大型的教师导向的集体形式进行活动。

• 不采取讨论和问题解决技能，而是通过忽视问题或者直接干预，没有利用机会进行直接教育。

• 允许没有挑战及讨论的不公平行为发生。

• 聚焦于狭隘的课程——重视认知技能与事实，而非将社会交往技能的发展看成课程重要构成元素。

• 冲突发生时扮演裁判员角色，而非趁机教授新技能和鼓励儿童使用所学技能。

• 将竞争作为学习的动力。

## 自尊

当教师营造的环境能满足下面条件时，小学儿童的自尊心会继续增强。

• 儿童能够成功是因为成人为儿童选择了适合其发展水平的学习任务和方法。学龄儿童对学习被我们的文化认为很重要的知识和技能非常积极。教师对计划和材料进行个别化处理和设计会有助于儿童学习到符合其自身水平的知识与技能，而不会害怕失败或尴尬。

罗德里格斯（Redriguez）先生鼓励他的一年级学生选择简单的、具有重复性的且可预测的书籍来阅读。他教孩子们一些读书的方法，比如先大致了解情节发展以知道接下来将发生什么，然后再重读难懂的部分、用一个或几个词来概括中心意思等。他鼓励儿童合作来培养理解技巧。他的一年级学生都喜欢读书。

## 此时你会怎么做？

"如果一个孩子喜欢自己玩怎么办？一个男孩在课外活动时从来都是自己玩，不想加入游戏或与别的孩子一起玩。我是不是该做点什么？"你会是什么反应呢？

与其他的很多情况一样，我们不可能给出一个确定的答案。答案的开头应该是："这要看情况。"你需要仔细观察这个孩子，从他父母和学校老师那里得到别的信息，比如这个孩子是非常享受自己一个人玩的时光，还是因为被别人排斥而感到挫败和不开心？这个孩子之前是不是向别的孩子表示友好但被拒绝了，还是他拒绝了别的孩子的友好提议，抑或他就是喜欢一个人娱乐？他在活动时间都干些什么？他是全身心地投入到自己的活动中，还是仅仅看着别的孩子？这个孩子喜欢做些什么，他的兴趣是不是与他人不同？他是否有机会学习别的孩子在玩耍中使用的技能？他的语言技能跟得上其他孩子吗？是不是有什么身体障碍影响了他与别人交流沟通？最重要的是，成人是否给过他机会，让他说说自己一个人玩的原因以及这样做的感受？

家庭的文化及种族背景、生活条件、邻里相处体验及其他会导致孩子喜欢独自玩耍的家庭因素、之前在群体情境下的典型反应、孩子的性格及交往模式等家庭情况信息可能有助于该问题的解决。

将这类信息进行综合分析，能帮助你确定是否进行干预。如果是这个孩子的性格及兴趣使然，则个人的性格必须得到尊重。并不是每个孩子都必须成为团体的中心，但是每个孩子都应得到发展社会交往技能的机会，可以轻松融入群体情境。教师可以通过提供较短时间的一对一活动以及一些有趣的集体活动来鼓励每个儿童加入其中，从而确保儿童不至于完全脱离集体。我们的一个目标就是在不强迫儿童改变自己性格的情况下，保证每个人都有机会从社会互动中受益。

● 小学年龄的儿童开始采用社会比较法来定义自己。意识到了这一点，教师尝试着扩展儿童的活动领域，使他们不再只是获取认知技能，而是看到自己与他人的联系。他们意识到儿童在人际关系及沟通、运动及艺术才能、机械和建筑天赋上的成就。他们确保每个儿童都能认识到自己擅长的领域和仍需努力的方面。

罗德里格斯先生用图来认可孩子们在多个领域的成就，比如贾玛是个捉鱼巧手——他腿上有支架，他知道自己在跑步比赛中比不过其他男孩子。

● 儿童感觉到教师希望并相信他们有学习能力，不论其社会等级、种族背景或性别情况如何。儿童渴望得到公平的对待、积极的尊重与回应。教师通过以下方式来反映"尊重"这一概念：精心选择文化多元、无性别歧视的材料，通过接纳教室、社区和国家范围内呈现的多样性来增强儿童的自尊心。教师应牢记这一点，即他人响应儿童的方式会帮助儿童形成自我概念，儿童会根据自己在他人心中的形象来行事。

罗德里格斯先生的班上正在开展以"工作"为主题的活动。教室里的每个家长都要谈谈自己的工作。有两个家长身有残疾只能在家工作，还有两个最近刚刚失业，另外有一个单身妈妈正在参加岗位培训课程。这些家长谈了他们在家中和在学校的工作。儿童明白了世上有各种各样的重要工作，不管是在家里还是在外面。

霍本小姐最近参加了一个关于增强无性别歧视反应意识的工作坊，希望能减少自己在对男孩和女孩的反应和期望上的差别。

● 鼓励儿童独立自主，信任自己的思维、答案、选择和解决办法。教师作为成就儿童的人，只提供适度的干预、示范和解决办法的提议。赋予儿童在教室共同体中的有意义的责任，并认可儿童所做的贡献。

罗德里格斯先生常常说："由你决定！""为什么不征求一下朋友的看法？""我敢说你肯定有个好主意。"工作列表上有25个任务，每个孩子负责一个任务，这些责任每周轮换一次。任务之一就是提醒其他人不要忘记做自己的工作。

● 教师设计游戏和课堂活动以增强儿童的自尊和自我意识。

● 儿童参与到民主规则中去（Rightmyer，2003）。鼓励儿童积极参与教室管理，包括与教师一起制定积极的教室规则并一起解决问题。参与民主社会的原则最初就是这样教的（Greenberg，1992）。教师对儿童的期望是积极的，并尊重每个孩子。当自控失效时，教师重新对儿童进行指导或将其分开进行个别谈话并解决问题。

罗德里格斯先生举办了一次会议，讨论他关心的发生在操场上的野蛮游戏问题。会议领袖（每周指定一个人担任）征求大家的解决方案。罗德里格斯先生确保每个孩子都有机会充分讨论这个问题，只有这样他们才能了解问题并明白对结果应该有怎样的期待。他相信知道并懂得做事的限度的孩子一定想做正确的事。

在以下情况下，教师没有支持自尊心的发展。

● 为儿童选择对其来说过难的学习任务，教学方法忽视儿童自然的学习风格。

● 总是把有才华的学生作为所有人的榜样。

● 对儿童期望过高或过低，流露出区别对待的态度——比如将阅读能力差的儿童组建为一个阅读组，这就等于暗示说这些儿童能力低下，儿童也被明确地划为"聪明组"和"愚笨组"（Bredekamp & Copple，1997，p. 163）。

● 忽视文化及其他方面的差异，或者认为一些孩子，比如英语学习者，需要学的较少。

- 在课堂上过度依赖奖惩，扮演强势裁判和规则执行者的角色。

## 充满规则和竞争的游戏与发展适宜性教室里的合作

小学儿童尝试规范其社会关系的一个方法是将自己在游戏中的角色建立在明确的规则之上，通过规则确定各自在一起玩耍时的角色以及可以做和不可以做的事。参与规则游戏的能力不仅与认知能力的发展有关，而且游戏本身还是发展谈判技能、解决分歧以及学习合作的媒介。规则游戏为儿童提供了行为标准，使得儿童达到他人设定的标准。规则使得小学儿童可以在一块玩得时间更久、方式也更复杂。然而，对小学低年级儿童来说，规则似乎不够灵活。如果去看小学儿童玩游戏，就会听到儿童多次提到"要公平""不要作弊"。发展沟通和解决冲突的能力是小学阶段的重要社会性任务。

发展适宜性环境下应解决的小学儿童的社会/情感问题之一，是儿童间竞争的健康或压力程度与作为加入团体技能的合作之间的平衡。一些人批判有组织的体育运动，认为来自父母和教练的"赢"的压力可能会将不健康的压力强加于儿童身上，剥夺了他们与同龄人进行自发活动的机会。教室活动常常将儿童彼此置于竞争位置（"看看谁能最先解出这道数学题！""谁得的 A 最多？"），而非鼓励儿童相互支持和帮助。只有当课程的建立是以团体项目及其他强调学习者社区的模式为基础，才能产生互相合作支持的环境，从而"创造和培养关怀的美德"。为支持互相联系而非相互竞争而设计的合作性教室氛围以及学习活动，培养"关系美德"——包括分享、支持、合作、关心以及移情，需要重新审视教室环境中充满竞争的传统氛围（Mecca，1995/6，p. 72）。

教师可以通过支持儿童在游戏中遵守规则以及帮助儿童平衡合作技能与竞争态度来为其提供帮助。很多早期教育工作者感觉只有当成人认识到并"直面竞争因素"时规则游戏才是发展适宜性的（Isenberg & Jalongo，2000，p. 236）。一些有帮助的实践包括如下几种。

- 为儿童提供材料、游戏以及时间，让他们来组织自己的游戏。通过游戏发展儿童的领导、沟通、解决问题及合作的能力，这样才使时间花得有价值。

- 向儿童教授在游戏中成功所必需的技能。被同伴忽视或拒绝的儿童常常是那些不能恰当地参加游戏的人。让儿童练习棋类游戏所需的轮流和推理能力并帮助儿童发展大肌肉运动技巧，如投掷、击打、抓、跑、跳等，这可以帮助儿童投入到游戏中去。多样的游戏和材料是让所有儿童都参与进来的必需条件，不管他们身体或认知方面的条件如何。

- 让儿童在没有成人干预的情况下管理游戏和规则。如果成人过于频繁地进行干涉，总是告诫儿童要适当地玩或者对如何赢给出建议（压力），那么儿童就可能因此无法进行有价值的学习。如果儿童选择在玩耍中修改游戏规则，就应该鼓励并允许他们的创意思维。儿童的竞争标准已足够高了，不需要附加成人的标准。儿童的游戏应该留给儿童。

- 为课堂及课后设计合作性游戏。这些游戏应该强调纯粹的快乐，而不是要决出输赢。尽管美国哲学强调个人成就和竞争精神，但对儿童不需要过分强调这一点。很多图书中有适宜学龄儿童的合作游戏的例子（Orlick，1996；Rowen，1990；Sobell，1988）。

- 将竞争赶出教室。儿童学习的动力应来自于从世界中领悟道理和获得能力的内在满足感。如果过于强调成功和竞争，这种动力就会遭到破坏。如果儿童长期在竞争性学习环境中体验失败，他们就会失去自尊心。他们以后会倾向于避免失败，这样只会阻止儿童尝试他们本来有能力去完成的任务。竞争性活动，如获得贴纸、字母等级、金星、糖果或额外特权，或者挑出一些儿童进行特别表扬或羞辱，不仅与"为每个儿童设定挑战"的观念背道而驰，且会造成同伴之间的关系不和，伤害那些较少受到奖励的儿童的自尊心。研究表明，竞争和合作在一定程度上是一种文化下的社会因素，但也会受到环境的社会组织模式的深刻影响。教师在将这点牢记在心的同时，还需要仔细观察教室的社会/情感环境。

## 混龄分组

一些学校和课程在处理竞争与合作的问题时采取的方法之一就是在教室中进行混龄分组并营造关怀环境。当真实的差别非常明显地存在于一群年龄跨度为2—3岁的儿童之中时，就更容易正确对待那些依靠个人无法从与别人的比较或竞争中获益的儿童。"因为儿童的能力差异很大，混龄儿童组成的班级会自动产生合作精神。学生会更易接受他们自己和他人的独特性。"（Wall，1994，p.72）

除了这些社会性和情绪性益处，混龄组里的儿童在这个支持性"家庭"环境中更容易获得成功，而且在一段后续的时间里，这个环境会随着与同龄人和教师的不断接触而发展。教师有机会熟知每个儿童的社交风格和社交技能，从而能在一段时间内支持儿童个体在社交方面的进步。尽管我们所讨论的混龄组带来的好处是与学龄儿童的社交潜能开发相关的，但是如果将学前儿童进行类似方式的分组，也能收到同样的好处。需要将混龄分组的益处置于积极的社会/情感环境下进行考虑。

混龄教室是多维的，承认并扩展任何教室中存在的能力和活动的巨大差别。混龄分组已经成功应用于美国乃至全世界（如英格兰、瑞典及意大利）的幼儿教育。当然，混龄分组并非一种新的教育思想，但在发展适宜性课程要求教师专心于个体适宜性的背景下，混龄分组就值得重新思考。

下面是学前期和小学期混龄课堂分组的好处。

● 家庭和邻里环境常能为儿童的社会化和教育提供混龄环境，但现在儿童在家庭或邻里环境中度过的时间很少，他们也就无法从与不同年龄层的人的接触中获益。有人说人并不是生来就在一块的，但是我们现在把儿童放在一块教育，严格地让他们跟同年龄的儿童待在一块。这样，较小的儿童就失去了观察、模仿较大的儿童更为成熟的社交和语言能力的机会，而较大的儿童也失去了帮助和领导较小的儿童的机会。混龄组的创立使得儿童可以体验到实际生活中存在的自然差异。

● 在混龄团体中，因领导和亲社会行为的增多，社交潜能的开发也得到增强。混龄分组给了所有儿童一个机会，让他们可以在自己的学校生活中的某一个点成为最熟练和最成熟的。相对于混龄团体，在同年龄团体中更容易发生攻击行为，也许是因为在混龄团体中存在着一个天然的等级（McClellan，1993，见Doherty-Derkowski，1995）。

● 合作性学习和同伴传授（peer tutoring）的研究表明，能力强和能力弱的儿童之间的互动会让双方都受益，无论是在学业方面还是社交方面。维果茨基讨论最近发展区理论时（在第十三、十四章可以了解到更多有关该理论的内容），他假设认知技能更高的人——包括更成熟的同龄人——的帮助可以增加儿童的理解能力。相似却又有不同知识的儿童会彼此促进对方的心理成长和思维。

●以年龄划分年级学习目标的死板课程必须在混龄团体中给予松绑。这样对所有儿童都有利，可以保护儿童使其远离竞争和失败的危险，还为儿童的不同步发展创造了条件。混龄团体还认可这种观点，即有特别需要的儿童需要"在身体上、社交上和智力上被包容接纳"（Bredekamp & Copple，1997，p. 163）。当他们与能力差异很大的儿童在一起的时候，其与别人不同的能力就不会那么显眼了。

在混龄班工作的教师很有激情。他们认识到如果当教师和儿童相处超过一年的话，彼此之间的关系就会发展得更为深厚。将同龄组转为混龄组需要教师的努力和调整，但这样做的好处比最开始的困难和不利因素要重要得多。家长总是关心混龄分组对他们孩子的影响，害怕较大的孩子因其退步，或者担心较小的孩子会成为欺负的对象。应该帮助家长们认识到混龄分组的正面效果。

## 混龄分组

混龄分组具有如下特点。

●学生年龄差为2—3岁。
●异质分组（heterogeneous grouping）。
●与同学相处超过一年。
●有可能与同一个教师相处多年。
●为期两三年的技能发展周期。
●学习的时间延长。

混龄分组具有如下好处。

●能接触到拥有广泛兴趣和思维技能的榜样。
●正面的自我形象，自然的互动，对特殊需要的接受。
●支持性的"家庭"环境。
●安全稳定的儿童/家庭/教师关系。
●儿童按自己的速度进步。
●培养独立的学习者，使课程与儿童的需求一致。
●教师与学生的熟悉可以使教学从学生入学的第一天开始。

下列策略应得到特别重视。

●建议较大的儿童帮助较小的儿童，较小的儿童寻求较大儿童的帮助，比如"我想你应该帮助莎拉和阿朗德拉明白如何一起玩三轮车"。可以鼓励各个年龄的儿童互相给予并接受对方的情感安慰。

●鼓励较大的儿童为较小的儿童负责，比如帮助他们适应新课堂。

●不鼓励刻板印象或严格按年龄规定目标，应反对诸如"他做不了这个，他太小了"等类似的说法。

●帮助儿童理解并接受其现在的不足之处（"我想如果你再长大点就能爬上这个梯子了"），帮助较大的儿童体会自己的进步，比如"哇，我还记得之前你还爬不上梯子呢"。

●帮助儿童重视同龄人的需求、感情以及兴趣（"杰里米想跟你玩，你觉得你们两个在一块可以玩点什么呢?")。

•鼓励较大的儿童给较小的儿童读书,鼓励所有儿童在适当的活动中贡献自己的能力:"也许杰米能拿稳这个恐龙,让你画出恐龙头来。"

如果使用了上述策略,混龄班级里的儿童相互之间会更为依赖对方,减少对教师的依赖。

米勒(Miller)1995 年的书中有更多关于混龄分组的信息。

## 促进学龄儿童的道德发展

在小学阶段,儿童内化其父母和教师教授对行为的社会约束——道德心形成伊始——这个过程很缓慢。道德发展是一个复杂的过程,它包括认知发展和社会/情感发展。道德发展的最终目标是让儿童掌握控制自身思想和行为所需的信息和手段。很有可能他们还不具备达到可以自主作出正确道德判断的道德发展水平的能力,因为儿童只有到七八岁的时候才能掌握逻辑推理和切换视角的能力。

教师的以下行为能够有助于儿童道德发展,即最终的自我控制能力的发展。

•设计活动并利用日常生活经验来帮助儿童发展切换视角的能力。可以通过讨论帮助儿童学习在各种情况下理解他人不同观点的能力。可以用优秀的儿童文学作品促进孩子们对道德问题的讨论(Koc & Buzzelli, 2004)。

安·赫克(An Hoc)女士设计了一个集体活动,她给孩子们讲了个故事——两个男孩在谁该使用教室里的电脑这个问题上意见不一。汤姆昨天玩了电脑,但还有点任务没有完成;艾瑞克昨天没玩,觉得今天该轮到自己玩了。通过让儿童讨论谁该玩电脑,老师帮助他们明确了公平和公正的含义。

活动区爆发了争吵,老师查明了争吵的原因:安娜在加入丹尼斯和德涓的游戏、帮助他们两个建房的时候意外弄翻了他俩建的房子。老师把他们几个叫到一起,讨论无意破坏和故意破坏之间的区别。

这些老师都是在帮助儿童发展独立作出正确决定的能力。

•帮助儿童作出更加合理的决定,这是教师在促进儿童道德发展中的责任之一。为了这个目的,教师可以组织集体讨论儿童选择的行为及其原因和结果。通过这种指导性讨论,儿童可以帮助彼此看到其他的可选行动及更佳选择。这样的讨论将有助于儿童日后的行为。在以儿童为中心的教室中,会议时间就会成为讨论话题的良机,教师相信这样的机会能帮助儿童理解社会行为,这对每个人都很重要。不能把会议变成公开羞辱的时间。

哈蒙斯(Hammons)先生让他的一年级学生跟他一起思考该怎么应对在校车上捣乱的孩子。学生先全面考虑当前这种行为的后果,然后说一说他们认为教师和校车司机在应对问题儿童时应该怎么做。

•支持儿童在互动的情境下自主找到答案和解决方案。教师不再提供解决方案或进行现成的说教,而是问一些严肃中肯的问题来帮助儿童的道德更具自主性,不依赖于成人出面或给予指示。

在引导孩子们进行讨论时，哈蒙斯先生问道："你们认为问题出在哪儿？如果大家继续这样下去会发生什么后果？现在应该重点考虑什么？我们应该考虑谁的权利？你们认为控制局势的正确方法是什么？谁应该做这些？为什么？"

●在明确限制和纪律上，运用权威型而不是独裁型或宽容型风格。3种风格的差异会相应地造成儿童管理自身行为能力方面的差异。宽容型和独裁型风格属于一件事情的两个极端，其中宽容型教师和家长对儿童行为很少有要求，而独裁型的就会任意施加太多要求让儿童服从。宽容型教师没有"让儿童对可取的行为标准负起责任，还让儿童忽视了不可取的行为……对不可取行为缺乏明确的限制以及对儿童在解决自己的社会性问题时不恰当的依赖性，会让课堂失去秩序，让教师失去权威"（Bredekamp & Copple，1997，p. 169）。相反，独裁型教师"将自己置于与儿童对抗的位置，花了相当多的时间来对儿童不控制自己的冲动进行威胁，并对其违纪行为进行惩罚"（Bredekamp & Copple，1997，p. 169）。尽管这两种风格是不同的，但其作用却是相似的，儿童在这两种风格下都无法发展内化行为道德标准规范所必需的移情能力和理解能力。这两种风格引导下的儿童仍会继续依赖成人来引导他们的行为。

另一方面，权威型的成人会在确定明确的行为限制的同时，用热情和温暖的态度对儿童的需求作出反应。教师通过采取各种直接教学策略，如建议、演示、解释和考虑，让儿童了解他们自身的行为对他人造成的影响，教育儿童应该如何做事，并帮助他们理解必要行动背后的原因。研究发现，权威型引导风格在发展儿童的内部行为控制能力上是最有效的。儿童了解成人对自己的期望，明白如何自主做出与他人权利和需求相符的决定。权威型教师会告诉儿童为什么某些行为是适宜的，因为他们知道个人道德应该建立在认知基础之上。他们经常提醒儿童遵守纪律，帮助儿童体会自身决定带来的后果。他们知道建构儿童的道德理解和控制能力是一个渐进的过程，并利用每次机会帮助儿童处理有关公正和社会和谐的问题。

哈蒙斯先生看到路易莎（Luisa）在打她的一个朋友，于是就把路易莎拉到一边。他告诉路易莎说，老师会保护她不被伤害的权利，但也不允许她伤害别人。他们讨论了环境和可以作的选择。他支持路易莎以后多考虑朋友的想法，并达成公平的解决方案。

●讨论影响教室之外的社会的责任和道德问题。学龄儿童已经准备好从一个更宽广的视角来考虑问题。

哈蒙斯先生发起了一个教室回收利用项目。通过与附近的环保小组的交谈以及与回收小组一起工作，使儿童对小镇在回收利用上所做的努力工作进行了调查。在最后一次班会上，儿童谈论了自己能够发挥作用的种种途径。

教师的下列行为不支持儿童的道德发展。

●自己管理行为、解决问题，忽视能帮助儿童理解自身行为道德问题的机会。

●只是谈论道德行为，而没有用自己的行为给予示范。

●对儿童道德水平的期望超出儿童的认知水平。

●使用独裁型或宽容型引导风格，要么没有限定条件，要么任意设置过多严厉的限制条件。

●持有一种狭隘的认知能力学习视角，把道德问题和性格教育排除在课程之外。

# 促进学龄儿童的情感发展

在学前期，儿童开始学习以社会可以接受的方式来控制和表达自身情绪。小学阶段会使儿童在了解自己和他人情感方面的能力得到提高，还会使儿童意识到情绪是处理人际关系和行为的一个因素。新的环境，如学校和同伴关系，再加上对周围世界和家庭环境认识的提高，可能会给儿童带来他们在幼年期所没有的压力和忧虑。小学教师的以下行为可以在以上两个方面帮助儿童。

● 提供机会让儿童了解自己和他人的情感。小学低年级儿童开始明白人可以同时有多种情绪，但还认识不到人可以对同一件事有相反的情绪，比如来到一个新教室后感到又激动又害怕。教师帮助儿童明确情感的一个方法是谈论情绪反应。个别谈话时间是很重要的，尤其是在儿童解决问题的时候。教师可以通过提问帮助儿童认识自己的感觉。

"他对你说那番话的时候，你有什么感觉？还有别的感觉吗？"

"当那件事发生的时候，你觉得他会有什么感受？"

● 策划小组讨论和小组活动来帮助儿童理解感情及其对人们行动的影响。讲个描写情绪反应的故事会对讨论有所帮助，而讨论反过来又会促进理解。

阿尔弗雷德（Alfred）小姐给学生们讲了一本维拉·威廉姆斯（Vera William）所著的《母亲的椅子》（*A Chair for My Mother*）。故事讲的是一个小女孩的家在一场大火中失去了所有。在接下来的讨论中，罗伯特说："他们回到家看到那场大火的时候很害怕，他们害怕奶奶出事了。他们找到了奶奶后很高兴，但是仍然因失去了所有的东西感到沮丧。所以存钱买新椅子非常重要。"

● 为儿童提供材料并鼓励让他们用积极的、建构性的方式表达情绪。可以帮助学龄儿童使用创造性艺术方式，如绘画、雕刻、创编动作以及写作来表达感情。

教师可以通过直接建议来促进这类活动："我想知道如果你们把它写下来会不会感觉好点儿。""很多伟大的艺术家都会像这样画出他们的感情——你们也来试试表达自己的感受怎么样？"

● 创造低压力教室。切瑞（Cherry，1981）描述了低压力教室的基本原则。这些原则包括：儿童之间以及儿童与教师之间的关系以尊重、信任和关怀为基础；强调自我意识和自我表达；允许运动；计划有可预见性；减少视觉和听觉刺激；动静结合，节奏舒适；发展适宜性实践；幽默感；在教室活动中加入想象和创造性运动。当儿童在教室里感到身体和情绪都舒适的时候，那些通常与学校有关的压力和忧虑就会减少。当教师积极传授减轻压力的策略时，儿童能学到帮助其日后情绪健康的技能。可了解更多减轻儿童压力的办法（Thomas，2003；Oehlberg，1996）。

● 促进儿童的自尊心。当儿童感觉自己在课堂上得到接纳时，其压力就会减轻。所有儿童都应感到自己是教室共同体内有价值的一员。教师应该注意保证每个儿童在每天都有积极的经历。对多样性的认识有助于教师反省教材并考虑到不同的种族和民族背景、能力差异以及单个儿童特殊的兴趣。自尊问题对儿童整体情绪健康有着巨大的影响。

布兰登（Brandon）最近很不高兴。他的老师认为这可能跟家庭压力——他的父亲失业了——有关。她的一个策略是确保布兰登有机会每天帮助一个或两个同龄人学数学；布兰登数学学得很好，这一点看起来会有助于他的积极情绪。

●与家长建立伙伴关系，以促进家庭和学校之间的持续沟通。当教师与家长分享信息时，他们就能常常针对儿童在各个环境中遇到的情绪压力提供帮助。教师可以帮助家长缓冲儿童向课堂以及更高等的学业的过渡，并帮助家长理解教育，以使家长不会把不当的学业要求加在孩子身上。家长可以帮助教师了解儿童家庭生活的特殊状态，这种状况可能会让儿童情绪苦恼，也或者需要教师的个别注意。

老师经常与布兰登的父母谈话，因而她了解到了布兰登的家庭情况。这样，布兰登的父母意识到了布兰登在学校的情绪，而老师也成为了一个处于困难时期的家庭的朋友。

●识别年幼儿童承受重压和情绪痛苦的信号。大卫·艾尔金德谈到了因家庭生活恶化，儿童对课程和成绩、对成熟行为的高期望而感受的压力（Elkind，1981）。教师常常能够识别课堂上儿童不健康压力和情绪不良的信号。有时这些压力可通过家庭和学校间的合作来减轻，有时又需要其他专家的注意。不管是哪种情况，在教师关心儿童生活的各个方面时，压力也是教师不能忽视的一个方面。

●监控学龄儿童看到令人恐惧和不安的事实和虚拟事件时（比如媒体曝光的现实生活中的灾难、电影和电视暴力或者暴力电脑游戏）的反应。尽管小学儿童已经能分辨现实和虚幻，但他们仍然会被惊悚事件影响。教师应该帮助儿童识别过度刺激的信号，帮助儿童处理和表达感情。教师和家长应该互相分享信息，这样每个人都能及时感知儿童远离潜在过度刺激情境的需要。比如一个关于恐龙的流行电影广告说是专为幼儿准备的，但是实际上它非常惊悚。

橡木学校的一年级教师认识到上周发生在市区的火灾吸引了很多儿童的注意力。他们策划了集体讨论来帮助儿童明白发生了什么，与看上去最害怕的儿童进行个别谈话，并为其提供许多美术材料用来表达。该周的晚些时候，他们用了一堂课的时间，讲了紧急事件中保护自己的安全技能，这样儿童可以对自己的知识更为自信。

教师的以下行为不支持学龄儿童健康的情绪发展。

●不讨论课程或非正式谈话中的情绪情感问题。

●不为儿童提供表达或认识感情的材料、机会或鼓励。

●用限制条件和期望创造一个充满压力的教室环境，不提供放松的机会或者不传授减轻压力的技巧。

●教师与家长之间交流少，以至于教师常常意识不到儿童生活环境中导致其情绪消沉的因素。

●没有发现儿童处于潜在的令人害怕的情境。

## 小结

当成人设计的社会/情感环境满足以下条件时，学龄儿童的发展得以持续。

●帮助儿童发展被同龄群体接纳的技巧能力。

●培养积极的自尊心。

●鼓励道德发展。

●促进情绪发展，减轻压力。

发展适宜性社会/情感环境考虑到了竞争与合作之间的平衡，并可以提供混龄分组。

## 思考

1. 观察一下你们当地的学校和课外活动班中有没有混龄组。如果有，就去参观一下。你看到较小的和较大的儿童合作进行了什么活动？你注意到了他们之间社交互动的哪些方面？与相关教师聊一聊，了解他们对混龄分组的看法。

2. 观察在学校操场或校外玩耍的儿童：他们的游戏是如何组织的？你听到了哪些有关游戏规则和公平的内容？

3. 回忆你们自己童年时的游戏：都玩了什么游戏？谁是游戏的参与者、领导者和被拒绝参加的孩子？在你的回忆中，竞争是怎样的？回忆在你童年的课堂上，教师组织了哪些竞争性活动？

4. 如果你有机会观察或与学龄儿童一块工作，观察儿童玩耍和工作时选择伙伴的偏好，并据此绘制一张社会关系网。最受欢迎的儿童展示出了什么相处技能？最不受欢迎的呢？你有没有觉得有哪些具体的技能是可以直接传授和训练的？

5. 讲述科尔伯格那个有名的故事（见下），评估几名6—7岁儿童道德发展的阶段，然后再评估较大的儿童。他们的回应是否表明幼儿还从自我的视角出发任意作出道德评判？

有个妇人患了癌症，生命垂危。只有一种药能救她，就是本城一个药剂师最近发明的镭。他只花了200元制造镭，却索价2000元。病妇的丈夫海因兹（Heinz）到处向熟人借钱，却一共才借到1000元，只够药费的一半。海因兹不得已，只好告诉药剂师，他的妻子快要死了，请求药剂师便宜一点卖给他，或者允许他赊欠。但药剂师说："不行，我发明此药就是为了赚钱。"海因兹走投无路，只好撬开商店的门，为妻子偷来了药。这个丈夫应该这样做吗？为什么？（节选自Kohlberg & Kramer，1969）。

6. 设计活动帮助儿童发展从他人情绪/社会视角来看问题的能力。与你的同学一起进行这项活动并展开讨论。

## 问题（用以评估本章所学）

1. 讨论小学期间的几个社会/情感问题。
2. 指出教师可以采取哪些方式帮助儿童发展被小朋友们接纳的社交技能。
3. 描述能增强儿童自尊心的活动。
4. 讨论与合作和竞争有关的规则游戏。
5. 讨论混龄分组对儿童的积极作用。
6. 指出教师可以采取哪些方式提高学龄儿童的道德水平。
7. 描述教师在促进学龄儿童情绪发展、减轻其压力方面的作用。

## 问题（用以应用本章所学）

1. 计划一次以"建立预防欺侮现象的班级共同体"为主题的家长会。你会强调学龄儿童的社交能力发展的哪些主要方面？
2. 为学龄儿童设计一个教育单元，帮助其探索自己和他人的情绪以及表达情绪的积极方式。

## 参考文献

Bredekamp, S. , & Copple, C. ( Eds) . ( 1997) . *Developmentally appropriate practice in early childhood programs. Revised Edition.* Washington, DC: National Association for the Education of Young Children.

Cherry, C. ( 1981 ) . *Think of something quiet: A guide for achieving serenity in early childhood classrooms.* Belmont, CA: Pitman Learning.

Cole, M. , & Cole, S. R. ( 1993) . *The development of children*( 2nd ed. ) . New York: W. H. Freeman & Co.

Davis, S. ( 2004) . *Schools where everyone belongs: Practical strategies for reducing bullying.* New York: Stop Bullying Now.

Doherty-Derkowski, G. ( 1995) . *Quality matters: Excellence in early childhood programs.* Reading, MA: Addison-Wesley Publishers.

Elkind, D. ( 1981) . *The hurried child: Growing up too fast too soon.* Reading, MA: Addison-Wesley Publishing.

Fisher, R. ( 1994) . *Getting ready to negotiate—the getting to yes workbook.* New York: Penguin.

Greenberg, P. ( 1992) . How to institute some simple democratic practices pertaining to respect, rights, roots, and responsibilities in any classroom( without losing your leadership position) . *Young Children,* 47( 5) : 10 – 17.

Isenberg, J. , & Jalongo, M. R. ( 2000) . *Creative expression and play in the early childhood curriculum*( 3rd ed. ) . New York: Macmillan Publishing.

Koc, K. , & Buzzelli, C. ( 2004) . The moral of the story is…Using children's literature in moral education. *Young Children,* 59( 1) : 92 – 97.

Kohlberg, L. ( 1976) . Moral stages and moralization: The cognitive-developmental approach. In J. Lickona ( Ed. ) , *Moral development behavior: Theory, research, and social issues*( pp. 93 – 120) . New York: Holt, Rinehart, and Winston.

Kohlberg, L. , & Kramer, R. ( 1969) . Continuities and discontinuities in childhood and adult moral development. *Human Development,* 12, 93 – 120.

Levine, D. ( 1998) . *Remote control childhood? Combating the hazards of media culture.* Washington, DC: National Association for the Education of Young Children.

Levine, D. ( 2003) . *Teaching young children in violent times: Building a peaceable classroom*( 2nd ed. ) . Washington, DC: National Association for the Education of Young Children.

Mecca, M. E. ( 1995/6) . Classrooms where children learn to care. *Childhood Education,* 72( 2) : 72 – 74.

Miller, B. ( 1995) . *Children at the center: Implementing the multi-age classroom.* Eugene, OR: Clearinghouse on Educational Management( ERIC Document Reproduction Service No. ED. EA025954) .

Oehlberg, B. ( 1996) . *Making it better: Activities for children living in a stressful world.* St. Paul, MN: Redleaf Press.

Olweus, D. ( 1993) . *Bullying at school: What we know and what we can do.* Cambridge, MA: Blackwell Publishers.

Orlick, T. ( 1978) . *The cooperative sports and games book: Challenge without competition.* New York: Pantheon Press.

Orlick, T. ( 1996) . *The second cooperative sports and games book.* Dubuque, IA: Kendall-Hunt.

Papalia, D. , Olds, S. , & Feldman, R. ( 2004) . *A child's world: Infancy through adolescence.* New York: McGraw Hill.

Piaget, J. (1965). *The moral judgment of the child.* New York: Free Press.

Rightmyer, E. (2003). Democratic discipline: Children creating solutions. *Young Children*, 58(4): 38 – 45.

Rowen, L. (1990). *Beyond winning: Groups centered games and sports.* Columbus, OH: Fearron Teacher Aids.

Schickendanz, J., Schickedanz, D., Forsyth, P., & Forsyth, G. A. (2000). *Understanding children and adolescents* (4th ed.). Boston: Pearson, Allyn, and Bacon.

Slaby, R., Roedell, W. C., Arezzo, D., & Hendrix, K. (1995). *Early violence prevention: Tools for teachers of young children.* Washington, DC: National Association for the Education of Young Children.

Sobell, J. (1988). *Everybody wins.* St. Paul, MN: Toys N Things Press.

Thomas, P. (2003). *The power of relaxation: Using tai chi and visualization to reduce children's stress.* St. Paul MN: Redleaf Press.

Vygotsky, L. ([1930—1935] 1978). *Mind in society: The development of higher mental processes.* Cambridge, MA: Harvard University Press.

Wall, B. (1994). "Managing your multi-age classroom." *Teaching Pre-K-8*, 18(8): 68 – 73.

Wasserman, S. (2000). *Serious players in the primary classroom: Empowering children through active learning experiences* (Rev. ed.). New York: Teachers College Press.

## 建议进一步阅读和研究的资料

Click. P., & Parker, J. (2006). *Caring for school age children* (4th ed.). Clifton Park, NY: Thomson Delmar Learning.

Katz, L. G., Evangelou, D., & Hartman, J. (1991). *The case for mixed-age grouping in early education.* Washington, DC: National Association for the Education of Young Children.

Kemple, K. (2004). *Let's be friends: Peer competence and social inclusion in early childhood programs.* New York: Teachers College Press.

Stone, J. (2001). *Building classroom community: The early childhood teacher's role.* Washington, DC: National Association for the Education of Young Children.

Whelan, M. (2000). *But they spit, scratch, and swear! The do's and don'ts of behavior guidance with school age children.* Nashville, TN: School Age Notes.

## 实用网站

**http://www. stopbullyingnow. com**
此网站提供与欺凌相关的有用信息。

**http://www. bullying. org**
此网站也提供与欺凌相关的有用信息。

**http://www. nccic. org**
由美国卫生和公共服务部儿童和家庭管理局运行的国家儿童保育信息中心网站，也提供有关信息以及有用的链接。

**http://www. niost. org**
此网站为国家课外时间研究所网站，提供课后活动班的积极实践情况。

**http://www. ericdigests. org**
查询罗伯特·斯泰克（Robert Stack）的一篇题目为 "*Essential Elements of Cooperative Learning in the Classroom*" 的文章——ED370881。

# 发展适宜性的认知／语言／读写环境

**特约编辑：约翰·霍尔特（John Holt）**

作为一名教师和作家，约翰·霍尔特（1923—1985）一生都支持学校改革。他最著名的是他在《儿童是如何失败的》（*How Children Fail*，1964 年出版，1982 年修订）和《儿童如何学习》（*How Children Learn*，1967 年出版，1983 年修订）中论述的关于儿童的学习以及环境对他们学习的支持的见解，以下就摘自这两本书。

让我总结一下我曾经试图论述的关于幼儿学习类型的观点。他想找出事情的意义，发现其中的奥秘，获得控制自己和环境的能力，做一些他曾看到其他人做的事情。他是实验者。他不仅仅观察周围的世界，而且品尝它，触摸它，掂量它，打破它，想看看该如何运用到他的作品里。他并不害怕犯错误，也不必在任何情况下都有所获。

除了一些身体技能不能通过其他方式来学到，儿童很少根据学校为他们制定的缓慢、固定的日程表学习。他们更容易对感兴趣的事情产生好奇，他们会连续几个小时或整天阅读、写作、谈论并提问。然后他们也许会将他们的兴趣转向不同的事物，甚至看起来对任何事情都不感兴趣。这通常意味着他们已经了解了事物的所有信息，并且需要通过不同的方式去探索世界，或者只是要对他们已经知道的事物理解更深。儿童对于了解世界的需要就如同对于食物和睡眠的需要一样强烈。

要认识到儿童学习的独立性，而不要去束缚他们，这样他们就能随着兴趣和好奇心来学习，而不是遵从成人的权威，而且他们应该能够自我控制并决定他们想学习什么以及用什么样的方式去学习。我曾听到上百位教师焦急地问我："你能不能告诉我，你如何确定儿童正在学习，甚至他们在学习什么？"答案很简单："我们无法确定。"我想说的就在于对教育的信念——虽然有很多证据来支持它，但我不能证明。我相信人是一种学习的动物，就像鸟儿会飞翔、鱼儿会游泳一样，人会学习和思考。因此，我们不需要通过奖赏或惩罚去刺激儿童学习。我们所需要做的就是尽可能多地将世界上的事物带进课堂，给儿童尽可能多的帮助和指导。如果他们需要，那当他们想要表达时恭敬地倾听，然后悄然离开。我们要相信他们能做到最好。（Holt，1983，pp. 287 – 293）

## 导言

在这一部分，我们将考察最适宜不同阶段儿童的认知和语言环境的性质。对于认知和语言环境的讨论将包括适宜的材料、课程、教学实践和互动，尤其是认知/语言领域的特殊的问题。一些议题是各个阶段所共有的问题，比如读写和评估的部分内容，因此将集中在某一章讨论。

# 发展适宜性的认知/语言/读写环境：婴儿期

哭是新生儿与生俱来的能力。在出生后的一年里，经过不同发展阶段的他们能发出更多不同的声音：咕咕声，咿呀学语声，笑声——之后，最终他们会说出一两个真正的词。他们也在逐渐增强识别周围环境中声音和语言、其他人的面部表情和肢体语言的能力。与此同时，他们在不断学着理解词语的意义，弄明白他们周围的世界是如何运转的，他们在这个世界中应该如何作为。

新兴的脑部成像技术使得神经生物学家和其他科学家能够确认早期儿童教育者们早就知道的事实：儿童生命中最初的几个月和几年是至关重要的，这段时间所提供的环境刺激和经验真正帮助了儿童大脑的成长和发展（Newberger，1997；Begley，1997；Shore，1997）。自然的天性和后天的养育共同决定了大脑的结构。简言之，出生时大脑产生了数十亿个神经元，这些神经元会产生出多达数万亿的突触或连接，这些是婴儿在任何时候都需要的。几乎所有的神经元都是在出生时就存在的，但大多数都没有形成网络连接。在婴儿出生后的第一年，神经元连接的过程是最快速的。在婴儿2—3个月时，感觉运动神经区域是最活跃的，而在其6—8个月时额叶是最活跃的（Begley，2004）。婴儿与成人和物体的交互作用所产生的刺激能增强神经元的连接，如果不经常使用，这些连接将消失。而过少的连接，会对婴儿未来认知潜能的发展产生决定性的影响。在最初的几周和几个月里，大脑具有最大的可塑性，因此，早期的刺激为儿童在今后的生活中如何学习提供了舞台。对大脑的研究证明，大脑在不同的时间会在不同的部分形成突触，比如视觉皮层发展的高峰期开始于2—4月，在8个月的时候达到最高峰（Newberger，1997）。同样，语言学习的机会也在第一年中："在12个月的时候，婴儿的听觉图式形成了。如果没有上千次地听到那种声音，婴儿将无法分辨出音位，原因很简单，因为没有指定聚集的神经元对声音作出反应。"（Newberger，1997，p.31）国家关注的焦点在于理解这一科学研究对于早期保育和教育可能产生的影响。当前，对婴幼儿早期认知和语言发展重要性的认识，引起了人们的极大关注。

婴儿发展的后期明确显示出其各方面的发展是复杂地交织在一起的，我们只能从理论上将学习分为独立的和截然不同的领域。"也许过去 10 年婴幼儿研究的最显著成果说明了婴儿的茁壮成长是基于内在的和相互交织的爱与学习。"（Honig，1991，p. 39）情感在儿童的学习中扮演着重要的角色，当儿童感到安全和自信时学习就发生了。而压力会在大脑中引起化学变化，这一般会破坏大脑的细胞并引起学习方面的问题。早期的社会和情感方面的经验为神经元的发育提供了环境，而这为学习提供了认知上的潜能。实际上，正是同样的社会关系引导婴儿获得爱和信任，从他们周围环境中的成人身上习得行为方式，学习语言并将其作为复杂交流系统的一部分，运用于他们的生活中。婴幼儿通过探索来发现他们的身体能力和操作对象，并通过空间移动接触到越来越多的物体，他们发展着实践能力以理解周围的世界。在儿童获得语言能力之前，他们就已经开始学习他们周围的世界了。他们有初步的概念，等待着通过语词来命名这些概念。当他们学习了语言，就有了更大的可能性去理解周围的世界，他们就能够更直接地表达他们对知识以及对事物、人、经验甚至概念进行归类的需要了。没有学习就没有对语言的需要。没有语言，也就没有办法去组织学习。想要理解就需要去交流。儿童的认知发展是和语言分不开的，也是和与他人丰富的交往关系分不开的。

对成人来说最难理解的是，认知的发展在婴儿期就发生了，儿童不是通过成人对他们的训练来学习的，即使在传统的学校活动中也没有看到这样的特例。近几十年来，企业家们想充分利用家长们尽可能给他们的孩子以最好的早期教育的愿望，催生了"培养更好和更聪明的婴儿"的概念。他们宣称需要发展"婴儿刺激"（infant stimulation）项目，提供视频和教学卡片。但更重要的是，成人需要了解感觉运动的概念和发展阶段。如果成人想要为婴儿提供最适宜婴儿发展的认知/语言环境，他们必须认识到婴儿的先天能力和发展方式需要来自成人适当的反馈和支持。"在 1—3 岁这个年龄段花费时间来翻卡片是在浪费宝贵的时间。"（Hancock and Wingert，1997，p. 36）"阿拉巴马大学的克雷格·雷米（Craig Ramey）通过大量的研究有了不同的发现，他发现正是积木、串珠、躲猫猫和其他老式的方法帮助儿童提高认知、运动和语言的发展水平。"（Begley，1997，p. 30）

## 本章学习目标

- 讨论对婴儿感觉运动学习发展阶段的理解。
- 讨论婴儿语言发展的典型模式。
- 指出指导成人促进婴儿感觉学习的 10 条原则。
- 列举培养婴儿读写和语言发展的 10 种适宜性做法。
- 指出在认知/语言环境方面不适宜的做法。

# 认识感知运动智力

根据皮亚杰（1952）的理论，初生的婴儿没有初始"思考"的能力，但是有选择性的反射行为，这种行为让他们通过对物体的物理接触来获取感觉信息（同化）并适应他们的环境（顺应）。因此，他们通过活动来建构智力。他把婴儿和学步儿发展的第一阶段称为"感知运动阶段"，因为身体的发展和智力的发展在开始时是紧密交织在一起的。儿童是通过他们身体的感觉和肌肉运动来开始学习这个世界的。这些信息在心理上进行了组织以备后用（学生们可能学习了很多关于皮亚杰的儿童基本发展过程理论，见White，1988）。感知运动学习阶段从出生一直延伸至两岁左右，并由 6 个分阶段组成。前 4 个分阶段发生在出生后的第一年。

## 感知运动学习的前 4 个阶段

阶段 1——婴儿在出生后通过简单的条件反射来获取信息并作用于外界。他们吮吸、抓握、哭泣，很多行为第一次发生时都是偶然的，由随意运动造成。他们每次使用他们的一种能力——一个婴儿会第一次抓住一个拨浪鼓，而并不去看它。

阶段 2——这种行为进行了约 1 个月之后，婴儿获得了控制自己身体的方法，因而他们能建构自己的行为。他们通过重复和练习来增强进行有目的行为的能力。比如他们学会了把手放进嘴里吮吸。婴儿对与手相关的动作的发现（在善于观察的成人看来，这是一件有趣的事情），帮助他们从纯粹的随意运动发展到通过身体来控制事件和行为。

阶段 3—— 4 个月后的某个时候，婴儿对他们周围的世界发生了更加积极的兴趣。随着操作和控制能力的增强，他们发现他们可以使外界发生颇为有趣的事情，并且他们想让这些事情重复发生。这一转变导致了某些结果的发生，最初的对于原因和结果的理解出现了，虽然第一次重复可能更多的是一个偶然事件。

阶段 4——婴儿在 8 个月左右进入第四个阶段，他们明显达到了一个新的理解水平。他们第一次表现出有目的的行为。经验帮助他们发展了对因果关系的理解力，因而，他们能够通过更复杂的方式来协调行动以解决问题。婴儿发现他可以用扫帚柄把卡在角落的球拨弄出来，或者提起毯子来找出下面的玩具。这是最初始的行为计划："如果我这样做会发生什么呢?"

在这 4 个阶段中，模仿也成了学习的一个因素。

婴儿阶段完成了感知运动发展的头 4 个阶段，剩下的两个阶段在学步儿阶段完成。然而，一个更重要的认知发展发生在婴儿期后期：对客体永恒性的认识发生在 8—10 个月的时候。

客体永恒性涉及这样的概念，那就是婴儿逐渐认识到即使物体和人没有出现，他们也是真实存在的。客体永恒性的发展反映了婴儿能够从精神上回忆起他们曾经经历过的事情。这是第一个真正的证明记忆的证据。许多的亲身体验都将发展成为概念。

而有关大脑的研究表明，在脑发育过程中的类似事件使学习成为可能。运动皮层的神经突触开始形成。约两个月，婴儿反射消失，开始掌握有目的的运动。大约在八九个月的时候，海马回——大脑中组织和整理记忆的区域——开始充分发挥作用，客体永恒性出现了（Begley，1997）。大脑生理的变化和感知运动发展的早期阶段之间的联系是显而易见的。婴儿的游戏类型反映了大脑区域的发展。很多早期的游戏是与感知运动系统的操作相关的。当额叶在第一年的后半年开始活动时，游戏的社会性开始扩展。

## 语言发展

儿童在 3 岁前就获得了他们的大部分语言。婴儿期独一无二的惊人成就是值得注意的。需要特别提到的是语言同时涉及听力、破译技能和发声。婴儿似乎生来就具有这些天赋能力——"大脑为这些任务做准备"。（Cowly，1997，p. 16）

婴儿生来就会发出反射性的哭泣，并很快能用不同的哭声来表达不同的需要。在一两个月内，他们开始发出咕咕声，开始开口说元音。在 1 个多月后，所有可能发出的类似于咿呀的声音会组合为所有可能的语言。然而，神经元的发展与婴儿所处环境中的特殊的音素、发音和语言相关。到 6—8 个月时，如果它们不被婴儿周围的发言者使用的话，婴儿将不会尝试或发出这些声音。在婴儿期后期，婴儿开始发出由两个音节组合成的声音，这些是他们从身边人那里听到的（大大、爸爸）。在他们第一个生日的时候，他们通常会说出与真实意义相关的一两个单词。这时期儿童发出的语言被称为表达性语言，是由于它一直滞后于儿童理解或接受的语言。婴儿在 8—9 个月左右会说出第一句能被成人听懂的话。

婴儿从一开始就对声音有反应。他们听到一个响亮的声音时会感到震惊，听到一个熟悉的声音时很镇静，并转动他们的头寻求声音的源头。显然，他们在子宫时就开始留意声音了。"出生只有 4 天的婴儿能区分不同的语言，法国新生儿听到法语发音时比听到俄语发音时吮吸时更为有力了，而俄国新生儿则出现了相反的偏好。"（Cowley，1997，p. 17）几个月后，他们对充满爱心的看护者的声音会有不同的反应，甚至在还没看见那个人时他们就开始微笑。婴儿从倾听他们自己的声音的游戏和练习得到了很多的乐趣。8 个月后，他们咿呀学语的声音变调了，对语言的理解力增强了，这证明他们已经有了倾听能力。"到吃奶的时间了。"玛丽说。约瑟华期待地转向了冰箱。"到这来。"奶奶说。这时孩子快速地向她爬过去。

到目前为止，还没有关于婴儿如何学习语言的确切解释。虽然在声音产生的开始阶段似乎具有先天模式，但有关后天声音如何产生的争论分成了两种观点：一些人相信语言是经验教学和强化的结果（如斯金纳）；另一些人相信儿童学习语言是因为他们生来就具有学习语言的能力，通过那种被称为语言习得的装置在大脑中实现程式化（乔姆斯基）。显而易见的是，两种理论似乎都无法完全解释所有的现象。目前的脑研究表明，看护者经常与之讲话的婴儿辨别出的语词远比没有接触过类似发声的婴儿多。早期接触到的语言有助于大脑神经连接的建立，使以后的语言学习成为可能（Newberger，1997）。因此，成人在促进婴儿语言发展时应该考虑到他们在响应婴儿声音时所起的作用，并认识到他们之间的沟通为婴儿提供了教学和示范。

1995 年，哈特和理斯利（Hart & Risley）进行了一项关于家庭经验如何影响儿童发展的长期研究。通过分析 42 个家庭中 10—36 个月大儿童的一小时的磁带录音，他们对父母和儿童之间的口语交流进行了研究。研究将家庭分为专业性工作背景的家庭、工人阶级背景的家庭和接受福利的家庭。虽然所有的孩子几乎同时开始说话，但是他们的词汇量却差别很大。在 3 岁时，来自专业性背景家庭的孩子平均会 1100 个单词，来自工人阶级背景家庭的孩子平均会 750 个单词，而接受福利背景家庭的儿童平均只会 500 个单词。这些儿童听到了不同数量的语言：来自专业性背景家庭的孩子平均每小时听到 2153 个单词，而其他两个家庭的孩子平均每小时只听到 1251 个（工人阶级家庭）和 618 个（接受福利家庭）。另外，研究还发现，最积极的为人父母的做法还包括特别的谈话方式。

- 使用广泛的词汇。
- 多一些口头鼓励，少一些禁止。
- 谈话中含有大量信息。
- 让孩子来选择，并询问他们一些事情。
- 与孩子交流时倾听并作出回应。

随着儿童成长到 9 或 10 岁，其口语能力和智力发展之间存在正相关。也许最引人注目的是，研究人员后来发现通过对低收入家庭父母进行养育技巧训练可以改变他们的沟通方式，从而使他们孩子的成绩达到全国的平均水平。这些研究人员得出结论，认为养育和沟通的质量是决定认知能力和获得成就的关键因素，当然，这一发现将会影响儿童的看护者和家庭。

在这里，我们认为维果茨基的社会认知理论是很重要的，这一理论认为除了人类能力的生物学基础，社会经验和沟通方式也为个人提供了思考和解释世界的方式。在维果茨基看来，语言的获得是儿童认知发展过程中最重要的里程碑。维果茨基致力于将儿童与成熟伙伴的合作作为认知发展的源泉，并从这个角度来强调成人在给予婴儿"思维工具"方面具有关键作用。在这里，我们将研究如何与成年人互动能最好地支持婴儿认知和语言的发展。

### 认知发展的原则

当婴儿通过活动建构他们关于周围世界的知识并学习交流时，看护者应该思考他们自己的发展适宜性行为。以下 10 条原则为他们提供了有用的引导。

**原则 1，关系第一。** 看护者为婴儿提供社会/情感上的安全感和依恋关系，这是婴儿将他们的精力投入到对环境的积极探索中的前提条件。具有安全依恋关系的婴儿会获得充分的信任去独立地进行探索。婴儿将看护者作为出发的安全基地，当他们需要得到成人的肯定时，成人就是他们的"加油站"（Honig, 1991）。探索会带来理解，但是关系是第一位的。"婴儿早期安全的依恋关系预示着以后技能和自主探索的发展。"（Honig, 1991, p. 18）

在高质量的婴儿中心，对关系的强调是与认知和语言发展的最佳环境相联系的。训练有素的工作人员，在师幼比较低的条件下，得以有时间和能力去建立这些重要的关系（Burchinal, Roberts, Nabors & Bryant, 1996）。

教师金（Kim）正看着 8 个月大的梅琳达（Melinda）在地毯上玩，她瞟了金一眼，金捕捉到了她的目光，咧着嘴笑了。几分钟以后她爬到了房间里一个很远的角落，忙着尝试将两个容器放到一块，没有再去看金。

建立依恋关系首先是为了防止看护者不适宜地强调认知"教学"—— 一个婴儿长时间地坐在她的秋千上（假设是）看芝麻街而错过与重要他人的接触。与他人接触是对这个世界及其所包含的所有东西产生兴趣的前提，这些东西也包括英文字母和大鸟。

**原则2，学习来自互动。**看护者认识到，认知发展的基础是与物体和人的交互作用。婴儿在建构他们自己对世界的理解上发挥积极作用。有时候，他们需要玩玩具和其他简单物品或感觉材料。有的时候，通过与成人的交流或者做一些简单的游戏，婴儿能够吸收新的观念、拓展语言并加强互动。成人要通过细心的观察，知道婴儿何时准备好对成人的互动作出回应，何时需要独自探索。在任何一种情况下，他们认识到婴儿是通过相互作用来学习的。

维果茨基给我们的启示是成人如何通过认识最近发展区来帮助儿童发展（Vygotsky，1978）。他将最近发展区定义为："由独自解决问题决定的实际的发展水平与在成人指导下或和同等能力伙伴合作解决问题决定的潜在的发展水平之间的区域。"成人在儿童的最近发展区内给他们以经验，对他们提出挑战，通过及时的指导帮助他们达到新的发展水平。维果茨基认为教育应该通过交互作用的形式来引导儿童的发展，并允许儿童通过积极的活动来建构新的认知能力（Berk & Winsler，1995）。

梅琳达完成了嵌套玩具（nesting toys）后，金听到她开始抱怨。金认为这是婴儿已经准备好进行一对一互动的一个信号。不久，她们两个就玩起了"婴儿在哪里"的游戏，金将一块头巾放在梅琳达的头上并等着她将它拿开，梅琳达咯咯地笑了。对于梅琳达来说，这是一个未曾有过的经验，她看起来对于她在因果关系以及改变交流方式方面的作用有了新的认识。这不是梅琳达原来所能想到的游戏，但是金知道梅琳达能够面对新的挑战。

**原则3，学习是感知运动型的。**看护者认为身体游戏和探索活动是认知发展过程中不可分割的一部分。他们停止游戏并教给婴儿一些东西，这样他们并不感到有压力，因为他们认为婴儿正在通过积极的探索来建构他们的智力和理解能力。看护者很熟悉皮亚杰的认知发展阶段理论，这样他们就能很容易理解隐藏在身体活动背后的看不见的认知要素。

当金和梅琳达在玩藏东西游戏时，金非常吃惊，因为就在几周前这些活动还远远超出梅琳达的认知能力，但是现在梅琳达正在发展对物体永恒性的认识，对她来说把东西藏起来然后找到它非常有趣。

**原则4，学习是有趣的。**婴儿期的重要学习都是在快乐、自发的游戏情境下发生的。当婴儿操作他们的身体、控制物体并运用他们所有的感觉时，他们感到快乐。成人看到婴儿在学习中吸收知识时也感到快乐。最重要的是，当成人和婴儿一起组成学习伙伴时彼此都感到快乐。成人引导婴儿去做一些不仅仅是有关记忆（涉及语言、模仿和轮流）的游戏，比如捉迷藏。实际上，这些游戏对婴儿来说具有深刻的意义，他们通过游戏来发展认知和运动能力，比如客体永久性的认识和手眼协调的能力。然而，这些游戏的最大价值在于给儿童带来了玩耍、互动、语言和参与的快乐。这不是强迫的但却是最好的学习。

和梅琳达游戏的时候，金没有强烈地意识到她作为教师的角色，她沉浸在游戏的快乐中。当梅琳达尖叫着期待再来一次时，金笑了。她是在教学，但彼此的快乐是主要的。

**原则 5，学习包含着重复。**看护者赞同这种观点，即婴儿有练习的需要和重复身体运动的能力。"直到他们能够彻底完成他们需要做的事情，否则他们是不会自己找事做的。"（Gonzalez-Mena，2001，p. 70）为儿童反复运动和探索提供大量的时间和空间，是他们身体和认知发展所必需的。

当 4 个月大的丹尼尔（Danier）从早晨的小睡中醒来时，金把他放到婴儿活动室地上的一个练习垫上，并给他一些有趣的东西让他去够。现在看起来他对于自己够东西的技术很有信心。很明显的是他现在没有任何犹豫，而不久前，他还在努力地协调眼和手的动作。每次重复都在减少他动作的不确定性。

婴儿的重复学习不同于成人要求下的重复练习，如成人一次又一次重复演示如何将正确的形状放进容器的洞里，直到他们认为婴儿已经学会了这一课程。成人指定的重复很快就让婴儿感到疲惫和沮丧，而不断地揉眼睛并将视线从"课"上移开则显示了婴儿的烦躁不安。

**原则 6，遵循学习的序列。**看护者认识到，身体的发展遵循着可预料的发展序列，所以他们知道要为即将发展的行为寻找并提供适宜的配置、空间和材料支持。同样，他们也知道认知的发展阶段，这并不意味着看护者要将婴儿推到下一个发展阶段，相反，他们将更加敏锐地为婴儿的发展提供线索，并及时对婴儿的行为作出反应。看护者接受了这样的观点，即在婴儿准备好之后让他们做力所能及的事情，而不是使婴儿处于无法担当的境地。如果试图将婴儿投入一个他们的肌肉发展水平还没有达到的活动中，他们会感到疲惫和不舒服。

丹尼尔学会翻身（从俯卧到仰卧）已经一个星期了。有时候，他平躺在地毯上。金就让他侧卧，这样他会自己进行下一个翻滚，从侧卧转为俯卧。

**原则 7，学习对于学习者是独特的。**看护者在照顾婴儿的过程中认识到，每个婴儿在学习上都有个性化的时间表和学习风格，因而他们能够为每个孩子提供最好的学习经验。霍尼格称此为"匹配"——为每个孩子提供个性化的学习环境。而只有当成人观察并了解每个婴儿的性格、行为风格特征、学习的节奏和兴趣及其发展阶段，个性化的学习才有可能发生。

丹尼尔是个好动的孩子，当他疯狂地尝试着用他的腹部前进而不能成功时，他表现出了明显的挫败感。金注意到了他的挫败感，立即把他移到了他能够着的范围内，这让他感觉更舒服。艾利西亚（Alicia）和丹尼尔年龄差不多，但她更满足于仰卧着玩一个毛绒玩具。虽然她允许金不时地改变她的位置，但她很少像丹尼尔那样急于移动自己的身体。6 个月大的赛思正心满意足地躺着玩耍，而弗朗西斯科（Francisco）则大声抗议，直到他被扶着坐起来。每个婴儿需要从成人那里获得不同的反应和处理方式。

**原则 8，婴儿是领导者。**看护者认识到，学习的动机和学习的选择来自婴儿。假如婴儿正常的生理功能和神经系统发挥作用，没有必要教婴儿去探索（除了那些有特殊需要的婴儿，像由于生理残疾和有缺陷而不能进行主动探索的婴儿）。然而，这并不是意味着成人看护者不能发挥作用。有时，成人的责任包括观察应何时干预或何时介入会形成干扰的信号。其他时候，成人的责任包括为挑战和强化婴儿的发展技能而准备活动并提供材料，在已经完成的活动和新技能之间保持平衡，考虑为他们提供新的经验。换句话说，虽然成人认识到他们有责任为婴儿提供合适的选择和机会，但是学习的责任和动力来自于婴儿。

看护者遵从婴儿的领导，而不是贸然干涉他们探索和游戏的兴趣。他们认识到他们的角色是支持者，是为婴儿进行自我发起的任务提供关注和鼓励。

金察觉到丹尼尔感到受挫是因为他不能向前爬动，所以下一次他趴在地上时，金躺在他的旁边，鼓励他再来一次。金在丹尼尔前面刚好够不着的地方放一个他最喜欢的动物玩偶。当他向前爬行了一点，她就在语言上和身体上表现出兴奋。

**原则 9，看护者提供的世界。** 如果婴儿是通过自由探索他们周围的世界来学习的话，那么成人主要的责任就是为他们提供安全和有趣的世界让他们去发现。看护者认识到，在充满感官体验和安全保障的环境中操作有趣的物体，能够促使婴儿运用眼睛、手指和嘴来进行探索。婴儿活动的具体环境不是偶然存在的，而是看护者在精心考虑的基础上提供的。婴幼儿创造性课程（The Creative Curriculum for Infants and Toddlers）提出了婴儿的 8 个活动领域：玩玩具，包括自制玩具；体验艺术；模仿和装扮；故事和书籍；品尝和准备食物；探索沙子和水；音乐和运动；户外经验。每个领域中的适宜材料都能让婴儿开展探索游戏。

当孩子们变得越来越好动后，金每天都要仔细地检查房间，以确保没有潜在的危险品。今天上午，她饶有兴致地看着丹尼尔的反应。前一天，她在一个透明的塑料小管里装满了小珠子和有颜色的水，并用软木塞把两头都粘住。管子的大小正好能稳稳握住，金认为如果丹尼尔能够主动地推一下，可能会发生有趣的反应。她稍稍地打开窗户，让微风轻柔地吹动垂挂在垫子旁边的彩色丝带，爱丽丝很喜欢。这将是个美好的早晨，因为要将年龄大一些的婴儿带出来放在大货车上。今天将要探索一些新事物以及过去的一些好玩的事。

**原则 10，学习要求沟通。** 当婴儿有了发现或投入探索中时，他们希望与自己爱的成人分享经验。开始时，大部分的经验分享是来自于婴儿的非语言表达：微笑，高兴地跳，用手指，给看护者玩具，沮丧地大哭。支持性的玩伴会将婴儿所做的事情及其发现用语言表述出来。当婴儿对于他们周围的世界有了更多的认识后，他们会更灵活地依靠成人所提供的标签和语言，更多地进行口头沟通。因此，我们可以看到在语言和学习过程之间的不可分割的联系。

"丹尼尔，你很努力，你想走路，是吗？很快了，我敢打赌。"

"是啊，梅琳达，你把那两个杯子分开了，问题解决了！"

婴儿对鼓励的声音的反应使他们的眼睛明亮起来，虽然他们可能并不懂得这些话的真正意思。

以上关于认知发展的 10 条原则会指导成人提供最适宜的认知环境并对婴儿行为作出适宜反应。

**此时你会怎么做？**

你的一位家长带来了一个她收到的小册子，是关于为期一周的如何教会婴儿阅读的培训班的。她非常兴奋，并表明她将利用她的假期去培训，因为她相信那将对孩子非常有利。你该作何反应？

许多项目在全国各地纷纷涌现，它们承诺将满足家长提高婴儿的阅读、语言、体育等各方面的学习结果的愿望。不幸的是，绝大部分项目在方法和结果上都存在着专业问题。"就如何发展潜在的天赋还没有实质性的认识。"（White，1988，p. 140）

值得关注的是那些需要婴儿在最初几年中进行长时间的练习以求更快更高质量地学习的项目。潜在的不利因素存在于每天家长和孩子的日常会话教学里。儿童自发的学习兴趣和快乐有可能受到威胁。

重要的是要帮助父母认识一个项目的整体影响，并帮助他们看到在各个领域均衡发展的重要性，而不仅仅是纯粹的认知领域的发展。

## 不同阶段的适宜性材料

对于成人来说，想要培育婴儿认知能力的发展，一个重要的任务就是提供发展适宜性材料。

婴儿早期：可视性材料

在婴儿一个月左右大时，成人没必要对环境担心太多。婴儿的大部分时间都在睡觉，而且他们的神经调节系统并不需要太多的刺激"轰炸"。在接下来的两个月里，他们会有更长的清醒期，他们很喜欢环顾四周。看护者要让他们看看有趣的事情，首先要看的是看护者的脸，那将是婴儿到目前为止所能够获得的最迷人的东西。一个充满爱的成年人也被称为婴儿的第一件理想玩物。看看"成人玩物"所具有的特点。

- 能移动（没有开关、按钮、电池或停止键）。
- 能说话、制造音乐，回放婴儿的第一次咕咕声和叫喊声。
- 可爱（能提供安全和长时间的快乐）。
- 有很高的教育性。
- 很有娱乐性，鼓励好奇心。
- 由弹性的、灵活的、无毒的百分之百纯天然的材料组成。
- 是一个专为满足个别孩子的需要而制作的。
- 它只能够通过个人来分配。（Oppenheim，1984，见 Weiser，1991）

除了让婴儿看他们的人类同伴，在2—3个月的时候，在婴儿可以看见的8—24英寸范围内放置悬挂饰物是非常有用的。应该选择和创造那些在婴儿看来是有趣和易于寻找的悬挂饰物。一些商业制造的悬挂饰物主要是为了吸引成人而不是婴儿。有趣的悬挂饰物可以是彩色纸碟或彩色的球。婴儿喜欢方形、圆形和鲜明的对比，如白色和黑色。

通过改变婴儿的地点或位置来偶尔改变一下其所处的场景，这可能是另一种引起婴儿对周围世界兴趣的刺激。

到了这一时期的最后阶段，婴儿开始发现他们的手，他们已经准备好进行身体接触和抓握，所以应该用摇篮健身房（cradle gyms）代替易碎的悬挂饰物（回想我们在第四章讨论过的，当婴儿准备好在地板上玩时，摇篮健身房应该搁在游戏区）。使用木钉或者扫帚来进行固定也是很有创意的，这样可以通过半刚性材料来固定一些易变的物体，比如用塑料线或者粗绳（为了避免在婴儿第一次尝试性地抓握时由于物体活动所带来的挫折感）来固定视力所及的东西。让婴儿躺着或坐着时能触摸到物体是很重要的。

当婴儿趴在地上游戏时，应给他们提供由多种材质构成的、图案鲜明的柔软地面，并在婴儿视力范围内摆放一些小玩具。

### 为婴儿用手来抓握准备材料

当婴儿在地板上打滚、趴着或者坐着玩索时，他们需要各种各样的物体。到 8 个月左右，婴儿开始用整个手掌来抓握，跟戴着手套一样。婴儿需要大的、柔软的物体以便更容易地拿到。这样的东西包括毛绒动物、手偶、泡沫块、大环、供牙咬的玩具、珠子、软球和直径约 4—5 英寸的物体。由于他们仍然处在感觉运动阶段，在这一阶段婴儿尝试重复有趣的感知材料，而能发出声音的玩具也是很有吸引力的，比如挤捏出声玩具、钟或者铃铛以及大一些的拨浪鼓。

你能从家里的废弃物中找到什么？要始终注意健康和安全问题，特别是锋利的、有可能导致窒息的和有毒的材料（Jim Greenman & Anne Stonehouse prine Times）。

### 为婴儿两指对捏准备材料

大约 8 个月大后，婴儿能够用两指对捏的方式来进行更复杂的抓握，这使得他们能一起使用拇指和食指。不久之后，他们就能够用两只手从中间抓住东西。这种控制能力的提高能够让婴儿探索着将一个物体放到另一个物体里去，或者以某种方式移动物体。这种类型的材料包括：嵌套玩具（买的或者自制的）；堆叠环；部分可动的玩具，比如旋钮、转盘和按钮；一些结实的板书；还有活底的物体，包括家庭废弃的雪茄盒或火柴盒。

随着身体敏捷性的增强，婴儿发展到了探究简单的原因及结果的认知发展阶段，看护者认识到这时候婴儿成为了主动的操作者。一些简单的彩色盒子对于初级的动手操作来说是引人入胜的。虽然他们还不能控制自己，但是在这个阶段婴儿喜欢藏在盒子里的游戏。球仍然具有很大的探索可能性，婴儿推或者扔球时从来不会用同样的方式进行。像壶和锅这样的普通厨房用具也是有趣的，它们可能会砰砰作响。许多废弃物都具有很大的探索可能性：空的洗涤剂瓶，可以将里面的空气挤出来；尿片盒及其可活动的顶部，也可以在里面填塞东西；一些有盖的塑料容器；旧钱包（在你家的房子周围走一走，看看你能否有更多的想法）。带把的、只有两三块的拼图对于大一些的婴儿来说是有趣的。

### 为可移动的婴儿准备材料

稍大一些的婴儿的兴趣是很简单的，小娃娃和看起来很逼真的汽车、卡车就很好。一些推拉玩具，比如割草机、购物车和婴儿车都是适合的。各种各样的户外器材，比如宽的斜坡和滑梯、隧道或秋千也合适（参考 Gonzalez-Mena，2001；White，1998；Bronson，1995；Greenman & Stonehouse，1996；and Dombro，Colker，& Dodge，2002，里面有适宜性材料的列表)。

为婴儿的探索创造环境,其中就包括确定物体的位置,这样能够鼓励刚刚会动的婴儿向物体运动。

此外,需要强调的是,所有这些物体都要完全适合婴儿口和手,所以物体的尺寸很重要(不能小于2英寸,以防发生因吞食窒息事故),质量也要过硬。

当这些物体与广阔的地板空间相结合,辅之以婴儿站起来和进行活动时需要的低矮的或有扶手的家具,那这样的认知环境就几乎算完美的了。剩下的事情就是成年人要做的了——为婴儿自发的探索活动表示兴趣和欣赏以提供支持。

## 成人在促进婴儿认知发展过程中适宜扮演的角色

婴儿能够确定自己的目标,自己进行探索,并且创造他们自己对周围世界的理解,但是成人在促进婴儿认知发展中依然承担着多种角色。

• 为婴儿的探索活动创造物质环境。安全而足够大的活动区域、精心布置的大量有趣的材料以及随时提供帮助的成人都是物理环境的一部分。需要注意的是,要确保婴儿每天的安全活动材料的良好状况。

• 为婴儿的探索活动创造社会/情感环境。要支持婴儿明显表露出的兴趣,通过与婴儿的交互活动使他们保持兴趣,并对他们取得的成就表示鼓励——所有这些与成人的交互活动都能增强婴儿继续努力并获得成功的愿望。而当婴儿自己玩耍时,成人仍然在一边随时准备提供支持。

• 为婴儿创造与其认知相符的活动和材料等。一旦看护者认识到婴儿期的生理和认知的发展特点,他们就应该能够知道每个婴儿处于什么阶段,对每个婴儿来说什么材料和活动是适宜的。认知环境的创建不能仅仅靠偶然或本能。看护者应该经常性地观察和记录,这样他们就能够估计每个婴儿处于发展连续体中的哪个阶段。为了与婴儿认知发展匹配,看护者需要成为持续的观察者和记录者,这样他们就能够发现婴儿在一定时间内处于发展阶梯上的何种位置。有效的看护者会进行全天观察,当婴儿自己进行探索时也会做简要的记录。

他们根据自己的观察来为婴儿确定短期和长期的发展目标并提供材料,这样能够为支持婴儿向目标方向发展准备适宜的经验。他们谨慎地提供材料和经验——使每个婴儿都感兴趣并为之做好了准备。这是看护者的责任之一。

参看表12-1中有关计划表的样例,可以看出看护者是如何为个别孩子安排材料和策略的。婴儿课程的规划是建立在个性化的基础上的。规划允许适合于婴儿发展水平的认知经验的发生。由于一天中婴儿主要的探索活动与其运动节奏的发展相契合,但又会与其他课程相冲突,比如喂养、换尿布、拥抱等,所以看护者要提前计划好并为婴儿的自发游戏或活动做好准备,这意味着提前计划但不规定时间表。看护者需要考虑下一步的学习游戏该如何进行,什么时候会出现适合于活动的机会。这些并不是类似于"上午10:30:语言课程"这样的安排!(关于适宜于婴儿期每个阶段的活动和游戏,参看 Cryer & Harms, 1987; Silberg & D'Argo, 2001; Kinney & Ahrens, 2001; Hollyfield & Hast, 2001; and Dombro et al., 2002)

表 12 – 1　看护者根据具体的发展目标和观察到的发展程度来为每个婴儿制订发展计划

| 姓　名 | 大动作 | 伸手够和抓握 | 语言/认知 | 社会/情感 |
|---|---|---|---|---|
| 布里安纳（Brian-na，4 个月大） | 仰卧在摇篮中 | 改变摇篮上东西的位置（娃娃、圆的球或钟） | 童谣、歌曲 | "胳肢"肚子 |
| 崔纳瑞（Trenarie，6 个月大） | 使其能支撑着坐起来 | 提供东西让他用两只手来拿 | 穿衣服时说出身体各部位的名称 | 坐在镜子面前玩耍 |
| 丹尼勒（Danielle，6 个月大） | 在他刚好够不到的地方放置小羊玩具来鼓励他向前滚爬 | 新瓶让他用来晃 | 有关物体的图画书 | 拍手游戏 |
| 查汉（Jeham，9 个月大） | 和我玩抓的游戏（包括 4 个方面） | 堆起两大块积木 | 藏东西 | 鼓励他表达情绪 |

你将会认识到成人在婴儿认知和语言重复方面所起的作用，现在让我们将注意力更多地放在语言练习上。

## 促进语言的发展

无论是婴儿大脑的发育还是增长有关交往过程的知识，它们都需要语言伙伴。他们需要发现说话声是很有价值的，并且是人与人之间交往的一种方式。许多语言学家相信，儿童学习语言的过程可能包括模仿和强化，还包括在理解同伴所表达的意思时敏感性较强（Bruner，1977）（见表 12 – 2）。这对于成人帮助婴儿"调整"他们的语言学习具有重要影响。

表 12 – 2　语言发展的机制并没有得到人类的完全理解，但是与他人的交互作用是非常重要的

| 语言发展的获得 | |
|---|---|
| 天生的机制？ | 通过环境的教学？ |
| 所有的儿童都是在同一时期以同样的方式获得语言的。 | 儿童学到的都是在环境中听到的语言。 |
| 耳聋的儿童也会哭、笑、发出咕咕声、含糊不清地说。 | 耳聋的儿童模仿父母的手语。 |
| 儿童能够发明他们从未听到过的最初的语言结构、语词和表达方式。 | 得到了强化声音和文字是儿童的主要讲话方式。 |
| 成人几乎不"教"儿童语言或语法。 | 聋哑父母生下的健全儿童通过暴露在其他的语言资源中来学习讲话。 |
| 两者都不能解释语言发展的全部方面 | |

成人培养婴儿语言发展需要注意的 10 个方面如下。

• 在刚开始的时候，成人在照顾婴儿的每一天里都要经常性地与婴儿直接讲话（面对面）。在开始的阶段，在成人认为婴儿已经理解之前，他们需要像婴儿能够明白的那样和婴儿讲话。成人谈话时语调要自然，发音要清楚，"遵循成人间对话的日常礼貌规则"（Bruner，1978，p. 284）。没有所谓的"婴儿谈话"，如果有的话也就意味着是成人发错了，或者变换了一些细微的形式。这就需要有效地纠正交流中的语言错误。而研究表明，在最初的几个月，其母亲主动交谈的学步儿的词汇量要远远高于较少听到他们周围人谈话的儿童（Hart & Risley，1995）。

安吉拉（Angela）和 5 个月大的保罗（Baola）说："你在玩球的时候真的很开心，是吗？"

艾瑞克（Enrico）和她 3 个月大的女儿说："该到你洗澡的时间了，我把你的粉红色的小鱼放进去。"

• 人们认识到要把语言当作对话来教，成人要演示交流时的轮换技巧。在成人讲话以后，暂停一下等待婴儿的反应，这种反应可能是言语的，也可能不是言语的。成人观察婴儿的眼睛并且自然地和他们直接对话。

安吉拉不说了，其身体语言告诉保罗："轮到你来说了。""噢噢，"保罗作出了答复。

艾瑞克说："你真的喜欢洗澡，是吗？"玛丽笑了。

• 成人要强化婴儿的第一次咕咕声和咿呀声。有时候成人用言语来回应他们，就好像婴儿真的在讲话，有时候成人重复他们从婴儿那里所听到的。成人在所有情况下都作出回应以使对话继续，并通过增加非言语交流的方式来增加其他的线索，比如手势和语调。通过这些方式，婴儿会发现语言的交流是有用和有效的。

6 个月大的珍妮弗说："妈—妈—妈—妈。"她的看护者微笑着把脸转向了她。"妈—妈—妈—妈，"看护者重复道。

珍妮弗高兴地笑着。"嘎，嘎，古赫，噢噢。"她期盼的样子表示她知道该轮到成人了。

"啊—妈—爸爸爸。"这时候看护者说："是的，我知道你喜欢那个环，你可以咬咬它。"

• 看护者将他们的对话与环境中的物体和行动联系起来。这种说明性的解说涉及了物体的名称，这样婴儿首先就会学习它，作为他们日常生活的一部分。形成对婴儿正在做的事情进行评论的习惯，这不仅能鼓励成人在婴儿开口说话前讲话，而且也能够增强成人对参与活动的儿童的尊重和关心。婴儿在探索和操作物体时，有时候也需要成人提供对婴儿学习活动的评论。把单词与具体物体和经验对应起来是一项有用的语言教学技术。一位研究人员认为，这就是为什么是与活生生的语言接触而不是通过电视来播放词汇或者复杂的演讲才能影响婴儿的语言发展的原因。"语言必须在活动中使用，否则那就是噪声。"（Huttenlocher，见 Begley，1997，p. 31）

"现在我要帮你们穿袜子了。先穿一只袜子，看这，再给另外一只脚穿另外一只袜子。我们有两只干净的袜子。两只脚，两只袜子。现在你们准备好穿上你们的鞋了吗？这是第一只鞋。"

"看看你自己，你每只手都拿着一个杯子，哪，哪，哪。它们发出了很好听的声音，是吗?"

● 当婴儿开始咿呀学语的时候，成人应该偶尔说一些简单的对话，经常用单个的语词并重复它们，并且将这些语词与其表示的具体事物联系起来。成人也可以分开并重读一些关键词，使婴儿更容易理解（Fowler，1991）。这些说话方式的改变能够帮助婴儿聚焦在单个的词上。这些都是父母语言的重要特征，世界上的父母都是通过改变说话方式来与婴儿交谈的。另外一种方式是通过提高语调来引起儿童的注意；在与儿童讲话时要慢点、用心点、大声点，多运用短句，重复和扩展说的话（Baron，见Cowley，1997）。

看护者一边拿出瓶子让艾玛看，一边说："瓶子，艾玛。瓶子，这是你的瓶子。"

"那是一个大大的狗!"

● 成人给婴儿唱歌和念儿歌。这种歌唱和韵律并不仅仅具有娱乐的价值。"首要也是最重要的结论是，当婴儿处于游戏活动中时，他们最快掌握的就是母亲的说话方式。"（Bruner，1991，p.79）。歌唱或者韵律让婴儿卷入到了不同的倾听和反应模式中。当婴儿能够将动作和手势与词相联系时，他们的理解能力就得到了提高。将婴儿的注意力导向语言和身体活动能够帮助他们集中注意语言。成人也可以用婴儿的名字来创作歌曲，以便于婴儿识别。

"我的萨拉在哪里，我的萨拉在哪里，她在这，她在这。走过去抱住她，走过去抱住她。大大的，大大的一个吻，大大的一个吻。"7个月大的萨拉高兴地笑了，她对她妈妈编的这首歌曲已经很熟悉了。

"一只小猪去市场，"熟悉的旋律开始了，来搓脚丫吧。

● 识字始于出生。和婴儿一起读书应该成为从婴儿一出生就开始的一种常规性活动。这怎么强调都不过分。在一定程度上，读书将书籍和快乐的阅读联系起来，它同时还能听到关爱婴儿的成人发出的柔美声音。当儿童看护中心尝试复制使儿童在早期的读写上获得成功的家庭条件时，和图书相关的丰富的早期经验将成为婴儿房间环境的重要组成部分。各种各样的图书，包括童谣，歌曲图画书，重复的发声读物，不同形状的书，笨重的板书以及塑料的、布的、摸的书，都可以提供给婴儿，婴儿可以通过这一系列的书来探索（Barclay，Benelli & Curtis，1995）。

除了这个好的开始，语言的获得也需要通过倾听来进行培养。观看成人指出的大的、清晰的图片，然后回过头来看同一本书，听同样的词，以形成看得见的连接。对婴儿来说，听故事时间不要持续太长，他们需要一对一的经验，而不是小组的形式，后者可能更适合年长一些的学步儿。研究显示，阅读刺激着婴儿各方面的发展。表12-3列出了一些重要的婴儿书籍。

表12-3　婴儿图书列表

> 好的婴儿图书
> ● 是结实的板书或塑料书，方便清洁。
> ● 每页配有彩色大图。
> ● 和婴儿生活经验相关。
> ● 展示对多民族的尊重。
> ● 含有熟悉的单词和词组，语言丰富且富有韵律，并且不断重复。

续表

可看以下作者的书。

Sandra Boynton: *Barnyard Dance*

*Moo, Baa, LaLaLa*

*The Going-To-Bed Book*

*One, Two, Three!*

Mem Fox:　　*Time for Bed*

Tana Hoban: *Who are They?*

*Black or White*

*Red, Blue, Yellow Shoe*

*Construction Zone Board Book*

*What is That?*

Dr. Seuss: *Hand, Hand, Fingers, Thumb*

*Mr. Brown can Moo, Can You?*

Nancy Shaw: *Sheep in a Jeep*

Helen Oxenbury: *Family*

*Friends*

*All Fall Down*

*Clap Hands*

Margaret W. Brown: *Goodnight Moon*

Rosemary Wells: *Goodnight Max*

*Max's Birthday*

Joy Cowley: *Mrs. Wishy-Washy*

Eric Carle: *1 − 2 − 3 to the Zoo*

*The Very Hungry Caterpillar*

*I can Do it*

---

Karen Katz: *Counting Kisses*

*Where is Baby's Mommy?*

*Daddy and Me*

Marion Bauer: *Toes, Ears, Nose*

Dorothy Kunhardt: *Pat the Bunny*

R. Intrater: *Baby Faces Board Books: Eat! Splash! Smile!*

I. Opia: *My Very First Mother Goose Note: Do use Mother Goose*

---

另有一些西班牙语图书。

Thierry Courtin: *Bebes Dinamicos. (Dynamic Babies)*

*Bebes Juguetones (Playful Babies)*

Lucy Cousins: *A Maisy le gusta jugar (Maisy Driving)*

*A Maisy le gusta conducir (Maisy playing), and other Maisy books*

*El tren de Maisy*

*El coche de bomberos de Maisy*

Susanne Rotraut: *Buenas noches (Good night) and Buenos dias! (Good morning)*

Roberto Intrater: *Sonrie! (Smile!)*

表 12-3 可通过教师提供给各个家庭，让他们在婴儿读写能力发展的开始阶段就努力地参与其中。教师也可以提供这些书籍，让家长们在家里使用。

金收集了好几本新书。这些书包括《拍兔子》（*Pat the Bunny*），她喜欢这本书是因为书中都是短句子，并且婴儿可以触摸书中的事物；《鹅妈妈》（*Mother Goose*），这本书让她有足够多的选择来为婴儿提供足够长的"小故事"。还有几本配有很好插图的字母书，每一页都一个大东西。她还收集了一些板书，可以让婴儿亲自操作，而且她也能指出每页上的物体。她自己还做一些书，把从杂志上剪下来的大图片粘在硬纸板上，然后拿环固定在一起。

- 成人如果想要鼓励年龄稍大幼儿学习词汇，就要给他们相应经验和实物。语言的学习是在特定的情境中进行的。看护者创造重复的活动，并且能够以相同的语言来命名每次活动。当看护者看到婴儿需要沟通并作出回应——用手指他们想要的物体时——看护者要提供代表该物体的词。

房间里有婴儿熟悉物体的明亮的图片以备谈论。"让我们去看看兔子吧。哦，兔子在这呢。你看到兔子了吗？"最后，"兔子在那呢！"

"到了爸爸要走的时候了，"金说，"让我们去窗户那招招手说再见吧，"金做出了招手的手势并鼓励婴儿也这样做。

- 看护者认识到，许多婴儿在家里和育儿中心接触到的语言是不同的，他们在家里甚至会接触到不止一种语言。许多来到育儿中心的婴儿在家里只听到一种非英语的语言——他们是小英语学习者。有听力损伤的婴儿可能是从学习手语开始语言学习的。也有许多听力健全的婴儿是从手语开始的，这样他们就能够在会话能力发展之前与家人交流（Briant，2004）。看护者应该尊重父母对于他们与儿童之间形成的语言关系的选择，并支持父母继续使用他们的母语，即使他们不刻意追求，婴儿也能够学习到不止一种语言。保持着流利的母语对于儿童的社会化和个性的形成至关重要，而育儿中心应该尝试雇用说各种语言的教职员，使得儿童能够在育儿中心听到他们的母语（Chang，1993）。如果婴儿早就听得懂一种语言，而看护者使用的是另一种语言，那么他们就必须要改变和突出非口语的线索。支持婴儿用母语并发展其使用第二种语言的能力，是在支持他们父母的文化选择。

当金拿出一个球给弗朗西斯科的时候，金对他说："球。"金听到过他的父母把那叫作"pelota"，但是他们赞成弗朗西斯科在育儿中心时学习英语，以帮助他同时发展英语和作为母语的西班牙语，而他们在家里则是讲西班牙语。

- 成人尝试确认婴儿对哪种语言感兴趣，以便为其提供更有意义的语言。这可能意味着富有成效的语言伙伴并不是要一直在讲，而是要经常静静观察婴儿。另外，看护者要创造有益的语言环境，要限制环境的噪声，比如长时间的音乐和电视剧。

## 不利于认知/语言发展的环境

以下的行为不利于婴儿认知和语言的发展，而这样的不幸太常见了。

- 限制婴儿的身体运动。这种限制可能包括将他们长时间地限制在器材上，比如婴儿床、婴儿座椅、秋千或者游戏毯，在这些地方婴儿不能进行主动的探索。婴儿很有可能被从他们感兴趣的区域或活动上移开。限制婴儿的运动会阻碍他们运动能力的自然发展，使婴儿受挫折，并使他们成为被动的观察者，而不是主动的学习者。

●限制婴儿感觉上的探索。当成人认为婴儿不必用手和嘴来接触物体时，这种限制就会发生，而当婴儿尝试这么做时会屡被阻止（"哦，危险，不要碰那东西，不要把它放进你嘴里"）。当成人认为身体的探索并不包含认知活动时，这种限制也会发生，他们只提供有限的、一成不变的几种玩具和材料。婴儿必须通过触摸或者操作物体来获得感觉信息，这些信息是发展认知概念的基础。当物体不能引起婴儿的兴趣和活动时，他们会探索得越来越少。

●过多的刺激和超出婴儿能力的教学。那些在全国各地风行的方案，包括超前发展的学习和互动参与的实践，违背了发展适宜性实践所提倡的主动、自我导向的学习方式。大部分方案也几乎完全集中在认知方面，没有认识到发展的各个方面是相互关联的、重要的和必要的。

●缺少玩伴。成人如果不能在与忙于游戏的婴儿的交互作用中发挥积极的作用，他们将错失强化和保持婴儿的学习经验及引入新观念和游戏的良机。大量的看护方案中没有安排成人和婴儿游戏的时间。

●嘈杂的环境。噪声妨碍婴儿听到讲话，而他们需要通过听来促进语言的发展。太多的人在同一个场所里会制造噪声，师幼比小也会造成噪声。但是房间里大人之间说话太多也是噪声——如果这种对话并不涉及婴儿，或者成人不间断地播放音乐或电视的时候。

●寂静的环境。寂静会阻碍语言的发展以及依恋的形成。当成年人照顾婴儿时，如果没有人与人之间的交互作用，婴儿将丧失很多学习机会。看护者必须经常地、舒适地、温柔地和反复地与婴儿讲话。

## 小结

发展适宜性的认知/语言环境让婴儿通过自由的运动感知上的探索来开始他们自己的发展。成人通过观察儿童来获悉婴儿在身体和认知上的发展阶段，以便提供最适宜于儿童能力发展的材料和活动。他们要鼓励和支持婴儿通过活动来学习。当婴儿玩耍并开始简单的游戏时，成人要在适宜的时候和婴儿谈话。语言是在日常生活和日常琐事中使用的。学习和语言都源于快乐、支持的关系。

## 思考

1. 收集一些有趣、耐用和安全的家庭废旧物品，这些东西将会鼓励婴儿去探索。把你收集到的东西带到教室来。当你在小组中展示你收集的物品时，要区分哪些物品是适合婴儿用整个手掌来抓的，哪些不是更适合于那些能更彻底地把玩的婴儿。

2. 到图书馆借出4本适宜与婴儿一对一阅读的书。解释你选择这几本书的原因。

3. 从孩子的视角出发，制作一个能移动的物体。

4. 在婴儿房里观察半个小时。记录你所看到的事：不断加强的咿呀声，谈论婴儿身边的活动和物体，强调某个词的简单对话。

## 问题（用以评估本章所学）

1. 解释感知运动学习的含义。描述婴儿在 4 个阶段中的探索行为。理解术语客体永恒性、最近发展区。

2. 描述婴儿期语言发展的正常顺序。

3. 讨论在认知环境方面的 10 条原则。

4. 讨论在支持婴儿语言发展方面成人应该做的 10 件事情。

5. 列出 6 个不利于婴儿认知/语言/读写能力发展的实例。

## 问题（用以应用本章所学）

1. 利用你的专业和信息写一份简报以回应 3 位父母的要求：在婴儿睡觉的时候在婴儿房里播放法语磁带，以促进婴儿学习第二种语言。

2. 你正在面试一位看护者。设计 3 个问题，这些问题要能够评估出她对于认知刺激的重要性以及成人如何支持婴儿学习的理解。

## 参考文献

Barclay K. , Benelli, C. , & Curtis, A. (1995). Literacy begins at birth: What caregivers can learn from parents of children who read earlr *young Children*, 50(4) : 24-28.

Begley, S. (1997, Spring/Summer). How to build a baby's brain. *Newsweek, Special Edition*, pp. 28-32.

Bergen, D. (2004) *Play's role in brain development*. Olney, MD: Association for Childhood Education International.

Berk, L. , & Winsler, A. (1995). *Scaffolding Children's Learning: Vygotsky and early childhood education*. Washington, DC: National Association for Education of Young Children.

Bruner, J. (1977). Early social interaction and language acquisition. In. H. R. Schaffer ( Ed. ), *Studies in mother-infant interactions* ( pp. 271-290). London: Academic Press.

Bruner, J. (1978, September). Learning the mother tongue. *Human Nature Magazine*, 283-288.

Bruner, J. (1991). Play, thought, and language. In N. Lauter-Klatell ( Ed. ), *Readings in child development* ( pp. 76-81). Mountain View, CA: Mayfield Publishing.

Burchinal, M. , Roberts, J. , Nabors, L. , & Bryant, D. (1996). Quality of center child care and infant cognitive and language development. *Child Development* 67(2) : 606-620.

Chang, H. (1993). *Affirming children's roots: Cultural and linguistic diversity in early care and education*. San Francisco: A California Tomorrow Publication.

Cowley, G. (1997, Spring/Summer). The language explosion. *Newsweek, Special Edition*, pp. 16-22.

Cryer, D. , & Harms, T. (1987). *Active learning for infants*. Reading, MA: Addison-Wesley.

Dombro, A. , Colker, L. , & Dodge, D. (2002). *The Creative Curriculum for infants and toddlers ( Rev. ed. )*. Washington, DC: Teaching Strategies.

Fowler, W(1991). *Talking from infancy: How to nurture and cultivate early language development*. Cambridge, MA: Brookline Books.

Gonzalez-Mena, J. (2001). *Infants, toddlers, and caregivers* (5th ed. ). Mountain View, CA: Mayfield Publishing.

Gonzalez-Mena, J. (2004). *Diversity in early care and education: Honoring differences* (4th ed. ). New York:

McGraw-Hill.

Greenman, J. , & Stonehouse, A. (1996). *Prime times: A handbook for excellence in infant and toddler programs.* St. Paul, MN: Redleaf Press.

Hancock, L. , & Wingert, P. (1997, Spring/Summer). The new preschool. *Newsweek, Special Edition,* pp. 36-37.

Hart, B. , & Risley, T. (1995). *Meaningful differences in everyday parenting and intellectual development in young American children.* Baltimore: Paul H. Brookes.

Hollyfield, A. , & Hast, F. (2001). *More infant and toddler experiences.* St. Paul, MN: Redleaf Press.

Holt, J. (1983). *How children learn* (Rev. ed. ). New York: Delacorte Press.

Honig, A. S. (1991). Recent infancy research. In B Weissbourd & J. Musick (Eds. ), *Infants: Their social environments* (pp. 16-25). Washington, DC: National Association for Education of Young Children.

Kinney, M. L. , & Ahrens, P. (2001). *Beginning with babies* . St. Paul MN: Redleaf Press.

Newberger, J. (1997). New brain development research—A wonderful window of opportunity to build public support for early childhood education. *Young Children,* 52(4): 4-9.

Piaget, J. (1952). *The origins of intelligence in children.* New York: International Universities Press.

Shore, R. (1997). *Rethinking the brain: New insights into early development.* New York: Families and Work Institute.

Silberg, J. , & D'Argo, L. (2001). *Games to play with babies* (3rd ed. ). Beltsville, MD: Gryphon House.

Vygotsky, L. (1978). *Mind in society: The development of higher psychological processes.* Cambridge, MA: Harvard University Press.

Weiser, M. G. (1991). *Infant toddler care and education* (2nd ed. ). New York: Macmillan.

White, B. (1988). *Educating the infant and toddler.* Lexington, MA. Lexington Books.

## 建议进一步阅读和研究的资料

Dichtelmiller, M. (2004) . Experiences from the field: New insights into infant/toddler assessment. *Young Children,* 59(1): 30-33.

Dodge, D. , & Heroman, C. (1999). *Building your baby's brain.* Washington, DC: Teaching Strategies.

Gallagher, K. (2005). Brain research and early childhood development. *Young Children,* 60(4): 12-20.

Hart, B. , & Risley, T. (1999). *The social world of children learning to talk.* Baltimore: Paul H. Brookes.

Honig, A. S. (1993). Mental health for babies: What do theory and research teach us? *Young Children,* 43, 69-76.

Honig, A. S. (2005). The language of lullabies. *Young Children,* 60(5): 30-36.

Szanton, E. (2001). Viewpoint: For America's infants and toddlers, are important values threatened by our zeal to "teach"? *Young Children, 56(1): 15-21.*

## 实用网站

### http://www. zerotothree. org

这是一个为0—3岁儿童建立的网站，有很多有价值的信息。点击"Professional Journal"即可找到一系列与婴儿学习相关的经典论文。

### http://www. iahp. org

人类潜能水平研究所网站。它的任务是为父母介绍儿童大脑各领域的发展。思考一下该网站提供的信息与本章所谈论的关于最佳实践的观点是否相容。

**http://www. cincinnatichildrens. org**

在辛辛拉提儿童网站上，点击"Health Topics"下的"Young and Health"，单击"Archives"，然后找到 2003 年春季的期刊。那里面包含了一些关于婴儿语言发展的论文，包括 *"Talk it Up! Language Development States Early"*。

# 发展适宜性的认知/语言/读写环境：学步儿期

有人说好奇心发展的顶峰在学步儿阶段。只要看一看1—3岁儿童所作出的不懈探索，你就会相信，学步儿确实在主动学习世界的运转方式。在学步儿阶段的中期，语言快速发展让学步儿能够更多地运用语言进行交流，从而使我们对他们的认知过程和学习过程有了更清晰的理解。

成人了解了学步儿的大脑吸收力以后，就禁不住要开始"教"他们了。事实上，很难找到没有被教过"字母歌"的两岁儿童。儿童唱得很高兴，但并不知道这些无意义的音节具有深刻的意义，而成年人认为他们是在教。如果根据我们对学步儿的了解，这种直接教学不适合学步儿，那么，成人在提供认知/语言环境方面该扮演何种角色，以帮助学步儿进行最佳的学习？这是本章我们所要探索的问题。

## 本章学习目标

- 讨论有关学步儿认知发展的理论。
- 描述学步儿语言发展的典型模式。
- 列出伯顿·怀特所谓的学步儿教育的3种作用。
- 讨论成人如何成为引导者。
- 讨论学步儿教学原则。
- 列出适宜放在兴趣中心的材料。
- 描述语言和读写教学的原则。
- 描述不适宜的认知/语言实践。

# 理解学步儿的认知发展

在第十二章里，皮亚杰指出婴儿和年幼的学步儿处于感知运动智力阶段，这意味着他们通过感觉和操作来获取对周围世界的理解。感知运动时期的前 4 个阶段发生在婴儿期，而后两个阶段则描述了 1—2 岁儿童的认知能力。本章我们将讨论后两个阶段，下一章论述学步儿发展的前运算阶段。

## 感知运动发展的第五个阶段

在 12—18 个月大的时候，学步儿处于感知运动发展后第五个阶段。这个时候的他们更善于四处走动和使用双手，探索的可能性也大大增加。但是这种探索有了一个新的转折：不再满足于只是重复曾经给他们带来兴趣和快乐的活动，学步儿使用他们不断增加的身体技能来进行新的探索。这是科学研究的最纯粹的形式：在确定的结果发生之前不会预先假设将要发生什么，只是一步步地尝试着——"如果……将……"。

关于探索能力发展的第五个阶段的典型见解可能是这样的："如果我丢下这个球，将会发生什么呢？"在享受这个发现以后，一个新的问题出现了："如果我爬到椅子上，再从上面丢下这个球，将会发生什么呢？哦——太有趣了，现在让我看看，有什么其他东西可以丢下去呢？嗯，这有个东西（一个放在柜子上的快要成熟的西红柿），不是很有意思，没有声响，只有一声啪嗒声。哦，在我看来如果那碗糖水掉下来可能会产生很有意思的结果。"在这个过程中，学步儿很满足地又摔又打，还能从妈妈那里得到对这些试验的有趣回应。

大部分"深受其害"并感到困惑的成人没有认识到这里并没有恶意的预谋，反复尝试只为了产生一种新的效果，却导致了完全没有想到的结果。因为学步儿不会预见，不知道会发生什么，所以不应该指责他们故意打破糖碗制造混乱。他仅仅是抓住了"此时此地"的愿望去创造了一个新的事件。而所有这些实验并不仅仅是为了娱乐。经过每一个新的策略，学步儿就学到了更多关于行动和结果之间的关系。

顺便提一句，在研究同样的试验将会产生什么样的新事件时，学步儿也在观察人们反应的变化。"如果妈妈对我打破糖碗感到非常恼火，不知道当我碰倒糖碗时她会怎么看和怎么说？摔了别的东西呢？或者我爬到椅子上面呢？""如果我抢了斯蒂芬的玩具他会尖叫，如果我再那样做会发生什么，或者叫声更大？"在第九章中讨论过，一些学步儿的"侵犯行为"可能是无心之过，比如当一个学步儿在拿他想要的东西时可能会推倒另一个儿童。许多成人观察到，把别人弄哭的学步儿会饶有兴趣地看哭泣孩子的脸，然后再做一次，而第二次是故意的，他想看看还有什么会发生。很多成人很难将儿童在试错探究中的行为视为一种无意行为，但这很可能是感知运动发展到第五阶段的产物。

学步儿超越了过去单纯重复或使用老办法来探索的能力，这表明他们对于他们自己和与之相关世界的区别有了新的理解。能够自觉地改变先前熟悉的行为方式，显示了学步儿在一岁半时灵活性的增加，但是他们还不能设想行动及其可能产生的结果，他们也只限于在他们的物质环境中进行物质发现（这提醒看护者其中的安全问题，因为学步儿还不能预测结果，却有强大的动力去探索他们环境里的一切事物，必须保护他们免受由无限的好奇心导致的不良结果）。

## 感知运动发展的第六个阶段

证据表明，大约在 18 个月的时候学步儿展现出越来越多的心理活动——终于有了真实的思考。学步儿通过对在其他时间和地点所看到行为的延迟模仿展示了他们的记忆能力（Piaget，1951）。

皮亚杰描述了这样的场景。他的女儿目睹了另一个学步儿强烈尖叫和发脾气。一天多后，他女儿在相似的情况下准确地重现了她所看到的那种行为，皮亚杰以前从来没有看到过这样的情境。对自己或其他人行为的记忆让学步儿在心理上去寻找解决问题的方法，而不仅仅是通过物理上的试误。这种表征能力让学步儿运用他们从过去经验中学到的全部，从心理上去试验所有的可能性，并且选择最适宜的反应。成人会说他们能够看到"轮子正在旋转"，而学步儿在有确切行动前会停下来并进行估量。在这之前，他们会急于尝试用不同的方法来解决物理上的问题。比如玩图形分类玩具时，一个处于第六阶段的学步儿很可能会逐一查看每一个洞口，然后在头脑中决定方块应该塞哪儿。再稍小一点儿的学步儿会逐一去试每个洞，并试图彻底找出答案。

学步儿的另外一些行为证实了这种表征能力，即能思考并不存在的两个物体之间的关系。一个学步儿将一个"肘"形面条放在耳朵边说"你好"。他能够把与电话形状相似的小通心粉和电话听筒联系起来，而在房间里实际上没有电话。这种建立象征联系的能力以及记住以前场景的能力，让学步儿开始进行扮演游戏，而这是表征思维的又一证据。鲍比拿着一块积木沿着地板向前推，发出汽车的声音。他把积木想象成了一辆汽车。开始运用语言也与表征思维的发展有关，因为语词则代表了物体、人或者事件。茱莉亚正在找她喜欢玩的球，并说"Ba"。球正在她的脑海里并且通过她的语言表征出来。

儿童在感知运动发展的最后阶段具有了真正的表征能力和思维，也告诉我们很多能力是在婴儿期和学步儿期获得的。然而这是思维发展的最初阶段，儿童要想获得哪怕是与年长儿童或成人大致相像的思维，需要好几年的互动和强化。这种说法对那些旨在为学步儿提供发展适宜性活动的看护者有很大的启发。

在两岁左右，学步儿进入了认知发展的下一个阶段，皮亚杰称之为前运算阶段。整个前运算阶段实际上是从两岁一直延伸到 7 岁，这一阶段在第十四章里会有深入的讨论。理解学步儿的心理机能有助于在最近发展区内为学步儿提供具有适宜性的、有趣的经验。

学步儿大脑的发展伴随学步儿连接的扩展——密度和活跃性是成人大脑的两倍。在这一时期，对语言的输出和理解让敏感的大脑结构也变得活跃，这些都解释了我们对于学步儿期语言发展的预期（Bergen and Coscia，2000）。

## 语言发展

在学步儿期开始的时候，学步儿第一个真正的单词出现了，这个词通常与学步儿的行为和经验相关。我们也可以看到认知（感知运动）发展和语言发展的交互作用，例如罗萨说出的第一个词是"ca-ca"，用来代表"饼干"（cracker）；本杰明是用"woo-woo"来代表"毯子"（blanket）。这些例子显示出学步儿说出的第一个词可能是近似于成人的发音，也可能是他们非常规的声音的组合。

单个词或者整个短语，会被持续使用6个月左右，学步儿通过单个的语词表达许多意思，有赖反馈、语境以及许多成人的解释来补充其余的意思。所以"woo-woo?"意味着本杰明正在找他的毯子，而"woo-woo!"则表示他现在就要他的毯子！

在18—24个月，学步儿表达的词汇急剧增加。"大约在18个月大的时候，儿童的能力激增，大部分儿童开始以每两小时一个单词的速率来获得新的词汇。"（Cowley，1997，p.20）在这段时间里，儿童通用的一个单词是"whattzat?"，意思是"What's that?"（那是什么?）。到了感知运动发展的末期，学步儿似乎是渴望着命名他们记忆中的经验和信息（那是认识和语言的再次连接）。

接近两岁的时候，学步儿就开始组合词了，通常是两三个词的组合，并在信息中去掉了不重要的词，因此被称为"电报句"。年长一些的罗拉说"cracker allgone"（饼干都没了），而年长一些的本杰明则说"where woo-woo"（毯子在哪里）。

出生后的第二年是语言发展的关键期，需要持续地依靠有效的成人语言环境，还需要通过婴儿期的语言刺激来促进大脑的早期发展。简而言之，我们所建议的实践是为了培养学步儿语言的发展。

## 发展适宜性的认知环境

简要地回顾了学步儿的认知能力和学习兴趣后，我们现在准备考虑的是为促进儿童最佳发展或成人提供最适宜的环境时的作用。

### 伯顿·怀特关于学步儿教育的论述

伯顿博士在哈佛学前教育方案（Harvard Preschool Project）、布鲁克林早期教育方案（Brookline Early Education Project）和作为教师的新型父母方案（New Parents as Teachers）等中，对婴儿和学步儿的最佳发展进行了最广泛的研究（White，1995，1988）。他的发现给那些努力为学步儿提供最适宜经验的看护者们提供了重要启示。他们的研究发现，在8个月之前儿童很少有明显的区别，但"相对而言很少有家庭（也许不超过10%）尝试着为他们8—36个月大的孩子提供尽可能的和应该的教育和发展"（White，1995，p.114）。怀特还认为，小学低年级学习成绩不良的儿童群体在1岁时不会显得格外差，但是在第二年快结束的某个时候就开始落后了。学步儿期最佳认知发展是与语言、好奇心、社会性以及基本智力的发展相关的。他还提到"学习如何学习"，"在感知运动探索能力的基础上，高水平的智力开始形成"（White，1995，p.123）。怀特指出的那种与智力相关的能力是学步儿发展的关键，包括以下几个方面。

- 良好的语言发展。
- 注意细节和差异的能力。
- 预料结果的能力。
- 抽象的能力。
- 将自己置于另一个人位置的能力。
- 进行有趣交往的能力。

- 计划和执行复杂活动的能力。
- 有效运用资源的能力。
- 在保持对任务的注意力的同时，对复杂情境中发生的事情保持关注（双重聚焦）。

（White，1995，p. 185）

怀特发现了在培养环境方面的具体不同。这种环境与日后儿童各种能力的发展相关。他为有志于培养儿童这些具体能力的成人提供了具体建议，它们包括在成人看护者的3种角色中：儿童世界的设计者（见第五章）、顾问（将在下面具体讨论）以及听众（见第九章）。

**成人作为顾问。**伯顿·怀特的研究发现，作为一个资源提供者或顾问，看护者之间的真正不同可以从可获得性方面进行衡量，有的看护者能促成儿童智力的、语言的和社会的能力的早期发展，而另外一些看护者则没有这样。成人创设一个安全、有趣、充满了奇妙、事情的环境让儿童去操作，成人通过环境来引发学步儿天然的好奇心，从而推动他们进行各种各样的探索。研究发现，卓有成效的成人会容忍杂乱、偶然事件和自然的好奇心。成人还要能够"随叫随到"。当学步儿在探索中经历兴奋、挫折、困惑或者痛苦时，成人要能够与之进行简单互动。

**有效顾问的特点。**当学步儿带着兴奋和困惑走向成人时，有效的成人要能够尽快地对他们作出回应。他们不能让儿童等待或失望，而要将这视为一个教学的机会。即使他们要说"你必须等待一分钟，等我帮完萨莉"，这样会让学步儿意识到，成人关心他们的发现或者忧虑。

在这一阶段，学步儿最重要的学习是认识到他们的兴奋和好奇是有价值的，在自己不能处理的情况下，可以将他人作为一种有用的资源。

在作出回应以后，有效的看护者会停下来看看到底是什么使学步儿感兴趣。他们找出问题，然后具体指出什么是适宜的。这里成人需要行使判断力。当儿童自己不能够完全有效地处理任务时，成人要提供帮助——实际上是脚手架——"让儿童继续前进并不断地建构新的能力"（Berk & Winsler，1995，p. 26）。成人给予帮助的方式对于促进儿童的学习和掌握新东西具有重要的作用。直接指导和明确给予帮助的程度影响着儿童学习和发现答案的能力，这就意味着学步儿将不会了解到成人的帮助是完成某事或者获得注意的捷径。成人要通过提供建议、示范或者对任务条件的理性理解等来成功地帮助儿童，并且要尽可能少干预。

如果学步儿寻求帮助，他们是在学习如何满意地完成任务，他们会发现只需得到轻微的协助，他们就能自己来做事情。

当成人和学步儿互动时，他们会表达一些与儿童兴趣和发现相关的想法。当一个儿童捏出了一个球，一个成人可能会说："你做了一个球，是吗？你能把这个球拍扁吗？"或者"你有一个小球，一个小球在一只小手里，现在我把它放进我的大手里。"成人要谈论使儿童感兴趣的话题，并且要与儿童熟悉的或能正确理解的事情相联系。

学步儿正是通过简短的认知连接来拓展他们的心智。

简短的互动也允许成人提供一些与主题相关的语词，不管它们是回答了问题还是解释了儿童的发现。他们使用等同于或者略高于学步儿自身水平的语言。"一个球，滚一圈再滚一圈。"

因为成人有意识地为他们提供与情境相关的语言，学步儿获得了语言的经验。

这种互动是简短的（怀特估计，在家中成人只花费了不到10%的时间与学步儿进行有意的互动），而当学步儿准备好以后，他们会中断对话，有时候是受到成人意见的刺激，有时候他们准备重复让他们兴奋的工作。怀特说，有效的成人不会使学步儿感到厌烦。大部分诸如此类的偶然事件可能会持续20—30秒——真正是"转瞬即逝的"教学。

在这里描述的作为顾问的有效成人，很明显缺少点什么。当成人断定学步儿已经准备好时，不需要强迫教学，也不需要设置很多的限制，以便让学步儿接受正规教学。学步儿决定着学习的节奏和类型。

### 对学步儿的教学原则

从前面所描述的顾问的特点，我们可以构想出对学步儿进行教学的6个原则。

**原则1，环境就是一切。**也许这有些夸大其词，但重要的是要认识到这种决定的重要性，即教师要关注教室里活动材料的安排。成人对游戏空间的物质安排对学步儿来说是非常有用的，同时要允许儿童自由地做他们自己的工作。对环境重要性的强调帮助教师不再主导教学，而认识到学步儿是自己学习的主导者。

**原则2，课程就是材料。**选择有趣、新颖和有挑战性的材料是拓展学步儿感知探索能力的关键。教师在选择项目方面扮演着重要的角色，这些项目既不能太简单以至于让学步儿迅速地丧失兴趣，也不能太难从而挫败尝试的信心。在很多情况下，解决方案是运用开放式的材料，这样学步儿可以依据他们的兴趣和能力水平，运用各种各样的方式来使用材料。

**原则3，由学步儿发起。**如果教师们认为教学就是"告诉"，那么和学步儿的工作方式就需要进行一个重大的调整。教师要观察学步儿，当他们显示渴望交流、帮助或者成人的想法时，教师要能够作出简短的回应，而不是去停止游戏以留出一天中的"上课时间"，并由教师掌控。通过对学步儿活动的回应，教师加强了学步儿"学习如何学习"的策略，到目前为止这是需要教的最重要的一课。

当教师观察到学步儿出现漫无目的的徘徊行为时（与学步儿专注于探索的非常有目的性的徘徊是不同的），教师要为儿童提供或建议新的兴趣，让他们去发起他们的活动，比如可以鼓励一个学步儿去关注今天感知区的刨花和动物。

**原则4，成人进行观察。**当一些成年人得知他们需要让儿童积极主动地在游戏中学习，他们认为这意味着他们唯一的作用是设置环境和监督安全。这种理解忽视了成人作为观察者的重要角色：最初通过观察熟知学步儿的能力水平和兴趣，然后作出有关活动材料的第一个决定；随后通过观察来了解儿童是如何运用材料，并知道如何最好地对学步儿的主动性作出回应；基于这些观察作出关于活动材料的下一步决定，这些材料可能会延伸或加强目前的学习。在学习周期的每一步都要持续观察。

看护者要战略性地确定他们的地位以便进行最大范围的观察。他们在互动、帮助、安慰和整理的时候都可进行观察。

**原则5，成人作为支架（scaffold）。**最早使用"支架"这一术语的并不是维果茨基，而是伍德（Wood）、米德尔顿（Middleton）、布鲁纳（Bruner）和罗斯（Ross）。他们用这一术语来描述婴儿在成人支持下在游戏和学习中进行下一个步骤的具体过程，这一过程维果茨基有所论及（Berk & Winsler，1995）。有效的支架包括这些成分：

● 共同解决问题，使儿童参与合作解决问题的活动并与其他人进行互动，从而尝试达成一个共同的目标。

● 主体间性（intersubjectivity），让那些在任务开始时有不同理解的人达成共识。当成人分享他们对儿童最近发展区的见解时，儿童了解如何以更成熟的方式解决问题。

● 成人要真正介入儿童的活动和兴趣，在互动中要以热情而富有感情的语言作出回应。

● 建构环境和任务，设定最近发展区，对儿童的要求要处于适当的挑战水平上，并不断调整成人干预的程度以适应儿童的"即时能力"。

● 让儿童尽可能地去管理活动，以促进他们自我管理能力的发展。一旦儿童能够独立地工作，成人就要放弃控制和帮助。

在支架教学中，成人必须要看儿童达到了什么程度，然后考虑建立这种程度上的几种学习的可能性。一个支架教学的机会可能是学步儿拿着一个装着彩色弹子的塑料瓶子给教师时。教师可以说"摇摇瓶子"，以帮助儿童发现这种行为能制造声音；教师也可以拿着瓶子假装喝水，以鼓励儿童的进行扮演游戏；或者教师也可以在地板上滚动瓶子，以帮助他们注意瓶子是怎样运动的。这些是比儿童自己行动要复杂得多的行为。成人提供了一种学习情境，能够让儿童向前发展。

**原则6，成人作为游戏伙伴。** 当学步儿走近成人时，成人要作为伙伴来与他们互动，而不是作为主宰的领导者。这个伙伴使用观察和支架教学的技能，全心全意地表达对在游戏中嵌入严肃学习的支持和尊重。他们通过积极的关注和对主动发现的认可来做到这一切。他们暂停和轮换游戏，并从儿童的角度来看事情。作为伙伴要停顿足够长的时间以跟上对方。就好比舞蹈，最好的舞伴不会一下子舞出几个复杂的新步子从而有可能使对方跌倒。

# 计划

强调学步儿主动的探索性学习，否定教师的直接教学，是否意味着学步儿教师不需要写课程计划呢？当然不是。有效的幼儿教师制订明确的计划，是为了使其所提供的多种多样的、有趣的和适宜的活动材料并非随意产生。尽管如此，他们认为，他们主要是根据学步儿可能选择的各种各样的学习机会，来规划不同的选择和经验。因而，他们不是为他们的教学行为规划确定的蓝图，而是创造一个学习的选择和可能性框架。学步儿会选择那些在特定时间吸引他们的活动和材料，而且他们的活动是从看护者为他们准备的材料开始的。不能打断儿童的游戏让他们参加教师计划好的活动，幼儿的游戏有其自身的价值。

如前面讨论过的，计划是建立在对幼儿发展水平的观察之上的。当教师熟悉了儿童身体、认知和语言发展的标志后，他们就会意识到个人在群体中的位置。他们能够通过计划支持儿童获得相关发展水平，帮助他们达到下一个发展水平。

计划考虑到学步儿特殊的学习风格，与材料进行简单互动后转移到其他的活动，然后返回来。虽然教师为简短的活动时间准备了适宜的材料和活动，如让小组学步儿聚到一起听故事或歌曲，但教师们认识到幼儿的大部分学习时间是花在独立探索和自我决定的任务上的。设计也考虑了学步儿需要一些新奇的事物以刺激他们的好奇心，同时也需一些熟悉的物体和活动。

计划也是建立在对兴趣的观察之上的。当教师发现一些主题对学步儿非常重要时，他们就通过增加相关的学习经验来不断扩大幼儿的探索范围，从而保持幼儿的学习兴趣。如果这听起来非常像第三章详细讨论的生成课程，那是因为该课程经过调整以后也适宜学步儿。在学步儿教室中产生的许多问题，可能是教师的认识导致的，他们认为学步儿太小还不能进行任何真正的学习，因而也不需要真正的设计。往往在这样的教室里，学步儿只是自由地玩一些大多数教室的玩具柜上都有的系列玩具，数月不变。虽然这些典型的拼图、形状分类罐、球、卡车和空心积木并没有什么错——事实上这些东西都是适宜的——但单靠这些而不能有计划地提供多样化以及多层次的材料，加上学步儿追求新异的特点，会导致徘徊行为较多，注意时间缩短，冲突增加，越来越依赖成人。

里凯南和爱德华（LeeKeenan & Edwards，1992）描述了一个学步儿课程。该课程让儿童在不同的经验上之间建立连接。比如其中的一个方案是玩水，学步儿在一段时间内在许多活动中用水，从清洗儿童玩具到在喷雾瓶上用水画画。他们发现那些相互联系的经验让学步儿理解了最基础的和相互联系的概念，学步儿在他们每天的游戏中运用了更广泛的词汇。

学步儿课堂计划表可能看起来就像表 13 - 1 中一样。我们注意到教师设计了团体中每个儿童都可能喜欢的具体兴趣和经验。我们还注意到教师们准备的活动是注释形式的。他们将择机启动这些活动，而不是确定某个时间必须做某项活动。

看护者需要准备（根据孩子的兴趣和接受能力）放弃当天的活动计划。教师要追随学步儿，来决定何时和如何执行他们计划好的活动。

**表 13 - 1 学步儿计划课程案例**

谈论区：我们在家里所做的事情和使用的东西。

感官区：雪松剃须刀、塑料铲和耙子。

绘画区：锅刷、海绵。

玩水区：肥皂水和要清洗的塑料餐具。

操作区：用镊子将棉花球放进塑料瓶子里。

拼图区：房子，带抓手（展示内部）。

积木区：泡沫积木和家庭成员小雕像。

戏剧游戏区：婴儿、婴儿瓶、围巾盒。

特色菜：撒了芝麻的奶油饼干。

考虑将一系列的事情形成网络：

    看看杰西卡是否仍然对攀爬感兴趣。

故事：《我的爸爸和我》《我们的花园》。

歌曲：《我们是这样扫地的》

## 感知学习的材料和活动

如"计划"部分指出的，材料本身能激发学步儿进行感知运动探索，包括测试物体的特点，寻找新的方法来使用熟悉的物品。这意味着大部分的材料需要是开放性的，也就是说，这个材料可以以各种方式使用并且可以用在日益复杂的游戏中。

以下建议并不全面。你看时，要注意那些你已经见过的。任何一本关于学步儿教育活动的好书都会有建议（参见 Catlin, 1966; Dombro, Colker & Dodge , 2002; Herr & Swim, 1999; Kohl, 2002; Miller 1999, 2002; Schiller, 2003; White, 1988, 1995）。

**创意区。** 幼儿将会喜欢使用以下材料。

● 蜡笔，包括在松饼罐里放着的自制的那些短而粗的蜡笔。把纸用透明胶固定到桌子上，或者用线把蜡笔拴到画架上。幼儿喜欢乱涂乱写而不太喜欢创作。

● 手指画，可利用各种方法自制（Kohl, 2002），可以画在盘子上、桌面上、镜子上、窗户上或者其他任何可以涂画的地方。

● 大粉笔和粉笔盒。

● 水感应器（water-based felt tip marbers）。

● 橡皮泥（是的，儿童还会品尝一下），用诸如压舌板或马铃薯搅碎器这样的工具。

● 颜料和各种各样的画笔和其他容器，比如空的、有滚轴的瓶子或者海绵。

● 用来撕扯的纸和杂志。

● 偶尔提供粘贴的机会，只要教师愿意让儿童体验黏性。小刷子、棉签及各种容器会用得上。

● 任何类型的纸张都能成为制作的材料。从家长提供的废弃物品、大的纸张可用来适应儿童的大肌肉运动。

● 为减少混乱，用一个旧的浴帘，在地上铺块塑料布，让孩子穿上工作服、旧衬衫。

**玩具区。** 许多买来的玩具适合学步儿运用。选择时应该包括以下的内容。

| | |
|---|---|
| 大的乐高玩具 | 形状分类罐 |
| 一张图片的拼图，有一些带旋钮 | 堆叠或嵌套玩具 |
| 硬积木 | 自助板以练习捆绑和解开 |
| 堆叠用的积木 | 快碌盒（busy boxes，见 White，1995） |
| 塑料弹珠 | 小玩具 |
| 大珠子 | |

可回收的材料也是必要的。操作性的玩具可以用以下材料制作。

| | |
|---|---|
| 各种各样的塑料容器和瓶子 | 牛奶壶 |
| 盖子和顶部 | 冰棒棍 |
| 罐头盒子 | 大螺母和螺栓 |
| 衣夹 | 带和扣 |
| 盒子和盖子 | 铰链，脚轮 |
| 鸡蛋盒和一些能放进去的东西 | 海绵 |

来自自然界的事物也能进行有趣的探索，但是必须小心的是要选择易于操作的物

体，并且要足够大，以防止儿童放进嘴里导致窒息。建议包括以下这些物体。

| | |
|---|---|
| 大而光滑的石头 | 大贝壳 |
| 松果和大的种子 | 树皮和树枝 |

运用任何方式加以组合，就会有许多可能性。

## 此时你会怎么做？

"我有一个问题。一些学步儿的父母坚持认为我们应该让孩子真正学到一些东西。这里，他们指的是坐下来学习的课程。我该怎样让他们相信那是不合适的呢？"如果你是这位教师，你该如何回答呢？

事实上你该同意。不管是父母还是看护者，都相信学步儿应该学习一些东西。不同的是你对实际的学习该如何进行有自己的理解。如果一个成人相信学步儿只能通过来自成人的直接教学进行学习，那他将很难看到学习实际是如何发生的。你最好的策略可能是让学习对于家长来说变得更为显而易见。

尝试用相机来捕捉学步儿用材料开展的活动。在你的家长公告板上以合适的方式展示这些图片，或者把这些照片放入相册，配上解释性的说明，并轮流送到孩子家里。以图片的方式在记录板上描述学习经验的序列。用录音机来捕捉一些语言的变化或者唱歌。展示大家最近分享的最喜欢的书籍。

提供一些能解释学步儿学习类型和有回应的教学的文章和书籍：作为读者的父母能够通过阅读获得比个人经验更好的信息。利用美国幼儿教育协会为学步儿所提供的发展适宜性和非适宜性的实践申明。强调儿童的整体发展。在非正式谈话中，与父母一起记录和分享儿童的发展变化。

也许最重要的是邀请父母来观察。与他们分享你在自己观察基础上制订的计划和目标。呼吁他们注意学步儿真正参与的、自己选择的探索。扮演你通常充当的顾问角色，然后找机会与家长探讨教师角色。让他们观察儿童在午饭前、中、后的这段时间里自理能力的发展。

让家长们在教室里看学步儿半日活动录像，然后把他们组织在一起讨论他们所看到的。有时候来自其他父母的支持会帮助另外一些父母采用新的观点。要记住将你的观点强加给家长是不会改变他们的想法的，要让他们真正有机会去经历学习的过程，这样才可能会帮助他们看到你所提倡的方向。要有时间去对话而不是强迫别人同意。冈萨雷斯在她关于儿童养育中的多元化问题的书中涉及了这些问题（Gonzalez-Mena，2001）。

**感知探索。**学步儿要经常接触材料。如果教师无法买到现成的，如盛水/沙子的台，可以临时用盘或婴儿澡盆代替。给儿童有趣的配件，让他们除了扔还有别的玩法。这时混乱是最少的，也是利大于弊的。附近有一个小扫帚、拖把、簸箕也会有帮助。浴缸的材料包括以下几种。

- 沙子，包括室内的和室外的，一些配件，如勺子、铲子、大小不同的容器、漏斗、过滤器、形状模具和小的自卸卡车。有时，要在沙子里添水。
- 水，包括室内的和室外的，有时通过增加颜色或泡泡、冰块对室内的作些改变，也可以提供一些配件，如小船、打蛋器、海绵、漏勺、软管、洒水壶、水管、瓶、吸管、娃娃或碟子。
- 大米、玉米面、燕麦、干豆类和通心粉、小块泡沫、木屑、锯末、刨花、大石头、复活节草、树叶、坚果、马铃薯片、鸟食、咖啡沙（咖啡渣混合沙子）。所有这些都需加强监管，以免石块或豆类（即使那些大的也要考虑安全以免误食导致窒息）进入鼻子或耳朵。
- 盒子或托盘以及其他感官教具，如砂纸，布，带子，橡皮圈，胶纸，纱球或胶带，自然材料，如种子、坚果、树皮、贝壳，有时这些东西可用来配对或比较。
- 在干净的塑料容器里装上各种物品，自制发声玩具。
- 收集铃铛、哨子和号角。

**建构区。**学步儿还没有为传统的木质积木做好准备。相反，他们喜欢用以下这些物品进行建造。

- 结实的硬纸板。
- 大型积木。
- 泡沫和布做的积木块。
- 不同大小的盒子。
- 教师用箱子和牛奶盒制作的大积木。
- 大纸板或塑料管，另外还有一些道具，如动物、小人或汽车。

两岁的孩子可能会给积木排队或者带着积木到处玩。

**模仿和表演区。**在第一次扮演游戏时，学步儿需要房间内有下面这些材料。

- 一张桌子和两把小椅子、炉子、婴儿车和床。学步儿将会再现家庭场景，进行简单重复游戏，所以他们需要一个易于辨认的简单的家具区。
- 简单的服饰，如围巾、帽子、鞋、皮包、压缩旅行袋和镜子。
- 玩具电话或真电话。
- 一些壶、锅、盘子和大的勺子：呈现给学步儿的是实物而不是玩具。
- 一个小拖把和扫帚。
- 娃娃和婴儿毛毯（将娃娃的衣服脱下来一会儿，学步儿会拿来衣服让你帮它再穿上——反复地）。要确保有男娃娃和女娃娃，并且娃娃要表现种族的多样性。
- 寻找家庭生活中的现实材料，比如空的食物盒子。

**图书区。**要尝试去鼓励学步儿对书籍产生兴趣，教师要为学步儿提供他们自己能够拿的书，以及能够给学步儿阅读的书。图书区应该包括下列材料。

- 纸板书（而不是布料或塑料书，这些书不容易清洗并且学步儿也很难用手拿）。
- 自制的图画书，用的是硬纸板，用活页的形式会方便些。
- 相册，可以用熟悉的照片，也可以用命名物体的大的图片。

- 法兰绒板书。
- 简单的图画书。

此外，看着学步儿运用这些材料可能会给教师以更多的想法。为学步儿创设发展适宜性的认知环境，不仅满足了儿童个体的需要和兴趣，也拓展了其作为团体成员的能力。

罗萨在扮演区添加了一项消防员的帽子、一本有消防员照片的图书，在积木区添加了两辆新的小消防车——当罗萨发现当消防车飞驰而过时，米歇尔重复说她刚学会的新单词——"火"。

意识到德涓不愿意弄脏美术桌，老师给画架上添加了一些新的纸，在那上面绑了两根大粗蜡笔。

在注意到萨拉已经掌握了单个拼图块的拼图时，她在储藏室里找来了有 3 个拼图块的拼图。

总之，认知的发展是由精心准备的环境所激发的，这种环境鼓励探索和活动，并使用精心挑选的开放式的材料和坚固的玩具。成人仍然是有作用的，他们观察学步儿的理解水平，并对学步儿的行为作出及时的回应以分享他们的发现或者给予帮助。他们通过简短交流支持他们的好奇心和学习，增加与此相关的想法，并增加语言。现在让我们思考一下成人在为学步儿提供最佳的语言环境方面的作用。

## 学步儿语言教学的原则

有人曾经说过，在我们的文化中成人要教授给学步儿两样重要的东西：在不同场景如何讲话、如何停止。这两者的不同在于成人在教授后者时经常感到挫败，而教授前者则更容易成功。这是由于教学方法的不同。在教洗手间的使用时，成人常常专门确定一个时段，直接教授做什么和怎么做，并清楚地让儿童知道，按照成人的标准怎么算成功或失败。然而，在进行语言教学时，大部分成人要让儿童选择他们开始讲话的时间，教学也是间接的（主要是通过示范），并且教师几乎总是积极对待儿童讲话的任何努力。虽然这需要再思考（主要是考虑进行如厕教育的新策略），但如果成人想要为儿童提供最佳的语言环境，将需了解研究已经发现的非常有帮助的行为。

**原则 1，语言教学要对学步儿的交流作出回应。** 如果学步儿儿童进入语言发展阶段，他们需要意识到他们努力讲话对成人是非常重要的。如果成人不参与到谈话中，学步儿很快就会发现语言是没有价值或不必要的。即使成人不能够理解学步儿的第一个词，他们也要通过语境和非语言的暗示来尝试理解并作出适宜的回应。即使成人厌倦了持续的"whatzat?"，他们也要耐心作出回应，要知道他们在帮助儿童命名某些物体起着关键作用。

"喔，"罗德尼说，并举起了他的杯子。"再来点果汁，罗德尼？你想要更多的果汁？"

"Muk wal。""呃，"老师说，"我不明白，给我看看。"

"Whatzat？""那是一面镜子，镜子。"

**原则 2，语言教师要成为讲话的榜样。** 要知道学步儿依靠成人的讲话作为他们学习的榜样，并从中提取他们自己对于语法的理解，所以成人要经常对儿童讲话，语言明白、清楚，比平时与成人讲话时更清楚，并且强调关键词。有时候可准确地重复儿童的词，加强发音的语气。这是一种积极强化，而不是一种消极的纠正。他们的示范作用不仅在于讲话的方法上，而且也包括对话的逻辑。当他们在和一个特殊的儿童对话时，要表达清楚明白，在继续讲话前要等待儿童的回应。

"Mok，"杰弗里说。"是的，这是你的牛奶（milk），"他的妈妈说。

"罗德尼，这是你的外套。"

"点心时间到了，米歇尔。"

**原则3，语言教师要简化言辞。**成人要简化他们的许多言语，使之只比儿童当前的语言水平稍微复杂一些。如果一个儿童用两个单词组成的句子讲话，那么成人就用3个或4个单词组成的句子。长的和复杂的句子要少用，但不要完全避免。一些复杂句子似乎建构起了儿童的语法结构。一项研究表明，如母亲有40%的时间运用复杂的句子（这些句子都常有从句，比如"何时……"或者"因为……"），学步儿会有35%的时间运用复杂的句子；如果复杂的句子只占母亲讲话的10%，那么儿童运用此类句子的比重是5%（Begley，1997）。另一个常见的简化是以名词代替代词，比如"鲍比想要一些果汁吗?"——可能对于学步儿尝试学习代词不会有帮助。

"到了穿夹克的时间了。"

"你想要更多的果汁吗，珍妮弗?"

**原则4，语言教师要拓展学步儿的语言。**已知的促进学步儿语言学习的有效策略是扩大他们原有的语言，增加词汇和想法。扩充儿童遗忘的词或者提供更多具体的词，扩展儿童原有的想法。这样的扩展对于认知和语言的发展都是很重要的。

"Ju，"米歇尔说，举起她的杯子。"更多的果汁，你想要更多的果汁，"她的看护者扩展了她的句子。

"想要 dat，"萨拉说。"你想要你的兔子?"妈妈说。

"爸爸车，"彼得说。"是的，爸爸进到车子里了。他去上班。"

**原则5，语言教师要把词汇与行动及经验联系起来。**学步儿在特定的情境中学习词汇。当手势和其他非语言的暗示帮助儿童理解语言的意思时，他们的学习就得到了帮助。但是语言教师并不用手势来代替语言，而是明确选择他们的语言："拿起这个球"而不是"拿起这个"（Greenman & Stonehouse，1996）。当看护者描述他们的行为和学步儿的活动时，具体的情境能帮助学步儿认识其中的意义。看护者在学步儿的环境中提供大量的物品、图片和经验，这能提供有趣的事物，刺激交流。

"鞋，珍妮弗，请穿上你的鞋，"老师指着鞋说。

"你在玩肥皂泡，是吗?"老师把她自己的手放进肥皂水里，说。

"鸭子在哪里，雅各布?让我看看鸭子的图片。"他们在看贴在墙上的一些图片。

**原则6，语言教师的纠正要间接。**学步儿有许多需要学习的语法和词汇。在这个过程中，他们通常由于过分概括而犯错误，比如通过推论复数形式要加"s"，而过去式后面要加"ed"，学步儿在所有的情况下都运用这些规则，包括不规则的名词和动词，说出诸如"my feets"（或者 foots），或者"Daddy goed"或"wented"。实际上这样的语言结构清楚展示了学步儿对大量语法规则的惊人理解！成人正确重复儿童的这些概念是最有帮助的，不要直接指出其中的错误。学步儿能够迅速自我纠正，并不会感觉失败。布拉策尔顿指出，对正确讲话的过分强调可能是语言延迟的一个重要原因（Brazelton，1974）。

"是的，爸爸去办公室了。"

"在你脚上有一双新鞋子，是吗？"

**原则7，语言教师要鼓励学步儿讲话。**在学步儿有能力将声音和词联系起来之后，成人要鼓励学步儿去尝试讲话。在学步儿还没有机会用语言表达前，成人不要对这种自觉的需要立即作出回应。当学步儿能说一两个词时，他们要通过提问来鼓励儿童说话。然而，他们不能让学步儿有受挫感，如果他们给儿童一件物品而儿童无法说出时，不要求儿童说。

有时候他们通过环境中的材料来鼓励儿童讲话，比如玩具电话或真电话、木偶、图片和实物。

"告诉我你想要什么，米歇尔。"

"你想要一块饼干还是两块？"

"喂？这有人想和你说话，丹尼尔，"拿出电话。

**原则8，语言教师与学步儿亲密接触。**卡菲尔德（Carlfield）曾注意到学步儿期的一段时间，她将之命名为"搭扣"时间（Velcro Time）。这是一个短暂的时期，这时儿童与主要照顾者在一起的兴趣取代了通过玩具进行独立探索的兴趣。这段时间里，学步儿的主要兴趣在语言，观察看护者的口型，尝试说话，命名或评论拿到的物品，并喜欢让成人讲书上的图片。当更多的词汇出现后，学步儿的主要兴趣似乎又回到了玩具上。她推测，这一短暂的时期既具有语言上的目的，也具有情感上的目的，这期间看护者会满足学步儿直接听到语言的愿望，并且还与学步儿面对面，顺应儿童的语言发展。

当鲍比（Bobby）指着书中的图片时，珍妮弗说"海龟"。

"海龟。"他转而看着她的脸。

乔（Joe）说："指给我看你的鼻子。"李（Lee）坐在他对面的毛毯上全神贯注地看着他，这时他摸了摸他的鼻子。

**原则9，语言教师要多提供歌曲、儿歌并做游戏。**传统的儿歌、童谣和游戏之所以流传，是因为它们非常适宜学步儿语言的发展、韵律、重复以及与行动和意义的联系能帮助儿童理解和掌握词汇。

拉托雅唱道："头、肩膀、膝盖和脚。"她边唱边指各部位以便于学步儿模仿她。

当安东尼（Anthony）念出"矮胖子坐在墙上"后，萨拉和德涓盼着他接着说"掉下墙来"。

**原则10，语言教师要给学步儿读书，读很多书。**语词和图片的重要联系帮助学步儿增加他们的词汇量。虽然在两岁之前学步儿还不能对实际的故事保持兴趣，但是图画书时期是重要的符号发展期。除了词汇，和成人一起的读书时间能够强化儿童对于图书和愉快经验之间的积极联系。读写能力是学步儿教室中一项重要内容。精心挑选的书籍将会帮助学步儿保持注意。节奏、韵律、重复和熟悉的序列，就像醒目的图示一样能为儿童提供主要的兴趣。放有低书架的舒适区域能鼓励儿童与图书互动。早期的读写经验为学步儿的发展奠定了重要的基础（Soundy，1997）。

表 13 –2　学步儿最喜欢的书

*Peek-a-Boo*! Janet & Allan Ahlberg

*Maggie's Moon*, Martha Alexander

*Hush Little Baby*, Aliki

*Ten Nine Eight*, Molly Bang

*Airplanes*, Byron Barton

*Goodnight Moon*, Margaret Wise Brown

*Miffy at the Zoo*, Dick Bruna

*The Baby*, John Burningham

*Dear Zoo*, Rod Campbell

1, 2, 3 *to the Zoo*, Eric Carle

*Jesse Bear, What Will You Wear?* Nancy Carlstrom

*Ten Black Dots*, Donald Crews

*Tomie De Paola's Mother Goose*, Tomie De Paola

*Do Bears Have Mothers Too?* Aileen Fisher

*Mother Goose*, Gyo Fujikawa

*Little Bo-Peep*, Paul Galdone

*Trucks*, Gail Gibbons

*Spot's First Walk*, Eric Hill

*A Children's Zoo*, Tana Hoban

*My Feet Do*, Jean Holzenthaler & George Ancona

*When I'm Sleepy*, Jane Howard

*Titch*, Pat Hutchins

*I Hear*, Rachel Isadora

*Animal Mothers*, Atsushi Komori

*Carrot Seed*, Ruth Krauss

*Kitten Can*, Bruce McMillan

*Ten Bears in My Bed*, Stanley Mack

*Is Anyone Home?* Ron Maris

*Brown Bear, Brown Bear, What Do You See?* Bill Martin

*Farm Counting Book*, Jane Miller

*Friends*, Helen Oxenbury

*Mary Wore a Red Dress and Henry Wore His Green Sneakers*, Merle Peek

*Circus Numbers*, Rodney Peppe

*Colors*, John Reiss

*Big Wheels*, Anne Rockwell

*Animals on the Farm*, Feodor Rojankovsky

*Three Ducks Went Wandering*, Ron Roy

*Gobble, Growl, Grunt*, Peter Spier

*Who's Counting?* Nancy Tafuri

*Pumpkin, Pumpkin*, Jeanne Titherington

*How Do I Put It On?* Shigeo Watanabe

*Max's Bath,* Rosemary Wells

*A Good Day, A Good Night,* Cindy Wheeler

*Animal Homes,* Brian Wildsmith

*The Chicken Book,* Garth Williams

*Hush Little Baby,* Jeanette Winter

## 学步儿的小组时间

当看护者知道了图书和歌曲对学步儿来说非常重要，他们就有可能考虑在设计小组时间为学步儿引入这些活动。在学步儿期的大部分时间里，儿童不大可能在有组织的并且有意义小组里长时间保持兴趣。让大量独立的学步儿共同待在一个空间，并按要求安静聆听，这是非常可怕的。总的来说，为学步儿组织正式的集体活动对其中的每个儿童来说都是非常令人沮丧的。

一个更好的办法是让有兴趣的学步儿坐在地板上，组成小规模的、不太正式的小组，并且在开始时让邻近的儿童一块唱歌或看图画书。当活动激发了大家的兴趣时，儿童会踊跃参加。就像他们是随意地组合到一块的一样，当有其他的事物吸引他们时，看护者也应该允许他们随意离开。在分享阅读时间，房间里的成人可能会发现最好各小组之间保持距离。通常成人在给学步儿读书时，会让学步儿坐在其腿上，而不是像大孩子的小组时间一样组成半圆。有时候把学步儿放在椅子上给他们读书是非常有用的；这种安排鼓励他们停留更长的时间。唱歌和游戏的主要作用是通过一个愉快的开始来提高小组参与。

对于学步儿来说，重要的是他们有了与图书和语言游戏的愉快的经验，而不是他们待在那里、静坐着并学到了小组活动技能。

在有了大量此类经验以后，年长的学步儿——那些将要进入 3 岁的儿童——可能准备好参加短暂的、更有结构的小组活动。比如教师可能创建半圆，用一个正方形的毛毯来明确标注每个儿童的位置。他们将设计很短的阅读和音乐活动，每日教儿童一些小组活动技能，比如静坐、聆听别人的讲话，等等。

# 非支持性的认知/语言/读写环境

当看护者发现了与学步儿学习类型最匹配的发展方法后，他们要避免两个极端。

第一，创造一个没有挑战和回应的环境。当看护者认定学步儿"太小，还不能进行真正的学习"时，就存在一种危险，那就是提供的环境令人厌烦并扼杀儿童的好奇心。看上去就像一个婴儿房没有了婴儿床和高脚椅在这样的房间里，玩具通常都在架子上，几乎没有足够有趣、能引起学步儿好奇的玩具。这时成人将他们的任务看成是在无趣的房间里对学步儿进行监督，更进一步说是裁决争吵，而这些争吵通常是由于儿童没有发现有趣的或新奇的东西。

第二，创造一个强迫儿童学习、成人决定学习经验的环境。看护者认定学步儿"不再是婴儿了"，通常强迫儿童死记硬背学习经验或照搬幼儿园经验。教师的计划中通常包括教学卡片时间或者制作一些产品让儿童带回家，"这样我们就能向孩子的父母展示我们确实教给他们一些东西了"。那通常意味着成人必须自己去做大部分的"工作"——复印一大堆相同的动物让学步儿去涂颜色或者将复活节兔子的碎片粘在一起。

死记硬背不符合学步儿主动的、自发的学习风格。虽然有时候学步儿能机械地重复教学卡上所教的单词（红、黄、起来、出去），或者描绘卡片上和成人重复的概念，但是他们对单词的真正理解肯定是有问题的。学步儿不仅仅是通过别人教来学习的，而且还通过他们自己主动的探索来学习（French，1996）。此外，要强迫学步儿学习此类经验，通常需要成人持续维持纪律，让儿童坐下来并集中注意，这往往导致儿童强烈的反抗。未解决的问题是：是否所有学习都要通过这样的认知实践。

## 观看电视和录像

怀特和布拉策尔顿都对学步儿看电视的价值表示怀疑（Brazelton，1974；White，1995）。虽然学步儿能够从电视上学习，学习广告上播放的单词和音乐或者"唱出芝麻街中播放的歌曲"（Brazelton，1974，p. 160），但只有建立在有意义的人际环境之中的学习才更加丰富，更加个性化。怀特承认，学步儿可能会从像芝麻街之类的儿童电视中学到一些词汇，但是语言并不仅仅是与明确的行动或者单词的意义相联系的。"即使他从未看过一个电视节目，他仍然能够以绝对美妙的方式学习你的语言。"（White，1995，p. 180）。

不久前美国儿科学会发表了一份声明：《电视如何影响儿童》（2002），见本章末尾"实用网站"部分。这份声明指出在儿童两岁或更小时，不提倡让他们观看任何电视节目或视频，并说明在对电视的影响作出进一步的研究之前，他们担心观看太多的电视会对儿童早期大脑的发育产生消极影响（对于大一点的儿童，他们建议每天观看教育性的、非暴力的电视不要超过1—2个小时）。

许多儿童中心将电视作为一门课程项目，这大大减少了学步儿主动探索的时间以及学步儿与其他儿童和成人相处的时间。当然，最沮丧的是看到学步儿由于没有安静地坐着看电视而被责骂，这似乎是非发展适宜性实践的极端表现。

## 强调坐着学习

学步儿是活动的。他们探索并且运用他们整个身体的内驱力、平均两分钟的集中注意力时间，意味着学步儿在学习行动并且在行动中学习。要求学步儿坐下来做事情，是违背他们天性的。他们时刻准备着站起和活动，甚至在读故事和唱歌时也是如此。吃饭时要求坐着，应该是一天中唯一要求他们坐下的时间。

## 小结

学步儿自然的感知运动学习风格要求成人在行为上作出回应。这包括准备有趣的环境，以观察作为设计和互动的基础，作为儿童游戏的伙伴，并且利用简短的、儿童发起的对话加入语言和想法。强调个性化的而不是小组的学习经验。成人要谨慎示范，不断扩展儿童语言，间接纠正，并且要简化自己的讲话以支持学步儿语言的发展。书籍和歌曲是重要的语言资源。谈话是整个环境的一部分。

## 思考

1. 参观一个学步儿教室。注意教师设计的活动的类型。如何设计小组活动时间？你觉得适宜吗？

2. 观察教师。你看到的哪些行为符合怀特所说的顾问的特点？

3. 列出学步儿在他们的游戏中可以用到的材料。标出这些材料，看看哪些是这一章中曾列出的材料，哪些是新增加的。

4. 选择一个学步儿并在游戏中观察他或她。记录他们 10 分钟的活动。你注意到了哪些行为？学步儿用什么策略去探究？

5. 举出成人和学步儿之间语言交流的几个例子。这些语言交流体现了本章所讨论的语言教学的哪些原则？

6. 教室中有哪些材料你认为会鼓励儿童进行语言交流？

## 问题（用以评估本章所学）

1. 描述感知运动发展最后阶段的特点。
2. 讨论学步儿典型的语言发展模式。
3. 描述伯顿·怀特所定义的顾问的角色。
4. 明确促进学步儿认知发展的几条教学原则。
5. 尽可能地设想适宜学步儿学习的活动材料。
6. 讨论培养学步儿语言发展的几种技巧。
7. 明确一些不适宜学步儿认知/语言发展的实践。

## 问题（用以应用本章所学）

1. 设计两种能以个人或者小组形式开展的语言活动。
2. 观察两个学步儿数天，设计与他们发展程度和兴趣水平相匹配的学习活动。

## 参考文献

Begley, S. (1997, Spring/Summer). How to build a baby's brain. *Newsweek, Special Edition*, pp. 28-32.

Bergen, D., & Coscia, J. (2000). *Brain research and childhood education.* Olney, MD: Association for Childhood Education International.

Berk, L., & Winsler, A. (1995). *Scaffolding children's Learning: Vygotsky and early childhood education.* Washington, DC: National Association for Educating Young Children.

Brazelton, T B. (1974). *Toddlers and parents.* New York: Dell Publishing.

Catlin, C. (1996). *More toddlers together: The complete planning guide for a toddler curriculum* (Vol. 2). Beltsville, MD: Gryphon House.

Cowley, G. (1997, Spring/Summer). The language explosion. *Newsweek, Special Edition,* pp. 16-22.

Dombro, A., Colker, L., & Dodge, D. (2002). *The Creative Curriculum for infants and toddlers* ( Rev. ed.). Washington, DC: Teaching Strategies.

French, L. (1996). I told you all about it, so don't tell me you don't know: Two-year-olds and learning through language. *Young Children,* 51 (2): 17-20.

Greenman, J., & Stonehouse, A. (1996). *Prime times: A handbook for excellence in infant and toddler programs.* St. Paul, MN: Redleaf Press.

Herr, J., & Swim, T. (1999). *Creative resources for infants and toddlers* (2nd ed.). Clifton Park, NY: Thomson Delmar Learning.

Kohl, M. (2002). *First art: Art experiences for toddlers and twos.* Beltsville, MD: Gryphon House.

LeeKeenan, D., & Edwards, C. (1992). Using the project approach with toddlers. *Young children,* 47(4): 31-35.

Miller, K. (1999). *Simple steps: Developmental activities for infants, toddlers, and two-year-olds.* Beltsville, MD: Gryphon House.

Miller, K. (2002). *Things to do with toddlers and twos* ( Rev. ed.). Telshare Publishing.

Piaget, J. (1951). *Play, dreams and imitation in childhood.* New York: Norton.

Schiller, P. (2003) *The complete resource book for toddlers and twos.* Beltsville, MD: Gryphon House.

Soundy, C. (1997). Nurturing literacy with infants and toddlers in group settings. *Childhood Education,* 73 (3): 149-153.

White, B. (1988). *Educating the infant and toddler.* Lexington, MA: Lexington Books.

White, B. (1995). *The new first three years of life* ( Rev. ed.). NewYork: Simon & Schuster.

## 建议进一步阅读和研究的资料

Barclay, K., Benelli, C., & Curtis, A. (1995). Literacy begins at birth: What caregivers can learn from parents of children who read early. *Young Children,* 50(4): 24-28.

Bardige, B., & Segal, M. (2005). *Building literacy with love.* Washington, DC: Zero to Three.

Geist, E. (2003). Infants and toddlers exploring mathematics. *Young Children,* 58(1): 10-13.

Gonzalez-Mena, J. (2001). *Multicultural issues in child care* (3rd ed.). Mountain View, CA: Mayfield Publishing.

Silberg, J. (2002a). *Games to play with toddlers* ( Rev. ed.). Beltsville, MD: Gryphon House.

Silberg, J. (2002b). *Games to play with two-year-olds. Revised Edition.* Beltsville, MD: Gryphon House.

Van Halle, C., & Goldsmith, H. (2004). Genetic, environmental, and gender effects on individual differences in toddler expressive language. *fournal of Speech, Language, and Hearing Research,* 47(4): 904-912.

Watson, L., & Watson, M. (2002). *Infant and toddler curriculum and teaching* (5th ed.). Clifton Park, NY: Thomson Delmar Learning.

## 实用网站

### http://www. aap. org

美国儿科学会网站。该网站提供了很多的信息，如对待电视的立场以及电视如何影响儿童的观点，点击健康主题，然后看看关于电视的主题吧。

### http://parenting. ivillage. com

在这个网站里，你能找到很多关于学步儿学习和语言发展的材料。搜索关于学步儿自由游戏和学习的文章。

**http://www. kidsource. com**

这个网站有许多关于儿童教育和健康的论文。查找关于学步儿学习和语言的文章。

# 发展适宜性的认知/语言/读写环境：学前期

波丽·格林伯格（Polly Greenberg）在《幼儿园为何不要学科化》（*Why Not Academic Preschool*）一文中，总结出了倡导为学前儿童提供发展适宜性实践项目和强调更正式的学科学习项目之间的巨大差异。当我们考虑为学前儿童创设发展适应性认知/语言环境时，游戏在提供适宜性课程和学习媒介方面居于核心地位。本章将主要探讨游戏以及教师在提供最佳游戏体验中的作用。

## 本章学习目标

- 讨论前运算思维的特征。
- 辨别和描述教师支持游戏的行为。
- 讨论什么是早期读写能力，为什么说强调早期读写能力是适宜的。
- 描述适宜性语言环境的 8 个要素。
- 区分几种非发展适宜性的实践。

## 前运算思维

皮亚杰将 2—7 岁儿童的思维和认知发展描述为前运算阶段，意思是这时儿童的思维中有能力作出真正的逻辑联结。在这一阶段，"儿童无法形成或理解真正的概念，概念是可靠和稳定的，不会时不时受到冲击"（Van Hoorn，Nourot & Scales，1998，p. 222）。根据皮亚杰的理论，这是因为这一阶段的幼儿是从单个具体事物到单个具体事物地推理，而不是基于对具体事物与整体关系的理解作出推理（Piaget，1969）。

事实上，皮亚杰将前运算阶段又划分了两个不同的阶段：阶段一是 2—4 岁，此时儿童开始将熟悉的行为模式应用于外部世界；阶段二是从 4—7 岁，这一时期幼儿的认知开始变得更加复杂，使幼儿能够在一定程度上理解偶然性和关系。尽管如此，在这两个阶段，幼儿的前运算思维仍非常具体，而这些为想要理解儿童如何最好学习的人们提供了启示。

### 集中倾向性（centration）

集中倾向性是前运算阶段儿童在任何情况中聚焦于事物的某一方面而忽视其他方面的倾向。因此，他们的概念限于一个突出的表面或观点，排除了基于整体的正确理解，即他们把事物表象的一些方面与现实混为一谈。在皮亚杰关于守恒的经典实验中，幼儿无法理解当把水从一个低而宽的杯子倒入一个高而窄的杯子中后，水的体积不变。即使当他们亲眼看到同样多的水从第一个容器倒入第二个容器，由于高而窄的杯子中水位更高，他们仍然认定这个杯子中的水更多一些。

既要能关注细节同时要能够放眼整体，需要去中心化的能力（decenter）。学习阅读和理解单个字母是整个单词组成部分所必需的。数学运算要求对理解转换，而这对于前运算阶段的儿童而言是困难的。所以，集中倾向性的心理特征建议我们，像某些老师那样在幼儿园阶段展开阅读和数学学科教学是不适宜的。

### 自我中心主义（egocentrism）

根据皮亚杰的理论，自我中心主义部分是指在同一时间内不能集中于事物多个方面。因此，自我中心主义导致学前儿童以自己为参照去理解每一个事件，不可能理解其他人的观点和感受。自我中心主义还会使学前儿童对话时遗漏关键信息，对那些不形象化的谈话失去耐心。自我中心主义同样致使幼儿相信万物有灵魂，相信所有的事物都具有和他们一样的生命特征。用自我中心主义来描述学前儿童一点都不过分。只有通过大量的与人和事物的接触和体验，学前儿童才能慢慢地学会去中心化，获取对他们所在世界的更广阔的理解。

### 不可逆性（irreversibility）

不可逆性是前运算思维的另一个局限性。学前儿童无法逆转他们的思维并在头脑中重新构建使他们到达终点的行为。这同样归咎于集中倾向性：他们只能关注始和末，而不能理解中间所发生的。那个孩子即使在亲眼看见同样多的水从一个低而宽的杯子倒入另一个高而窄的杯子后，仍然认为后者水更多。这个例子证实了不可逆性。

### 具体化（concreteness）

具体化是前运算思维的另一特征。幼儿能够理解真实的事物、情形和他们亲身经历过的事件，但是对于抽象概念、超出他们个人知识范围的事物以及他们只听说过的事物，他们在理解上存在困难。这一个特征同样使他们限于对词和短语的字面理解。而大量的学科学习（academic learning）需要处理抽象概念。例如数字 5 是一个抽象的概念，只有当孩子具备了与 5 有关的足够多的第一手经验，他们才能将这个概念运用到现实生活中。

### 错误推理（faulty reasoning）

当与较为年长的儿童进行比较时，人们会发现处于前运算阶段的儿童的推理是错误的。这源于他们只能从单个具体事物到单个具体事物进行推理，比如"因为邻居家的狗对我叫唤还朝我扑过来，所以所有的狗都会叫唤，也都会向我扑过来"。幼儿同样这样假设前后发生事件之间的因果关系，或是在事物之间作出实际上非常肤浅的联系——"我生病是因为我去了外婆家"。

### 象征性思维（representation）

象征性思维能力，或者说在头脑中表征事物、事件和行为的能力，在学前阶段显著加强。这种能力从他们不断发展的语言能力中体现出来——使幼儿能够用语言考虑未来，用语言去解决问题并预测结果，而不必通过行动，因此他们的活动变得更加有目的性。象征性思维同样展现在愈来愈多的复杂的假扮游戏中。

理解前运算思维阶段儿童所拥有的能力及所受限制对设计课程的学前教育工作者进行学习类型与能力的匹配具有极为重要的意义。鉴于幼儿在语言方面所具备的能力（和他们取悦成人的渴求），成人可以教幼儿重复许多他们认为儿童有必要掌握的概念性词语。许多 4 岁的儿童可以迅速地从 1 数到 10 或者 20，但当被要求数一些具体物品或去拿 10 张纸巾时，他们却犯了难。这又是为什么呢？在皮亚杰看来，儿童在积极地建构他们自身对于这个世界的理解。他们无法从仅仅通过死记硬背或模仿他人而获得信息，但是，他们可以将自己已经掌握的知识带入到每一个新的学习情境中去尝试理解新的信息。他们吸收新信息（同化）并且对其进行组织，从而使这些信息与他们已经掌握的知识产生关联，帮助他们理解（顺应）。当儿童在生活中熟练操作、体验、动手做、参与互动、进行观察、游戏和解决问题时，他们就开始了真正意义上的对基础概念的理解。"认知需要自发的行动，游戏是其体现形式：游戏是一个人为了达到理解而自发地对自己的经验进行重构。"（Jones & Regnolds，1992，p. 4）在拥有足够的有意义且积极的体验后，幼儿得以理解"10"，或者是任何其他成人急于教授的概念。如果他们真正地理解了这个词的含义，是因为他们构建了自己对于知识的理解，而并非依靠死记硬背。

### 建构主义（constructivism）

这里的建构主义理论与发展适宜性实践的核心紧密相连。建构主义理论指的是皮亚杰、维果茨基及后继的认知派学者的观点，他们认为智力和知识是个体通过与外界环境因素的互动而积极创造或建构的。"建构主义者的观点强调在认知领域儿童需要探索物体、与他人互动以及思考、反思他们的体验。"（Bredekamp & Copple 1997, p. 110）因此，建构学派的观点促使教育学家们对传统的灌输式教学方式提出质疑。成人可以说，而儿童可以重复，但是这种学习流于表面，不成为儿童自我建构的认知的一部分。

如果将建构知识比喻成砌一座楼，那么坚实的地基就是自婴儿期到学步儿期并持续到学前阶段所吸收的感觉运动信息。这个建筑接下来的部分由前运算阶段积累的砖头砌成，在这一阶段中，儿童在工作/游戏中逐渐理解信息是怎样联系在一起的。当这些基本概念形成后，接着往上建造这座大楼需要在概念理解的基础上学习学科技能。这样，这座塔楼就能稳稳地站立。但是，如果急于让孩子去学习一些对成人来说有意义的并可测量的知识，那么，前运算的"砖头"就会砌得过快和过于随意，甚至被省去。结果就是这座建成的塔楼很有可能因缺少必要的基础而坍塌。

在定义发展适宜性实践的过程中，理解前运算思维的特征将指导我们去发现一种使得儿童有能力去积极构建他们知识的媒介。这个媒介就是游戏。

通过游戏，儿童积极地重建他们对世界的体验和理解，从而形成和串联起他们自己的概念。

发展适宜性的学前教育旨在于给予儿童这样一种机会：在游戏的过程中，通过提供体验、资源及支持来帮助儿童主动进行认知学习，使他们不仅可以建构，还能通过语言和行动来展示他们不断增长的知识。

# 游戏中的教师角色

尽管游戏的一个标准是它的自发性和自由选择性，但是教师们在支持游戏的过程中仍然有具体的作用。教师创设一个在特定时间针对特定儿童的最适宜的游戏学习环境。许多教师扮演着幕后的角色，他们为游戏的发起搭建了一个舞台，而这个舞台的布景也将随着游戏的发生和发展不断重设。一些教师更多的是与儿童直接互动，即便如此，教师作为讲述者和信息发布者的传统角色也发生了变化，取而代之的是成为促进者、支持者和指导者。我们将探讨的角色还包括环境的创造者、观察和记录者、规划者、支持者、示范者、提问者和应答者。

## 环境的创造者

在第六章，我们详细考察了教师在布置教室时作出的决策。本章我们将简短地讨论将学习中心安排为学前教室中活动重点的理由以及如何创设一个积极的游戏氛围。

一个面向学前儿童的发展适宜性教室会考虑到儿童大部分的活动时间需要进行不被中断的游戏。因此，教室被分为若干区域，在这些区域中，儿童可以选择他们的设备、活动和玩伴。这种学习中心或兴趣中心的方式支持了积极的游戏，其原因是它提供了这些机会。

- 选择：教室中充分而独立的游戏空间为每个孩子提供了多种游戏可能。
- 自由移动：所提供的多样化选择和游戏风格满足了主动性需求。儿童自己决定他们什么时候从一个活动转移到另一个活动。
- 发展差异性：每个中心都会提供各种材料，兴趣各异、注意力时间各不相同的儿童都能够找到适合他们的学习中心环境。
- 促进游戏：因为儿童在学习中心的游戏中起着主导作用，所以教师们从原先指导一个大集体的职能中解脱出来。他们因此能够在进行游戏的儿童间随意走动，有效地强化他们所观察到的学习行为，或是延伸及激励个体发现。

到目前为止，几乎等于说明了为学步儿的探索创设活动区的理由。因为学前儿童已经准备好玩真正的符号化的社会性戏剧游戏，所以兴趣中心使得额外的以及更为复杂的学习成为可能。

●合作性学习：大部分的学习中心都为几个幼儿在同一时间一同游戏提供足够的空间，以促进语言发展、互动和社会技能的发展。细致周到的环境安排为完成项目作业及通过与具有更高级经验的他人互动而增进理解提供了可能。通过让经验丰富的儿童与经验相对不足的儿童一同游戏，教师提供了机会。

●主动性：儿童是一个学习中心的积极分子。他们被鼓励去计划和开展自己的活动，而不仅仅是被动地遵从成人的指令。当所有设备和物件被安排在可预见的地方时，儿童就能够不断追随其旺盛的精力和层出不穷的想法。

学前教室中的核心中心主要包括：创造性艺术/建构中心、积木中心、娃娃家、大动作中心、数学/操作中心、科学中心、语言中心（读和写）、计算机中心及音乐中心。各班可根据空间及教师人数，灵活设置别的中心，如木工中心、厨艺中心、冰水中心等。

这么做的目的在于让儿童利用这些材料去探索、发现、表征和详尽阐释他们对世界的理解。

教师们所作出的关于中心实际环境布置的决定，关于所提供材料种类、数量和发展性的决定，关于提供游戏的时间安排的决定都极为重要，这些决定将致力于创设出一个能帮助儿童发起并持续游戏的丰富环境。教师要时刻留意儿童的需要、能力、游戏兴趣，并在环境中作出相应的变更。由于教室里有残疾儿童或者各种特殊需要的儿童，老师要不断地调整空间和材料使其能满足所有儿童的需要。无论儿童的特殊需要是什么，这些有关实际环境安排和材料准备上的调整使得所有人一起游戏成为了可能。至于具体的调整和策略，请参看丹尼尔斯和斯塔福德（Danaiel & Stafford, 1999）、古尔德、沙利文和韦特（Gould, Sullivan & Waites, 1999）、格里沙姆－布朗、赫米特和普瑞蒂－佛朗提札克（Grisham-Brown, Hemmeter & Pretti-Frontczak, 2005）、克莱恩、库克和理查森－吉布斯（Klein, Cook & Richardson-Gibbs, 2000）、施瓦兹和桑德尔（Schwartz & Sandall, 2002）。

在环境方面，教师的重要角色之一在于使环境秩序井然，将游戏的多种可能性清楚明白地呈现给儿童。当儿童游戏时，他们会按照自己的想法而弄乱教师安排的顺序。教师要接受"一团糟"的场面，并认为这是游戏中一个正当且不可避免的部分，然后重新设置可预见的顺序，以便幼儿再一次看到游戏的多种选择。

一个对游戏起到支持作用的环境的关键因素也许是成人的态度。当成人对游戏的重要性表达出他们的尊重时，他们就鼓励了儿童进行有意义的活动。儿童极容易受到成人意见和态度的影响。

成人对游戏的尊重通过以下方式展示。

●对游戏中的儿童表现出明显的愉悦和兴趣。

●与儿童互动时表现得轻松和愉悦。

●偶尔接受儿童邀请加入游戏，并跟随他们的带领。

●保护游戏过程不被教师和日程安排打扰和中断。

●通过提供适宜的材料丰富儿童的游戏。

●鼓励儿童谈论他们的游戏。

●录下儿童游戏的一些场景，供日后讨论和回顾。

- 为游戏中的儿童拍照留念。
- 向儿童的父母和其他人展示并解释他们的游戏。

以下为与儿童游戏相关的非支持性实践。

- 漫不关心地监督游戏。
- 只有当必须干预时才走近他们。
- 只提供极其有限的时间供儿童游戏，并且在成人想要做什么或者教什么的时候随意打断儿童的游戏（如"现在把玩具放回去，我们要开始上课了"）。
- 提供的环境杂乱无章，毫无吸引力。玩具和材料满地皆是或从不更换。
- 成人在儿童游戏时间只忙于自己的事情或备课。
- 以一种贬低游戏的口吻谈论它，并试图用所谓的"真正的学习"来取悦家长（如"我们没有花大量时间在'单纯'的游戏上，我们做了教学计划并采用 XYZ 课程"）。

## 观察者和记录者

教师们要想明白如何才能最好地支持儿童的游戏，他们就必须成为最敏锐的观察者。教师们可能已经了解他们所教授的该年龄组儿童的大致发展特征。然而，个体的发展水平以及小组中每个儿童的具体需要、兴趣、学习风格和偏好却只能通过教师细致入微的观察才能了解。

观察游戏中的儿童。教师可以从儿童的视角切入，并询问有关他们自身的一些关键问题。游戏中儿童身上发生了什么？他的目的是什么？他是否具备完成任务所需要的技能和材料？

观察每个儿童的特殊兴趣和发展水平，关注教师的目标。观察是对课程和材料作出适宜性决定的唯一途径。因此，正如在第三章所讨论过的，观察是一种循环的活动：教师最初观察儿童的游戏以评估儿童的需要、能力和兴趣，之后他们又为儿童提供他们认为能够对儿童的游戏起到挑战和支持作用的材料与活动。对后继游戏的观察能够帮助教师设计之后的课程和其他活动。

观察是可能的，因为教室里采用了学习中心的方案。教师有时间去观察和记录信息，因为儿童在自发学习。意识到观察对于设计个体适宜性体验有着重要作用的教师能够视观察为重中之重，而不会将其看做是"没有时间去做"的事。

教师需要发展观察和记录技能，可以从以下几个方面做起。

- 支持观察的策略，例如时间分配、保证充足的纸笔、使用备忘录以保证不会忽略任何一个孩子或方面。
- 制定具体目标并为观察设定任务，例如在每次游戏时间记录 3 个孩子的情况或是观察儿童在探索水和泡泡时的不同方式。这些将帮助教师们聚焦于观察。
- 客观、无偏见地记录事实，专注于描述发生了什么、说了什么以及非语言的交流，而不使用带有个人主观色彩的词。这种实践记录和描述了客观事实，使教师们在日后可以重新回顾这些文档而不会有所遗忘。
- 记录下相关信息，例如观察日期、时间、地点和其他参与的儿童。这使得教师能够整理笔记本中的记录以及文件盒，并随着儿童的变化和发展提供常年的信息（见第五章中关于建立档案袋的讨论）。未进行有意义记录的观察没有太大价值。

●利用观察作出试验性的评估并为每个儿童设定目标和发展计划。教师们将重新仔细阅读之前的观察记录以搜寻成长情况和模式，确保儿童各方面都被关注到。

细致的观察记录是有价值的，因为这不仅仅有助于规划适宜性课程和评价儿童游戏。当教师的关注点放在儿童所有方面，而非最令人不安的某些方面时，他们会看到儿童的优点并学会更好地欣赏儿童，从诸如"我该对他做些什么"之类的管理问题转移到更以儿童为中心的问题上来，例如"什么吸引他？他正在处理什么问题？他知道些什么？他接下来可能学什么？"（Jones & Reynolds，1992，p. 74）。所观察到的行为模式将对那些需要更加专门的评估和帮助的儿童提供帮助。观察对于与父母和其他教职人员进行信息分享同样有价值。观察应当成为父母和教师分享有关适宜儿童下一步发展的决策的基础。与其他任何的评测相比，持续的观察是一种评估儿童发展水平的更为精确的方法（请参见第十五章关于评估和测试的讨论）。观察儿童的进步和成就有助于评估项目的有效性，也有助于教师设定自身职业目标。

总而言之，观察和记录似乎是最被忽视的教师职责之一。当教师在课堂中起到主导和中心作用时，他们自然不会有充分的自由时间来做这些工作。当教师学习去扮演对儿童自发游戏更具支持性的角色时，用于观察和记录的时间就随手可得了。通过这些观察，教师学习如何以最适宜的方式去互动以支持富有成效的游戏。挑战一下自己，在阅读柯蒂斯和卡特的《意识的艺术：观察如何改变你的教学》（*The Art of Awareness: How Observation Can Transform Your Teaching*，Curtis & Carter, 2000）一书时，更多地思考有关观察的问题。

## 设计者（planner）

在第三章中，我们已经探讨了教师在设计发展适宜性学习体验方面的职责。学前儿童的自发游戏和教师的设计的确是一体的，尽管这听起来有点矛盾。这是指设计来自教师对所处的课堂环境的观察以及他们对儿童游戏的参与和支持。在支持儿童进一步发展的过程中，教师要设计材料和活动，旨在让儿童从现有水平出发朝下一阶段的学习和兴趣方向前进。然而，教师的设计并非建立在"儿童将学习什么"的狭隘目标上，而是基于对学前儿童更广阔目标的理解，认识到在给定的情境中，儿童将找到他们自己的课程。

我们如何在回答这个问题时使游戏课程更加明确：幼儿能够并应当学习什么？凯瑟琳·兰德雷斯（Catherine Landreth）在一本关于学前儿童的教与学的经典著作中以"从……到……"的形式列举了 17 项不同的学习顺序，并给出了为每个学习领域设计的材料、有趣的活动和学习清单（Landreth，1972）。

这张表清楚地呈现了教师正帮助儿童从简单理解和行动的水平发展到更为复杂的水平，从作用于世界的笼统方式发展到更为具体的方式。作为创造性课程（Creative Curriculum，2002）中目标的一部分，发展连续体为不同发展领域的具体进程提供了指导，并注意到特定的先兆行为以及在 50 个具体领域的 3 个行为水平。高宽课程给出了 10 个类别的关键经验，其中包括了一些概念，而这些概念基于皮亚杰对学前儿童认知特征和学习潜能的理解。这些概念强调使用感官以及可操作的材料进行表征，运用语言，发起社会关系，分类与排序，探索数字概念和空间关系以及理解时间。可参见第十八章以获取更多相关信息。所有这些都将帮助教师作出决策。

儿童需要学习的是关于他们所处世界的知识，这个世界有特殊的地理和文化背景，他们生活其中的家庭对于"什么对孩子来说是重要的"有着特定的看法。这些广泛和个体化的理解将帮助教师设计适宜性的课堂体验。

教师关于课程的思考方式会影响他们的计划。斯科伊的课程模型（Scoy，1995）中很有用，即4个"E"：经验（Experience）、拓展（Extension）、表达（Expression）和评估（Evaluation）。这种设计考虑到了在真实体验中儿童想要亲手做和积极学习的需要，考虑到了儿童进行重新回顾和重构理解活动的需要，考虑到了在儿童能力所及时给予他们交流学习机会的需要，还考虑到了教师总结过去和规划未来的需要。

对于想要做规划的教师而言，要注意不要局限于自己设计的规划以及是否能有的放矢地支持儿童的回应。好的规划应当为儿童游戏提供经过精心设计的起点，好的教学意味着在持续观察儿童游戏的时候，教师能够调整甚至抛弃原先的计划。好的规划要求教师退后一步，问一问自己观察了儿童与材料的互动和所进行的活动后发现了什么。这种深思熟虑必然引发下一步计划。"通过这一个过程，课程不断生成，使教师和儿童持续进行学习。"（Jones & Reynolds, 1992, p. 105）

## 架构者（scaffolder）

当教师们理解儿童游戏和课堂参与的复杂性后，他们开始意识到儿童在他们的游戏中体现了各种各样的技能和不同的能力水平。生活经历、沟通能力、社会适应力（social ease）、文化多样性和智力这些因素导致了差异。成人理解"脚手架"行为（scaffoding behaviors）可能会促进儿童游戏，这有助于他们寻找介入儿童游戏的方式和时间，从而能使儿童像运动员一样达到新的能力水平。成人干预有时可能破坏游戏。如果成人不能够恰当地与儿童一同游戏，不是以拓展而是以控制或打扰的方式参与游戏，那有价值的学习机会也可能丧失。

那么成人参与儿童游戏的理由有哪些呢？一是加强儿童与同龄人或游戏材料间的接触。通过出现在游戏现场、示范及指导儿童进入新的游戏水平，成人能够帮助他们提高社交技能和游戏能力（Smilansky，1968）。

进入游戏的一个恰当时机是当游戏显示出快进行不下去的迹象时。教师可以扮演一个微妙的角色去引入新的游戏点子或是材料，帮助儿童去理清或组织他们的想法，或是改变他们的情绪。

另一个理由是指导游戏上升到更复杂的水平，这将提高儿童的社会性和认知发展水平。当教师们观察到游戏似乎在单调重复的水平上徘徊不前的时候，成人的意见和问题将使游戏得到丰富与充实。当教师深入观察游戏时，他们会发现适宜的"教学时机"能帮助儿童发展思维和沟通能力。

至少在某些时候，成人加入游戏是接受儿童的邀请。与儿童一同游戏依然是增进成人—幼儿关系和人际交往的另一种方式。教师们在这一过程中发现，"决定是否参与到儿童游戏中需要考虑儿童是否需要挑战、他们在维持游戏中的自身技能以及教师自身的教学风格偏好"，而这有助于教师进一步了解幼儿（Jones & Reynolds，1992，p. 35）。

教师参与游戏是有原因的，同样，有时教师的干预可能产生危害也有原因。当儿童以一种有组织的、经过思考的、合作的方式与同伴进行游戏时，教师的参与很可能是不必要的——即使他们发现了一个去教授认知概念的绝好机会。当儿童过分依赖成人的在场去维系他们的游戏时，就如同一个成人任何时候的离场都会引起游戏中止一样，成人可能在儿童游戏中占据了过于主导的地位。有些时候，儿童会明显表示不欢迎成人的在场。伊丽莎白·琼斯（Elizabeth Jones）讲述了一位教师的故事，故事中的教师"过分促进"（over-facilitating）了一个商店游戏，频繁地用问题打断儿童的活动，提出类似"你商店的商品是从哪儿来的?"或"你是否想要为你的鸡蛋或牛奶多收点钱?"的问题。最终，那个不堪其烦的"店主"问道："你能去帮其他人吗?"教师们必须避免这种对游戏的侵入的和不必要的打扰。"存在疑问时，教师要相信游戏本身。这是儿童自己的课程。凌乱的或具有潜在破坏性的游戏可能需要重新调整，但是重点明确的、复杂的游戏则不需要干预。"（Jones & Reynolds，1992，p. 55）

成为一个有效的促进者或架构者，取决于教师对时机的把握，即什么时候出面干预将对游戏起到扩展和支持作用，而什么时候出现又将破坏游戏。他们使用的策略取决于他们对游戏情境的敏感度以及对在特定时间需要多大程度支持的评估。一般的策略包括示范游戏技巧、询问以及对儿童的意见与兴趣作出回应。

## 榜样

作为榜样的教师承担着游戏者的角色。尽管儿童的游戏是自发的，教师有时候也会参与到游戏中。他们的目的是通过巧妙地引出观点和信息来支持游戏。这些信息不是"告知"的，而是通过展示、示范和交谈传递出的。教师最有可能在与年幼的儿童或具备较少经验的儿童游戏时成为榜样。当儿童缺少主意时，教师可以扩展他们的思考。

教师：（走入娃娃家）早上好! 我刚路过这儿，想知道如果你们在家的话，我是否可以进来看望你们。

凯蒂：哦，当然。请坐。

教师：谢谢。是不是快到午餐时间了?

瑞秋：（端出一个盘子递给老师）是的。这是您的午餐。

教师：哦，看起来真不错! 你为我做的是什么菜?（假装吃起来）

凯蒂：是比萨。

瑞秋：里面还有蘑菇呢。

教师：嗯。你们要不要一起吃?

（两个女孩儿都坐了下来）

教师：（过了一两分钟）你们的女儿想不想也来点儿比萨?（对一个洋娃娃说道）

当午餐的场景展开后，教师起身离开，并承诺还会再来。当他离开时，孩子们都忙于给几个小宝宝喂食和聊天。教师不仅可以为儿童做示范，他们还可以与年幼的儿童一起做示范。

之后，这位老师注意到皮亚（Pia）在观察娃娃家的游戏。于是，他走上前去询问她是否愿意陪他一块儿去给这家人送一份包裹。

教师：一会儿我们要先敲门，告诉他们送货员有一份包裹要送给他们。

皮亚：好的。（教师把包裹递给她）

教师：我们到了。敲大声点儿，告诉他们包裹到了。

皮亚：（边敲门边说）你们的包裹到啦。（孩子们从她手中接过包裹）

皮亚：我还有一份包裹要送。我先走啦。

## 此时你会怎么做？

"我的园长坚持认为我班里的孩子每天都应该带一些与所学主题相关的艺术作品回家。可是有很多孩子在很多时候对艺术创作不感兴趣。我常常不得不强迫他们去做，事实上是我一个人在完成大部分的作品。"在这样的情况下，你会怎么做？

这可能是幼儿园课堂中教师最经常面对的问题之一。园长和家长大都希望有可衡量的东西来证明孩子每一天的所学，这意味着"仅仅游戏"是不够有成效的。经常出现这样的情况，即与某个主题相关的艺术创作，与其说是一次让儿童自己选择材料和自由发挥的创造性体验，不如说是完成一件符合教师所定规范或范例的精心制作的产品。缺乏让儿童发挥主动性的机会是这种实践应当被认为不具有发展适宜性的原因之一。按照他人标准工作会带来沮丧，是对自发选择的侵害，教师将其计划强加给儿童也是消极的。传递给家长的这些信息（家长大多时候都清楚这些作品都是在教师指导下完成的），是教师主宰的学习是他们所能提供给孩子的最有价值的体验。

成人需要意识到创造力可以多种形式出现，不仅仅只是使用艺术材料和画画。在教室中的所有区域，儿童都应能够表达自我以及他们新颖的想法，不论是在他们的假装游戏中，还是利用数学的方式操作材料，搭积木或者是使用橡皮泥、沙子、水的工作。

这是一个很大的话题，它值得所有教育工作者进行深入的讨论。问题真正的关键似乎是如何向家长们展现儿童通过具有个人创造性和表达方式的游戏进行了真正的学习。当教师们帮助家长理解和欣赏游戏的价值以及创造力的各种表现时，他们就能够让孩子自由地创造他们自己的作品。幼儿园的内部刊物、大量的日常活动、图片、展示板、趣闻逸事、观摩、专题讨论会和家长阅读会都能让家长们知道，真正的学习正在发生，虽然没有批量生产非个人意愿下制出的艺术作品。

为了帮助家长了解"所有学习正在发生"，可以参阅大卫·库施纳的书《在你的画上写下名字，但是……把积木放回到架子上》（*Put your Name on Your Painting, But…The Blocks Go Back on the Shelves, David Kuschner*, 1989）。

通过参与其中，教师们能够帮助儿童理解游戏中的角色和可行的游戏策略。他们同样能够通过回应儿童去维持游戏。

凯蒂：嗨，汤姆！过来看看我们都打扮好了。

教师：哇，你们看上去好像是要去什么特别的地方。

瑞秋：是的。我们要去纽约。

教师：嗯，那还挺远的。你们走之后谁帮你们看家呀？

凯蒂：（环视四周）嘿，皮亚！你愿意帮我们照看房子吗？我们要去纽约。

瑞秋：是的。我们回来以后会给你带礼物。

皮亚：（开心地）好的。你们走后，我会帮你们收拾屋子。

成人作为榜样进入到游戏中，同样进行示范解决问题从而维持游戏：瑞秋和凯蒂开始为谁来开去纽约的火车争吵起来。

教师：（拿了把椅子来到他们的区域）我希望这辆开往纽约的火车能尽快出发，但还没有人来查我的票呢。我买的是往返票，因为我晚些时候就要回来。这辆火车需要一个检票员。

（瑞秋和凯特互相看看对方）

凯蒂：你可以做检票员。

瑞秋：好的。等我们返程的时候你再做检票员。

教师作为榜样的角色和一个告诉儿童做什么的侵入的成人角色有很大不同。这里，成人并没有接管和指挥游戏或干预太多以至于儿童成为了成人高深表演的观众。这里的成人仅仅是给出点子或问题，从而使儿童可以从他们的自身经历出发去发挥更多。

作为榜样的教师也可以作为一个感兴趣的和支持儿童游戏的人进入到游戏中。这个示范的角色是很短暂的，就在教师出入游戏时。经常是当成人进入到游戏中时，他们接受儿童已经开展的游戏脚本，基于儿童在做的游戏建立一个角色并投入其中。当成人退出游戏时，儿童已做好准备去继续所建议的角色。

沃尔夫冈（Wolfgang，1977）构建了一个教师行为连续体，这个连续体从最多数量的教师的互动行为一直到最少数量的教师的互动行为，它取决于儿童维持他们游戏的能力。当教师觉察到儿童所需的协助和回应越来越少时，他们就会相对不那么积极地参与到游戏中。

## 提问者

当教师在教师行为连续体上寻找最好策略帮助儿童达到新的能力水平时，他们往往会作为提问者。这不是说教师是测试者，抛出小测试一类的问题作为互动的主要方式——诸如"那块是什么颜色？你有多少块积木？哪一块最大？这种形状叫什么？"这类封闭式的问题是用来测试儿童的概念和知识的，要求给出明确的答案，答案要么正确要么错误。这些基本上都是低水平的问题，所要求的是对事实的简单回忆，而不能够扩展或挑战进一步的认知发展（Cassidy，1989）。一项研究发现，成人与儿童语言上的互动超过50%是由成人上述这类或其他诸如"你想要苹果汁还是橘子汁"这类选择性问题组成的。当教师学着去问更好的问题时，这些问题就会支撑起更为成熟的认知理解。

学会提出好的问题确实可以使儿童去分析经验，综合并交流他们的理解，评估和加深理解，是一种重要的技能。好的问题大部分都是开放式的和发散的，不局限于一个答案。这类问题常常以"是什么，谁，什么时间，什么地方，为什么和怎么样"的形式出现（Cassidy，1989）。好的问题是成人真正感兴趣的以及并不是预先知道答案的问题。好的问题也会引发儿童的追问，而不只是给老师正确的答案。

好的问题帮助儿童将注意力集中在自己的行动上，重新考虑并理解因果关系。

"那么，你是如何使这些东西粘在彼此的上面呢？"

"你怎么发出这么大的声响？"

好的问题可以帮助儿童用语言表达出他用感官或者通过活动注意到的事物。

"那块石头摸起来感觉如何？"

"那个东西尝起来怎样？"

好的问题可以引起儿童去思考不同的选择。

"你还有什么方式能让身体发出声音？"

"你们俩怎样才能同时骑这辆三轮车呢？"

好的问题可以引起儿童在头脑中重构先前的体验和学习所得。

"我们在昨天做的这块橡皮泥中添了什么？"

"我们之前在花园里都种了些什么种子？"

好的问题是个挑战，可激发儿童进一步探索或扩展活动。

"嗯，我在想如果你再多加点水到那个混合物中，会发生什么？"

"还有什么能帮助你们到达那个高度？"

好的问题可以要求儿童脱离他们当下所处的时间和空间，在体验和学习间进行心理表征和联系。

"你还见过别的像那样飞的东西？"

"你们什么时候会再去看望你们的祖母呢？"

好的问题可以鼓励儿童将"物体、时间和行动放入各式各样的关系之中"（Kamii，1982，p. 28）。

"那两朵花有什么相同的地方？有什么不同？"

"你什么时候用热水？还有其他什么时候吗？"

好的问题能够在儿童所看到的和儿童已知的事物间创造差异。解决差异能够使儿童重构他们对世界的理解。

"为什么这块小石头会下沉而这块大的软木塞却浮在水上呢？"

"为什么那些长在同一个盆里的花形状不一呢？"

好的问题也可以被用来回答儿童提出的问题。在教师们决定给儿童什么样的答案或者是否需要给出答案时，实际上，教师可以反问他们自己。

儿童：这是什么？（举起一块形状奇怪的磁铁）

教师：你认为它可能是什么？

儿童：我认为它是一种很黏的东西。

教师：你知道别的东西被它吸住，它叫什么吗？

儿童：不知道。

教师：它叫磁铁。你能找到什么能被它吸住的呢？

当教师回答儿童的问题并给出确实需要的信息时，他们就恰到好处地促进了儿童的认知发展，帮助他们在最近发展区内获得提高。儿童自己的问题有利于教师认识儿童所处的理解水平，从而使教师能最适宜地去支持他们。教师们利用问题去掌握儿童思维中的错误之处或思维水平。

"你是怎么解决它的？"

"你为什么那样想呢?"

诸如此类的问题往往最能帮助成人理解如何构建下一步的学习体验以支持儿童的认知发展。

## 回应者

当教师四下里走动并观察游戏中的儿童时,他们会发现加强和丰富儿童的学习体验的机会。作为回应者的教师会把有助于儿童构建学习的认识具体化、个性化。有时候,加入了与儿童的活动和发现相关的词语的回应会成为恰当的评论。

"你的画中用到的颜色非常明亮。它让我感觉到我是完全清醒的。"

"嗯,我看到了一些非常光滑的黏土。看来你在擀的时候费了不少力气。"

有时候,如果儿童正在处理一个艰难的挑战,那么老师以信息、暗示和鼓励的方式给予回应便是一种支持。

"那是个很难的拼图。我想你可以把它拼出来。看看原图。他已经有一只脚——另一只在哪儿呢?"

"我会给你看一些东西,它可能会对你有帮助。如果你用这只手紧紧地抓牢这张纸,可能会更好。"

有时候回应也可以是一个建议,或者是添加更多材料来扩展游戏。

"我想知道你是否愿意找个朋友来帮助你平衡这个天平?"

有时候,回应可以仅仅是教师守在一旁,并带着专注的兴趣去帮助儿童维持他们的活动和兴趣,因为儿童会觉得成人重视他们的活动。

教师坐在一组正在玩水的儿童附近。她不时地对活动作出评价。大多数时候,她在聚精会神地观看和聆听。她的肢体语言显示出了她的专心和欣赏之情。

所有这些策略都可以归为"搭脚手架"(scaffolding)。这指的是支持儿童去进行更复杂的行为而不是无须成人干预就能完成的行为(Elicker, 1995)。需要注意的是,所有可能的回应都聚焦在儿童现在所做的事情上。这是真正地在回应,成人并不是主导。回应是开放式的和试验性的,这样能使儿童很容易决定不予理会而坚持自己的主动性。请回忆沃尔夫冈连续体中不同的教师策略。

"这个东西对你们的商店有用吗?"(教师)边说边拿出一个新的道具。

教师的如下行为是非支持性的。

● 将教学过分依赖于讲述和提问上,仅仅为了了解儿童是否记住了之前所学的东西。

● 直接纠正儿童的过失或误解。

● 控制所有关于计划和学习的决定。

● 采用一成不变的教案或事先安排好的课程。

● 用第二手学习体验替代第一手的学习体验,如图片、录像或讲座。

## 语言/读写环境

　　学着去理解世界和他人并表征这种学习，需要语言的参与。语言是学前儿童游戏和学习中不可分割的一部分。到 3 岁的时候，他们已经在语言上取得了惊人的成绩。他们很可能已经掌握了 900—1000 个口语（表达性）词汇，而他们能理解的（能接受的）词汇还要比前者多几百个。按每个月增加 50 个词的速度，大部分儿童的词汇量到 6 岁时都能达到 8000—14000。句子的长度增加，句子结构的复杂程度也有所提高（Bredekamp & Copple，1997）。这时他们说出的句子符合语法规则，而且很复杂，比如用到复数和过去时，也偶尔会出现过度概括的倾向，比如想当然地认为 "feets" 是 "foot" 的复数形式，"wented" 是 "go" 的过去式。他们基本上已经学会了如何去控制他们说话的节奏和流畅性，当然也会出现偶尔的不流畅。通常情况下，他们的发音足够清晰，即使一个陌生人与其交流也能理解他们 75% 的表达。而他们则能很好地理解成人的大部分意思。但是，当倾听任何一个由 3 岁、4 岁和 5 岁儿童组成的群体时，都会发现儿童的语言发展存在着广泛的差异。社会文化背景、家庭成员的沟通方式以及个人经历都会对儿童的语言表达能力产生影响。考虑到儿童大致在两年前才第一次发出仅仅对他们自己有意义的声音，这是一个了不起的进步。他们是如何在那么短的时间内取得如此大的进步呢？答案是：他们并没有接受具体课程和训练，他们靠的是在没有压力的情况下，有大量机会去说话并听到其他人说话，有大量的时间去试验和体验。

　　目前，人们认为说、听、读及写与儿童的语言和读写能力的发展相关。在过去的几十年中，这些技能被认为是依次发展的。现在，由于理论家、研究员和教育工作实践者在语言和早期读写领域所作出的共同努力，人们已经相信口语和书面语各个不同方面的发展是一个不间断的过程，从出生开始都同时在进行。

　　尽管某些早期教育学家很难认同将阅读和写作中心作为适宜性学前环境的一部分，但是早期读写并不依赖于技能训练和直接的指导方式，后者的确不是发展适宜性的主动学习方式。学前教师们若要为儿童的读写能力打下基础，识字所包含的每个组成部分都需要加以考虑。

　　在这一部分，我们将定义什么是早期读写能力，并且描述在学前环境中有助于所有语言和读写能力发展的实践。

### 早期读写能力

　　早期读写能力被说成是幼儿园读写学习的基础。关于儿童是如何学习阅读、书写和理解书面语言的一系列观点基于一定的理论、研究和实践基础之上（Baker, Fernandez-Fein, Scher & Williams, 1998; Campbell, 1998; National Early Literacy Panel, 2004）。我们的基本观点是鼓励儿童通过游戏、行动和交流找到展示他们经验的方式。儿童需要思考和沟通的工具。他们认识到沟通能够满足他们的需要，给他们带来愉悦和友谊，帮助他们理解他们所处的文化。当儿童在家和学校接触到成人的读写时，他们会发现口语和书面语是紧密联系的，并且知道印刷物是沟通的另一种形式。之后，阅读和写作就被看成是实现他们目标的大系统中的一部分。以同样方式，儿童通过游戏去建构他们自己对世界的理解，因此他们积极地与印刷品互动会帮助他们理解书面语言是怎样使用的。这种意识和动机，伴随成人提供的有意义的读写材料、活动和支持，一同促进着所谓的早期读写能力（Dickinson & Tabors, 2001; Morrow, 2001）。儿童在课堂中学习语言艺术没有刻意的起始点，也没有专门的教读写的时间。相反，儿童是不间断地在使用语言，去体会印刷文字是如何起作用的，并逐渐体验印刷媒体。语言发展是个连续体，从出生一直到小学不断发展，它不是不连续的，如"现在该开始学习阅读了"。

最近人们对于儿童应当知道什么以及在进入幼儿园前能够做什么的期望产生了变化，这给儿童在幼儿园中的读写学习增加了压力。美国各州制定的所有早期读写标准都有所提高，包括读写技能和知识方面的。但是，这不是将不适宜的学业学习方式纳入到学前课堂的借口。相反，教师们需要对读写能力的组成、能够支持儿童逐渐掌握读写知识的适宜性活动和体验有彻底的理解。早期读写法认识到需要为儿童提供丰富的体验以帮助他们发展读写能力的各种组成部分。有些幼儿园和小学的传统读写方式明显有欠缺。在读和写的课程之间不作明确的区分（儿童常常要在学会书写之前掌握阅读技能）；不学习互相孤立的技能，比如字母发音练习或者写一排"h"（这可能有助于儿童以后理解"whole"这个词怎么读或写）；没有学习单；没有本周要练习的字母；不要求写名字；不要求死记硬背练习数到100。教师们使用儿童文学中有趣的内容来向儿童介绍有意义的文字，然后继续使用这些印刷物，因为它在儿童日常生活的很多方面发挥作用。阅读和书写是每日活动的重要组成部分，同样重要的还有能将儿童带入对话和与他人互动的游戏材料和体验。人们认为口语的熟练与儿童对阅读和书写的兴趣的提升有关，但不是先决条件；书面语和口头语以相互关联的方式不断发展。家长和老师在鼓励儿童口头表达以及促进与书面表达相关的愉快的亲子互动上起着关键的作用。他们示范读写及其功能。人们很早就意识到，重视交流和读写能力家庭的孩子更容易进入到学校的阅读和书写活动中（Barclay, Benelli & Curtis, 1995）。早期读写法将有读写能力家庭的实践带入到学校中，因为人们认识到鼓励儿童主动参与到读写活动中是发展适宜性的。有研究（Schickedanz, Chay, Gopin, Sheng, Song & Wild, 1990）区分了学业内容和学业方式之间的差别，并建议把在家中发现的促进读写能力发展的方法带入学前课堂。

读写能力的要素。人们普遍认为读写能力的几大要素是重要基础：掌握词汇和语言，掌握语音意识，对文字有所了解，知道字母和词语，理解语义，对书籍和其他文字材料有意识，将读写视为一种快乐的来源（Heroman & Jones, 2004）。

● 词汇和语言。书面语言要求掌握丰富的词汇量和理解语言规则。当儿童学习阅读时，他们用听来的词汇和口语来理解书面文字。大部分的词汇都是通过日常活动和对话习得的。研究者发现大多数的阅读问题都可以通过提高儿童的口头语言技能来预防（Snow, Burns, & Griffin, 1998）。

● 语音意识。语音意识包括倾听和理解不同口语的一套技能体系。儿童从倾听环境中的声音开始，接着是学习尾韵（识别出单词结尾部分的语音）和头韵（识别出单词开头相似的发音），再往后是学习听出单词中的独立音节。在这个语音意识发展的连续统一体中，最复杂的技能就是能聚焦到音素，音素是语音中最小的单位。随着课堂中对歌曲、故事、儿歌和无意义语言游戏（nonsense language games）的应用，儿童的语音意识也会得到相应的促进。

●对文字的认识。指所有与如何组织和使用印刷文字中相关的知识，包括对印刷文字功能的理解，这里的理解包括了对印刷文字所有用途的理解。对印刷文字的认识也包括了对不同形式的印刷品以及对具体字母和词语不同外形的理解。儿童同样要知道印刷文字规则，即书写规定。让儿童在环境中接触到印刷文字是他们学习文字的方式。

●对字母和单词的掌握。学习阅读的儿童必须知道字母是代表一种语言发音的符号，这些符号组成单词，单词具有意义。这远远不是去学习背诵 ABC 或认识字母。这样的理解能使得儿童将口语中的单词与书面语中的单词匹配起来。书面语中的字母对应口语中的字母，这被称为字母规则。当儿童看字母书并感知磁性字母或泡沫字母时，他们认出自己名字中的字母并学习书写。在这一过程中就发展了能力。

●对语意的理解。理解包括对口语和书面语意义的理解。儿童的背景知识帮助他们理解语言的意义。儿童所拥有的直接体验越多，他们对世界的理解也就越多。之后，当他们接触到印刷品中的词语时，他们有感官信息的记忆，从而加强了他们的理解。假装游戏和复述故事是儿童提高他们对语言理解的另外两种方式。教师的问题也会帮助儿童将新信息与他们之前已经理解的知识联系起来。

●对书本和其他文字材料的意识。当儿童的环境中有书并且有人给他们大声朗读时，他们会发现书面语言的许多用途。他们发展了对书籍和使用书籍的技巧的认识，他们还会发现故事结构有一些惯例，例如故事常以"从前"开始。

●将读写视为快乐的来源之一。有过大量愉快阅读经历的儿童极容易被激励去为自己学习阅读。当与书本相关的活动包含快乐、游戏以及同成人的积极关系时，儿童会对阅读和写作产生积极的态度。当成人享受对儿童的阅读时，他们的快乐就传递给了儿童。

人们应当清楚地看到这些读写能力的要素是所有活动和互动的一个组成部分，贯穿在一个好的学前机构的日常活动中。现在，让我们来思考一下面向学前儿童的发展适宜性读写环境的具体内容：对话、接纳、体验和儿童文学。

●对话。成人认识到直接对话在带给儿童体验口头交流和思考方面的重要性。学习中心法（the learning center approach）鼓励儿童在游戏时对话和交流。教师们同样可以自由地与儿童个别对话。教师们意识到对话让儿童没有压力地去形成和交流他们的想法，学习如何聆听，学习如何回应他人。在对话中，教师们通过提问鼓励儿童思考和运用新的语言，也通过问题选择令儿童感兴趣的话题。成人通过聚精会神地倾听促进与儿童的沟通。他们利用一切机会——进餐时间、过渡时间、游戏时间——来开展个别对话。教室里的材料同样可以促进对话；总会有新的、有趣的东西值得讨论，如电话和录音机。他们重视并鼓励儿童间的对话，意识到更熟练的说话者可以帮助到经验不足的说话者。正如在第六章中所讨论过的，教师设计空间来鼓励对话和互动。他们利用特定的机会去和安静的儿童对话，这些儿童需要更多的鼓励和沟通。他们意识到能够很好地说话和理解口语的儿童具备一些基本的知识，这些知识将自然地引导他们去接触印刷媒介。沉默（silence）在适宜性学前环境中是不被认可的。

与英语为第二语言的儿童一同工作的教师要知道良好基础在第一语言学习中的重要

性。学习者要能够首先用他们的母语表达自己。在教师们帮助他们掌握熟练的英语的同时，也鼓励学习者的家庭成员和其他说儿童第一语言的人们一起来支持他们的对话技巧。教师要意识到在学习第二语言的阶段中，起初是安静的，因为儿童还不会开口说。应当鼓励这些儿童在学校用母语同其他儿童和成人对话。最终，他们将学会用母语和英语来交流。

在儿童学习语言时，教师要保证语言简单，并在讲话中结合非语言的表达方式。他们应同样鼓励说英语的儿童去帮助学习英语的儿童并和他们一同游戏（Espiritu, Meier, Villazana-Price & Wong, 2002）。

- 接纳。成人意识到公开矫正或评价儿童的口头和书面表达可能阻碍儿童进行进一步的尝试。支配性、指令性的语言通常阻碍语言发展。在有关家长和他们迟语孩子对话的研究中，研究者发现了一个差异，即他们对待儿童所说的话的认可与否。当成人接受儿童目前的语言水平时，他们自己会尽可能仔细地去说出语法规范、发音正确的话，因为他们知道儿童会模仿——他们是最好的榜样。成人不能允许儿童的努力被嘲笑或轻视。他们认识到自己孩子在进入一个基本语言或方言并不是标准英语的学校后所受到的额外挑战，他们意识到学习另一种语言的语言能力是认知发展的一个积极因素，而不是将孩子看成是比较没能力的、比较不聪明的甚至是教育上落后的。认识到儿童的语言是他们自身素质的一部分，成人就会尽力去帮助孩子听到熟悉的单词。他们给出每一种儿童语言中的一些词语，并将他们在家庭中所使用的语言纳入每日课堂活动中，例如数数或唱歌。他们使用可预测情节的故事以便让英语学习者跟着重复重要短语。

教师利用问题和兴趣去理解和弄清儿童尝试交流的内容。他们认可幼儿自己"发明的拼写"并且向困惑的家长解释这个现象是早期阅读中的一个发展阶段。教师对儿童想要获得与他们生活中重要他人一样的技巧与能力的愿望有信心，并认为在良好示范下，儿童最后将矫正他们自己。

- 体验。教师们认识到第一手经验为儿童在游戏和沟通中的表征提供了动力。他们在课堂和社区中安排了访问以扩展儿童的眼界和词汇量，然后提供材料和时间让儿童重构他们的体验。教师认识到经过体验的学习拓展了儿童对于口语和书面语之间联系的理解。

那些有机会参观在建中的摩天大楼的儿童回到教室后能够使用类似"建筑师""蓝图""横梁""起重机"和"工头"这样的词。在提供了纸张和艺术材料、黏土、积木、假装游戏道具、书籍、录音机、书写材料后，他们将能够进行口头交流，或者以建构的、表演的、创造性的游戏来交流他们的经历。他们可能会用自己的图画或图案记录下所发生的事件中，或是认真看老师写下家长公告栏里的内容。当教师让家长知道儿童的学习体验时，家庭成员可以在家里与他们的孩子继续这方面的对话，从而增加语言学习的机会。

- 儿童文学。在学前课堂中给个体和小组阅读好的儿童书籍是每日教学中一个重要的组成部分。研究显示对读写能力要素的发展来说，最重要的活动是大声读给儿童听（NAEYC, 1998）。

教师认识到儿童必须了解人们为何阅读；愉快的阅读经历就是真实的证据。他们分享各种各样的书籍：故事书，包括传统故事；概念书、无字绘本；邀请儿童参与的书籍；经过精心挑选的反映儿童经历的书；反映种族、文化、社会经济条件、年龄、性别和能力多样性的书籍。有时候，教师给儿童讲大书。他们偶尔指出个别字词。他们也必须学习如何阅读。通过观察老师阅读，他们会发现读的是印刷体的字，而不是图画；他们还会学习到如何跟着页面上的字阅读以及如何翻页。

老师一遍遍地为儿童反复朗读他们最喜欢的书，把在图书馆区域提供给个人阅读和复述的书事先都在集体环节中阅读了。反复朗读似乎能够强化文本中的语言。教师们应当给家长列出一份优秀儿童读物的书目（见表 14 – 2），以促进家长和学校合力推动幼儿阅读。

图书馆区域内书籍的选择和陈列应该给予关注。这个区域里有大量的书，通常是从图书馆借来的。可以通过使用家庭借书系统来鼓励儿童和家人在家中一起进行阅读（Brock & Dodd，1994）。教室中的图书馆区是舒适的、吸引人的，有舒适的区域供儿童坐下来，不受到噪声和外界打扰。有趣的书籍在整间教室里都随处可见，是其他兴趣中心里材料的补充——关于艺术珍品的书籍在艺术区，建筑方面的书籍放在了建筑区，展现自然奇迹的书籍被安排在了自然区。

**书籍的扩展（book extenders）**。教师们知道当幼儿投入到文学活动中时，他们会接着看见印刷品与他们生活的关联。教师们给儿童提供材料和活动，使他们能够继续加工他们听过的故事，用游戏的方式展现出来并进行复述。在书籍区进行的活动可以包括在板上用不同的角色把故事表演出来，玩手偶游戏，一边看书一边听故事磁带。老师还可以加入一些教具让儿童表演故事中的场景。他们可以在艺术区增添一些特定的材料，将故事视觉化。有关食物和烹饪的活动可以参照特定书籍。有些教师和儿童喜欢阅读某一个作者的所有书籍。薇薇安·佩利（Vivian Paley）的《带着棕色蜡笔的女孩》（*The Girl with Brown Crayon*）就是一个例子。可以参见雷恩斯和卡纳迪（1989，1991）的作品以了解更多有关扩展阅读体验的思考。

**表 14 – 1　最受喜爱的学前儿童读物**

可以查找同一位作家的下列或其他作品。卡罗琳·利马的（Carolyn Lima）的参考书《A 至 Z：儿童图画书主题检索》可能会帮助你发现新的点子。同样会有帮助的还有考尔德科特奖（Caldecott）获奖书目。

*Why Mosquitoes Buzz in People's Ears: A West African Folktale*, Verna Aareema

*Who Sank the Boat?* Pamela Allen

*Bear Shadow*, Frank Asch

*Cleversticks*, Bernard Ashley

*Annie and the Wild Animals*, Jan Brett

*Mr. Gumpy's Outing*, John Burningham

*Mister Seahorse*, Eric Carle

*Shortcut*, Donald Crews

*Busy Beaver*, Lydia Dabcovich

*The Cloud Book*, Tomie De Paola

*May I Bring a Friend?* Beatrice De Regneirs

*Are You My Mother?* P. D. Eastman

*Gilberto and the Wind,* Marie Hall Ets

*Olivia,* Ian Falconer

*Bark George,* Jules Feiffer

*In the Tall, Tall Grass,* Denise Fleming

*Shoes from Grandpa,* Mem Fox

*Dandelion,* Don Freeman

*Three Blind Mice,* Paul Galdone

*Miss Tizzy,* Libba Moore Gray

*Chrysanthemum,* Kevin Henkes

*In the Rian with Baby Duck,* Amy Hest

*Bread and Jam for Frances,* Russell Hoban

*A House Is a House for Me,* Mary Ann Hoberman

*Amazing Grace,* Mary Hoffman

*Aunt Flossie's Hats (and Crab Cakes Later.),* Elizabeth Howard

*The Doorbell Rang,* Pat Hutchins

*Whistle for Willie,* Ezra Jack Keats

*Anansi and the Moss-Covered Rock,* Eric Kimmel

*Leo the Late Bloomer,* Robert Kraus

*Frog and Toad are Friends,* Arnold Lobel

*George and Martha,* James Marshall

*Blueberries for Sal,* Robert McCloskey

*Pigs Aplenty, Pigs Galore,* David McPhail

*If You Give a Mouse a Cookie,* Laura Numeroff

*Benny Bakes a Cake,* Eve Rice

*Where the Wild Things Are,* Maurice Sendak

*It Looked Like Spilt Milk,* Robert Shaw

*Caps for Sale,* Esther Slobodkina

*Who's Counting?* Nancy Tafuri

*Owl Moon,* Jane Yolen

**印刷文字丰富的环境。**要理解书面语言的意思和结构，就需要让幼儿每天都看到印刷文字以有意义的方式在他们身边得到使用。这与在许多教室中将装饰精美的字母饰带高高挂在墙上不同，后者通常只是一堆凌乱的视觉陈列品。教师打印出材料并且让儿童知道打印的是什么。他们以各种方式将打印出来的材料张贴在教室各个地方。儿童的名字被打印在他们小房间的墙上，打印在他们的餐桌、小床和椅子上，还被印在签到表上。老师还鼓励儿童在他们的艺术作品和自己写的故事上写下自己的名字。在学习中心和材料盒上贴上标签，让儿童可以找到它们。还有打印出的表为儿童提供了有关食谱、指导、规则、日程安排的信息，并能让他们跟上计划。教师和儿童一起讨论他们感兴趣的话题，并把对话写下来，其中包括喜欢的歌曲和书籍清单或者有关他们的体验、新闻以及发生事件的记录。给孩子们提供便笺纸，让他们能够在活动前进行登记或是记下会议安排。贴着的指示牌上写着"该区域今日关闭"或"三轮车区域"。此外，还有购物清单、教案和备忘录。儿童会看到父母和家长通过便笺、布告、笔记本、信纸、布告栏等形式进行沟通。老师要让儿童清楚明白印刷物上的内容，告诉他们："这说的是接下来该轮到安东尼奥了。""这说的是我们要放一杯水进去。""你妈妈写的这张便笺上说今天你的奶奶会来接你，这个词是'奶奶'。"让孩子们看到印刷文字的功能和用处是很重要的，这能够让他们明白印刷文字是他们每日生活中一种真实的资源。印刷文字可以用来提供信息（如每日日程安排）、娱乐和消遣（如张贴诗歌和歌曲）、做记录（如天气预报）、在学校中与他人进行沟通（如邮箱系统），还可以用来建立牢固的家校联系（如日历和通信）。

印刷文字充裕的环境有些会将书籍作为每一个学习中心的一部分，而不是仅仅陈放在图书馆区域，有可能在数学中心摆放算术书，在科学中心里放些信息图和参考书，在娃娃家放一些烹饪书、报纸、杂志和电话黄页（包括一些用母语非英语的儿童家庭用语写的书）。在写作中心提供一些字母书，等等（Rybczynski & Troy，1995）。

一个印刷文字丰富的环境强化了儿童对于活动的认识，使他们意识到阅读和写作是实用的且有意义的。

**写作中心。** 写作中心应当是学前教室中的学习中心之一。教师们认识到儿童通过写作学习写作，就像他们通过说话学习说话一样。这个中心应当包括可以帮助儿童自己去探索写作的材料，包括粉笔、黑板、有横格线和无横格线的纸张、信纸和信封、记号笔、蜡笔、铅笔、钢笔、剪刀、便笺本、各种笔记本、索引卡、打字机、电脑、打孔器、订书机和其他制作书本的材料。字母表或者其他的张贴画可供儿童模仿，带磁字母可以用于描摹。可以鼓励儿童保存他们自己的"日志"——用他们自己的笔记本来画画、涂鸦或尝试第一次写作。在信息区域的每个盒子上标上每个儿童的名字，这样可以鼓励他们之间用文字交流（Reutzel，1997）。

除了在写作中心，也可以在其他中心添加书籍和写作材料。用来创建指示牌和标签的材料可出现在积木区，或用于戏剧游戏中的诊所，用在美发沙龙里的预约条、餐馆里的菜谱和点菜单、商店或办公室的清单和笔记本上。教师们会发现，当儿童可以获得这些材料时，儿童自己能够给书写材料找到富有创意的用途。

在过去几十年中，许多学前教师们在让孩子学习使用字母方面受过挫折，一旦有人建议写作中心，他们肯定会停下来想一想。但是，就像在本章之前所讨论过的，在主动游戏的背景下建构假设和概念，通过写来学习写的方法是行得通的。在儿童明确了他们需要帮助和指导的地方后，教师就能够帮助他们去进步。正式的指导只限于跟从儿童的引领。

## 小组时间

学前教室中用于扩展交流的天然媒介就是小组时间。小组时间不仅仅是一个获得学习技能和体验作为集体成员快乐的极其重要的机会，同时还是教师介绍概念和信息的有利时机。布鲁纳发现每天获得一个这样的大集体体验极大丰富了儿童一日当中晚些时候的个体游戏（Bruner，1991）。口头和书面上的交流是小组时间的核心。

歌曲和歌谣能够促进口头参与和理解力。比起不耐烦的要求来，歌曲（比如唱"盖伦在哪里"）以一种更愉快的方式提高了儿童的注意力。手指游戏、动作歌和诗歌都属于韵律。语言游戏同样能发展语音意识、词汇和思维，发展儿童在集体中进行演说的信心。教师在讲述书本内容和其他令人愉快的体验时，儿童的听力技能也得到培养。教师专心于发展用语言和非语言的方法来传达信息，激发儿童的兴趣和参与。小组时间可以为7—20分钟，这取决于幼儿的经验。当儿童参与得越来越多后，甚至可以用更长的时间。小组时间需要精心设计，以平衡安静的聆听和主动的参与。表14－3给出了一份可供3—4人小组使用的计划表范例。

表14－2　小组时间活动安排表范例

| 活　动 | 目　的 | 原　则 |
|---|---|---|
| 律动：《头、肩膀、膝盖和脚趾》（Head, Shoulders, Knees and Toes） | 用熟悉的开场活动活跃气氛，吸引注意 | 熟悉有助于幼儿集中注意力 |
| 韵律：唱、交谈、轻轻说、叫喊 | 通过安静活动促进辨音能力 | 在听力活动之前将活跃的气氛调整为安静的气氛 |
| 书:《十，九，八》（Ten，Nine，Eight）作者：莫莉·巴里（Molly Bany） | 与家庭主题相关联　鼓励儿童讨论谁在晚上哄他们入睡和他们的入睡仪式 | 书本与本周所学内容相关　学习描述非洲裔美国人父亲，包含非歧视性、文化多样性的材料 |
| 磁带：世界各地的摇篮曲 | 跟随轻柔、安静的音乐创造性地运动 | 与小组成员分享不同观点和经历的价值，为放松和活动找到安静的音乐 |

人们应当对一些被纳入到小组时间中传统活动的发展适宜性加以评估。这些活动包括展示与陈述（show-and-tell）以及日历时间（calendar time）。

**展示和陈述。**亲历过学前课堂中众多"展示和陈述"环节的观察者会思考教师是如何看待儿童口语和听力技能的发展的。在一个被称做"自吹自擂"的环节（Gartrell，1994），展示的物品都一再证实了电视广告的力量。展示者所作出的评论常常被异口同声的"我爸爸也会给我买一个"或"我也有其中之一"之类的声音所淹没，对儿童倾听他人的时间的要求远远超出了幼儿在按次序等候时所能集中注意力的一般时间。这个环节通常恶化为教师一遍遍地要求儿童在别人说话时保持安静。尽管给幼儿提供结构化的机会以便逐个诉说和倾听是恰当的，但是这个长久以来被推崇的方法也许并不是那么适宜的。

为了避免一些发展性的困难，可以尝试以下几种方法。
- 提供机会让儿童来描述一个家庭经历。
- 让儿童展示或谈论他们当天在学校所做的事情，高宽课程的"计划—做—回顾"（Plan-Do-Review）方案中就有包含类似这种活动。
- 给每个儿童专门的一天来谈论对他们而言重要的事情。

● 让父母给孩子准备一个"神秘袋"，里面装一个从家带来的物品（非玩具），并在小组时间给同伴设计 3 个提示，激发所有人的思考和对话来猜测这个物品是什么。

● 让儿童分享家庭旅行或是节日庆祝的照片或物品。

**日历时间。**猜谜游戏是大部分学前机构日历时间段的内容，类似"今天是周几?""周四。""不，今天不是周四。昨天是周一，所以今天是……""周日。""不对，今天不是周日。我们周日不上学。"这样的一问一答一直延续，直到有人幸运地猜出或是凭借出色的记忆力而回答出准确答案。认知研究者们已经告诉过我们幼儿的时间感是模糊的。此外，他们只能在有意义的背景下进行学习。即便他们可能会唱"一周有七天"（There are seven days in a week），并能在歌里唱出每一天，但这种机械的学习不能转化为关于日历时间的真正知识。学习日期和月份可能是一件对于成人来说有意义的事，但对儿童来说通常没有任何意义。

关于日历最适宜的讨论是将日历和时间植入到有意义的体验的背景中。例如当一个儿童知道他的生日是在 10 月份后，这个月份和它是否不久就会到来就变成极为重要了。当儿童们期待动物园之旅时，数日子和划掉日历上已经度过的日期就变得有意义了。当儿童了解到距离父母带他们去野餐还剩 3 天后，看日期就变得急不可待。相比有关日期和月份的猜测游戏，在上述背景下开展的幼儿园体验活动是更为适宜的。仅仅因为商家制作出的一些看起来诱人和可爱的日历（如用不同小妖怪的脸来区分 3 月的每一天）并不能使记忆日历的体验变得有意义或适宜于幼儿。

## 不适宜的语言/读写环境

非支持性的语言/阅读环境通常是这样的。

● 大部分时间都是教师在说话，要求儿童安静地注意。

● 大部分小组时间是在重复老师的话、机械记忆课文中的字母和发音练习。

● 工作单和其他由教师主导的活动显示出自上而下的课程观，孤立练习阅读技能和写作技能。

● 在主动游戏的背景下，孤立地教授阅读和写作技能。

● 缺乏对英语初学者的尊重。

### 小结

游戏绝对是学前儿童认知发展的来源，使他们得以主动积极地创造和表征他们关于世界不断变化的理解。比起学步儿，幼儿的游戏是更为复杂的游戏。在精心计划和布置的学习中心开展游戏的学前儿童能够使用与他们学习能力和兴趣相匹配的各种开放性材料，从而建构对周围世界的理解。在这样的环境里，成人仔细地进行观察，为儿童与材料、玩伴及扩展活动中的成人的积极接触作安排，准备环境，示范游戏，设计问题以激发儿童更为成熟的思考和理解，并用能够加深和扩展儿童学习体验的方式给出回应。强调儿童作为积极主动的学习者，成人作为支持资源。技巧娴熟的教师会设计出复杂和丰富的游戏，帮助儿童不断进步，逐渐成为游戏高手。

发展适宜性的学前语言环境包含了对早期读写及其组成要素的理解，强调使用所有的沟通形式以便儿童将他们自己的经历和想法展示。语言和语言材料的使用是完全与主动的游戏结合在一起的。教师们提供材料和体验从而鼓励儿童在口头和书面沟通中发展早期读写能力，通过与玩伴和成年人的对话发展口语和听力技能。教师认同儿童掌握沟通技能的愿望，并对他们满怀信心。他们通过体验活动、儿童文学、书和印刷文字丰富的环境来帮助儿童发现对读写的需要。他们提供给儿童的材料可以帮助儿童练习写作技能并发展理解力。他们安排的小组时间包括了儿童各个方面的交流与沟通。

## 思考

1. 参观一个学前教室。你看见了哪些学习中心？它们是如何设置和使用的？在学习中心时间，教师是如何起作用的？你的观察与本章节内容相符吗？

2. 教师创设了一个印刷文字丰富的环境。你还有什么可以补充的吗？

3. 与两位学前教师进行交谈，谈论他们是如何布置教室的。他们对于儿童兴趣和具体发展目标有什么考虑吗？

4. 与两位学前儿童的家长进行交谈，听他们说说自己的孩子在幼儿园阶段应当学习什么以及他们所希望的教室风格。他们的想法和/或问题与本章节中所讨论的关于发展适宜性实践的观点是否冲突或一致？

## 问题（用以评估本章所学）

1. 前运算思维是什么意思？描述前运算思维的若干特征及如何将之与学前儿童的学习风格相联系。

2. 明确教师在为游戏做准备时的几个不同角色，并描述教师履行每个不同职责的方式。

3. 讨论早期读写这一术语的含义。为什么说强调早期读写的不同要素对于幼儿语言环境来说是适宜的？

4. 学前语言环境的必备要素有哪些？尽可能详细地描述一下。

5. 明确教师的哪些实践是不符合发展适宜性原则的。

## 问题（用以应用本章学习）

1. 了解当地的早期教育目标，将其中对于读写能力的建议与本章中所讨论的观点进行比较。应用发展适宜性策略设计一个符合要求的计划。

2. 你的几位家长非常希望你教授他们孩子阅读。请向他们解释早期读写的要素并向他们描述在你的发展适宜性的课堂中是如何学习阅读的。

## 参考文献

Baker, L., Fernandez-Fein, S., Scher, D., & Williams, H. (1998). Home experiences related to the development of word recognition. In J. L. Metsala & L. C. Ehri( Eds. ), *Word recognition in beginning literacy*( pp. 263-287). Mahwah, NJ: Erlbaum.

Barclay, K., Benelli, K., & Curtis, A. (1995). Literacy begins at birth: What caregivers can learn from parents of children who read early. *Young Children*, 50( 4): pp. 24-28.

Bredekamp, S., & Copple, C. ( Eds. ). (1997). *Devel-opmentally appropriate practice in early childhood pro-*

grams( Rev. ed. ). Washington, DC: National Association for the Education Young Children.

Bredekamp, S. , & Rosegrant, T( Eds. ). ( 1995). *Reaching potentials: Transforming early childhood curriculum and assessment*( Vol. 2). Washington, DC: National Association for the Education of Young Children.

Brock, D. , & Dodd, E. ( 1994). A family lending library promoting early literacy development. *Young Children,* 49( 3) : 16-21.

Bruner, J. ( 1991). Play, thought, and language. In N. Lauter-Klatell( Ed. ), *Readings in child development* ( pp. 76-81). Mountain View, CA: Mayneld Publishing.

Campbell, C. ( Ed. ) ( 1998). *Facilitating Preschool literacy.* Newark, DE: International Reading Association.

Cassidy, D. ( 1989) . Questioning the young child: Process and function. *Childhood Education,* 65 ( 3) : 146-149.

Clemens, S. C. ( 1983) . *The sun's not broken, a cloud's just in the way: On child-centered teaching.* Mt. Rainier, MD: Gryphon House.

Curtis, D. , & Carter, M. ( 2000). *The art of awareness: How observation can transform your teaching.* St. Paul, MN: Redleaf Press.

Daniels, E. , & Stafford, K. ( 1999). *Creating inclusive classrooms.* New York: Open Society Institute.

Dickinson, D. , & Tabors, P. ( 2001). *Building literacy with language: Young children learning at home and school.* Baltimore: Paul H. Brookes.

Dodge, D. , Colker, L. , & Heroman, C. ( 2002) . *The Crearive Curriculum for preschool children*( 4th ed. ) . Washington, DC: Teaching Strategies.

Elicker, J. ( 1995). A knitting tale: Reflections on scaffolding. *childhood Education,* 72( 1) : 29-32.

Espiritu, E. , Meier, D. , Villazana-Price, N. , & Wong, M. ( 2002). A collaborative project on language and literacy learning. *Young Children,* 57( 5) : 71-78.

Gartrell, D. ( 1994). *A guidance approach to discipline.* Cliffon Park, NY: Thormson Delmar Learning.

Gould, P. , Sullivan, J. , & Waites, J. ( 1999) . *The inclusive early childhood classroom: Easy ways to adapt learning centers for all children.* Beltsville, MD: Gryphon House.

Greenberg, P. ( 1990). Why not academic preschool?( Part 1). *Young Children,* 45( 2) : 70-79.

Grisham-Brown, J. , Hemmeter, M. , & Pretti-Frontczak, K. ( 2005) . *Blended practices for teaching young children in inclusive settings.* Baltimore: Paul H. Brookes.

Heroman, C. , & Jones, C. ( 2004) . *Literacy: The Creative Curriculum approach.* Washington, DC: Teaching Strategies.

Jones, E. , & Reynolds, G. ( 1992). *The play's the thing: Teachers' roles in children's play.* New York: Teachers College Press.

Kamii, C. ( 1982 ) . *Number in preschool and kindergarten: Educational implications of Piaget's theory.* Washington, DC: NAEYC.

Kagan, S. , Scott – Little, C. , & Frelow, V. ( 2003). Early Learning standards for young children: A survey of the states. *Young Children,* 58( 5) : 58 – 64.

Klein, M. D. , Cook, R. , & Richardson-Gibbs, A. M. ( 2000). *Strategies for including children with special needs in early childhood settings.* Clifton Park, NY: Thomson Delmar Learning.

Landreth, C. ( 1972). *Preschool learning and teaching.* New York: Harper and Row Publishing.

Morrow, L. ( 2001 ) . *Literacy development in the early years: Helping children read and write.* Needham Heights, MA: Allyn and Bacon.

NAEYC. ( 1998). *Learning to read and write: Developmentally appropriate practices for young children.* A position statement of the International Reading Association and the National Association for the Education of Young

Children. Retrieved April 10, 2005, from http://www. naeyc. org.

National Early Literacy Panel. (2004). *A synthesis of research on language and literacy*. Retrieved April 10, 2005, from http://www. famlit. org.

Piaget, J. (1962). *Play, dreams, and imitation, in childhood.* New York: Norton.

Piaget, J. (1969). *The language and thought of the child.* New York: World Publishing.

Raines, S. C. , & Canady, R. (1989). *Story stretchers: Activities to expand children's favorite books.* Beltsville, MD: Gryphon House.

Raines, S. C. , & Canady, R. (1991) . *More story stretchers: More activities to expand children's favorite books.* Beltsville, MD: Gryphon House.

Reutzel, D. (1997). Integrating literacy learning for young children: A balanced literacy program. In C. Hart, D. Burrs, & R. Charlesworth( Eds. ), *Integrated curriculum and developmentally appropriate practice birth to age eight*( pp. 225 –256). Albany, NY: State University of New York.

Reynolds, G. , & Jones, E. (1996). *Master players.* New York: Teachers College Press.

Rybczynski, M. , & Troy, A. (1995) . Literacy-enriched play centers: Trying them out in"the real world. " *Childhood Education*, 72(1): 7 –12.

Schickedanz, J. , Chay, S. , Gopin, P. , Sheng, L. Song, S. & Wild, N. (1990). Preschoolers and academics: Some thoughts. *Young Children*, 46(1): 4 –13.

Schwartz, I. , & Sandall, S. (2002) . *Building blocks for teaching preschoolers with special needs.* Baltimore, MD: Panl H. Brookes.

Scoy, I. (1995) . Trading the three R's for the foor E's: Transforming curriculum. *Childhood Education*, 72(1): 19 –23.

Smilansky, S. (1968). *The effects of sociodramatic play on disadvantaged preschool children.* New York: Wiley.

Snow, C. , Burns, M. , & Griffin, R( Eds. ). (1998). *Preventing reading difficulties in young children.* Washington, DC: National Academy Press.

Van Hoorn, J. , Nourot, P. , & Scales, B. (1998). *Play at the center of the curriculum*(2nd ed. ). New York: Prentice-Hall.

Wolfgang, C. (1977). *Helping aggressive and passive preschoolers through play.* Columbus, OH: Merrill.

## 建议进一步阅读和研究的资料

Campbell, L. , Campbell, B. , & Dickinson, D. (1996) . *Teaching and learning through multiple intelligences.* Needham Heights, MA: AllYn and Bacon.

DaRos-Voseles, D. , Danyi, D. , & Aurillo, J. (2003). Aligning professional preparation and practice: Bringing constructivist learning to kindergarten. *Dimensions of Early Childhood*, 31(2): 33 –38.

Dever, M. , Kessenich, C. , & Falconer, R. (2003). Implementing developmentally appropriate practices in a developmentally inappropriate climate: Assessment in kindergarten. *Dimensions of Early Childhood*, 31 (3): 27 –33.

Donovan, C. , Milewicz, E. , & Smolkin, L. (2003). Beyond the single test: Nurturing young children's interest in reading and writing for multiple purposes. *Young Children*, 58(2): 30 –36.

Edmiaston, R. , Dolezal, V. , Doolittle, S. , Erickson, C. , & Merritt, S. (2000). Developing individualized education programs for children in inclusive settings: A developmentally appropriate framework. *Young Children*, 55 (4): 36 –41.

Engel, B. , & Gronlund, G. ( 2001 ) . *Focused portfolios: A complete assessment for the young child.* St. Paul, MN: Redleaf Press.

Genishi, C. ( 2002 ). Research in review. Young English-language learners: Resourceful in the class-room. *Young Children,* 57(4):66 – 72.

Guha, S. (2002). Integrating mathematics for young children through play. *Young Children,* 57(3):90 – 93.

Isenberg, J. P. , & Jalongo, M. R. (2000). *Creative expression and play in the early childhood curriculum* (3rd ed. ). New York: Merrill.

Jones, E. , Evans, K. , & Rencken, K. ( 2001 ) . *The lively kindergarten: Emergent curriculum in action.* Washington, DC: National Association for the Education of Young Children.

Klenk, L. (2001). Playing with literacy in preschool classrooms. *Childhood Education,* 77(3):150-157.

Koralek, D. ( Ed. ). (2005). *Spotlight on young children and the creative arts.* Washington, DC: National Association for the Education of Young Children.

Kuschner, D. (1998). Put your name on your painting, but…the blocks go back on the shelves. *Young Children,* 45 (1):49-56.

NAEYC. (2002). *Early childhood mathematics：Promoting good beginnings.* A joint position statement of the National Association for the Education of Young Children and the National Council of Teachers of Mathematics. Retrieved April 10, 2005, from http：//www. naeyc. org.

Neuman, S. , and Roskos, K. (2005). Whatever happened to developmentally appropriate practice in early literacy? *Young Children,* 60 (4): 22-26.

Paley, V. G. (1999). *The girl with the brown crayon.* Cambridge, MA：Harvard University Press.

Roskos, K. , & Christie, J. (2001). Examining the playliteracy interface：A critical review and future directions. *fournal of Early Childhood Literacy,* 1 (1): 59-89.

Roskos, K. , Christie, J. , & Richgels, D. (2003). The essentials of early literacy instruction. *Young Children,* 58 (2):52-59.

Schickedanz, J. , & Casbergue, R. (2005). *Writing in preschool：Learning to orchestrate meaning and marks.* Washington, DC：International Reading Association.

Seo, K. (2003). What children's play tells us about teaching mathematics. *Young Children,* 58 (1): 28-34.

Sluss, D. (2005). *Supporting play：Birth through age* 8. Clifton Park, NY：Thomson Delmar Learning.

Thompson, S. (2005). *Children as illustrators：Making meaning through art and langua-ge.* Washington, DC：National Association for the Education of Young Children.

Wasik, B. (2001a). Phonemic awareness and young children. *Childhood Education,* 77 (3)：128-133.

Wasik, B. (2001b). Teaching the alphabet to young children. *Young Children,* 56 (1)：34-40.

Woodard, C. , Haskins, G. , Schaefer, G. , & Smolen, L. (2004). Let's talk：A different approach to oral language development. *Young Children,* 59 (4)：92-94.

Xu, S. , & Rutledge, A. (2003). Chicken starts with ch! Kindergartners learn through environmental print. *Young Children,* 58 (2)：44-51.

## 实用网站

### http：//www. acei. org

国际早期教育协会（Association for Childhood Education International）的网址，此网站上有该组织关于早期教育指导原则最新的立场声明。点击 ACEI 以及 NCATE 标准，找

到 "*Global Guidelines for Early Childhood Education and Care in the Twenty-first Century*" (2002)，然后可以看到标准的自我评估单独列表。你也可以下载一份 ACEI 手册，题为 "*Play's Role in Brain Development*"。

**http://www. naeyc. org**

美国幼儿教育协会的网址，所有关于发展适宜性实践以及早期儿童课程与评估的立场声明在此网站都可查到。同时还有关于数学和读写适宜教学的声明。点击 "Resources"，然后再点击 "Position Statements"。

**http://www. famlit. org**

全美家庭扫盲中心的网站，其中有许多关于儿童读写的资讯。点击 "Programs and Initiatives"，然后再点击 "Family Partnership in Reading"，找到 National Literacy Panel 在 2004 年的报告。

# 发展适宜性的认知/语言/读写环境：学龄期

6 岁的艾伦说："看到我的故事了吗？说的是'我们去了农场'。"艾伦将"We went to the farm"说成了"We wnt to th frm"。

7 岁的 B. J. 说道："我讨厌学校。我们做的所有事情都很无聊。"他带回家的数学卷子上全是修改的痕迹。

8 岁的莱珂莎（Lakeisa）说道："我几乎可以阅读这整本书了。除了一些非常难的字。这是我最喜欢的书，它讲的是关于狗的故事。"

处于小学低年级阶段的儿童看起来与他们刚刚经历过的学前期时候相比非常不同。他们更瘦更强壮，肌肉力量更强，生理上的这些变化使他们可以精力充沛地参加各种体育活动和游戏。对能够离开父母的自信使得他们进入到一个充满朋友和乐趣的世界。儿童们每天带着不同程度的热情和兴奋之情涌入和涌出学校大楼，急于在"成人"的世界中取得成功，或者对新的、不熟悉的期待感到害怕。学校里有严格的认知模式以及有关标准和目标。我们中的大多数都对一个故事很熟悉：小学一年级学生在第一天学习结束后哭着回到家里，因为她还没有学会阅读。然而，在儿童内在的认知世界里，这些学龄儿童在能力、思维和学习风格上仍然和学前儿童有着密切的联系。前运算思维和学习特点决定了选择采用怎样的小学认知/语言环境会带来显而易见的影响。学习和语言总是紧密地联系在一起，并且在小学早期阶段，儿童和成人的重心都放在学习使用书写语言技能方面。

在小学阶段，社会的强调使人们过度关注儿童对这些认知技能的获得。强调认知能力却忽视儿童发展的其他方面可能是导致一些儿童学业失败的根本原因。忽视儿童各发展领域之间的相互联系，未开发出综合性课程（有新的信息出现时，综合性课程能够提供有意义的联系），所有这些都是非适宜性的实践。虽然这章会将重点放在最好的认知/语言实践方面，但是与早前所讨论过的发展的所有方面都有联系。

最近几年，美国教育系统受到了详细审查和批判。美国卡内基小组

（Carnegie Task Force，1996）担心，到小学四年级时，美国大多数学生的表现低于国家标准，并且"明显低于对手国家的儿童水平"（Carnegie Task Force，1996：vii）。这份报告还继续总结了学校未能使他们教育的儿童达到预期水平的原因。

学校失败是因为他们对很多学生所持有的期望很低；学校严重依赖过时的、低效的课程和教学方法；教师的准备差强人意，对教师的支持不够；家校联系脆弱；缺分充分的问责系统；学校和学校系统对资源的利用无效。（Carnegie Task Force，1996，p. vii）

布什总统在 2002 年 1 月签署成为法律的《不让一个孩子落后法》，是国家最近关注小学和其他教育系统的表现。这部法律现在已经变为国家教育政策的一个焦点，尤其指向改善处境不利儿童的状况。最近的这次教育改革有 4 大重点。

- 加强对结果的问责。
- 为州和社区提供更多的自由。
- 鼓励基于科学研究的、被证明的教育方法。
- 给予家长更多的选择。

这部法案中有一项条款是：从 2005—2006 学年开始，在 3—8 年级每个学年结束时，对每所公立学校学生在阅读和数学方面取得的进步进行测试；在科学课程标准开发出来后，在 2007—2008 学年加入对科学的评估。这部法令还提出了两个新的阅读项目。

- "阅读优先"（Reading First）。拨款帮助各州和地区建立起为 K—3 年级儿童服务的"科学的、基于研究"的阅读项目，高度贫困地区享有优先权。
- "早期阅读优先"（Early Reading First）。这是一个较小型的阅读项目，目的是帮助各州贫困地区更好地为 3—5 岁儿童的教育做准备。

阅读评估测试使用英语，尽管各州可以自主决定在时间上增加两年，但任何在美国入学达到 3 年或更多连续年数的学生都被要求参加这一测试。各州必须每年对所有英语水平有限（LEP，Limited English Proficient）学生的英语熟练度进行一次评估。

这部法令更严格地界定了适当年度进步，包括全州范围内含特殊儿童群体在内的所有学生的可测量的成绩提高目标，其中特殊儿童群体包括：经济贫困的儿童、来自主要种族和少数民族的学生、残疾学生以及英语水平有限（LED）的学生。各州被要求提供关于各个学校和地区的详细报告卡，指出哪所学校取得了成功及成功的原因。获得 Title I 资助的学校如果连续两年未能实现他们的目标，将会得到技术支持，并被要求为学生提供不同的选择：转到成绩较好的学校、参加课后项目或得到单独辅导。

这部法案还批准为实现成绩目标的学校颁发"州学业成就奖"（State Academic Achievement Awards），授予"卓越学校"（Distinguished School）称号，并为这些学校的教师颁发奖金。更多关于这部法案的信息可以查阅网站 http：//www. nclb. org。

在这种将学校、教师、地区和州的可视的高利害关系与常规测试紧密结合的情况下，教育界中关于对儿童适宜性学习成果的对话变得激烈起来。美国教育协会（National Education Association）一直在极力提倡对儿童和学校的评估不能仅仅是测试分数。想要了解美国教育协会的立场，可以访问网站（http：//www. nea. org），本章的结尾也会提供更多的信息。在教师和学生努力寻找调和发展适宜性实践与法令要求的时候，这个讨论毫无疑问会继续进行。

在讨论为新进入小学的学生提供适宜的认知/语言环境时，我们将主要关注支持最优发展的课程和教学方法，而不是主导教育现状的高风险测试（high-stakes testing）。

## 本章学习目标

- 识别前运算和具体运算思维对小学认知—语言环境的影响。
- 描述在小学课堂中实施整合课程的要素。
- 讨论发展适宜性阅读。
- 描述一个发展适宜性写作项目。
- 描述一个发展适宜性小学数学课程。
- 比较标准化测试与评估的效果，描述评估在发展适宜性小学课堂中的作用。

## 前运算和具体运算思维阶段与发展适宜性实践

在第十四章，我们讨论了皮亚杰关于前运算思维阶段各种特征的论述，2—7岁的儿童处于这一阶段。回顾一下，这些特征包括：集中化倾向，即每次只能感知事物的一个方面；自我中心；不可逆性以及具体思维。所有这些特征限制了儿童学习抽象概念以及通过抽象的方法学习的能力，例如从另外一些人的话中学习或在头脑中找到解决问题的方法。小学低年级阶段儿童依然保持着这种前运算思维，与学前阶段仍有着千丝万缕的联系，因此，典型小学课堂的学习任务和方法是不适合他们的。

在皮亚杰的理论中，在儿童7岁左右，儿童加工信息和解决问题的方式逐渐发生变化，儿童的思维和推理由此发生改变。维果茨基和一些追随他的社会文化理论家强调，在7岁左右，儿童的这些变化是由对儿童思维产生影响的成人期望、要求和社会结构引起的。最近的神经科学资料显示，这一阶段是大脑神经元突触经历"修剪"的时期，在此期间大脑会更有效地发挥作用（Chugani，1996）。

虽然在变化原因上存在着不同的理论观点，但任何一个对小学年龄阶段儿童进行观察的人都认为，此时儿童在思维和问题解决能力方面确实发生着变化。

小学年龄的儿童慢慢地进入到具体运算思维阶段（concrete operational thought）。他们越来越能够理解别人的观点，能够思考问题的多个方面，他们的思维开始具有可逆性。在这一时期，他们获得了在头脑中进行思考和解决问题的能力，不再是只有依靠身体接触或操作物体才能进行学习。儿童在思考纯粹象征性的或抽象观念的能力方面仍有局限，他们需要真实的事物来进行思考。"相应的，虽然儿童可以使用象征，比如用字句和数字来代表物体和关系，他们仍然需要具体的参照点。"（Bredekamp & Copple，1997，p.151）儿童需要身体行动来帮助他们进行思维联系，从积极的、第一手的经验和具体物体操作中，从与他们自身相关的、有趣的、有意义的事物中受益。教师应该认识到一些思维技能——尤其是数学技能——与时间和距离相关，超出了正在发展具体运算思维能力的儿童所能掌握的范围。一些学习和课程被推迟到小学之后，目的是为了让儿童可以更加容易地进行学习，并减少失败的风险。

儿童从前运算阶段以自我为中心的思维中脱离出来，有赖于与其他儿童和成人进行互动、对话和沟通。因此，发展适宜性实践要求给予儿童参与小组共同活动的机会，这些活动为交流和互动提供了基础。通过这些小组工作和对话的机会，儿童的推理能力得到加强。

教师认识到他们的关键作用之一是通过评论和征求儿童的意见和想法来促进儿童之间的讨论（Bredekamp & Copple, 1997）。学习如何通过交流来刺激儿童的思维是认知/语言环境的重要组成部分。

每一个儿童都有自己从前运算阶段发展到具体运算阶段的时间表。只有熟悉这两个阶段的思维特征、知道儿童在每个阶段可能会有什么反应的教师才能够为每个儿童提供最适宜的学习经验和材料。那些要求所有儿童在同一年龄同一年级达到规定成绩水平的法律与"人人都有一个自己的时间表"的观念是不相符的。这需要教师懂得如何将绝对的标准与个体的需要和行为方式结合起来，从而帮助儿童获得成功的早期学习经验。

### 其他学业准备

到大约6岁左右，双眼协同视力（binocular vision）——双眼一起工作的能力——通常已经发展得很好。这种能力对于近距离聚焦阅读和工作非常必要。然而，直到9岁左右，儿童才会消除远视，在此之前，儿童需要较大的文字（Bredekamp & Copple, 1997）。

在小学阶段，儿童的精细动作发展继续得到细化，使得儿童在绘画和写作方面拥有更多的控制力并更为精确，而不像学前阶段那样易于神经疲劳。这期间，女孩在精细动作发展方面继续领先于男孩。

任何一个幼儿群体中个体社会技能的差异都很大。普通小学教室中的生师比为25:1—30:1；而许多儿童可能来自于生师比为该比例一半的学前环境中，或者来自比这更低比例的家庭或其他照看环境。这意味着每个儿童需要和更多的孩子一起学习、合作和分享，轮流和等待听讲。对于很多儿童来说，要解决的第一个挑战是在能够把精力集中在常规认知学习任务上之前顺利适应这一社会环境。小学年龄的儿童更倾向于进行社会比较；这些比较变为他们自我概念的一部分，并且会影响到他们在学习活动中的动机。非常强调竞争和比较的学校有可能加剧这一趋势。

儿童在情感上能否感到安全和舒适会影响到他们的学习准备。前面提到的很多因素会对儿童的身体和情绪产生压力，并会通过多种方式表现出来，包括：厕所意外事件；各种身体症状，如胃痛和恶心，医学上统称为学校恐怖症（school phobia）；不能够集中注意力；总体上感到痛苦和不开心。谈到"学习准备"时，所提供的认知环境必须认识到儿童的所有这些方面。

### 小学教育中的认知/语言/读写能力的目标

许多儿童，只要不是受到虐待、有令人衰弱的疾病或是残疾，他们在到达学校时都非常渴望学习，并自信自己能够取得成功。

对于一个以受过良好教育为豪且也需要良好教育的公民的国家，那些在学业上失败、受到阻碍、需要特殊帮助、失去对自己学习能力的自信心、最终辍学的儿童数量太大了。仅仅这一事实就表明我们的目标还没有实现。那么小学年龄阶段儿童的基本教育目标有哪些呢？

●保证儿童拥有成功的早期学习体验。终身学习的模式已经确立，儿童的自尊心和作为学习者的自信感非常重要。当学校依靠儿童间的竞争和比较时，儿童作为学习者的自信心就处在危险中了。

如果儿童思考和学习的基本天性没能得到认可，如果儿童未能参与到使用具体物体来探索、课程内容与儿童相关且有意义的主动学习体验中，他们将不会拥有成功的早期学习体验。"这种内容的目的不是像一些人所假想的那样，让学校生活更加有趣，而是为了支持儿童连接新旧知识的能力发展，同时也具有扩展儿童记忆和推理能力的效果。"（Bredekamp & Copple，1997，p.157）

●保证儿童在他们的学习中扮演主动的角色。为了让儿童感到自己是有能力的学习者，儿童必须感知到自己在小学课堂中作为决策者、活动发起者、积极参与者的重要性。当儿童感知到自己指导学习的能力时，他们的学习动机就得到了增强。

●保证儿童发展出热爱学习的品性（Katz，1988）。品性是不同于技能和知识的学习，不能用期末测试来评判，品性是"心理习惯，用某种方式应对各种情境的倾向"（Katz，1998，p.29）。举例来说，好奇心是一种品性，它不是一项技能或一种知识。儿童必须习得一种应用他们所学的倾向或性格。拥有各种技能与拥有成为热爱阅读的人的品性非常不同的。许多证据表明，过于强调通过训练和死记硬背来发展儿童的各种狭隘技能，可能会妨碍到儿童使用那些技能的品性。当儿童说"我讨厌阅读"时，他讨厌的是学校讲授阅读的方法。

●保证儿童拥有适宜的学习机会来发展基本的读写算的能力。继续发展儿童的交流能力以及发展进一步学习所要求的基本技能是小学学习的一部分，是文化和社会认为必需的东西。这些是我们文化所认为的最重要的技能，而且儿童意识到掌握这些技能是成功的表现。

●保证儿童有机会继续发展他们个人的独特兴趣。教育者认识到儿童的学习动机是让自己独特的世界变得有意义的强烈愿望。这些兴趣超越了单纯的认知，拓宽了对学科课程的狭义定义。加德纳的多元智能理论指出每一种智能都遵循自己独特的发展路径（Gardener，1983，1991）。加德纳的理论认为人们天生都有自己特定的优势和弱势领域，实际上拥有"不同的认知方式"，学习者应该可以用多种方法来体验一个概念，利用自身的优势智能来展示自己的学习，而不是通过传统课程中所重视的、在大多数教学和评估中所使用的语言和逻辑—数理智能。学校需要考虑自身在最优化如下各种智能发展中的作用：语言、音乐、逻辑—数理、空间、身体—运动、人际、内省、自然探索、存在（Gardner，1983，1991；Campbell，Campbell B.，& Dickinson，1996；Burchfield，1996）。

我们讨论小学课堂中认知/语言学习的发展适宜性实践的基本要素时，将会探索如何最好地实现这些目标。

## 发展适宜性的认知/语言环境的构成要素

学校环境负责帮助儿童学习我们高科技社会所需的基本知识和技能。在评估课堂和学习体验的发展适宜性时，我们需要考虑多种因素。

**整合课程**。传统课程中各学科领域相互分隔、为每一学科分配一段时间的教学，意味着儿童是用一种分离的、线性的方式来构建自己对世界的理解。实际上，儿童不是这样学习的；儿童是通过建立起思想与体验以及学习技能之间的联系来学习的，儿童需要在一个他们感兴趣的有意义的背景中使用这些技能。相关学科中的孤立事实看起来毫无联系，仅仅对教师来讲是重要的，不太可能抓住儿童的兴趣，拓展儿童对学习的自信心和品性。

正如最近脑研究告诉我们如何做才最有利于学习那样，整合课程能在呈现新信息时帮助儿童建立起有意义的联系。大脑将相关的零散信息组合成复杂的网络，这一网络被称为图式。整合课程通过将所有课程围绕着一个中心思想组织起来而很好地利用这一过程，使儿童能够建构起相互联系的信息网络。整合课程让儿童能够使用来自一个领域中的知识和技能来探索其他课程领域，比如在社会研究探索中使用阅读和写作技能，在音乐学习中使用数学概念。整合课程也为儿童提供了使用加德纳所提出的多元智能的机会。同时，整合课程也使教师可以协调标准与发展适宜性实践之间的微妙平衡（Park，Neyharth-Pritchett，& Reguero do Atiles，2003）。

小学教师如何实施整合课程？下面有几种相关的实践。

**主题**。围绕大的主题或项目来组织学习，而不是围绕着特定的科目。这里的主题学习与传统小学课堂围绕着比如"情人节"主题所做的事情是非常不同的。在传统的课堂中，儿童可能会阅读一个关于"情人节"的故事，对这个故事进行讨论，学习一首情人节歌曲，用写故事与讲故事或者以诗歌的形式讲述"情人节"对自己的意义，并在"红色情人节"那天粘贴自己的数学工作。下一个星期，他们做的事就非常不同了。在这一教学实践中，虽然所选主题非常有趣并将多种学校科目结合了起来，但这一方法并不是真正的整合课程所指的主题学习。

在小学课堂中，主题学习形成了发展适宜性学习活动的核心。主题确定了注意力的中心，将许多学科领域容纳在其中，并在很长一段时间内不断发展。通过对一个主题的全方位研究，儿童通过基于这一主题的各种活动来学习基本的学科，并由此认识到这些技能为什么有意义和如何发挥作用（一些科目，如数学，不能总是完全被包含进主题工作中，因为主题学习并不总是提供足够的学习概念的机会。任何能够自然地适合这一主题的内容都可以被包含进来，其他的就单独处理）。但是每周每天都会有大量的时间投入到与主题相关的活动中。主题活动可能会占用课程的很大部分，并在每周进行多次。主题可以被整合到学习中心里，或成为大多数课堂教学活动的基础。

真正的主题研究包括长时间的深入工作。许多课堂花费数月甚至整个学年的时间来探究感兴趣的主题（可参见 Ostrow 的记述，她花费了一整年的时间和二三年级的学生一起探索"岛"这个主题，"岛"是由课堂中的儿童整合学习的结果）。主题研究还有其他准则。

- 儿童非常感兴趣的话题——实际上，话题是由教师与儿童共同协商的。
- 话题与周围社区相关。
- 话题的范围足够广泛，可以被分为很多小的分话题，并且分话题同样能够引起儿童的兴趣。

● 分话题与大的主题背景之间的关系清晰。

● 话题应该能够引导儿童自己对真实情况、材料和资源进行广泛的探究，能够引导他们进行比较和对比各自的观点。

● 话题应该能够鼓励跨学科学习。（Burchfield, 1996; Diffily & Sassman, 2002）

　　例如对于生活在缅因州或俄勒冈州的农村小学儿童来说，"森林"可能会是一个合适的主题。分主题的选择可以是"树的生长周期""树的种类和用途""收获木材""伐木史""森林动物家庭""栖息地"以及生态问题。每一个分话题都提供了广泛的学习空间。儿童在学习树的种类和用途时可以画不同种类的树，制作图表说明不同木材可制成的产品，使用木工手艺和测量技能制作，并可以给木材公司写封信作为自己研究的一部分。儿童的兴趣和问题是确定主题方向的推动力；实际上，儿童高度参与了讨论并计划了探究主题的方式。

　　虽然主题学习强调的是主题而不是学科，但仍然有充足的机会将传统课程融入儿童的学习。参与主题学习的儿童用阅读、写作、拼写、数学、技术和创造性艺术来探索和记录他们对所学内容的思考和观察，这些内容通常与科学、社会研究以及健康相联系（Trepanier-Street, 2000）。

　　当项目需要特殊的技能时，教师就会教他们。通过这种方法，儿童认识到阅读、写作和数学技能的用途。同时，主题学习还在继续，因为主题所涉及的内容非常重要。

　　围绕着主题的深入学习也被称做项目方案（Katz & Chard, 2000; Chard, 1998a, 1998b; Helm & Katz, 2001）。当儿童参与项目来获取"对自身所处环境和体验中的事件及现象的更深入、全面的感知"时（Katz & Chard, 2000, p. 17），他们在分析和提问中获得了广泛和多样化的经验。通过这样做，儿童建立起对自己智力的信心，并强化了自身继续学习的倾向。项目学习补充并强化了儿童从自发活动、经过缜密设计的活动以及系统教学中所学的东西。互相促进的绝妙想法加深了学习者对周围世界的理解，增强了他们继续学习的品性。

　　**共同设计**（joint planning）。整合课程包含了教师和儿童的共同设计。儿童发现他们感兴趣的话题，这并不意味着课程纯粹是由儿童一时的兴致所决定的。主题学习是一种聚焦学习（focused learning），需要教师进行有意识的指导。儿童和教师合作选择项目，设计活动，并决定需要什么样的材料。

　　教师很可能要初步计划出主题学习的总体方案，因为教师知道一个能够成功进行深入研究的主题的特征以及州课程指南。教师同样要对可能会支持这一项目研究的社区内文字资源、材料、人和场地做初步的研究。教师还要设计引导出这一主题的方法和课堂活动。

　　儿童可能会参与头脑风暴的过程中——通过自由的讨论，确定儿童对某一话题已经知道或经历过的东西。儿童不知道的问题可以帮助教师和儿童选择他们想要更为深入探究的话题。正如达克沃斯（Duckworth, 1996）所说的，随着这样的课程发展，学科并没有被掩盖，而是被揭开了。

　　鼓励儿童自己去决定和选择将要做的工作：工作将会是什么样，将如何去进行，和谁一起进行工作，自己的学习将如何呈现，与谁分享。由此，通过这种主题学习/项目方案，小学儿童不仅仅学习了主题本身，还学会了如何在他们的学习中成为一个积极的参与者，如何规划和组织自己的学习。进行主动学习的倾向正在得到建立。

**小团体合作**（collaborating in small groups）。在整合课程中，教师创造场景让儿童通过小群体合作开展项目工作。小组工作对儿童的社会性（见第十一章）和认知发展都是非常有价值的。研究表明，同伴互动能够促进儿童的认知发展。在同伴互动中，儿童获得新的技能，并通过讨论认识到多种想法的存在。合作增加了儿童从事一项任务的时间，因为同伴的存在防止了儿童放弃困难的工作，并使得工作更加愉快。共同工作促进了知识和技能的获得，因为不同的小组成员为活动带来了不同的技能和趣味。儿童的言语互动为拓宽思路和进一步尝试提供了丰富的基础。当儿童学着向其他人表达自己的所学时，儿童是在真正地加工自己的理解。儿童从他们给予其他小组成员的反馈或收到的建议中获益。

有时儿童自己选择工作的伙伴，有时老师出于社交原因或为了补充学习风格向儿童建议不同的小组。通过共同为项目工作，儿童对小组其他成员的工作习惯产生了强有力的影响。当某一个体的某些行为成为小组的一个问题时，找到改变那些行为的合适方法就成为整个小组的职责。儿童认识到自己能够成为工作小组中有用的、有贡献的成员，并且他们有责任在小组中竭尽全力地工作。

虽然大部分主题工作经常采用小组的形式，但显然不是所有小学课堂中的学习都是小组活动。举例来说，写日志是一项独立进行的工作，尽管在写作的过程中儿童可以自由地向别人询问拼写和想法。除此之外，教师会就个别的技能发展与个体或是小组一起工作。

**教师作为促进者**。在实施整合课程时，教师除了是指导者外，还是儿童学习的促进者。实际上，一旦教师从中心舞台上退出，他们的许多职能就由小组成员来承担了。然而，教师并没有少参与或少承担对儿童学习的职责。在整合课程中，教师要做些什么呢？

教师要做预先的准备，选择主题并为课堂活动收集资源和材料。项目经常是在回应教师的建议、问题和材料的过程中发起和发展的（Tpanier-Street，2000）。教师的好奇、热情、面对新想法的开放思想以及遵循儿童的提问思路是非常重要的。因为儿童的个人兴趣有利于指引项目的发展方向，教师可能会发现不同年份、不同小组所探究的同一主题会向极其不同的方向发展。教师没有必要在一开始的时候就知道儿童将会从开展的项目中获得所有信息的，但是教师自己应该成为一个感兴趣的、积极的学习者模范。当教师与儿童一起学习时，工作的重要性和严肃性得到了强调。

教师要准备项目工作的环境，为兴趣中心增添有趣的、切题的材料，供儿童在自由选择时段使用；陈列其他的资源材料；展示已经完成的项目工作的记录。随着项目的推进，准备工作也要继续进行，因为会出现各种可能性、需要和兴趣。准备工作可以包括与主题相关的实地考察旅行，邀请课堂嘉宾乃至后续活动。教师要保证有丰富多样的材料和活动来刺激和扩展儿童的兴趣。教师进行日程安排，使儿童可以拥有延续的、集中的时段来进行自己的项目工作。

教师要为儿童的小组工作做准备。教师帮助儿童选择工作伙伴，并提醒儿童记住自己在小组工作中对他人的职责。学生不会自动知道如何以建构性的方式与他人一起工作，他们需要就这个问题参与到直接对话中。教师可以帮助儿童确定自己在小组中的角色，这样每个儿童都在小组中承担起自己最适合、最擅长的工作。

**教师作为资源者。**资源者意味着在活动需要时要能够教给儿童相应的技能。将读写或数学技能植入有意义的背景中是项目发展的需要。教师的工作不是告诉儿童所有的东西，而是帮助儿童定位信息，帮助儿童确定如何才能找到答案。在教师监督儿童忙碌的活动时，要能随时发现儿童需要帮助的地方。

教师帮助他们自己和儿童记录正在进行的工作。教师可以绘制出头脑风暴和计划图表，列出小组项目的各个阶段，从而使儿童可以有序地继续进行活动。教师观察并记录儿童的兴趣、能力及困难，以此来指导他们，满足个体的需要，并发现儿童已经准备好学习的东西。教师保存儿童工作的样本来评估进步并计划下一步的课程和教学。在欧沃奇和古德曼（Owocki and Goodman，2002）的著作中，我们可以看到其所收集的记录儿童读写能力发展的有用的数据收集工具和技术。

教师通过提问来帮助儿童澄清自己的想法，并能够通过言语和写作来表达自己的学习。教师的问题可能成为儿童开展下一步工作的推动力。教师给出反馈、引导和鼓励，并给儿童提供机会来总结，向同伴和家长展示自己的学习成果。

教师举办与儿童的个人讨论会，评估儿童在学习和思维上的进步，并帮助儿童学着评估自己工作的质量。当儿童忙于自己的工作时，教师制定与单个儿童举办阅读、写作和数学讨论会的日程安排。通常这些讨论会每周举办一次，帮助教师和儿童计划接下来的学习内容。

作为促进者，当教师观察到儿童需要并已经做好获取某种技能的准备时，教师也提供直接的指导。这种指导经常个别进行，或者在小组里进行，并以儿童自己选择的、感兴趣的阅读、写或数学为基础，而不是取自标准化书本中的课程。使用整合课程的教师会发现自己融入了忙碌、积极的儿童小组中，而不是站在教室前教教材中规定的课程——每个人在同一时间看着同一页内容。

显然，当班级规模太大时，教师很难将他们的指导和互动个体化。由此，权宜之计是教师经常对整个群体进行指导。对教师、家庭和社区来说，在课堂达到尽可能小的规模时，运用我们这里所讨论的发展适宜性实践是最好的。提倡更小规模的课堂是教师使教学实践更加适宜儿童发展的一个途径。

**不太具有支持性的实践。**有些课堂强调传授可测量的知识内容以及技能的习得，而不是通过积极的学习过程让儿童获得有意义的知识，以下几种是其不太适宜的实践操作。

- 主要强调阅读和数学，每天讲授特定的课程，儿童通过练习本和基础读本取得进步。
- 课程被分成孤立的科目——例如社会研究、科学、健康——而且仅在阅读和数学技能课完成后讲授。
- 留下很少的时间开展拓展活动（enrichment activities），例如项目和学习中心。由于没有时间，创造性艺术表达通常也被一起省略掉了。
- 强调教师的指导以及儿童在课桌上练习各种"纸笔"技能。
- 不鼓励学生对话，认为这会扰乱教师的课堂教学和安静的课堂秩序。

布莱恩·卡廷（Brian Cutting）是新西兰一位著名的教育家，他指出，儿童在进入学校之前，便能自然、成功并显然很轻松地学习讲话。导致这一现象的原因有：

● 没有人预期儿童会在这一任务上失败。

● 儿童对自己的大部分学习负责，而不是每天接受课程，学习被拆成一系列步骤的说话手册。

● 儿童在一个耐心、容忍"错误"的环境中练习了很长时间，并在自己的早期尝试中感到快乐。

● 没有测试。

如果我们真想让儿童学不会讲话，最简单的方法就是设计考试，设定一个标准，并期望所有的儿童能够达到这一标准。我们都知道这些过程对儿童学习讲话来说是无意义的。那么，我们为什么要用相似的做法来让儿童学习读和写呢？（Cutting，1991，p.65）

小学儿童语言和读写能力的发展被看做是先前经验的连续。小学中语言和读写项目的目标是通过阅读和写作继续发展儿童的口头交流能力，基本信条是口语和书面语言是相互作用并相互影响的，语言发展的所有阶段都是以经验为基础。儿童通过观察这些技能的使用以及自己使用这些技能来学习阅读和书写。书写和阅读是同时教授的，并作为整体课程中不可分割的部分，而不是只在指定的时间学习。听力和讲话的口语技能被整合到日常课堂的每一个方面。物质环境的布置要有利于增进人际交流。

坎伯恩（Cambourne，1988）对成功学会读写技能的儿童进行了研究，研究结果被称为学习的"坎伯恩条件"（Cambourne's conditions）。以下为这些条件。

● 浸入：儿童沉浸在文本和口语中，在课堂中拥有大量练习语言的机会。

● 展示：为儿童提供机会见识有意义的、起到实际作用的说、听、读和写的应用。

● 参与：只有当儿童感受到语言对自身的意义，并处于客观（nonjudgemental）的环境中时，他们才能从展示中学习到东西。

● 期望：成人表现出对儿童能成功成为读者和作家的高期望。

● 责任：让儿童承担起选择读写活动的责任，这会增进他们作为学习者的发展。

● 近似：儿童自由地承担错误的风险，不担心有人纠正或要求正确。

● 运用：跟随儿童通过实践获得的理解，儿童拥有大量的时间和机会来参与各种活动，发展读写能力。

● 回应：在支持发展读写能力的课堂中，儿童会收到来自他们同伴和教师的反馈，由此，儿童可以自在地表达自己是如何学习的以及已经学习了什么。

那么，运用发展适宜性实践的 3R 课堂会是什么样呢？为了清晰阐述，我们会分别讨论小学课堂中的阅读和写作，然而，实际上，阅读和写作是整合在一起的。当然，比起在学前课堂中看到的，在小学课堂中会有更为正式的教学。国际阅读协会（International Reading Association，IRA）在他们的网站上表达了这样一种观点，即"运用多元方法进行初始阅读教学"（1996），读者可以在本章结尾找到网址。美国幼儿教育协会在关于阅读和写作的发展适宜性问题上表明了自己的立场，指出没有哪种方法对每一个儿童来说更好，但是某种系统编码教学，伴随着富有意义的相关阅读，会帮助儿童取得进步。美国幼儿教育协会同时建议在课堂教学中提供独立实践以及整合性读写活动的时间（NAEYC & IRA，1998）。一位专家（Routman，2003）认为成功的阅读项目有如下几项必不可少的要素。

- 教师热爱工作，并且自己也在学习读写。
- 教师关注高风险测试，但将有意义阅读放在第一位。
- 教师将课程与儿童的生活联系起来。

当你阅读完下一部分后，你可能会有兴趣阅读迈耶（Meier，1997）所描述的自己教一年级儿童的经验。迈耶在创设整合课程以及主题活动以发展儿童阅读、写作和数学技能时，应用了这里的大部分观点。

**阅读**。在阅读项目中最重要的事情是暴露（exposure）、浸入和目的。要使儿童明白阅读教学的目的是把阅读作为一项活动来享受，学习在文本中建构意义的策略。

为了培养阅读的乐趣，教师需要做到如下几点。

- 每天为儿童提供浏览书籍、读书和听他人读书的时间，使用经过精心选择的、多样化的高质量儿童文学、诗歌、非小说类书籍。

今天，布莱恩特先生（Mr. Bryant）在一年级课堂上读了一本关于火车的书，作为主题学习的一部分。在午饭前，布莱恩特先生为儿童读了《夏洛特的网》的其中一章，这本书他们一直在阅读。每天早上，教室中有半个小时的图书馆时间，儿童可以阅读自己选择的图书。

- 让成人、年级较大的孩子或"阅读伙伴"为儿童读书。

四年级的学生每周 3 次来到一年级的教室中，给一年级学生一对一读书。

- 帮助儿童写和/或用插图说明他们自己的故事、谜语以及课堂体验。

让每个儿童写下一页关于火车的内容，制作成一本班级图书。每一页都附有说明。当这本书完成后，将会被放到图书区域，供个人阅读。

- 为儿童提供与故事相关的活动，例如表演游戏道具、法兰绒板、玩偶、创造性的艺术材料（Diller，2003）。

在"火车"这一项目中，表演游戏中心可能会有工程帽、火车票、地图和火车轨道标志。艺术中心可能会有棍子、吸管等材料，可以被用来三维地表现轨道上的火车。

- 使用学校图书馆资源，并在教室中建立起具有吸引力的图书区，可以让儿童定期选择自己喜欢的图书。
- 为儿童提供与课堂主题和项目意义相关的书籍，让儿童体验阅读的功能，即通过阅读可以获得信息。
- 在教室中提供的材料能满足不同能力水平的需要，要包括无字书，熟悉的书籍，插图与文本密切联系的书，有韵律的歌曲和诗歌，部分文字频繁重复的图书等，让每个儿童都可以在自己的能力水平上体验成功。

教师可以这样帮助儿童发展在阅读中建构意义的策略。

- 定期为儿童阅读可预测情节发展的故事，鼓励儿童在任何时候加入到阅读活动中（分享阅读）。
- 使用"大书"，文字要足够大，能够让儿童看到和跟读。
- 帮助儿童运用他们自己对语言的掌握来预测作者的语言，运用他们自己对背景的掌握来获得故事线索。

K-1 教室的老师又在为小组儿童阅读《棕熊，棕熊》（*Brown Bear, Brown Bear*）这本大图画书。当老师停顿并指着下一幅插图时，儿童们高兴地加入阅读中："……一条橙色的鱼正在看着我。"

●让儿童画、写或讲述他们自己的故事，进行自己的阅读。

阅读后，老师建议儿童制作一本关于《棕熊，棕熊》里面小动物的图书。安东尼（Anthony）正在写《紫色的小马》的故事。

●写下并张贴图表、清单以及故事，让儿童熟悉文本。

在他们的动物园之行结束后，老师把每个儿童描述自己最喜欢的动物的单词写了下来。在把每个儿童的单词打印在纸上后，她大声地向儿童读出每个单词，儿童也加入进来："安东尼说……"

●鼓励儿童将注意力集中在文本的意义上。

当乔斯（Jose）对一个单词感到迷惑时，教师让他去看一看图片，看看这样是否能帮助他理解。教师对艾丽卡说："小女孩的妈妈去工作了，你觉得小女孩会有怎样的感受呢？"

●鼓励儿童共同阅读，帮助彼此理解文本。

她建议里基（Ricky）和乔斯一起阅读，这样可以帮助里基理解一些难词。

●帮助已经在自然背景中接触阅读的儿童发展各种主要和次要的阅读技能，使儿童能够完成更大的阅读目标。

"乔斯，仔细看这个单词。它的开头是……？对了，是'h'。它听上去像……？"

●通过与有意义文本的互动，发展儿童的语音意识，例如指出一首歌或诗的声音。

"Hop, Hop, Hop，"教师一边重读首字母发音，一边指向诗歌中的这个单词。

●召开阅读讨论会，讨论并让儿童互相读给对方听。通过分析儿童的失误，教师可以对每个儿童进行个别辅导。

●有目的地运用阅读来帮助儿童获得所需的信息和他们想要的乐趣。伯奇菲尔德（Burchfield，1996）认为，在面对初始阅读者时，教师要解决的问题不是语音、意义或整个单词，而是如何帮助儿童获得提高阅读能力的多种策略。这些策略包括理解意义、知道字母表达的内容，认识高频词、理解单词结构以及明白我们的语言是如何起作用的。

以下为小学课堂中与阅读相关的非支持性的实践。

●把阅读当做又一门科目来教学，在每日教学中，阅读小组活动和练习占去了大量时间。

●强调各级阅读技能，把教技能本身作为目的，除了为了通过标准化测试外，这没有任何意义。

●遵循一系列僵化的前提条件，从字母和单词发音开始，而不是在书本和有意义的文本中将语言看做一个整体。

●对所有儿童使用单一教学法，不考虑儿童已有水平。

●在阅读小组中将关注点聚焦在基础阅读者上（每一个人都知道哪些儿童在阅读最低水平的图书）。

●忽视去定期阅读和聆听儿童的文学作品。

●花费绝大部分时间听其他儿童阅读，或在他们阅读时纠正错误，让儿童回答虚构的练习册中的问题，做无聊的纸上练习。

- 不鼓励儿童对话和发展早期读写能力。(Bredekamp & Copple, 1997)

**写作。**伴随着阅读，小学课堂使用全语言教学法需要以写作为目的，并需要大量的时间来练习并学习写作技能。这里的假设和阅读一样，即通过让儿童大致模仿所看到的其他人对写作的运用来学习写作，同时，不间断的练习能渐渐帮助儿童正确地书写和长时间地应用（这与婴儿学习说话一样，婴儿最初的声音与成人语言非常不同，渐渐地才开始显得像在他们周围听到的讲话）。

小学儿童需要看见成人经常写一些东西，由此来认识到写作是交流的一种重要方法。小学课堂中的儿童需要进行大量写作，每天都进步一点。在小学课堂中，写作的过程比完成的作品更加重要，写作的过程能够反映出儿童对语法、拼写和标点的不同理解程度。重要的是，由儿童决定写什么内容和如何表达。用训练和重复的传统教学方法来教授书写和拼写的技能不是小学课堂内写作的目标。相反，小学的教学目标是培养儿童喜欢用写作表达思想的倾向。

如果教师没有认识到教写作应该从整体着眼，而只讲求个别技能，认为儿童错误的拼写和语法应该从一开始就得到纠正，以保证儿童不会养成坏的习惯，那么要达到这一教学目标通常是非常困难的。"如果教师允许他这么拼写，那么他怎么能够学会正确的拼写呢？""我不敢相信老师会让他带回家一张有如此多错误的试卷。"应该引导家长认识到儿童是通过读写实践来学习读写的，以便家长可以对儿童的工作给予支持性的、适宜的回应。

培养最初的写作技能需要

- 经常有机会让儿童观察成人和年龄较大的儿童进行写作，由此，儿童能够认识到写作是有目的的，书写字母和单词时有约定俗成的形式。

在早上的碰面时间，爱德华兹小姐 (Miss Edwards) 在大黑板架的纸上写"每日新闻"。她说出自己正在做的事情："我要在这儿写一个大写字母，因为我要开始写一个新句子了。"

- 有机会让儿童直接感受到写作是人们之间相互交流的一种重要途径。

"奎亚娜 (Quiana)，我正在给你妈妈写一个便条，感谢她为我们送来饼干作为点心。"

- 在教室中使用有一定功能的印刷文字，鼓励儿童阅读和写作。

艺术中心有一个标志牌，写道："招聘：今天需要 4 个人来清洗画笔和整理架子。有意者请在这里签名。"

会议区域的标志牌上写道："如果今天你有要告诉大家的新闻，请在这里写下你的名字。"

- 在教室中设置个人信箱，鼓励儿童用写作的方式与其他人进行交流。

爱德华兹小姐在写作中心中增添了信纸和信封。

- 成人根据儿童的口述来描述他们的创作和经验。

"赛思，你画了一幅很有趣的画。你愿意告诉我这幅画讲的是什么故事吗？我可以把你说的写下来，或者帮你把这个故事写下来。"

- 每天都有画画/写作的时间，包括与同伴、教师讨论想法的时间，计划如何继续写作的时间，使用书写工具的时间，确定单词如何拼写的时间，通过为同伴或小组大声阅读来分享他们作品的时间。我们来看看伯奇菲尔德对这种"写作工作坊"重要性的评论（Burchfield，1996）。

每天早上，在结束会议和故事后，爱德华兹小姐的班上都有写作时间。每个儿童都有一个写作文件夹和笔记本来保存他们正在进行的写作项目。儿童们一起围坐在桌子旁边，经常相互讨论自己的写作。"你是怎么写'恐龙'（dinosaur）的？我正在写一只恐龙迷路的故事。""我打算讲述一只好恐龙的故事；我不喜欢可怕的恐龙。""我写完以后会把我的故事读给你听。你不会害怕的。"

- 能够鼓励写作并使写作成为必要的体验和事件：有关项目计划和进展的笔记，项目报告，关于实地考察旅行和来访者的问题，感谢信和询问信，游戏、谜语、笑话，标志、海报、宣传单，给朋友信箱留言，有关最喜欢事情的列表，故事，日志。写作的话题和理由主要来自于儿童自身的经验和想法，而不是来自教师布置的任务，如"故事启动器"（Story Starters）这样的形式会限制写作的话题和理由。

詹妮弗在写作时间里给动物园写了一封信，询问他们是如何饲养斑马的。迪马里奥（DeMario）为自己的笑话书添加了一个笑话。拉奎莎（LaQuisha）和安妮（Annie）在一起列他们最喜欢的图书。

- 创造一种接受儿童为表达自己而做的所有尝试的氛围，不要过度纠正儿童的涂鸦、字母排列、自创体（invented spelling）、语法、单词间距或标点（Taylor，1996）。纠正儿童的任何错误时，应当是口头的，并且只是在儿童展示时顺便提及。

当布莱恩娜（Briana）把她的恐龙故事拿给教师看时，"dinosaur"（恐龙）被拼写成了"DNSR"。教师只是对恐龙的奇遇进行了评价，一边非常清晰地发出了"dinosaur"的读音，并告诉布莱恩娜她非常喜欢这个故事。过了一会儿，教师注意到布莱恩娜给"DNSR"添加了字母"E"——"DNSER"。

- 为儿童提供可以独立使用的、用以协助写作的资源，如电脑、图画字典、单词表，提供可以帮助儿童完成图书后标志作者的材料。

- 鼓励儿童保持个人表达风格，而不是去符合那些取得共识的规定的写作模式。教师期望儿童选择他们自己的写作话题，自己决定写作的长度、组织结构和风格。

金的写作表达了她对小动物的关心。她今天的故事讲的是一只迷路的小狗。沃力（Wally）对科学很有好奇心并写了大量自己的观察。吉尔（Jill）通过写作表现出了她的幽默感，她几乎总是以"HA HA"结尾。

- 儿童的写作工作长期保存在文件夹中，教师可以用它来评估儿童的理解力和能力，也可以在讨论儿童进步的会议上与家长分享（可在本章后面参阅更多关于"文件夹"的讨论）。

- 教师与每个儿童定期举行写作会议，讨论已经完成的工作以及正在进行的工作。这种个别会议有利于教师帮助每个儿童发展各自所需的技能，支持和了解儿童独特的风格和兴趣。

以下为针对初级写作者的非支持性实践。

- 强调书写质量，并把它当做"写作"课。
- 把写作当做语法来教，而不是当做表达思想的形式。

- 强调改正儿童工作中的错误，使工作"看起来像充满伤亡的战场"（Gamberg et al.，1988，p.201）。
- 把写作当做惩罚或枯燥的练习（如写一页的字母"M"或"我不会大声说话了"）。
- 大量使用练习册。

**数学技能。**小学年龄阶段的儿童逐渐从前运算思维阶段发展到具体运算阶段，通过操作具体物体，儿童探索和发现逻辑—数学关系，并在这方面得到发展。儿童需要有机会使用数学概念和技能来探索、发现和解决有意义的问题。小学课堂中的发展适宜性实践强调"发展构成儿童读写数学符号能力基础的思维"（Kamii & Kamii，1990，p.138）。除了需要操作具体材料外，儿童需要时间在头脑中建立连接，以使自己发现其间的关系。当儿童亲自操作物体时，能够进行更好的思考。

小学数学课程的一个重要目标是帮助儿童建立起自信，相信自己拥有透彻思维能力。

美国国家标准界定的数学包括了数概念，模式（Pattern）和关系，几何图形和空间感，测量，数据收集、组织和表征（NCTM，2000）。由美国数学教师协会（NCTM）开发的课程标准明确了数学思维的本质，并将儿童的数学学习聚焦于解决问题、推理、交流、和建立数学上的联系（Richardson & Salkeld，1995）。这些目标关注儿童可以运用数学来进行研究，思考问题，澄清自己的思想，并看到各种数学概念之间的联系，而不是教师想让儿童知道或做什么事情。发展适宜性数学课程反映出的理念是：儿童从自己的经历中学习，并允许儿童用自己的方式使那些体验变得有意义。"对大人来说显而易见的事情，对儿童来说并不如此，并且不是很容易能对他们解释清楚。"（Richardson & Salkeld，1995，p.26）。设法支持儿童数学思维发展的教师需要创设出儿童积极思考数学的氛围，在这样的氛围中，儿童通过额外的体验产生了新的见解，从而使他们"从另外一种观点再次进行思考"（Richardson & Salkeld，1995，p.29）。

关于小学年龄阶段儿童数学学习的发展适宜性实践包括以下几种。

- 儿童有机会在对个人有意义的环境中、通过具体行动来发展数概念，比如为小组活动准备所需的材料、与同伴一起游戏以及做饭。

"3 杯面粉，"她说道，"这里只有两杯，你需要再加一杯。"

"你卷了 5 份，"教师说道，"数出 5 个空格。"

"这是胡安尼塔（Juanita）的第六个生日。我们需要在她的王冠上贴 6 颗星星，在蛋糕上插 6 根蜡烛，还需要 6 个气球来装饰房间。"

- 在日常生活经验中运用数学概念，例如记录出勤、准备点心、摆设桌子、分发材料以及限定每个区域中儿童的数量。

"尤兰达（Yolanda），请看一看桌子旁是不是每个人都有一张椅子。"

"今天多少孩子没来，乔迪（Jodi）？"

"在你的项目小组中，男孩多还是女孩多？"

- 为儿童提供解决实际问题、做研究和自己做决定的机会。

"我们还剩余 6 份蛋糕，但是共有 10 个人。怎么才能平均分配呢？"

"他认为你的积木比他多。你怎么能够知道他说得对不对呢?"

"希瑟说 3 + 5 = 9。你觉得正确吗? 怎么检查呢?"

● 对所提供的许多物体进行分类、排列、构建模式、数、加减、称重、测量。一些物体包括传统数学教具,如(教算术用的)奎茨奈(颜色)棒(Cuisenaire rods)、多米诺、卡片、卡牌戏(一种对号码的牌戏)、棋盘游戏、几何板和拼板等。教师运用自己的创造力、社区资源以及主题思想来收集可供儿童在教室中操作的物品,例如坚果、种子、卵石、贝壳、钥匙、螺栓和螺钉、筹码、微型玩具、瓶盖、纽扣、游戏币、高尔夫球座和邮票等。还应该为儿童提供与数学相关的工具:各种天平和秤、尺子和卷尺、比例尺、秒表、厨房定时器和煮蛋计时器。

● 运用数学技能的小型主题项目——如建筑、做饭、测量——为儿童提供一个学习数学的背景。这种小的主题项目可以是经营一家餐馆,数学活动可以贯穿在制订计划、买和烹饪食物、卖食品、计算价格、计算利润和亏损等一系列活动中。在格兰伯格等人(1988)的著作中,我们可以看到对这种经营活动(Chili Enterprise Ltd.)的详细和精彩描述以及在小学课堂中如何将数学整合进主题研究中。

● 为儿童提供在非竞争性的活动中共同解决数学问题的机会。非竞争性的活动能鼓励儿童进行推理性讨论,使儿童能够澄清他们的思维。

塔莎(Tasha)和布拉德利(Bradley)正在计算:要使每个儿童有两个小甜饼的话,一共需要多少个甜饼? 塔莎的办法是在每个儿童的名字旁边画两个小甜饼,最后把所有的小甜饼个数加起来。布拉德利在桌子上把 30 个扑克牌筹码排成一行,每当他提到一个儿童的名字时拿走两个。最后,塔莎得到了一个数字而布拉德利得到了两摞筹码。塔莎解释了为什么她的办法能够解决问题。

● 为个体儿童或小组提供小型课程,借此评估儿童在数学理解方面取得的进步并发现儿童已经准备好可以继续学习的领域。

教师和塔莎、布拉德利坐在一起,为他们展示如何形成一列 2 的加法表。

● 开展课堂研究活动,帮助儿童深度参与到有意义的数学学习中,比如做调查(你在家里有什么宠物? 你最喜欢的比萨配料是什么?),做测量工作(看一看要用多少杯沙子来装满这个桶),填充日历表(这个月一共有多少个晴天,多少个多云的日子,多少个雨天)。

● 让儿童有大量的时间来玩数学游戏,重复练习。因为重复对儿童学习数字和数值是必需的。

● 把书籍与数学学习联系起来,有助于儿童在阅读中了解数学如何成为他们有形世界和社会世界的一个自然组成部分,在故事的自然背景下对数学问题进行讨论和思考(Whitin & Whitin, 2005)。表 15 - 1 是书目清单,这些书将读写和数字技能很好地配合起来。

**表 15 - 1　将读写和数学很好地结合起来的书**

数数和分类

*One Is a Snail, Ten Is a Crab,* April Pulley Sayre

*Let's Count,* Tana Hoban

*The Father Who Had 10 Children*, Benedick Guettier

*What Comes in 2's, 3's, and 4's?* Suzanne Aker

*One of Three,* Angela Johnson

*One Hundred Is a Family,* Pam Munoz Ryan

*Anno's Magic Seeds,* Mitsumasa Anno

*Ten, Nine, Eight,* Molly Bang

*Each Orange Had Eight Slices,* Paul Giganti

*My Little Sister Ate One Hare,* Bill Grossman

---

钱

*26 Letters and 99 Cents,* Tana Hoban

*The Great Pet Sale*, Mick Inkpen

*Coin Counting Book,* Rozanne Lanczak Williams

*If You Made a Million,* David M. Schwartz

---

比较

*Colors Everywhere,* Tana Hoban

*More, Fewer, Less,* Tana Hoban

*Pattern Bugs,* Trudy Harris

*Spots: Counting Creatures from Sky to Sea,* Carolyn Lesser & Laura Regan

*Is It Larger?Is It Smaller?* Tana Hoban

*The Midnight Farm,* Reeve Lindbergh

---

加倍和分半

*Two of Everything,* Lily Toy Hong

*Two Greedy Bears,* Mirra Ginsburg, et al.

*One Less Fish,* Kim M. Toft & Allan Sheather

---

数到100

*100th Day Worries,* Margery Cuyler

*Centipede's 100 Shoes,* Tony Ross

*One Hundred Hungry Ants,* Elinor J. Pinczes

---

测量

*The Line Up Book*, Marisabina Russo

*How Big Is a Foot?* Rolf Myller

*Inch by Inch,* Leo Lionni

续表

| 形状 |
| --- |
| *Round and Round and Round*, Tana Hoban |
| *Round Is a Mooncake*, Roseanne Thong |
| *The Greedy Triangle*, Marilyn Burns |

| 加法 |
| --- |
| *Ten Red Apples*, Pat Hutchins |
| *Count on Your Fingers African Style*, Claudia Zaslavsky |
| *12 Ways to Get to 11*, Eve Merriam |
| *Two Ways to Count to Ten*, Ruby Dee |

2003 年 1 月的《幼儿》（*Young Children*）都是关于从婴儿期到小学阶段的儿童应该如何学习数学以及教师应该如何教数学的。其中有一篇非常好的文章，讲的是关于将数学标准整合到项目工作中（参见 Worsley，Beneke & Helm，2003）。

以下为与儿童获得数学技能相关的非支持性实践。

• 应用强调数学教科书、配套练习册、练习表以及黑板作业的数学项目。

• 把数学作为一系列需要记忆的事实和技能来教授，而不是作为需要理解的概念（Bredekamp & Copple，1997）。

• 每天计划单独的时间进行数学教学，不与其他任何学科课程或教室活动相联系。

• 把教师的纠正作为儿童学习的唯一方法，而不管儿童的答案是否正确。

• 测试对数的认识，经常把正确答案作为重点和目标，而不是试图理解儿童使用的方法或者他们的思考。

• 提供很少的时间进行实际动手或亲手操作材料（只有那些及时完成自己练习簿作业的儿童才有机会玩数学游戏）。

• 用比赛作为激发儿童学习数学事实的主要方法（如第四排与第二排进行比赛）。

**此时你会怎么做？**

"我正在试图从一年级的课堂中撤出基础读物和练习册，但是，遇到的问题是：当家长看到儿童的工作大多是图画，上面只有很少的字母和难以辨认的单词时，他们都变得非常不安。如果家长的反应如此消极，我该怎么做才能改变这一状况呢？"如果你是这个老师，你会怎么做呢？

你班上儿童的家长所上过的学校，无疑都是采用正规的教师教的方法来讲授各种科目，并且每一门学科都要使用教科书和练习簿以强化技能的获得。因此可以理解，当这种教学体系如此不同时，家长会感到困惑——这种教学并不像他们所经历过的那样。请记住家长可以是你最直言不讳的反对者，也可以是你最坚定的支持者。这取决于家长如何理解为儿童提供发展适宜性课程和方法所带来益处。教师和管理者如果想得到家长的支持，必须教育家长并为家长提供相关的信息，帮助家长理解这些活动有着明确的目标，是为满足小学儿童发展的整体目标而设计的，它超出了狭隘的范围技能获得。当家长开始认识到学习的目标是让儿童变为独立的思考者、写作者和阅读者，培养儿童合作和自主工作的能力，最重要的是培养他们对自己学习能力的自信心和快乐感，家长会看到儿童直接受益。

如何教育家长？运用尽可能多的且不同的方法，因为家长也有自己个人的学习风格。为家长提供解释全语言法的文章和书籍摘录。看一看，是否能找到一位教师在短时间内成功运用这些技巧，并产生了教学结果？欢迎家长作为观察者和/或志愿者来到教室中，这样家长就可以看到儿童兴高采烈地忙碌着。在家长讨论会上，使用录像、相片以及所制作的录音带。让儿童轮流把"作家的公文包"带回家，这个公文包里装满纸和笔记本、蜡笔、记号笔、蜡纸、信封、剪贴板、剪刀、卷笔刀、贴纸和涂胶标签。在公文包中装一篇文章，向家长解释儿童的阅读/写作过程，并给家长写一封信，告诉家长你的课是如何开展的，以便家长更好地理解课堂中发生的事情。让相信这种教学方法的家长分享他们的孩子对运用发展适宜性方式进行学习产生回应的事例和小事件。收集能显示儿童进步以及技能发展的工作记录（作业档案），并与家长进行分享。继续你正在做的事情，记住告知家长和儿童以及让他们感到高兴的方式。儿童需要感到家长对他们的教师和课堂教学有信心。

## 评估与标准化测试

当大量的税收被花费在教育上时，有关问责的问题就自然产生了。实际上，《不让一个孩子落后法》（2001）授权定期对三年级以上的儿童进行高风险测试。高风险测试具有如下特点。

- 测试结果直接与升级或留级的决定相联系。
- 与课程调整相联系。
- 用做对教师或管理者的评估或奖励。
- 与分配给学区的资源相联系。

家长和社区的报告卡使这些测试的结果非常清晰。尽管如此，很多教育者表达出对依赖测试来评估儿童学习进步的担心。"试图通过成绩测试来使学校负责已经导致了'做更多没有做过的工作和提前在儿童的生活中做这些事情'。"（Katz，见 Kamii，1990，p. 163）当测试占据主导地位时，结果就是"课程变得狭隘，关注最契合于测试的那些技能，限制了教师的创造力和灵活性，教师专业判断力降低"（Meisels，2000）。教师普遍发现自己在"为测试而教学"（或者实际上是在教授测试），儿童生活中测试的幽灵时隐时现。对儿童不适当的期待以及人为测试场景的压力对幼年儿童的健康发展造成了很坏的影响，并导致有太多儿童认为自己是失败者（Cutting，1991）。

测试被设计成有半数儿童的测试结果低于平均水平（Kammi，1990）。不管出于任何原因，比别人发展慢的儿童被贴上标签并被标上了较低的百分位数，而且每个人都知道他们在测试中得到了什么样的成绩！在评估儿童学习进步时，应将儿童在一个时间点上所掌握的知识与其在随后一个时间点上所知道的知识作比较，但测试是在同一时间点对同一年级水平的一组儿童进行比较。虽然高质量的学校已经准备好接受问责，即建立旨在最大化开发儿童潜能的价值观，但他们反对狭隘地关注于成绩测试和标准化测试（Wesson，2001）。在回应由《不让一个孩子落后法》授权的测试方案时，美国教育协会提出了自己的主张，提倡"测试＋"（"Teaching Plus"），建议不将测试作为唯一的问责方法。教师认为，应当保护儿童免于受到基于一次测试而作出的高风险决定所带来的伤害。他们主张运用多元化的测试，包括相对于州标准测试，增加课堂评估实践，如课业档案袋、项目和表现评估。提倡发展适宜性实践的教师需要进一步让大家了解测试的危害和无效性并对此施加压力（Kohn，2001）。在目前的社会和政治氛围中，评估会继续成为早期教育者讨论的一个重要话题。2004年1月整期《幼儿》所关注的都是关于评估的各种各样争论，包括最新的美国幼儿教育协会与美国各州教育部早期儿童专家协会（NAECS/SDE）的立场观点。

　　然而，基于观察的评估对于提供适合于儿童年龄和个体的课程和教学非常重要；实际上，评估是完全与课程和教学整合在一起的。虽然测试总是对儿童造成伤害——经常导致分班、排斥或贴标签——评估会对儿童产生好处，如对课程进行必要的调整或使教学更为个体化。评估展示出儿童的整体发展和进步，而不是关注于儿童的错误答案和他们不知道的事情。评估支持而不是威胁儿童的自尊感。人们鼓励儿童进行自我评估，并教授相关的技能，儿童不是外界狭隘评估方法的被动接受者。

　　评估的目的是为教师提供所需要的信息，从而为个体和小组儿童设计适宜体验，以此来支持他们在所有领域的发展；了解儿童如何对课程和教学技能作出反应；商议如何使儿童取得进步、制订计划时，有大量信息可与家长进行交流。

　　不幸的是，当管理者对教师施加压力，要求教师保证班级和学校达到他们的年度成绩目标时，太多教师屈服于压力，把测试看得比基于课堂的评估更为重要。但是评估是教师工作的一个必要组成部分，因为教师是评估信息的使用者。这并不意味着只有教师独自进行评估。评估包括教师与学生、家长与教师以及更大的学校与社区之间的共同努力和交流。每一个成员都有可以提供给其他人信息和见解。

　　由美国幼儿教育协会开发的《适宜性评估指南：为了制订计划并与家长交流》（The Guidelines for Appropriate Assessment for Planning and Communicating with Parents，1992，1995）中指出，评估"是定期和周期性地在多种多样的情境下来观察儿童，观察儿童在不同时间的有代表性的行为"（Bredekamp & Rosegrant，1995，p. 17）。这份指南进一步指出，评估所采用的程序应当能反映课堂中正在进行的生活以及儿童的典型活动——真实的阅读、写作以及数学学习——而不是远离课堂中惯常学习过程的、人为的、做作的情况（技能测试）。

　　在制订评估计划时，教师必须回答这些问题。

- 对这一年龄水平的儿童来说，典型的发展特征是什么？
- 当儿童离开这一学习项目，或这一年级时，需要知道或能做什么？
- 对每一个发展领域或内容范围，应该评估什么？
- 在评估和记录儿童进步时，应该采用什么样的方法？

　　在文化多样性的背景下，界定儿童的进步，甚至是发展问题，可能是一个更为复杂的过程，因为在一种文化中被认为是问题的行为，在另一种文化中可能并不是。因此，精确评估需要家长的参与，家长可以"把信息放进儿童发展的历史背景中来考察，并帮助纠正测试工具或测试提供者的文化偏见"（Chang，1993，p.60）。

　　评估包括设计对儿童进行常规观察的方法以及系统记录信息供日后使用。

　　**定期观察的方法**。评估中的系统观察是指对常规课堂情境下各种典型学习活动的观察，而不是在脱离自然学习环境、在特殊设置的情境中进行观察。教师在真实的学习时段、小组工作和读写活动中观察儿童的表现和活动。

　　教师通过与儿童进行交谈或个别开会来更好地洞察儿童的学习风格、进度和兴趣所在。由此，在儿童正式的日常活动和发展适宜性活动中，教师的干扰是最少的。教师在较长一段时间内做这些事情，可以使教师把对一个儿童的观察组合成连续的画面或找出儿童的发展模式，而不仅仅是单独的一次观察，这样的观察或许不能代表儿童真实的成就或能力。教师对儿童进行仔细的观察，以便获得儿童在所有相关领域的发展信息。他们知道，一次观察的结果可能只是对儿童在几个相互分离的各领域发展的认识。教师们意识到评估是没有可比性的，也就是说，对单个儿童的评估要考虑到儿童学习风格的多样性和不同的学习速度，需要考虑家庭和文化所带来的影响。评估呈现的是每个儿童较之以前所达到的发展水平。

　　例如某一年级教师今天早上主要关注玛莉亚（Maria），她正在写作中心忙碌着。几个儿童在她附近工作，但她并没有和大家交谈。她看起来很专注于自己的工作。她把铅笔从右手转到左手，并频繁地停下来让手休息。她离开写作区去图书区找了一本书。老师观察到她找到一个单词，然后开始继续写她的故事。当老师走过去让她读一读自己写的东西时，玛莉亚表现出了平静的快乐。玛莉亚读到：A MTHER luks FTIR hir BBE（A mother looks after her baby，一位母亲照顾自己的孩子）。过一会儿，当老师在玛莉亚的文件上做记录时，她是这样写的。

　　●玛莉亚虽然不主动与其他人交谈，但当她在其他儿童或成人附近时，她感觉很自在。或许语言对她来说依旧是一个障碍，或者这是她的风格和背景所致（尽管玛莉亚用英语讲话已经十分熟练了，但在家时她的父母仍然和她说西班牙语）？

　　●注意力集中，独立寻找资源。

　　●仍然在握笔也可能是用手习惯上存在困难。

　　●在运用一些元音进行拼写方面取得了进步。

　　●对自己的阅读/写作有信心和兴趣。

　　●对宝宝很感兴趣（玛莉亚的家中有几个年龄更小的孩子）。

　　根据这些记录，老师为玛莉亚所做的下一步工作计划包括：锻炼使用铅笔的技能，用两种语言和她互动，让她与一个外向的儿童结成对子。计划随着她的进步和兴趣而演变。

　　教师在儿童活动中扮演的角色，不是指导课堂中所有的学习体验，因此教师有时间进行定期观察。当儿童积极地参与阅读、写作、数学、主题工作或兴趣中心活动时，教师在儿童中间走动，提问题、鼓励儿童，并始终观察。评估对发展适宜性实践来说太重要了，因此必须把它纳入每日常规中。教师可以找到自己的方法来确保课堂中每个儿童都能够被观察到。教师可以在一天中或一个特定活动中选择几个儿童来观察。教师设计快速记录的方法，如在口袋里放入一卷标签以便随时做简短的记录，然后在一天结束后给这些记录注明日期并把它们粘贴在儿童的文件夹中。如果教室中不只有一位教师，他们则可以分配观察任务或观察对象。

**系统记录信息**。教师运用各种不同的工具来整理儿童的评估数据。这些工具包括：录像带和录音带，读写和计算技能、社会技能、工作习惯以及其他发展方面的检查表，轶事记录，学生学业档案袋。迈泽尔（Meisels）提出了"工作取样系统"（Work Sampling System, 1993）。工作取样系统帮助我们对儿童学习和教学进行记录，这一系统有3个相互补充的部分：发展检查表、档案袋以及总结报告。

其中档案袋可以包含表明儿童进步和成就的代表作品。

- 儿童定期的绘画和艺术作品，注明日期。
- 写作样例，包括儿童的想法和计划。
- 儿童阅读的录音，从这些录音中可以分析儿童犯的错误和自我进行的改正。
- 读过的书籍和故事列表。
- 一年中分几次收集每个儿童重复进行的特定核心项目和样例。（Meisels，1993）

鼓励儿童自己选择能够表现出他们进步的作品，并将这些作品添入档案袋。教师可以保存儿童的工作档案袋，随后加以浓缩以呈现儿童具有代表意义的进步，或者还可以创造出伴随儿童发展的活动文件夹（exit portfolios）。

档案袋中所保存的是供家长、教师和儿童考虑和选择的基本资源。在档案袋中，作品本身就是向家长和儿童展现进步的有形证据，没有必要依赖教师在轶闻报告或检查表中对儿童作品的回应以作证明。教师、家长和儿童要学习如何将作品看做发展连续体中的一部分。这些作品是儿童在有意义背景下运用技能的证据。

记录的另一种方法是保存儿童与教师在探讨某些特定问题时的录音，这些录音将有助于评估儿童逻辑思维方面以及对自己阅读的理解和对待阅读的态度方面所取得的进步。

教师经常设计问卷或描述性检查表，来评估发展连续体上那些被确定为儿童发展目标的特定能力。例如教师记录读写能力的问卷包括这些部分：知道方向——由左至右，由上至下；理解一致性原则，一样的单词，拼写方式也是一样的；知道12个或更多的字母发音。教师可以决定选择一系列不同水平的图书，运用这些图书来观察儿童具体的阅读能力。一份社会技能描述性检查表可能在这些方面设计问题，比如儿童与他人合作的能力，对他人错误的容忍能力以及建设性地帮助他人的能力。

教师定期回顾儿童发展的文件夹和记录，以此总结儿童迄今为止的进步和兴趣。了解儿童现在的发展水平，这为制订下一步教学计划奠定了基础。在家长会或年终检查前，或在写呈现给家长的报告时，做这样的工作也是很有用的。教师和家长之间定期分享有关儿童整体发展的信息是评估过程的一部分。这种口头或书面交流主要是根据教师所观察的细节而做的描述性或记叙性的陈述。由于这种报告关注从上一个报告起儿童的整体力量和进步，因此，它对家长与儿童建立关系以及家长对儿童的信心起到了支持性的作用。在报告中，没有绝对的年级标准或相对成绩百分数来表明儿童是否做好了继续学习的准备，因此，儿童的进步是在课程中持续发展的。

**非支持性的评估实践。**非支持性的评估实践会威胁到儿童作为学习者的自信、学业成功以及儿童在学校环境中的安全感。

- 仅仅通过测试来评估儿童，或者与常模对照来给他们排名——假定所有儿童都会在同一年龄和同一年级水平获得同样的技能。
- 定期在课堂中测试所有科目，强调测试分数，用分数的高低作为成功或失败的标志。
- 使用字母或数字等级向家长报告儿童的进步，把学龄儿童与同一班级的其他儿童或国家平均水平作比较。
- 让未能够达到阅读、数学技能测试最低标准的儿童升级或留级。这样做还会对儿童的自尊心产生影响。
- 让未能取得足够进步的儿童社会晋级（social promotion，即照常升班），而不采用其他的教学策略或干预措施。

显然令人痛惜的是，以上所列的绝大多数做法正在被美国联邦法律授权实施。学校系统中发展适宜性实践的支持者显然已经为了适应这些而删减了他们的工作。

## 当今问题：留级

虽然一个世纪的研究都未能证明留级能够改善儿童学习、促进适应以及提升成绩，但在这个约定俗成的问责时代，留级正在被越来越多地采用。据估计，每年有多达15%的学生被留级，在升入九年级以前，30%—50%的学生至少留级一次。留级比例最高的学生群体是：男生、贫困学生、少数民族学生、生日较晚的学生、有阅读困难的学生以及英语语言学习者。学生在留级后那一年所取得的进步会在其后的两三年内持续减退。留级看起来并没有对儿童的自尊心和学校产生积极的影响，实际上，却与在使用行为评定量表进行测查时发现的儿童行为问题的大量增加有所联系。其实，在20世纪90年代有19项研究将留级儿童与相应的升级儿童所取得的成就做了比较，留级对儿童所有领域的成就（阅读、数学和语言）以及社会—情感都产生了消极的影响，其中社会—情感指标包括同伴关系、自尊心、问题行为和态度。

我们存在的困难是：留级是在问题已经产生后来强调其问题本身，而不是设法提前预防或及早解决困难。我们建议消除产生不良问题的根源。

美国学校心理学家协会（National Association of School Psychologists）2003年发表了其声明，提出了"晋级＋"（Promotion Plus）应对办法，包括了一系列的早期干预措施和后续服务。

- 鼓励家长参与到儿童的教育中。
- 采用适宜儿童年龄和具有文化敏感性的指导策略。
- 强调促进早期发展，改善学前项目。
- 有效的早期阅读项目。
- 个人辅导和师徒制（tutoring and mentoring programs）。
- 系统的评估策略，包含进步监测。
- 校本心理健康项目。
- 针对学习障碍提供适宜的教育服务，包括所有专业人员之间的合作。

- 由学生支持团队来评估和明确学习及行为问题。
- 借助学年拓展、一日活动拓展以及暑假项目。
- 有效的行为管理项目。（NASP, 2003）

及早并经常干预，而不是依赖于留级或社会晋级是帮助学生取得成功的策略（Johnson & Rudolph, 2001）。

## 小结

发展适宜性课堂认可小学年龄阶段儿童主动和经验的学习方法，并为他们提供支持。发展适宜性实践能够促进儿童的阅读、写作和数学技能的发展，具体包括：对课程进行整合，使儿童能够在一个有意义的背景下学习各种技能；使用主题/项目方案，使儿童能够成为自主的学习者；使用经过审慎研究的语言教学法来帮助儿童在读写能力技能上取得进步；以个性化的教师指导来促进儿童的早期成功。现在盛行的使用测试来衡量学生和学校成就的方法，可能会使小学课堂中的学习方法变得狭隘，然而，教师持续的评估是决定课程和教学方向的根本。

## 思考

1. 运用头脑风暴法列出适合你所在社区学龄儿童的主题。参考本章中有关主题标准的内容来选择最适合的主题。列出能引起儿童兴趣的恰当的分主题。

2. 对你可以利用的主题学习资源做一些初步研究——比如儿童的文学作品和非小说类书籍、图画和海报、实地考察旅行、来访者、其他课堂材料以及可能会开展的活动。与你的同学分享这一研究。

3. 收集可以在小学课堂中使用的创造性数学教具（每一类别至少包含10—20个教具）。

4. 阅读更多关于阅读和语言活动的书，从而在小学课堂中帮助发展儿童的语言和读写技能（请参见参考文献以及本章结尾推荐的资源）。

5. 如果可能的话，在你的社区找到一个运用发展适宜性实践的小学班级，比如在整合课程中使用主题研究，借助文学作品进行阅读教学，每天进行写作，把写作视为一种表达方式。与教师进行交流或参观他们的课堂，看他们是如何工作的。找出不同于传统的做法。

## 问题（用以评估本章所学）

1. 讨论课堂中的发展适宜性实践，理解前运算和具体运算思维的特点。
2. 明确小学认知/语言环境的创设目标。
3. 明确整合课程的组成部分。
4. 为了在阅读和写作中发展语言和读写技能，当前所认可的语言实践是怎样的？
5. 描述发展适宜性数学课程实践。
6. 对比测试和评估的效果，描述评估在设计发展适宜性认知/语言环境中的重要性。

## 问题 （用以应用本章所学）

1. 给一年级儿童的家长写一份材料，描述和解释你将会在阅读和写作教学中使用的方案。预测家长可能会产生的、有关他们的孩子是否能在年级期末测试中取得成功的疑问和忧虑，并对这些问题作出回应。

2. 校长担心你所教的二年级学生在主题研究上花费了太多的时间，可能没有足够的时间来准备《不让一个孩子落后法》所规定的明年年底的测试。准备一份文件来清晰说明你是如何把培养儿童技能与你正在做的主题项目整合起来的。

## 参考文献

Bredekamp, S., & Copple, C. (1997). *Developmentally appropriate practice in early childhood programs* (Rev. ed.). Washington, DC: National Association for the Education of Young Children.

Bredekamp, S., & Rosegrant, T. (Eds.). (1992). *Reaching potentials: Appropriate curriculum and assessment for young children* (Vol. 1). Washington, DC: National Association for the Education of Young Children.

Bredekamp S., & Rosegrant, T. (Eds.). (1995). *Reaching potentials: Transforming early childhood curriculum and assessment* (Vol. 2). Washington, DC: National Association for the Education of Young Children.

Burchfield, D. (1996). Teaching all children: Four developmentally appropriate curricular and instructional strategies in primary-grade classrooms. *Young Children*, 52(1): 4 – 10.

Cambourne, B. (1988). *The whole story: Natural learning and the acquisition of literacy in the classroom*. NewYork: Scholastic Press.

Campbell, L., Campbell, B., & Dickinson, D. (1996). *Teaching and learning through the multiple intelligences*. Needham Heights, MA: Allyn and Bacon.

Carnegie Task Force on Learning in the Primary Grades. (1996). *Years of promise: A comprehensive learning strategy for America's children*. New York: Carnegie Corporation of America.

Chang, H. (1993). *Affirming children's roots: Cultural and linguistic diversity in early care and education*. San Francisco: California Tomorrow Publishers.

Chard, S. (1998a). *The project approach, book 1: Making curriculum come alive*. NewYork: Scholastic Press.

Chard, S. (1998b). *The project approach, book 2: Managing successful projects*. New York: Scholastic Press.

Chugani, H. (1996). Neuroimaging of developmental non-linearity and developmental pathologies. In R. Thatcher, C. Lyon, J. Rumsey, & N. Krasnegor (Eds.), *Developmental neuroinraging: Mapping the development of brain and behavior* (pp. 187 – 193). San Diego: Academic.

Cutting, B. (1991, May). Tests, independence and whole language. *Teaching* K-8, 64 – 66.

Diffily, D., & C. Sassman. (2002). *Project-based learning with young children*. Portsmouth, NH: Heinemann.

Diller, D. (2003). *Literacy work stations: Making centers work*. Portland, ME: Stenhouse.

Duckworth, E. (1996). *"The having of wonderful ideas" and other essays on teaching and learning*. (2nd ed.). NewYork: Teachers College Press.

Gamberg, R., Kwak, W, Hutchings, M., & Altheim, J. (1988). *Learning and loving it: Them studies in the classroom*. Portsmouth, NH: Heinemann.

Gardner, H. (1983). *Frames of mind: The theory of multiple intelligences*. NewYork: Basic Books.

Gardner, H. (1991). *The unschooled mind: How children think and how schools should teach*. New York: Basic Books.

Helm, J. , & Katz, L. (2001). *Young investigators: The project approach in the early years.* NewYork: Teachers College Press.

International Reading Association. (1999). Using multiple methods of beginning reading instruction. Retrieved April 15, 2005, from http://www. reading. org.

Johnson, D. , & Rudolph, A. (2001). Critical issue: Beyond social promotion and retention: Five strategies to help students succeed. Retrieved April 15, 2005, from http://www. ncrel. org.

Kamii, C. (Ed. ). (1990). *Achievement testing in the early grades: The games grownups play.* Washington, DC: National Association for the Education of Young Children.

Kamii, C. , & Kamii, M. (1990). *Negative effects of achievement testing in mathematics.* Washington, DC: National Association for the Education of Young Children.

Kamii, C. , & Rosenblum, V. (1990). *An approacn to assessment in mathematics.* Washington, DC: National Association for the Education of Young Children.

Katz, L. (1988, Summer). What should young children be doing?*American Educator,* 28 – 33, 44 – 45.

Katz, L. , & Chard, S. (2000). *Engaging children's mind: The project approach*(2nd ed. ). Norwood, NJ: Ablex Publishing.

Kohn, A. (2001). Fighting the tests: Turning frustration into action. *Young Children,* 56(2): 19 – 24.

Meier, D. (1997). *Learning in small moments: Life in an urban classroom.* NewYork: Teachers College Press.

Meisels, S. (1993). Remaking classroom assessment with the work sampling system. *Young Children,* 48(5): 32 – 40.

Meisels, S. (2000, December). Using assessments to enhance teaching and improve learning. Presented at the Head Start Child Development Institute. Retrieved April 15, 2005, from http://www. hsnrc. org

NAEYC. (1995). Mr. Hoagie and his happy, hardworking second-graders: An interview. *Young Children,* 50 (6): 40 – 44.

NAEYC & IRA. (1998). Learning to read and write: Developmentally appropriate practices for young children. *Young Children,* 53(4): 30 – 46.

NAEYC & NAECS/SDE. (2003). Early childhood curriculum, assessment, and program evaluation. Retrieved April 15, 2005, from http://www. naeyc. org.

NAEYC & NCTM. (2002). *Early childhood mathematics: Promoting good beginnings.* A joint position statement of the NAEYC and the NCTM. Retrieved April 15, 2005, from http://www. naeyc. org.

NASP. (2003). *Position statement on student grade retention and social promotion.* Retrieved April 15, 2005, from http://www. nasponline. org.

NCTM. (2000). *Principles and standards for school mathematics.* Reston, VA: Author.

Ostrow, J. (1995). *A room with a different view.* New York, ME: Stenhouse Publishers.

Owocki, G. , & Goodman, Y. (2002). *Kidwatching: Documenting children's literacy development.* Portsmouth, NH: Heinemann.

Park, B. , Neyharth-Pritchett, S. , & Reguero de Atiles, J. (2003). Using integrated curriculum to connect standards and developmentally appropriate practice. *Dimensions of Early Childhood,* 31(3): 13 – 17.

Richardson, K. , & Salkeld, L. (1995). Transforming mathematics curriculum. In S. Bredekamp & T. Rosegrant (Eds. ), *Reaching potentials: Transforming early childhood curriculum and assessment*(Vol. 2). Washington, DC: National Association for the Education of Young Children.

Routman, R. (2003). *Reading essentials: The specifics you need to teach reading.* Portsmouth, NH: Heinemann.

Taylor, J. (1996). How I learned to look at a firstgrader's writing progress instead of his deficiencies. *Young*

*Children*, 51(2):38 – 45.

Trepanier-Street, M. (2000). Multiple forms of representation in long-term projects: The garden project. *Childhood Education*, 77(1):18 – 25.

Wesson, K. (2001). The "Volvo effect"—Questioning standardized tests. *Young Children*, 56(2):16 – 18.

Whitin, P., & Whitin, D. (2005). Pairing books for children's mathematical learning. *Young Children*, 60 (2):42 – 48.

Williams, C. K., & Kamii, C. (1986). How do children learn by handling objects? *Young Children*, 4(1):23 – 26.

## 建议进一步阅读和研究的资料

Anderson, S. (1998). The trouble with testing. *Young Children*, 53(4):25 – 29.

Bolenbaugh, S. (2000). Activity-based developmental learning in a collaborative first-grade classroom. *Young Children*, 55(4):30 – 32.

Collins, K. (2004). *Growing readers: Units of study in the primary classroom*. Portland, ME: Stenhouse.

Cooper, J., & Dever, M. (2001). Sociodramatic play as a vehicle for curriculum integration in first grade. *Young Children* 56(3):58 – 63.

Crawford, L. (2004). *Lively learning: Using the arts to teach the K-8 curriculum*. Greenfield, MA: Northeast Foundation for Children.

Culbertson, L, & Jalongo, M. (1999). "But what's wrong with letter grades?" Responding to parents, questions about alternative assessment. *Childhood Education*, 75(3):130 – 135.

Davis Cole, A. (2004). *When reading begins: The teacher's role in decoding, comprehension, and fluency*. Portsmouth, NH: Heinemann.

Falk, B. (2000). *The heart of the matter: Using standards and assessment to learn*. Portsmouth, NH: Heinemann.

Haladyna, T, Haas, N., & Allison, J. (1998). Continuing tensions in srandardized testing. *Childhood Education*, 74(5):262 – 273.

Helm, J. (2004). Projects that power young minds: Why child-initiated projects should be central in the early grades. *Educational Leadership* 62(1):58 – 62.

Pelander, J. (1997). My transition from conventional to more developmentally appropriate practices in the primary grades. *Young Children*, 52(7):19 – 25.

Ruzzo, K., & Sacco, M. (2004). *Significant studies in second grade: Reading and writing investigations for children*. Portsmouth, NH: Heinemann.

Salyer, D. (2000). I disagree! Said a second-grader: Butterflies, conflict, and literate thinking. *Young Children*, 55(4):7 – 10.

Wien, C. A. (2004). *Negotiating standards in the primary classroom: The teacher's dilemma*. New York: Teachers College Press.

Worsley, M., Beneke, S., &Helm, J. (2003). The pizza project: Planning and integrating math standards in project work. *Young Children*, 58(1):44 – 49.

## 实用网站

**http://www.nea.org**
美国教育协会（National Education Association）网站，上有几篇有关《不让一个孩子落后法》的文章和声明。搜索"Testing Plus",不仅可以看到测试分数,还可以看到他们对评估的思考。

**http://www. reading. org**

国际阅读组织(International Reading Organization)网站,上有许多资讯,包括立场声明,比如"*Using Multiple Methods of Beginning Reading Instruction*"(1998)。

**http://www. nclb. org**

可以在该网站上了解《不让一个孩子落后法》。

**http://www. rif. org**

"阅读是基础"(Reading is Fundmental)网站,该网站为教师和家长提供了许多能够帮助儿童发展读写能力的教学实践。

# 迈向更为发展适宜性的教育实践

特约编辑：霍华德·加德纳（**Howard Gardner**）

霍华德·加德纳是多元智能理论的提出者。他最近写了本有关改变的思想的书。下面摘自《改变的思想：改变我们自己和他人思想的艺术和科学》(*Changing Minds: the Art and Science of Changing Our Own and Other People's Minds, 2004*）这本书。

我们一直都在讨论改变思想这一话题。这一极为平常的隐喻所暗含的意思看起来足够清晰：我们的思想固定于某一方向上，经过一些运作，瞧，现在我们的思想朝向另外一个方向……当我们改变想法时，发生了什么？究竟是什么让一个人改变他的想法并在转变了的思想的基础上行动？……思想，当然，很难改变……我们思想改变了，是因为我们自己想要改变，或者是因为在我们的精神生活发生了一些事情，使改变成为必要。(p. 173)……改变对事情结果的看法从来都不是一件容易的事，要正式宣布一个人已经改变了自己的思想则更为困难……当思想的改变已非常重要，当抵制力量被融化、新的共鸣取胜时，我们其余的人就要重视了。(p. 197)

每一个人、每一个学校员工，都必须经历自己的改变、学习和发现过程，最后确定发展适宜性实践对他们来说意味着什么，可以怎样将发展适宜性实践实施于他们的课堂和社区中。如果家长相信这种新的教学观，那么家长就成为这一过程的重要组成部分，并且必须参与进来。错误是成人学习的机会，这对于儿童来说也同样适用。冒险必须得到鼓励，并且不应该太早地对冒险的结果作出判断。改变的结果需要在较长一段时间内来显现出其有效性、深刻性和持久性。(Burchfield, 1992, p. 158)

## 导言

在这一部分，我们会探讨如何转向更为发展适宜性的实践。教师并不是独自在参与这一变化。变化会涉及家庭、管理者和社区中的其他人。我们将会仔细考虑让其他人参与有关发展适宜性实践的对话的原则和策略，仔细考虑在每一个教室中实施这些变化的模式。

# 帮助教师迈向更为适宜的实践

"校长说我必须要改变我的教室布置,撤掉积木和娃娃家。她不想在需要学会那么多技能的期末测试前,还是只让孩子们去玩。"

"我已经从教10年了,并且我已经对要做的事情了如指掌,但是现在他们却要从事这种发展适宜性实践了。"

"工作进展得并不顺利。我花了绝大多数的时间来试图找出让孩子们集中注意力的方法。他们是如此忙于自己想做的事情以至于我教不了校长所购买的课程。"

"这个体系有些问题,我的很多一年级学生都是在重复幼儿园的活动。"

不管教师是否选择改变或者选择相信这样的实践,在他们的课堂中,迈向更为适宜儿童发展的实践过程都不会简单或者迅速。教师有很多需要学习和决定的事情。最初,这一切看起来都令人难以承受,可能大家还会试图将行动推迟到更为合适的时间——比方说21世纪后期。但是,当变化是值得的且不可避免时,教师会发现去考虑一些有帮助的态度和行动是有用的。本章会呈现一些观点,来帮助教师使他们的课堂向更为适宜发展的实践方向转变。

## 本章学习目标

- 理解变化之所以艰难的原因。
- 描述一项教师改变方案的有关行动。

## 变化是艰难的

最近几年,世界上的每一个人都不得不与变化做斗争。我们的生活和工作、交流和娱乐体系已经被快速出现的新观点和新技能所影响。世界已经不再像是10年前那样。如今在我们词汇中出现的字词,不管是个人的还是专业的，都是过去 10 年中所没有听过的。一个生活了几十年的人经历了各种不同，并调整自己来适应这些变化。改变一个人的教学实践看起来也是同样的情况，因此，与日常生活中所遇到的其他变化一样，它不太可能对个人或职业产生巨大的冲击。但事实是，经历过变化并不一定使人变得更容易承受变化。人是习惯的生物。在习惯的方式下做事能为人们带来惯用行为的安全感。没必要来做具有潜在风险的决定，甚至拼命思考去做什么以及如何去做。

变化是艰难的。

● 超越习惯的行为方式需要学习新行为模式、获得新技能和面对新环境。"所有的变化都涉及学习，所有的学习都包含理解和做一些新的和不同的事情。"（Katz，1997，p. 107）因为现在多数教师都在使用他们以前所经历过的教学方法，并且，很明显，这些教师认为他们已经在自己的能力范围内做了自己应该做的事，并达到了自己力所能及的最好水平。在心理上为改变做好准备，需要教师在思想上作出一些转变，这可能会动摇他们的自信心。"如果我需要改变，那么这对我一直以来所做的工作意味着什么？"许多教师宁愿选择避免变化，而不愿面对变化。

● 变化与焦虑和不确定性相联系。忍受改变习惯行为所带来的不确定性不是一件容易的事。实际上，发展适宜性实践所要求的变化使教师的行为更为复杂，教师要对儿童的各种个体需求作出适宜的、某种程度上是自发的回应，同时还要回应家庭和社区的期望。很明显，比起教师有一个提前确定的计划、一整套的课程方案，发展适宜性实践带来了更多的不确定性。变化过程没有精确的蓝图，这本身就会使教师感到不安。

● 在教育环境中工作时，教师与其他人紧密联系在一起。由于一名教师的决定需要得到来自管理者、其他教师、家长以及社区中其他人的赞同和支持，改变就会变得更为复杂。由此，要实现真正的变化，人们需要关注被称为"系统文化"（culture of the system）的东西（Katz，1997，p. 109）。这涉及对抱怨、分歧、冲突以及不支持的应对。当教师们意识到这些真实问题时，可能会回避发展适宜性实践的前景，而不是欢迎变化所带来的复杂情况并把这些复杂情况当做是变化所必需的发展和学习的一部分。

● 现实地说，实现变化需要花费大量的时间，并会带来相当大的压力。因为大多数教师在拥有职业生涯的同时，他们也有自己的个人生活，他们认为抽出多余的时间看起来常常是不可能的，并且增加压力似乎是非常不受欢迎的。

变化需要更多的教育、培训、认证，或任何管理者和立法者认为必需的东西。这可能又会要求教师对自己的个人生活作出调整，因为要花费时间在所需要的课程上。许多教育者对重回学校接受额外培训表现出畏缩的态度，并且对为此要付出的时间和代价表示愤恨。然而，有时培训为教师们提供了促使变化发生的适切支持和资源。

● 可能是因为教师们发现现实与自己在学校里所学的、预期的是存在不同的。现在许多学生在离开大学、获得自己第一个教师职位的时候，都已经在大学学习期间了解了关于发展适宜性实践的相关内容，形成了自己对于发展适宜性实践的理解和预想。但是，毕竟第一版发展适宜性实践的出版距离现在已经超过 15 年了。当然，现在它看上去似乎应该是教育机构的标准。当发现外界对学校系统施加了巨大的压力，要求学生取得学业成功，而不管教师需要如何折中自己的教育观和教育哲学时，这在某种程度上是令人畏惧的。平衡管理者、家庭和学校系统之间的不同期望可能是促成人们考虑艰难改变的推动力。

这样一来，有些时候教师会在着手改变自己课堂实践的行动前犹豫不决就一点都不令人惊讶了。但是另一个选择是更令人害怕的。在课堂外，教育者和社区明确并讨论学校系统的失败之处，专业机构概述了当前人们对发展适宜性实践的理解。由此，教师认识到如果不做任何改变，就会让他们所照顾的儿童承受教育和个人失败的风险。改变似乎是不可避免的。

## 变革方案

对教师来说，至少存在 3 个维度的变化。教师将要学习使用新的或改进过的材料，学习采用新的教学策略和活动，并且学着改变他们的信念和价值观（Espinosa，1992）。所有这 3 种变化必须加以强调。

没有什么神奇配方能让改变没有痛苦。实际上，一些与转变相联系的混乱正是发展过程中所期望的。除此之外，如果教师和他们的监管者注意到一些有益的措施，会减少改变所带来的创伤。这些阶段没有精确的顺序，它们不是要教师们遵守的处方——一个阶段工作完成之后必将进入下一个阶段。几方面的转变工作是同时进行的。但是，认识到制订变革方案的一些必要方面将会大有裨益。

● 认识情感。成人在改变自己的教学实践和环境时，不可避免地会经历很多的情感反应。如果他们明确并接受自己的感受，在应对这些情感时将会更为容易。

教师经常会经历到的一种感受是焦虑（anxiety）。面对要重新学习和尝试新事物的可能性，教师会变得紧张。一些教师将这种紧张比作自己在第一天教学时所经历的情感反应，当时他们不确定自己的表现是否会像所期望的那样。尝试新的实践会增加失败的可能性。教师感到自己的表现会在很大程度上公开在他人的监视之下，不是来自管理者，就是来自家长。自然地，教师最初的很多担忧都是关于变化将会如何影响到自己。面对变化时，自我怀疑和担心都是正常的反应，焦虑会伴随自我怀疑而产生。

当被问到经历改变时的感受时，帕西摩多（Passidomo, 1994）说道："用'痛苦'（wrenching）来描述某些教师的感受一点也不为过。"（p. 76）被要求来审查那些已经使用多年并且被认为是成功的实践，给教师带来了巨大的冲突。

如果说改变的思想是来自于教师之外的势力，那么，有可能产生一些愤恨（resentment）情绪。要求教师进行改变引发了他们对过去实践的不可避免的质疑，那些实践是他们自己过去所致力于并且投入了大量时间和精力的工作。如果教师感到自己的工作正在受到质疑，那么，可能从一开始他们就更不情愿作出改变，或者甚至不愿意按照改变方案来工作。认识到他们愤恨的情绪及其原因是非常重要的。

教师们体验到的另一种情感可能是内疚（guilt）。一些教师可能已经意识到了某些课堂实践并不是最有利于儿童的，或者有些教学项目是需要改进的，但是面对体制的冷漠、人类的惰性以及超负荷的工作时，他们选择维持现状。另一些教师感到内疚是因为他们不再是真正地"教"学生了。调整自己来适应这一新的"作为学习促进者"的概念，教师需要将情感能量投入到现在和将来的可能性中去，而不是陷入对自己以往工作不足或目前角色不适的内疚中。教师有自己关于什么对儿童最好或最适宜于儿童发展的理念，当法律要求教师作出改变，而教师有自己关于什么对儿童最好或最适宜于儿童发展的理念，前后两者可能会产生冲突。教师也会感到内疚和无助（guilt and helplessness），甚至是愤怒，尤其是当他们并不认为这些变化对儿童来说是最有利的。

与这些难对付的情感交织在一起的另一种情绪可能是兴奋（excitement）。新的挑战和学习体验为教师提供了自我成长和专业发展的双重机遇。当教师看到自己所照顾的学生出现新的回应时，他们的兴奋感会继续。

情感是强有力的，并且还会唤醒参与变化的其他人的情感——比如家长、其他教师和管理者。认识到这些情感反应的力量是非常重要的。想象一下，如果能使所有人都来支持你为改变所做的努力，那该多么惊人！

当情感，尤其是消极情感没有被认识、接受或表达时，它们会削弱人的力量。甚至是认识到这些情感之后，各种情感也使改变的过程非常有压力并令人不舒服。让我们来听听一位教师是如何表达她第一年实行改变时的感受吧。

我从来处理不好突然的决定和改变，我是情感的弱者。我感到身体生病了，它不受控制，我想象自己从一个高的跳板上跳下来，不知道要落到哪里或者怎样才能降落。

第一年真是成长着但又痛苦着的一年……（Humphrey, 1989, pp. 18 – 19）

这位教师的故事最后结局很好，不仅儿童扩展了学习体验，自己也要感谢在儿童的帮助下完成了这一转变过程，变得"更为灵活，更具有自发性，更愿意冒险而成为'自己'"（p. 21）。在认识和处理伴随着变化而来的情感反应时，教师学习成为一个更为完整和真实的人。

●自我肯定。当需要变化时，教师很容易过度消极地评估自身以及他们过去的实践。在匆忙学习和实施新的行动时，教师经常丢弃太多的东西——就像把孩子和洗澡水一起倒掉那样。然而，重视和肯定教师大多数的职业判断和经验是非常重要的。

要在新的情境中建立信心，教师需要相信和重视他们自身及可以为孩子带来益处的能力。迈向更为适宜发展的实践并不是否认教师以前所做的事情。相反，教师需要把发展适宜性实践看做扩展他们专业知识和学习的另一个阶段，是建立在之前经验基础之上的。以往实践中好的方面应该得到肯定。

当管理者要求教师实行改变时，有必要让教师感觉到自己得到信任和重视。当教师最终被授权控制改变的过程、决定那些会影响自己生活的事情，并在作出考虑周到的决定时得到支持，那么教师就会感到自己得到了信任和重视。必须让教师自己决定的一件事是：他们对进行改变做好了准备，参与变革项目是出于自愿的（Passidomo，1994）。当管理者武断地宣布过去的实践是有缺陷的，并单方面要求立即实施改变时，教师会感到自己没有得到信任和重视。在这种情况下，教师感觉受到威胁，而不是得到肯定。指示别人并不是在肯定一个人，给予选择的自由才是。当教师们接受别人指令时，他们会感觉自己不能掌控自己的专业，自尊心受到打击。曾经有人说过："你对教师做了什么事情，教师也会对儿童这么做。"（Espinosa, 1992, p. 164）发展适宜性实践——包括了作出选择和做好准备，这对成人同样适用。

有利于教师自我肯定的一个实用技巧是写一些自传性的材料，比如写下这些问题的答案："在和年幼儿童工作时，我的特殊优势是什么？我的教学/互动风格的独特之处是什么？"让教师回忆自己以往凭借专业能力帮助儿童的经历是有益的。记日志的方式已经帮助了很多教师，教师借此可理清自己的感受和价值观。

在进行改变期间，通过小组和个人评价，教师支持小组可以成为教师肯定自我的平台。当熟悉教师工作和风格的人对教师作出肯定的评价时，教师能获得对其工作表现的深刻见解和确认。这里有一些可供讨论的问题："你最欣赏×××在与儿童和家庭工作时的哪些表现？×××工作中的哪些表现不应该被改变？"

● 确定价值观。作为学习/变化过程的起始点，教师们需要确定支撑他们当前教学实践的观念和信条。博索、布罗布斯特及莫耶（Brozo, Brobst & Moje, 1994/95）告诫大家不要忽视教师的信念和价值观，指出"促进教学实践的改变，需要更好地理解教师的个人观点和经验"（p.70）。发展适宜性实践是关于发展的知识和个人需求相结合的独特产物，这对参与变化的每一个人来说都是这样，无论是成人还是儿童。由此，教师需要确定能够加强他们教学实践的一些基本原则，并把这些基本原则作为工作的坚实基础。当教师认为变化与自己的价值观相一致时，改变是最为简单的。教师为自己明确了对这些关键问题的回答：我最看重的是什么，我所看重的东西会如何影响我对儿童和家庭的行动？对每位教师来说，答案都是独一无二的；对有关课堂实践的决定来说，这些答案也是必要的。

有关教师改变的文献都聚焦于教师创造和分享他们个人经历的重要性，并且将此作为发现教师个人的转变过程是如何与他们特定的教学和信念背景相匹配的重要途径（可以参见：Brozo et al., 1994/95; Cuban, 2001; Liberman & Miller, 2001; McDaniel, Isaac, Brooks & Hatch, 2005; McLean, 1993; Sudol & Sudol, 1991; Pelander, 1997; Weinbaum, 2004）。确定价值观和分享经历的过程可以是个人的或者小组的活动。

● 确定初步的任务和目标。当教师将精力集中在思考他们到底想要实现什么目标时，变化所带来的混乱将会减少。将蕴含着转变的特定实践目标与哲学层面上的基本目标结合起来。如果有充分的时间来进行渐进的、有组织的和经过缜密思考的变化，会最有利于转变的发生。

初步目标是让教师"根据他们自身的能力和偏好、儿童的需求以及自己所工作的学校和社区的期望，反思自己当前的教学实践并决定采取哪些有利于教学的措施"（Hatch，1992，p.54）。这种反思使教师能够确定自己今后的行动。

教师要进行选择，而最初的任务是要明确可以有哪些选择。当教师明确了自己在课堂中需要关注的问题，他们就会看到潜在的变化所能带来的益处。这些益处为教师进行改变提供动力。

当教师领会到自己的职业角色之一是倡导对儿童及其家庭最好的环境和条件，他们就会认识到自己不能仅仅只是在一边等待，由其他人来引领变革。倡导者是早期儿童教育者要承担的必要角色之一，教师应当利用每一个讲话和行动的机会。

● 寻求支持。如果教师试图靠他们自己的力量来经历转变的过程，那么变化所带来的压力和复杂性可能会令人难以承受。参与改变的教师和管理者需要认识到在转变过程中为教师提供一个支持团队是极其重要的。这一支持团队可以包括同时在经历改变过程的其他教师，可以包括在支持教师改善儿童教育体验过程中渴望学习更多相关知识的家庭，还可以包括有经验的指导老师。有时可以以个别配对的方式来分享他们的知识和专业技能。这一支持团队还可以包括作为额外支持的管理者。年龄较小和年长儿童的教师也是这一团队的成员，这样可以促进有关教学连续性的交流。无论支持团队的规模或构成如何，教师需要知道在变化的过程中，其他人是可以来提供帮助的。教师在思考变化的过程中，应当优先考虑确定支持团体。试图独自经历改变的过程很有可能是百害而无一利的。

支持团队可能非正式地行使职能，或按照具体的日程计划定期讨论。支持团队的本质职能是——作为教师坦诚和自由地表达自己在变化过程中感受和经历的媒介。同事和家长的职能相似，都作为对教师在教学中思考的问题提供反馈意见、提供关于教学策略和所关心问题的头脑风暴的手段。有人曾假设"冲突是变革过程中不可避免的组成部分"（Meade-Roberts, Jones & Hillard, 1993, p. 85）。教师如果能够公开地处理这些冲突，和其他人一起讨论、争辩并统一不同的意见，有利于进行真正的学习。支持团体不应当被看作是得到一个表面上的认同，"盖上章"，而应成为促进教师成长的真正手段。共性感（sense of commonality）会强化教师的自信并为教师的努力提供支持。

●获得信息库。在实施更为适宜儿童发展的实践时，教师自信心的最好来源是获取尽可能多的关于自己正在做的事情的知识。提倡者必须是知识渊博的人。教师所做的是那些自己知道该如何去做的事情。在转向更为适宜儿童发展的实践过程中，教师必须理解为什么改变是必要的，改变的过程是什么样的，要变得精通于这些新的实践（Espinosa, 1992）。理解并相信理论假设对于成功地转向发展适宜性实践并向其他人解释这一新的教学实践是必不可少的。然而，对于教师来说，学习如何在课堂中实施所期望的转变也是同等重要的事情，以免和这位教师一样沮丧："虽然我已经很好地理解了我应当做的事情，但我仍然不太清楚该如何来做。换句话说，我长于信念而拙于实践。"（Willis, 1995, p. 261）理论和技能都是非常重要的。

教师必须利用可以获得的所有资源。取得当地和全国早期教育专业组织的会员资格，可以为教师提供参加小型会谈、大型研讨会以及工作坊的机会，并获取相关期刊上的最新信息。与同伴的会谈和讨论能够加强彼此之间的交流和相互理解，并能使教师感觉到自己并不是独自走在尝试将教学转向更为适宜儿童发展的实践道路上。阅读能够找到的所有关于发展适宜性实践及其实施方法的资料，能促发教师的个人思考。

有时候管理者会安排培训来帮助教师。成功的培训会使用多种方法，包括讲座、实践活动、专家指导以及为教师留出对当前实践进行反思的时间。展示活动、参观示范项目以及专家/或同伴辅导可以帮助教师获取在各种实践中进行选择所需的知识。培训的主题和方法需要通过一个一致同意的过程来进行确定，而不是由他人强加。

知识能为教师带来信心，能帮助他们选择具体的、可行的课堂实践。

●每次只做一件事情。成功实施了教学转变的教师在给其他教师提出有关如何展开改革的建议时，一致的反映是：从每次关注一个方面开始（Hatch, 1992）。

每次做一个改变会减少教师因变革产生的压力。当课堂中的大多数活动还是以相似的方式开展时，教师会对教学感到更有把握。"每次做一个改变"的方案能够让教师将全部的精力投入到计划、实施和评估新的教学实践中，并仍能愉快、放松地开展课堂中的其他常规教学活动。例如，一位教师可能决定要开始改变日程安排，将大块的固定活动时间变为儿童发起的自由选择活动时间。或者另一位教师可能关注于改变户外游戏时间的活动安排，不再将其设计为无计划、放任自流的户外活动，而变为另一种蕴含着丰富的儿童游戏可能性的学习环境。虽然这些教师将精力集中在思考如何变革日程安排和户外学习环境上，但课堂中的其他活动仍然像以前一样进行。

鼓励教师"每次只做一件事情"是非常重要的。否则，如果教师认为自己必须一次改变所有的事情，会使变革的任务看起来似乎过于庞大而无法实施。

• 从更小的步骤来思考。每次作出一个改变有利于教师缩小他们的关注点，把任务分解成更小的步骤为教师提供了一个具体的行动计划。"改变户外环境"是一个宽泛而笼统的问题。教师若是设定了这个目标，可以制定出为实现目标所需要做的更为具体的事项。

（1）用一周左右的时间观察儿童的游戏，确定儿童喜欢的体育活动、儿童对其他户外活动的兴趣、儿童的社会互动方式、儿童最喜欢的设备以及产生分歧的原因。

（2）根据个体观察、各年龄儿童发展标准及课程目标，考虑有关这组儿童户外活动时的可行目标。

（3）列出目前可供户外游戏所用的所有设备和材料。明确目前所能利用的资源与实现所制定目标之间的差距。让儿童参与有关对话。

（4）让家长和社区了解丰富户外活动环境的目标。

（5）确定社区中的资源，以便获取材料和设备。

（6）制定出有序、具体的实施步骤。

（7）规划一个工作会议来准备材料。

（8）调整日程安排，为儿童提供大块的户外活动时间。

（9）制订一个计划，观察儿童游戏以获得新的行动方案。

（10）让家长和社区了解新的户外环境设施是如何发挥作用的。记录儿童在户外学习环境中工作的例子。在实施下一个计划前，享受这些努力所带来的乐趣。

教师所制订的改变计划将会比这些更为具体。例如，老师可能会决定只在三轮车区添加指示牌和一些道具，并且仅仅观察这一行动的效果。小步骤方案是"在实现重大变化的沿途中带给教师和儿童成功的经历，从而为他们提供积极的动力"（Hatch, 1992, p. 52）。如果小的改变没有什么效果，教师很容易进行调整和修正。小的改变同样使教师能够有时间和精力来看到并欣赏能够进行展示的成果。这一点非常重要，因为"在改变教师的教学实践中，可以展现的成果可能是最为重要的因素"（Brozo et al., 1994/95, p. 71）。

有些教师更喜欢为自己的课堂制订整体的计划，然后再把这个计划打碎成小的、递增的步骤。

（1）制订观察计划。

（2）分析每一个兴趣中心是如何发挥作用的，需要哪些材料及空间，根据分析来制订改善计划。

（3）为儿童提供充分材料。

（4）创建一套能够帮助儿童作出选择的指导体系。

（5）让家长参与到寻找和准备材料的过程中。

（6）增加一个写作中心。

整个计划中的每个项目都会清晰地细化为一系列更为具体的行动。把大的改变计划分解为更小的步骤，是另一种让变革不再那么可怕的策略。

• 个体进度。如果教师希望把自己的思考组织起来，并让管理者和家长知道自己是在缜密思考和严密组织下来推进变革的，那么制订一份像前面所呈现的计划能为教师提供安全感。然后，非常重要的是，教师按照他们自己的速度来实施计划，自己来控制变革所需的时间。这反映的是一种"渐进的改变"（Buckley，参见 Brozo et al.，1994/95，p. 71），在这个过程中让教师用他们经过深思熟虑的观察来控制变化的速度是适宜的。教师需要得到支持，要让他们有足够的时间对自己付出的努力和学习成果感到满意。教师需要花费一些时间来为变化奠定好的基础，如通过观察和目标设定来确定合适的材料和活动，让儿童和家长适应新的常规和观念，观察和评估新实践的结果，并在需要时作出调整。匆忙地进行变化不仅会因为准备不充分和缺少时间来作出最好的决定而增加出错的概率，同时，会减弱教师对变化的掌控感。

●设定具体目标。当教师们设定了个体进度，他们需要紧紧地盯着自己前方的目标。设定和实现具体目标是教师在工作中和儿童一起完成的。教师需要使用同样的技巧来实施更为适宜儿童发展的教学实践。许多教师已经发现为自己设定每月尝试一个新改变的目标是非常有益的（Hatch，1992；Greenberg，1991）。如果教师发现最初的目标与自己实施改变的速度不能匹配，那么可以对具体目标作出修正（每两个月尝试一个新改变）。不管教师感觉如何，设定目标可以帮助教师把精力集中在自己手头的任务上，以免心生胆怯或自满。

几个作者写了有关教学实践变化过程的文章，他们在文章中特别提到"坚持"——或者说"坚守信念"（Murawski，1992），"坚持下去"（Mooney，1992）——是非常关键的。持续关注长期目标使教师能够在迈向更为适宜儿童发展的教学实践的变革道路上坚持下去。

●让家庭卷入变革的过程中。发展适宜性实践把家庭界定为"帮助教师为孩子作出好的教育选择的积极参与者"。不管家长以前是否与教师建立起了发展性的伙伴关系，家长的积极参与是教师在迈向更为适宜儿童发展的教学实践中所努力追求的。

在任何改变过程刚开始时，教师就应当让家庭参与进来。家庭应当从一开始就参与讨论变革，提出他们的见解和所关心的事项。家庭有可能成为不断支持教师进行变革的力量之一。家庭参与可以帮助教师明确、获取、组织或准备发展适宜性材料，可以帮助教师创建有趣的学习中心和课堂活动（Greenberg，1991）。家庭参与能够为教师改进儿童的学习体验提供支持。不仅教师能从家庭参与变革的过程中受益，同时，家长在参与的过程中可以了解到更多的适宜儿童发展的学习体验，并感受到自己在变革过程中的重要性。通常，家庭会关注变革怎样影响他们的儿童以及他们对儿童的目标。除此之外，家长通常需要大量的帮助来理解变革将怎样让每个人都受益。在第十七章中，我们会更深入地讨论为什么发展适宜性实践需要家庭的参与。

●适应是一种技能。好的教师会很快学会舍弃哪怕是最精心设计的教学方案，从而来抓住核心的学习/教学机会。同样，在迈向更为适宜儿童发展的教育实践中，教师需要拥有同样的灵活性，可以在任何给定的时间里放弃那些计划好的变革步骤，选择那些看上去更容易、更符合逻辑或更相关的变革。

当教师 A 正在开展丰富户外学习机会的计划时，他通过观察发现儿童花费大量的户外活动时间在沙箱里挖虫子。儿童对这一活动的兴趣是如此强烈，以致教师决定来扩展室内科学区（以前这是一个布满灰尘、闲置的区域，里面摆放着一大堆的松果、贝壳和石块），为科学区增添了一个玻璃容器，玻璃容器里面盛有从自己家后院中捕捉到的昆虫。再加上一些放大镜和关于昆虫的书籍，科学区很快就挤满了好奇的儿童。儿童的评论和问题成为教师思考开展长期项目的基础。那一周教师将主要精力投入到丰富儿童室内科学学习体验上，而不是按照计划来改变户外活动环境。教师 A 利用对儿童游戏的观察创造出了一个有趣的学习环境，改变了自己以前仅仅关注于户外活动的计划。

同样，教师会认识到迈向发展适宜性实践意味着从各种各样的机会中作出选择，并且自己的道路可能会和其他同时开始进行变革的教师截然不同。他们持续地适应着所获得的知识，并从一系列他们学到的实践中尝试那些对他们来说有意义的事情。当教师从实践中有所感悟，他们会作出个人的调整，而这些调整看起来是出于正当原因、有利于儿童和他们自身的。

有一些调适是源于教师所得到的反馈。应当建立从家长、同事以及管理者处获得迅速且有建设性的反馈机制。教师需要用这些反馈来帮助他们的评估过程。

● 思维连续体（think continuum）。像本书之前所提到的，关于发展适宜性实践，没有全是或全不是之说。实际上，教师应当考虑到，在最为适宜儿童发展和最不适宜儿童发展的实践之间有一个连续体，他们当前的实践就位于这一连续体的某一个地方（Hatch，1992；Kostelnik，Soderman & Whiren，2003）。随着教师从这一连续体的一端走向另一端，他们就越来越靠近适合他们所教儿童自然学习风格和需求的教学方法。

例如，教师 A 户外学习计划的转变可以用下面这个连续体来代表。

[材料和设备]

| 仅有操场设备 | 增添一些选择 | 为儿童提供开展创造性、建设性、戏剧性、科学性和大肌肉游戏的选择 |
| --- | --- | --- |

[教师角色]

| 监管 | 偶尔与儿童互动 | 密切观察，促进儿童学习 |
| --- | --- | --- |

教师如果认识到转向更为适宜儿童发展的教育实践是一个持续进行的过程，就不会对自己的实践进行非常严厉的评估，并会找到进行小范围改变的方法，使自己的课堂实践与所谓的出色的教育实践更加匹配。

● 享受成功。当教师允许自己设定实施变革的速度，他们也应该允许自己有时间来享受工作的成果并与其他人分享这些成果。教师应当有时间来观察儿童，客观观察儿童对学习环境中所出现变化的反应。我们应该给教师机会来让他们确定变革是非常重要的，为之付出的努力是值得的。花一些时间来分析变革所带来的结果，让教师得以向儿童学习，能让教师奋力争取最好教育实践的愿望得到强化。

教师可以与其他被变革过程所打动的人来共享成功的喜悦。我们可以从卡特和柯蒂斯（Carter & Curtis）的《传播消息》（*Spreading the News*, 1996）这本书中找到向他人展示所取得的成功和进步的方法。为教师提供支持的同事和家长需要听到有关课堂发生改变的具体案例。另外一些教师、管理者和家长应该来参观教室，观察教师为儿童所提供的新的学习机会。儿童需要有机会通过可视的作品/图表来表达自己在变化中所感受到的快乐。布告栏中的通知和图片能够向任何一位参观者传播消息。就像格林伯格所说的，"恭喜！看一看你已经在迈向发展适宜性实践的道路上走了多远了吧！"（Greenberg，

1991, p. 33）教师不应该等到所有的变化都完成后才来庆祝。在成功出现的时候享受它带来的喜悦能够增加教师继续进行变革的动力。

不止一位教师威胁说宁可选择离开教师职业，而不愿意屈服于更多的变革。如果仅仅是为变化而变化，那么这些感情用事的观点是可以理解的，但是这里变革的目的是为了学校和儿童看护中心的所有儿童的最优发展，并总在不经意间丰富和促进成人在自己生活中的发展。当教师和家长认识到变革为所有儿童带来的重要积极利益时——儿童在学习上获得成功，相信自己是个有能力的学习者——变革所带来的回报就变得很明显了。

对成人来说，发展他们自身潜能的机会变成了现实：接受自己是完整的人，拥有成长的机会、承认自身错误的机会以及全新开始的机会。

改善了的学习环境，给儿童带来益处，同时也包括了对成人的馈赠。

变革是艰难的。变革需要巨大的"努力、情感投入以及政治觉悟"（Goffin，1992，p. 102）。但是变革是必需的，而且它对于挑战教师达到他们的潜力以及帮助儿童发展潜能都是非常值得的。在第十七章中，我们会讨论教师在变革的过程中，可以使用哪些方法去争取社区中其他人的支持。

## 小结

随着教师迈向更为适宜儿童发展的教育实践，认识一些关键概念对教师来说是非常有帮助的。这些重要的概念包括获得其他人的支持、实施具体的目标以及由教师自己选择变革速度。家庭是变革过程中不可或缺的一部分。教师需要认识到并且表达出自己因变革而产生的极为矛盾的情绪（mixed feelings），并证实自己的判断和经验。

## 思考

1. 如果你是一线教师或正在对课堂进行观察，明确一项你认为对变革来说最为重要的实践活动。和同学一起讨论你的想法。进行头脑风暴，列出在变革过程中可以实施的一系列步骤。

2. 与有孩子参与早期教育项目的家长谈话。让他们列一个他们认为可以改进儿童学习环境的变革方案。

3. 如果你处在实施变革的位置上，通过写日志来记录以下事项：你对变革的计划和决定，你在这一过程中的感受，儿童及其他人对变革的反应，这次变革对你今后进行教育变革的启示。

## 问题（用以评估本章所学）

1. 讨论变革之所以困难的原因。

2. 尽可能多地回忆本章的要点，然后对它们进行全面的讨论。

## 问题（用以应用本章所学）

1. 思考一个你知道已经实施或计划实施的真实变革，这一变革可以在任何方面影响到儿童和教师。为实施变革制订一个可能的计划和时间表。

2. 访问教师：《不让一个孩子落后法》所带来的变化引发他们做了怎样的调整？有

何感想? 总结调查结果并描述可能的应对策略。

## 参考文献

Brozo, W. , Brobst, A. , & Moje, E. (1994/1995). A personal view of teacher change. *Childhood Education*, 71(4):70 – 73.

Burchfield, B. , & Burchfield, D. (1992). Two primary teachers learn and discover through a process of change. In S. Bredekamp & T. Rosegrant(Eds.), *Reaching potentials: Appropriate curriculum and assessment for young children*(Vol. 1)(pp. 156 – 161). Washington, DC: National Association for the Education of Young Children.

Carter, M. , & Curtis, D. (1996). *Spreading the news: Sharing the stories of early childhood education*. St. Paul, MN: Redleaf Press.

Cuban, L. (2001). *How can I fix it: Finding solutions and managing dilemmas, an educator's road map*. New York: Teachers College Press.

Espinosa, L. (1992). The process of change: The Redwood City story. In S. Bredekamp, & T. Rosegrant (Eds.), *Reaching potentials: Appropriate curriculum and assessment for young children*(Vol. 1)(pp. 165 – 170). Washington, DC: National Association for the Education of Young Children.

Gardner, H. (2004). *Changing our minds: The art and science of changing our own and other peoples' minds*. Cambridge, MA: Harvard Business School.

Goffin, S. (1992). Challenging the status quo: Serving as critical change agents. In S. Goffin & D. Stegelin, (Eds.), *Changing kindergartens*(pp. 3 – 26). Washington, DC: NAEYC.

Greenberg, P. (1991). Make a difference! Make your program more developmentally appropriate. *Young Children*, 47(1):32 – 33.

Hatch, J. A. (1992). Improving language instruction in the primary grades: Strategies for teachercontrolled change. *Young Children*, 47(6):54 – 59.

Humphrey, S. (1989). The case of myself. *Young Children*, 45(1):17 – 22.

Lieberman, A. , & Miller, L. (Eds.). (2001). *Teachers caught in the action: Professional development that matters*. New York: Teachers College Press.

Katz, L. (1997). The challenges of the Reggilio Emilia approach. In J. Hendrick(Ed.), *First steps toward teaching the Reggio way*(pp. 96 – 110). Upper Saddle River, NJ: Prentice-Hall.

Kostelnik, M. , Soderman, A. , & Whiren, A. (2003). *Developmentally appropriate curriculum: Best practices in early childhood education*. Upper Saddle River, NJ: Prentice Hall.

McDaniel, G. , Isaac, M. , Brooks, H. , & Hatch, A. (2005). Confronting K – 3 teaching challenges in an era of accountability. *Young Children*, 60(2):20 – 26.

McLean, S. (1993). Learning from teachers's stories. *Childhood Education*, 69:265 – 268.

Meade-Roberts, J. , Jones, E. , & Hillard, J. (1993). Change making in a primary school: Soledad California. In E. Jones(Ed.), *Growing teachers: Partnerships in staff development*. Washington, DC: National Association for the Educantion of Young Children.

Mooney, N. (1992). Coming to know: A principal's story. In S. Goffin & D. Stegelin(Eds.), *Changing kindergartens*(pp. 67 – 87). Washington, DC: National Association for the Education of Young Children.

Murawski, E. (1992). Changing kindergartens: Teachers as change agents. In S. Goffin & D. Stegelin(Eds.), *Changing kindergartens*(pp. 28 – 53). Washington, DC: National Association for the Education of Young Children.

Passidomo, M. (1994). Moving from traditional to developmentally appropriate education: A work in progress. *Young Children, 49*(6): 75 – 78.

Pelander, J. (1997). My transition from conventional to more developmentally appropriate practices in the primary grades. *Young Children,* 52(7): 19 – 25.

Rinaldi, C. (1992, July). Social constructivism in Reggio Emilia, Italy. Presentation prepared for the Images of the Child Symposium. Newton, MA: Mt. Ida College.

Sudol, D., & Sudol, P. (1991). Another story: Putting Graves, Calkins, and Atwell into practice and perspective. *Language Arts,* 68, 292 – 300.

Weinbaum, A., Allen, D., Blythe, T., Simon, K., Seidel, S., & Rubin, C. (2004). *Teaching as inquiry: Asking hard questions to improve practice and student achievement.* New York: Teachers College Press.

Willis, C. (1995). Voices of inquiry: Possibilities and perspectives. *Childhood Education,* 71(5): 261 – 265.

## 建议进一步阅读和研究的资料

Friedman, D. (2004). When teachers participate, reflect, and choose change. *Young Children,* 59 (6): 64 – 70.

Gardner, H. (2004). *Changing our minds: The art and science of changing our own and other peoples' minds.* Cambridge: Harvard Business School Press.

Garan, E. (2002). *Resisting reading mandates: How to triumph with the truth.* Portsmouth, NH: Heinemann.

Goldenberg, C. (2004). *Successful school change: Creating settings to improve teaching and learning.* New York: Teachers Colege Press.

Lieberman, A., & Miller, L. (1999). *Teachers—Transforming their world and their work.* New York: Teachers College Press.

Rudick, S. (2002). A proverbial look at great staff development programs. *Teaching Strategies Newsletter.* Retrieved April 15, 2005, from http://www.teachingstrategies.com

Saab, J. (2001). "How do we know when we're there?" One school district's journey toward developmentally appropriate practice. *Young Children,* 56(3): 88 – 94.

Stone, R. (2002). *What? Another new mandate? What award-winning teachers do when school rules change.* Thousand Oaks, CA: Corwin Press.

Swanson, L. (1994). Changes—How our nursery school replaced adult-directed art projects with child-directed experiences and changed to an accredited child-sensitive, developmentally appropriate school. *Young Children,* 49(4): 69 – 73.

## 实用网站

**http://www.umaine.edu**
早期教育在线网站，为信息交流提供了支持和机会，也为教育者和家长讨论0—8岁儿童各种话题提供了服务。访问该网站，点击你想要讨论的话题。

**http://www.forums.atozteacherstuff.com**
该网站上有许多咨询，也为教育者的讨论提供了空间。

**http://www.kinderkorner.com**
该网站为教0岁至二年级学生的教师提供了资源，也供教师们分享他们的想法，提出疑问。

# 帮助家庭和社区理解发展适宜性实践

"我很想让我班上的孩子选择更多的活动，但是这样做家长会发脾气的。"

"我的主管说，家长还没有准备好应对发展适宜性实践将要带来的必然变化。"

"我们的社区要求问责。"

"学校董事会就是不能接受让儿童去游戏。"

当教师解释为什么他们会继续使用那些被专业标准认为不适宜儿童发展的课堂教学、课程和环境时，他们会说出大量的类似理由。人们认为在设定学校和幼儿教育项目的标准时，家庭和社区的意见具有重要的影响力。毫无疑问，成功实施发展适宜性实践的教育标准，取决于得到其他人的积极认可和支持。但是，令人不能接受的是，教师将反对意见或者冲突视为继续实施那些不能为儿童提供最好发展环境的教育项目的原因。幼儿教师必须成为儿童和家庭的利益维护者，密切关注、捍卫并促进他们的最大利益。这包括教育所有的参与者，使他们理解什么样的教育对儿童最有利，并游说他们与教师建立积极的伙伴关系，共同实现那些目标。在很多情况下，教师必须向许多人解释发展适宜性实践的优点，包括其他教师、管理者、学校董事会成员以及公众（不管他们是否对早期儿童教育感兴趣）。

在这一章中，我们会探究帮助家庭和社区理解并接受在儿童所在学校实施发展适宜性实践的理由和方法。

教师在与其他人对话时，必须要仔细考虑家庭所关心的问题乃至社会所持有的信念，这一点是非常重要的。这不仅仅是简单地"将理论和研究介绍给家长，然后他们就会同意你的意见"（Bredekamp，见 Bredekamp & Copple, 1997, p. 49）。相反，这是为了解决好的实践与教师工作环境所要求的教育实践之间的冲突。这种对话能为教师、家长和社区中的其他人带来真正的学习体验。

虽然我们在这里强调的是教师说服家庭和社区参与变革，但如今变革的推动力通常来自于管理者、学校董事会以及立法者。在这些情况下，遵循的原则是一样的，即教师要支持其他人。

## 市章学习目标

- 描述在发展适宜性实践中请家长成为合作者的原因。
- 明确能让家长/社区接受发展适宜性实践的教师的态度和行为。
- 描述在让家长/社区接受发展适宜性实践过程中可能涉及的问题。
- 讨论教师在推进发展适宜性实践时可以采用的一般策略。
- 确认应对每个问题的具体策略。

## 与家庭的互惠关系

美国幼儿教育协会针对幼儿教师如何建立起与家庭和社区的伙伴关系给出了一些重要的建议。建立起伙伴关系，对于真正实现能够回应于个体需求和个人信念的教育项目来说是非常重要的。

- "建立教师和家庭间的互惠关系需要相互尊重、合作、共同承担责任，并在实现共同目标的过程中协商矛盾。"（Bredekamp & Copple, 1997, p. 22）

这一主张要求教师接受这样的理念，即教师的工作不是扮演拥有所有正确答案的专家，而是去与家庭展开对话，在对话中向每一个家庭学习，并与家庭分享自己的知识，增进彼此间的理解。与此同时，儿童可以从这种伙伴关系中受益。

- "幼儿老师在与家庭合作时，要建立并维持与儿童家长之间定期的、经常性的双向交流。"（Bredekamp & Copple, 1997, p. 22）

家庭是儿童早期的重要生活环境。家庭为儿童提供照料和亲密关系，并且指引儿童走进自己的世界和拥有自己的世界观。不管在早期儿童教育和保育项目中儿童与教师共同相处了多长时间，他们的父母是儿童生活中最重要的人。任何一个教师都不应当忽视这一事实。通过与家庭建立完全的伙伴关系，教师表明了自己对家庭在儿童生活中首要地位的尊重。学校为家庭在建立合作关系方面所作出的努力提供支持，将家长和教师之间的交流最大化对于促进双方之间的理解和尊重是非常重要的。如果教师和家长共同来计划儿童发展过程中要实现的社会化和学业任务，那么儿童能从他们更为一致的指导中受益。

- "家长在教育项目中受到欢迎，并参与有关他们孩子的保育和教育的决定。家长在项目中观察、参与并服务于决策制定。"（Bredekamp & Copple, 1997, p. 22）

在很长一段时间里，家庭在很大程度上被排斥在为自己孩子提供服务的教育机构之外。这暗含给家长的信息是："把孩子交给我们，和孩子说再见，我们会教育他们的。毕竟，我们是专业的教育者。如果孩子们做得不好，很可能是因为你在家里做了（或没有做）些什么事情，因为我们知道我们正在做什么！"这一做法本身就是不适宜儿童发展的，它未能认识到家庭作为养育和教育儿童主要源头的重要性。更为适宜发展的是：把学校看作为家庭提供支持的一系列团体中的一员。这纠正了旧的错误，直接把家庭带到教育场景中，并积极参与到儿童教育中。

- "教师承认家长为儿童所作的选择和所确定的目标，并以体恤和尊重的态度对家长的选择和忧虑作出回应，同时不放弃自己对儿童所负有的专业教育职责。"（Bredekamp & Copple, 1997, p. 22）

这并不是说由家长决定所有的教育内容，而专业人员放弃自己的职责，做家长所希望做的任何事情而不管这些事情在专业教育者看来是否符合儿童的最大利益（Bredekamp & Copple, 1997, p. 22）。相反，这要求进行持续的交流和成功的协商——在这样的情况下"互动的结果是双方都作出了改变，而不是一方妥协另一方获胜"（p. 46）。

- "教师和家长分享他们关于儿童的知识以及对儿童发展和学习的理解，这应当成为日常交流和计划要进行的会议的一部分。教师通过最大化促进家庭决策能力和胜任力来为家庭提供支持。"（Bredekamp & Copple, 1997, p. 22）

学校的任务是为家庭提供支持和知识，以期这些支持和知识能让家庭以尽可能好的方式完成他们的工作。这种关于儿童个体需求和发展的信息与见解的共享，对家长和教师都有益处。随着家庭成员懂得更多有关一般儿童发展的知识，而教师更多地了解个体儿童的具体情况，他们构想出具体的教育计划和问题解决要点的能力就得以提高。随着交流的增加，教师和家长更加尊重对方。每一个人都从经常性的交流中受益，包括儿童、家长和教师。专业教育者和家庭是基于不同观点和不同知识来工作的。承认和接受这些差异是非常重要的。

对教师建立与家庭的交流体系所用的多种方法的讨论超出了本章的内容范围。如果读者想对这一话题进行深入了解，可以阅读《家、学校以及社区关系：从事家庭工作的指南》（*Home, School, Community Relations: A Guide to Working with Families*）第 6 版（Thomson Delmar Learning，出版中）。

- "为了保证获得更为精确和完整的信息，儿童教育项目让家长参与到对儿童个体的评估和发展计划的制订中。"（Bredekamp & Copple, 1997, p. 22）

不考虑文化、儿童生活背景以及环境因素的评估会带来消极的结果。最有利的教育安排来自家长和教师双方关于儿童个体需求的理解，儿童可以从这一最有优势的教育安排中获益。

- "基于所确定的资源、优先选择和所关心的事项，儿童项目使家庭与一系列的教育服务联系起来。"（Bredekamp & Copple, 1997, p. 22）

幼儿教师认识到自己的职责之一是与儿童家庭建立联系，需要考虑到儿童的家庭环境会对儿童以及其他个体产生影响。帮助家庭建立起与其他社区资源之间的联系是教师的职能之一。

- "不同时期对儿童负有教育职责的成员和机构，如教师、家长、教育项目、社会服务和卫生机构以及咨询人员，应当在儿童从一个水平的教育项目走向另一个水平的教育项目时，与家庭共享有关儿童发展的信息。"（Bredekamp & Copple, 1997, p. 22）

为了儿童的最优发展，教育经验的连续性是必不可少的。在儿童成长的过程中，只有当有关儿童需求、学习风格以及所取得成就的交流成为教育过程的一部分时，才会产生这种连续性。专业性的交流能够在转变时期为家长和儿童提供保护和支持。

发展适宜性实践的标准明确表示有必要把家庭当作儿童教育过程中的全面合作伙伴。正如前面所概述的，这样做的原因是为了增进家长和教师之间的交流，使他们能够更多地了解发展中的儿童，相互支持并促进计划的制订，保证教育体验的连续性。教师应当主动建立和保持与家庭的经常性接触。

与儿童的发展适宜性相符，发展适宜性实践的标准没有精确地规定家庭参与的方式，因为家庭的参与方式在每个教育项目中都大不相同，这取决于很多因素，如家庭结构、项目结构、家庭语言、文化背景和家庭教育、家长的工作时间安排和家庭距离学校的地理位置、项目目标和需求以及儿童年龄。家庭成员可能会偶尔或定期参观或观察课堂，协助课堂工作或帮助每一个儿童，为学校提供活动材料或其他学习资源，参加会议或接受家访，参与学校/教室维护，筹集资金以及/或者参与决策。不管家庭实际上扮演着怎样的角色，对于任何一个发展适宜性项目来说，家庭参与都是不可或缺的。

## 促进对发展适宜性实践的理解

我们在第一章中讲过，家庭和社区有理由怀疑发展适宜性儿童项目。对整个教育体系的失败的担忧加强了对纯粹认知发展和可以在标准化测试中明确的具体技能和次级技能发展的强调。教师、管理者和学校董事会越来越多地感受到来自教育预算以及家庭问责的压力；标准化测试的结果和容易看见的学习成果（对颜色、形状、唱数等）是证明项目有效性的一种方法。"每一级政策制定者都关注于基础技能成就……一些学校管理者感到提高学习分数的压力，转而将强调基本技能的压力施加给教师。"（Stipek, Rosenblatt & DiRocco, 1994, p. 5）《不让一个孩子落后法》出台以来，这种压力已明显增加。

不论是在教育界内部或外部，关于儿童发展的知识都不曾有共识。大部分大学的教育学院都更多关注教育儿童的方法，而不是对儿童自身的理解。过去的和现如今的教师和管理者代表着不同的儿童发展/早期教育理念，因此，没有必要假定大家拥有共同的知识基础。

任何一个家长都会坦率地承认，养育儿童所需的知识不是直接来自于书本，或是因为为人父母而就自然而然拥有了智慧。因此，一般人依靠的是自己所记得的早期教育情形，而大部分成人所经历过的很可能是坐在那里学习的学校教学方法。家庭担心教育的进步跨越了（span）家庭的社会经济或者教育背景的差异。

由于大家关注学生的学业成就而又缺乏有关儿童发展的知识，因此整个社会、教育界尤其是家庭，对发展适宜性早期儿童项目的出现及其教育风格感到迷惑是完全可以理解的。

在家长要求结构性学业课程的压力下，教师有两种选择——"他们可以屈服，或者他们可以尝试教育儿童的家长"（Stipek et al., 1994, p. 6）。作为儿童的拥护者，早期儿童教育者有必要接受挑战，与其他成人交流并帮助他们理解发展适宜性实践。教师必须要得到社区中的人对发展适宜性实践项目的尊重和接受，因为他们知道这个项目能让儿童获益。

## 教师态度

教师的某些态度和行为，是在开展家长和社区工作时获得认可的前提条件。

● 自信。如果教师要促进大家对发展适宜性实践的认同，自己需要全心全意地相信这一教育方案。坚信"儿童必须拥有最优发展环境来实现自身潜能"，可以帮助许多教师渡过一些难关，比如在必须通过困难和敏感的讨论争取他人支持时。教师必须相信发展适宜性实践，并且相信自己有创设发展适宜性环境的能力。

教师的自信可从多个方面培养。教师必须要让自己沉浸到发展适宜性实践的文献资料中。通过阅读书籍、文章、手册和专业期刊，他们会更加确信发展适宜性实践是正确的教育道路。同时，教师获得的信息可以帮助他们成为更加自信的发展适宜性实践代言人。参加专业组织、成为专业组织的会员也有助于增加教师的知识，同时教师还可以在这些由拥有相似目标的专业人员所组成的团体中获得支持。当然，这里会存在一些不确定性，尤其是在教师转向更为适宜儿童发展的教育实践的过程中。然而，尽管有这些不确定性，教师必须拥有对这一早期儿童教育哲学的坚定不移的信仰。教师拥有的自信会对其他人产生积极的影响。"我们必须表现出自信；否则，我们不能期望得到家长的认可。"（Roosen, 1992, p. 81）

● 接受。自信并不意味着教师的自我感觉在专业领域里如此重要，以至于让人看起来是专横和教条的。一些关于发展适宜性实践的最好著作诚实而谦逊地对一些棘手的哲学和实践问题进行了钻研；这些著作并不会让人觉得是一些傲慢的、自认为是唯一正确的专家以轻蔑的态度来对待那些不能立即接受他们的观点的大众。

只有当教师认识到其他成人希望为儿童提供最好学习环境的真实愿望、他们产生忧虑和问题的真正原因并给予尊重时，教师才能够通过理解和讨论来开展工作。忧虑和疑问不应当被看作对变革的抗拒，而应把它们视为希望为儿童创造最好环境的证据。反对、争辩和提出不同意见的权利是我们社会中所固有的；实际上，不同意见之间的对话能够使最终的结果更为清晰和稳固。如果教师能够认识到这两点，他们将会比较容易地接受相反的观点，即大部分人都真心希望能为儿童提供最好的教育，讨论和澄清问题的过程本身能够强化最终的结果。接受这两个观点的教师不会感到他们必须要在特定的时间范围内改变世界，改变每一个人的思想。他们会认识到强行促成结果或统一意见只会产生不好的感受，应该允许有充足的时间来转变思想和观念。他人产生忧虑和疑问是合理的，接受这一点能够让教师变得富有耐心，并认识到这是一个相互学习的过程。

这一过程也使教师承认自己是一个普通人，会有情绪上的起伏、不满，会犯错误，会气馁。把迈向发展适宜性实践的过程看作个人和专业成长的机会，有利于教师把自己和其他人都看作具有挑战性的大变革中的组成部分。

● 承担风险。对于尝试迈向更为适宜儿童发展教育实践的教师来说，能确定的事情几乎很少。迈向新的领地通常意味着丢弃在所知的或可预知的地方所拥有的安全感。教师必须愿意去冒险，去面对可能会出现的批判以及出错的必然性。就像发展适宜性为特定儿童考虑个性化的发展策略，教师也应该为自己面临的独有情况找出对策，通过试误来学习。林娜·安德森（Linnea Anderson）叙述了一个在学校体系中实施变革的项目，说她所学习到的经验之一是"要愿意去冒险，并要去做一些事情，即使有人告诉你这是不可能的"（Anderson，见 Goffin & Stegelin, 1992, p. 95）。至少，这种冒险精神会让冒险者成为其他人要"与之抗争的一股力量"（p. 95）。记住，儿童有赖于教育者来维护他们的利益，这能够促使哪怕最犹豫不定的教师发挥自身力量来为儿童谋利益。

● 建立信任。当教师以开放的态度来面对新思想时，他们就表明了自己愿意受到伤害的态度。向家长和社区中的其他人表现出自己的脆弱是建立信任的一种途径。家庭和社区必须了解并信任为他们引进新理念的教师。教师要做力所能及的一切事情来赢得家长的信任。帮助家长了解教师就是建立信任的一种方法。

信任是双向的。教师通过展现自己脆弱的、正在学习的形象，来赢得家长的信任。教师也必须相信在为家长提供信息并赋予其权力后，家长可以作出正确的决定。当家长和教师相互信任时，才会形成相互支持。

● 交流。积极寻求家长和社区支持的教师必须能够清晰地表述发展适宜性实践的哲学基础。他们要练习语言和非语言的交流技能，学习如何倾听和领会其他人在交流中传递的信息，并且要能够清晰地进行表达。为了帮助家长看到自己期望儿童达到的目标是如何实现的，教师首先必须能够听清楚和理解家长对儿童的期望。然后，要以一种包容和邀请的方式来进行交流，而不是以排斥和分割的方式。交流的最终目的是去教育，是将"悉心照料的人变为智者"（Smith, 1990, p. 9），这些智者拥有足够信息，理解发展适宜性实践的益处。

但是，这一过程中所涉及的不仅仅只是现实情况；情感因素会影响到成人对这些事情的诠释。当家长在教育制度中感到无能为力时，他们对所接受信息的理解会受到情感和偏见的影响。当管理者或其他教师感到自己的专业知识和经验受到质疑和威胁时，他们会出现防御性的反应。教师必须能够熟练地应对其他人的情感反应并理解这些情感。回忆一下我们在第十章所讨论的积极倾听技巧；在进行其他的交流之前，情感需要得到认识和释放，这些倾听技巧在这些情境中对儿童和成人同样适用。

在创建对话的氛围中，教师要试着避免引发哲学争论。教师不要试图去告诉别人应该或不应该做什么事情，而是应该尝试在今后关于实现优质教育这一目标的进一步对话中发现双方的共同利益。教师必须诚实，不要暗箱操作，并且要留意不要因为交流中的错误而引发防御性和封闭性的回应。

格林伯格指出，在教师尝试与其他人展开对话时，最好避免使用一些特定字词和短语。在与管理者和其他教师交流时，要避免"发展适宜性"这个短语，因为它可能会像是一面旗帜，相当于学术界中的行话。同时对家长来说，这一短语带有专业术语的味道，因此在与家长的对话中最好也避免使用。相反，她使用的是"丰富和扩展"当前的科目或课程（Greenberg, 1991）。在与家庭成员交流时，她使用"更加个性化""加强当前的课程"以及"丰富学习材料"，所有这些短语都是积极的，并且是基于家长和其他人当前期望的目标而选取的。避免使用的话语包括"变革""不同的""试验性的"以及"一种新的方案"。这些话语会让人产生不必要的不安和害怕，并减弱他们进行后续交流的意愿。"旧的教育方法有什么问题？这些方法没能取得好的效果吗？他们是在说我们以前所做的事情是错误的吗？"想知道这些问题的答案是人的天性。在变革的过程中，教师最不愿意看到的事情是产生一种"我们—他们"相对抗的感觉。交流的目标不是要"打败"他们，而是要让他们加入进来。愿意花费时间和不怕麻烦来学习有效交流技巧的教师，会成为更有能力的发展适宜性实践的支持者。

## 关键问题

专业工作者在帮助家庭和社区理解实施更为适宜儿童发展的教育实践的必要性时，必须强调几个关键问题。明确这些问题是制订应对策略计划的第一步。

### 不同的观点

每一个参与讨论的人都是从不同的角度来看待这一问题的。家庭有他们自身高度关注的问题。对他们来说，关键的问题是："这将会如何帮助我的孩子？"管理者也有自己的担忧："我怎么样才能证明我的教育项目合理地使用了社区的资金？"而教师关心的是："我应该教给儿童什么呢？我认为什么以及怎样才能与其他人要求我做的事情相符合呢？我已经知道、做了哪些事情？"整个社会想知道："我们如何让将来所要依靠的劳动力和公民做最好的准备？"关键的问题是如何将这些分散的观点整合成一个综合性的观点。然后，我们就可以把所有的精力放在提供一个统一的答案上。

### 信任

不同的观点会直接导致信任问题。当大家认为各自感兴趣的东西完全不同时，很容易把其他人视为是自己最佳利益的反对者。由此，他们所采取的行动会直指保卫自己的利益，就像是保护自己的赛马场一样。人们会有类似这样的想法："我是唯一关心这件事情的人，因此，我必须独自致力于解决自己的问题和实现自己的利益。"这种狭隘的态度容易导致分裂。参与讨论的各方都必须以相互信任的态度走到一起，打开自己的心扉，确保自己的问题成为整个团体所关注的问题。

• 变化。很少有人真正欢迎变化，很多人其实是激烈抵抗变化的，很多人"宁可坚守熟悉但不完美的事情，而不愿意冒险进行变革"。即使他们能够看出当下的教育制度有一些小的瑕疵或大的缺陷，但至少这个体制是他们所了解并对其存在感到自在的。在熟悉的行为和思维模式下，人们不需要付出新的努力和进行学习。在我们当代社会中，绝大多数人都很忙，想到要花费更多时间和精力来学习新的思想和制订新的行动计划，这是令人望而生畏的。放弃熟知的理解和指南，人们会感到漫无目的和无能为力。变革挑战了个人自尊心，人们会做自己能够做的一切事情来保护自己的自尊。人们会避免变化，除非有人引导他们看到变化是符合他们最佳利益的。

• 知识基础。如果说早期教育界有关学习和发展的理论是不存在分歧的，这是误导。所有的研究者都全力支持一种理论或一种方法，当然会使事情变得更为简单（见第一章），但真实情况不是这样。其他理论的支持者有自己的立场。例如，有些研究者认为在学前教室中配置电脑至关重要，电脑是儿童发展过程中所必需的——他们对技术教育必要性的确信，就像发展适宜性实践的代言人谴责在伴随着音乐电视一起长大的这一代人的工作表中添加电脑一样。这些基于不同理论基础的人们可能不会达成共识，但或者就像埃尔金德（Elkind）所认为的那样，也许是时候让不同流派的儿童发展研究和教育实践统一起来了。在以上提到的任何一种情况中，所面临的问题都是"当研究者和实践者相互作用时，他们缺乏一种共同的语言以及对重要和真实事情的共识"。（Elkind，1982, p.4）问题是找到探寻共同性的方法。

如果说专业人员的知识基础是不同的，那么家长的知识多是自己所记得的经历、新闻头条和杂志文章以及口头流传的传统。因此，有必要以一种不显示专业优势的方式为家长提供信息。

### 争取支持的原则

只确信自己想为儿童提供适宜发展的学习环境是不够的。教师必须制订行动计划来争取家长和社区中其他人的支持和参与。不管出现什么情形或问题，教师会发现记住一些普遍原则是很有帮助的。

### 准备

如果仅仅只有热情，那么不管这种情感多么强烈，也不可能消除管理者心中的障碍或改变社区的思想。教师需要花费时间来准备信息、材料和计划。他们需要提前进行思考，考虑应该在课堂和社区中实施什么样的行动方案。他们需要进行阅读和研究，不仅要知道更多关于发展适宜性实践的原则，还要了解变革是如何在其他社区实施的（参见Uphoff, 1989; Burchfield & Burchfield, 1992; Espinosa, 1992; Goffin & Stegelin, 1992）。想象一下会出现什么样的问题，并提前准备答案。找出抵抗变革的潜在原因，有利于教师思考如何在开始时就让反对者参与到讨论中。如果教师花费时间进行全面准备，就会表现出极具感染力的自信。

### 寻找支持

如果你是社区中唯一呼吁进行变革的人，那么你的处境是极其孤单的。在与社区展开讨论前，教师应当争取到对通过发展适宜性实践实现优质教育感兴趣的人的支持。教师应该从与其他教师和家庭展开非正式的谈话开始。安德森建议形成一个稳固的核心小组，"由3—5个全心全意的改革者来共同承担领导职责。他们需要经常互相讨论，并在情况令人沮丧时为彼此提供支持"（Anderson，见 Goffin, 1992, p.95）。在他们分享相关文章和信息的过程中，会发现其他人也马上对此开始感兴趣。在制订计划和讨论以及交流有关信息和观点时，联合其他人是非常重要的。与其他人的联合对话有利于丰富和巩固教师的行动计划。

### 越慢越好

在准备起跑时双脚蹦实际上可能会减慢前进的速度。当要面对太多的事情时，很多人都往往会被困惑和担心所困扰，因而阻碍了行动。教师应该记住在自己为变革做好准备之前，经历过一个了解的过程。因此，教师必须允许其他人拥有足够的时间为学习做好准备，然后吸取新的信息并领会这些信息中蕴含的意义。教师要习惯于考虑儿童的学习准备，并找到提高儿童学习兴趣和加强学习准备的方法。这一原则对成人的学习同样适用。

当对话朝制订行动计划的方向发展时，同样需要坚持缓慢进行的原则。当参与者试图快速地实现大量转变时，变革通常会失败。

## 包容，不排斥

教师最终必须承认他们不能赢得所有人的支持。"不管你多么努力地让别人来了解一个观点，总有一些人会拒绝接受。"（Kelley et al., 1995, p. 273）然而，在最初的时候，教师真的不知道哪些人会投入到发展适宜性实践的浪潮中，而哪些人不会。教师需要记住与人合作要比与人对抗容易得多。另外一些人可以成为合作伙伴，也可能成为对手。教师绝对不能假设哪一部分人无论如何也不会同意自己的观点。每一个人都有了解更多观点的机会。如果教师能够创设出一种开放的氛围，而不是让大家觉得你试图背着别人来开展自己的项目或站在对立面，将有可能减少引起强烈抵抗的概率。如果在开始时就疏远管理者或家庭，会造成极其紧张的气氛。那些绝对不会接受发展适宜性实践思想的人，仍然有可能允许教师在他们的教室中进行变革，只要自己并没有被排斥在讨论之外。再次重申，教师应该记住，将多种观点纳入讨论会使对话变得更为丰富。批判实际上是为我们提供了一个重新考察教育理念基础是否稳固的机会。

## 像一个现实主义者一样去坚持

学校或项目不会在一天甚至一年之内得到改变。致力于让自己的课堂更适宜儿童发展的教师需要认识到，变化是在一点一滴中不知不觉地产生的，而不是以巨大的、颠覆性的方式出现的。在一年之中看起来没有取得任何成果的会议，来年需要继续开展。教师需要采用长期坚持的哲学信条，不能因为最初的努力没有取得预想中的丰硕成果而气馁。就像安德森所说的，为变革而工作的人们，需要知道如何通过精心选择自己当前进行的战斗为未来的战斗保存精力（Anderson, 1992, p. 74）。

坚持应当与乐观的现实主义态度相调和。虽然教师都希望看到所有的儿童都从发展适宜性教学中受益，但是希望能否实现不是他们所能直接掌控的。教师所能控制的是在自己教室中为儿童所提供的学习体验。正如在第十六章中所讨论的，教师需要认识到他们是在自己的职责范围内进行变革，即便他们正在努力实现更大的转变。

## 如果你不能战胜他们……

在强调测试和年度目标的时期，教师不得不与对立的观点进行斗争。也就是说，教师自身的适宜性教学实践经常受到与之非常不同的教学需求的挑战。教师将不得不学着将自己的适宜性教学思想与那些所要求的远远不适宜儿童发展的教学框架相结合。这里重要的是，教师要理解地方课程标准和目标，然后学会如何将自己的教育理念融入这一框架。请注意，我们这里强调的是：标准和目标是不可避免的，教师不得不应对它们，同时依旧实施发展适宜性实践。

是否感到极具挑战性和困难重重？是的，但是从各方面来说，这些都是非常值得的。

## 解决家长和社区矛盾的策略

通过将注意力集中到引发争执的主要原因上，教师可以构想出对解决矛盾有效的具体策略。

### 应对不同观点和信任的策略

因为观点分歧和信任的问题是紧密联系在一起的，这里我们将这两个问题放在一起进行讨论。

●将不同的团体联系在一起。每一个人都应该有机会被他人倾听和听取别人的观点。儿童教育所涉及的不同部分应该集合在一起；教师、家庭成员、管理者、董事会、公民和企业领导者以及社区中的其他人都需要参与最初的讨论中。组织者应该找到儿童教育的所有相关人员都能参加会议的时间，即使这可能需要分别在白天和晚上安排会议。在开始时保证所有的团体在同一时间参与到过程中是非常重要的。否则当各个团体互不相同的初始兴趣明显显现时，会加剧原本就存在的信任缺失情况。后来加入到变革过程中的团体会感到其他人已经联合在一起了，而他们被排斥在外。

应当使用多种方法来为会议进行宣传：为家庭提供实时通信和通知，用电视或无线电发布通告，在报纸、学校布告栏、个人邀请函以及教堂和其他地方团体中发布通告。社区需要了解学校改善儿童教育的兴趣，之后他们会为能参与这样的项目感到兴奋。

●创设出积极的氛围。在各团体最初见面时，创设出积极的氛围是非常重要的。参与者不应该感到他们处在一个充满问题的危机中，这很有可能让他们处于防御状态。相反，最好的方法是从关注教育项目的优势做起。随着家长、教师和其他人明确教育项目的当前优势，他们就会创设出一个积极的行动框架。以此为起点，讨论其他可以推进最优条件和最佳发展的行动将会是合适的。在最开始时强调积极的氛围，能够形成一种共同体和相关性的精神，这是建立信任的前提条件。

●整合各个团体。如果不致力于消除各团体之间武断设置的边界，大团体可能仍会分裂成不同流派的小利益集团，至少在思想上是相互分离的。创建由各个不同成员构成的小规模团队——比如教师、管理者、家庭成员、社区成员——就同一问题进行讨论或探究，能够让人感受到大家为完成共同的任务团结在一起。同时，在较小规模的群体中表达观点要比在大群体中容易得多。小规模团队有利于增进彼此间的了解；个体在所处环境中感到自在，是自由、坦诚表达自我信念所必需的。头脑风暴允许每个人自由地表达观点，因为看起来这里好像没有错误的答案或预设的议程。团体整合避免了出现"我们—他们"相互对抗的问题。

●提供一个共同关心的议题。当拥有不同观点和问题的人们走到一起时，如果他们有共同关心的问题，就能够促进彼此间的互动。在发展适宜性实践的情境中，共同的议题是儿童的最佳利益。让各个团体清晰地表达出自己关于儿童学习需求和学习风格的意见和问题，能够帮助参与者从关注于自己的问题转向聚焦于制订统一的目标和计划。一些团体发现，借助已经出版的指导原则来思考自己教育项目的具体实践是非常实用的。

运用外部资源，如美国幼儿教育协会的指导纲要，可使讨论的主题超越个人领域，并提供了一个新起点。当团体成员接触新材料并对其进行解释时，能够建立起彼此间的信任。虽然我们强调每一个人的贡献都很重要，但为了防止出现偏离主题的无效交流，需要明确小团体的具体任务目标。

● 为探究提供充足的时间。对已经致力于发展适宜性实践的教师来说，他们会急切地希望团体能够很快将讨论转向具体的实施日程上。但是对信念、经验、问题和争议的探究是需要花费很长时间的。除非团体成员坚信有进行变革的需要，否则团体就不可能富有成效地前进。当团体成员感到被迫采纳其他人的观点时，他们的抵抗情绪会变得更为强烈。最好能留出充足的时间，在团体中创设自在的氛围，展开对话并致力于最初的任务。在介绍性的会议中，教师可能会发现一些强有力的提倡者和代言人。随着这种声音的增强，会附带产生广泛的支持和相互信任的积极成果。

### 变革策略

那些希望进行变革的人会为这一过程做好规划。下面这些策略有利于变革的进行。

● 从共识开始。大多数人都会对变革这个概念感到恐惧和不安，所以找到化解压力的方法是很重要的。一个重要的方法是最大限度地得到大家对变革的接受和赞成。变革所涉及的人需要有足够的时间来理解所提议的变革是与他们当下的立场和价值观相一致的。如果能让人们感觉到变革会为个人、家庭和专业人士提供更多的优势，那么人们就愿意接受伴随变革而来的不可避免的困难。因为变革是在当前积极的工作框架中提出的，人们会感到变革不那么令人恐惧。

● 制订计划。大家可能会明确实行发展适宜性实践所需进行的若干具体变革。但是，不管在任何时候，一次进行太多的改变都会适得其反，会同时产生大量的问题和忧虑。重要的是在开始实施整体、长期计划时，明确策略，然后逐步行动。了解整体计划，能够使参与者认识到自己的观点得到了认可，即使这些计划可能会在一段时间之后才能付诸实施。具体的、现实性的计划能够在变革时期为人们提供安全感。从制订具体计划的哲学基础出发是非常重要的。

● 缓慢发展。最初的时候只进行一两个变化能够防止产生压力。最好仅改变一项实践，允许有充足的时间来进行准备、组织、彻底实施和评估。把一个变革做好会为参与者展开以后的变革带来信心。缓慢地进行改变，同样可以帮助成员感到变化没有以超过他们准备的速度强加到他们身上。

● 让每一个人都参与进来。社区越多参与变革，就越能保证变革按照计划推进。教师和管理者需要让公众看到变革的目标和计划，采用的途径可以包括实时通信、报纸以及当地电视和广播节目。随时欢迎家长了解变革过程。会议启动后应当继续，作为提供信息和征求反馈的一个渠道。教师在教室中实施变革的时期，支持是必不可少的。不论是决策或是实践，人们越是感觉到自己积极地参与到了变革中，就越有可能为教师提供支持。学校应当定期请家庭成员和社区中的其他人来校了解学校里正在发生的事情。

### 有关知识的策略

让社区成员理解变革背后的基本原理和知识基础是非常重要的。下面的这些策略关注如何传播这些知识。

●告知，告知，告知。接受发展适宜性实践的教师有义务与自己试图加以影响的家长和社区分享这些知识。如果教师没有充分地展开这项工作，他们的工作成效会减弱。其他人必须认识到这并不是那些希望进行变革的教师自己的想法。他们需要知道"这里有大量的理论家、研究者、政策制定者、教师教育者、管理者、教师以及家长和你的想法是一样的"（Greenberg, 1991, p. 32）。教师需要和大家分享相关的文章、手册和书籍。教师可以允许家庭借阅图书，也可以通过合适的通信和复印文章来传播思想。当家长和社区有着各种不同的语言背景时，教师可以对相关资料进行总结和翻译。教师可以使用专业组织提供的录像，或者邀请对实施发展适宜性有经验的客人前来交流。而后，教师可以安排团体成员参观教室，观察自己社区或其他地方的发展适宜性课堂。他们分享已经试着实施更为适宜儿童发展的教学实践的社区的研究和报告。教师要做上面所提到的所有事情，并且继续思考革新的方式，从而把信息带给那些想要施加影响的人。教师要提醒自己，人们具有不同的学习风格，并提供可以选择各种各样信息的机会。教师同样要留意那些"忙人"的时间限制，不要为他们添加繁重的负担。

●以合作者的身份告知信息。在为其他人提供信息时，需要采取有技巧的策略，不论他们是专业人员还是外行。如果教师在提供信息时，是作为在儿童发展问题上拥有共同利益的合作者，那么就不会遭受到别人傲慢的拒绝或感到自己受到了轻视。类似"知道你会对此感兴趣的""这里有一些资料可以帮助我们进行讨论""我想这本关于建构学习中心的书可能会有所帮助"这样的表达，是教师在传播关于发展适宜性实践信息时可以采取的包容性策略，这会使家长和其他人更有可能接受这些信息（Greenberg, 1991, p. 33）。

●整合信息和实践。要知道人们并不是生活在抽象的世界中，因此，教师必须为社区成员提供机会，讨论他们所接受的信息有何实用价值。如果其他人——最有可能是其他教师和管理者——所拥有的信息显示了另一种理论和观点，教师要接受这样的信息并致力于找出共同之处，从而调和不同的观点。所有的信息都应当被接受，没有必要分出与发展适宜性实践不一致的信息。

●保持信息流通。实施变革时，仍然需要传播信息。随着观察、评估和评价的进行，相关信息需要随时提供给家庭和社区。教师必须记住，有价值的见解来自于分析和他人的问题。

在应对人们天生的特质，在与受到多种信息和经验影响的、拥有不同思考角度的人们交流时，教师应当认识到，没有一种神奇的策略会奇迹般地赢得大家的普遍支持。尽管如此，满足人们建立信任、参与和获取知识的需要能够为他们提供思考和支持变革的机会。这并不容易，但是值得为之努力。

## 小结

必须让家庭参与到儿童发展适宜性项目中，既作为了解儿童个性的资源，也作为设定目标、评估儿童进步、计划经验连续体的合作者。教师某些特定的态度和行为在促进人们接受发展适宜性实践方面是非常重要的。在为促进人们接受发展适宜性实践而计划时，教师需要认识到与家庭和社区相关的特定问题，并设计出应对每一个具体问题的策略。坚持和乐观非常重要。

## 思考

1. 看一看你所在社区中的教师是否已经在尝试实施更为适宜发展的教育实践。如果是，尝试与他们在课堂内或课堂外进行交流，请他们谈谈自己的经验。在试图得到家长和社区支持时，他们经历过哪些成功和失败？他们采取了哪些步骤？

2. 与你的同班同学一起，设计第一次会议，向家长和社区介绍发展适宜性实践的概念。采用什么方法可以促成积极的小组氛围并构建出参与和信任的情绪？如果要提供一定信息的话，应该提供什么样的信息呢？

3. 角色扮演：当在与家庭和社区的会议上出现以下情境时，模拟相应的对话。

（1）一名学校董事会的成员问道："我想知道的是，你所说的这些变化将会怎样有助于提高我们在州考试中的整体成绩？"

（2）一位家长问道："如此多的孩子在幼儿园中经历了失败，或许真正的问题出在教师身上？或者我们需要审视一下教师所受到的培训。"

（3）一位管理者问道："你是在告诉我，我们不得不增加新材料的费用预算吗？"

## 问题（用以评估本章所学）

1. 让家庭参与到发展适宜性项目中有哪些指导原则？
2. 描述在推进发展适宜性实践的过程中教师需要的态度和行为。
3. 说出在获取家长和社区认可发展适宜性实践的过程中的4个重要问题。
4. 讨论有助于教师推进发展适宜性实践的一般策略。
5. 讨论有利于解决问题3中各个争端的具体策略。

## 问题（用以应用本章所学）

1. 假设你和另外两名教师想改变现有项目中的一些实践，使之更为适宜儿童发展。简要概述在尝试获取家庭支持时，你将会采取哪些步骤。

2. 当家长和学校董事会收到实施更为适宜儿童发展的教育实践的有关建议时，可能会产生哪些问题和忧虑？写出对各个问题的回答。

## 参考文献

Anderson, L. (1992). Parent power: The developmental classroom project. In S. Goffin & D. Stegelin (Eds.), *Changing kindergartens*, (pp. 74 – 96). Washington, DC: National Association for the Education of Young Children.

Bredekamp, S., & Copple, C. (Eds.). (1997). *Developmentally appropriate practice in early childhood programs*(Rev. ed.). Washington, DC: National Association for the Education of Young Children.

Burchfield, D. W, & Burchfield, B. C. (1992). Two primary teachers learn and discover through a process of change. In S. Bredekamp & T. Rosegrant (Eds.), *Reaching potentials: Appropriate curriculum and assessment for young children*(Vol. 1)(pp. 156 – 161). Washington, DC: National Association for the Education of Young Children.

Elkind, D. (1982). Child development and early childhood education: Where do we stand today?In J. F. Brown

( Ed. ), *Curriculum planning for young children*. Washington, DC: National Association for the Education of Young Children.

Espinosa, L. ( 1992 ) . The process of change: The Redwood City story. In S. Bredekamp & T. Rosegrant ( Eds. ), *Reaching potentials: Appropriate curriculum and assessment for young children* ( Vol. 1 ) ( pp. 165 – 70 ) . Washington, DC: National Association for the Education of Young Children.

Gestwicki, C. ( in press ) . *Home, school, community relations: A guide to working with families* ( 6th ed. ) . Clifton Park, NY: Thomson Delmar Learning.

Goffin, S. , & Stegelin, D. ( Eds. ). ( 1992 ). *Changing kindergartens*. Washington, DC: National Association for the Education of Young Children.

Greenberg, P. ( 1991 ) . Make a difference! Make your programs more developmentally appropriate. *Young Children*, 47( 1 ): 32 – 33.

Humphrey, S. ( 1989 ) . The case of myself: Teaching as a limiting activity. *Young Children*, 45( 1 ): 17 – 22.

Kelley, M. , Fitterer, C. , Kling, K. , Timbrooks, P. , Kirkwood, S. , & Calvin, S. ( 1995 ). Creating a climate for change. The Aztec experience. *Childhood Education*, 71( 5 ): 270 – 274.

Roosen, J. ( 1992 ). Reflections of a teacher. *Young Children*, 47( 5 ): 80 – 81.

Smith, M. ( 1990 ). Excellence and equity for America's children. In J. S. McKee & K. M. Paciorek ( Eds. ), *Early Childhood Education 90/91*. Guilford, CT: Dushkin Publishing Group.

Stipek, D. , Rosenblatt, L. , & DiRocco, L. ( 1994 ). Making parents your allies. *Young Children*, 49( 3 ): 4 – 9.

Uphoff, J. ( Ed. ). ( 1989 ). *Changing to a developmentally ppropriate curriculum successfully: 4 case studies*. Rosemont, NJ: Programs Education.

## 建议进一步阅读和研究的资料

Baker, A. , & Manfredi/Petitt, L. ( 2004 ). *Relationships, the heart of quality care: Creating community among adults in early care settings*. Washington, DC: National Association for the Education of Young Children.

Ball, J. , & Pence, A. ( 1999 ). Beyond developmentally appropriate practice: Developing community and culturally appropriate practice. *Young Children*, 54( 2 ): 46 – 50.

Egley, E. , & Egley, R. ( 2000 ). Teaching principals, parents, and colleagues about developmentally appropriate practice. *Young Children*, 55( 5 ): 48 – 51.

Evans, R. ( 2000 ) . *The human side of school change: Reform, resistance, and the real-life problems of innovation*. Indianapolis: Jossey-Bass.

Fleischer, C. ( 2000 ) . *Teachers organize for change*. Washington, DC: National Council of Teachers.

Robinson, A. , & Stark, D. ( 2005 ). *Advocates in action: Making a difference for young children* ( Rev. ed. ) . Washington, DC: National Association for the Education of Young Children.

Seefeldt, C. ( 2005 ). *How to work with standards in the early childhood classroom*. New York: Teachers College Press.

Stone, R. ( 2002 ) . *What? Another new mandate? What award-winning teachers do when school rules change*. Thousand Oaks, CA: Corwin Press.

## 实用网站

**http://www. naeyc. org**
美国幼儿教育协会网站，为家长和教师提供了大量资讯，也包含了美国幼儿教育协会所声明的立场。

**http://www. eric. ed. gov**

该网站上有许多资讯。在搜索栏里输入"Dunn and Kontos",可以找到由邓恩 (L. Dunn) 与康托斯 (S. Kontos) 在 1997 年写的文章,题为"*Developmentally Appropriate Practice*:*What Does Research Tell Us?*"(ED4131061997-10-00)。

**http://www. nwrel. org**

西北地区教育实验室 (Northwest Regional Education Laboratory) 网站,在该网站上可搜索到一篇由诺维克 (R. Novick) 在 1996 年写的文章,题为"*Developmentally Appropriate Practice and Culturally Responsive Education*:*Theory in Pratice*"。

# 关于多种课程模式的思考

本书自始至终强调的一个概念是，发展适宜性标准并不是要成为一个严格的处方，而是成为提供决策所需信息和反思问题的思想指南。当教师、管理者及家长为个体儿童和特定教育项目作出决定，他们就创建了自己的发展适宜性环境和课程。关于各个年龄段儿童特点的知识有利于为儿童提供有趣并且适宜的特定活动、材料和体验，这些知识同样会为其他的发展适宜性项目提供相同的基本要素。然而，对个体不同兴趣和能力的细心回应以及对儿童所处的多种社会和文化背景的尊重和重视，确保了每个发展适宜性项目都承载着各自不同的特点，反映了决策时个体的努力。

随着学生和教师接触到不同学校和早教机构所采用的各种各样的课程模式，他们会听到多种不同的名称。有些时候，课程是在没有教师参与或争得教师同意的情况下被采用的。理解每一种课程模式所提供的东西，并思考每一种课程理念可以如何与发展适宜性实践原则的大框架相适应是非常重要的。除了蒙台梭利和瑞吉欧课程模式外，许多项目都使用了将一些课程模式理念相结合的相对折中的做法。

本章会对几种众所周知、流传广泛的课程模式进行简要介绍。学生思考和课堂讨论的重点，应该是找出每一种课程是如何密切遵从发展适宜性实践原则的。我们将按照这些课程出现的时间顺序进行介绍。对这几种课程进行介绍的目的是提供相关信息，而不是要推荐这些课程。在这里我们不对各种经过包装的适应市场需求的课程展开探究，因为从前面的讨论中可以很明显地看出，绝大多数这样的课程并没有达到发展适宜性实践所要求满足的个性化需求的标准。

## 本章学习目标

- 描述在早期儿童教育中常见的几种课程方案及其哲学依据。
- 讨论每一种课程模式如何遵循发展适宜性实践的原则。

# 蒙台梭利教育模式——历史和哲学思想

玛利亚·蒙台梭利（1870—1952）是意大利第一个获得医学学位的女性。从对儿童的观察中，蒙台梭利认识到了每个儿童的独特性，并且她观察到了被称为"敏感期"（sensitive periods）的特殊时期。在这一时期内，儿童会对特定的学习刺激特别敏感。蒙台梭利描述了儿童发展的4个阶段，每一个阶段都有自己独特的发展特点和挑战：0—6岁是感知觉探索阶段，这一阶段儿童形成他们独特的智能；6—12岁是概念探索阶段，这一阶段儿童发展出自己的抽象能力和想象力；12—18岁是对人性进行探索的阶段，这一阶段儿童逐渐理解自己在社会中的位置，并懂得如何对世界作出贡献；18—24岁，年轻人开始进行更为专门化的探索，寻找社会中适合自己的工作。蒙台梭利相信每一个人需要寻找一个有意义的工作。

蒙台梭利哲学中的另一个术语是"有吸收力的心智"（absorbent mind），指儿童可以毫不费劲地在外部环境中进行无意识的学习。蒙台梭利着迷于每个儿童所具有的学习能力。蒙台梭利理念中的一个重要部分是：应该尊重儿童的能力、发展速度和学习节奏。她相信儿童有能力集中精力并做到自律，并且需要能够对此提供支持的环境。蒙台梭利同样相信尚处在第一个发展阶段的儿童不能从想象中受益，而关注感知体验的价值。

在罗马的贫民区工作一段时间后，1907年，蒙台梭利创建了融合自己的哲学和教育方法的学校（Case dei Bambini），并且从那时起，蒙台梭利学校开始在美国和其他地方蔓延起来。多数蒙台梭利学校招收2—6岁的儿童，虽然在一些社区中，蒙台梭利教育可能会持续到小学及以上。如今在美国，我们可以发现有些蒙台梭利学校仍然严格地遵循最初的方法（国际蒙台梭利协会，Association Montessori International，AMI），而另外一些学校的教学实践则有所调整，以适应美国文化和当前思想（美国蒙台梭利学会，American Montessori Society，AMS）。蒙台梭利的思想同样对早期教育产生了普遍的影响。

## 蒙台梭利教育的关键组成部分

蒙台梭利学校使用独特的教学方法、材料，教师都遵循蒙台梭利教学方法，经过特殊培训。蒙台梭利教育含有以下重要组成部分。

- 受过专门的蒙台梭利哲学和教学方法培训的教师。
- 与家庭建立合作关系。
- 混龄教学。
- 多样化的蒙台梭利材料和体验，按照儿童的需要精心并有顺序地呈现。
- 日程安排中为儿童提供大块完整的时间，让他们解决问题并沉浸于学习中。
- 教室氛围鼓励儿童社会互动，进行合作学习。

## 教师教育

蒙台梭利教师在经过认证的蒙台梭利教师教育机构中接受专门培训。在本章结尾所列出的网站中，可以找到经过认证的蒙台梭利教师教育学校。教师培训强调如何通过观察来了解儿童为进行什么样的活动做好了准备，在什么时候和多大程度上来进行干预。教师同样要研究可以促进儿童实现目标的具体材料和活动。教师还学习使用精确设计的蒙台梭利教学材料，将所规定的一系列任务按照设计好的次序呈现给儿童。关于这些任务和程序是如何呈现给儿童的，可以参见相关（Shu-Chen Jenny Yen）主页上的"蒙台梭利相册"（见本章最后所列的网站）。

教师，以前被称为"导师"，他们的最终目的是帮助儿童进行独立学习，因此教师的作用更多像是儿童学习的促进者。教师和儿童在一起时最为活跃，他们基于对儿童需求和发展水平的评估，为儿童展示如何使用材料并呈现活动。教师经常根据活动任务的顺序为儿童个体或小组呈现他们的课程，以此来帮助儿童学习具体的技能和概念。在培训中，教师被教导要按照活动的步骤给出指示。在多数蒙台梭利项目中，教师面对的是由 3 个年龄段儿童组成的混龄小组，如 3—6 岁、6—9 岁等。

## 教师实践

教师的主要职责之一是创设有准备的环境。因为认识到激发儿童好奇心和兴趣的重要性，蒙台梭利环境对秩序和吸引感官的美观材料极为重视。蒙台梭利教室被分为多个学习区，里面都是开放的架子，陈列着精心准备的材料。许多区域与典型的儿童教室中的环境是不一样的。在下一部分关于课程要素的讨论中，我们会重点介绍这些区域。这里我们要强调的是：准备环境是教师的职责。

蒙台梭利教师还要创设出安静和有秩序的氛围。在蒙台梭利教室中，与他人谈话有一些特定的规则，这再一次强调了尊重。因为儿童经常忙于各自的工作，因此蒙台梭利教室通常非常安静，并且有一种"任务在身"的繁忙氛围。当教师与儿童交谈时，他们常常是私下里低声说话。儿童经常在各自的垫子上工作，教师在儿童之间走动，不时评论和询问。当然，教师也鼓励儿童间的合作学习。蒙台梭利相信，小组中年幼的儿童可以向年长的儿童学习，年长的儿童也可以在教年幼儿童的过程中学到东西。蒙台梭利强调教师作为环境保持者的职责，教师应该在宁静的教室中为儿童提供学习机会。

在儿童被引入到工作中时，教师又一次担当起观察者的角色，留意儿童需要在哪些方面得到进一步的支持或练习机会。

## 课程材料和活动

蒙台梭利最为著名的是具体的教学材料（didactic materials），这些教学材料经常由木材制成并且非常漂亮。在儿童使用教学材料的过程中，通过尝试显而易见的、可以自我更正的错误直接获取学习经验。蒙台梭利粉红塔是其中比较有名的教具，它包括一组按尺寸大小排列的粉红色立方体，从最小体积为 $1cm^3$ 的立方体，到最大体积为 $10cm^3$ 的立方体。当儿童按尺寸顺序正确地进行选择时，他们能够成功地搭建起粉红塔。另一个例子是一组木质圆柱体（带有抓手），这组圆柱体的直径逐渐增大，可以插进相应的圆孔中。

蒙台梭利课程的其他组成部分是感官（sensorial）材料和活动以及概念（conceptual）材料。

感官材料和活动能够让儿童通过感觉来对此进行排序和分类，并能帮助儿童扩展和完善感知觉。使用这些材料能够帮助儿童形成关于大小、形状、颜色、质地、重量、味道和声音的概念。这些材料可能会包括用来与相似质地材料相匹配的多种纺织品、声音或嗅觉瓶以及一系列的立方体。

概念材料是指具体的学习材料，用来引导儿童进行阅读、写作、数学和社会研究。在3—6岁儿童的蒙台梭利教室中，你可以看到世界地图的拼图，或者是美国计算板，以每10个金色珠子为一组代表十进制。除此之外，你还可以看到其他用来学习数学概念的具体材料以及一系列的砂纸字母。在教室中，通常你可以看到语言区、数学区和感官区。

蒙台梭利的哲学观还包括为孩子介绍各种各样的实际生活技能，比如洗碗、扫地、为植物浇水等。因此，在蒙台梭利教室中，还有学习实际生活技能的区域，这一区域中摆放着各种真实的工具和厨房用具，儿童在这一区域进行真实的工作，比如擦镜子、削皮或是准备自己的点心和饮料。这与戏剧区中的娃娃家游戏是不同的，那些戏剧区中的各种用具都是塑料玩具。在年幼儿童的蒙台梭利教室中是没有戏剧区和表演服装的，因为蒙台梭利认为想象不应该出现在年幼儿童的课程中。传统蒙台梭利教室中还不包括创造艺术区（在调整过的美国蒙台梭利教室中或许会有）。艺术材料可能会用来帮助儿童发展小肌肉运用技能，以提高书写能力，但是不会被用来发展儿童的创造性表达。

在材料还没有恰当地呈现给儿童之前，儿童不能自由选择有关材料。材料呈现出来之后，儿童可以选择他们想使用的活动材料，并且必须按照所教导的方法来使用这些材料。教师会询问儿童是否想尝试一项任务，完成任务的过程中是否需要帮助，是否感到还没有准备好来完成这项任务。

## 蒙台梭利思想的影响

蒙台梭利哲学对我们本书中讨论的发展适宜性实践产生了持久性的影响。蒙台梭利的一个重要思想是儿童理应得到尊重并获得独特的发展。另一个能够产生共鸣的思想是：儿童本质上是自我教导的，通过自己的活动来学习并不断适应。提供有准备的、具有吸引力的环境，使儿童可以在教室中独立活动，这也是我们在发展适宜性实践中一直强调的事情。各地优秀的早期儿童项目一直都强调能够提供实际操作经验的高质量材料的重要性。

## 蒙台梭利教育模式和发展适宜性实践

根据一些公认的关于好的教育实践的假设，当代有一些人对蒙台梭利教育模式提出了质疑。在传统的蒙台梭利教育中，儿童教室强调工作，不进行想象，至少对6岁以下的儿童教育是这样。这看起来似乎和我们在发展适宜性实践中所看到的游戏的重要性和中心地位是不相容的。因为儿童没有对材料进行探索的自由，必须按照老师展示的方式来使用这些材料，所以有些人质疑，这种模式将如何发展起大多数美国教育者所重视的儿童独立解决问题和思考的能力。根据当下关于发展适宜性实践的讨论，蒙台梭利教育模式中对活动程序的严格规定以及教师对空间、时间和材料的严格控制同样受到质疑。虽然每一个儿童在他（她）的坐垫上进行特定工作，会呈现出一种富有秩序和儿童对自己负责的景象，但有些人仍对儿童之间有限的社会互动机会产生忧虑。因为在早期教育中，蒙台梭利哲学和培训一直都独立于其他的教育模式，因此，在我们的历史上，蒙台梭利和她的学校占据着一个独立又独特的位置。

# 银行街教育模式——历史和哲学

在美国早期教育的历史中，露西·斯普雷格·米切尔（Lucy Sprague Mitchell，1878—1967）是其中一个重要的名字。米切尔加入到卡罗林·普拉特（Caroline Pratt）和哈丽特·约翰逊（Harriet Johnson）当中，一起创建了游戏学校（Play School），这所学校被称为"美国第一批可以被称为'发展适宜性'的幼儿教育学校之一，2岁、3岁、4岁的儿童通过游戏来学习"（Greenberg, 1987, p. 77）。之后，米切尔和哈丽特合作，于1916年在纽约创办了教育实验局（Bureau of Educational Experiments）。"这个名字所反映的教育理念是，教育实践应该建立在对儿童的研究之上，从而来更好地理解儿童发展。"（Shapior & Mitchell, 1992, p. 15）教育实验局计划的独特之处，在于试图将一所试验性的学校和研究组织结合起来，构成一个发挥实际职能的组织。3年之后，他们又创办了一所儿童学校。这所学校作为教育实验局的一部分，加入了普拉特的游戏学校，并增加了一个班级接收8岁的儿童。这在后来就成为了银行街学校（the Bank Street School）。米切尔在跟随约翰·杜威（John Dewey）学习期间，深受杜威思想的影响，相信教育有着影响和改造社会的力量。她创造出了"幼儿全人教育"（the whole child）这一术语，并希望为教师创造机会来培养儿童身体、情感、社会性和认知发展。

银行街教育模式背后蕴含的理念是儿童是主动的学习者、实验者、探索者和艺术家，有时也被称为"发展—互动方案"。该方案深信学习是在社会背景中发生的。儿童通过与环境的互动进行学习。发展—互动方案还认为认知和情感发展不是相互分离的，而是交织在一起。

发展不是主动发生的，而是通过儿童与社会和物质世界的互动而产生的。

他们的儿童观关注以下几个方面的发展。

●能力，即个体如何充分利用资源并灵活地使用技能和知识。

●个人特质，强调自治能力、作出选择的能力、主动性、冒险精神以及在不放弃独立性的情况下来接受帮助。

●社会化，包括两个层面。第一个层面是控制和疏导冲动，调节和内化自己的行为；第二个层面是发展与他人的关系，且这种关系是关爱、公平、负责和合作的。

因此，银行街方案的教育目标包括：促进儿童的整体发展，与儿童的家庭和社区共同承担责任，发展儿童的能力及其使用个人能力的动机，培养儿童的自主感与个性，关爱他人和关心生态背景，培养创造力，促进整合和联系。

夏皮罗和米切尔说，银行街的教学方案并不是银行街所独有的，它包含着6个普遍的重要发展原则。

● 发展包含着个体在理解世界过程中所经历的从简单走向复杂的变化。

● 每一个儿童的发展包含着一系列的可能性，从来都不是固定在发展连续体的某个点上。

● 儿童发展具有稳定性和不稳定性，既需要一些陈旧的、熟悉的挑战，也需要一些新的挑战。

- 儿童具有积极地与环境进行互动的内在动机。发展出独特的自我感至关重要。
- 儿童的自我感是在与其他人和物的活动中建构的，并且在互动中得到检验。
- 成长和发展包含着个体与其他人之间的冲突。

银行街的重心是以儿童为中心的教育，认为儿童有不同的学习速度和学习方式。银行街教育模式不变的一个概念是：学习应当同时融合进多个学科——我们在前面称为"整合"课程——在合作小组中儿童能够进行最好的学习。

## 银行街教育方案的结构

银行街课程的思想基础是：如果儿童可以了解和研究人类世界，那么他们就可以理解自己所接触到的事情。银行街关注对儿童来说极为有趣的主题——对自然和社会世界进行"怎么样""是什么""为什么"的探索，并对起源问题进行研究（Cuffaro，1977）。五大社会研究主题——文化人类学、历史、政治科学、经济学和地理学——被整合在课堂活动中。由此，社区成为儿童教育开展的环境。艺术和科学被编织在以社会研究为中心的体验和活动中，以此来帮助儿童理解周围世界的意义。

在教室中，儿童的活动材料大多是开放式的：积木、水、木头、纸和艺术材料、泥土。儿童可以自由选择想要的活动材料，并可以自己或与小组一起进行操作。儿童被鼓励用自己的方式进行学习。

银行街教育模式中同样有常见的小组活动，例如，做饭、出游、户外活动、听音乐以及小组讨论。

游戏是发展—互动教学方案的核心。游戏是"帮助儿童建构和重建、形成和再形成知识的最有力的方法之一"（Cuffaro，1977，p. 52）。

## 教师的作用

在银行街方案中，教师起着非常重要且核心的作用。教师要为儿童创造物质的和心理的学习环境。信任是儿童学习环境中一个必不可少的因素，因此教师必须建立起相互信任的氛围。

银行街教育模式不仅要求教师理解儿童的发展特点，同时还要基本掌握如何开发和利用每一种活动材料的知识，每天为儿童提供学习机会。教师选择和布置活动材料，从而促进儿童的主动性和独立性。教师必须认识到每个儿童都是独特的个体，因此，教师的主要职责之一便是仔细观察儿童。教师的另一个重要角色是儿童发展的促进者，尊重每一个儿童的发展并作出回应。

教师重视社会互动和教室氛围，以便建立起家庭与学校的联系、理解儿童的体验并对教育项目和目标作出解释。在儿童生活中，发展所有成人之间的合作和信任，为儿童在社区中的行为方式以及对儿童的期望提供了范例。

纽约的银行街研究生院负责银行街教学方案的培训。在本章最后所列的网站中，可以找到相关的教师课程信息。银行街的创立者米切尔认为银行街最初的信条反映出了对儿童和教师教育的理念。

### 银行街教育模式和发展适宜性实践

许多教育者都认为第一所银行街保育学校的原则和实践与今天所提倡的发展适宜性理念有着直接的历史联系。当然，它们之间有一些明显的共同要素。

- 强调游戏。
- 认为通在与环境中的材料和他人的互动，儿童能主动建构他们对世界的认识。
- 认为儿童是一个完整的个体。
- 认识到家庭参与和交流的重要性。
- 教师担任观察者和学习促进者的角色。

# 瑞吉欧·艾米利亚教育模式——历史和哲学

第二次世界大战结束后不久，在一些致力于儿童发展的家长的领导下，意大利北部的城市瑞吉欧·艾米利亚创办起了学前学校。从那时起，学前教育项目开始得到扩展，并将婴儿和学步儿中心包括在内，现在所有的这些学校都由政府资助。

在世界教育界中，这些学校的几个特点引起了大家的关注，从 1981 年起已经有超过 15000 位参观者慕名到访。在这些学校的创办理念中，居于首位的是儿童通过与成人的积极合作不断建构对世界的理解。同样值得注意的理念是，儿童可以使用很多种符号语言来表达对周围世界的认识和参与。一个题为"儿童的一百种语言"的展览，从 1984年（在欧洲）、1987 年（在北美）开始巡回展出以来至今经久不衰。该展览所呈现出的关于儿童探究和表达的案例真的令人非常震惊，它引发出了一系列关于儿童能力的深层次问题，并使大家开始思考我们的传统教学是否低估并轻视了儿童的工作能力、长时间保持注意的能力以及发展和表达他们对世界的认识的能力。

除了儿童优美和创造性的表达，瑞吉欧教育项目的组成要素也值得大家在思考优异教育时给予密切的重视。《新闻周刊》上的一篇文章将位于瑞吉欧·艾米利亚的戴安娜学校（Diana School）称为"世界上最好的十所学校"之一，称有很多值得我们学习的东西（1991 年 10 月 2 日）。但是大家需要注意的是，瑞吉欧项目并不应当被看作是可以在其他背景或国家中进行复制的一种教育模式或课程，那些多年沉浸于瑞吉欧实践和哲学的教育者也应该有这样的认识。"相反，瑞吉欧的工作应当被视为一种教育经验，在不断更新和不断调整的教育项目中反思、实践和再反思。"（Gandini，1997）瑞吉欧教育者将瑞吉欧方法当作反思教学、挑战自身思想和实践的动力，并以此来为他人提供支持。卡罗莱纳·里纳尔迪（Carlina Rinaldi）是婴幼儿中心和学前学校的教学主管，他曾经说过："瑞吉欧模式不是一种可以教授的教学方法，而是一种思考儿童、学校、教育和生活的方式。"

### 瑞吉欧教育模式的关键概念

瑞吉欧教育模式含有以下重要概念。

- 儿童形象——瑞吉欧·艾米利亚经验的基石是认为儿童是一个有能力、坚强、富有创造性、拥有各种想法、具有各种权利而非需要的个体。

● 环境是第三位老师——精心设计环境，促进儿童的社会建构，让儿童在这一空间中来记录生活，同时培养儿童的美感。

● 关系——重视儿童、教师、家长之间的关系，这是瑞吉欧教学方法中发挥作用的非常重要的组成部分。

● 合作——在每一层面进行合作，教师之间、儿童和教师、儿童和儿童、儿童和家长以及大的社区都合作开展工作。

● 记录——用语言和可视的手段来记录儿童的经历和工作，并为儿童提供复习、反思和解释的机会。

● 设计（Progettozione）——这个意大利词语比较难翻译，意思是制订出灵活的计划以便今后对儿童的想法进行进一步的研究，并通过与儿童、家长以及有时与大的社区之间的合作，设计出在长期项目中实施计划的方法。

● 激发——仔细倾听儿童的兴趣，并设计出进一步激发儿童思想和行动的策略。

● 儿童的一百种语言——鼓励儿童使用象征性的手法来表现他们的思想，并为他们提供各种媒介来呈现这些想法。

这绝不是关于瑞吉欧·艾米利亚教育方法基本原则的一个固定列表，这里只是从其中选取了一些重要原则。如果想更深入地探究关于瑞吉欧·艾米利亚学校的理念和实践，可以参考 2002 年出版的《真正的童年：探究教室中的瑞吉欧·艾米利亚》（*Authentic Childhood：Exploring Reggio Emilia in the Classroom*）（Fraster & Gestwicki，2002）以及本章最后所列的其他参考文献。

### 瑞吉欧教育方案的结构

教师并不期望所有儿童都来做同样的事情，儿童的原创性很受重视。儿童可以在小组中独自开展工作，活动的地点可以是教室内外，或者是中心的任何一个地方，也可以是中心广场、工作室（atelier）或艺术工作室（后面会详细介绍）。活动可以持续进行数个小时、数天或数个月。

在学前学校中，每 25 个儿童组成一个班级，每个班级有两个合作教师。这一组的儿童、教师和家庭会在一起度过 3 个学年。每一年会随着他们需要和兴趣的改变而转向不同的活动环境中，但在这 3 年期间会保持这种关系的持续性。同样，对规模相对较小的班级以及配备 3 位教师的婴幼儿班级来说，儿童、教师和家庭也是在一起 3 年，每一年更换活动环境以便提供新的探索领域和挑战。

随着项目工作的开展，教师仔细地对儿童划分小组，每组儿童通常不超过 5 个。教师相信在小团队中工作能让儿童理解交流的节奏和方式。同伴关系中发生的矛盾冲突——反对、协商、重构思想和假设——不仅被看作是儿童社会性学习的机会，还被认为是儿童认知发展过程中的一个必不可少的组成部分。

### 环境是第三位老师

环境被认为具有传达信息的强大能力，这些信息包括欢迎、引起注意、文化的历史、价值观以及使用这一空间的成人和儿童的兴趣。

每一件事、每一个环境都能为儿童提供教育经验。经常被人们所忽视的地方，如浴室、厨房、走廊以及入口，都被装扮得非常漂亮，并重视细节上的美感，如颜色、光线、植物、反射以及物品摆设。在家具和区域的安排以及在最小物品的摆设中，都明显地体现出了教师的良苦用心。

每一个中心和学校都有一个中心广场区，仿效人们聚集和交流的城市文化中心。这里有舒适的椅子，可以邀请家长坐在这里，还有服装表演区以及其他可以观看和从事的有趣事情。不同教室的儿童可以在这里一起游戏和开展项目工作。

我们可以看到中心工作室或艺术工作室强调利用各种媒介来进行表达，这里配备了充足的艺术用品、自然材料以及可循环利用材料，并有一位指导老师（接受过艺术培训的老师）与儿童一起工作。除此之外，瑞吉欧的每一个教室都有一个迷你工作室，为儿童开展长期项目提供材料和空间。这些材料被细致地保存在透明的容器中。家长和儿童帮助教师积累和整理材料。

### 将儿童的兴趣作为课程

瑞吉欧·艾米利亚课程的精髓是根据儿童的兴趣来设计教育项目。教育项目可以由多种途径发展而来，如从教师的计划中来，或从一些自发事件中发展来，比如儿童的想法或是对教师所提问题的回应。几乎任何可以引起儿童兴趣的经验都可以成为项目开展的基础。每个项目都会非常深入且细致地展开。在这一过程中，会使用多种探索方法，并选择多种可视或图解形式进行表达。在长期的项目工作中，儿童创造性地使用材料来呈现和交流他们的学习，使用"一百种语言"进行表达。

最能展示瑞吉欧·艾米利亚教学方法的是探索狮子的案例——"狮子的画像"。这一案例是 1987 年在瑞吉欧开展的一次活动，现在通过录像已经广为人知了。

教师们计划了一次去瑞吉欧·艾米利亚历史中心的出游活动，繁忙的市场上满是古老的石狮子。教师最初的目的是带领儿童来了解市场，但录像发现儿童立即迷上了狮子雕像，儿童抚摸这些狮子、爬到狮子身上，从各个角度来进行探索。那一次教师带了画板来记录儿童的探索。在随后的一次出游中，教师们带上了相机。回到学校后，教师为儿童提供相互讨论石狮子的机会，并将所拍摄下的照片挂在墙上，供儿童进行探究。随着时间推移，项目不断向前发展，儿童使用黏土、颜料、木偶道具和戏服、皮影戏不断更新他们的经验。狮子成为了开展这一内涵丰富、不断扩展的项目的基础。

在活动进行的每一个步骤中，教师们观察、讨论和一起解释他们所观察到的现象，并为儿童提供更多的选择。通过小组讨论以及思想和经验的重组，儿童的认识得到增长（要注意的是，除了项目工作外，在教室和中心中还继续开展了很多活动。项目工作只占据每天的一部分时间。其他时间花费在传统的学前活动中，如在非常逼真的家庭中心中玩假装游戏、积木游戏、阅读、写作、体能游戏、履行学校规定的职责，或者只是与朋友进行交谈）。

### 教师的角色

瑞吉欧坚信游戏在儿童建构知识和发展认识方面起着支配作用，并且这种作用决定了学比教更加重要，但这并不是说不需要教学——教学的目的是为儿童提供学习发生的适宜条件。

在任何一个好的发展适宜性项目中，教师都是倾听者和观察者，问儿童问题，反思儿童的回答，从中了解儿童可以运用哪些材料和概念来拓展他们的认识。但是瑞吉欧教师在倾听和观察儿童方面所达到的深度是令人难以置信的。他们定期做笔记、拍照片，并用录像带记录儿童的游戏、讨论和工作。这些记录是每周与其他教师进行数小时讨论的基础。这些记录有利于教师关注儿童思想和问题的不断转变，并能帮助教师向儿童和家长展示学习到了什么以及学习是如何开展的。同时，这些记录还能帮助教师产生一些想法并形成一些假设，这些可能会成为日后小组经验的基础。

瑞吉欧的一个基本原则是，在有关儿童的复杂对话过程中，至少需要由两位教师组成团队。每周由几名教师一起对记录进行审查，交流各自对儿童的看法，并达成共识。教师每周获得 36 个小时的工作报酬，其中有 6 个小时教师可以用来讨论观察记录和其他的教学计划，参与专业发展活动。每对教师都是相互合作的伙伴，这为儿童和家长提供了与同伴进行合作的典范。另外一些成人也可以参与到讨论中；有时，工作室教师会帮着整理记录，共同思考项目的开展以及可以运用的表达方式。教学顾问（pedagogista）也会参与到讨论中。教学顾问的角色很难用一个英文单词或者是美国教育结构中的术语进行描述，"协调者" 或 "教育指导者" 都不是非常恰当。每一个教学顾问在数个学前学校和婴幼儿中心里工作，承担教师专业发展的职责，并与教师一起来解决教育问题，帮助教师建立起与儿童和家长之间的良好关系。在这种持久的对话中，建立了各方良好的相互关系以及对儿童的认识，内涵丰富的生成课程就这样产生了。这些 "资源人" 的任务不单单是回答或解决一个问题，还要帮助儿童发现答案，更为重要的依然是帮助儿童提出好的问题。教师和儿童之间的互动使得每一个人在学习过程中都发挥重要的作用。教师把自己视为儿童学习过程中的合作者，持续地参与研究和学习，建构知识并和儿童共同享受学习体验。

肯尼迪（Kennedy, 1996）认为瑞吉欧学前学校之所以如此不同，与他们 "和塑造儿童一样，塑造了教师"（p. 25）有着很大的关系。瑞吉欧这样理解早期儿童教师，即教师对自己所要培养的儿童和建构的发展适宜性实践有着极为清晰的理解，认识到这种建构是持续发展的。因此，持续地探究儿童和最好的教育实践，被看作自己工作的一个基本组成部分。对话强调 "持续的、不断深入的探究"（p. 25），而不是立即得出解决方案或结论。

## 瑞吉欧教育模式和发展适宜性实践

从对瑞吉欧的审视中，我们可以学习到什么？瑞吉欧的思想和课堂持续吸引着那些对优质早期教育感兴趣的人们的注意。一些美国早期教育学者质疑瑞吉欧·艾米莉亚教育模式是否适合美国（Katz, 1994），或者即使是适宜的，那么有关美国社会与意大利不同的文化信仰和对儿童的期望的问题该如何解决（New, 1993）。这些学者所提出的问题是 "儿童至少部分上是历史和文化的产物"（Kennedy, 1996, p. 94）。然而不管是否是这样，事实上，要对儿童进行科学、客观的描述，需要我们再次从自身的文化和历史视角出发进行思考。

在思考瑞吉欧学校的优势时，休·布雷德坎普（Sue Bredekamp）认为瑞吉欧的实践 "已经超越了发展适宜性实践，至少其目前的实践是这样，尤其是在对知识的社会建构的强调、对教师作为儿童经验的共同建构者和儿童学习过程记录者的清晰描述方面"（Bredekamp，1993，p. 13）。

她指出了美国早期儿童教育者所要应对的挑战。

- 重新建立有足够能力的儿童的形象。
- 促进项目中概念的整合，增强儿童和家长的体验。
- 进一步完善我们对发展适宜性的定义。
- 平衡标准的制定与质疑。
- 反思专业发展。
- 拓展我们对教师角色的理解。

在考虑从哪里开始着手尝试瑞吉欧教育模式时，凯茨（Katz）假设最初可以"将我们集体和个人精力投放到提高与儿童日常互动的质量上，使这些互动变得丰富、有趣、有吸引力、令人满意和富有意义，就像我们在瑞吉欧·艾米利亚教育模式中所观察到的那样"（Katz, 1997, p. 110）。她还认为，瑞吉欧经验的一个重要的影响是，要看到当整个社区全身心地致力于儿童发展时会产生怎样的可能性（Katz, 1997）。或许瑞吉欧·艾米利亚学校对北美早期儿童教育最大的影响是激起了早期教育专家对最适宜和最优秀教育实践的思考和讨论。

美国许多地区的教师和学校已经开始检查他们的教育实践，并尝试基于瑞吉欧·艾米利亚教育模式来实施一些改变。具体事例可以参见亨德里克（Hendricks, 1997, 2003）、弗雷泽和格斯特维奇（Fraser & Gestwicki, 2002）的著作。

## 高宽课程——历史和哲学

这一模式是在戴维·韦卡特（David Weikart）的引领下发展而来的。戴维·韦卡特早期在佩里项目（Perry Project）中工作，这是20世纪60年代最为著名的干预项目之一。在第一章中，大家已经阅读了在伊普西兰蒂和密歇根所开展的3个实验性学前项目的结果。实际上，韦卡特和他的同事认识到，"开放框架"项目（"open-framework" program）在支持儿童积极参与自我选择的学习活动上很有效，并由此开发出了高宽课程（the High/Scope approach）。从1962年起，人们开始使用高宽课程。你可能会回想起对最初参与高宽项目的儿童所进行的一项纵向研究，该研究一直追踪到这些儿童40岁的时候（High/Scope Foundation, 2005）。追踪研究表明，当高宽项目中的儿童成为成人之后，他们在自己的生活中表现出了积极的社会和情感态度。如今，高宽课程被广泛应用在公立和私立早教机构、半日和全日儿童项目以及许多提前开端机构中。这一课程已经将婴幼儿教育包含进来。高宽教育基金会提供高宽课程哲学理念培训，开展研究，出版相关的书籍和录像，为那些希望更多了解这一模式、并希望在伊普西兰蒂和密歇根举办示范学前学校的人提供支持。

高宽课程基于皮亚杰关于儿童发展的建构主义理论。"课程的基本假设是儿童是主动的学习者，他们通过自己设计、实施活动并对活动经验进行反思而获得最好的学习。"

（Epstein, 1993, p. 30）这里的哲学理念是儿童需要在与他人、材料、思想和事件的积极互动中进行学习。

高宽课程的关键组成部分包括 4 点。

- 儿童是积极的学习者，他们花费大量的时间在各种各样的学习中心进行探索。
- 计划—实施—回顾，儿童在教师帮助下选择每天将要做的事情，在工作时间实施他们的计划，并与教师一起对自己的工作进行检查。
- 关键经验包括了基于皮亚杰关于学前儿童认知特点和学习潜能的相关概念。教师围绕着这些经验，设计教师主导的小组活动。
- 使用高宽课程工具——儿童观察记录（Child Observation Record）——来记录个体儿童发展过程中的轶事。

高宽课程明确了儿童进行主动学习的 5 种要素。

- 儿童进行探索的材料。
- 儿童自主对材料进行操作。
- 儿童自主选择进行什么样的工作。
- 来自儿童的语言。
- 来自成人的支持。（Epstein, 1993）

在引导儿童方面，高宽课程描述了 58 条关键经验，这些经验可分为 10 类：创造性表征、语言和读写、主动性和社会关系、运动、音乐、分类、排序、数字、空间和时间。

## 材料和活动

大多数高宽课程的教室看上去就像一个典型的好的学前学校，为儿童提供各种探索的兴趣区。高宽课程推荐的兴趣区包括积木区、艺术区、娃娃家、小玩具区、计算机区、书本和写作材料区以及沙水区。高宽课程为材料选择提供了普遍的指导原则，但并未规定具体的材料。材料有组织地摆放在兴趣中心，儿童可清楚地看到并独立获取这些材料。美术和音乐是日常活动的一部分。

在高宽课程中，每天的日程安排都保持一致，以便儿童熟悉课堂活动开展的次序。将日常活动顺序在墙上用图画展示出来，提醒儿童每日的日程安排。日程安排为小组和团体活动、户外游戏以及工作时间都预留了时间。制订计划是每日的常规活动。教师与小组或每位儿童一起制订活动计划，这可以使每个儿童表达自己的意图。正如爱泼斯坦（Epstein）所指出的，计划是"有目的地选择"，儿童明确自己的目标，并决定实现目标所要采取的行动。在工作结束时，儿童还有时间反思自己的计划是如何得以实现的。这种有目的的计划和反思有利于发展儿童的思维技能（Epstein, 2003）。

为了与当下的教育实践保持同步，高宽课程也发展儿童的读写算技能，但同时慎重地指出，他们并不使用重复活动、反复训练或纸笔练习。相反，教室为儿童提供有利于发展和拓展其语言、逻辑能力的活动和材料。高宽课程的教室强调印刷品丰富的环境，要有大量的故事、书以及书写工具，同时也为儿童提供大量机会进行计算、数字比较和一一对应的练习。高宽课程读写学习的一个组成部分是，在儿童认识字母和单词前，让他们学会识别和解释符号。由此，儿童的工作和物品可以全部通过独特的符号辨别出来，如用五角星代表乔伊、用三角形代表萨姆。

## 教师角色

教师可以通过接受一段时间的培训或工作坊、阅读高宽教育研究基金会出版的相关材料来学习高宽课程。教师的基本角色是参与活动的合作者，而不是管理者或监督者。高宽课程培训强调教师应该这样做。

- 采用积极的互动策略。
- 关注儿童的长处。
- 与儿童建立可靠的关系。
- 支持儿童提出的游戏点子。
- 发展提问的技巧，以促进儿童的学习、反思和交流。
- 选取一种问题解决方案来帮助儿童学习处理社会性冲突。

教师角色的一个重要组成部分是对儿童进行观察。高宽课程的教师每日都要记录儿童在日常活动中的重要行为。高宽课程的一个工具是《学前儿童观察评价系统》（*Preschool Child Observation Record*，COR），它为教师整理儿童活动的信息提供了框架，这些信息有关儿童在关键经验上的发展及其对关键经验的理解。

这些每日观察记录被用来制订小组活动计划，由此，课程可以为《学前儿童观察评价系统》所反映的结果和儿童的需要提供支持。高宽课程强调团队观察和交流，以实现儿童发展目标。高宽课程为教师作出适当的决定提供了框架。

## 高宽课程和发展适宜性实践

当观察者在思考高宽课程和发展适宜性实践的原则时，很显然，下列这些基本原则是两者的共同之处。

- 以理论家皮亚杰的观点为基础。
- 核心是主动学习。
- 强调动手操作材料。
- 成人在将儿童的注意力和语言聚焦于学习方面发挥作用。
- 强调选择和活动区。
- 强调观察和评估的重要性。

# 创造性课程——历史和哲学

黛安·翠斯特·道奇（Diane Trister Dodge）是创造性课程的开创者，也是教学策略公司（Teaching Strategios, Inc.）的创始人，这一组织研发创造性课程的材料并提供教师发展培训。黛安·翠斯特·道奇在儿童保育项目中的工作经验，让她看到有必要开发一种课程模式，并以此为框架来指导教师参与儿童活动并制定决策。第一版（1978）和第二版（1988）《创造性课程》（*Creative Curriculum*）的理念基础是，课程实施的第一步是帮助教师将他们的教室布置成有助于有效学习的兴趣区。随着早期教育领域在如何定义课程、如何使用有关课程的各种概念来实施发展适宜性实践方面达成更多的共识，创造性课程也得到不断的发展。第三版《创造性课程》于 1992 年出版，其课程框架包含哲学观、课程目的、儿童学习目标、教学指南以及家庭工作准则。同时，这本书还提供了追踪儿童进步的第一个工具：儿童发展和学习检查表（The Child Development and Learning Checklist）。

其他的有关儿童如何进行学习的研究和报告成为了创造性课程进一步发展的动力。除此之外，公众不断要求对学校展示儿童优异学习成果加强问责，这必然要求课程重视系统评估，使教师了解每个儿童和小组，并为他们制订出适宜的活动计划。第四版《学前学校中的创造性课程》于 2002 年出版，进一步拓展了教师在支持儿童主动学习中应当发挥的作用。

创造性课程的基本哲学理念是，教师必须使用多种策略来满足儿童的社会、情感、身体、认知以及语言发展需求。最重要的是，教师要成为优秀的儿童观察者，能够根据相关的具体发展目标评估儿童的需求、兴趣和能力，并基于儿童的兴趣和知识，设计出有意义的学习活动。教师将美国和各州教育标准中所设定的读写、数学、科学、社会研究、艺术和技术知识的学习整合到在兴趣区所开展的日常课堂学习活动中。创造性课程是与评估体系相联系的综合性课程。

创造性课程包含如下基本要素。

• 以有关儿童发展的研究和理论为基础，其中包括马斯洛、埃里克森、皮亚杰、维果茨基、斯密兰斯基和加德纳的理论以及最近关于大脑及大脑恢复的研究（resiliency research）。

• 对儿童如何发展和学习的理解。这同样包括教育目的和儿童发展目标以及发展连续体，这是用来观察儿童发展及记录儿童在实现课程目标上所取得进步的工具。发展连续体包含 50 个具体的目标，被分为社会/情感发展、身体发展、认知发展和语言发展 4 个方面。

• 强调学习环境结构的设置，包括建立和维护兴趣区、制定时间表和流程、安排自由活动时间以及小组、大组活动时间，并创设出一个班级社区，使儿童可以在其中学习如何与他人相处及解决问题。

• 考虑到全国和各州标准以及各研究报告中所讨论的 6 个知识内容领域：读写、数学、科学、社会研究、艺术以及技术。

• 为教师提供如何利用大组和小组时间、如何开展长期研究的一系列指导策略。

• 把教师塑造为一个仔细的观察者，能运用多种教学策略并通过和儿童互动来指导学习。一种持续、真实的评估制度——基于对每日课堂活动的观察——使教师能够为每个儿童及小组制订活动计划。

• 承认与家庭建立合作伙伴关系的重要性，强调家庭能够用来支持儿童在学校和家中学习的方式。

创造性课程的哲学思想经过拓展，还被应用到婴幼儿教育项目，影响了小学及学龄儿童教育以及家庭看护中心的理念。

## 教室环境

创造性课程强调在学前教室中创设 11 个重要的兴趣区：积木区、戏剧游戏区、玩具和游戏区、艺术区、图书区、探索区、沙水区、音乐和运动区、烹饪区、电脑区以及户外活动区。教学策略公司网站在教师培训的板块指出，应当包含各种各样的创造性课程材料，这些材料的组织应当满足儿童的发展需求，并加强每一个兴趣区的学习和教学。教师鼓励儿童在大量的适宜的材料中主动进行选择。教室被设计成一种包容性的环境，传递出欢迎多样化家庭的信息，并为儿童提供独立发挥作用的机会，为儿童个体的兴趣和能力提供支持。

在使用创造性课程方案的教室中，儿童非常主动和投入。通过探究和游戏以及基于儿童以往学习经验所开展的聚焦的、有目的的教学，儿童学习到创造性课程所要求的知识内容。

## 问责和创造性课程

正如前面所指出的，现在几乎每一个州都要求教师实现早期儿童学习目标（Early Learning Objectives）。在多数州，创造性课程都是与提前开端成果框架（Head Start Outcomes Framework）以及早期学习标准相联系的，使用 3—5 岁儿童创造性课程发展连续体的目的和目标。创造性课程与其他标准之间的关系可以在教学策略网站上的课程和评估板块中找到。除此之外，现在所使用的课程还被要求提供实现了学习目标的记录。尤其是在《不让一个孩子落后法》颁布后，它授权了使用"以科学为基础"的教育模式。不管这是指课程要以科学研究为基础，还是指用科学方法进行测试后，课程模式才能取得好的效果，创造性课程认为它需要同时满足这两个标准（J. Park-Jadotte, http：//www. teachingstrategies. com）。同时，该课程是基于早期教育领域所承认的理论和研究。

FACES 2000 是美国一项全国性的纵向研究，对提前开端计划中儿童的发展情况进行了调查，这一最著名的研究显示创造课程中的儿童取得了很大的成功。研究者发现接受创造性课程的儿童通过一系列教育措施，比那些未接受整合性学习方法的儿童取得了更大的进步，最明显的是在语言分数上。佐治亚州、北卡罗来纳州、田纳西州和俄克拉荷马州将继续对提前开端项目的结果开展研究。最近，在 2004 年，康涅狄格州哈特福德（Hartford, Connecticut）关于提前开端项目的研究结果显示，教师接受创造性课程的集中培训后，使儿童在与入学准备相关的 5 个重要发展领域都取得了显著的进步。现在，创造性课程被许多提前开端中心以及部队儿童保育项目（armed services childlare programs）所采用。各种专业组织所制定的国家标准成为创造性课程学习内容的来源。

## 创造性课程和发展适宜性实践

在思考发展适宜性实践与创造性课程之间关系时，可以发现下列这些共同之处。
- 基于研究和理论提出各种概念。
- 儿童主动进行游戏和探索。
- 强调材料和环境布置的质量。
- 聚焦于观察和评估，为实现幼儿全人教育（the whole child）的发展目标提供支持。

● 重视与家庭之间的关系以及教师和儿童之间的关系。

除了本章中所讨论的这些课程模式外，还有很多其他的教育模式。华德福式学校（Waldorf schools）虽然在美国数量很少，但也为我们提供了另一种以儿童为中心的教育形式。在第一章中所讨论的直接教学方法，现在被称为 DISTAR（Direct Instruction System for Teaching Arithmetic and Reading，数学和阅读直接教学系统），看起来似乎是偏离了发展适宜性实践原则的一种模式。

## 小结

在人们接触到多种课程模式时，重要的是理解这些课程模式的哲学理念和实践，思考它们是如何与我们所理解的发展适宜性实践、我们自己的思想、兴趣和教学方式相契合的。认真对各种课程模式进行比较和对比，思考每一种模式中的哪些要素与你自己的教育哲学理念相契合。

## 思考

1. 根据下面几个主题，对本章所讨论的 5 种课程模式用图的形式进行比较。
主要的哲学思想；
环境和材料；
教师作用；
与发展适宜性实践相关的要素。
2. 采访几个使用这些课程模式的教师，如果可能的话，拜访这些教师。与同学分享你的发现。

## 问题（用以评估本章所学）

1. 明确蒙台梭利模式的要素。
2. 明确银行街课程方案的要素，并与蒙台梭利模式进行对比。
3. 明确瑞吉欧·艾米利亚课程方案的要素。
4. 明确高宽课程方案的要素。
5. 明确创造性课程方案的要素。
6. 讨论每一种模式中与发展适宜性实践原则相契合的以及不太契合的方面。

## 问题（用以应用本章所学）

1. 蒙台梭利教育模式和瑞吉欧·艾米利亚教育模式都产生于意大利。描述这两种教育模式的相似之处和不同之处。哪一种模式更接近于你在本书中所阅读到的发展适宜性实践的理念？
2. 思考高宽课程、银行街教育模式、创造性课程的相似点和不同点。

## 参考文献

蒙台梭利

Montessori, M. (1995). *The absorbent mind*(Reprint ed.). New York: Owl Books.

**银行街**

Biber, B., Shapiro, E., & Wickens, D. (1971). *Promoting cognitive growth from a developmental-interaction point of view*. Washington, DC: National Association for the Education of Young Children.

Cuffaro, H. (1977). The developmental-interaction approach. In B. Boegehold, H. Cuffaro, W. Hooks, & G. Klopf(Eds.), *Education before five: A handbook of preschool education*. New York: Bank Street College of Education.

Greenberg, P. (1987). *Staff growth program for child care centers*. New York: Acropolis Books.

Shapiro, E., & Mitchell, A. (1992). Principles of the Bank Street approach. In A. Mitchell & J. David (Eds.), *Explorations with young children: A curriculum guide from the Bank Street College of Education*. Beltsville, MD: Gryphon House.

**瑞吉欧**

Bredekamp, S. (1993). Reflections on Reggio Emilia. *Young Children*, 49(1): 13 – 17.

Edwards, C. (1998). Partner, nurturer, and guide: The roles of the Reggio teacher in action. In C. Edwards, L. Gandini, & G. Forman(Eds.), *The hundred languages of children: The Reggio Emilia approach to early childhood education*(2nd ed.). Norwood, NJ: Ablex Publishing.

Edwards, C., Gandini, L., & Forman, G. (1997). Conclusion: Final reflections. In C. Edwards, L. Gandini, & G. Forman(Eds.), *The hundred languages of children: The Reggio Emilia approach, advanced reflections*(pp. 457 – 465). Norwood, NJ: Ablex Publishing.

Fraser, S., & Gestwicki, C. (2002). *Authentic childhood: Exploring Reggio Emilia in the classroom*. Clifton Park, NY: Thomoson Delmar Learning.

Hendricks, J. (Ed.). (1997). *First steps toward teaching the Reggio way*. Columbus, OH: Merrill.

Hendricks, J. (2003). *Next steps towars teaching the Reggio way: Accepting the challenge to change*. New York: Prenticc-Hall.

Katz, L. (1994). Images from the world: Study seminar on the experience of the municipal infant-toddler centers and preprimary schools of Reggio Emilia, Italy. In L. Katz & B. Cesarone(Eds.), *Reflections on the Reggio Emilia approach*(pp. 3 – 19). Urbana, IL: ERIC Clearing House on Elementary and Early Childhood Education.

Katz, L. (1997). The challenges of the Reggio Emilia approach. In J. Hendricks(Ed.), *First steps toward teaching the Reggio way*(pp. 96 – 110). Columbus, OH: Merrill.

Kenned, D. (1996). After Reggio Emilia: May the conversation begin*! Young Children*, 51(5): 24 – 27.

New, R. (1993). Cultural variations on developmentally appropriate practice: Challenges to theory and practice. In C. Edwards, L. Gandini, & G. Forman(Eds.), *The hundred languages of children: The Reggio Emilia approach to early childhood education*. Norwood, NJ: Ablex Publishing.

Newsweek(December 2, 1991) The ten best schools in the world, and what we can learn from them.

**高宽**

Epstein, A. (1993). *Training for quality: Improving early childhood programs through systematic inservice training*. Ypsilanti, MI: High/Scope Educational Research Foundation.

Epstein, A. (2003). How planning and reflection develop young children's thinking skills. *Young Children*, 58(5): 28 – 36.

High/Scope Foundation. (2005). The High/Scope Perry preschool study through age 40: Summary, conclusions, and frequently asked questions. Retrieved April 10, 2005, from http://www. highscope. org.

**创造性课程**

Dodge, D., Colker, L., & Heroman, C. (2002). *The Creative Curriculum for preschool*(4th ed.). Washington,

DC: Teaching Strategies.

## 建议进一步阅读和研究的资料

### 蒙台梭利

Lillard, P. (1997). *Montessori in the Classroom: A teacher's account of how children really learn.* New York: Schocken.

Montessori, M. (1988). *Montessori method*(Reissue ed.). New York: Schocken.

Montessori, M. (1988). *Dr. Montessori's own handbook.* New York: Schocken.

### 银行街

Mitchell, A., & David, J. (1992). *Explorations with young children: A curriculum guide from the Bank Street College of Education.* Beltsville, MD: Gryphon House.

### 瑞吉欧

Bredekamp, S. (2004) The world comes to Reggio Emilia. *Young Children*, 59(5):78–79.

Cadwell, L. (2002). *Bringing learning to life: The Reggio approach to early childhood education.* New York: Teachers College Press.

Edwards, C., Gandini, L., & Forman, G. (Eds.). (1993). *The hundred languages of children: The Reggio Emilia approach to early childhood education.* Norwood, NJ: Ablex Publishing.

Edwards, C., Gandini, L., & Forman, G. (Eds.). (1998). *The hundred languages of children: The Reggio Emilia approach to early childhood education*(2nd ed.). Norwood, NJ: Ablex Publishing.

### 高宽

Hohmann, M., & Weikart, D. (2002). *Educating young children: Active learning practices for preschool and child care programs*(2nd ed.). Ypsilanti MI: High/Scope Press.

Vogel, N. (2001). *Making the most of plan-do-review: The teachers idea book.* Ypsilanti, MI: High/Scope Press.

### 创造性课程

Dombro, A., Colker, L., & Dodge, D. (1999). *The Creative Curriculum for infants and Toddlers*(Rev. ed.). Washington, DC: Teaching Strategies.

Heroman, C., & Jones, C. (2004). *Literacy: The Creative Curriculum approach.* Washington: DC: Teaching Strategies.

## 实用网站

### 蒙台梭利

**http://www. montessori-ami. org**

蒙台梭利国际协会（Association Montessori International）网址。该组织遵循传统的蒙台梭利教育实践。此网站上有关于蒙台梭利培训的理念和培训地点。

**http://www. amshq. org**

美国蒙台梭利协会（American Montessori Society）网址。该网站上有许多信息，包括常见问答以及培训机构的列表。

**http://www. montessori. org**

蒙台梭利基金会与国际蒙台梭利委员会的网址，该网站上有许多有关当代蒙台梭利教育模式的信息。

**http://www. ux1. eiu. edu**

Shu-Chen Jenny Yen 的主页。该网页上有蒙台梭利相册,其中包含有关材料和活动的综合列表,教师所遵从的指导原则。

### 银行街

**http://www. bankstreetcorner. com**

该网站给教师提供了大量来自银行街教育方案的理念。

**http://www. bankstreet. edu**

银行街研究生院(Bank Street Graduate School)的网址。该网站上有关于银行街课程方案的信息。

### 瑞吉欧

**http://www. reggioalliance. org**

北美瑞吉欧·艾米利亚联盟(North American Reggio Emilia Alliance)网站。该网站上有许多有关教育者对瑞吉欧教育模式所做探索的信息。

**http://www. cdacouncil. org**

专业认可理事会网站,在其中可以找到"Reggio Children USA",了解更多的有关瑞吉欧与相关出版物的信息。

**http://www. mpi. wayne. edu**

米瑞尔·帕默学院(Merrill Palmer Institute)网站。点击"Early Childhood Education",找到瑞吉欧方案,可以定期了解有关革新之举的信心。

**http://www. reggiochildren. it**

瑞吉欧儿童的官方网站,使用英语和意大利语两种语言。

### 高宽

**http://www. highscope. org**

高宽课程教育研究基金会网站。可以通过该网站获得许多有关高宽课程哲学理念和资源的信息。

### 创新性课程

**http://www. teachingstrategies. com**

创新性课程方案的网址。其中有关于课程和资源的所有方面的许多信息。

### 模式比较

**http://parentcenter. babycenter. com**

点击"topics",然后点击"preschoolers",可以找到一篇由罗弗莱多(S. Robledo)写的文章,题为"*The Top Preschool Programs and How They Differ*"。

# 词汇表

A

Absorbent mind

吸收性心智：蒙台梭利以此来描述幼儿主动、自然的学习风格。

Academic

学业：与读写及运算相关的学习技能。在早期学习中，这个词常常用来表示机械记
忆的学习方法。

Accommodation

顺应：皮亚杰用这个词表示应对新的信息时认知所发生的改变。

Accreditation

认证：根据发展适宜性实践的原则，对那些为幼儿提供良好学习环境的早期教育项
目进行认证。

Active listening

积极倾听：对说话者提供经过深思熟虑的反馈的技能，包括意译和理解交流中所隐
含的字词含义及感受。

Advanced babbling

高级的咿呀语：由辅音和元音，或是由婴儿听到的其周围的声音组成的两个音节，
产生于婴儿晚期。

Agility

敏捷性：能够机敏快速地移动。

Animism

泛灵论：给并不存活着的物体赋予生命的倾向。

Anti-bias

反对偏见：预防成见和偏见的做法和态度。

Assessment

评估：评价的方法，通常用来评价发展和学习的水平。

Assimilation

同化：皮亚杰用这个词来描述将新的信息纳入现有认知结构的过程。

Associative group play

关联小组游戏：儿童在相似的、有着松散联系的活动中产生偶发的互动的游戏。

Atelier

工作室：瑞吉欧学校中儿童创造性地完成长期项目的区域。

Atelierista

工作室老师：接受过美学培训、对儿童的创造性工作提供支持的人。

Attachment

依恋：婴儿和看护者之间互惠的、持续的纽带，能产生相互的愉悦。

Authoritarian

权力主义：强调控制和服从的成人互动方式。

Authoritative

权威式：对儿童的行为抱有高期待和高标准的，强调尊重、温暖及养育性的成人互
    动方式。

Autonomy

自主性：作为一个独立个体的独立感及自我依靠能力。

**B**

Babbling

咿呀语：所有语言中一切可能的元音与声音的组合。

Behavioral theory

行为理论：强调环境和可预见的回应对引发行为所起的作用的学习理论。

Bilingualism

习用两种语言：说两种语言的能力。

Binocular vision

双眼视力：同时使用双眼的能力。

**C**

Centration

集中偏向：出自皮亚杰的理论，指前运算阶段的儿童具有关注情况的一个方面而忽
    视其他方面的倾向。

Child-initiated

儿童自发的：在儿童主导下作出选择、计划和决定的活动。

Chronological

按时间顺序：与时间、年龄相关。

Coercion

强制：迫使，强迫。

Cognitive

认知的：与了解、思考和学习的过程相关。

Competence

胜任：一个人能够完成任务并达到目标的信念。

Concrete

具体的：能够通过感觉感知到的物或事；真实的。

Conscience

良心：控制个人行为的内在行为标准。

Conservation

守恒：皮亚杰用这个词来表示，在一定测量标准下等量的两个物体即使在感知上发生了改变，它们仍然是等量的。

Constructive play

建构性游戏：根据皮亚杰和斯密兰斯基的观点，这是游戏的第二发展阶段，指儿童使用物体和材料来制作东西。

Constructivism

建构主义：认为人是通过与材料、他人等的互动来建构对世界的理解的理论。

Continuum

连续体：一个不能被分隔的连续性整体。

Conventional level

道德习俗水平：柯尔伯格道德发展阶段理论中的第二阶段，儿童在这个阶段将成人的标准内化。

Cooing

喔啊声：开元音。

Cooperative play

合作性游戏：两个或更多的儿童开展活动并相互交流，聚焦相同的目标或者游戏主题，并维持游戏。

Coordination

协调：和谐地发挥作用的状态，其中也包括身体肌肉的状态。

Core conflict

核心冲突：埃里克森（Erikson）用这个词来描述儿童在其每个发展阶段需要解决的社会心理问题。

Culture

文化：一个群体的所有生活方式，包括习俗、信仰、价值观——父母传下来的、儿童习得的行为。

Curriculum

课程：教授儿童的方法和内容。

**D**

Decentering

去中心化：皮亚杰用这个词来表示同时思考一个情况的几个方面。

Deferred imitation

延后模仿：皮亚杰用这个词来表示在一段时间后再现曾观察到的行为。

Democratic discipline

民主的准则：儿童参与解决问题并作出决定。

Developmental delays

发展迟缓：儿童在一个或是多个领域的发展落后于统计指标。

Developmental principles

发展原则：根据研究和理论得出的公认的有关发展的基本观点。

Dexterity

敏捷度：使用双手或者身体的技能。

Didactic

说教的：指教学。在蒙台梭利的教学理念中指教学的材料（教具），因为这些教具本来就是自动修正的。

Disabilities

残疾：包括身体的、心智的或者情感的局限性。

Discipline

纪律：塑造儿童性格，教他们自我控制以及守规矩的方法。

Disequilibrium

失衡：在皮亚杰的理论中，指的是当儿童接收到的信息与先前获得的知识相冲突时，儿童产生困惑。

Dispositions

态度

Distraction

分心：使婴儿和学步儿将其注意力转向活动或材料。

Divergent

发散性：产生多种可能性的思考。

Documentation

记录：通过记笔记和画图来描绘学习。

Domains

领域：发展的各个方面，比如身体的、认知的、语言的、社会的以及情感的。尽管人们会分开讨论这些方面，但他们是内在相关的。

Dramatic play

戏剧游戏：假装游戏，参与者在游戏中扮演想象中的角色。

**E**

Early learning standards

早期学习标准：美国大多数州制定的在儿童进入设在小学的幼儿园之前所要求达到的学习标准。

Egocentric thinking

自我中心思维：仅仅关注个体感知和体验的思维。

Egocentrism

自我中心主义：皮亚杰用这个词指代不能考虑他人的观点。

Emergent curriculum

生成课程：根据教室中参与者的兴趣和交流所发展出的学习活动。

Empathy

同理心：意识到并理解他人的想法和感受的能力。

Equilibrium

平衡：来自皮亚杰的观点。当儿童调整当前的想法为一个新的想法时，他们就达到了一个新的理解水平。

Experiential

经验的：与经验相关的学习。

Expressive language

表达性语言：儿童产生的语言。

**F**

Facilitator

促进者：支持和鼓励学习的人。

Fluency

流畅：熟练地写或说的能力。

Functional play

功能性游戏：根据皮亚杰与斯密兰斯基的观点，这是游戏的第一发展阶段，包括重复的身体移动。也称为练习性游戏。

**G**

Gender identity

性别认同：幼儿时期所形成的对自己是男性或女性的意识。

Gender-specific

性别特性：某一性别所具有的典型特征。

Genetic

基因遗传：由继承的 DNA 所控制的特定的特征。

Guidance

指导：引领、解释、建议表现出适宜的行为，帮助儿童发展自我控制能力。

**H**

Heredity

遗传：由生身父母的遗传基因传递的影响发展的先天因素。

High-stakes testing

高风险测试：其结果对决策具有关键作用的测试。

Hippocampus

海马体：大脑的一部分。

Holophrase

单词语：通过语音语调的变化，借助特定背景以及成人的判断，传递学步儿很多意思的单个词汇。

**I**

identification

认同：对所钦佩的个体进行模仿、接受其思想的过程。

Individualized Family Service Plan，IFSP

个别化家庭服务计划：根据 PL99-457，为 0—3 岁有特殊需要的儿童提供服务时，需要制订计划来发现和组织有效资源以帮助儿童发展。

**Indirect guidance**
间接指导：成人居于幕后，将注意力放在能够影响儿童行为的各种环境因素上，如空间、时间和材料的安排。

**Initiative vs. Guilt**
主动性 vs. 内疚感：埃里克森心理发展理论中的第三阶段的主要冲突。在这一阶段中，儿童要平衡自己追求目标的强烈愿望与有可能阻止他们实现自我目标的道德观念之间的冲突。

**Integrated curriculum**
整合课程：通过活动进行学习的一种课程，而不是划分为各种不同学科的课程。

**Interdependence**
相互依赖：彼此间互相依靠。

**Interest centers**
兴趣区：也被称为活动区或学习区。教室中用来进行特定活动的、分隔开来的各个区域。

**Internalize**
内化：儿童将社会标准转化为自我标准，并将其作为进行自我约束依据的过程。

**Interrelationships**
相互关系：彼此之间拥有的亲密双向联系。

**Intrisically motivated**
内在动机：自身所产生的强烈的行动愿望。

**Invented spelling**
创造性拼写：早期对书写的尝试，学龄前根据发音来拼写单词。

**Irreversibility**
不可逆性：皮亚杰提出的术语，指前运算阶段儿童还没有能力在头脑中对自己的思维进行回溯，还不能理解运算可以在两个或更多的方向上进行。

## J

**Jargon**
行话：在特定职业群体或知识群体中所进行的专业性交流。

## K

**Key experiences**
关键经验：高宽课程中所使用的术语，指基于皮亚杰关于学前儿童认知特点和学习潜力的理论提出的一套包含 10 个概念的体系。这一体系包括时间、数字、排序、分类、音乐、运动、主动性和社会关系、语言和读写以及创造性表征。

**Kindergarten**
幼儿园：一种为 5 岁及以上儿童提供服务的全天或部分时段教育。

**L**

Language acquisition device，LAD

语言习得装置：根据乔姆斯基（Chomsky）的理论，语言习得装置是一种与生俱来的、程序化于大脑中的心理装置，通过这种装置儿童可以根据他们所听到的语言来推知语言规则。

Large motor

大肌肉运动：运用腿和胳膊的大块肌肉而进行的活动。

Literacy

读写：阅读和书写的能力。

Logical consequences

逻辑后果：与行为直接相关的后果，用来帮助儿童学习应该怎么做，或补救已经做过的事情。

Logico-mathematical knowledge

数理逻辑知识：皮亚杰提出的一种知识，指随着儿童发现不同物品、人和思想之间的联系而发展的知识。

Longitudinal studies

纵向研究：为评估在较长一段时间内样本发生的变化而设计的一种研究。

Loose parts

自由零件：也被称为开放性材料，指儿童在他们的游戏中可以使用任意方法玩的物品。通常是可循环利用的材料。

**M**

Maturation

成熟：受遗传影响的演变，有时与年龄相关，指与肌肉和神经系统的准备相关的一系列身体变化。

Midline hand coordination

中线手协调：双手一起进行协调活动的能力。

Mixed-age grouping

混龄小组：由至少两个或更多不同年龄时间段出生的儿童所组成的团体。

Mobility

移动：挪动全身或身体某部分的能力。

Modeling

示范：技能或行为的演示。

Moral realism

道德现实主义：皮亚杰理论中学龄儿童的道德发展阶段，在这一阶段，儿童认为规则是不可改变的、绝对的，并且是由外部权威强制实行的。

Multiple intelligences

多元智能：根据霍华德·加德纳的理论，每个人都可能会在其拥有的 8 种智能的一种或多种智能上具有优势，即交流和表达自我的优势方式。

**N**

Natural consequences

自然后果：没受任何干预而发生的后果。

Negativism

否定主义/否定论：对抗或反对别人。

Neurobiological

神经生物学的：指与神经系统和身体控制相关。

Neuron

神经元：神经细胞。

Norms

行为模式：团体中大部分人所具有的典型特征。

Numeracy

算术能力：对计算法则的理解力。

**O**

Objectives

目标：目的，意图。

Objective permanence

客体永恒性：皮亚杰所提出的术语，指认为视线之外的人或物体依然存在的意识。

Onlooker

旁观者：游戏中的一个阶段，即儿童观看其他人进行游戏但自己却不参与其中。

Open-ended materials

开放性材料：可以多种方式来使用的材料，而非只局限于一种使用方式。

Outlets

出口：有助于儿童表达自己情感的活动和材料。

Overgeneralization

过分概括化：错误地将语法规则应用到不合规则的语言形式中。

**P-Q**

Palmar

手掌反射：婴儿像戴着手套似地满把抓。

Parallel play

平行游戏：一个儿童和其他儿童同时玩游戏，他们通常使用同样的材料并进行同样的活动，但彼此之间没有语言交流或意识不到其他儿童的存在。

Parentese

父母语：成人与婴儿谈话时运用的突出重点语言的策略。

Pedagogy

教学法：与儿童学习和教学相关。

Pedogagista

教学顾问：瑞吉欧·艾米利亚幼儿园中，在制订项目计划时帮助协调教师工作的学前教育者。

Peers
同伴：同龄或年龄相仿的儿童。

Performance-based
以表现为基础的：一种基于对儿童日常活动的观察而开展的、非在人为的测试环境
中进行的评价和评估的方法。

Permissive
宽容型：成人与儿童的一种互动风格，强调温暖和喜爱，很少教导儿童哪些是适当
的行为，也几乎没有对儿童的行为期望。

Phonemes
音素：不同读音间可辨别的语音差别。

Phonics
看字读音教学法：强调根据不同的读音对单词进行解码。

Phonological awareness
语音意识：听到并理解口语不同发音和形式的认识。

Physical knowledge
物理知识：皮亚杰所提出的儿童必须具备的一种知识，儿童从活动中获得这种知识，
并可利用这种知识来观察和得出有关物体物理属性的结论。

Pictograph
图画文字：能够传递信息的一系列图片和绘画。

Pincer
两指对捏：儿童使用大拇指和食指进行的抓握。

Plan-do-review
计划—实施—回顾：高宽课程中使用的一种方法，儿童在教师的帮助下作出选择，
开展活动，并对这项活动进行总结汇报。

Pluralist
多元论者：能够在多种环境下感到轻松愉快，有多种不同想法的个体。

Polarities
两极化：表现出两种相反的特性。

Portfolio
档案袋：用来收集展示儿童能力、学习和思考的资料。

Preconventional
前习俗水平：科尔伯格理论中提到的术语，指受服从和惩罚以及个人需要的影响而
进行道德判断的发展阶段。

Prekindergarten
前幼儿园：通常指面向 4 岁儿童的学前教育项目。

Preschoolers
学前儿童：3—5 岁的儿童。

Preoperational period
前运算阶段：皮亚杰理论中认知发展的第二个阶段，在这一阶段儿童还不能进行逻

辑思考。

Primary caregiver

主要照料者：承担照料一个婴儿或一小组婴儿的主要责任，并花费大量时间与其在
　　　　　　一起的人。

Prime time

黄金时段：照料者与儿童将注意力放在彼此间进行的互动的这段时间。

Private space

私人空间：教室中儿童可以单独待着的地方。

Private speech

自言自语：大声对自己讲话，没有与其他人进行交流的意向。

Process-oriented

过程导向：活动或学习的过程得到重视。

Product-oriented

结果导向：活动或学习的最终结果得到重视。

Professional standards

职业标准：由专业组织所制定的从业标准。

Progettazione

方案活动：瑞吉欧·艾米利亚教育模式中的用语，指发起长期项目时的理论框架和
　　　　　　假设。

Props

道具：儿童在假装游戏中所使用的材料。

Prosocial

亲社会：支持、帮助和有益于他人的行为和态度。

Protagonist

主要参与者：瑞吉欧·艾米利亚哲学中的积极参与者。

**R**

Racial/culture identity

种族/文化认同：对自己种族或民族身份的认识。

Ratio

比率：早期儿童教育和保育中的用语，指由一个成人所照料的儿童的人数。

Readiness tests

入学准备测试：用来评估儿童是否有可能在教育性环境中取得成功的测试，主要适
　　　　　　　　用于幼儿园。

Reasoning

推理：运用因果关系进行思考的能力。

Receptive language

接受性语言：儿童可以理解的语言。

Redirection

重新导向：一种指导策略，指成人向儿童建议一项更为适宜的活动。

Reflexes

反射：对刺激的自动、无意识和本能的反应。

Reinforcing

强化：通过积极的反应来对行为进行奖励。

Renewal time

恢复期：切利（Cherry）使用的术语，指当儿童从集体环境中撤离出来以重新获得
　　　　情感控制的时间。

Representational play

表征性游戏：儿童可以使用字词、行动或材料来代表物体或事件的游戏。

Representational thought

表征思维：由皮亚杰提出的术语，指储存心理影像或符号的能力。

Resistance

抗拒：对其他人话语或行动的激烈反对，比如在学步儿时期。

Retaliation

报复：用同样的行动来偿还某种行为或伤害。

Retention

留级：停留，指儿童重上某个年级。

Rote

死记硬背：通过记忆来学习，不对意义进行思考。

**S**

Scaffolding

搭脚手架：将儿童了解或有能力做的事情与儿童已做好准备去获取的新信息或技能联系
　　　　　起来的过程。在这一过程中，另外一个个体可能会起到非常重要的帮助作用。

Schema

图式：皮亚杰所提出的术语，指适用于不同情境的行为组织模式。

School phobia

学校恐怖症：害怕去学校，可能会伴随一些身体症状。

Screening

筛查：一种测试方法，用来鉴定有特殊学习困难或发展滞后的学生。

Self-concept

自我概念：对自我的理解，即内心对自己能力和特点的整体描述。

Self-demand schedule

自我需求日程表：根据婴儿的身体需要而制订的计划表。

Self-esteem

自尊：个体对自我价值的判断。

Self-help skills

自助技能：照顾自己的能力，如穿衣、卫生、上厕所等。

Sequences

次序：事件的顺序。

Sense of autonomy

自主感：根据埃里克森的理论，指学步儿阶段主要冲突的积极结果。

Sense of industry

勤勉感：根据埃里克森的理论，指学龄儿童阶段主要冲突的积极结果。

Sense of initiative

主动感：根据埃里克森的理论，指学前儿童阶段主要冲突的积极结果。

Sense of trust

信任感：根据埃里克森的理论，指婴儿阶段主要冲突的积极结果。

Sensitive periods

敏感期：蒙台梭利所提出的术语，指由蒙台梭利所发现的儿童对特定刺激极为敏感
　　　　的那些学习阶段。

Sensorimotor

感知运动：皮亚杰的理论中认知发展的第一个阶段，在这一阶段婴儿通过感觉和运
　　　　　动活动来进行学习。

Separation anxiety

分离焦虑：当一个熟悉的照料者离开时婴儿所表现出来的痛苦。

Sex-role behavior

性别角色行为：与特定性别身份相关的行为。

Sexual identity

性别认同：对自己是男性或女性的认识。

Social comparison

社会比较：将自己与同伴进行对照，如对比能力、知识等。

Socialized

社会化：教导儿童根据社会要求来控制自己的行为，以便与他人相处。

Social knowledge

社会知识：皮亚杰所提出的第三种知识，这种知识是直接从他人身上获取的。

Sociodramatic play

社会性戏剧游戏：游戏者共享故事情节的合作游戏。

Solitary play

独自游戏：儿童独自进行的游戏，没有任何社会性互动。

Statistical norms

统计指标：基于统计数据所确定的平均水平。

Stranger anxiety

陌生人焦虑：害怕生疏的人或地方。许多婴儿在出生后第一年的下半段时间会表现
　　　　　　出这种焦虑。

Substages

子阶段：皮亚杰理论中，感知运动阶段所包含的有关变化和发展的 6 个下属阶段。

Substitution

替换：主动提供另外的物品或活动来换取自己想要的东西。

Symbiotic

共生：对双方都有好处的紧密联系。

Symbolic play

象征性游戏：用物品表达意义的游戏。

Symbolic thought

象征性思维：皮亚杰所提出的术语，指儿童运用心理表征的能力，比如对词语或形
象赋予各种意义。

Synapses

突触：神经细胞间的联结。

**T**

Tactile

可触知的：通过触摸可以感知的事物。

Teacher-initiated

教师发起的：由教师的行动所引发的活动或想法。

Telegraphic speech

电报式的言语：早期句子形式，仅仅包含重要的单词。

Temperament

禀性：应对不同环境及在不同情境中作出反应的独特倾向或风格。

Theme planning

主题计划：围绕着一个特定概念来组织活动和材料。

Time-blocks

时间块：日程表中可以延长或缩短的时间段。

Transitional classes

过渡班：那些被认为没有为进入幼儿园或其他年级做好准备的儿童所进入的班级。

Transitions

过渡期：一个阶段结束、另一个阶段的开始之间的时期。

**U – Z**

Universality

普适性：指某种事物具有的在所有情况下都正确的特性。

Zone of proximal development，ZPD

最近发展区：维果茨基（Vygotsky）提出的术语，指儿童能够独自完成的水平和在
别人帮助下能够达到的水平之间的差距。

# 译后记

　　发展适宜性实践对当今世界的学前教育产生了较为广泛的影响，其所倡导的年龄适宜性、个体适宜性、文化适宜性具有普适性的指导价值，其所具有的开放性、兼容性和多元性特点对于我们思考本土化的幼儿园教育课程体系建设具有重要意义。本书的翻译工作是由我指导的博士研究生、硕士研究生协作完成的，经过多次讨论和修改，力求做到信、达、雅。当然，就如钱钟书在《林纾的翻译》一文中所说："译文总有失真和走样的地方，在意义或口吻上违背或不尽贴合原文。"对于本书翻译中"失真和走样的地方"，我们欢迎学术界同人和读者们提出批评和建议。

　　本书的翻译工作是我们研究团队集体力量的结晶。我们在充分讨论的基础上进行了"一期工程"，即第一遍翻译的分工：前言、第一至第三章由齐晓恬翻译；第四至第六章由高宏钰翻译；第七至第九章由王佳妮翻译；第十章和第十一章由王逢利翻译；第十二章和第十三章由余海军翻译；第十四章由华春沁翻译；第十五至第十八章由郭珺翻译；术语表由郭珺和王佳妮共同翻译。之后，研究团队还开展了两轮较为细致的相互修改工作——我们称为"二期工程"和"三期工程"，对值得商榷的问题进行了深入讨论和研究，并对书中多次重复出现的关键词和句的翻译达成一致意见，以保证翻译的准确性和一致性。在最后的校稿过程中，齐晓恬、郭珺、王佳妮和余海军等几位同学承担了主要工作，郭珺负责统稿。

　　在本书即将出版之际，我要感谢整个研究团队几个月以来所付出的辛勤努力。

　　我们希望本书的翻译工作能够为所有读者带来思想的火花，能够启迪大家为创造适合中国儿童的学前教育课程模式贡献自己的智慧和力量。

霍力岩

2011 年 5 月

于北京师范大学

出 版 人　所广一
责任编辑　王春华
版式设计　沈晓萌
责任校对　贾静芳
责任印制　叶小峰

**图书在版编目（CIP）数据**

发展适宜性实践：早期教育课程与发展：第 3 版/（美）格斯特维奇著；
霍力岩等译 . —北京：教育科学出版社，2011.6（2023.9 重印）
ISBN 978-7-5041-5602-0

Ⅰ.①发… Ⅱ.①格…②霍… Ⅲ.①学前教育—研
究 Ⅳ.①G61

中国版本图书馆 CIP 数据核字（2011）第 005509 号

发展适宜性实践：早期教育课程与发展（第 3 版）
FAZHAN SHIYIXING SHIJIAN：ZAOQI JIAOYU KECHENG YU FAZHAN

| | | | | |
|---|---|---|---|---|
| 出版发行 | **教育科学出版社** | | | |
| 社　　址 | 北京·朝阳区安慧北里安园甲 9 号 | 市场部电话 | 010-64989572 |
| 邮　　编 | 100101 | 编辑部电话 | 010-64989395 |
| 传　　真 | 010-64989419 | 网　　址 | http://www.esph.com.cn |
| 经　　销 | 各地新华书店 | | |
| 制　　作 | 北京金奥都图文制作中心 | | |
| 印　　刷 | 保定市中画美凯印刷有限公司 | | |
| 开　　本 | 787 毫米×1092 毫米　1/16 | 版　　次 | 2011 年 6 月第 1 版 |
| 印　　张 | 26.5 | 印　　次 | 2023 年 9 月第 7 次印刷 |
| 字　　数 | 560 千 | 定　　价 | 75.00 元 |

如有印装质量问题，请到所购图书销售部门联系调换。